Владо Стругар

ЈУГОСЛАВИЈА НА СТРМИНИ ЕВРОПЕ

Библиотека
ХИСТОРИОН

Уредник
Јован Јањић

Рецензенти

Проф. др Љубодраг Димић
Проф. др Мира Радојевић
Јован П. Поповић

Владо Стругар

ЈУГОСЛАВИЈА
НА СТРМИНИ ЕВРОПЕ

Просвета – Београд

МОНАРХИЈА

РОЂЕЊЕ ЈУГОСЛАВИЈЕ

Југославија, земља средишта и југоистока европског, преко својег мора лагано може на сваки светски правац; а кроз Панонску низију и, наспрам, низ дубину Балкана има добар излазак на све околне стране. Обухвата и кључан одсек главног копненог пута између Европе и Азије; свеукупно, садашњи југословенски простор се од памтивека био подложио људском становању и великим кретањима народа.

Југословенство, зато, реч и појам, овде добива значење назива све целокупности тих народа који се – већ седамдесет година – могу њим именовати, у свему им заједничком: роду, језику, земљи, насеобинама, култури, свим тековинама из различите или исте прошлости.

1.

Између небројено напона светскога развоја и унутарњих уобличавања људског рода, један је нашао испољење у народима југословенства. Оно је тај дубински изданак, као што су многи напоредо, којему се повест отворила у прадавно доба. Баш, кад су варвари упадали на баштину Римског царства, па у великој сеоби народа далеки преци потоњих Југословена остадоше трајно на поседу и наслеђу византијском.

И усред коначног размештаја Словена на југоистоку Европе, нађе се део већ унеколико изражене разделнице ондашњега света (између грчког подручја и латинског). Са те међе, називане границом између Истока и Запада, све што ће се потом овде дешавати, доста ће да потеже и троши словенске насељенике и сва њихова доцнија поколења, ево до данашњег дана, и, ко зна докле, у будућности.

Усудом ће неко звати, али свак пресудним избором, то словенско усмерење према Средоземљу где су благодатно поднебље и лепе тековине човекоумља и рада обећавале угодна станишта а јаче и организованије људске дружине нагониле превласт и грозиле истребљењем.

Примајући хришћанство, веру у једног Бога, пагански Словени узимају највиши духовни завет и, уједно, велику одредницу будућега својег опстојања на југоистоку Европе.

Црквени расцеп у хришћанству (1054. године), на подручју грчког закона (обреда) и римског, раздељује Јужне Словене: Хрватску и Далмацију, као делове Угарске, и словеначке земље под Немцима – оставља власти римског папе, а српске земље и Македонију цариградском патријарху. Босна између, са властитом црквом, ма како се бранећи, ипак пропушта упливе са обеју страна, јелинистичке и латинске.

Читав развитак јужнословенски – задобијен и применом домаћих тековина у државотворству, градитељству, радиностима, црквенослављу, књижевности и сликарству – неодвојиво је спојен с обрасцима и средствима двеју великих области културе, источне и западне.

Као људство оба дела културнога света, дочекаће Јужни Словени османлијска освајања.

Османски су Турци разорили затечена државна и друштвена уређења, земљишта и друга блага присвојили, покорено становништво упослили као робље, и много људства натерали у своју религију, ислам.

Преко ислама верницима се предаје богослужење и читава особена култура, осмишљена религијским правилима и службом.

Како се европска граница Османлијског царства устаљује на јужнословенском земљишту, то се овде, укрштено преко старе разделнице – усекла и друга граница светског значаја: размеђе ислама и хришћанства; раздео несродних култура и сталан оружан додир непријатељских сила.

За сваког се сукоба и рата, словенско житељство нагнало међу војскама, кад су наступале и кад одступале, са обеју страна.

Сеобе су често подизале мањине и мноштва, путеви бегунаца се низали кроз балканске земље из једног краја у други, и преко великих река на север и запад.

Та су кретања начинила голему промену, измешаност људи и њихова језика и говора.

Свет хришћански под турском влашћу, колико се игде може, продужава живљење у култури православног истока.

Одвећ притешњене западне покрајине југословенске и читав појас источне обале Јадрана отворени су замислима, покретима, тековинама учења и уметности, и религији католичанства, све културе западне Европе.

Тамо (на Западу) јавља се и заједничко име за Јужне Словене. Колико се зна, први пут је назив Југословени, за Србе, Хрвате, Словенце и Бугаре, казао немачки историчар Август Лудвиг Шлецер у својој историји народа северне Европе, објављеној 1771. године у средњенемачком граду Халеу (према вести у новини „Политика", у Београду, 5. октобра 1929. године, два дана након владарева прогласа Краљевине Југославије). Пола века доцније, исти назив је више пута поновљен у историографским и филолошким расправама на немачком језику. Па пренет, као појам немачког порекла, улази у националне препороде (19. века) Словенаца, Хрвата и Срба у Хабзбуршкој монархији, и још даље међу сроднике им на Балкану; излази, дакле, преко успона грађанског слободоумља о природном праву човека и народа у европском друштву робне производње.

Југословенство, мисао, понеће собом устаничку намереност. Требало је два царства, Османлијско и Хабзбуршко, да изгубе најмање два рата, можда и одсудна, да би се у једно свезало југословенство.

Ни за коју политичку замисао народног препорода, савремену (и суседну) проницању и исказивању југословенства, није требало већих разлома (од средишта до спољне ивице југоистока Европе), и после њих тежег сједињавања неуједначених одломака, него баш за југословенску идеју.

Оба велика уједињења, италијанско и немачко, нису имала да површе ни пола од свега што се задаје ослободиоцима и ујединитељима Словена на Балкану; та два уједињења ни једно старо царство нису искомадала, никоји други етнос осим властитог обухватила, ни добила два или три много различита и међусобно једва трпељива верска обреда, ни стекла какву друкчију осим свак својег народа њему прирођену националну културу.

Југословенство, као идеологија, виђено у настанку и ширењу, почело је и дуго се одвијало као родољубива песма и прича о народу, ипак као делотворно усмерено мишљење младог и одважног грађанства.

Југословенство, као појам, из реда је оних којим се у ново доба називају ослободилачке револуције.

Југословенство, као осећање, жила је у својим народима; ни само једне класе ни искључиво једне политичке странке да је побуда, већ је понесеност из душе и свести св아ког оног човека који хоће да њим напаја своје родољубље и да живи с једном победом која се неће ником светити.

2.

Национални препороди су испољили и знаменовали етничке и духовне особине Јужних Словена. Именујући народне заједнице, писци су махом сматрали Србе и Хрвате међусобно најсроднијим, чак, неки исто女родном целином.

Срби су устанком (1804. године) вишеструко потврдили одраније започет властит национални препород. Одбацујући јарам османлијског феудализма, положили су кроз друштвену револуцију основицу сопствене државе, као установе народа ослобођених сељака, под старешинством вођа (и чиновника); овима ће и држава послужити да постану имућни, и, временом, горњи слој грађанског друштва нације.

У Хрвата је илирским покретом заснован национални препород.

Између много затечених покрајинских и обласних назива за Јужне Словене, мислиоци покрета су издвојили четири родословна имена – Словенци, Хрвати, Срби, Бугари. И откако је (године 1836) илирско име било проглашено заједничким за Југословене (у Хабзбуршком царству), па до укидања (1843) пролазећи расправу, оставиће ипак те називе као посебне и незамењиве.

У покрету илираца се зачела југословенска мисао, умовање о заједници: у култури помоћу једног књижевног језика, у истој држави путем политичког уједињења. За далеку будућност, предводници су претпостављали поступно државно уједињавање: прво Далмације са Хрватском, па ових ширење Босном и Словенијом, и, најпосле, Србијом, Црном Гором и Бугарском. Ова замисао, врло жива међу школованим родољубима, није могла да овлада целином националног друштва.

Срби илирско име нису хтели за своје, а међу Словенцима се тек мало примило.

Религија као дубоко својство народа учествује у националном препороду. Затечена граница између католичанства и православља чинила се разделом и нових окупљања. Како религије опсежу, и докле цркве владају, то су најодређенија духовна уоквирења. Клерикализам се уплиће; обе хришћанске вере су коренита условност националног творештва у Јужних Словена.

Мисао југословенског јединства, сузбијена у Хабзбуршком царству апсолутистичком противреволуцијом (1849–1860. године) оживеће у написима и говорима оног просветитеља који поучава да се књижевно сједини „словенско, српско-хрватско и бугарско нарјечје", управо језик тринаест милиона житеља на простору где се „прекрасна Југословјенија" налази.

Југословенством узнесени писци и државници просуђивали су и о могућој федеративној држави, али неједнако о унутарњим границама: докле је српско између Хрвата и Бугара.

Та се проповед и морално узвисила кад је вођство Народне странке у Хрватској пристало (1866. године) на предлог српске владе да сагласно раде да би се створила једна југословенска држава независна од Аустрије и од Турске.

Догађаји, потом, нису бивали повољни за ову мисао. Србија ће наставити своје ослободилачко напрезање; а првоборци југословенства снажиће замисао новим установама културе и озакоњеним сазнањима.

Аустроугарска нагодба (1867. године) је пресекла напредак југословенства. Два владајућа народа, Немци и Мађари, прегониће за наредних деценија својом превлашћу у разграниченим деловима Царства. И аустроугарска окупација Босне и Херцеговине (1878. године) пада несрећно за југословенско братимљење. Кроз расправе и сваће сукобљаваће се (за две деценије) националне и државне идеје, хрватска и српска.

И Словенија, припадајући Аустрији, особито је била угрожена бујањем немачког уједнитељства. За братску помоћ, и једно одређење народне целине, усвојено је на скупу југословенских политичара (у Љубљани, 1870. године) да су Јужни Словени у Хабзбуршкој монархији и изван ње – народ истог рода.

Национална друштва настају тако рећи природном снагом где год је робна производња обузимала. У Јужних Словена се обликују неколико раздвојених целина, скупно различитих бар двојако.

У Хабзбуршком царству, то су особена језгра усред вишесложеног друштва; а наспрам њих се јављају једноставније заједнице на просторима ослобођеним испод османске власти.

Под Хабзбурговцима, сталешка подела притискује национална окупљања, и стешњава их радња конзервативног католичанства.

У земљама избављеним испод Турака, подиже се малопоседничко друштво, простије класне надградње.

Малограђанство је обострано, дакле свуда у националним друштвима Јужних Словена, та класа којом се сталешки изједначавају.

Југословенска мисао, реч о заједници језика и политичком садејству браће, преживела је искушења, јер су велики родољуби и најбољи писци међу научницима и уметницима говорили и убеђивали о спасоносној узајамности.

На освиту 20. века, школована омладина превазилази доста дуготрајну и опаку раздеобу, проузроковану аустроугарским мешањем и смутњама. Омладина оглашава своје узношење југословенством, и појми га као будућу заједницу на развалинама царевина, Османске и Хабзбуршке. Млади првоборци одрешито говоре о националном праву као природном закону човека и друштва.

Смели прегаоци су сложили мисао и задатак: време је да Хрвати и Срби у Аустро-Угарској као „један народ по крви и језику, нераздруживо спојени земљиштем на којем обитавају", сложно раде да би уклонили размирице и скупно напредовали.

По овој мисли је организована политичка снага, једно грађанско језгро у Хрватско-српској коалицији.

Са извесне процене о победи Балканског савеза над Турском (1912. године) проистекла је реч међу Хрватима: хоћемо политичко јединство да бисмо омогућили један „уравнотежен културни развој коме је центар Београд", да би се довршило „започето стапање културе Истока и Запада у једном модерном облику".

У Србији и научном расправом тврде да она може својим положајем и тековинама да веже и спаја „западне и источне југословенске земље и племена".

Ово српскохрватско, обострано узношење налази одзив и међу Словенцима, штогод кроз етнографске студије и друга промишљања о будућности овог народа између Немаца и Италијана. Словеначки социјалдемократи, нарочито, негују југословенство, у самој странци као покриће њеног имена и, шире, као појам једног одређења за аутономна права у култури.

3.

Бугаре, сад, и због другог балканског рата (1913. године), изостављају из претпоставки о уједињењу Јужних Словена. Раздор између Срба и Бугара продубљује се мржњом, и све изнова осветничким непријатељством које углавном пада на македонски народ. Овде се крши општа словенска узајамност, и крњи јужнословенско братство.

Пораз Османског царства је развалио куд су предратна разривања ударала не дајући македонском народу да самостално развије и одбрамбено постави своје свеукупне националне снаге.

Владе Бугарске, Србије и Грчке су опседале свест македонског народа, свака да овде задобије присталице и помоћу цркве, школе, политичке групе. Та супротстављена напирања разједињују македонске снаге, јер свако извањско посредовање употребљава овдашње енергије, не свако подједнако, али сва скупно толико да се дроби језгро нације. Македонци су подмиривали главама и иметком то цепање и раздирање њихове земље.

Да и македонски народ стекне властиту државу, то је праведна замисао, историјски поникла, и већ сагледива. Али ниједна домаћа политичка група да је с том мишљу о националној држави успела да распростре своју организацију у читавој Македонији и постане предводничка снага народа.

Македонски народ је био преморен, исцрпљен, разједињен, и немоћан (1912. године) да кроз расуло османске власти изнесе и постави установе сопствене државе. А помогао је, у ствари, војскама балканског савеза: Македонци се (преко 50.000) нису одазвали позиву у турску војску; својим јединицама (34 чете) рушили су путеве, спречавали турску мобилизацију, ослободили неке градове.

Македонци су разумели овај последњи рат балканских народа за ослобођење испод турског јарма и као добру прилику за сопствену судбину. (У позивима на рат обећавана им је аутономија.) То је била узалудност; а савезници су, завађени у дељењу Македоније, ослободилачки поход против Османлијског царства изопачили међусобним ратом. Сад побеђена Бугарска (као нападач Србије и Грчке 30. јуна 1913) подноси уступке, а неизмењиво остаје ратовањем задобијена раздеоба Македоније: Србији – вардарска покрајина, Грчкој – егејско приморје, Бугарској – пиринска област.

Ова подела дубоко и тешко рањава македонски народ. Разломила је његову ослободилачку тежњу, како је била исказана све до устанака против турске владавине (године 1879. и доцније) и кроз многе друкчије захтеве. Поништавала је оне мисли о пуном националном обједињењу и развићу македонског народа и сопственој држави (пре се рачунало: аутономној, у преуређеном Османлијском царству, речено је, Источној федерацији, или, у федерацији балканских народа). Расцепила је моћи и средства већ започетог македонског модерног напредовања у производњи, просвети, култури и мењању друштвених односа.

Та тројна подела расецањем етничке и привредне целине македонског народа одбацује у недоглед његово ослобођење и уједињење.

4.

У Црној Гори се од давнина прича и пева о уједињењу Српства и југословенском братству. И стајала је, Црна Гора, можда, више као поетски знамен ослободилаштва међу браћом на словенском југу него стваран чинилац. Да се Црна Гора уједини са Србијом (што је и било записано у деветнаестом веку), то постаје блиско тек после Балканског рата кад су обе, увећане, добиле заједничку границу.

Црногорска влада је предвидела да се уговором уреде војни, дипломатски и економски односи, у оквиру уније, како би „двије српске Краљевине, потпуно самосталне и неовисне", ишле сложно. Влада се пред Народном скупштином (фебруара 1914) изјавом обавезала да ће са Србијом ускладити „војничку и дипломатску акцију ... на остварењу легитимних тежња националних ..., у одбрани српских интереса". И њено веровање у народно јединство Срба и Хрвата – изјавила је – одушевљава је да ради најизразитије на „југословенској солидарности и заједници, учествујући у свим културним потхватима југословенским". Поручила је влади Србије да предложи правни нацрт уније.

Српска влада је одговорила да унију претпоставља као уједињење, од обеју држава: војске, спољне политике, финансија и саобраћаја, чувајући – казала је – независност и престиж династија (Карађорђевића и Петровића) потребних српском народу.

Краљ Црне Горе је нарочитим писмом (15. марта 1914) позвао српског краља да одреде послове и опсег јединства. Именовани су опуномоћеници обојице, који ће радити у Београду, и, да веома пазе на спољашња јака непријатељства спајању Србије и Црне Горе.

Народ у Црној Гори је желео уједињење, осећајући се и називајући се рода српског, запојен и надом да би с плодном Србијом у заједници побољшао своје живљење. Сву намеру и преговоре прекинуо је напад Аустро-Угарске на Србију, почетак Првог светског рата. (Одмах је краљ Црне Горе једним прогласом песника позвао Црногорце „у свети рат за слободу Српства и Југословенства".)

5.

Рат је пресекао и онај неучвршћен напон сједињавања браће у југословенству. Дотад што је било учињено, не оставља у наслеђе ни једну установу свејугословенског организованог деловања. Ток од неких зачетака састојало се предратно заједничко постигнуће. У малограђанству, првенствено за повелико школованих и храбрих људи, југословенство је опредељење, врста идеологије, а у свих слојева више и ниже – неједнако схватана околност; за говоре о братству још су недостајале свима јасније и веће потврдне чињенице.

Како су у социјалдемократији били однеговали југословенско саосећање, то је у ње изразитија ова сједињеност него у икоје друге политичке странке у тих неколико сродних народа. Али, као класно друговање кроз наглашено издвајање од малограђанства и буржоазије, та узајамност, по смислу општег братства пролетера свих нација, није прелазила оквире властите организације. И у социјалдемократији, самој, штавише, југословенска осећајност не садржи какву јединствено важећу одредницу. Јер, ни два изузетно значајна састанка социјалдемократских првака – дотад морално и политички ненадмашена скупна трагања путева за слободу на југоистоку Европе (југословенска конференција у Љубљани 1909. и балканска у Београду 1910) – нису разговетно уговорила образац будуће државе ослобођених и уједињених народа.

У Хабзбуршкој монархији, југословенске социјалдемократске странке нису претпостављале да би остварење права на самоопредељење обавезно повукло раздвајање народа царевине.

А дубље на југоистоку, социјалдемократске странке су наводиле: народи избављени ропства уживаће у балканској федерацији мир и радост, обезбеђене услове за напредак и слободно стваралаштво.

Једнако су поверовале све партије социјалистичке Интернационале, да је сломом Османлија (у Балканском рату) срушена најгломазнија преграда напредовању демократије; народи решени турске власти ослободиће сељака, учинити посед независним, личност невезаном, и управу како треба за производне и духовне потребе грађанског друштва.

Интернационала је управо огласила (1912. године) да рат не сматра човечним начином људског ослобађања; већ, социјалдемократија ће просвећивањем народа и кад преовлада у друштву поштеном владавином свакоме омогућити слободу. Ова теорија социјалдемократију у југословенским народима удаљава од постојеће стварности и свега врења борилачких снага у покрајинама. Издвојена, социјадемократија љутито приговара буржоаским странкама да погрешно предводе народе и рђаво управљају земљама; оставља им доиста и сву поруку југословенске мисли.

6.

Почетак Првог светског рата се десио пре него што је духовно и душевно сједињавање у југословенству родило политичку уједињеност до обличја и слоге једног покрета у народу.

Прва прекретница, најодсуднија од свих изнутра за југословенство, исказала се одлуком коалиционе владе Србије у Народној скупштини (7. децембра 1914, у Нишу). Влада сматра – реч је њена – својим јединим задатком да обезбеди успешан завршетак одбрамбеног рата земље против нападача Аустро-Угарске, јер у тренутку кад је ово народно војевање започето, постало је „уједно борбом за ослобођење и уједињење све наше неслободне браће

Срба, Хрвата и Словенаца". Ову решеност гласањем су одобрили сви посланици (осим двојице из социјалдемократске странке), управо: радикали, самостални радикали, либерали, напредњаци.

То се Србија, независна земља и најјача међу Словенима на југоистоку, усред борбе одлучила да ратује за звано велико решење, југословенску државу; својом државом и улогом да буде средиште окупљања и залога будуће заједнице.

Српска влада је била обавестила (4. септембра 1914) пријатељске земље да би југословенска држава опсегла све области настањене Србима, Хрватима и Словенцима као већином становништва, у ствари са Србијом и Црном Гором и покрајине у Аустро-Угарској.

У вођству Србије су предвиђали: са Црном Гором непосредно, кроз уједињене ресоре управне и представничке власти, обезбедити „јединство српског племена"; у јединственој држави, осигурати Хрватима трајно спомињање њихова имена у називу заједнице, очување историјских ознака Хрватске, равноправност католичке цркве с православном, једнакост у грађанским правима, употребу латиничког писма; слично, у заједничкој држави, да буде и Словенцима, нарочито да имају слободу својег језика: велика народна скупштина донеће устав уједињене државе.

Процењујући наметнути рат као прилику огромног домашаја, српска влада се постарала да се састави одбор политичких личности, из југословенских покрајина у Аустро-Угарској, који би сарађивао у стварању нове државе.

Позивом Србије одушевљени патриоти, саставили су у емиграцији (у Лондону, 1915. године) Југословенски одбор да делује у западноевропској и америчкој јавности, међу службеницима тамошњих влада и својим земљацима у туђини.

Не спорећи се јавно са српском владом, Одбор је нерадосно примио неке њене наговештаје о начину уједињења; иначе, дичио се одбраном Србије, поклонио је веру Нишкој декларацији, био задовољан српском одлучношћу против могућег италијанског захвата југословенског земљишта.

Српска влада са војском је напустила земљу под најтежом борбом (1915. године) против аустроугарских, немачких и бугарских армија; освајачи су запосели Србију. Српска војска је, потом, изведена на Солунски фронт, а влада наставила вођење државних послова из својег седишта у изгнанству на грчком острву Крфу.

Прво руска револуција (1917. године) па ускоро и америчка унија објавом својег уласка у европски рат, увелико су подстакле српску владу да с Југословенским одбором расправи задатак и договором одреде будућу државу. Тако су се састали (на Крфу) и сложно усвојили државноправну декларацију (потписану 20. јула 1917).

Сви учесници (доста дуготрајне Конференције) су сагласни да су Срби, Хрвати и Словенци један народ „по крви, по језику говорном и писаном, по осећајима свога јединства, по континуитету и целини своје територије”. Ујединиће се у државу која ће бити „уставна, демократска и парламентарна монархија на челу с династијом Карађорђевића”; држава ће се звати „Краљевина Срба, Хрвата и Словенаца”.

Иза усаглашених одредби за уједињену државу остало је, у расправи, доста неједнако промишљеног о смислу националног јединства и унутрашњем уређењу земље.

У српске владе нема двоумице; претпоставља сједињеност све управе, и једну суверен户 читаве целине.

Југословенски одбор је такође волео наглашеност националног јединства, више као својство и утврду за међународну отпорност државе него као окосницу унутрашњег уређења.

7.

Хрватска је за светскога рата прошла доста напрегнуто разлагање партијских доктрина, нарочито изражено у Сабору.

Странке су биле стратегијски растављене: Хрватско-српска коалиција која проводи аутономну власт а наспрам ње је стајала тројака хрватска опозиција (тесна државноправна, сељачка по истоименој странци, правашка интелектуалне елите).

У свим говорима о националној сувероности, исти је сажетак: хрватски народ има историјско и природно право на самосталан живот у властитој држави. Но, за одсудно време, ратом засечено, сусрело се хрватско право са сличном нужношћу свих Југословена у Аустро-Угарској.

Једно предвиђање предсказује (1916. године) да ће хрватско државноправно наслеђе, или српска национална мисао, послужити као начело југословенског окупљања и јединства, иначе, међусобно се искључују. Јер, Хрватска, сљубљена уз Хабзбурговце, могућа је на поразу српске идеје, а на развалинама хрватства постижно је уједињење целокупног српства, окренутог Истоку и корисног Русији. Хрватска краљевина је борбом за Хабзбурговце заслужила да промени државноправни однос са Угарском, прошири се, и, као засебна целина у монархији, обухвати: Хрватску и Славонију, Међумурје, Босну и Херцеговину, Далмацију, Истру с отоцима и Ријеку, и покрајине „планинских Хрвата" (словеначке земље). Ово је замисао тесне државноправне опозиције, искључивих националиста међу Хрватима.

Већина у Сабору је отклонила ту несавремену претпоставку, и на далеко неприхватљиву, чим Словенце преименује у Хрвате а Србе не спомиње.

Мисао је сељачке странке, да је Хрватска везана за Аустрију (а никако Мађарску) преко економских, географских и етничких додира са Словенцима и кроз напоредну настањеност са Србима. Зато, нека хрватска краљевина уједини Словенце, Хрвате и Србе, као један народ, на подлози својег државног права у монархији.

Светски рат се, међутим, накретао одвећ неповољно за Хабзбуршко царство; и прилика је, услед задобијене обнове парламентарног рада, да сваки политички чинилац у зависним народима новим гласом обзнани свој циљ.

Правашка опозиција (из странке интелектуалаца, умереног национализма) објавила је (5. јуна 1917) да је њено вајкадашње гледиште: уједињење свих земаља у Хабзбуршкој монархији у којим живе Словенци, Хрвати и Срби у самостално и од сваког господства других народа независно тело; и као што су Словенци (декларацијом у Бечу позвали се на хрватско државно право), ваља да се тако и браћа Срби, у Хрватској, придруже Хрватима, те сви заједно сачине посебну државну јединицу по начелима народности и историјског државног права Краљевине Хрватске.

Двојица Срба, заступника у Сабору (из Хрватско-српске коалиције), су иступили речима да се више (лето 1917. године) не може одлагати почетак организовања покрета који би Словенце, Хрвате и Србе, по праву самоопредељења и историјском праву, ујединио у самостално и независно државно тело изван сваке заједнице са Угарском.

А доцније, својим одзивом на совјетски „Декрет о миру", правашка опозиција и двојица издвојених Срба су огласили заједничку мисао: будући мир треба да обезбеди сваком народу – тако и јединственом народу Хрвата, Срба и Словенаца – потпуно слободан културни и економски живот и развитак у самосталној држави. Овим је довољно наговештено ново, ослободилачко здруживање у Хрватској и Славонији, слично већ исказаном окупљању у Словенији.

8.

Словенци нису били државноправно признати као самосталан политички чинилац Хабзбуршке царевине. Словеначке покрајине су називане круновинама хабзбуршким. Непосредна власт немачка, па превласт у привреди и германска култура тлачиле су Словенце.

Они су и споља угрожени преко своје западне стране. То је уједињена Италија смерала на аустријски посед, да би овладала рубом и дубљим залеђем источне јадранске обале.

Под немачком Аустријом и на дохват Италије, Словенци су дуго назирали своје избављење кроз претварање Хабзбуршке монархије у федеративну државу. Аустрославизам је проповедао такву претпоставку, и Словенце упућивао према Чесима, сродном народу у истој половини монархије. Али се слога немачких странака у Аустрији против федерализовања монархије, сврстава међу оне разлоге који словеначка трагања окрећу према дубини југословенства. Мислиоци и предводници националне политике су говорили да би исход заједничког рада требало да буде потпуно укључење свих словеначких земаља у југословенску јединицу царства. Словеначке грађанске странке су пристале и на хрватско државно право да би програм добио и једну стару законску основу, за навике хабзбуршкога друштва важно својство – историјску темељницу.

У светском рату, од католичке странке у Словенији, с крила демократског, пошли су први позиви о удруживању југословенских снага у Хабзбуршкој монархији. И утврђен је важан договор кад су словеначки клерикали и хрватски умерењаци (круга парламентарног) одлучили да се у Загребу (у Сабору) и у аустријском Царевинском већу прогласи иста ослободилачка замисао.

Први се, у Бечу, јавио (30. маја 1917) Југословенски клуб. Његовом изјавом, често званом Мајска декларација, захтева се, да се све покрајине Хабзбуршке монархије, настањене Словенцима, Хрватима и Србима, уједине под жезлом владајуће династије у једну државу, слободну од превласти било којег другог народа.

Циљ везујући за хрватско државно право, и народ обавезујући династији Хабзбурговаца, Мајска декларација тај зглоб компромисно ставља како би ствар југословенског уједињења могла да уђе у парламентарну расправу пред очекивану реформу царства; и, дакако, да би покретачи имали неотклоњив програм у стварању народног покрета за ослобођење.

Вођство је одредило да присталице и марљиви патриоти скупљају потписе појединаца, друштава и одбора за Мајску декларацију. Видећи потоње неуспехе Италије на ратишту, и довољно изразит размах националних подухвата у царству, Словенци се радо изјашњавају, у великом броју, те пристанак људи добија изглед својеврсног политичког устанка који ће се назвати, декларацијски покрет.

Клерикална странка је средишни објединилац; учешћем либерала и, најпосле, пристанком социјалдемократске партије, декларацијски покрет је обухватио сав словеначки народ.

Влада Аустрије је обећавала Немцима из словеначких покрајина, и нарочито изјавила (3. маја 1918) да су хабзбуршке круновине нераздељиве; и да она никада неће дозволити да се Словенци издвоје од царства, чак и кад би се други Јужни Словени независно ујединили.

Све словеначке странке су (27. маја 1918) скупно и одлучно одвратиле: уједињење Словенаца, Хрвата и Срба у властиту државу је захтев целога народа, убеђеног да му остварена заједница омогућава да спасе свој национални живот, готово до самог бића већ истрошен.

9.

Немоћан је више бечки двор да проводи своје претње народима. Аустроугарске армије ће убрзо малаксавати на фронтовима, тако ломно да се понор пропадања нагло шири. И растанак са Хабзбуршким царством, биваће у народима све снажније и очигледније настојање.

У југословенству су већ имали нов, и заједнички програм ослобађања испод превласти Немаца и Мађара. Био је усвојен (у Загребу 2. и 3. марта 1918) на састанку осамостаљених првака и опуномоћених лица (од више странака и група) из Словеније, Хрватске и Славоније, Међумурја, Истре, Далмације, Босне и Херцеговине.

Изречено је тим програмом: „народ Словенаца, Хрвата и Срба јест јединствен народ", те мора да остане безусловно нераздељив, и по праву самоодређења међународно признат, у држави која ће по жељи својих саставних делова поштовати државноправне континуитете „хисторичко-политичких територија уз потпуну равноправност племена и конфесија"; та ће држава обухватити териториј на којем „у непрекидном континуитету живи наш јединствени народ", и где му припадају „неотуђиво и обале, луке и оточја сјеверног и источног Јадрана".

Овим уговором је утемељено политичко обједињавање југословенских ослободилачких покрета у Аустро-Угарској, које ће сами оснивачи назвати – народна концентрација. Свеукупно узевши, ово је трећи програм југословенског ослободилаштва (после Мајске декларације и Крфске декларације).

У оснивању народне концентрације, служили су као добар подстицај поруке и обавештења политичких пријатеља из иностранства, чланова Југословенског одбора и одасланих извештача.

Словеначко вођство је прво узело мах конститутивног раствљања својег народа од Аустрије. Образован је (16. и 17, августа 1918. у Љубљани) Народни свет (веће) за Словенију и Истру. (Оснивачи су изјавили: „Државна права која је словеначки народ уживао и вршио у својој држави прешла су за више од хиљаду година у туђе руке. Самоопредељење народа вратиће нам их поново и ујединити троимени народ Словенаца, Хрвата и Срба у самосталну велику државу Југославију“.)

Како су странке понешто условљавале због сопствених непотпуних припремљености, и разгађања о развоју рата и свака о својем сразмерном учешћу, како се још чекало да приђе и Хрватско-српска коалиција, тек је на скупу партијских опуномоћеника (у Загребу 5. и 6. октобра 1918) установљено Народно вијеће Словенаца, Хрвата и Срба као политичко представништво за све југословенске земље и покрајине у Аустро-Угарској. Народно вијеће сачињавају, у коначном саставу, изасланици свих странака и политичких група (изузев странке крајњег национализма у Хрватској и босанскохерцеговачке социјалдемократије): из Хрватске и Славоније, Срема, Међумурја, Истре и Ријеке с отоцима, Крањске, Штајерске, Корушке, словеначког Приморја, Далмације, Босне и Херцеговине. За непосредно деловање је изабран Средишњи одбор (40 чланова).

Заједничко Народно вијеће је непосредно надлежно у Хрватској и Славонији (овде неће бити земаљског већа).

Српске, хрватске и муслиманске странке и групе су основале Главни одбор Народног вијећа СХС за Босну и Херцеговину, да буде највиша власт у покрајини.

Далмација није успоставила своје покрајинско народно веће, услед италијанског војног запоседања великог дела њене области; доиста, није и због својег веома ужурбаног настојања да се успостави југословенска одбрана у приморју.

Истра неће моћи да проведе, целовита, ниједан патриотски задатак, јер ће је читаву запосести италијанска војска. (Словеначко Народно веће Истру уписује у свој наслов.) Улазе, ипак, представници Истре у Народно вијеће Словенаца, Хрвата и Срба као заступници националног подручја под туђинском окупацијом.

Цар у Бечу је 15. октобра 1918. издао проглас народима Аустро-Угарске. Обећао им да ће се Хабзбуршка монархија преуредити у савезну државу. Народе је позвао да остану у савезу и да овде „свако племе на својем територију твори своју властиту државну заједницу”.

За све, то је доцкан, а цару – узалудно. Народи су изабрали излазак из Хабзбуршког царства.

Одједном, тако рећи, решена су политичка одвајања од Аустрије: пољских области – 14. октобра; Чехословачке – 28. октобра; утолико и југословенских земаља; и Мађарске – 31. октобра.

У Загребу (29. октобра 1918), Хрватски државни сабор је изгласао одлуку: „на темељу потпунога права народнога самоодређења које је данас већ признато од свих зараћених власти” раскидају се „сви досадашњи државно-правни односаји и везе између Краљевине Хрватске, Славоније и Далмације с једне стране те Краљевине Угарске и Царевине аустријске с друге стране”; Далмација, Хрватска и Славонија с Ријеком проглашавају се независном државом која „приступа у заједничку народну суверену државу Словенаца, Хрвата и Срба на цијелом етнографском подручју тога народа”.

На седници Сабора бан је све подручне власти ставио Народном вијећу на располагање. Предсједништво Народног вијећа је опуномоћило бана да именује поверенике за владу Народног вијећа која преузима све послове дотадашње Земаљске владе, у Загребу.

Истог 29. октобра, на збору родољубивог грађанства у Љубљани, говорима вођа и заклетвом првака, обављено је отцепљење Словеније од Аустрије и уједињење са браћом Хрватима и Србима у једну државу; сви су клицали: живела Југославија. Одлуком Народног света (већа) образована је народна влада СХС за Словенију.

Главни одбор Народног вијећа СХС за Босну и Херцеговину је прогласом (1. новембра) позвао Србе, Хрвате и Муслимане у покрајини да се покажу великим народом у овом часу, рекао је, кад се ствара јака и независна Југославија од Вардара до Соче. Главни одбор је именовао народну владу за Босну и Херцеговину.

У Сплиту се појавила (3. новембра) Земаљска влада за Далмацију; у Загребу је нису предвиђали, па ће Средишњи одбор затражити објашњење.

Војводина (Банат, Бачка и Барања) није раскидала родољубну и наслеђену блискост с покрајинама западно; али ће радити да се самостално и непосредно уједини са Србијом.

Предсједништво Народног вијећа, називајући се врховном установом власти у Држави Словенаца, Хрвата и Срба, признаје аутономију покрајина и одобрава да буде самосталан рад народних влада у Загребу, Љубљани и Сарајеву; препоручује им да споразумно делују, управљајући својим подручјима.

Предсједништво је овластило Југословенски одбор да у иностранству заступа Државу Словенаца, Хрвата и Срба. Средишњи одбор је јавио свим савезничким државама, па и Аустрији и Мађарској, да је Држава Словенаца, Хрвата и Срба установљена на територији Јужних Словена који су до сада припадали Аустро-Угарској; и да је ова Држава намерна да се уједини са Србијом и Црном Гором.

10.

Држава Словенаца, Хрвата и Срба (сматра се проглашеном 29. октобра 1918) као политичка творевина настаје из народне концентрације. Појам о истородности троименог народа није омео предводнике да државно уобличе уставну важност у прошлости стечених облика постојања у југословенству. Напросто, они су говорећи о једној и самосталној држави три племена, положили како је било потребно за три нације – Србе, Хрвате, Словенце.

Тако је Држава Словенаца, Хрвата и Срба постала федерација по праву народа на самоопредељење. Проничући под режимом немачке и угарске превласти, она избија кроз својеврстан устанак, откако су покрајинска и месна народна већа свуд у крајевима настала као представништва родољуба.

У часу распада Монархије, та већа су одједном органи националне револуције. Њихова је политичка власт, вођство у држави, док извршну службу обавља и даље сав, ретко гдешто измењен управни и пословни организам пређашње (аустроугарске) владавине.

Сједињена под врховним органом покрајине, та већа су изразила ослободилачку вољу народа и уједно прилагођеност свог организовања наследном и управном склопу Хабзбуршког царства. Зато је аутономних већа и народних влада образовано бројем више него што има националних чинилаца за сопствену сувереност.

Држава Словенаца, Хрвата и Срба је целовито република, демократске грађанске друштвености. У наслову нема ове називнице (као ни одредбе да је федерација), због прелазног стања које Држава обликује (у сређивању друштвених прилика и у припреми за уједињење са Србијом). Али се она никојој другој врсти међу државама не може пре придружити.

Хрватско државно право, вековима баштина малобројног сталежа властелина, сад је често названо народном тековином. Али је неједнако сматрано, веома различито вредновано.

Тесна државноправна опозиција се на то наслеђе опире као на законско одређење врховне суверености хрватског народа; овај народ, додуше, по њеној мисли има и природно право да уједини све земље настањене Хрватима. Југословенској држави, ма којег опсега и уређења, ова политичка група пружа одбој; Хрвати – само у хрватској држави, то је њена, заувек, одредница.

Умерени националисти (круга интелектуалне елите) разастиру хрватско државно право упоредо с начелом народности,

као историјску политичку подлогу уједињења Хрвата, Словена-
ца и Срба; доклегод је постојала Хабзбуршка монархија, они су
желели да хрватска држава уједињује Словенце, Хрвате и Србе
као јединицу вишечланог царства; а кад је царство пропало, он-
да се сједињују ти партијски другови да би деловали за место и
износ хрватства у југословенству.

Србима у Хрватској историјско право не значи колико и на-
чело народности. Они су морали једновремено: да се помажу
хрватским државним правом, и да му се одупиру кад је тумаче-
но за сврху порицања човечне и народне вредности Српства.

За Словенце је хрватско државно право што и позајмљена
приступница за двор хабзбуршки. И не тумаче погодност коју
то право пружа икако друкчије сем у смислу аустријског југо-
словенства, управо да Словенци, Хрвати и Срби, који су наста-
њени у монархији, овде сачине аутономну државну јединицу.

У југословенству, усред Хабзбуршке монархије, словеначки
мислиоци и борци су предњачили у целом народном покрету
за ослобођење. Све до установљења врховног Вијећа за југосло-
венске покрајине у Аустро-Угарској, стајало је међу Словенцима
почетно тежиште окупљања и садејства. Одсад, у Загребу је сре-
диште југословенства изнутра политички подигнутог и обједи-
њеног у Хабзбуршком царству кад се ово распадало.

Словенија овим премештањем није изгубила нимало пре-
стижа ни штогод својега националног права. Словенци су, без-
мало, увек први именовани у сваком скупном а појединачном
помињању ствари и послова југословенских у Аустро-Угарској.

Читав југословенски подухват у Хабзбуршкој монархији је
неодвојив од онога општег кретања којим се сваки национални
део царства разрешио службе и под својом владом прогласио
самосталним.

Било је управо тако, што је демократска револуција коначно
докидала старинске везе и државне узајамности у Подунављу,
одбацивала зависности владајућим Немцима и Мађарима, и
сваком ослобођеном народу настирала згоду за независну одлу-
ку. Свуда се то збива као прекретница, управо све колико хоће

и може национална класа властодржаца: државу као средство владавине целим друштвом.

Борбена језгра сиромашних класа, користећи побољшане условности својега настанка и јачања, напрегнуће одмах сваку националну државу. Имаоци власти и поседа употребиће и нову државу, од првога часа, да би сузбили изворе и устанике пролетерске револуције. Стога се демократска револуција завршила застојем, и кроз своје последице одржаваће се доцније као конзервативна страна друштва.

Управо је такав вид и недовршен исход имала револуција и у југословенским земљама на изласку им из Аустро-Угарске.

11.

За трогодишњег ратовања (1915–1918) југословенско земљиште су опсезала два европска војна фронта: солунски на југоистоку, италијански (сочански) на северозападу.

На Солунском фронту се прво десио слом армија Централних сила (Немачке, Аустро-Угарске и Бугарске). Савезничке војске (Антанте), под врховном командом француског генерала, брзо су напредовале ка северу.

Кад је српска војска ослободила Београд (1. новембра 1918), и избила на границу Аустро-Угарске, тад су армије ове државе већ катастрофално одступале и због пораза на италијанском фронту.

Уговори о примирју (3. новембра с Аустро-Угарском и 13. новембра посебно са Угарском) поставили су две демаркационе линије између пространства остављеног обема државама и до сада њихових области које ће посети победничка Антанта.

Пред војскама са Истока, демаркациона линија се пружала реком Марош, и, настављена у западном правцу, везала је Суботицу, Бају, Печуј и Барч (на Драви).

Са Запада, италијанска војска је могла (у име Антанте) да се развије до линије Трбиж-Триглав-Врхника-Снежник-Ријека.

Потом су према споразумима између савезничких влада – британске, француске, италијанске, северноамеричке – издате

заповести њиховим трупама за улазак и размештај на југосло-
венском земљишту.

Француске трупе су дошле у Бар, Вирпазар, Котор и околину.

Британска одељења су стигла у иста места; и северноаме-
ричка у Котор и Зеленику.

У Дубровнику ће бити мешовита француско-српска посада
са старешином у гарнизону, француским официром; у Сплиту ће
се налазити француски одред, британски и северноамерички, уз
српске јединице; у Ријеци – флотила америчких разарача са одре-
дом пешадије, британски одред, француски одред (и, напослетку,
ојачана италијанска бригада, а српски батаљон, пристигао 15. но-
вембра 1918, удаљен је одмах у Краљевицу).

Италијанска војска, долазећи са фронта, преко реке Соче и
прекоморским правцима, посела је (од 3. до 16. новембра) југо-
словенске области: рејоне Трста, Градишку, Истру, западни део
Крањске; и на источној обали Јадрана места и пределе – Опати-
ју, Ријеку (уз савезнике), Црес, Мали Лошињ, Крк, Задар, Вис,
Ластово, Мљет, Хвар, Корчулу, Шибеник, Паг, Премуду, појас од
Карлобага до близу Трогира.

Трупе италијанског корпуса (са Солунског фронта преко
Албаније) ушле су у Улцињ, Бар, Вирпазар и Боку Которску.

Експедициони италијански корпус, употребљен у Бугарској,
а на своме путном правцу од Софије преко Скопља и Битоља,
одржава јаку посаду у Прилепу (око 5.000 људи).

Једна грчка дивизија (са Солунског фронта) је дошла до Пи-
рота; из овог места биће враћена у своју земљу.

Из Француске источне војске (штаб у Београду), две ојачане
дивизије и Коњичка бригада су надирући долинама Мораве и
Тимока прешле Дунав, у Банат и Бачку, и примакле се демарка-
ционој линији, да би доцније упале у Мађарску.

Француски генерал, врховни командант на Истоку је одре-
дио (коначно 5. новембра 1918) да јединице српске војске прела-
зе Дунав, Саву и Дрину, и споје се са југословенским покре-
том. (Треба тај покрет, поручио је генерал, употребити у „нашу
корист, за заједничку акцију против Централних сила“, пошто

је он, иначе, био примио упутство Врховног савета Антанте да савезничке трупе из Италије пођу на север, и те војске са Балкана преко Београда на северозапад, да би се сусреле у западној Аустрији и код Беча за удар према Минхену, јер Немачка још није била положила оружје.)

Предсједништво Народног вијећа је тражило телеграмом (4. новембра) од врховног команданта савезничких војски (у Паризу) да упути трупе у Државу Словенаца, Хрвата и Срба, да би овде одржале ред и помогле југословенску власт.

Председништво је истовремено упутило изасланство (три члана) у Београд да овде затражи војну помоћ, да српска влада што пре пошаље трупе: на Ријеку – према Италијанима; у Загреб – да се Народном вијећу ставе на располагање; у Бачку и Банат – што више снага (заједно са француским) ради утицаја на нову мађарску владу; у Славонију – да војска поседне ову област до линије Осијек – Шамац.

Врховна команда је (8. новембра) одобрила да се српска војска развије у Срему и источној Славонији, до линије одређене у представци Народног вијећа, и, даље – речено је – докле интереси Срба, Хрвата и Словенаца буду захтевали.

Предсједништво Народног вијећа је послало (23. новембра) ноту владама Антанте и влади Сједињених Америчких Држава, молећи их да упуте своје чете у југословенске крајеве, и да пристану да се ту распореде и јединице српске војске, како би се спречила злодела италијанске војске против народа.

И српска Врховна команда је (19. новембра) једнако објаснила то југословенско право својом поруком команданту савезничких војски на Истоку.

Народна влада из Љубљане је молила (више пута) да Србија пошаље своје јединице да би поселе северну границу Словеније у Штајерској и Корушкој, и такође да би се супротставиле италијанској војсци, западно.

И влада из Сплита (7. новембра) је затражила да српска војска дође у Далмацију, да би спречила овдашње италијанско ширење.

Њено тражење је подржала влада у Сарајеву протестом владама Антанте због италијанске окупације предела Далмације, Хрватског приморја и Истре.

Српски народни одбор, у Новом Саду, позвао је (8. новембра) српску војску да што пре и јачом снагом дође у Банат, Бачку и Барању.

Главни одбор Народног вијећа СХС за Босну и Херцеговину је (3. новембра) преко својег нарочитог изасланика позвао у помоћ српску војску, да би одржавала ред и мир у покрајини. Посебно су изасланици Босанске Крајине тражили да тамо дођу српске јединице.

Изасланство Цетиња је дошло (3. новембра) у Подгорицу на сусрет српској војсци, да је поздрави и позове у своје место.

Српска војска је тад имала на броју – 6.936 официра и војних чиновника и 120.494 војника; и управо могла мање него што се захтевало: да обухвати цело пространство југословенских покрајина – и брани га од извањских посезања – и на територији да пружи заштиту властима и поретку.

Врховна команда (у Београду од 9. новембра 1918) је (штавише и према оној првој заповести врховног савезничког команданта) наредила војсци да улази на аустроугарску државну територију: 1. армија је 3. новембра пребацила делове у Банат и Срем; из 2. армије један одред је 4. новембра ушао у Вишеград; предњи делови Јадранских трупа стигли су 6. новембра у Котор.

Једномесечним наступањем и развојем – до избијања на демаркационе линије кроз северне и западне покрајине југословенске – српска војска ће до половине децембра 1918. заузети посадни размештај.

Штаб 2. армије је стигао 17. новембра у Сарајево, а Штаб 1. армије 2. децембра 1918. у Нови Сад.

Командантима дивизија је нарочито било наглашено да сарађују са југословенским трупама и месним властима. Упозорени су војници и официри да пазе на своје понашање, да избегавају политичке разговоре.

Свеукупно, српска војска је главном снагом, и непосредно, начинила свој распоред нужан обезбеђењу националних територија југословенских од спољашњих повреда и отмица. А другостепено је сад њој, премда од саме природе оружане силе неизбежно, да штити унутрашњи ред земље и државе.

Команда Јадранских трупа (11. децембра 1918. се преместила из Подгорице у Цетиње) распустила је све црногорске устаничке јединице (комите, племенске чете и батаљоне, народну гарду, летеће чете) и устројила три домаћа батаљона (у сваком по 800 људи) да уђу у састав њених снага.

У Загребу је установљен Одио за народну обрану, који се прогласио (1. новембра) врховним старешинством целокупне копнене и поморске оружане снаге Државе Словенаца, Хрвата и Срба. Влада у Загребу је преузела оружништво (жандармерију), покушала да створи врсту милицијске организације, Народну гарду, и наредила (8. новембра) да се „све Југо-Славенске чете са ратишта и залеђа изван граница наше државе" с оружјем и потпуном другом опремом што пре упућују у мобилизацијска места и рејоне из којих су – по аустроугарском плану – биле отишле у рат.

Повјереник за народну обрану је наредбом (2. новембра) објавио општу мобилизацију, позвао све официре и обвезнике да ступају у Народну војску Словенаца, Хрвата и Срба. (Влада је у Загребу образовала Српски одред, јачине пука, од оних официра и војника који су се из заробљеништва у Аустрији враћали у Србију.)

Упркос наредбама да се одржи формација, у аустроугарској војсци установљених јединица, свака је, уколико је иоле опстала, сведена на преостатак, официре и подофицире, људе војној служби трајно посвећене. Тако је (половином децембра 1918), старешинског кадра у формацијским јединицама било на располагању владе у Загребу, свега: 382 активна официра, 1.058 резервних официра и 676 подофицира.

Влада у Загребу је успела да сазове и обједини око 4.000 људи, управо добровољаца, који ће 24. децембра 1918. протерати мађарске националисте и ослободити Међумурје.

У Средишњем одбору је једногласно било решено (на седници 20. новембра) да се замоли влада Србије да Народном вијећу пошаље нарочиту мисију за помоћ у организовању војске.

Народна влада у Љубљани је прогласом (31. октобра) позвала Југословене, досад аустроугарске официре и војнике, да не одлазе кући, нити се растају од оружја, него јој приђу и помогну да би народ одбранио земљу и слободу.

Влада је најпре формирала Српске трупе у Љубљани, бројности пука, од доскорашњих заробљеника који су се враћали у Србију (по изласку из логора у Аустрији). Од добровољаца, Словенаца, прво су стварани мањи састави, звани Народна стража, да би одржали ред у својим рејонима; а до краја новембра је већ пописано људство за пет пешадијских пукова, три артиљеријске команде, помоћне делове за трупну и позадинску службу.

Још попуњавана, Народна војска у Словенији имаће (крајем децембра 1918) на располагању владе у Љубљани – свеукупно: официра – 930 и војника – 11.230. Ова формација, за стварну употребу бројно знатно мања, подваја се: за унутарња обезбеђења власти и поретка, и за чување националне земље. (Борба за северну границу, против немачких националиста у Штајерској и Корушкој, трајаће од 19. новембра 1918. до 4. јуна 1919, кад се успешно завршава уз помоћ српске војске и добровољачких одељења из Хрватске и Славоније.)

Та словеначка војска, целокупном бројношћу невелика, несумњиво је родољубива организација. И са одличјем извесне револуционарности, јер настаје у преврату, непосредно из народа, за самоодбрану, она је чинилац, један, државности Словенаца.

Влада у Сарајеву је издала (5. новембра) проглас о стварању Народне гарде, добровољне формације која би чувала мир и поредак. У Главном одбору је одлучено: да се у Босни и Херцеговини не ствара нова војска; него све војне ствари решавају договором са старешинама српске војске; њима подреди и месна жандармерија у заједничким гарнизонима.

Врховна команда ненаметљиво преузима што може Србија у одбрани целокупности југословенских покрајина. С даном државног уједињења, тако рећи, отпочеће српски војни делегати у Загребу, Љубљани и Сарајеву, заједно са овдашњим владама, обједињавање свеколике оружане силе заједничке државе.

12.

Македонија, у вардарској покрајини, није имала самосталног политичког чиниоца, партију или групу која би суделовала у стварању југословенске државе. Трпела је последице поделе којом се био завршио Балкански рат против Османског царства. Цео македонски народ је принуђен да своје подељене моћи чува од туђег растакања; и кроз стања трију држава да продужи борбу за народни језик, властиту просвету и културу, управо да доврши национални препород.

Као подручје Солунског фронта, и основица обема зараћеним странама, земља Македонија излази, после руске фебруарске револуције, на раван дипломатске и публицистичке расправе у свету. Октобарска револуција је и међу Македонцима добила привреженике; право на самоопредељење налази и овде одзив.

Целокупност Македоније, на читавом подручју националне насељености – процењена као вредност за аутономног члана федерализованог Османског царства или за самосталну републику у балканској федерацији – на крају рата се јавља као изрека међу сачуваним, предратним проговорима социјалдемократије, а ни једног овдашњег огранка неке грађанске партије (јер се малограђани придржавају међудржавне поделе).

Група виших официра српске војске је била донела (у Водену, јула 1918) декларацију о Македонији. Официри одобравају Крфску декларацију, па траже да се њом обухвати цела Македонија, и признају Македонце као југословенско племе, уз Србе, Хрвате и Словенце. Захтевали су да се Југословенски одбор прошири учлањењем представника Македонаца изван Србије (као што су, ето, у њему личности из југословенских области које нису у српској држави).

Српска влада је обнављајући власт у вардарској Македонији упутила своје чиновнике да пазе на етничка, верска и језичка својства и достојанство овдашњег народа. Тако је саветовала и стога што је претпостављала да би демократски поступак био користан ако у европској јавности настане расправа (пред конференцију мира) у прилог македонске аутономије.

Македонска емиграција (група просвећених бораца) је објавила свој захтев да конференција мира призна право Македоније да у својим географским границама буде целокупна и неподељена политичка јединица.

У данима југословенског уједињења, македонски првоборци су тражили да вардарска покрајина добије аутономију у Краљевству Срба, Хрвата и Словенаца; како су неки говорили, верску и просветну аутономију, а други – пуну политичку.

Те су изјаве важне за хронику политичке мисли македонског покрета, а ништа стварно нису мењале пошто је ова област Македоније део државе Србије. (Национално ослобођење македонског народа, и уједињење у сопственој држави, могло је, одсад, да пристане уз циљеве Комунистичке интернационале, пошто ће конференција мира утврђујући исходе светског рата потврдити пређашњу поделу Македоније; па сагледавајући национално ослобађање као изворно пратилаштво пролетерске револуције, именоваће комунисти, најзад, образац: македонска република у федеративној држави Југославији; и борећи се за ову величину сачуваће они добар и повољан политички значај југословенског уједињења и за македонски народ; као што се оно, уједињење, у том смислу потврђује и предлагањима неких појединаца и група из грађанске политике – да Македонија буде аутономна у монархији Југославији.)

13.

Црна Гора није издржала целокупно ратовање против Аустро-Угарске, подлегла је последњој офанзиви непријатељске војске (јануара 1916). Краљ и влада су пошли у иностранство, а Црногорце распустили кућама.

Црна Гора, званично, није потписала своју капитулацију. Али је цео удес много штетио угледу краља и владе; могли су агитатори (унионисти) да га користе доказујући нужност уједињења Црне Горе са Србијом.

Краљ ни у изгнанству није напустио замисао ненаписаног ратног циља Црне Горе, дакле: да се држава Црна Гора обнови као независна, и можда уђе у савез словенских држава под заштитом Русије; да се прошири добијањем – Херцеговине и суседног дела Далмације (од ушћа Неретве и преко Сплита све до Ливна), Сарајева с околином, Дубровника и Боке Которске, Скадра и Сан Ђовани ди Медуа.

Председник црногорске владе је од својег краља (меморандумом) затражио (августа 1916) да се сагласи са мишљу о уједињењу Црне Горе и Србије и стварању југословенске државе. Предложио је краљу да се одрекне престола у корист српског регента, а убудуће, на престолу уједињене државе, смењивали би се наизменично мушки потомци династија Петровића и Карађорђевића. Ни овој влади, ни наредној (а обе ће поднети оставку незадовољне његовим одговорима и поступањем), краљ није могао напросто да одбије предлог, али је то у ствари учинио речима, да две династије не могу владати једном државом; и да ће се о том решавати кад се он врати у Црну Гору.

Српска влада је јавно назвала краља Црне Горе издајником, кривим за слом војске и цепање Српства. Она је одлучила да самостално ради како би придобила Црногорце за уједињење са Србијом. Влада је усвојила (15. децембра 1916) основу уједињења: грађанска права становника Црне Горе биће иста као и у Србији; црногорски краљ би доживотно имао ово звање, а чланови његове породице називе кнежева и кнегиња, сви са сталном апанажом ако поштују српске установе и устав...

Залагањем председника српске владе образован је (марта 1917) Црногорски одбор за народно уједињење, да би непосредно сарађивао (јер, наложио је овај председник, „сједињење Црне Горе са Србијом мора се извршити па било Југославије или не").

Црногорски одбор је прогласом објавио: Црна Гора, само-
стална, нема сопствене моћи за савремену привредну и култур-
ну делатност; а „насељене једним истим народом", са заједнич-
ком границом, и доста једнаких потреба, Црна Гора и Србија су
упућене на заједницу; нужно је Црној Гори да се „уједини са Ср-
бијом и осталим српским, хрватским и словеначким земљама у
једну независну државу". Одбор је позвао Црногорце да му се
придруже; и потом је настојао да стекне присталице међу њима.

Црногорски одбор је одобрио Крфску декларацију, а кра-
љевска влада Црне Горе је одбацила крфски програм.

Ратна одлука је била извесна, иако бојеви још нису заврше-
ни, кад је српска Врховна команда упутила (26. октобра 1918)
ојачан пук (југословенских добровољаца) са Косова у Црну Го-
ру да помогне уједнитељима и спречи повратак црногорског
краља у земљу (којем би то помогла Италија), макар пук упо-
требио крајња средства (одредио је регент). Са пуком су пошли
неки чланови Црногорског одбора и делегат српске владе. Они
ће журно вршити свој задатак.

На зборовима становништва у (Андријевици и Беранима)
појавио се Централни извршни одбор да би провео уједиње-
ње. Израдио је правила за бирање посланика скупштине која
ће одлучити. Народ се раздвојио: већина је за уједињење земље
са Србијом, а мањина је хтела да се успостави Краљевина Црна
Гора. Изабрани су на миру присталице безусловног уједињења
и тек неколико приврженика краљевих.

На крају својег тродневног рада (26. новембра 1918. у Подго-
рици), скупштина посланика је усвојила резолуцију, састављену
према упутству српске владе и суделовањем њеног политичког
делегата.

Скупштина је (160 присутних) „једногласно и поименичним
гласањем" одлучила да се краљ и династија Петровића збаци с
престола, и да се „Црна Гора с братском Србијом уједини у једну
једину државу под династијом Карађорђевића, те тако уједиње-
на ступи у заједничку отаџбину нашег троименог народа Срба,
Хрвата и Словенаца".

Скупштина је изабрала Извршни народни одбор (пет лица) да руководи пословима, док се „уједињење Србије и Црне Горе не приведе крају". Скупштина је именовала 18 посланика да пођу, као депутација, у Београд и тамо саопште њене одлуке; стигавши овде, представили су се 17. децембра 1918. регенту Александру.

Уједитељи су подухват мисаоно свели на немогуће постојање двеју династија (црногорске и српске) кад само једна може да влада у јединственој држави. Они нису одредили никакве услове Црне Горе за узајамност у заједници. Сматрајући неке посебности Црногораца управо оним што их одликује међу свим Србима, као огранак народа, уједитељи су наводили да потребе самога опстанка, политичко веровање и духовно наслеђе правдају спајање Црне Горе са Србијом.

Противници оваквог уједињења су говорили о чувању државне традиције Црне Горе, а управо домаћој династији пружали безизгледну одбрану. Морално исправна уколико је доследност заклетви и неко вредновање особености самога етноса, ова борба није политички напредна, чим се првенствено не носи разлогом равноправности Црне Горе са Србијом и сваком другом националном земљом у југословенској држави.

Брз рад и страствен мах превећ су узбудили уједитеље, па су плаховито извршили одавно смишљено а сад неизбежно дело. Они су (већином школована омладина) уједно истисли са вођства пређашње властодршце, зване главаре, људе несавремених гледишта и старинског поступања.

Користећи се општим исходом светског рата, и нарочито омогућени спасом и победом Србије, уједитељи су преузели власт у земљи (свој чин називајући револуцијом), нужно и право по реду унутарње друштвене смене, али с грајом су радили, баш као да су грабили, те обавили уједињење Црне Горе и Србије као сирову политичку радњу, уместо да тај дохват начине топлим сусретом и узорном чињеницом.

14.

Из Војводине су непосредно правили спону са Србијом. Чланови владе (први који су стигли у Београд) препоручили су Српском народном одбору (образованом 3. новембра 1918. у Новом Саду) да захтева уједињење свих Срба, Хрвата и Словенаца, под династијом Карађорђевића, и да ради како би се Банат, Бачка и Барања припојили Србији, што би одлучила народна скупштина.

Одбор је одредио поступак по којем су мушкарци и жене изабрали посланике.

Потом су на Великој народној скупштини Срба, Буњеваца и осталих Словена у Банату, Бачкој и Барањи (у Новом Саду 25. новембра) једногласно усвојене две резолуције.

Првом резолуцијом се изриче одлука да се Банат, Бачка и Барања прикључе Краљевини Србији; другом се, пак, ове области у границама које повуче Антантина војска (сад је то до линије Оршава-Арад-Сегедин-Баја-Печуј-Барч) проглашавају одцепљеним од Угарске у сваком погледу.

Скупштина је између учесника изабрала чланове Великог народног савета, а Савет именовао народну управу као покрајинску владу Војводине. Та скупштина је изјавила да искрено жели да се српска влада и Народно вијеће споразумеју о стварању јединствене државе Срба, Хрвата и Словенаца.

15.

Први покушај, доиста далеко од земље и народа, није успео.

То су се председници српске владе, Југословенског одбора и Народног вијећа, са још неколико чланова ових тела и српске Народне скупштине, били састали у Женеви (6-9. новембра 1918), да би израдили нацрт уједињене државе.

Уговорили су (како је декларацијом записано), да се установи заједничка влада за Краљевину Србију и подручја под влашћу Народног вијећа; ова влада би управљала спољним пословима, војском и морнарицом и безбедношћу државе, припремом кон-

ституанте, општим средствима промета и саобраћаја, заједнич-
ким финансијама и службама социјалне помоћи; та државна
влада би сарађивала са двема земаљским владама, дакле, Србије
и посебно покрајина под Народним вијећем; у заједничку владу,
шест министара именује влада Србије и шест других Народно
вијеће; кад приступи Црна Гора, преговарати и о њеном учешћу
у заједничкој влади.

Овај споразум (зван женевски) пропао је пошто га није одо-
брила цела српска влада (обавештени о њему, тројица министа-
ра су поднели оставку и њом порекли свога председника).

Другим редом и друкчијим поступком биће закључено уј-
дињење.

Вођство Србије (влада и Врховна команда) је упутило сво-
је делегате у Загреб и Сарајево, да тамошњим владама помогну
у организовању одбране поретка и националних граница, и да
пажљиво посредују у политичким стварима.

Обојица су послала у Београд значајна саопштења, вођству
доставили: у Загребу, у влади и Предсједништву Народног ви-
јећа, нема противника уједињења Државе Словенаца, Хрвата и
Срба са Србијом, премда наспрам присталица Карађорђевића и
унитарног уређења овде стоје привржени реп реублике и феде-
рације; прилике у Босни и Херцеговини српској влади налажу
велику обазривост, нарочито према Хрватима који су већином
за уједињење и према Муслиманима вољним да уђу у државу
под српском династијом. Сва та обавештења нису предсказива-
ла дуготрајно погађање.

Из бојазни од доласка и ширења италијанске војске у Дал-
мацији, влада у Сплиту је прва (16. новембра 1918), поднела це-
ловит и добро истанчан предлог уједињења; и послала га срп-
ској влади, владама у Сарајеву и Љубљани и Народном вијећу у
Загребу, са захтевом да се без одуговлачења уједине целокупно
етничке територије Срба, Хрвата и Словенаца.

Далматинска влада је предложила да уједињење изврше На-
родно вијеће и једно представништво Србије и Црне Горе, свако
за себе, а на овој подлози: право је само конституанте да одреди

облик државе – монархија или република – и донесе основне за-
коне; до њена сазива и одлуке – законодавство земљи даваће др-
жавно веће; владарску власт вршиће српски регент; седиште вла-
де и државног већа да буде у Сарајеву; југословенску (државну)
владу да сачињавају 10 министара за послове заједнице и још 5
или 7 државних секретара који би посредовали између државне
владе и земаљских влада у Београду, Загребу, Љубљани, Сарајеву,
Сплиту, и (ако их буде) влада у Цетињу и Новом Саду, и тако би
ови секретари представљали Србију, Хрватску, Словенију, Босну
и Херцеговину, Далмацију, можда Црну Гору и Војводину; регент
би именовао гувернере (и бана у Загребу) за председнике земаљ-
ских влада, док би за војску, поморство, финансије, спољне посло-
ве и односе у држави, једино била надлежна заједничка влада.

На седници Главног одбора Народног вијећа СХС за Босну
и Херцеговину (у Сарајеву 19. новембра) процењен је предлог
далматинске владе. У расправи су говорили прваци свих стра-
нака и група, Срби, Хрвати и Муслимани. Напослетку је Главни
одбор закључио да усваја предлог, као почетну основу за дебату
у Средишњем одбору у Загребу, где ће присуствовати и босан-
ско-херцеговачки представници.

Народна влада у Љубљани се два пута састала (19. и 21. но-
вембра) да би решавала о далматинском предлогу. Кроз дуже
разгледање о том предлогу у влади се потврдило да словеначке
странке, иако различито оцењују нужност уједињења, све сма-
трају републику за најпогоднији облик југословенске државе.

Из вођства Србије су послане (16. и 22. новембра) две пору-
ке у Загреб: првом, исказ о неприхватању споразума у Женеви и
утиску (у Београду) да извесни хрватски кругови намеравају да
Србију и Црну Гору тако одвоје од осталих југословенских земаљ-
а, те да међу њима буде однос какав је постојао између Аустри-
је и Угарске; другом, српска влада јавља да жели хитне прегово-
ре са Народним вијећем о образовању једне државе на етничкој
територији Срба, Хрвата и Словенаца.

Познавање мисли и воље српске владе свакако је било врло
важно за предводнике и покретаче у Загребу.

Одлучујућа, пленарна седница Средишњег одбора Народног вијећа је почела (23. новембра у присуству 49 изасланика) обавештењем Предсједништва: хаотично стање у југословенским крајевима прети нередом; сређивање се хитно налаже да би власт опстала; министри из Београда позивају Народно вијеће да непосредно преговарају о уједињењу.

Погледи и предлози су онда редом излагани, прво предлог земаљске владе за Далмацију.

Либерали и социјалдемократи из Словеније, Хрватске и Славоније, делегати Далмације, Српски радикали (из Срема), делегати из Босне и Херцеговине, одобравали су уједињење сједињујући мисли Крфске декларације и далматинског предлога.

Из странке умереног национализма (у Хрватској и Славонији) чула се и реч о непотребности одлучивања под притиском спољних и унутрашњих збивања.

Говорник Хрватско-српске коалиције је навео да је расправа показала неслогу у националним редовима и сепаратизам.

Католици су за уједињење, склони федерацији, већина политичком савезу народа, а једна група – такозваној економско-културној федерацији.

Вођа хрватске сељачке странке је изложио сасвим друкчију претпоставку. Да се уједињењем створи савезна држава на племенској равноправности, у којој би врховну власт имала три регента – српски наследник престола, хрватски бан и председник словеначког Народног света (већа); они би сагласно и скупно именовали заједничку владу од три министра – за спољне послове, одбрану, прехрану – који би одговарали државном већу, састављеном од делегације Народне скупштине Србије, Хрватског сабора, словеначког Народног света (свака делегација састава по 10 чланова), босанског сабора (4 члана), Народне скупштине Црне Горе, далматинског сабора, Војводине, Истре (свака по 2 члана). Са савезном владом би сарађивале: четири аутономне (федералне) владе – за Словенију, Србију, Хрватску, Црну Гору, и три покрајинске владе – за Босну и Херцеговину, Далмацију и Војводину. Федералне владе и покрајинске су одговорне скупштинама и саборима својих земаља и области.

Представник странке искључивог национализма (хрватског) се успротивио свим предлозима о уједињењу.

Средишњи одбор је (сутрадан, 24. новембра) изабрао Одбор седморице којему је поверио да на основу свега изложеног (на седницама) изради заједнички предлог уједињења. Одбор је саставио закључак којим се одређује да Народно вијеће, у складу са свим што је до сада урађено, прогласи уједињење Државе Словенаца, Хрвата и Срба са Србијом и Црном Гором.

Одбор седморице је предвидео да се изабере делегација Народног вијећа (28 лица), која ће са владом Србије и првацима странака у Србији и Црној Гори неодложно да заведе организацију јединствене државе.

Средишњем одбору на прихват, исти одбор је поднео и зване „напутке за делегате", управо налоге за преговоре са владом Србије и сам закључак уједињења. Рашчлањен, тај низ одредби доста опсеже у државно-правном смислу, готово све како је далматинским предлогом речено о заједничким установама државе (монарху, влади и државном већу) и о земаљским властима (аутономним владама и националним или покрајинским скупштинама); без сумње, у свему је ту баш јасан нацрт за федеративно уређење државе.

После читања, проведена је дебата о предлогу и налозима (напутцима). Говорници странака су поновили партијска гледишта, когод је и оштрије причао него у пређашњој расправи. При гласању, напослетку, Средишњи одбор је прихватио одлуку и „напутке за делегате"; четворица су изјавила ограду према регенту, а против су гласали једино вођа сељачке странке и представник искључивих националиста (хрватских).

Делегација уједињења је одмах по доласку у Београд (28. новембра) саопштила вођству Србије закључак и „напутке за делегате", и још штогод о расположењу већине Хрвата и Словенаца за републику.

На свечаном сусрету, у привременом двору српског регента Александра, 1. децембра 1918, делегација Народног вијећа је прво поздравила младог монарха као врховног команданта српске војске, речима да је она са војскама савезника створила услове за велико дело уједињења.

И Адресом је делегација саопштила регенту: Словенци, Хрвати и Срби, настањени у бившој Аустро-Угарској, извели су преврат, установили независну државу, па изјавили већ 19. октобра, да желе своје уједињење са Србијом и Црном Гором у јединствену државу под династијом Карађорђевића. Једнако је предала и донете одредбе за уједињену државу: да се добије парламентарна влада и привремено народно представништво; да и даље аутономно делују земаљске и покрајинске владе и скупштине; да се сазове уставотворна скупштина која ће држави дати уређење; да се краљ и заједничка влада заузму да би се онемогућило рђаво поступање италијанске окупационе управе у југословенским крајевима; и предузме што је нужно да би конференција мира одредила државне границе по рубовима етничких рејона југословенског народа.

Регент је одговором на Адресу делегације прогласио уједињење Србије са земљама – рекао је – независне Државе Словенаца, Хрвата и Срба у јединствено Краљевство Срба, Хрвата и Словенаца. Објавио је да он и српска влада признају садржај Адресе, и помагаће свестрано да се она оствари.

Предсједништво Народног вијећа је поруком (3. децембра) владама у Загребу, Љубљани, Сарајеву, Сплиту и Новом Саду одредило престанак суверене власти овог већа у југословенским покрајинама доскорашње Аустро-Угарске.

Делегација Народног вијећа (дванаест њених чланова) се потом споразумела са вођством Србије о саставу заједничке владе. Ова влада, прва у Краљевству Срба, Хрвата и Словенаца, образована је 20. децембра под председништвом једног од вођа српских радикала.

Српска Народна скупштина је (29. децембра) одобрила уједињење Србије са другим југословенским земљама.

У Београду се (1. марта 1919) састало Привремено народно представништво.

Југословенски одбор је (16. марта) одржао своју последњу седницу; растао се – записано је – у веровању да је постигнут главни циљ народа и да ће огромна већина Југословена озбиљно радити да се паметно уреди јединствена држава.

16.

Југословенске социјалдемократске партије и групе су препустиле грађанским странкама тако рећи све што је требало да се предвиди и стварно учини за национално ослобођење и уједињену државу.

У покрајинама (аустроугарским), после трогодишњег прекида обнављајући партијску агитацију (1917. године) социјалдемократи су се одмах суочили са већ јавним исказивањем грађанских странака о националној држави. И били запитани: што је сад важније за радничку партију, да класу организује у смислу општега циља (социјализма), или, све своје прилагоди покрету за националну државу. Кроз расправу, и несагласности, настале су две различите и раздвојене групе.

Проповедници првенства класне борбе, звани интернационалисти, готово да су отклањали свако социјалдемократско суделовање у националном покрету.

Супротна група (звана десница) тврдећи да ће национална држава усложити ваздан добрих околности за социјалистички преображај целог друштва, напослетку је приступила народној концентрацији, примила улогу, обавезу и представништво у политичким органима и држави, као придруженик, кад већ целокупна социјалдемократија није могла да буде значајнији судеоник покрета за уједињење.

Интернационалисти су доследни својем избору; нису ометали рад на уједињењу; али, као много важније са своје стране, стављају испред тога циља изворну пресудност класне борбе и

(ускоро ће) комунистички програм светског пролетеријата (од-
ређен при оснивању Треће интернационале, 1919. године).

Налазећи се целим својим организацијама у овом крилу,
ипак су социјалдемократске странке у Босни и Херцеговини и
Србији поздравиле уједињење, по својем особеном гледишту:
југословенска држава ће користити радничкој класној борби, и
вредеће добро, буде ли корак за будућу балканску федерацију, у
којој ће народи имати мир и слободу.

17.

Како је Крфском декларацијом било записано да ће све при-
знате вероисповести вршити своје обреде слободно и јавно, да
ће православна, римокатоличка и исламска, најјаче у народу,
бити равноправне према држави, то нико није оспорио у дани-
ма Уједињења.

Раније започет, продужио се рад на уједињењу православне
цркве, досад раздвојене по пређашњим државама и покрајина-
ма. Њено свештенство је прихватало изреку да су Срби, Хрвати
и Словенци један народ, па стога све цркве дужне да збрати-
мљују вернике у служби заједници. Неки свештеници су ипак
говорили да је православна црква обавезна да обавља само срп-
ски национални рад.

За римокатоличку цркву је престала и последња недоуми-
ца о југословенској држави кад је Ватикан одобрио да бискупи
признају осамостаљене националне заједнице на пространству
доскорашње Хабзбуршке монархије.

Југословенска бискупска конференција је (28. новембра
1918) поздравила уједињење Срба, Хрвата и Словенаца, с надом
– како је објавила – да ће народна држава поштовати права ка-
толичке цркве, и уредити их уговором са Светом Столицом. Би-
скупи су изјавили да желе најбоље односе „са сваком у Југосла-
вији признатом вјероисповјести", у првом реду с православном,
и да ће своје вернике поучавати да поштују социјални поредак,
хришћански брак и приватну својину.

Припадници ислама – чијих представника за рата није било у политичким органима борбе за ослобођење и уједињење – прибојавају се православља као вере Срба, плаше освете због злодела муслиманске милиције, у аустроугарској служби, над Србима, боје Срба као духовног противника из прошлих векова. Свештенство ислама је намерно да вернике огради нарочито према Србима, донекле и према Хрватима, и да служи поседницима чувајући и она имања која припадају богомољама; свакако, да се не умањи важност верских правила у свеукупном живљењу следбеника.

<h2 style="text-align:center">18.</h2>

Југословенско уједињење је многоструко зависило од ратне победе сила Тројног споразума (Антанте). Било је далеко од сваке њихове стратегијске замисли кад је названо (1914. године) ратним циљем Србије. Како су те силе ради задобијања у савез Италије, па Румуније, овима обећавале проширење аустроугарским областима, увелико југословенским, готово да је уједињење бивало само безизгледније.

Све тако до револуције у Русији, кад је нова влада (24. марта 1917) објавила да се бори за ослобођење потлачених народа Аустро-Угарске, и да ће око Србије „подићи" бедем против немачких аспирација на Балкану".

Та изјава није утицала на друге савезничке владе да се изјасне у прилог југословенског уједињења. Али је потом улазак Сједињених Америчких Држава у рат, са прогласом права сваког народа да сам бира своју владу, доживљен као подршка националном ослобађању.

Неизвесност савезничког пристанка је трајала све док северноамеричка влада није објавила (28. јуна 1918) да „све гране словенске расе треба да буду потпуно ослобођене од немачке и аустријске власти".

После су западни савезници, процењујући одсудно малаксавање Хабзбуршке монархије, њеним народима редом, па последњим Југословенима, признали право самоопредељења. То је након свију, и неискрено, изјавила и влада Италије.

Влада и сва јавност Француске, неки делови британског друштва и северноамеричко посредовање у Европи, правили су потребно и повољно окриље самотвору југословенске државе.

Неки круг светске победе, уосталом, био је нужан да би на Балкану – где је размеђе великих култура посред мноштва народа – могла да се образује једна вишеплеменска словенска држава.

Француска влада веома помаже Србију да одржи право припадника победничког савеза, и с таквим значењем, представљајући југословенство уједињене државе, да заузме место учесника мировних преговора.

И северноамеричка влада, иако грубо ометана италијанским надирањем у југословенско право и поседе, не одустаје од својег признања самоопредељења, и пружа подршку с вољом да нова држава опстане.

Веома брижна да се угоде, нешкодљиво, за њену империју мере важности Француске у Европи и јакости Италије на Средоземљу, британска влада достојним сматра успоставу и јачање југословенске државе.

Ове владе неће пожурити да службено признају југословенску државу, којој се њихов савезник Италија непријатељски окренула. (Врховна команда југословенске војске, на пример, наредиће 29. марта 1919. армијама, да избегавају сукобе с италијанским трупама „из разлога што европске велике силе савезничке још нису признале Краљевство, Срба, Хрвата и Словенаца".)

Три владе су мериле процену дипломатије: кад се није обистинила давна претпоставка о подели Балкана између Хабзбуршке монархије и царске Русије, сад ће Југославија дуж југоистока бити једна подграда увећаног броја националних држава у средишту Европе. Уједињени Срби, Хрвати и Словенци – говорило се међу савезницима – први ће заустављати Немце ако би поново хтели према југу; и, уједно, противкомунистички доктринисана југословенска држава ојачаваће дубину европског фронта против бољшевичке Русије.

Ватикан се у светском рату веома залагао да преживи Хабзбуршка монархија. Био је противник Србије, Југословенског одбора, и сваког подухвата који изводи народе из аустроугарске државе; био, докле год се уопште могло – непријатељ уједињења Срба, Хрвата и Словенаца.

Због бујања национализма, Света Столица се саглашавала да се Југословенима омогући аутономија у царству (и чинила јој се добра Мајска декларација, пошто је њу тумачила у овом смислу). Пред сам завршетак рата, у Ватикану су смислили: најбоља је „у интересу цивилизације и њих самих нека врста уније између народа средње Европе", доиста, овако, да би се спасила хабзбуршка државна целина.

Ватикан је, чим је потписано ратно примирје (1918. године) решио да „успостави пријатељске односе са народима аустроугарског царства који су пре кратког времена стекли независност", да римокатоличка црква прихвати политичке и територијалне промене у животу народа.

У данима Уједињења, југословенство (народ и држава) окружено је непријатељством из суседства: од Аустрије и Мађарске продужена су стара потезања; у Румунији – супарништво због Баната; од Бугарске – подбадање преко македонских комита и подилажења победницима причом да су Срби опаки а Бугари заслужни правде; у Грчкој – нескривено настојање да северну границу још помере у југословенско подручје, мал не до средишта Македоније; из Албаније – иредентистичко подстицање и прихватање одметнутих качака у западној Македонији, на Косову и Метохији и дуж границе с Црном Гором.

Италија је најтежи непријатељ југословенске државе: члан је у већу четири силе победнице; има документ (Лондонски уговор од 26. априла 1915), који савезнике обавезује да удовоље њен захтев на области Хабзбуршке монархије; с количином трупа је на Балкану и у залеђу источног и северног Јадрана да по броју људи и ватреној моћи премашају сваку овде националну војску; и с таквим војним обухватом југословенске државе да ову опседа италијанска војска, безмало непрекидно уздуж, од Охридског језера у Македонији до Врбског језера у Корушкој.

Савезници, победивши на фронтовима, наговестили су да ће се убрзо састати конференција мира. За тај скори час, требало је и југословенство да буде наредно, својом државом обликовано. Пред велесиле да изиђе са одсудном одлуком народа и већ чињеницом за међународно признање. Помисао на овакву нужност, суштаствене важности, свакако је наводила да се не оклева, већ хитно прогласи уједињење, да одредиоци граница нових држава у Европи, и југословенску државу виде као уоквирену појаву (а не само претпоставку родољуба).

19.

Већ даном проглашења, Краљевство Срба, Хрвата и Словенаца је, извесно, федеративна држава. Састоји се Краљевство од Србије са Црном Гором, Косовом и Метохијом, Македонијом, Банатом, Бачком и Барањом – као једне федералне целости – и даље редом: Хрватске и Славоније с Међумурјем, Босне и Херцеговине, Далмације, Словеније.

Србији и источном делу државе надлежна је непосредно влада у Београду, коју обично називају државна влада, централна или заједничка. Националне (покрајинске) владе – у Загребу (за Хрватску и Славонију), Сарајеву (за Босну и Херцеговину), Сплиту (за Далмацију), у Љубљани (за Словенију) – продужиће аутономно управљање својим областима све до не брзог провођења одлуке Уставотворне скупштине (1921. године) о друкчијем, подједнаком уређењу целе државе.

Прогласом Уједињења југословенска држава је названа краљевством, баш речју српског регента Александра. Србија собом, и пред светом, на крају Првог светског рата, управо је врло поносна домом Карађорђевића (монархистички службеници су назвали краља и регента – ослободилац и ујединитељ). Србија је неразлучива од своје владалачке куће, чију наклоност жуди и чува свака грађанска странка. Неумањено се широм причало да Карађорђевићи неће оспоравати слободу.

Влади Србије, онда, ниједном није затребало, у свим прего-
ворима, да нарочито доказују како су Карађорђевићи неизоста-
вљиви; да Србија без њих неће ни самостално ни у ширу, брат-
ску заједницу, јер су њен родни изданак (увек је било речено:
народна династија).

Ту мисао Србије имали су једнако Срби свуда; с њима и Цр-
ногорци, па не само они што пристају на безусловно уједињење и
српску династију.

Македонце је жалостила раздељеност и удаљавао страх од
продужетка суседског разрачунавања на њиховој земљи око
њихова постојања, те их поглед ни на једну владајућу страну (и
снагу) не подиже из те тужне безнадежности.

Муслимани ни ведро ни бојажљиво полажу наду у вероват-
ну неосветљивост православних Карађорђевића према верни-
цима ислама, сада усамљеним због нестанка хабзбуршке лукаве
наклоности и докрајчења султанове одавно нејаке заштите.

У Словенаца и Хрвата није могло да буде више воље и при-
сташности за Карађорђевиће него што су доскора имали одано-
сти према Хабзбурговцима. Политичке странке су ипак уједи-
њење подвеле повољној одредби: под краљем Карађорђевићем
да постоји привремена управа земље до сазива и одлуке уставо-
творне скупштине која ће одредити трајан облик државе и ње-
ног уређења. И разумеју те странке, да ће говорењу о монархији
и републици бити допуштено подједнако јавне слободе. Одре-
шито, једино сељачка странка не прихвата владара Карађорђе-
вића, напоредо са своје опште опредељености против монархије
и кроз жестоко супротстављање заведеном режиму у Хрватској.
(Једнако српску династију одбијају и остаци пређашње странке
искључивог национализма међу Хрватима.)

Међу свима који су одобрили уједињење, без сумње, нема
непријатељства према Карађорђевићима, поглавито у данима
такозваног преврата (за покрајине доскора у Аустро-Угарској).
И сви процењују да је и ради тешког задатка југословенске др-
жаве на конференцији мира (која ће јој одредити границе), и за

њену добру предност у међународним односима, повољан глас у свету о Карађорђевићима.

Свакој партији, Уједињењем задовољној, задало се одмах да изабере: унитаризам или федерализам као политичку филозофију државе; а нарочито стога што су оба система самим уједињењем унета, из Србије јединствена уређеност целине а од покрајина из Аустро-Угарске федеративан однос међу њима и са српском краљевином.

И партије унитаристичког правца су првенствено посвећене националним циљевима; свака се опредељује за управно уједначење целе државе у веровању да ће њеној стратегији (издвојеног заступања националне класе) више омогућивати интегрисана заједница него растресит савез неједнаких покрајина. Унитаризам се доста разложно сам правдао: нужношћу сузбијања и онемогућења многих домаћих и иностраних претњи држави, убеђеношћу у једнонародну целост Југословена, потребношћу побољшавања друштвеног стања завођењем, свуда једнако, грађанске демократије и економске слободе.

А њихови супарници, федералисти, мисле о нацији, и држави која ће јој служити: сва уређеност владавине да омогућава националне (покрајинске) аутономије као темељну запрему организованог друштва. И грађански федералисти се, дакако, боје класног устаништва и спољашњих непријатеља. А где у покрајинама управљају, и они окрутно сузбијају отпоре и непослушности; за оквир и ступањ да важи самоуправа, а унутра, у народу, путем старог, још аустроугарског реда и бирократизованог чиновништва – строга подређеност људи и средстава.

Кад је проглашено, Уједињење замашније стоји у стратегији државотворства но у души народа. Та је неподударност била неминовна. Крај светског рата се случио распадом Хабзбуршке монархије пре него што је политичка просвећеност Југословена била широко однеговала духове за уједињење, дотад мисао и национални задатак. Оно дана припреме (октобра и новембра 1918) било је довољно за политичка вођства да углаве претходне споразуме и поступак, али мало да би једнаким начином народ свуда био питан о уједињењу.

Срби у Краљевини следе вођство државе; Уједињење свак разуме као прави завршетак четворогодишњег народног ратовања за опстанак и ослобођење. Срби свуда радосни су; целокупан народ се једнодушно исказао: пред алтернативом, за Србе је југословенска држава једини добар избор.

Македонце у вардарској покрајини југословенско уједињење не занима као чињеница са неким њиховим могуће независним уделима; непризнати као засебна етничка целина и равноправан судеоник друштвене демократије, немају националне установе, ни политичке странке, ни општу скупштину.

У Црној Гори није нико јавно рекао да се лично противи југословенској држави. Подела у народу је настала, споља виђена, због начина уједињења Црне Горе са Србијом. Већина је одобрила поступак, а мањина (рачунајући на војну и политичку помоћ Италије) устаје, и с оружјем, да би оспорила и поништила одлуку.

Како се уједнитељска управа одлучно одупрла (својим војним одредима у присуству српских чета и савезничких јединица у приморју), део разбијених устаника с вођама прихватила је италијанска војска (налазећи се свуда дуж црногорске обале Јадрана). Цео побуњенички подухват се завршио као узалудан покушај приврженика династије Петровића да Црну Гору издвоје. Свеукупно, Уједињење је непоречено у Црногораца.

Муслиманско становништво је обузето ишчекивањем. Убрзо, поседници стварају странку, да би политичким деловањем проводила народносно обједињавање верника ислама, и суделовањем у власти спречила да југословенска држава до краја укине још сачуване облике турског феудалног власништва. Политички неупућена већина препушта се странци, и с њом заједно урастаће у југословенско друштво кроз размеђе Срба и Хрвата.

У хрватском народу, југословенска мисао је национална тековина. Пропала су друкчија предвиђања народне будућности. Најзад је свака добронамерна процена југословенско уједињење назвала угодном неминовношћу за хрватску судбину. Једино су искључиви националисти одбили да се прикључе; а сељачка странка је условљавала захтевом, да се хрватска нација претпостави југословенској заједници, прво да се обликује хрватска државност па онда југословенска.

Хрвати се владају изразито политички: претежно су за федеративну југословенску државу, и да у њој Хрватска буде република, макар цела заједница имала монарха за суверена.

Било је, иначе, доста Хрвата, нарочито међу школованим људима и власницима капитала, који се непосредно држе југословенства; вољни су да се једнако уреди управа у целој држави, и преко свих покрајинских међа умножавају привредни послови, културне и политичке узајамности.

Задесила је Словенију подела, баш она које се народ највише плашио. Словенци, отпре поучавани да траже и утврде спасење братимећи се са Хрватима и Србима, ценили су Уједињење као добробит сваке покрајине у држави. И желе да у заједници буде довољно самоуправе сваког народног огранка. Уједињен с браћом на југоистоку, осакаћени словеначки народ је себи зглобио животну околност, једину на крају Првог светског рата која му обезбеђује да опстане и сачува своје национално биће. Зато је у појму свакога, политички замишљеног Словенца, југословенска држава историјска тековина за темељно одређење националне владавине.

20.

Свему опсегу ипак извесне, политичке припремљености Југословена за уједињење не пристаје сличном узајамношћу привредно стање народа. У тој основи живота, несагледиво има различитих творевина и неколико прејаких условности и за будућу, чак дуготрајну неједнакост између историјских и националних покрајина.

Југословенске земље доскора у Аустро-Угарској, донекле изузимајући Босну и Херцеговину, за једну меру су ипак целост, бар по истом низу и збиру облика рада и поседовања, израђених за векова у феудалном па, мешовито, и у капиталистичком друштву Хабзбуршке монархије. Целином подређена немачком и мађарском господству, ипак је робна производња била саздала већ своја тврда гнезда за модерна национална друштва и привреду.

Уједињењем се наслеђује и веома издељено класно друштво, условљено врстама поседовања и производње у доскорашњој Хабзбуршкој монархији.

Постоје у југословенским нацијама; капиталисти свих врста и ступњева, феудалци (средњеевропског типа и османског у Босни и Херцеговини), трговци, занатлије многих занимања, радници у рударству, шумарству, саобраћају, фабрикама, радионицама, у пољопривреди, сељаци који су власници средњих и малих имања, надничари, зависни сељаци на феудалним поседима (особено на спахилуцима у Босни и колонатима у Далмацији), и свуда чиновници домаћег порекла.

Од све целости хабзбуршког управног поседа, Уједињењем се не преузима ни једна његова дубља економска повезаност са југословенским земљама даље на југоистоку.

Србија, Македонија и Црна Гора су на свршетку рата сасвим опустошене. У привреди Србије, темељ свему је слободан посед земљишта, јер давно беше овде устанички поништена зависност сељака пређашњем турском господару. Продирући прво путевима трговина и градитељским потребама државе, робна производња је временом задобила одређујућу важност за сву привреду. Србија, слободно национално друштво, има једноставан класни састав својег становништва: капиталисте свих врста, чиновнике (и као поседнике), занатлије, раднике у индустрији, рударству, саобраћају, промету, мало и средње имућне сељаке.

У Србији од балканских ратова (1912/13. године), вардарска Македонија и Косово и Метохија још немају свеопште преовлађивање домаће робне производње. Занатство многих врста сачињава безмало сву градску привреду. Производња на селу увелико подмирује што овдашњем становништву треба, а делом излази на тржиште где се хвата капиталистичке размене добара. Као остаци османског феудализма, у овим областима

још постоје велика имања појединих власника и њима подло-
жно мноштво за земљу везаних и сиротих сељака. Македон-
ско национално друштво има савремене трговце, позајмљиваче
новца, чиновнике као буржоаски слој, занатлије, мало радника,
највише сељака. Сличног су састава и национални редови ал-
банског становништва и српског на Косову и Метохији.

Црна Гора се већ била ухватила преласка од старинске ради-
ности племенског друштва (сеоских задруга) ка преовлађива-
њу робне производње. Занати су осредње развијени. Затворена
сеоска привреда, основица друштва, довољно се била отвори-
ла размени са индустријском робом. Црна Гора нема богаташа;
има главаре и чиновнике (и као мале поседнике), сиромашних
сељака највише, и мало средње имућних.

Југословенска држава је изразито пољопривредна земља,
мешовите производње и размене под одређујућим дејством ка-
питала. (У целокупном становништву, 11.684.767 лица, према
попису 31. јануара 1921, удео активних и издржаваних лица у
пољопривреди, шумарству и рибарству износи – 78,87%.) Целој
земљи непосредно предстоји да доврши буржоаско-демократ-
ску револуцију за формације националних друштава.

21.

Југословенска држава уједињује народе сродне а етнички
особене, и још различне по ономе што је у самом бићу – по јези-
цима, вероисповестима, историјском искуству, духовним одли-
кама; дакле народе, до овога часа, столећима раздвојене непо-
мерљивом међом света која је давно делила Византију и Рим па
потом исламско царство Османлија и хришћански део Европе.

Састављена је – често је речено – од дела Истока и дела За-
пада, на размеђу где су за времена народи били начинили неке
узајамности, али ни у чему да су посве потрли овдашњу границу
између светова, источног и западног.

Срби, Македонци, Црногорци, Муслимани, с Албанцима
(несловенског порекла), једно су као народи Истока, а двоје као

верници православног хришћанства и ислама. И садрже још не-
ишчезлу тврдоћу историјског непријатељства међу овим двема
вероисповестима.

Срби су изградили модерну државу и грађанско класно дру-
штво узимајући поуке (и кадрове неко време) из држава грађан-
ске демократије и културе католичког дела света. И црногорско
се твораштво, за државу и културу народа, доиста, као и српско,
више угледало на западне обрасце него руске установе и односе.

Македонци су већ у мешовитом османском друштву изра-
дили појам своје националне одређености. А сад им је нужно да
одличја добро сљубе и чувају сву народност, налазећи мотиве и
средства у домаћем наслеђу, а мишљу о слободи како су је оства-
рила западноевропска грађанска друштва. Не прекида се, доис-
та, ни старо македонско угледање на облике руских домашаја.

И у Албанаца неодољива национална напрегнутост радне
силе веома се упошљава неговањем и исказивањем душе народа.

Муслимани, творећи се етничком целином докле ислам ве-
же људство словенског порекла, већ богате своје живљење при-
мајући и користећи тековине и навике европског грађанства;
своју источњачку културу живо мешају са знањима пренетим
из земаља католичке духовности и примењеног рационализма.

Све југословенско на Истоку наперено је, управо, колико
опсеже модерно грађанство, готово јединственом тежњом: да
буде друштво као што су она у народа на Западу.

Хрвати и Словенци су на Западу. Свако властито потезање
за самосвојан опстанак и напредак, они су вековима чврснули
везаношћу са Европом латинске културе, црквених веровања и
рационалистичке просвећености. У северном и западном крају
југословенске државе, дакле, општа друштвеност је као европ-
ска, грађанска и католичка. Оба народа могу да наставе разви-
так, на правцима одабраним и темељима стеченим кроз нацио-
налне препороде.

Свеукупно, распадом Хабзбуршког царства ишчезле су управ-
не сметње духовном уједињавању Југословена, узајамном прима-
њу ранијих добара културе и стварању нових и заједничких.

22.

У данима Уједињења, немирно је свуда на југословенском земљишту, а споља са сваке стране – претња држави. Нема покрајине где би власт и поседници имали најугодније спокојство.

У Србији, опустошеној ратом и трогодишњом окупацијом, одвише је нереда и растројства. Немаштина је морила већину становништва, а власт је и даље узимала људе и средства за војничку службу. После туђинске окупације, држава је споро обнављала своју целокупност. У неким крајевима, становништво сада стрепи од хајдучије; јер групе острвљених људи нападају путнике и сељаке, и харају често остављајући иза себе побијену чељад. Власт их је гонила, доста дуго углавном неуспешно.

У Македонији и на Косову и Метохији има свега тешкога кроз последице рата – као што је у Србији – и поврх: македонско одупирање вишеструким раздвајањима и албанско устаниште.

Власт је немоћна да спречава упадање комита који са бугарске стране долазе да би Македонце узбуњивали против српске власти и југословенске државе. Ни употребљена војничка одељења не могу посве да сузбију комите и лише их помоћи коју им становништво пружа, било добровољно или силом натерано; а то све погађа Македонце. На Косову и Метохији власт се одржава сваким начином мирнодопског поступања али и оружаним средствима против албанских устаника који се непосредно ослањају на Албанију у појасу од Дебра у Македонији до Плава на извору реке Лима и даље у пределу Скадарског језера.

Албански устанак зван Качачки покрет је садржавао мисао: припојење суседној сродничкој држави и добијање земље у посед сељака.

Узнемирени су и Муслимани у суседном Санџаку: неколико хајдучких група крстаре крајевима, застрашују становништво и пљачкају сеоске домове; беже пред жандармеријским потерама.

На истом простору, између Таре и Ибра, кретале су се од запада према истоку наоружане дружине српских и црногорских сељака. Упадале су у села, разгониле Муслимане, понекога убиле, собом односиле кућне предмете и гониле отету стоку. Ово људство није устало против државе, али га жандармерија и војска разгоне.

Још западније, све до приморја, после своје неуспешне побуне против начина уједињења Црне Горе са Србијом, неизбегле и непредате групе црногорских устаника склониће се у планине, и оданде као комите нападати војна одељења и жандармеријске патроле, бежати испред протерних одреда.

Из северних крајева Црне Горе, прелазиле су веће множине наоружаних људи у суседну Херцеговину. Овде су плашиле становништво, особито Муслимане, и сељацима отимале стоку. Војска и жандармерија су одвраћале провалнике.

Истовремено, а друштвено дубље, збива се и један готово устанички немир кметског сељаштва у Босни и Херцеговини. Кметови, махом православни Срби, а поседници земље, аге и бегови, сви Муслимани, па се овде класни сукоб умножио верском мржњом. Сељаци су, понајвише у босанској Посавини и Крајини, запосели, као своју, земљу коју су дотад обрађивали. Влада у Сарајеву се супротставила, да би устаничку наглост сељака заменила поступношћу аграрне реформе, цео преврат подредила држави.

Јаче, изразитије, засегла је аграрна револуција у северним областима државе, где се самом захтевању земље придружују и животна тражења сиромашног сталежа и национално правдање људског незадовољства.

У Банату, Бачкој и Барањи, мађарски аграрни пролетеријат једновремено је мислио о добијању земље и (заједно са свим сродницима) о повратку националној држави. Румуни у Банату слично су промишљали, гледајући на државу своје браће у суседству.

Овдашњу мађарску наклоност према револуцији на северу, у Угарској, југословенска власт је ценила као подривање ратне победе и праведне решености Срба и Хрвата да се уједине с матицом свој народа. Са сличне процене, кршени су и покушаји југословенских револуционара (махом пређашњих аустроугарских војника који су прошли кроз руско заробљеништво па тамо суделовали у револуцији) да у неким местима успоставе пролетерску, класну власт.

Оваквих је покушаја било још више у Срему, у Хрватској и Славонији. Овде су повратници из Русије, најчешће баш они, предводили тек приспеле војнике са ратишта и њима придружене сељаке, да би протерали жандармеријске постаје и заузели месну и општинску власт, започели деобу властелинске земље (једном је речено: „социјализацију свих природних добара").

У више места, ови устаници су своје завојевање назвали републиком. Те свесне покушаје превршили су походи огорченог и разјареног људства (понегде је, у једној провали, било и до 5.000 учесника) што је као таласом ударало на властелинства, трговачке радње и магацине, седишта државних установа, и за собом остављало неред, рушевине и страх у становништву.

Влада у Загребу је ту стихију назвала бољшевичком револуцијом, и углавном је сузбила помоћу пређашње жандармерије, нове Народне гарде и остатака домаћих јединица аустроугарске војске.

Како је победничка демаркациона линија разделила Словенце, у овом народу није могло да буде икаквог друштвеног подухвата и кретања изван стешњености коју такав раздвој намеће и, дабогме, мимо нужности да свак истраје бранећи етничку, духовну и моралну вредност целокупности својег рода. Али, у сиромашних, патриотске усхићености једва може да буде више него огорчења на поседнике и властодршце под којима се не поправља стање сиротиње.

Политичке странке су веома утицале на свачије лично опредељење. Радници су кроз партију и синдикалне савезе, често штрајком и јавним походом, захтевали да власници повећају наднице а влада набави храну и одећу и обезбеди им станове. Сваки прекид рада је ометао производњу, нарочито важну у рудницима и на железници. На упорност радничку, словеначка влада је одвраћала: једвитим удовољењем неких захтева и плаховитом употребом подручне снаге; сукоби су веома жестоки (бива и крвопролића).

И у сељаштву има доста борачког напона, јер ова већина словеначког народа тражи поделу властелинских и црквених поседа, земље и шума.

Једним погледом дакле осмотрена, тек уједињена југословенска држава се указује као пространство препуно немира, од нагонских удараца по владајућем реду до свесне, револуционарне битке сиромаха са поседницима и властодршцима. То се разноличје двојако разазнаје и раздељује: у целој држави – лако одредљивом границом између Истока и Запада; па посебно у оба предела – степеном и врстом примењеног начина борбе. Првенствено, друштва у источном пределу немире добијају ударањем сила националног ослободилаштва и аграрне револуције; а у западном – кретањем сталешких и класних снага против велепоседника и капиталиста. У оба дела мешају се, дакако, воља и разумевање, какви су неопходни довршавању буржоаско-демократске револуције и наговештају социјалистичке.

* * *

Краљевство Срба, Хрвата и Словенаца, прва је у повести народа држава од Алпа до Тимока и доњег Вардара; исход је до самога врха историјског дохвата на завршетку Првог светског рата, кроз последице слома Централних сила а наспрам социјалистичке револуције која побеђује у Русији и буја још којекуда. После уједињења Италије па Немачке пре пола века, југословенско ослобођење и уједињење, чехословачко ослобођење, обнова јединства Пољске, успостава балтичких република и независне Финске сада довршавају демократску револуцију у Европи (преостаци националног поробљавања решаваће се реформама или устанцима с малим изменама припадништва државама).

Југословенско остварење је проистекло сасвим савременом борбом по замисли која је више претпостављала него иједна сродног јој порекла и значења у постојећим гледиштима о слободи и уједињењу народа словенског Југа, на стрмини Европе.

Југословенска држава, пространство земље и становништва откинуто од империјализма. Ма и слабашну прилику да прави за напредак народа у демократији, производњи и култури, ова држава је свакако степен људског ослобађања.

Југославија скупно обухвата толико националних добара, умних знања, природних услова, радних сила и средстава, коликим се пре, без овакве множине, ни један њен народ ни предео није могао опремити за сопствен развитак. Одиста, над све недостатке у зачетку државе, и над доцнијом невештином, или злонамерама, и на кварене односе овдашњих нација и класа – стајаће ваљаношћу чин Уједињења и прекретница њим положена; и на трајно се тај домет записати као дело ослободилачко, један беочуг међу оне, историјске, са којих се броји и одређује напредовање човечанства.[*]

---

[*] *Рођење Југославије.* Оглед објављен у зборнику прилога, написа и фотографија, названом спомен монографија „1. децембар 1918–1988. Седамдесет година Југославије". Приређивачи: Милорад Даничић, Слободан Миловановић, Даница Миловановић, Сунчица Даничић. – Београд: „Панпублик", 1988, 11–27. Поново, оглед штампан у књизи „Југославија на стрмини Европе".

ЈУГОСЛОВЕНСКИ 1. ДЕЦЕМБАР 1918.

Удаљени смо седамдесет година од тог дана – на довољном размаку да бисмо независно судили; но, баш и окаснили да се с навршетком последње годишњице ту смело и бодро појавимо. Скрушимо, стога, поглед и станимо смерно; пустимо и стиду да мине уз образе јер стижемо огрешене савести; дужни истини, а гдекад и плашљиви бегунци у незнање и кривотворство.

1.

Заиста, ми писци, приповедачи о прошлости Југославије, хоћемо ли данас изићи из нашег скоро ће полувековног згибања у ограничењу; јесмо ли кадри – како нам позвање задаје – показати се правдољубивим поклоницима истине.

За дохођење истини, њој никад није доцкан, али за нас који смо деценијама врлудали, заобилазећи 1. децембар 1918. године, данас је последњи час да скупно окружимо истинољубљем и испитамо тог дана згођен југословенски чин.

Најмање тридесет година очекује се да буде састанак и разговор о Уједињењу (1918), приређен баш у Београду, и то на овом месту, под насловом и кровом Академије; унеколико пак чекало се и свих шездесет и девет минулих година да академици начине сабор науке на којем ће познаваоци чињеница и ондашњих судеоника говорити и судити о стварању југословенске државе.

Историјска наука, уопште, колико се туд креће, никад свестрано да трага, скупља брижно и право сређује сведочења, ни да праведно одређује значење политичког циља, морални и човечни износ, домашај народа и општељудски знак у оном прогласу изговореном 1. децембра 1918. у недељу увече у Палати на Теразијама.

Ни пређашња, такозвана буржоаска наука, ни потоња марксистичка историографија, ни у једне од њих знатижеља не обви се блажено, не приступи бестрасно да извиди токове и радњу, да тачна сазнања добро развије те неокрњиво сведе налаз докле се онде један човечански закон обистинио, делимично или сасвим.

Ко хвалио, ко ли прехвалио, а когод причао да оно има већма ману него врлину, понеко и клео, називајући га ништавним, тек сваки се говор о Уједињењу (1918), за раздобља монархије Југославије, и како који, уплиће као следство и садејство извесне стратегије, служећи правдању превласти или напону промене раздела у владавини земљом, чак поједини, настрано, разарању заједнице. У свему, таква се сложеност слегла од супротних прича о Уједињењу, и толико избркано помешаних, да једва из тог мноштва избија тек понечија мисао што гласи бар прозивку истине.

Напослетку, слом монархије (1941. године) сроза лудо и тај сироти деличак тачности; разорно размахну ломљава, баци кошмар пред погледе људи и у сваког нагна брзоплету изреку: узалудно беше Уједињење, промашила је Југославија.

Усред спопада зловоље и сврх туђинског раскида државе, а баш проносећи ту изреку, узима је за одскок, себи сврсисходно, највећма комунистички чинилац: прво, за натегу својег прогласа о буржоаској издаји Отаџбине: а како су у последње време комунисти имали задатак од својег извањског, наднационалног воћства да не напуштају претпоставку Југославије, онда они убрзо увлаче исти срок и у причу о родољубљу да би њим напирали револуционарно устаништво, јер гука срама јари мржњу на погрешиоца.

Крст је тако уложен, за оружано борење стављена одредба; комунисти свуд говоре: ратни слом је потврдио већ давну партијску оцену да монархија није ваљала народу ни на дан Уједињења (1918); зато, повратку монархије револуцијом спречити обнову.

Војничка победа против окупаторских освајача домовине омогућила је да буде славан проглас републике (1945. године); и све потом да пође још гломазније али уже одмерено: ниједна по-

хвала тако рећи не изговори о републици а да се наспрам не до-
метне и која грдња монархије, у настројству збиља необичном,
на прилику, као кад нека лепота не би тражила истоветност за
своје огледање него свакад запињала о ружноћу да с ње узме по-
вод за премножену самохвалу.

Тежина тога говорења, и оштрина читавог преметања хва-
љеног и куђеног, уврђе клин разбоја првенствено у историјску
вредност Уједињења (1918), јер свака неуспелост монархије, па
и њена палост најпосле, има зачеће, веле комунистички репу-
бликанци, у недемократском начину заснивања југословенске
државе. Одатле, од првог закорачаја па све њено што је стекла
доцније, крштено је брзореко злонамерном кованицом – версај-
ска Југославија; овом, дакле, првобитно изреком спољашњих
непријатеља Уједињења Срба, Хрвата и Словенаца, али дође и
комунистима допадљива парола, да у њиховy говорy буде стре-
ла којом негда, у монархији, гађаху капиталистичке властодр-
шце, а у републици – као партија на власти – истом узречицом
да препречавају сусрет истинољубља и оне кључне чињенице.

Комунистичку власт следи с њом срођена марксистичка
историографија; обе надахнуте истом идеологијом, делују јед-
начито: власт, вршилац и корисник моћи, има своју службу
приповедања као пратилаштво што везе скаску о мудром и не-
премашиво добром предвођењу народа; и свеколико зањихано
и тако занесено, и превећ умишљено, да у том потопу од само-
љубља беше ли у икога свести о суду историје.

Што су комунистички руководиоци наметали сваважност
својег положаја и хтења, то је лако разумљиво, па и да се узгред
донекле прашта њима колико и сваком другом соју и збору је-
диних држалаца власти у земљи, обузетих собом до невидела
на људско окружје, одакле ће једном произаћи проговор зарад
свеопште истине.

А колико су марксистички историчари потпали строју (вла-
стодршци кажу: институције система), то је схватљиво као вр-
ста службе, али је неопростиво као став и однос учењака дужних
превасходно истини. (Нерадосно је и за сам спомен, а камоли за

озбиљан напис о моралној одговорности, већ и само присећање на то како је многим марксистичким историчарима било важније да напишу политички реферат који ће бити похваљен у партијском комитету него да израде студију за странице научног часописа; било је, дакле, том референту, за неки прескок, потребније да га изаберу за члана Централног комитета него да у такмичењу с једнаким у струци задобије место у катедри историје; и кад се понеки обострано усрећио, сваки је пазио – колико знамо сем једнога у једном предмету и случају – да звање наставника равна по морању политичара.)

И можда није узајамно мерљиво, али се задева као упоредно за једно питање: колико су комунистички властодршци проузроковали и начинили невоље земљи, осиромашења народа и неслоге међу Југословенима, јесу ли марксистички историчари направили сличну недаћу оштећујући знање народа великим неисказом тачности и остављањем празнина, услед својег пристрасног хода кроз прошло доба и честог напуштања обавезе да испуне слику подацима и шарањем празнослова.

Отуд, је ли умесно за претпоставку: народ ће пре надживети, ево запало нам сиромаштво и гужвање с нерасудностима ослабеле владавине него што ће добити и усвојити исправке грешака, истопити мрежу неистине дуго утискивану у историјску свест просвећених становника; предмети ће да се нађу и постоје куд их људи сместе, а каква би чудесна, митска вештина требало да обави чишћење од рђавог насада кад су нити зашле и у живо и мртво, да ни потоп не би све однео ни огањ све сажегао; остали би којекуда белези, ма и патрљци неких обрада да сведоче о лаковерној употреби једне умствености, и означи се вечно понављан случај: радња је мах и чин, а напис је дух који вија наоколо.

Није, дакако, марксистичка историографија све рђаво обавила, ни узалудно множила своје знанствене прилоге о постанку и судбини Југославије.

Силну запрему узело је списатељство обухватајући предмете научног истраживања и обраде, поглавито из раздобља Другог светског рата, а с нарочитом тежњом да представи: Комунистичку партију јунаком и ствараоцем без премца; народнослободилачки покрет – величанственом појавом најхрабријег људства; револуцијом стечену федеративну републику као велико завојевање, блештаву звезду на небу историје.

Само разграњавање марксистичке историографије кроз творaштво и доприносе стручних националних института и универзитетских катедри, и с прилозима самосталних радника, несумњиво, као што је једна потреба федеративне рашчлањености, па после конфедерацијске раздељености комунистичке владавине у Југославији, тако је и једна тековина културе.

Трајност ове тековине обезбеђује се оним хиљадама и хиљадама штампаних страница објављене изворне грађе, све записа савремених о прошлим збивањима. Па, колико је на тој грађи и на још више необјављених списа израђено монографских обрада свака садржи, која више а која ли мање, непоништивих и корисних утаначења за истину.

И у општим историографским прегледима – упркос намени безмало па сваког да узвишава класне циљеве и домете револуционарног чиниоца, а наспрам не призна ниједну политичку или људску вредност грађанског државотворства – дакле, и овакви састави имају степен просечне ваљаности, чим исправно сређују обилат збир података, и тим улажу добре изливе за скелет повести Југославије која ће се непрестано допуњавати упознавањем појединости из минулих дана.

Свеукупно, ваљда ће будућим научним сазнањима да одоли марксистичка историографија целом својом количином тачно датих исказа о околностима и чињеницама постанка и развоја Југославије, од Уједињења (1918. године) и све потом до сваког оног дана што временом наилази; бар, привлачиће ова деоница науке као налазиште истинито написаних података: о временима и просторима појединачних састојака и већих одсека историјске радње, о именовању судеоника збивања, множина радног и борачког људства и вођа и старешина, унеколико, и о главном току настајања сваке оновремено видне чињенице, донекле, и о предметно мерљивим доспећима у кретању људских дружина

к разним циљевима, о међуљудским расправама, исходима су-
парничких надметања, завршецима борби између непријатеља.

Али марксистичка одређења појава и исхода, вредновања
групних и личних удела у творењу и предвођењу Југославије, сва
подлежу прегледу изнова (ревизији); и колико ће нова смотра да
призна и усвоји добро постављених саопштења о чињеницама, мо-
жда ће она још и више да обори и одбаци марксистички партијине
судове о личностима и догађајима из југословенске стварности.

Уистину, тај потез ремета и преправљања марксистичком
историографијом датих изрека и судова о Југославији за њених
седамдесет година, већ је озбиљно затражен: да уместо потиска
самољубља (својног владаоцима земље) зађе и овлада повинова-
ње неприкосновеностима истине према правилима науке и по-
укама из читанке моралности.

И нема сумње да ништа сад ту није прече и целисходније
него да се истисне давна али још и данас (после шездесет и пет
година) у комунистичкој пропаганди коришћена наопака и зло-
умна изрека о Уједињењу (1918); управо, на свестрано испита-
ним сведочанствима да се изради, о Уједињењу, свеобухватан
приказ, и сроче суд истинит, праведан, необорив оспоравањем,
трајно вредан за износитост националног самопоштовања и
угледност земље и народа у човечанству.

2.

Југословенски 1. децембар 1918, збиља, где се смешта на ма-
пи историје. Очас да се каже: куд би прво него у редослед за ле-
топис тог доба кад се људско постојање засеца Првим светским
ратом. Спада, дакле, сред збира учинака последње прекретни-
це у човечанству, куд мисао о свету, умни поглед на пређашње
доба и доцније стање, увек наилази следећи знакове времена и
тражећи законе бивања.

Упис међу врхове у историји, то је истински неоспориво ју-
гословенском 1. децембру 1918, јер ту овај датум стаје за прозив-
ку, због оне борачке тековине коју собом знаменује.

Свет се онда, докончавши четворогодишње крвопролиће, обрео с новим чињеницама које скупно граде историјску греду; количином стварних последица оружане борбе имају заиста епохалан добачај, и с двема главним а супротстављеним намереностима у будућност садрже навештење и даље жестоког међуљудског сударања и кршења.

Два исхода стоје над сваком (около) појединачношћу: победа Антанте, савеза буржоаско-демократских држава Запада, и тврд одстој руске социјалистичке револуције на Истоку; а обе величине као две стране света од којих полазе супротна настојања, у којих се ређају раздвојени кораци и слежу свемашни одзиви; и никад пре да се некој одсудности људског рода одједаред отворила прилика изазова и потезања на ширем земаљском пространству.

Прозив слободе се свуда гласио; реч је таласала једнако у земљама пораженим као и у народима победника. Где дотад владаху четири велика царства, за векова сустицана и крвљена са њихових поседа од севера до југоистока, у средишту Европе, ту сад избија преиначивање размештаја моћи, у обличјима неједнако испољеног али вишестепено израженог тражења слободе: за човека, грађанина, за класу, скупину силе, за народ, друштво истог сродства и језика, за нацију, модерну грађанску свеукупност.

И свет се овако, бораштвом, кроз непријатељства уједињује; па где год је отад неки напон ослобађања човека и народа, или је потрва слободе, тргају воље у сву човечанству, те извана подршке или оспоравања, у свему духовно огледање свеопштости људске, баш и на једном јединöм случају – обзирање на човештво или потпирање тираније.

Усред размаха те понесености и где слобода вихори одједном, и разбојем и стапањем, на дан 1. децембра 1918. године, оглашава се југословенство као износилац једне воље из опсега опште човечанске промене, као ново окружје к уједињењу дозваних моћи, као искорачај једног животног судеоништва које се отискује са саме хриди светске прекретнице. Одиста, за та три маха слободе, проглас Уједињења поставља предзнаке, указује на прилику за непринсилно исхођење човека и сталежа.

Колико се ослободилаштва исперило у националним покрајинама што бејаху доскора у сад скрханој Хабзбуршкој монархији, све њим изречено и начињено раскидање с дотадашњом дуговековном подређеношћу Јужних Словена у том царству, пружа се у дохват с тековином демократије у Србији; штавише, преко србијанских законских установљења, већ постојећих за друштво и државу, доспева крак југословенства до полазишта, повољног за предстојећа многоструко напредна окупљања и делања у целом пространству нове заједнице.

Прогласом прводецембарским, именовањем сачињене југословенске државе признаје се свака засебност човеку, класи и народу, по закону и односу друштвености у грађанској демократији.

Уједнитељи су објавили да ће држава добити уставом одређено уређење; а дотад, до оног решења које ће проистећи из воље питаног народа, важиће поредак какав где постоји у данима ослобођења, и с властодршцима онамо затеченим или пре мало дана устанички изишлим на владајуће положаје; и подразумева се удруживање за политичке сврхе правом грађанина и свеопштом потребом, у ствари: озакоњеном условношћу сусретања и дружења људи, благородним проводником изворних тежњи, очекују сви, да се на најбољи начин из мноштва појединачних проговора изведе скупна замисао класних другова или племенских сродника.

Пуноважно, прогласом Уједињења се заручује сав, колико га бејаше, домашај демократије кроз национални узмах Словенаца, Хрвата и Срба у Аустро-Угарској у данима распада царевине. Премда једноставан, на изглед лаган излазак народа и земаља из Хабзбуршке монархије, несумњиво је закорачај врстом ослободилачког устанка; нигде непосредно оружјем задобијен исход, али свуда чин свршен наглим докинућем старе везаности при завршетку дуготрајно утираног раздвајања с великодржављем аустријских Немаца и Мађара.

Родољубље је путем националног устанка изгранало правицу за грађанина, колико пре, у подређеној покрајини, није могло да буде правде за појединца због ограничене слободе овдашњег људства којем под Хабзбурговцима не бејаше признато да је зван политички народ, то ће рећи властан до пуног износа сопственог суверенства, или му се допуштала узана, гдегод по историјском разлогу скружена аутономија.

Национални устанак се послужио средствима демократске револуције, изразио обликом Државе Словенаца, Хрвата и Срба (која постоји октобра и новембра 1918. године у југословенским покрајинама Аустро-Угарске) као самосталном творевином малограђанства, под укрштањем његова нагона засебности и умно предвиђане, могуће је, благотворности југословенског сједињавања.

Држава Словенаца, Хрвата и Срба је историјски значајна појава; чињеница је сравњива са сваким ослободилачким иступом других народа који се онда (истовремено) решавају потпадања царевању хабзбуршком.

И у тадашњој свеколикој револуцији потлачених народа и искоришћаваних класа у Аустро-Угарској, југословенски искорачај има особене подстицаје и нужности: има, као одређење за једну државу, уважено сродство Словенаца, Хрвата и Срба; намерен је путем братства ка уједињењу с двема независним краљевинама, Србијом и Црном Гором; веома је надигао (раздешеније него у других) своју силу ударања на саме темеље грађанског друштва; среће га и приморава на одбрану суседно, првенствено италијанско многоструко супротстављање југословенској слободи и држави; у свему, та три сродна народа требало је да имају исту одлучност, да сачувају властит досег демократије, спрече стихијно разарање грађанских установа, и да одрже сву своју нову творевину у непријатељском окружењу.

Свесну тежњу народа, и са ње и спољних околности узроковану принудност, држе и напиру дубински напони самог бића; општи разлог братства, класна узајамност поседника блага (новца, средстава и оруђа производње и промета), заштита живљења у независној домовини.

Братство, у братимљењу, има политичку намеру и сазвучје поетично; помаже појмом о важности творачке снаге и борачке силе, одзива се душевно за односе у југословенству. Па колико се у множинама људским прича истина о сродству, тај говор нераздвојиво истиче слободу, ево задобијену, и братство, као подразумљиво, те обоје уједно поставља као моралну раван за окупљање Југословена око Србије, кажу сви, тешког страдаоца и величајно свима важног јунака.

Етичка узвишеност ратног улога Србије не условљава мање него што сама убеђеност говорника (у име југословенства) подвлачи наглашавање исте, једне народности у Срба, Хрвата и Словенаца. Онда, заиста, при сусрету на дан Уједињења, нико се међу ствараоцима заједничке државе, ни нашироко међу ратницима за ослобођење и малочас усталим трпиоцима пређашње неслободе, збиља нико не оглашава друкчије већ једино речима да су Срби, Хрвати и Словенци један народ, уобичајено казујући – три племена истог народа

Нипошто (данас) ни помислити да је овакав слог и срок каква лукава двоумљеност, да би се помоћу исказа најтананије благости људске (братства) прекорачила разделница између Југословена у Хабзбуршкој монархији и наспрам њих Србије и Црне Горе, прешла та преграда у прошлости подизана и од омразе, по туђинским злонамерама (према свим Јужним Словенима). Тад државотворно употребљена изрека да су Срби, Хрвати и Словенци један народ, управо је реченица учених родољуба, узета из поука оних просветитеља народа који су овај израз извели из грађанске теорије о народу, стављене као огледало спрам југословенства. То је био неизвештачен, и не може друкчији да буде налаз кад се југословенство премери превасходним начелом оног времена: припадници једног народа јесу сви људи који говоре истим језиком.

Тако се онда, по језицима, народносно разазнаје Европа грађанског друштва. (Југословенски ђаци и путници знају како ће се лакше споразумети Словенац са Македонцем него ли, на пример, алпски Италијан са Сицилијанцем, ненапрегнутије разговараће два, ма и највише по језику и пореклу раздаљена Југословена, него Немац с горњег Подунавља са својим сународником из Балтичког приморја.)

Прегонио је на јед и мрзовољу, сметао политичком настоја-
њу родољуба, у ствари, законитом наносу историје, свачији он-
да нарочит нагласак да међу Југословенима постоје народносне
разлике; а што имају неједнакости у својој природи, сматра се,
то су одлике племенске. Језик, пак, Срба и Хрвата у свему је је-
дан језик, суштаствено кроз штокавско наречје у књижевном
писму ујемчен као изум генија, заједничка тековина народа, је-
дан одраз истог братства

И словеначки језик, штавише, називан је дијалектом ме-
ђу југословенским говорима, отуд и кованица: српско-хрват-
ско-словеначки језик. А понеко је између учено упућених љу-
ди, причајући о посебности македонског језика, указивао да је
сродан јужносрбијанском говору; односно, уважавајући његову
особеност тврдио је тај стручњак: језик Македонаца је ближи
српском језику него бугарском.

У данима Уједињења (1918), само противници именују Југо-
словене скупином од неколико народа; и како се Словенци намах
разазнају као народска засебност, онда реже засека између врло
сличних Срба и Хрвата.

Најпре, с крила крајње тесног национализма у Хрвата про-
говарају да овај народ не може живети срећно у истом друштву
са Србима, а камо ли под превлашћу Срба; крв Хрвата се, ве-
ле, нигде не меша с родом Срба, а и нарави и образованости су
им различите: Хрвати су народ духовности и навике својствене
просвећеном католичком Западу, а Срби су људство од Истока,
византијске поучености и одгоја у словенском православљу; Ср-
бе ће иначе победа Србије осоколити да се и одвише намећу као
владајући народ.

Ова мисао, поверљиво говорена, чешће изречена у католич-
кој богомољи него на отвореном јавном збору истомишљеника,
убрзо стиче врло језгровит и одлучно намерен исказ у странци
хрватских сељака, јер овде вођа стапа с њом битну одредбу: Хр-
вати, за хиљадугодишњег својег постојања и развића у култури
и државотворству, постали су засебан народ, те тако, по праву
на самоопредељење, власни да имају сопствену независну др-

жаву; отуд, Сељачка странка издваја се срдито, неће да суделује
у предвиђању и творењу уређења уједињене Југославије.

Несумњиво, тачно је историјску истину својег народа изго-
варао вођа сељака; и та ће општа реч стећи после потврду, по-
кретаће националне борце и отелотворити се најзад савремено
могућим видом хрватске државе.

Све то, па и великодушношћу и далековидошћу да се доцни-
је назива ондашње прозивање државе – било хрватске или ко-
је друге издвојено националне у југословенству – ваља при том
угледати како стоји, онде напоредо, и други, исто јак, чак и јачи
разлог дозиване засебности не кличе се особито нигде у покра-
јинама; напротив, претежна множина становништва, као и сав
околни свет, подразумева државу уједињених Југословена као
творевину, једину на европском југоистоку заложену жртвом
овдашњих ратника и донесену општим исходом светског рата;
што би било мање, или некако друкчије, омашило би сву југо-
словенску ослободилачку тежњу к једној држави, као и читав не-
посредни напор политичких изразилаца родољубља и братства.

Истина, како се растанак Југословена у Аустро-Угарској с дру-
гим народима овог царства на изласку свих у националну слобо-
ду, обликовао заједничком Државом Словенаца, Хрвата и Срба, то
се и сваки њен оглас ојачавао изјашњењем да је она вољна, и врло
решена, да се чим пре уједини са Србијом и Црном Гором; не на-
меће им се, дакле, поучавање о путу до закључка уједињења, већ
га сами траже и налазе, и одређују Словенци, Хрвати и Срби (из
Хабзбуршке монархије), баш тако самостално из сваке политичке
странке и дружине од првога њихова проговора у слободи.

За Србе (онде) тај ход освештава историјску правду народа,
и (мисле) ваљда доноси морално намирење душама страдалих
од аустроугарске одмазде у рату Монархије против Србије.

Сви Словенци пораније су појмили да ће – стешњени изме-
ђу Немаца и Мађара са севера и Италијана са запада – обезбеди-
ти опстанак свога бића, жилу народа, ако буду оснажени уједи-
њењем с Хрватима и Словенцима; а сваколико, најзад, у хвату са
Србијом слављеником међу победницима у светском рату.

И у већине Хрвата је иста мисао, дуго стицано разумевање нужности братског задружја у југословенству као сведржеће вредности људских односа и човечне одредбе за политичка друговања и државно устројство у домовини. (И нимало необично не бејаше, у данима Уједињења, у Загребу, што су омладинци у гомилама надолазили к стану вође Сељачке странке, овог политичара не још гласовитог као што ће убрзо постати, него чак и опомињаног због његове поклонствености Хабзбурговцима, како су ти млади родољуби жестоко називали издајом рода свако условљавање и одлагање прогласа једне државе свих Срба, Хрвата и Словенаца на целокупном пространству њихове настањености.)

Историјски, у Европи, то се једна њена човечанска путања плодоносно допуњавала тек у светском рату, залазећи у југословенство: да се закон пропне умом предводника и снагом следбеника, изврши од мисли до чина. То дело је због својег изворног исхођења и пуне довршености Уједињењем одиста појава и случај самотвора, ма колико се ствараоци подсећали претходних и блиских домета националног окупљања и државотворства (италијанског и немачког, на пример, из друге половине 19. века). Грађанска друштвеност Југословена у Аустро-Угарској и државотворно искуство Србије условљавали су сусретљивост, самостална трагања и договорено наступање, свеукупно, изналажење пута, одабирање обрасца и стварање могуће заједнице уједињених Југословена. Али сем општости – то јест народа с његовим простором и иметком, политичких вођстава, Србије као исходишта, и најзад светске прилике за народноослободилачку борбу – ничега унапред постојећег, непосредно, за израз и облик југословенске државе.

Изузев циља, како су му прегаоци усмерени и верни, све друго бејаше, у снагама и околностима, везано с главним смером у развоју светског рата; и посебно, зависило је од моћства Србије да остане покретач и да сваки степен напретка обезбеђује војском на ратишту и политичким дејством међу савезницима.

Откако је (7. децембра 1914) изјавила одлуку да ће бранити свој опстанак и уједно се борити за уједињење са свом браћом Ср-

бима, Хрватима и Словенцима, Србија је непрестано у ослободи-
лачком устанку, у ствари, у подухвату револуционарног сламања
Аустро-Угарске, уже пак, у политичком напону одламања њених
покрајина на југу и у општем рату против хабзбуршке војске.

Србија је, при сусрету с Југословенима из Аустро-Угарске
кад се ово царство распало, исто као и они, устанички долазник,
доносилац револуционарног доприноса, јер бејаше споља ру-
шилац ропства док су га они изнутра растакали; и поврх – што
они нису могли па је то Србија за све њих била – прихватница
бораца и подграда заједнице.

Србија се нашла у средишту, испред, у читавом окупу југо-
словенства на дан Уједињења, с преголемом жртвом за одбрану
слободе и ради освојења прилике за једну државу Срба, Хрвата
и Словенаца.

Србија закључком Уједињења – како се чита сам проглас –
неуздржано, једним махом предаје себе заједници: људство, по-
сед, државу, војску, моралну заслужност браниоца живота, пра-
во на учешће у међународном решавању о земљи и свету.

У свему отворена за узајамност, Србија претпоставља да ће и
од западних покрајина (доскора у Аустро-Угарској) поћи сусрет-
љива настојања у политици, привреди, просвети, уопште кул-
тури. Тако би се испуњавала коренита законитост грађанског
друштва: уобличавање изразитих особености и, упоредо, здру-
живање сродних састојака у надмашну целину. Многоструко би
се побољшао састав за плодотвор: за природу робне производње
настао највећи угођај кад се шире простори послова, садејства и
надметања, налазе нови извори богаћења имућних појединаца
и унапређивања опште добробити. Из сваке области да посло-
вође и продавци жудно залазе у суседства и онамо траже сврху
новца и рада, и нуде робе, то је веома потребно Србији као што
је, стварно, и западним покрајинама.

Нема Србија, прво, одвише чиновника које би пребрзо, оданде
нетражене, слала у друге крајеве државе; поготово, у данима Ује-
дињења нема ни колико их самој треба (пошто су многи страдали
у рату), док у доскорашњим аустроугарским крајевима има слу-

жбеника сразмерно више, па онолико их тек, биће позваних (временом) да се укључе у радно људство заједничке владе. (И дабогме, да они својом стручношћу, владалачког строја друкчијег него што бејаше узорак учености људи школованих у Србији, израђују и прожму, и утолико обележе управне прописе југословенске државе током двеју првих деценија њезина постојања; па од тога остане за трагаоце и зналце да преберу и разреше; има ли у службеним актима монархије Југославије више следства у напису према законима Краљевине Србије или је ту већма пренесеног стила, густог и тамног израза својственог законодавству аустроугарском.)

Србија (у данима Уједињења) навелико оскудева у роби и средствима за рад; и колико је њој тад требало новца, предмета и стручњака, па и кад не би била нарочито обавезна одбрамбено (због ратног стања још неокончаног), све би нашло употребу и упошљење на поправци путева, станова, радних просторија, похараних сеоских имања, у обнови производње.

Србија, разуме се, чим би обновила главне погоне, и сељаци се вратили из војске па прионули на рад по њивама, могла је и да размењује робу са другим областима државе. Али, за ту радњу, срешће Србију опсежнија и разноврснија понуда, првенствено производа индустрије из Хрватске и Словеније.

Југословенске покрајине у Аустро-Угарској, сем западним рубом словеначког предела, нису биле поприште самих ратних окршаја као што су сва Србија, Македонија и Црна Гора потпадале (четири године) ватри оружја и (три године) пљачки освајачких војски. И сва им очуваност извора и темеља производње и средстава саобраћаја, с њиховом вишом техничком развијеношћу и разгранатијим путевима – рачунајући унапред – омогућаваће западним покрајинама знатније залажење робом и новцем и стручним радом у источне крајеве заједничке државе. Па и њихова (на западу) уопште достигнута пословодна унесеност капитала, у рату оставши непоремећеног разлива и унутрашњег кретања, колико је тек нареднија за подухвате спонтано обнављане предузимљивости ратом разагнаних и на рушевинама земље једвито окупљених индустријалаца и трговаца у Србији.

А нужно је за све, понад свега срушеног и спорог, да се ваљано отклони услед рата настала поремећеност новчаног посредства, дубока палост аустроугарске круне превазиће општим усвојењем углавном добростојећег динара Србије. И тад ће намах имаоци очуваног блага (новца, оруђа и робе) нагло да се издвоје, први и јачи у надметању да се испоље, и по самом закону робноновчаних односа улажу и настиру за добит, сразмерну пословним способ-ностима и величинама њихових плодоносних поседа.

Пред то надметање, и уколико ће се оно исказивати кроз ви-дљиве и мерљиве уделе дотад саздаих националних привреда, узети унапред за рачун: Србија је одличног природног имања, али с мање сопственог новчаног капитала; па, иако она нема још сједињену делатну оспособљеност привреде, Србија је једина ималац големо важне, и у прошлости најмучнијим тешкоћама кушане независности у националној робној производњи.

Управо, предузетници у Хрватској и Словенији настављају своје радње како су се оне одвијале до самог дана Уједињења, с гдешто умањеним свотама уложеног новца, зато с мање добије-ног производа, и уопште смањења корисног рада због поремећа-ја промета и снижења снабдевености робом у Аустро-Угарској при крају четворогодишњег рата.

А у Србији, немогуће је пуно настављање производног зани-мања пре него што земља раскрчи и отклони ратне рушевине. А кад ће обнова да надомести губитке, те укупан национални производ достигне износе предратних количина, то је неодре-дљиво с видика на дан Уједињења.

Јер, Србија сад мора да чини оно што другим покрајинама не бејаше нужност; док је онамо сав упор владавине био у на-стојању нових старешинстава да помоћу старих установа штите грађански поредак од стихијних насртаја сиротиње и војника луталица, дотле је Србија принуђена да успостави сав склоп своје управне власти (беше окупацијом потрвен), имајући и она да сузбија последице душевне пострадалости и осиромашења народа (да спречава освету и којекакву хајдучију).

Тад, на завршетку рата (1918. године), Србија је без трећине становништва, због погибије, за толико у њој мање житеља него што их је имала на броју кад је оно дочекала (1914. године), први аустроугарски напад.

А како је победа Антанте повољно условљавала уједињење, Србију обавезује морање да се одједаред, изнова намести као власт и ослобођено друштво, и да заштити војском сво земљиште југословенско.

Судеоник ратног савеза, и уто давалац војног учинка у једној области из опсега свеукупног стратегијског кретања и дејства оружаних снага, Србија, крилно подржавана савезничким трупама, ослобађа своју област (државе) и у наставку упућује војну снагу, по заповести, на север преко Дунава, пут ивице тамошње насељености Срба и Хрвата, а на запад, преко Саве и Дрине, уз тражење покрајинских влада и самог становништва из многих места, но свуд у аустроугарско државно подручје.

Србија овако преузима велику одговорност, тројако голем задатак: да васпостави опет издашну војну обавезу становништва свог подручја; да спремно покрива јужни одсек савезничког оружаног притезања осамостаљене али окрњене Угарске; да својом војском развијеном до демаркационих линија (једна је према Румунији и Угарској, а друга према Италији) обезбеди сав западни предео југословенских земаља насупрот осамљеној Аустрији и ратом увећаној Италији.

Около, готово свуда на рубовима југословенског земљишта, са извањске стране, узнемиравајуће је присуство непријатељских и супарничких војски.

Бугарска покушава да сачува језгро своје војске, мада, као побеђена, мора да се разоружа.

Румунија (пришав по други пут Антанти) има трупе усмерене против Мађарске, но у таквом оперативном и тактичком развоју на положајима с којих се сучељава и са српском војском у Банату.

Мађарска, побеђена, одупире се распуштању своје војске, иначе веома ослабљене растројством војника, али утолико одржаване срдњом и строгошћу монархистичких официра.

Аустрија, побеђена, ствара јединице националне гарде уместо распаднуте војске Хабзбуршког царства.

Италија, чланица Антанте, има три армије и један издвојен корпус у операцијском распореду офанзивне намерености, у свему, рачунајући само њене трупе окренуте против југословенске одбране – бар трипут људством бројнију војску и још колико технички опремљенију.

Бугарска опрема и подстиче македонске устанике, а својом војском оружано узнемирава српску граничну заштиту.

Румунија напире политички, дипломатски и војнички, да придобије Антанту не би ли јој ова признала право на цео Банат до Дунава и Тисе, што Србију приморава на спремност за оружан сукоб (увелико спречаван француским посредовањем).

Мађарска дуж демаркационе линије, од Арада, на истоку, до Мурске Соботе, западно, испадима војних одељења изазива југословенске борце, понајвише у Међумурју, одакле је њена власт протерана.

Аустрија истискује браниоце словеначких места и предела из Горње Штајерске и Корушке.

Италија, са своје стране, заседа војском југословенско земљиште до линије: од Врпског језера у Корушкој, па западно од Триглава, према југу ивицом Нотрањске и даље пут Јадрана, обухватајући целу Истру, Ријеку и острва Хрватског приморја, онда ка југоистоку, заузимајући обални појас од Задра до близу Сплита и дубље крај до Книна, још и отоке средње Далмације. Италија има војне снаге и у Боки Которској и Црногорском приморју, један корпус у Албанији, штавише, и један пук у Прилепу за везу између овог корпуса и италијанске јединице у саставу савезничких окупационих трупа у Бугарској.

Из тако обухватног распореда, од Бељака у Словенији па до Охридског језера у Македонији, италијанска војска, што сама у местима и на положајима додира, а што подстицањем неких огорчених привржника Хабзбуршке монархије, незадовољника у Црној Гори начином уједињења са Србијом, албанских устаника и македонских комита, свуда, уосталом, притискује и отежава сређивање стања у областима које улазе у југословенску државу.

А српска војска (близу 150.000 људи по списку, при чему око 30.000 мање због рана, болести, службе у позадини) са недавно створеним добровољачким јединицама у Словенији, Хрватској и Црној Гори (у свему око 15.000 људи), колико је она могла да покрије густином својег распореда тад важне тачке и рејоне заштите југословенског простора, то и није за упоређење кад је и превећ очевидна голема несразмера у прилог њених непријатеља и супарника.

При уласку српске војске у југословенске крајеве Аустро-Угарске, стратег је две армије усмерио да се развију и онде размeсте, у одбрани: главне снаге (четири дивизије) у Панонији, две дивизије у Банату према Румунији и Мађарској, једна дивизија у Бачкој на стратегијском правцу према Будимпешти; једна дивизија на подручју Хрватске с тежиштем њене снаге у Срему и у северном славонском пределу према Мађарској; једна дивизија у Босни и Херцеговини и Далмацији, да се испољи јачим груписањем у приморском појасу, нарочито између Сплита и Книна, овде насупрот италијанској војсци; једна дивизија је развијена од Црне Горе до Македоније, знатно наспрам италијанске војске у Боки Которској и у Црногорском приморју, и још гушћим распоредом својих јединица у косовско-метохијској зони за маневар према истоку и западу, у првом реду насупрот италијанској војсци у Албанији и против качака, устаника Албанаца; једна дивизија је задржана у Србији, с делом њених јединица у Београду, као стратегијска резерва. По један пук српских војника (оба образована од повратника из заробљеништва, из Аустрије) налази се у Загребу и Љубљани, а један је батаљон (из трупа са Солунског фронта) код Ријеке.

Очигледно, српска војска налази се (у данима Уједињења) у распореду заштите југословенског земљишта од извањских посезања, упадаја с оне стране државне границе и двеју демаркационих линија. Несумњиво, она је већ самим својим присуством чинилац безбедности унутрашњег поретка и мира, али, по тадашњем стратешком задатку – сва за спољну одбрану нове и увећане Отаџбине.

Српска војска, заштитом целокупности југословенског земљишта даје особито важно поткрепљење нужном напору за постизање међународног званичног признања Југославије.

Бејаше особито значајно, пред већ најављену и спремну конференцију мира, да југословенска држава буде што довршеније саздање, јер онамо – то се знало – неће је сусрести нарочита благовољност решаваоца него великодржавна уздржаност, чак и сметње.

Италија, настојећи да се одлаже званично признање Краљевства Срба, Хрвата и Словенаца, учиниће све што буде могла да остану њен посед југословенске области које су под окупационом влашћу италијанске војске.

Британска влада – не напуштајући бар памћење својег поимања Хабзбуршке монархије као државне стабилности (баш тако каткад назване) у средњој Европи и уједно Западу корисног супарника Русије – одређиваће свој став и предлог, могло се предвидети, по њеној начелној привржености аристократско-грађанском уређењу друштва, а ради углављивања општег споразума међу великим силама (четворице у већу одлучилаца), све без журбе при устаљењу устаничких и револуционарних постигнућа, где стварно спада и југословенска држава.

Француска ће, није било сумње, помагати Србији да се испуни њен ратни циљ, успостави једна држава Срба, Хрвата и Словенаца; но, и њена влада рачунаће сву оквирност победе као корист, општу и националну, па стога пазити да се којом појединошћу не ремети саглашавање твораца уговора о миру; понаособ, имаће Француска увиђавност и према циљу Италије, и гледаће да овог суседа не наљути изразом својег одобравања појаве Краљевства Срба, Хрвата и Словенаца.

Сједињене Америчке Државе, велесила најмање зашла у европске међузависности, а с прогласом својег председника о праву народа на самоопредељење, гледане су, с југословенске стране, као источник великог разумевања и човечне наклоности за ослобођење и уједињење Срба, Хрвата и Словенаца.

Било је познато (и српској влади и понеком између првобораца од Југословена у Аустро-Угарској) да савезничко подразумевање јединства Срба, Хрвата и Словенаца окриљује претпоставка јавности у западним земљама (што стиже коначно и у званичан савет самих влада), да југословенска заједница изабере федерацију, као образац државе, за властито уређење и облик.

Та је препорука веома значајна, но мисао која ће се доцније јавити кроз непосредна тражења, а првенствено је и одлучујуће, да југословенска држава претекне својим настанком мировна већања, одреди се као величина и тражилац своје истине по праву народа на самоопредељење.

Преко Србије очас је Југославија на правом путу ка постизању међународног признања, али није тако разговетно, чак је одвише неизвесно куда ће се коначно протезати граница Краљевства Срба, Хрвата и Словенаца: онуд ли где српска војска на демаркационим линијама штити земљу народа или, којекуда, с одузетком на штету Југословена ако би неке области домовине припале за трајно државама у суседству, Угарској, Аустрији, Италији.

Отуд је ослобођење и уједињење целокупног југословенског народа, управо обједињавање свих народних покрајина и области, најпреча одсудност, неподложива дугом разлагању намере. Нарочито, да се Италији онемогући коначан задобитак југословенских крајева (обећаних јој Лондонским уговором од 26. априла 1915. године), што се ни покушати није могло без чињенице обављеног уједињења Југословена из Аустро-Угарске са Србијом и Црном Гором.

Зато при степеновању три главна разлога уједињења, свакако рачунати првим по важности, у постојећим војним и политичким околностима, дакле најхитнијим и пресудним: да се што пре прогласи једна држава на читавом југословенском пространству и под заштитом њена суверенитета, по праву народа на самоопредељење, нађе сваки национални предео.

Да се сачува поредак грађанског друштва, прилично др-
ман рушилаштвом огорчених људи у покрајинама (доскора у
Аустро-Угарској), и да се, на сусрет, обистини циљ Србије да она
своје издвојено постојање (дуже од једног века) заврши ступа-
њем у већу државу с улогом првоборца и предњака за наред-
но дејство; оба ова велика разлога мање условљавају и блаже
подстичу начин рада и приступа закључку уједињења него та
свемашна нужност једног обухвата и скупом оснажене зашти-
те југословенског земљишта (исто важне одбране Србији као и
покрајинама западним).

Патриотска узнесеност па класни разлог, родољубива воља
па хтење поседника, општост људска па намереност владалачка,
везују морално састојство ослободилачке борбе за југословен-
ско уједињење.

Сам довршетак ове борбе са износом и смислом у прогла-
су Уједињења, сходан је устаништву поробљених, револуцији
смерних, демократији слободних; посве је чињеница за збир ве-
личина које Први светски рат одређују као зглоб историје, гото-
во најодсуднији у човечанству од памтивека.

Уједињење су закључили законито опуномоћени творци:
парламентарна влада Србије и изасланство Државе Словена-
ца, Хрвата и Срба, доходећи к одредби путем редовне власти и
уобичајеним начином јавног делања у демократији, као пунова-
жни изразитељи суверенитета; мимо њих, народ тад није имао
ни друге ни ваљаније издигнуте вршиоце позвања да га пред-
стављају и да суверено раде.

Значење оснивања, челног става за државу, том закључку је
неодузимљиво, па и кад се различито суди о правној садржи-
ни и политичком смеру утаначења о реду увођења и виду но-
вих заједничких установа. (После, кад и међу самим творцима
настану распре, у деоби власти, говориће супарници: проглас
Уједињења је акт пуне уставне важности, односно, тај проглас је
само објава једног политичког договора.)

Доиста се за југословенство 1. децембра 1918. отвара једна
капија историје. Дотад, из давнине, разастрто, а потом, где ли

с пуно родољубне срчаности, а понегде и нејака даха, но свуд с чежњом да се цело у једној домовини смешта, одсад се југословенство оквирно обједињава, једним повезом опасује, истим именом прозива као народ у окупу, да има: државу, слободу, плодоносан рад, напредак у култури, важност у човечанству.

На вечито, стога, уписује се за Југословене 1. децембар 1918. као дан почетка, белег, увек сусретана ознака: кад ум хтедне трагањем да последици нађе узрок, или за рачун према податке, или прави потку за повезану причу, тек свакад, при спомену Југославије, мислено је она потезана од тога првог дана па до сваког оног тренутка кад се међу другарима, преговарачима, супарницима, непријатељима нанесе разговор о народу и земљи на стрмини Европе.

3.

ПРЕДСТАВКА
УЧЕСНИКА НАУЧНОГ СКУПА
„СТВАРАЊЕ ЈУГОСЛОВЕНСКЕ ДРЖАВЕ”

одржаног у Београду 5–7. децембра 1988.

Пре седам дана се навршило седамдесет година постојања Југославије, државе Словена и других народности на пространству од Јужних Алпа и средишта Паноније, кроз Подунавље и дубину Балкана, уздуж Јадрана и до близу Егеја, дакле земље средњоевропске и медитеранске.

Седамдесет је година већ да атлас Европе уцртава границе и земљиште Југославије: насеља, путеве, воде, облике тла, историјске покрајине, управне области.

За тих седамдесет година Југославија се јавља међу оним државама које осмишљава право народа на самоопредељење, и успоставља их устаничка воља првобораца и ратничка снага војника за ослобођење и уједињење кроз исходе Првог светског

рата, с победом Антанте а наспрам утврде социјалистичке рево-
луције у Русији.

За истих седамдесет година Југославија је прошла што и оне
државе – но теже од ијједне чини се – којима су се очај у побе-
ђених царевина и супарништво од незадовољних суседа намах
навратили, па нагонећи се отад осветнички, сурвали најзад вој-
скама и пресекли им окупационим насиљем унутрашње дејство
независних националних влада.

Кроз седамдесет година, Југославија је и у врсти с оним
државама које имају два раздобља својег постојања, обличја и
развитка: прво је исхођење потхватима родољуба у Првом свет-
ском рату и одатле парламентарна власт грађанске класе; друго
је устаничко избављање испод окупаторових војски у Другом
светском рату, и уједно проистекла револуционарна једнопар-
тијска владавина на размеђу заједничке но издељене ратне по-
беде демократских држава Запада и социјалистичког Совјет-
ског Савеза на Истоку.

Седамдесет година ће скорих месеци (1988) откад у попису
држава у свету непрестано слови и Југославија међу земљама у
свему признатог суверенитета; увиђавност влада демократије и
сва заштита преовлађујуће законости у човечанству не приста-
доше, у међувремену, да се последице фашистичких освајања
(1939–1945. године) уваже као дела правде, као поштена истина
и стање за трајност, тако, у Југославије, споља се чувало непре-
кидно њено међународно признање, док унутра, на том прегибу
до раскида, оно налази одбрану и врхунско истицање у проти-
вокупаторском борењу ослободилаца Отаџбине.

Седамдесет година има откако се именом и простором Ју-
гославије назива и оквири становништво, етнички сродно и
разнородно, и сталешки издељено, па је свима, и појединцу и
свакој множини људи, овде прилика за живот, рад, грађанско
дружење и духовност; чак и отпадника, бегунаца и крвника, ов-
де је завичај те и њима неизбежно да ни у злонамери ни у злоде-
лу против Отаџбине не могу избећи спомен Југославије; дакле,

неизостављива је Југославија у наслову сваког овдашњег личног присуства и друштвеног рада.

Седамдесет година Југославија државно опсеже више народа с њиховим неједнаким наслеђима (из пређашњег доба) у општој друштвености, просвети, религијама, управним порецима, стању привредном; и са тих засебних тековина уносећи својности и мах, ови народи се срећу, укрштају вољама и тару моћима, надмећу се и мимоилазе, ипак радно слажу, те узастопно творе облике заједнице, врсте владавине, побољшице привреде, узајамне друштвене односе, управо све то вођени разумом и потежући снагом до крајње напорних појединачних и скупних прегарања; тако баш по свакој филозофији владајуће политике и под сваком управом коју су Југословени за оволико времена, у заједници, искусили.

Југославија, седамдесетогодишња наша Отаџбина, било при спомену или вредновању са предњих разлога (и других сад неспоменутих) – читава се подразумева, тако рећи, испоставља, од 1. децембра 1918. године па до ма којег њеног доцнијег дана где намера падне трагањем или суд седне изреком.

Отуд је молба народу да се обазре, па уважи и подржи својим одзивом тражење научника да власт земље следеће захтеве утврди законом и постави као одредбе за обичај јавне друштвености.

1.

У Југославији, свуд у земљи, сваке године, на дан 1. децембра, обележити постанак државе прикладним начином и видом јавног саопштавања и просветне радње: говором о чину и смислу Уједињења (1918), причањем речју, сликом и музиком о историјском развоју југословенске државе и о њеном месту и значењу у размештају држава европских.

2.

У Београду, на месту прогласа Уједињења, у познатој Палати Крсмановић на Теразијама, на спољашњем зиду зграде, видовито сваком онуд пролазнику, уградити спомен-плочу с натписом:

„У овој кући, у недељу, 1. децембра 1918. године проглашено је Краљевство Срба, Хрвата и Словенаца, држава уједињених Југословена”.

3.

У тој Палати на Теразијама поставити одговарајућу сталну изложбу веродостојних сведочанстава, било шире засновану спомен-збирку Уједињења (с освртом на знамениту југословенску идеју), било – што је боље – музеј Југославије као синтетичан приказ развитка државе за седамдесет година, па после допуњаван одабраним градивом о сваком доцнијем, видном одсеку њеног времена кад се оно, у будућности, наврши.

4.

У Палати Уједињења, подесити главну дворану, нарочито, за научне састанке којима се намењује говор и разбор о прошлости Југославије, дакако, и о њеној будућности.

5.

Од њених седамдесет година (односно, од оних све вишег броја, убудуће), не одузимати Југославији – у знамењима државе – првих двадесет пет година њеног постојања; него, при измени садашњег устава, а најдоцније у изради новог устава федеративне републике, изразити нарочитом одредбом историјску непрекидност Југославије, баш поименично од 1. децембра 1918.

године, дакле, исказати ову истину велике важности: у облику грба Југославије, бојама и знаковима државне заставе, химном, одликовањима, свим печатима државних установа, друштвених савеза, сталешких и другарских удружења, свим пригодним значкама, сваковрсним симболичким означењима уједињеног југословенства у домаћем односу и у међународном опхођењу. (Овог часа не изричући икакву о том претпоставку, оставити законодавцу да изнађе и сложи знакове о оба раздобља Југославије, монархије па републике, све то свеже како је тачно и колико праведно да се и по знамењима државе очитава дело родољуба који су у два маха уједињавали Отаџбину, први пут је ослободилачким ратовањем условили и политичким радом стекли, а други пут, пошто бејаше од освајача искомадана, јуначком борбом обновили и преуређену држали по доктрини савременог источноевропског државотворства.)

6.

Научници – имајући у виду штетност дуготрајно пристрасног, гдешто и кривотворног одношења историографије према догађајима и личностима минулог времена, и неправичног суђења о Уједињењу (1918. године) – особито наглашавају да свако друштво, народ бићем и делањем, јесте једна целокупност пред могућностима свих наука и свих уметности, ни изнутра ни споља дељив предмет знанственог истраживања и обраде;

научници, стога, одбијају било чије и ма које расподељивање прошлости Југославије на области доступне трагању и опису и на деонице недодирљиве, јер садрже, рекли би делиоци, неке апсолутне вредности, неумањиве доцнијим мерењима њихових раније улаганих износа за свевласт у народу;

научници мисле и тврде: као што је Југославија, укупношћу својом, једна одређена целокупност у човечанству, тако је и читава њена прошлост, истоветно, целина, па сва једнако, свуда и у свему, отворена приступу, испиту и сазнавању без ичега и ма кога изузетог за несусрет са судом историје.

* * *

Молим председника Организационог одбора да пита учеснике, и молим све присутне да одговоре: јесу ли вољни да прихвате ову Представку као поруку и захтев Научног скупа „Стварање југословенске државе" целој јавности и властима Југославије.*

У Београду, 7. децембра 1988.   Академик Владо Стругар

---

* *Југословенски 1. децембар 1918.* Оглед је поднет на научном скупу, у Београду 5. до 7. децембра 1988. године; и објављен у зборнику радова „Стварање југословенске државе 1918. године". – Београд: Савет академија наука и уметности СФРЈ, 1989, 249–262. „Представка" је изостављена, није објављена, премда је њу аутор пред учесницима скупа дословно прочитао, а о садржају огледа само кратак осврт усмено изговорио. Председавајући скупа, у свечаној дворани Српске академије наука и уметности, академик Васа Чубриловић је рекао: „Представка" је занимљива, међутим, овај скуп није Народна скупштина, и нема право да одлучује о предметима као што је Стругаров предлог; штампа у јавности, нека се одазове. Заиста, у новинама, извесним вестима биће споменута „Представка", на пример, прилично опширно приказана у листу „Побједа", у Подгорици, 8. децембра 1988. Па незаборављену, годину потом, у загребачком часопису „Данас", 28. новембра, 1989, на двема страницама, публицист Жељко Крушељ оспораваће „Представку" расправом под називом „Празник разједињења; је ли стављање у исту раван Дана уједињења и Дана републике атентат на авнојску Југославију". Прво споменувши неуваженост „Представке" за државничку процену, Крушељ даље наводи како је Радивоје Шћекић, делегат из Црне Горе у Скупштини Социјалистичке Федеративне Републике Југославије, на седници Одбора за друштвено политичке односе Савезног већа, предложио да се 1. децембар 1918. године законски прогласи државним празником. Својим причањем о разлозима занемарења Стругарове „Представке" и Шћекићевог предлога, Крушељ, између осталог каже: „Хрватска и Словенија су, како рекосмо, шутљиво судјеловале цијелој игри око Дана уједињења. Разлог је томе зацијело у увјерењу да Србија и службена Црна Гора управо на том питању немају превагу". У Скопљу, 8. новембра 1989. године, чланови Македонске академије наука и уметности, на седници нарочито сазваној да осмотре „аспекте Првог децембра 1918. године и последице за македонски народ", изразили су – гласи по званичном записнику – своју „дубоку несагласност с предлогом да се 1. децембар 1918. године, утврди за државни празник македонског народа и Социјалистичке Федеративне Републике Југославије". У књизи „Југославија на стрмини Европе", оглед је поново штампан, а „Представка" први пут објављена.

НЕПРИЛИКЕ ЈУГОСЛОВЕНСКИХ ЗЕМАЉА У ДАНИМА УЈЕДИЊЕЊА СРБА, ХРВАТА И СЛОВЕНАЦА

Нема ниједне стране око југословенских земаља на коју се при завршетку Првог светског рата не мора пазити као на могуће исходиште активног непријатељства.

Уговори о примирју с Аустро-Угарском (3. новембра 1918) и Угарском (13. новембра звана Београдска конвенција), постављају две демаркационе линије као разделнице између пространства остављеног Аустрији и Мађарској и оних области које ће посети победничке војске Антанте.

Пред војскама са југоистока та линија почиње на реци Марош и, настављена у западном правцу, веже Суботицу, Бају, Печуј и Барч (на Драви).

Са запада италијанска војска може да се развије до линије Трбиж – Триглав – Врхника – Снежник – Ријека. Ова линија пролази преко југословенског земљишта, те је добар део њом одсечен и препушта се италијанској окупацији.

Између ове линије и оне источне, дакле од Трбижа до Барча, нема сличног обележја које раздваја југословенске крајеве од аустријских и мађарских. За владе земаља Антанте све је аустроугарска територија, све испред и иза демаркационих линија што бејаше пре у хабзбуршком царству.

На простору између двеју демаркационих линија могла је Аустро-Угарска, по уговору о примирју, да задржи до 20 дивизија, од којих осам у Мађарској. Та се снага ни формација неће одржати, јер се аустроугарске дивизије брзо распадају. Али је одредба корисна националистима, и новим владама, те могу, неометани са победникове стране, да позивају обвезнике и организују нове војне јединице, обично зване народна стража или грађанска заштита.[1]

Споразумом је између италијанске владе и француске (утаначеним 20. новембра 1918) договорено: северну Албанију запосешће италијанска војска, а у Скадру да је гарнизон мешовита састава (француска, италијанска и британска одељења); Црну Гору посешће сличнога састава савезничке трупе; крајеви Аустро-Угарске, Лондонским уговором обећани Италији, остављају се под искључиву окупацију њене војске.

Енглески генералштаб је пристао да се употребе и британске јединице за окупацију Котора и Ријеке[2].

Француске јединице су ушле у Бар, Вирпазар, Котор и околину. Британска одељења су распоређена у истим местима; и северноамеричка – у Котору и Зеленики. Те јединице, с италијанским упоредо размештеним, обједињава Штаб команде савезничких трупа за Црну Гору и Боку, са седиштем у Котору. Делови тих јединица залазе и дубље у Црну Гору, до самог Цетиња.[3]

По заповести команданта савезничких војски (на Истоку, 17. новембра 1918, а по налогу Врховног савета Антанте у Паризу), у Дубровнику ће бити мешовита француско-српска посада са старешином у гарнизону, француским официром; у Сплиту налазиће се француски одред, британски и северноамерички, уз српске јединице и италијанске.[4]

---

[1]   Zdravko Seručar, *Vojne akcije u Koruškoj 1918/19.* – Beograd: Vojnoistorijski institut, 1959, 19.

[2]   Bogdan Krizman, *Raspad Austro-Ugarske i stvaranje jugoslovenske države*, Zagreb, 1977, 200-201.

[3]   Архив Војноисторијског института, у Београду (даље: АВИИ), пописник 3, *Оūерацијски дневник Оūераūивноū одељења Врховне команде*, свеска 33 (даље: ОДООВК, 33), кутија 25, страна 146, *Врховна команда – Уūуū за команданūа Скадарских ūруūа,* 8. октобар 1918.

У Србији, до 19. јануара 1919, сви датуми у службеној и јавној употреби су по старом календару.

[4]   АВИИ, поп. 3, кутија 147, р. бр. 9/68; фасцикла 8, лист 2, *Команда савезничких војски Врховној команди срūске војске,* 17. новембар 1918.

Прво је 2. новембра 1918. упловила у Ријеку флотила аме-
ричких разарача с одредом пешадије, а сутрадан су стигли бри-
тански одред и француски.[5]

Српски батаљон, пристигао (15. новембра) у Ријеку, удаљен
је у Краљевицу.

Влада Италије се користи уговором о примирју и сломом
Хабзбуршке монархије да би постигла што је имала записано у
Лондонском уговору (од 26. априла 1915), и још више где се мо-
же. Упућује трупе у југословенске крајеве, поучивши старешине
да народу говоре како ова војска долази у име свих савезника,
држава Антанте.

Откако је 3. новембра ушла у Трст, и сутрадан (једна еска-
дра) у Ријеку, италијанска војска је до 16. новембра избила на
линију: острво Корчула, планина Снежник, Логатец, Триглав,
прелаз Предил (северно од Бовеца), Бренер у Алпима. Долазећи
са фронта, преко реке Соче и поморским путем, посела је југо-
словенске области: предео Трста, Градишку, Истру, западни део
Крањске, део Хрватског приморја и део Далмације.

Италијанска војска се посадила на источној обали Јадрана,
у: Трсту, Пули (5. новембра), Опатији, Малом Лошињу, на Цресу,
Крку, у Задру (4. новембра), на Вису, Ластову, на острву Мљету,
у Хвару, на Корчули (4. новембра), у Шибенику (6. новембра) и
на Пагу; још, на Премуди, у местима од Карлобага до Трогира
(рт Планка); у Ријеци – уз остале савезничке снаге. У Боки Ко-
торској, Бару, Вирпазару и Улцињу – уз савезничке јединице –
сместиће се делови италијанског корпуса који је са Солунског
фронта наступао преко Албаније.[6]

Италијанска војска, дакле, запосела је крајеве у којим живе
Словенци и Хрвати, и на југоистоку се наметнула Црногорцима
и Албанцима.[7]

---

[5]   B. Krizman, n. d., 115

[6]   *Vojna enciklopedija,* sveska IV, Beograd, 1961, 226–228; B. Krizman, n.
d., 119–120.

[7]   Giorgio Rochat, *L'esercito italiano da Vittorio Veneto a Mussolini (1919–
–1925),* Bari, 1967, 51.

Врховни савезнички командант маршал Фош (Ferdinand Foch) издаће 22. децембра 1918, одредбу да војске Антанте неће запоседати читаву територију Аустро-Угарске.

Љубљану ће држати ту већ присутне српско-југословенске јединице, довољне за одржавање реда. Ријека ће бити под заједничком савезничком управом у којој суделује и италијанска страна. Железничку пругу од Ријеке до Загреба контролисаће јединице из састава савезничке војске на Истоку. Италијанска војска вршиће окупацију поседнуте југословенске јадранске обале и Албаније, изузев Скадра где је гарнизон под командом француском. Француске трупе контролисаће Ријеку и преостали део југословенске обале.[8]

Аустро-Угарске, у ствари, више нема, иако је одређено називана у одредбама уговора о примирју. Уместо Хабзбуршке монархије сад су самосталне државе: Аустрија, Чехословачка, Пољска, Мађарска, Држава Словенаца, Хрвата и Срба. Нове државе нису међусобно разграничене (до одлуке конференције мира). Начела народности свака хоће да испуни, па у пределима мешовите настањености одмах бивају сукоби.

За целокупност југословенског простора, до границе етничке, борба жустро започиње. Уз велике претње споља бива за њ и големо унутрашњих. Социјални разлози и национални циљеви се свуда прожимају. Сукобљавајући се, борилачке снаге и оружје употребљавају.

I. УГРОЖЕНЕ ГРАНИЦЕ, ЕТНИЧКЕ И ДРЖАВНЕ

У вођству Србије, пред скоро ослобођење земље, очекивали су потешкоће у Македонији и поводом ње, немире Албанаца и, усред радовања слободи, доста незадовољства и тражења похараног и окупацијом измученог народа Србије и Црне Горе.

---

[8]   *Vojna enciklopedija,* IV, 232.

Србија и Грчка су међусобно опрезне и напрегнуте, где имају додир, јер се помишља и на то да би плебисцит у Македонији могао бити пут до одредбе будуће границе међу њима.[9]

Још за постојања Солунског фронта, кад се са грчке стране туже на понашање Срба, војника и официра, у северној Грчкој, војвода Живојин Мишић је зажалио што однос није уређен тако да је искључена српска пропаганда на грчкој територији, а грчка на српској.[10] А кад је 22. августа 1918. грчки краљ у пратњи команданта француске Источне војске био посетио Битољ, месна власт је то видела као политички чин у прилог Битољског македонског комитета (у Атини) који делује да Битољ припадне Грчкој.[11]

Са познавања те и других грчких претензија, опрез и незадовољство прати улазак грчке војске на територију државе Србије, после пробоја Солунског фронта. Врховна команда је 27. новембра 1918. саветовала мајора Мирка Маринковића да најподеснијим начином тражи да командант савезничких војски, генерал д'Епере (Franchet d'Espérey), нареди да се грчке трупе што пре повуку из Србије. Захтев је требало да објасни тешкоћама за исхрану и смештај војске.[12] Обавештена да војници грчке 3. дивизије чине разна недела у Пироту, те стога прети сукоб између њих и грађана, Врховна команда поново захтева да команда савезничких војски грчке јединице повуче из Србије. Наредила је и својем делегату у Софији да настоји у тамошњој окупационој команди савезничкој да се грчка дивизија из Пирота

---

[9]   АВИИ, ОДООВК, 30, с. 33, *Врховна команда министру војном,* 28. јун 1918; ОДООВК, 27, с. 85, *Министар војни Врховној команди,* 11. јануар 1918; ОДООВК, 29, с. 427, *Министарство иностраних дела Врховној команди,* 14. јун 1918; ОДООВК, 29, с. 462; *Војни изасланик у Атини Врховној команди,* 19. јун 1918.

[10]   АВИИ, ОДООВК, 30, с. 133, *Врховна команда министру војном,* 10. јул 1918.

[11]   АВИИ, ОДООВК, 30, с. 201, *Командант Битољске дивизијске области Врховној команди,* 14. јул 1918.

[12]   АВИИ, ОДООВК, 34, с. 542, *Врховна команда делегату мајору Маринковићу у Солуну,* 14. новембар 1918.

премести у Бугарску, иако верује да је Бугарима било обећано да грчке трупе неће бити пуштене у њихову земљу.[13]

Врховна команда 22. септембра 1918. наводи влади да је потребно у Македонији: одмах одредити полицијско чиновништво; обавезати учитеље, свештенике и професоре да прикупе податке о насилној агитацији непријатеља за време окупације; код становништва стварати уверење да је српско присуство у Македонији стално; Македонце охрабривати да се исказују као Срби.

У Врховној команди (са војском на фронту) знају више него у влади (која је далеко, на Крфу) како су савезничке војске, француска нарочито, питале за националност становништва у Македонији.[14] Дознаће убрзо како у британској мисији у Софији мисле да би се могло десити да Американци на конференцији мира буду заступници идеје о додели Македоније Бугарској.[15]

Врховна команда је 31. октобра 1918. свим обновљеним командама дивизијских области указала да, поред заробљених и интернираних српских грађана који се враћају из Бугарске, долазе одандe у Србију и друга лица, улазе неконтролисано, пошто на граници нема српских трупа ни граничне страже. Уверење је Врховне команде да влада у Софији искоришћава непостојање граничне заштите са српске стране, па лако убацује агенте који ће радити да у Македонији буде што више гласова за Бугарску, ако би конференција мира одредила да се овде проведе плебисцит. Врховна команда наређује да се Бугарима спречава прела-

[13]   АВИИ, ОДООВК, 35, с. 264, 353, *Врховна команда ђенералу Туцаковићу у Софији*, 2. децембар 1918; *Министар војни Врховној команди*, 1. децембар 1918; *Врховна команда делегату мајору Маринковићу*, 5. децембар 1918.
[14]   АВИИ, ОДООВК, 31, с. 372, *Врховна команда министру војном*, 9. септембар 1918; ОДООВК, 32, с. 287, *Врховна команда министру војном*, 21. септембар 1918.
[15]   АВИИ, ОДООВК, 34, с. 544–547, *Делегат у Софији пуковник Туцаковић Врховној команди*, 14. октобар; с. 206–207, *Врховна команда министру војном*, 27. октобар 1918.

зак границе, да власт пази на повратнике, да спречава агитацију у корист Бугарске.[16]

Истовремено, у Бугарској новине пишу и свуда у јавности земље прича се да је Македонија њена национална покрајина; народ верује, кажу, да ће Македонија коначно бити Бугарска. То је заслужила Бугарска; преставши да се бори – говоре око владе у Софији – она је учинила услугу савезницима.[17]

Ускоро ће из Бугарске упућивати комите у Македонију; пробијају се до реке Вардара, и дубље каткад. Узбуњиваће Македонце против југословенске државе, принуђене да се и војнички штити врстом отпора који погађа и становништво.[18]

Незаштићена је и источна Србија према бугарској страни, одакле прелазе групе људи ради пљачке и освете. Зато је Врховна команда наредила 25. новембра 1918. команданту Тимочке дивизијске области да изда 300 пушака за обвезнике (који се налазе код својих кућа) како би чували границу.[19]

Обавестила је сутрадан Команду савезничких војски да су учестали упади бугарских група на српско земљиште, где отимају стоку и убијају грађане. Најсигурнији начин да се тимочка област од ових провала заштити – поручује Врховна команда – биће ако се српској војсци дозволи да окупира Видин и његово подручје. Не буде ли овако, онда нека Команда савезничких војски најстроже забрани бугарске упаде у Србију.[20]

---

[16] АВИИ, ОДООВК, 33, с. 406–407, *Врховна команда свим командама дивизијских области на војним дужностима*, 18. октобар 1918; *Врховна команда министру војном*, 18. октобар 1918.

[17] АВИИ, ОДООВК, 35, с. 377, *Делегат министра војног пуковник Драг. Т. Николајевић министру војном*, 6. новембар 1918.

[18] АВИИ, ОДООВК, 34, с. 539–542, *Делегат у Софији пуковник Туцаковић Врховној команди*, 31. октобар 1918; с. 325–326, *Министар војни Врховној команди*, 2. новембар 1918; ОДООВК, 34, с. 510, *Врховна команда министру војном*, 12. новембар 1918.

[19] АВИИ, ОДООВК, 34, с. 518, *Командант Тимочкв дивизијске области Врховној команди*, 11. новембар 1918; *Врховна команда начелнику Артиљеријског одељења В. К.*, 12. новембар 1918.

[20] АВИИ, ОДООВК, 34, с. 531, *Врховна команда шефу Секције за везу при Штабу команде савезничких војски*, 13. новембар 1918.

Бугарска, принуђена на Солунском фронту да капитулира (29. септембра 1918), стојаће у дубоком непријатељству према држави југословенској.

Румунија, у крилу Антанте, војнички је јака поред демаркационе линије у Банату. Опипава српску одлучност и преко својих сународника у југословенском оквиру. Организује их као националну гарду, за претензију на територију, и као потврду своје воље пред конференцијом мира. Војна јачина румунска, и агитација усред Баната, привлаче и вежу знатну снагу српске војске.[21]

Улазећи у Банат, старешине српске војске наређују јединицама да разоружају румунску Народну гарду да би се, веле, отклонила опасност по мир. И нарочито да пазе и хватају румунске агитаторе. А често је и тако да месни прваци Румуна долазе у Штаб Коњичке дивизије (у Темишвару, после 21. новембра) и Штаб Моравске дивизије (Вршац), и у ниже штабове, да би српској војсци исказали непротивљење; пристају уз победнике.[22]

Румуни у Турн-Северину су очито нерасположени према суседним, прекодунавским Србима због уласка српске војске у област од Оршаве до Темишвара.[23] И говорило се којекуда како румунски Генералштаб намерава да војском запоседне цео Банат до Тисе.

Српска Врховна команда је, иначе, била обавезала својег официра за везу у Команди савезничких војски, мајора Мирка Маринковића, да сазнаје румунске намере и настоји да се нипошто не дозволи улазак војске Румуније на простор поседнут српском војском.[24]

---

[21]   АВИИ, ОДООВК, 35, с. 288, *Прва армија Врховној команди*, 25. новембар 1918.

[22]   АВИИ, ОДООВК, 34, с. 406, *Прва армија Врховној команди*, 8. новембар 1918.

[23]   АВИИ, ОДООВК, 35, с. 220, *Врховна команда министру војном*, 29. новембар 1918.

[24]   АВИИ, ОДООВК, 35, с. 311, *Министар војни Врховној команди*, 3. децембар 1918; *Врховна команда йоручнику Протићу, заменику шефа Секције за везу у Команди савезничких војски*, 4. децембар 1918.

Мађарска – у револуцији, грађанској па пролетерској – двоструко је незгодна југословенском уоквирењу: као држава која хоће да сачува наслеђе, старину, и као жариште буне која се прелива преко свију граница. Тврдођом и непомерањем мучи југословенске ослободиоце, наморава их да имају војничку јакост и оштрину у пределима етничког и државног разграничења.[25]

Српска војска је развила четири дивизије – Моравску, Коњичку, Дунавску и Дринску – дакле, своју оперативну главнину, у Банату, Бачкој, Срему и Барањи, управо према Мађарској, а на десном боку спремну и према Румунији. Мађари су побеђена страна, те њихову власт и аутономију искључује.

Српски командант места је сменио мађарску општинску управу у Суботици; веома неисправно се односила, рекао је, према његовим наређењима.[26] Командант Дринске дивизије наређује јединицама у Барањи да Мађарима не дозволе да се регрутују за своју војску. Само српске трупе, одредио је, могу овде да проводе војнички ред.[27]

Влада Народног вијећа, у Загребу, пожелела је да се избегне сукоб с Мађарима и тек проглашеном републиком на северу.

И кад је одступала аустроугарска војска, на вести да мађарски војници пљачкају, влада поручује нека им се допусти да несметано одлазе у своју земљу.[28]

У Загребу је 9. новембра 1918. примљена једна мађарска мисија која, управо, преноси намеру своје владе, из Будимпеште, да одвраћа Југословене од захтева на територије измешано настањене.[29]

---

[25] АВИИ, ОДООВК, 35, с. 288, *Прва армија Врховној команди*, 25. новембар 1918.

[26] АВИИ, ОДООВК, 34, с. 406, *Прва армија Врховној команди*, 8. новембар 1918.

[27] Исто.

[28] Arhiv Hrvatske (dalje: AH), *Narodno vijeće Slovenaca, Hrvata i Srba*, Središnji i Poslovni odbor (dalje: NV SPO), Odio za narodnu obranu (dalje: ONO), kutija 17, 1–32.

[29] AH, NV SPO, ONO, kutija 18, 149; Petar Pekić, *Propast Austrougarske monarhije i postanak nasljednih država*, Subotica, 1937, 297.

Влада, у Загребу, указује месним властима да је нужно осигу-
рати ред и мир у Копривници и околини, с нарочитом пажњом
према граници, јер поседници из придравских крајева житарице
преносе у Мађарску.[30] Мађари су запосели и мост на Драви, код
Барча, куда одгоне стоку из округа Вировитице. Кад је Народна
гарда пошла да их спречи, оружани сукоб је избио; стрељано је,
речено је у извештају, 13 пљачкаша. Више пута влада наређује да
се помоћу војничких стража осигурају мостови на Драви.[31]

Стигле су вести у Загреб да у Мађарској не поступају предусре-
тљиво са југословенским војницима који се враћају у домовину.[32]

За Хрвате је најтеже у Међумурју. У овом пределу мађарске
чете злостављају хрватско становништво не дајући му да свој
крај припоји домовини. Због свога патриотизма Хрвати су стра-
дали, многи били и убијени.[33]

Влада, у Загребу, журно спрема војне јединице да би зашти-
тиле међумурске Хрвате. Одбор Народног вијећа у Вараждину
се обратио и Дринској дивизији српске војске да им помогне.[34]

Душан Симовић, делегат српске Врховне команде код владе,
у Загребу, послао је 19. новембра у Београд меморандум Народ-
ног вијећа за Међумурје о страдању и захтеву Хрвата овог краја.
Та област између Драве и Муре – поручио је – врло је богата и
значајна за будућу југословенску државу. Хрвате, пошто су по-
кушали да се одвоје од Угарске, мађарска власт задржава наси-
љем и убиствима. Народно вијеће моли да Међумурје поседну
српске или савезничке трупе као једина гаранција за безбедност
живота и имовине становника.[35]

---

[30]   АН, NV SPO, ONO, kutija 17, 15–36–38; kutija 18, 121–132–175.
[31]   АН, NO SPO, ONO, kutija 17, 15.
[32]   АН, NV SPO, ONO, kutija 18, 121.
[33]   *Hrvati u borbama za oslobođenje sjevernih krajeva Jugoslavije: Među-
murja, Prekomurja, Koruške i Štajerske,* Zagreb, 1940, 17–63.
[34]   АВИИ, ОДООВК, 34, с. 276, *Прва армија Врховној команди,* 1.
новембар 1918.
[35]   АВИИ, ОДООВК, 34, с. 347, *Делегат Врховне команде потпуковник
Душан Т. Симовић код владе Народног вијећа, у Загребу, Врховној команди,* 2.
и 3. новембар 1918.

И у Средишњем одбору Народног вијећа је 20. новембра усвојено да се команданту савезничких војски на Балкану пошаље молба да одобри деловима трупа да поседну Међумурје и заштите југословенско становништво.[36]

Међумурје није обухваћено демаркационом линијом, са југословенске стране.[37] Врховна команда је одговорила да га стога српска војска не може посетити, јер би преласком те линије повредила војну конвенцију о примирју. Обавестила је, доиста, команданта савезничких војски о мађарском поступању, и пренела молбу за војну помоћ, да бар један француски одред тамо пође ради спашавања Хрвата.[38]

Генерал Франше д'Епере је 21. новембра саопштио војводи Мишићу да му није могуће удовољити жељи Народног вијећа.[39]

Недуго још продужава се страдање Хрвата у Међумурју. Ослободилачка акција, предвиђена за 6. децембар 1918, одложена је због сукоба у Загребу (5. децембра) између незадовољних војника и одреда морнара верних Народном вијећу. Здружене јединице, хрватске, словеначке и српске, управо око 4.000 добровољаца у саставу 7 батаљона пешадије, ојачаних артиљеријом и коњицом – по плану владе у Загребу – наступиће 24. децембра у Међумурје да протерају мађарску власт. Не примивши борбу, мађарске снаге су отишле на леву обалу реке Муре.[40]

У Прекомурју Словенци и Хрвати су још задржани под влашћу мађарском и претешњени од бочних Аустријанаца. Југословенске јединице Савске и Дравске дивизијске области ући ће 12. августа 1919. године у Прекомурје, а мађарске страже мирно

---

[36]   АВИИ, ОДООВК, 34, с. 382, *Делегат Симовић Врховној команди*, 6. новембар 1918.

[37]   Bogdan Krizman, *Zapisnici Središnjeg odbora Narodnog vijeća Slovenaca, Hrvata i Srba*, u Zagrebu, „Starine", 48, Zagreb 1958, 367–368.

[38]   АВИИ, ОДООВК, 34, с. 383, *Врховна команда делегату Симовићу у Загребу*, 6. новембар 1918; *Врховна команда мајору Маринковићу у Солуну*, 6. новембар 1918.

[39]   АВИИ ОДООВК, 34, с. 456, *Le général Franchet d'Espérey à monsieur le voivode Michitch*, 12. novembre 1918.

[40]   *Hrvati u borbama ...*, 73–90.

отићи. (Уговором о миру у Тријанону, 4. јуна 1920, југословен-
ска држава је добила Прекомурје. И Међумурје признато је као
њен предео.)[41]

Аустрија се у себи сагиба и раскида; грађански поредак је-
два одолева унутарњим ударима револуције и на рубовима своје
немачке насељености стеже да задржи целост покрајина.

Аустријски националисти, на брзину сврставани у нове војне
одреде, хоће и нападом да сачувају стару превласт, искључив не-
мачки посед и у крајевима где су настањени Словенци и Хрвати.
Само два дана после потписа ратне капитулације Аустро-Угарске,
оружјем су напали (5. новембра) словеначку ослободилачку орга-
низацију у Корушкој. Словеначком народу намећу рат за северну
границу, нагоне неправедну раздеобу у Корушкој и Штајерској.[42]

Народна влада, у Љубљани, успостављајући националну
власт, мора, истовремено, брзо ствараном добровољачком вој-
ском да брани народне границе.

У Штајерској, пак, одмах и енергично су сузбијени аустриј-
ски националисти. Смелом мајору Рудолфу Мајстеру, у Марибо-
ру, прилази око 160 војника и 16 официра с којима је 1. новембра
посео град и принудио остатке аустријске јединице да после два
дана пођу на север. Домаћи Немци, ипак, стварају у Марибо-
ру своју Заштитну стражу која ће убрзо имати око 1.000 људи.[43]
Мајстер 9. новембра наређује мобилизацију војних обвезника у
словеначкој Штајерској[44] и у наредних десет дана организује Ма-
риборски пешадијски пук (три батаљона) и Цељски пешадијски
пук (непотпун). Помоћу Мариборског пука и две чете српских
добровољаца, ноћу између 22. и 23. новембра, разоружао је не-
мачку Заштитну стражу у Марибору.[45] После два дана те једини-
це поседају линију обезбеђења, од Радгоне до Дравограда; обу-

[41]   *Vojna enciklopedija*, IV, 232–236; *Vojna enciklopedija*, V, 300.
[42]   АВИИ, ОДООВК, 35, с. 288, *Прва армија Врховној команди*, 25.
новембар 1918.
[43]   Z. Seručar, n. d., 27, 33.
[44]   Z. Seručar, n. d., 27.
[45]   Maks Šnuderl, *Srpski vojnici – ratni zarobljenici u borbi za severnu gra-
nicu Slovenije 1918. godine*, „Politika", Beograd, 15. i 16. novembar 1968.

хватајући словеначку Штајерску, окренуте су према аустријском средишту Грацу (где је покрајинска влада) и дају бочно обезбеђење словеначким настојањима у Корушкој.[46]

Аустријски националисти су жилавији у Корушкој;[47] официри их окупљају и организују у чете грађанске заштите, а по селима – у алармне чете (милицију). Већ 1. новембра су заузели Словенцима настањена већа места: Межицу, Дравоград, Плиберк, Великовец, Боровље и важне прелазе на Караванкама.[48]

Народна влада, у Љубљани, 5. новембра 1918. добија захтев Словенаца из Корушке да им упути помоћ. Својем опуномоћенику издаје поруку да сам окупља добровољце и помоћу њих заузме границу у Корушкој.[49]

Она ће 12. новембра од владе у Загребу захтевати помоћ за Штајерску, бар један батаљон војника, да би овде Словенцима помогао, пошто је стање неизвесно.[50]

Влада Народног вијећа, у Загребу, на то поручује 14. новембра словеначкој влади да одреди линију у Штајерској и Корушкој докле би се развила војска Антанте.[51] И обавештава је истог дана да̀ „стоји са српском владом у уском додиру" ради добијања војне помоћи која би се користила за поседање „у првом реду северне границе у Корушкој и Штајерској".[52]

Словеначка влада је 15. новембра поново молила владу у Загребу да шаље војничку помоћ. Истог дана су њени изасланици у Београду тражили да Врховна команда упути трупе у Словенију; оне би одржавале ред и мир и помогле у одбрани границе, јер се у Словенији – поручено је – јављају бољшевичке идеје, а српске војске је овде сада недовољно.[53]

---

[46]   Z. Seručar, n. d., 27.
[47]   AH, NV SPO, ONO, kutija 18, 119; Z. Seručar, n. d., 20.
[48]   Z. Seručar, n. d., 20.
[49]   Z. Seručar, n. d., 33–34.
[50]   Momčilo Zečević, *Slovenska ljudska stranka i jugoslovensko ujedinjenje 1917–1921*, Beograd, 1973, 193.
[51]   M. Zečević, n. d., 193.
[52]   Isto.
[53]   M. Zečević, n. d., 194.

И чланови делегације уједињења, Словенци, почетком децембра 1918, у Београду, моле министра војске да српске јединице пођу што пре у Целовец и Бељак. На предлог министров да се у Словенију пошаље снага у границама могућности,[54] Врховна команда је наредила команданту 1. армије да један батаљон из Новог Сада упути у Целовец[55] и одобрила да се тамо премести један батаљон 26. пука из Љубљане.[56]

У Словенији се иначе налазио (већ од 6. новембра 1918) српски 26. пешадијски пук, с тежиштем обезбеђења Љубљане и трбовљанских рудника угља. Овај пук је, старањем словеначке владе, био састављен од српских (доскорашњих) ратних заробљеника који су се из ропства у Аустрији преко Словеније враћали кући, у Србију.[57] А тек ће 22. децембра 1. батаљон 4. пешадијског пука стићи у Љубљану,[58] као прва јединица српске војске из трупа које су ратовале на Солунском фронту, па се иза пробоја развиле и разместиле широм југословенске државе.

Мали словеначки одред је 19. новембра прешао у Љубељ и натерао аустријску јединицу да напусти Боровље.[59] Принуђена је покрајинска влада Корушке, у Целовцу, да преговара о граници.

Уговорено је, и 23. новембра званично потврђено, да од Подклоштера до Великовца, на рекама Зили и Драви, буде граница између словеначког и аустријског дела Корушке. Бељак и Целовец остају Аустрији.[60]

Други словеначки одред је 25. новембра ослободио Плиберк и након пет дана Великовец. Спојена је словеначка одбрана у Корушкој и Штајерској.

---

[54]   АВИИ, ОДООВК, 35, с. 382, *Министар војни Врховној команди*, 5. децембар 1918.

[55]   АВИИ, ОДООВК, 35, с. 312, *Врховна команда команданту 1. армије*, 4. децембар 1918.

[56]   АВИИ, ОДООВК, 35, с. 335, *Врховна команда пуковнику Прибићевићу Загреб*, 5. децембар 1918.

[57]   АВИИ, ОДООВК, 34, с. 373, *Делегат Симовић Врховној команди*, 1. новембар 1918; Z. Seručar, n. d., 25–26.

[58]   Z. Seručar, n. d., 43.

[59]   Z. Seručar, n. d., 34.

[60]   Isto.

Покрајинска влада у Целовцу поново тражи да се преговара о граници; не признаје цео словеначки посед јужно од реке Драве. Њена здружена јединица (око 300 војника са 13 митраљеза и неколико топова) напала је 1. децембра словеначки одред у Великовецу (око 100 војника). Ојачане, словеначке снаге су одбраниле Великовец, па се противнападом учврстиле до 9. децембра и у долини реке Лаботнице (Дравоград, Лабот, Св. Павле).[61]

Влада, из Љубљане, 11. децембра 1918. упућује 1. батаљон Љубљанског пешадијског пука преко Јесеница у Подрошчицу и Св. Јакоб; једна чета је избила 14. децембра у Подклоштер и запосела Зилску долину. Истовремено, стигао је 3. батаљон 26. пешадијског пука у Великовец, и двема четама посео Грабштајн да би држао мостове на Драви.[62]

Сад се делови Љубљанског пешадијског пука, српског 26. пешадијског пука, Мариборског пешадијског пука и три мале чете корушких Словенаца – у свему око 1.600 војника са 40 митраљеза и 10 топова – налазе у Корушкој, на линији развоја: Подклоштер, десна обала Зиле и Драве, према истоку до Великовеца и даље до реке Лаботнице.[63]

Наспрам словеначких снага распоређене су северно, на левој обали Драве, аустријске јединице: око 3.400 војника са 50 митраљеза и 7 топова, и пет чета месне милиције.[64]

Аустријанци су 15. децембра напали две чете 3. батаљона 26. пешадијског пука у Грабштајну, заробили српске војнике и одвели их у Целовец,[65] одакле су преко Беча и Будимпеште до краја месеца превезени у Загреб.[66] Аустријанци нису сматрали овај батаљон за јединицу легитимне српске војске, јер, састављен,

[61] Z. Seručar, n. d., 36–39.
[62] Isto.
[63] Z. Seručar, n. d., 39.
[64] Isto.
[65] Z. Seručar, n. d., 40–41.
[66] АВИИ, ОДООВК, 35, с. 352, *Делегат у Будимпешти мајор Боди Врховној команди*, 5. децембар 1918.

кажу, од доскорашњих ратних заробљеника, батаљон припада словеначкој војсци коју владе Антанте не признају[67].

Војвода Мишић је 18. децембра о том аустријском нападу обавестио команданта савезничких војски. И предложио да би се избегли даљи сукоби, да се према етнографским приликама одреди демаркациона линија и Немцима забрани продирање у југословенске земље, а спорна зона поседне француским трупама. Тај предлог је испао узалудан, јер су владе Антанте чекале на скору конференцију мира која ће да одреди границе међу новим државама.[68]

А борба у Корушкој се наставља. Словеначка влада појачава снаге у ширем рејону Великовца, упућујући тамо по један батаљон из Цељског пешадијског пука, Љубљанског пешадијског пука и Словеначког планинског пука, две чете из 26. пешадијског пука и 1. батаљон 4. пешадијског пука убрзо по његову доласку у Љубљану.[69]

На целом корушком фронту налази се крајем децембра 1918. године око 2.900 југословенских војника, добровољаца, са 50 митраљеза и 12 топова, наспрам 3.500 људи са 66 митраљеза и 9 топова аустријске редовне војске (без месне милиције).[70] (Аустријанци ће до 7. јануара 1919. освојити долину Драве од Подклоштера до Боровља и близу Великовца; 19. јануара биће закључено примирје, уз честе чарке, до преласка осам југословенских батаљона у напад 29. априла 1919; аустријским енергичним одвраћањем од 2. до 9. маја биће потпуно заузета словеначка Корушка; дана 28. маја југословенски 22. ојачани батаљон пешадије напашће аустријске националисте и до 6. јуна 1919. повратити долину Лаботнице, Великовец и избити у Целовец, на Врбско језеро и у Подрочца; али све је то узалудно за словеначки народ и југословенску државу, јер ће, по одлуци конференције мира

---

[67]   M. Šnuderl, *Srpski vojnici...*, n. m.
[68]   АВИИ, ОДООВК, 35, с. 339–340, *Врховна команда министру војном*, 5. децембар 1918; *Врховна команда делегату мајору Маринковићу у Солуну*, 5. децембар 1918.
[69]   Z. Seručar, n. d., 42–43.
[70]   Isto.

проведеним плебисцитом 10. октобра 1920, Корушки Словенци остати у Аустрији.)[71]

Италија је вишеструко најтежи сусед југословенске државе у настанку. Има више погодности од свакога другог да је већ у њену рађању пригушује. Вековима се додирују Италијани и Југословени од Зиљских Алпа па долином реке Соче и Тршћанским заливом, и даље према југоистоку, преко Јадранског мора. А сада је Италија стварни господар дугог појаса и повеликог пространства југословенске земље. Држећи војску и у Албанији, она подухвата и југословенско Косово и Македонију.

Превласт њена се увећава и учешћем у четворочланом врховном већу Антанте (Француске, Велике Британије, Сједињених Америчких Држава, Италије), које доноси одлуке, пресуђује побеђеним, даје одредбе за послератну Европу.

Италија југословенске земље, које су биле доскора у Аустро-Угарској, не признаје као савезничко подручје, већ их назива територијом побеђеног непријатеља. Удружује политичку агитацију, дипломатски рад и војну акцију да би одржала што је посела, и још дубље ушла у југословенске просторе и имућство. (Јарена национализмом и вишеструко подстицана, војска Италије удараће дуго на југословенску заједницу: испадима трупа, запоседањем места и рејона, подстрекивањем до ратоборства властите националне мањине, новчаним и материјалним помагањем устаништва Црногораца, Албанаца и Македонаца.) Напрегнутост је таква да су обе стране спремне за оружани сукоб, готово као на фронту где се ишчекује ратно стање.[72]

Кад су радиопутем обавештене да је 31. октобра 1918. аустро-угарска морнарица предата Народном вијећу у Загребу, италијанске поморске јединице су похитале према Трсту и обали Истре, у Пулу пре свега. Овде ће италијански диверзанти положити

---

[71] Z. Seručar, n. d., 45–70; *Ofanziva u Koruškoj*. Službeni kominike Vrhovne komande, 31. maja 1919. *Operacije u Koruškoj; Službeni kominike Vrhovne komande 4. juna 1919. Službene novine Kraljevstva Srba, Hrvata i Slovenaca*, Beograd, 3. i 7. jun 1919.

[72] АВИИ, ОДООВК, 35, с. 289, *Друга армија Врховној команди*, 27. новембар 1918.

темпиране мине под командни брод „Viribus unitis" и потопити
га са стотину морнара и командантом југословенске морнарице
Јанком Вуковићем Подкапелским. Италијански морнари су тор-
педовали још два југословенска брода, у Пули и Кварнеру.[73]

Једна италијанска бригада је пошла од Трста према Љубља-
ни, стигла у Логатец 13. новембра 1918. и сутрадан до Врхнике.[74]
Ту је задржана одлучним упозорењем потпуковника Стевана
Швабића, команданта 26. пешадијског пука, који је писмено по-
ручио команданту бригаде да се српска војска, у име Антанте,
налази у области Љубљане, и да он има наређење да спречи ита-
лијански улазак у овај предео, ма и употребом оружја. Порука је
успела; Љубљана је заштићена.[75]

Врховна команда српске војске, обавештена 14. новембра о
италијанском покушају продора у Љубљану, одмах то јавља пред-
седнику владе Николи Пашићу који се тад налазио у Паризу. И
још је додала да је цео југословенски народ решен да се и оружјем
одупре италијанском надирању; па зато треба настојати како би
влада Француске и друге савезничке владе помогле да Италија
обустави овакве провале своје војске у југословенске области.[76]

И регент Александар је послао молбу влади Француске да
се заузме ради хитне обуставе италијанског наступања према
Љубљани.[77]

Кад је на Ријеку стигао 2. батаљон 5. пешадијског пука
Дринске дизизије, италијански адмирал је одмах (15. новембра
1918) изјавио старешинама британске и француске флоте да ће
он, због српског доласка, овамо довести италијанску пешадију.
У расправи је решено да се 2. батаљон премести да би се одло-
жио улазак италијанских трупа.[78] Отпремљен је бродом у Кра-

[73]   B. Krizman, n. d., 118–120; *Vojna enciklopedija,* IV, 228.
[74]   *Vojna enciklopedija*, IV, 229.
[75]   B. Krizman, n. d., 192.
[76]   B. Krizman, n. d., 193.
[77]   B. Krizman, n. d., 200.
[78]   *Vojna enciklopedija*, IV, 230.

љевицу, а италијански командант, не поштујући договор, увео је одред копнене војске у Ријеку.[79]

Италијанска војска је у Пули посела сва стална утврђења и од Југословена одузела неке ратне бродове. Искрцала се 16. новембра у Каштел Новом код Сплита, и кренула пут Сиња, куда су упућене, да је даље предупреде, јаче српске јединице.[80] Дана 12. децембра 1918. искрцало се око 12.000 италијанских војника у Рогозници код Шибеника. Онда је близу 6.000 војника продрло 29. децембра у Дрниш, а после два дана и у Книн.[81]

Италијани, у Бару, 20. децембра су добили појачања, док се једна чета, полазећи из Котора, први пут 20. новембра, преко Његуша, приближила Цетињу.[82]

По обавештењима сведеним 10. децембра, у Врховној команди српске војске рачунају с оволиким трупама Италије, размештеним на југословенском земљишту и уздуж њега[83]: Скадар и околина – 4 ојачана батаљона пешадије; Бар – један батаљон; Вирпазар – једна чета; Котор – штаб бригаде, штаб пука са два батаљона, брдска батерија; Мељине (код Херцег-Новог) – један батаљон; Корчула (на истоименом острву) – 20 војника са старешином; Вела Лука (на острву Корчули) – 300 војника и официра; Ластово, острво – један батаљон; Вис – 3.000 војника и официра; Комижа (на острву Вису) – 500 војника и официра; Хвар – 100 војника и официра; Стари Град (на острву Хвару) – једна чета; Бабино Поље (на острву Мљету) – једна чета; Зларин, острво – 15 војника са старешином; Жирје, острво – 15 војника са старешином; Шибеник и околна села – ојачана пешадијска бригада (у Шибенику је успоставио седиште и звани гувернер Далмације); Ријека – бригада од три пука пешадије, са пуком артиљерије и пуком коњице, четом оклопних аутомобила и четом карабиње-

[79] Isto.
[80] Isto.
[81] *Vojna enciklopedija*, IV, 232.
[82] AH, NV SPO, ONO, kutija 18, 122–142–178; kutija 19, 9–12; *Vojna enciklopedija,* IV, 232.
[83] АВИИ, ОДООВК, 35, с. 289, *Друга армија Врховној команди*, 27. новембар 1918.

ра (жандарма), јединицама морнарице, у свему око 12.000 вој-
ника и официра; Опатија – бригада од два и по пука пешадије
са ојачањима, у свему око 8.000 људи; Постојна и околина – две
бригаде; Трст – три бригаде у резерви; Трбиж – једна бригада;
Бељак – једна бригада.[84]

Свеукупно, италијанска војска је огромна; између неколи-
ко службених изјава о њеном целокупном бројном стању крајем
1918. године, вероватно је најпоузданија из њене Врховне коман-
де, да је управо тад имала – 3.600.000 људи.[85]

Италијанска јавност тражи отпуштање војске кућама, јер
се иначе преголеми трошкови њена издржавања брзо увећа-
вају. Врховна команда одговара да је демобилизацију потребно
успорити, због мутне међународне ситуације, озбиљних потре-
ба грађанске обнове и потпуног војничког држања поседнутих
нових територија.[86]

У влади Италије, штавише, помишљају да војском заузму
сву Далмацију до Боке Которске. Врховна команда те војске не
прихвата такву претпоставку. У ратном већу је, чак, предложе-
но 26. децембра 1918. да се процени напуштање Далмације у за-
мену за Ријеку, стратегијски особито важну. За окупацију цело-
купне Далмације, рачунали су у Врховној команди, траже се и
изванредно велика средства.

Што је већ захваћено, то ће војска сразмерно јаком снагом
дуго држати.

Дана 1. јула 1919, на пример, осам месеци после примирја и
проведене делимичне демобилизације, војска Италије ће имати
1.578.000 људи, са три петине својих јединица у истом распоре-
ду из новембра 1918. године.[87] За оперативне сврхе[88], Врховна ко-
манда ће располагати са 876.000 људи, од којих су: у ратној зони,
од Ријеке на Јадрану до границе Баварске – 737.000; у Далмацији

---

[84]   АВИИ, ОДООВК, 35, с. 292–295, *Влада Народног вијећа С. Х. С., Одио за народну обрану, Врховној команди,* 12. децембар 1918.
[85]   G. Rochat, n. d., 24–26.
[86]   G. Rochat, n. d., 33.
[87]   G. Rochat, n. d., 47.
[88]   G. Rochat, n. d., 48.

– 29.000; у Албанији – 54.000. Због Ријеке биће успорена демобилизација италијанске војске, и упоредо с преговорима о миру држана стално у напрегнутости, у стању безобзирности[89]. Како сами Италијани кажу, 25. децембра 1919. имаће 8. армију на југословенској граници, а то је 130.000 људи у шест дивизија између Трбижа, Горице, Трста и Ријеке, у самој Ријеци – 10.000 људи, у Далмацији – 11.000 у једној ослабљеној дивизији; у Албанији – 33.000 у армијском корпусу са две дивизије.[90] Тај целокупан састав се местимично и повећава, а све то против југословенске војске чију сву снагу италијанска Врховна команда рачуна на око 200.000 људи,како каже, недовољно чврстих и слабо наоружаних, од којих су наспрам Италије 60 необучених батаљона, растурених и до 200 километара источне јадранске дубине, са комуникацијама у лошем стању,[91] али их римска влада јавно и службено назива претњом да би правдала одуговлачење одласка својих трупа са међународно признате територије југословенске државе; одлазак је започет октобра 1919. године, кад ће прва италијанска јединица поћи из Котора, и, одвећ спор, трајаће до 12. марта 1923. кад ће последње одељење напустити место Преко на острву Угљану.[92]

II. КЛАСНИ И НАЦИОНАЛНИ НЕМИРИ

Српска влада и Врховна команда веома желе да албанско становништво свуда буде мирно. Претпостављају да би повод за побуну Албанаца могли бити и лоши поступци српских војника. Влада је зато обавезала Врховну команду да објави албанском становништву да ће му надокнадити све штете које би војници починили, а кривце ће казнити.

Влада је 26. октобра 1918. наложила Врховној команди да нареди и трупама које наступају према Албанији и Црној Гори да буду дисциплиноване, јер би сваки неред – речено је у инструк-

---

[89]   G. Rochat, n. d., 157.
[90]   G. Rochat, n. d., 170.
[91]   G. Rochat, n. d., 175.
[92]   *Vojna enciklopedija*, IV, 233.

ции министра војске – нанео врло велике штете и довео у пита-
ње српска неоспорна права.[93]

Врховна команда је већ имала вест (20. октобра) од начелни-
ка Округа охридског и команданта француске јединице у Дебру,
да су се Албанци побунили у овом месту, не признају власт и
пљачкају около.[94] Знала је да је командант Југословенске дивизи-
је примио 27. октобра молбу начелника Округа косовског да му
хитно упути чету војника, коју би послао, у Гњилане и Подујево,
где су и Албанци настањени, како би тамошње среске власти
имале ауторитет.[95]

Врховна команда је наредила Југословенској дивизији да
има „распоред својих трупа на Косову и Метохији, као посада
по већим местима, у циљу одржавања реда и успостављања гра-
ђанске власти на овој просторији“.[96]

Војвода Мишић је 28. октобра 1918. наредио непосредно коман-
данту Југословенске дивизије да од јединица у Метохији, из бата-
љона у Пећи, упути једну чету у Беране да „тамо уведе ред и спречи
пљачку; становници су зато молили и изјавили жељу за заједнички
рад са нама; према томе поступати са њима пријатељски“.[97]

Тактички распоред и општи задатак Југословенске дивизије
још су одмерени и према сврси заштите целокупности држав-
ног подручја.

Кад је 31. октобра 1918. Врховна команда наредила да се 1.
вардарска бригада издвоји из Југословенске дивизије да би вр-
шила посадну службу у Македонији, онда је ова дивизија (узи-
мајући да је формацијски њен и 2. југословенски пук у Јадран-
ским трупама) запосела сав државни простор између граница
са Бугарском, Грчком и Албанијом до линије Врање–Нови Па-

---

[93]   АВИИ, ОДООВК, 33, с. 327, *Министар војни Врховној команди,* 13.
октобар 1918.

[94]   *Велики рат Србије за ослобођење и уједињење Срба, Хрвата и
Словенаца 1914–1918,* документи, књига 30, издање Главног ђенералштаба,
Београд 1937, 214.

[95]   *Велики рат Србије...,* 30, 543.

[96]   *Велики рат Србије...,* 30, 656.

[97]   *Велики рат Србије...,* 30, 543.

зар–Пљевља–Херцег-Нови. Но толико растурене њене јединице биће у сталној бојној запослености дуж граница са Бугарском и Албанијом, због оностраних убацивања герилских група (комита), а често и провала бројнијег наоружаног људства.

Сукоби се убрзо дешавају поред границе и у више места и рејона. Наоружани Албанци су ноћу између 3. и 4. новембра напали општинску судницу у селу Прилужју, код Вучитрна, на Косову. Сељаци, Срби мештани, бранили су општину, те се развила кратка борба. Командант Југословенске дивизије је упутио мању посаду у село и појачао обезбеђење суседних железничких станица.[98]

Групе од близу 150 наоружаних Албанаца напале су 7. новембра 1918. и разоружале Србе у селу Главатини; и у неколико других села око Вучитрна Албанци потежу оружје.

Врховна команда је одобрила команданту Југословенске дивизије да употреби један пешадијски пук да би разоружао Албанце. Саветује му да их разоружа мирним путем; не успе ли овако, нека употреби силу.[99] Може и њихове виђеније људе узети за таоце и интернирати их у Чачак.[100]

Разоружавање Албанаца око Вучитрна бива споро, јер се они бране и одупиру.[101] А како је био решио да Албанце разоружа и у западном делу Косова (Дреница), командант Југословенске дивизије моли Врховну команду да задржи 21. пук до потпуног извршења задатка, пошто је пешадијске снаге толико растурио по селима и рејонима да у већим местима (Косовској Митровици, Приштини, Вучитрну, Новом Пазару) за страже и

[98] АВИИ, ОДООВК, 34, с. 208, *Командант Косовске дивизијске области Врховној команди,* 26. октобар 1918; с. 41, *Командант Југословенске дивизије Врховној команди,* 22. октобар 1918.

[99] АВИИ, ОДООВК, 34, с. 111–113, 162, *Друга армија Врховној команди,* 25. октобар 1918; *Врховна команда команданту Југословенске дивизије,* 25. октобар 1918; *Врховна команда команданту 2. армије,* 25. октобар 1918; *Друга армија Врховној команди,* 25. октобар 1918.

[100] АВИИ, ОДООВК, 34, с. 118; *Врховна команда команданту Југословенске дивизије,* 25. октобар 1918.

[101] АВИИ, ОДООВК, 34, с. 271, *Командант Југословенске дивизије Врховној команди,* 30. октобар 1918.

обезбеђења употребљава артиљеријску послугу.[102] Овај пеша-
дијски пук је из састава Вардарске бригаде, већ стављене (31. ок-
тобра) на располагање министру војске за обезбеђење границе
и простора у Македонији, па Врховна команда посредује да још
не одлази у Скопље већ остане на Косову[103] (пошто је досад овде
била „употребљена као посада"), док се разоружају Албанци. У
замену за Вардарску бригаду, долази Охридски одред (два оја-
чана батаљона) у Приштину и Косовску Митровицу.[104]

Према наоружаним Албанцима, који су с оне стране прешли
границу јужно од манастира Дечана, командант 1. пешадијског
пука Југословенске дивизије је окренуо своје јаче јединице да их
одбаце и спрече нове упаде.

У близини Пећи Албанци су 16. децембра 1918. из заседе на-
пали команданта 3. батаљона овог пука, па побегли.[105]

Око Плава и Гусиња, у Црној Гори, подигло се против вла-
сти близу 1.000 добро наоружаних Албанаца. Командант Ја-
дранских трупа нема довољно војске да би их разоружао.[106]

Смиривање Албанаца је свуда само привремено, а разору-
жање непотпуно. Очекујући нове сукобе, министар војске је
18. децембра затражио да му Врховна команда хитно стави на
располагање три батерије брдских топова и четири митраљеска

---

[102] АВИИ, ОДООВК, 34, с. 210, *Командант Југословенске дивизије Врховној команди,* 27. октобар 1918.

[103] АВИИ, ОДООВК, 34, с. 203–206, *Југословенска дивизија Врховној команди,* 26. октобар 1918; *Врховна команда министру војном,* 27. октобар 1918; *Врховна команда команданту Југословенске дивизије,* 27. октобар 1918; *Врховна команда команданту 2. армије,* 27. октобар 1918; с. 290. *Министар војни Врховној команди,* 28. октобар 1918; *Велики рат Србије...,* 30, 656.

[104] АВИИ, ОДООВК, 34, с. 308–309, *Командант Југословенске дивизије Врховној команди,* 1. новембар 1918; *Врховна команда команданту Југосло-венске дивизије,* 2. новембар 1918.

[105] АВИИ, ОДООВК, 35, с. 354, *Друга армија Врховној команди,* 4. децем-бар 1918; ОДООВК, 35, с. 358, *Друга армија Врховној команди,* 5. децембар 1918.

[106] АВИИ, ОДООВК, 35, с. 174, *Врховна команда министру војном,* 28. новембар 1918.

одељења, да би њима ојачао јединице на Косову и Метохији и у Македонији (већ позадински простор).[107]

Процењујући тежњу Италије према Албанији, настојала је влада Србије да српске јединице прве уђу у северну Албанију и помогну да се овде успостави власт племенских старешина.[108]

Командант савезничких војски је, међутим, 10. новембра 1918. издао друкчију директиву; одредио је да посаду Скадра сачињавају француски, италијански и енглески гарнизон, а да се српске јединице повуку према решењу савезничког ратног савета у Версају. Исти савет је одобрио да италијанске трупе могу уђи у Улцињ, Бар и Вирпазар, где ће се налазити српске и остале савезничке јединице.[109] Генерал Франше д'Епере је истовремено послао војводи Мишићу и лично писмо, и рекао му да зна како је 30. октобра српски одред први ушао у Скадар, али га мора напустити, јер ће ово место и цео крај држати међународне снаге.[110] Рекао је да овако мора бити како би се избегли политички заплети.

Српска чета, задржана у Скадру, добила је наредбу француског команданта места да одлази, насупрот наређењу команданта Јадранских трупа да тамо остане и чува ратни плен. Понавља се заповест генерала д'Епереа о њену одласку,[111] што прихвата српска Врховна команда, али чета још остаје у Скадру.[112] Генерал

_____

[107] АВИИ, ОДООВК, 35, с. 360, *Министар војни Врховној команди*, 5. децембар 1918.

[108] АВИИ, ОДООВК, 34, с. 13, *Министар војни Врховној команди*, 20. октобар 1918.

[109] АВИИ, ОДООВК, 34, с. 303, *Шеф Секције за везу мајор Маринковић Врховној команди*, Солун, 31. октобар 1918.

[110] АВИИ, ОДООВК, 35, с. 4, *Ђенерал Франше д'Епере војводи Мишићу* 10. новембар 1918. (н. к.)

[111] АВИИ, ОДООВК, 34, с. 408, *Командант Јадранских трупа Врховној команди*, 5. новембар 1918; *Врховна команда мајору Маринковићу у Солуну*, 9. новембар 1918; *Шеф Секције за везу мајор Маринковић Врховној команди*, 12. новембар 1918; с. 304, *Врховна команда команданту Јадранских трупа*, 4. новембар 1918; с. 519, *Врховна команда команданту 2. армије*, 12. новембар 1918; *Врховна команда делегату мајору Маринковићу*, 14. новембар 1918.

[112] АВИИ, ОДООВК, 35, с. 84, *Командант Јадранских трупа командиру 1. чете 2. батаљона 2. југословенског пука*, 3. новембар 1918.

Франше д'Епере се стога 2. децембра 1918. оштро обраћа војводи
Мишићу, захтевајући да Срби напусте Скадар, како је одлучено
у савезничком ратном савету, јер, он као командант савезничких
војски не може допустити такве индивидуалне иницијативе.[113]

Готово незнатан случај, али за Србију баш незгодан ако не
послуша одлуку вођства Антанте. Она не сме да изазива сукобе;
где јесу, мора да их смирује, а где су могући, да их предупређује.

Врховна команда је тако, на пример, 25. новембра 1918. оба-
вестила команданта 1. армије да ће три дивизије француске Ис-
точне војске проћи кроз Нови Сад, на путу ка Будимпешти и
Бечу, и да ће извесно време боравити на простору између Тисе
и Дунава.[114] Саопштила му је, потом, да је долазак француских
трупа у Бачку, нарочито у Суботицу, користан за чвршће др-
жање ове области. А њихово присуство, поручује, не треба да
узнемирава, иако ће француске јединице захтевати обезбеђење
превоза и исхране. О доласку француске војске обавештавати
становништво, а према њој бити у свим приликама пажљив и
предусретљив, наредила је Врховна команда.[115]

Француски војници и неки официри, насупрот, понашаће
се недолично. Врховна команда ће 4. децембра о том обавестити
команданта француске Источне војске и молити га да спречи
њихово рђаво поступање, спомињући како је командант Дрин-
ске дивизије запретио да ће оружјем бранити част грађана.[116]

Врховна команда је предложила министру војске да се ди-
пломатским путем постигне премештање француских трупа из
Војводине на мађарску територију. И својем је официру за везу
у Команди савезничких војски јавила да су француски војници

[113] АВИИ, ОДООВК, 35, с. 83, *Франше д'Епере, врховни командант
савезничких војски, војводи Мишићу, начелнику Штаба српске Врховне
команде,* 2. децембар 1918 (н. к.)

[114] АВИИ, ОДООВК, 34, с. 509, *Врховна команда команданту 1. армије,*
12. новембар 1918.

[115] АВИИ, ОДООВК, 34, с. 548, *Врховна команда команданту 1. армије,*
14. новембар 1918.

[116] АВИИ, ОДООВК, 35, с. 77, *Врховна команда делегату капетану
Димитријевићу,* 21. новембар 1918.

својим понашањем постали несношљиви, јер њихово поступање прети да се претвори у бољшевизам. Овом официру је наређено да то саопшти савезничком команданту, а потом обавести Врховну команду има ли изгледа да француске трупе ускоро пређу у Мађарску.[117]

Да ће за безбедност на територији бити корисно присуство савезничке војске, могло се предвиђати. Кад је друкчије, онда Врховна команда мора да раздваја снаге и умножава им посадне задатке.

Цео горњи предео источне Србије по преласку војске у Банат остао је без заштите. Појединци и групе разбојника пљачкају и убијају. Власт постоји, али је нико не слуша; нема жандармерије и хара безвлашће. Крај око Неготина и Кладова личи на „разграђену авлију", записано је у једном савременом извештају. Принуђен је командант места у Пожаревцу да непосредно моли Врховну команду да му додели бар чету војника да би повратио ред и осигурао имовину људи,[118] али није добио ову помоћ. И другде је неопходна помоћ војске.

Врховна команда је 17. новембра 1918. наредила команданту 2. армије да се из састава Југословенске дивизије образује мањи одред који ће прокрстарити долином реке Ибра, да би овде повратио ред и мир. У том крају – речено је – учестале су групе разбојника и пљачкаша, штавише, долазе и из даљих предела, од Косова и са црногорске стране.[119]

Врховна команда је 14. новембра указала министру војске да је за одржавање реда врло нужно да се повећа жандармерија, јер оперативна војска малим снагама поседа велике области, те пу-

[117] АВИИ, ОДООВК, 35, с. 394, *Врховна команда министру војном*, 8. децембар 1918; *Врховна команда мајору Маринковићу у Солуну*, 8. децембар 1918.

[118] АВИИ, ОДООВК, 34, с. 391, *Командант места у Пожаревцу Врховној команди*, 6. новембар 1918.

[119] АВИИ, ОДООВК, 34, с. 360, *Врховна команда команданту 2. армије*, 4. новембар 1918.

ну безбедност не може да оствари. Треба, зато, да влада прими у службу потребан број жандарма и одреди им плату.[120]

Упозорени су 1. децембра 1918. команданти обеју армија да у неким покрајинама, где је српска војска, почиње да се шири бунтовништво, бољшевизам. Зато треба бити обазрив и, у пуној сагласности са Врховном командом, предузимати нарочите мере да се војска сачува од бољшевичког утицаја.[121]

На захтев министра војске, Врховна команда је 17. новембра наредила обема армијама да из састава оперативних јединица одмах издвоје све граничаре и финансијске стражаре и упуте их у Скопље, на располагање команданту граничне трупе.[122]

У Црној Гори се збио опасан политички раздвој. Становништво се дели на присталице безусловног уједињења Црне Горе са Србијом (названи бјелаши, прво у Цетињу, по белој хартији своје кандидатске листе за окружне зборове ради бирања посланика) и противнике таквог начина уједињења (зеленаши, по зеленој хартији њихова кандидатског прогласа).[123]

На месним зборовима, учешћем лица која имају право гласа, широм Црне Горе је изабрано 168 посланика у Велику народну скупштину да одлуче о уједињењу. Скупштина се 24. новембра 1918. састала у Подгорици и, после саслушаних говора, 26. новембра усвојила резолуцију да се збаци са престола Црне Горе краљ Никола и династија Петровић и да се „Црна Гора с братском Србијом уједини у једну једину државу под династијом Карађорђевића, те тако уједињена ступи у заједничку отаџбину нашег троименог народа Срба, Хрвата и Словенаца.“[124]

---

[120] АВИИ, ОДООВК, 34, с. 283, *Врховна команда министру војном*, 1. новембар 1918.

[121] АВИИ, ОДООВК, 35, с. 37, *Врховна команда командантима 1. и 2. армије*, 18. новембар 1918.

[122] АВИИ, ОДООВК, 34, с. 359, *Врховна команда командантима 1. и 2. армије*, 4. новембар 1918.

[123] Димитрије-Димо Вујовић, *Уједињење Црне Горе и Србије*, Титоград 1962, 321–322.

[124] Новица Ракочевић, *Црна Гора према уједињењу*, предавање за Трећи програм Радио-Београда, 21–23; и дело овог аутора: *Црна Гора у Првом свјетском рату 1914–1918*, Цетиње 1969.

За ову одлуку је поименично гласало 160 присутних посланика, а против нико. Скупштина је изабрала Извршни народни одбор да управља Црном Гором и депутацију (15 лица) да пође у Београд и српској влади преда њену одлуку.[125]

Зеленаши, иначе, бејаху саопштили своју замисао (као жалбу на изборни поступак у Цетињу) Великој народној скупштини, речима: „Ми смо за Југославију. Облик те наше велике и заједничке Југославије одредиће Југословенска конституанта састављена из вољом народа изабраних представника свију југословенских покрајина. Ми смо за то да у Југославију уђу Црна Гора и Србија братски руку под руку и равноправно".[126]

Поборници и вршиоци безусловног уједињења имају све органе власти. Поступају, махом, невешто и грубо; ударају на политичке противнике. Владавином озлојеђују народ. Сва та невоља се увећава оскудицом, глађу и болестима, пропадањем становништва.

Командант Јадранских трупа је увидео да ти властодршци махом „беху људи без икаквог ауторитета" међу Црногорцима.[127] Обавестио је Врховну команду, 28. новембра, да је преголемо оскудевања у Црној Гори, а народ се нада помоћи из Србије.[128]

Начелник штаба Врховне команде, војвода Живојин Мишић, наредиће 2. децембра 1918. команданту Јадранских трупа да на територији где је српска војска, „најенергичније и свим средствима", угуши сваку агитацију, ма од кога она долазила.[129]

Неколико политичара и више нижих официра, верних краљу Николи Петровићу, успевају да подигну око 3.000 наоружаних људи. Њима је једино залеђе уздуж приморја присутна италијанска војска.[130] Италија, као противник уједињења Југославије, хтела би да се црногорски краљ Никола врати на престо, из Француске, где је у избеглиштву и под надзором тамошње

---

[125] Д. Вујовић, н. д., 326.
[126] Д. Вујовић, н. д., 322.
[127] Д. Вујовић, н. д., 337.
[128] Д. Вујовић, н. д., 332.
[129] Д. Вујовић, н. д., 335.
[130] Д. Вујовић, н. д., 340–341.

владе.[131] Покретачи буне се обраћају команданту савезничких трупа за Црну Гору, у Котору, са захтевима које ће предати и команданту Јадранских трупа.[132]

Побуњеничке чете ће 3. јануара 1919. опколити Цетиње, Ријеку Црнојевића и Вирпазар; окупљаће се и око Никшића, а због своје нејакости, и слаба унутарњег садејства, узалудно покушати да подигу Подгорици.[133] У опкољеним местима се налазе делови 2. југословенског пука српске војске, војне јединице бјелаша и установе власти. Команда Јадранских трупа је била премештена (11. децембра 1918) из Подгорице у Цетиње.[134]

Побуњеници ће 5. јануара напасти браниоце Никшића, а кад овима сутрадан дођу у помоћ бјелаши из Бјелопавлића (из Даниловграда), од Грахова и из дурмиторског краја, борба престаје.[135]

Старешинство побуњеника око Цетиња, називајући се Усташки одбор, преко својих опуномоћеника предаће 5. јануара команданту Јадранских трупа зване „одлуке усташке војске цетињског блока упућене Извршном одбору на Цетиње, с препоруком да се иста изволи удостојити особите пажње од стране те команде“.

У овој поруци се каже да је Скупштина одржана у Подгорици противуставна, те се због њене одлуке, неприхватљиве за већину Црногораца, диже народни устанак. У поруци је изјава: „Ми смо сви сложни да Црна Гора уђе пуноправна са осталим покрајинама у једну велику југословенску државу, без икаквих унутрашњих политичких граница – облик владавине остављамо да пуноправно ријеши редовно изабрана скупштина свијех Југословена (конституанта) чему ћемо се срдачно покорити“.

Побуњеници захтевају да народни суд „пронађе кривце за све догађаје који су бацили љагу на наше оружје и да тек онда чиста и ведра чела приступимо овој великој југословенској заједници којој су наши претци најстарији и највјернији заточници били.“

131 Д. Вујовић, н. д., 343; *Vojna enciklopedija*, IV, 232.
132 Д. Вујовић, н. д., 343.
133 Д. Вујовић, н. д., 358.
134 АВИИ, ОДООВК, кутија 25, р. бр. 4, с. 253, Командант 2. армије Врховној команди, депешом 30. новембра 1918.
135 Д. Вујовић, н. д., 359.

Вођство побуњеника поручује: „Тражимо анулирање скупштинске одлуке у Подгорици и нове слободне изборе за Црну Гору, чији ће изасланици ријешити пуноважно све наше садашње домаће послове, привремено представљати Црну Гору унутра и изван".[136]

Усташки одбор је Извршном народном одбору и команданту Јадранских трупа јавио да ће са својим четама ући у престоницу Цетиње и запосести сва надлештва. Командант Јадранских трупа одговара да ће држати Цетиње, и помоћу својих јединица и наоружаних Црногораца спречити улазак побуњеника у град, а њихову поруку послаће Врховној команди.[137]

Сужавајући обруч око Цетиња, побуњенике ће 6. јануара испред ивице града дочекати ватра бјелашких јединица, потпомаганих дејством артиљерије. Бјелаши ће око подне прећи у противнапад. Губитака је на обема странама (у дводневној борби, само бјелаши имаће 16 погинулих војника и 63 рањена).[138]

Командант савезничких трупа за Црну Гору тог дана ће доћи из Котора на Цетиње; да би повратио мир, говориће са побуњеницима (пролазећи кроз њихов распоред) и у Цетињу с првацима власти (бјелаша) и командантом Јадранских трупа. Задржаће једну француску чету на домаку Цетиња, чету италијанску и један батаљон 2. југословенског пука на Његушима, све упућене из Котора. Наредиће 7. јануара обуставу ватре и повратак побуњеника кућама.[139]

Тучени југоисточно од Цетиња, и после ноћи проведене у борби, побуњеници ће изјутра 7. јануара одступити. Неколико стотина положиће оружје одмах, други ће отићи кућама, а повелик број пружаће отпор до 14. јануара четама бјелаша по обронцима Ловћена. Заробљени и ухваћени допашће, махом, затвора.[140]

Већи број побуњеника потражиће склониште бекством у Боку Которску и у Бар код италијанске војске. Већину ће одатле

---

[136] Д. Вујовић, н. д., 360.
[137] Д. Вујовић, н. д., 361.
[138] Д. Вујовић, н. д., 364.
[139] Д. Вујовић, н. д., 363–366.
[140] Д. Вујовић, н. д., 366.

превести у Италију, у сталне логоре Гаету и Формију, близу На-
пуља, где ће их идуће године бити око 1.500. Италијани ће одан-
де, повремено, неке групе, као герилске, враћати у Црну Гору.[141]

У шумама, по брдима и планинама Црне Горе, задржаће се
прилично побуњеника. Гладни, гоњени потерама и осветом бје-
лаша према њиховим породицама, вршиће терористичке акције.

(Емигрантска влада краља Николе, одржаваће везу с одмет-
нутим побуњеницима; настојаће да их штогод новцем и оруж-
јем помогне као снагу која се бори против југословенске власти
у Црној Гори.)[142]

Командант Јадранских трупа известиће Врховну команду
да је потхват побуњеника (већ назван Божићна побуна) проу-
зрокован општим незадовољством народа, разочарањем у све
наде политичке и економске, док Извршни народни одбор по-
грешно процењује стање, „не показује довољно такта за управу
овом покрајином, ... нема ни ауторитета, ни власти, које он по-
ставља, имају какав значај", а не располаже ни средствима „за
административну радњу" нити способношћу „да заведе и орга-
низује ред", те устају против њега „чак и огорчени противници
старога режима".[143]

За националне владе, у југословенским покрајинама, разре-
шена војска аустроугарска је готово заслепљујућа претња, јер се
боје хаоса од самовоље силног мноштва људи. Те масе на по-
вратку с фронта угрожавају безбедност и задају бригу због пре-
хране. Пристижу, траже храну или је самовољно узимају.[144]

Владе Народног вијећа су стрпљиво ишчекале, с опрезом и
мало нађеном унутрашњом потпором и својим посредовањем,
да туђа расута војска што пре прође. До половине новембра 1918.
године главне масе су минуле.[145]

---

[141] Д Вујовић, н. д., 366; Батрић Јовановић, *Комунистичка партија
Југославије у Црној Гори 1919–1941,* Београд 1959, 27–29.

[142] Д. Вујовић, н. д., 440–445.

[143] Д. Вујовић, н. д., 367.

[144] АН, NV SPO, ONO, kutija 17, 12–89; kutija 18, 33–176.

[145] Z. Seručar, n. d., 17–18; B. Krizman, n. d., 149.

Војници, домаћи, долазећи са ратишта, и заједно с онима што су раније отказали верност аустријском цару (зелени кадар), кроз неред ударају на државне установе и друштвене односе. Свуда се то једнако дешава. Напуштајући касарне и возове, војници даље одлазе заједно с наоружаним сељацима и групама зеленог кадра. Пушкарају успут, упадају у дућане, где им се придружује голорука чељад, узимају робу и ломе ствари. Понегде, улазе и у домаћинске куће, понесу понешто и остављају страх. Проваљујући на властелинска имања отварају подруме, пију и расипају пића, ломе или односе пољопривредне алатке, плене стоку. И пожари често пустоше после њихових рушења. У похари најтеже страдају трговачке радње и благо феудалаца.[146]

Нападнуте су и поште, општинске зграде, школе, железничке станице, магацини, седишта других установа. И телефонске везе су местимично прекинуте (на пример, између Славонског Брода и Винковаца).[147]

На железницама у Хрватској – према оцени делегата српске Врховне команде у Загребу Душана Симовића – грозио је хаос, због недостатка угља и возног парка и нарочито због недовољно стручног кадра, пошто су железнице пре биле у мађарским рукама, па је највећи део тога особља побегао у своју земљу.[148] У неким рејонима железнички радници су ступили у народну гарду, иако су сад потребнији на својим местима, у стручној служби.[149]

Чиновништво се склања, грађанство страхује. Људи желе да их власт заштити и обезбеди иметак. Немири и рушења су широм југословенских области, од Срема до крајњих предела на западу.

Пролазећи кроз Руму и Сремску Митровицу, аустроугарске јединице се у нереду повлаче. Опљачкале су јеврејске дућане у Ердевику, Моровићу и Шиду, разнеле робу из војних складишта

---

[146] АВИИ, ОДООВК, 34, с. 373, *Делегат Симовић Врховној команди*, 1. новембар 1918; AH, NV, SPO, ONO, kutija 17, 15–81; kutija 18, 19–151.

[147] AH, NV, SPO, ONO, kutija 18, 69–70–96.

[148] АВИИ, ОДООВК, 34, с. 373, *Делегат Симовић Врховној команди*, 1. новембар 1918.

[149] Исто.

у Петроварадину. Распуштени војници су пљачкали и у Гргу-
ревцима, Илоку и Черевићу. Оружничке постаје (жандармериј-
ске станице) из Черевића и Нештина су повучене у Илок пошто
су нејаке. У Митровици почиње оснивање народне гарде која ће
помагати у одржавању реда.[150]

У Жупањи, војници из месних допунских јединица и уста-
нова, пуштени кућама, понели су оружје и успут пљачкали тр-
говце. Уз њих је „постајна пучка усташка момчад покорност
ускратила, кућама оружјем и стриељивом побјегла“. На самој
железничкој станици светина је разнела и разорила 34 вагона
државног добра. Али, каже се у извештају оружничке постаје:
„Мир се уз помоћ народне страже успоставља“.[151]

У области Осијека, у самом граду и срезу, и у срезовима Ву-
ковар, Ђаково, Нашице, Доњи Михољац, Подравска Слатина и
Вировитица, првих дана новембра 1918. сасвим су или делимич-
но опљачкани сви велепоседи и многе радње јеврејских и дру-
гих трговаца. У похари је било и људских жртава. Готово свуда
су страдала општинска поглаварства; половином новембра не
постоји ни једно у општинама осијечке области.[152]

У Ђакову, Југословенска сатнија, састављена од 200 бивших
војника заклетих на верност Народном вијећу, бранећи ово ме-
сто и, уз помоћ народних стража, мир у срезу, само за седам дана
је заробила преко 130 припадника зеленог кадра, а 14 убила.[153]

У Славонској Пожеги, групе војника су 24. октобра 1918.
провалиле у магацине те из њих узеле оружје, муницију и одећу.
Налет је добио замах: провалници су отимали робу из трговач-
ких радњи, оштетили пошту, водовод и електрични вод. При-

---

[150]   AVII, Građa Narodnog vijeća SHS, *Oružničko krilo Mitrovica Hrvatsko-
slavonskom oružničkom zapovjedništvu u Zagrebu,* 5. studena 1918.

[151]   AVII, Građa Narodnog vijeća SHS, *Oružnička postaja Županja Hrvat-
sko-slavonskom oružničkom zapovjedništvu,* 4. studena 1918.

[152]   Josip I. Vidmar, *Prilozi građi za povijest 1917–1918. s osobitim obzirom
na razvoj radničkog pokreta i odjeka Oktobarske revolucije kod nas,* Arhivski vje-
snik, I, Zagreb 1958, 103–105; 112, 115.

[153]   J. I. Vidmar, *Prilozi građi,* 138–140.

лично се грађана придружило војницима;[154] немир се пренео и у околину места. Наоружани војни бегунци су напали оружничку војарну (жандармеријску касарну) у Рушеву и растерали такозвану усташку момчад (добровољце). Командир постаје се супротставио нападачима, четворицу је убио, а други су навалили, касарну уништили и сав државни намештај однели.[155] Сељаци и отпуштени војници су 25. октобра и за наредних неколико дана опљачкали властелинство Ракоцај, Тренкову пустару, Мариндвор, Заврвје, Брестовац, пусту Светиња, пуцали и на војничку касарну у Славонској Пожеги. Оружничка јединица је била преслаба да би могла одржавати ред.[156]

Почевши 27. октобра и настављајући наредних дана, војници и сељаци су пљачкали дућане у Кутјеву и пустаре около, разнели многе ствари, па запалили дворац барона Турковића. У страху је „усташка момчад сва побјегла" (ово су војници из народне страже). У похари је пала крв.[157]

Наоружани војници и сељаци из Пчелића, пред свој спремани напад на општинско место Сухопоље, предухитрени су и разбијени 7. новембра од једног одељења бјеловарске 16. пуковније; једни су ухваћени и одведени у Вировитицу, а други се склонили у шумовит предео код Грубишног Поља.[158] У Сухопољу, припадници народне гарде су убили заповедника оружничке постаје.[159]

У Загорју, ноћу 3. новембра, ударило је 400 војника из зеленог кадра са више сељака на Клањец и сукобили се са народном гардом; у Станчићу су убијени крадљивци коња, из зеленог кадра.[160]

---

[154] J. I. Vidmar, *Prilozi građi,* 103–105.

[155] AVII, Građa Narodnog vijeća SHS, *Oružničko krilo Petrinja Hrvatsko-slavonskom oružničkom zapovjedništvu,* 4. studena 1918.

[156] AVII, Građa Narodnog vijeća SHS, *Oružnički vod Požega Hrvatsko-slavonskom oružničkom zapovjedništvu,* 4. studena 1918.

[157] AVII, Građa Narodnog vijeća SHS, *Oružnička postaja Kutjevo Hrvatsko-slavonskom oružničkom zapovjedništvu,* 4. studena 1918.

[158] J. I. Vidmar, *Prilozi građi,* 133.

[159] AVII, Građa Narodnog vijeća SHS, *Oružnička postaja Suhopolje Hrvatsko-slavonskom oružničkom zapovjedništvu*, 4. studena 1918.

[160] AH, NV SPO, ONO, kutija 17, 21–37–45; kutija 18, 12–38–56.

И у Прегради сељаци устају 4. новембра; око 600 људи из зеленог кадра руши и разноси, пали у месту и околини. Исти покрет је у Стубици, Крапини и околним селима.[161]

Војни бегунци и сељаци су ударили да разграбе трговачке радње у Топуском. Одбијени су отпором жандарма остављајући своје погинуле.[162] У котару Двор,[163] група војника је однела новац из благајне железничке станице у Волињи и пресекла пругу; у Дивуши, пак, уплашени од те навале, пучке усташе (доброво-љци) су побегли из оружничке постаје.

Војници и сељаци су разнели робу из железничког магаци-на у Јањчи, опљачкали дућане у Перушићу, узбунили се у Слуњу. Немачки и мађарски војници, на повратку с италијанског фрон-та, пљачкали су трговачке радње и куће у Чабру.[164]

У месту Небљуси, у Лици, зелени кадар је са придруженим сељацима запретио оружничкој постаји; у Дољанима, чак напао је жандарме, разоружао их, и однео плен из њихове касарне.[165]

Влада Народног вијећа, у Загребу, примила је 5. новембра 1918. телефонска и телеграфска обавештења о бунама сељака и нападима и пустошењима војника из зеленог кадра у: Дубрави, Клањецу, Прегради, Лудбрегу, Стубици, Забоку, Иванић-Гра-ду, Пакрацу, Липику, Дарувару, Вирју, Вировитици, Св. Крижу, Кончаници, Ориовцу,[166] Великим Бастајима, Слуњу, Криж-По-љу, Петријевцима, Осијеку (где, кажу, црвена гарда одржава ред), Вировитици, око Вараждина (немир), Рудопољу, читавој пожешкој жупанији, Сухопољу, Граховцу, Феричанцима, Вин-

---

[161]   AH, NV SPO, ONO, kutija 17, 73; kutija 18, 9–12.

[162]   AVII, Građa Narodnog vijeća SHS, *Oružnička postaja Topusko Hrvat-sko-slavonskom oružničkom zapovjedništvu,* 5. studena 1918.

[163]   AVII, Građa Narodnog vijeća SHS, *Kotar Dvor Hrvatsko-slavonskom oružničkom zapovjedništvu,* 4. studena 1918.

[164]   AVII, Građa Narodnog vijeća SHS, *Krilno zapovjedništvo Ogulin Hrvat-sko-slavonskom oružničkom zapovjedništvu,* 5. studena 1918.

[165]   AVII, Građa Narodnog vijeća SHS, *Oružnička postaja Nebljusi i Oruž-nička postaja Doljani Hrvatsko-slavonskom oružničkom zapovjedništvu,* 5. stude-na 1918.

[166]   AH, NV SPO, ONO, kutija 17, 21–35–45–73–77.

ковцима, Ђакову, Врбањи, Жупањи, око Сремске Митровице, у Вуковару, Новој Градишки, Двору, Расињу,[167] Пешћеници (округ Сисак), Петрињи, Виводини, Плашком, Језеранима, Доњем Буковцу, Делницама, у срезу Слуњ (где пљачкају, јављено је, разбојничке чете са Петрове горе), Волињи, Крстињи (каже се, Турци из Босне провалили, пале и убијају),[168] Перни (провалило, веле, 5.000 Муслимана), Топуском (у околини, кажу, војска жари и пали), Врпољу („влада пљачка и палеж“), Бистри, Оточцу (2. новембра избила побуна војске), Мартијанцу (зелени кадар све уништава), Илоку (војничке гомиле пљачкају), Личком Петровом Селу (месту прети пљачка), Бунићу (угрожени животи и имућство становника), Чабру (опљачкано властелинство),[169] Перушићу, Косињу, Окучанима (мир је завладао, пошто је 15 пљачкаша убијено), у Брињу, Удбини, Глини (немири), Раковици (угрожена од зеленог кадра),[170] Међумурју (где Мађари не дају Хрватима да поставе националну власт), око Огулина,[171] у Кутини (положај је критичан),[172] Гарешници (избила буна, потпирена зеленим кадром), Грачацу (место у рукама пљачкаша), у Поповачи (траје пљачкање), Врпољу (завладала пљачка и палеж),[173] Клоштру Подравском (прети опасност од пљачкаша), у Подравској Слатини (избила је, вест гласи, бољшевичка револуција).[174]

Ово разјарено људство војника и сељака, по групама раздвојено, неповезано изван ужих рејона, млати као стихија. Нису неред и рушење, ипак, све што хоће. Где бунтовници умеју да се искажу, ту стављају неке знакове новог реда, мисле на властиту социјалну револуцију. Стихија, међутим, преовлађује, те

---

[167] AH, NV SPO, ONO, kutija 18, 9–12–19–35–36–37–40–43–46–52–54–56–57.

[168] AH, NV SPO, ONO, kutija 18, 59–63–64–65–66–74.

[169] AH, NV SPO, ONO, kutija 18, 81–94–98–99–100–111–114–118–124.

[170] AH, NV SPO, ONO, kutija 18, 125–126–128–129–130–131–133–135–137–138–151.

[171] AH, NV SPO, ONO, kutija 19, 3–5–7–13–18–21.

[172] AH, NV SPO, ONO, kutija 18, 81–95; kutija 19, 21–46.

[173] AH, NV SPO, ONO, kutija 18, 35–80–134–159.

[174] AH, NV SPO, ONO, kutija 18, 130–165–174.

су њом закриљени сви случајеви свесне акције, било реформне
или револуционарне.

На народном скупу у Шестинама, 3. новембра 1918. учесни-
ци су поздравили рад Народног вијећа на уједињењу Срба, Хр-
вата и Словенаца у јединствену државу. Упозорили су да не би
било добро ако би Вијеће народу наметало било коју династију,
јер су оне против споразума међу народима и криве за прошли
рат. Учесници су једногласно изјавили да желе републику за об-
лик југословенске државе.[175]

Са сељачке скупштине у Ђелековцу послана је 6. новембра
резолуција у Загреб, којом је поручено да се тек изабрани месни
одбор Народног вијећа ставља на располагање Средишњем одбо-
ру, од којега очекује брзу реформу јавне управе и „социјализацију
свих природних добара“ (у ствари, решење аграрног питања).[176]

У Прегради, због незадовољства месним одбором Народног
вијећа, 13. новембра је именован нови одбор на збору становни-
ка. Одстранили су чиновнике и бирајући одбор говорили да ће
сва добра господе и властеле бити подељена народу.[177]

Одбор Народног вијећа у Осијеку је поднео захтев 13. но-
вембра Средишњем одбору у Загребу да се велепоседи преко 400
јутара ставе под државну управу до коначног решења аграрног
питања и да све фабрике раде под надзором државне управе.
Одбор верује да би национална влада овим омогућила сирома-
шним сељацима и радницима да се запосле, јер непрестани не-
мири могу узроковати привредни застој, можда катастрофу.[178]

У срезу Ђаково, у више општина, захтевали су сељаци од
месног одбора Народног вијећа да неке општинске чиновнике
уклони, јер су омражени.[179] Сељаци у Томашици траже уклања-
ње рђавих чиновника и избор других по народној вољи. Захте-
вају да се будућа југословенска држава уреди као република.[180]

[175] J. I. Vidmar, *Prilozi građi,* 103–105, 112, 115.
[176] Isto.
[177] J. I. Vidmar, *Prilozi građi,* 117, 119, 120.
[178] J. I. Vidmar, *Prilozi građi,* 117, 120, 133.
[179] J. I. Vidmar, *Prilozi građi,* 121, 124, 129, 147, 138–140, 147–152.
[180] J. I. Vidmar, *Prilozi građi,* 138–140.

У Врбањи је месни одбор Народног вијећа одлучио да јеврејски трговци и други богати људи новој власти дају порез према својим добицима у рату. Богаташи су се успротивили, а за своје покриће прикупили малу суму добровољног прилога. Месни одбор на то поручује Средишњем одбору у Загребу да сељаци, изложени реквизицијама за време рата, неће разумети поштеду газда, махом напојених мржњом према новој држави, јер је не поштују нити се сматрају према њој обавезни.[181]

У Винковцима, првих дана новембра 1918, четири чете црвене гарде су чувале железничку станицу и град; у околини, пак, групе зеленог кадра су нападале јеврејске трговачке радње и грофовска имања. Месна власт је обавестила владу у Загребу да су повратници из руског заробљеништва главни подстрекачи удара на богаташе и да њихова акција има карактер социјалне револуције.[182]

Кад су 29. октобра 1918. преузели народну стражу у Доњем Михољцу, побуњеници су овде прогласили републику. Одстранили су све чиновнике из општинског поглаварства, управитеља среза поставили за народног писара, увели цензуру поште и телеграфа. Започели су и деобу властелинске земље. Створена по вољи зеленог кадра, уз суделовање грађана и сељака из околине, република се до 20. новембра одржала. Тад је чета војника (80 људи), упућених из Осијека, користећи се и ватром својег оружја, ушла у Доњи Михољац и растурила људе који су кратко време овде владали као револуционарна дружина.[183]

У општини Петријевци, у срезу осијечком, „карактер револуције је социјалан"; људство одобрава нарочито онима који су се вратили из Русије (речено је у извештају влади Народног вијећа). Република у Петријевцима, слична оној у Доњем Михољцу, 14. новембра је свргнута, али се у читавом крају немири и насилно узимање добара продужавају.[184]

---

[181] J. I. Vidmar, *Prilozi građi*, 152–164.
[182] J. I. Vidmar, *Prilozi građi*, 103–105; 112, 115.
[183] J. I. Vidmar, *Prilozi građi*, 119, 121, 124, 129, 147–152.
[184] J. I. Vidmar, *Prilozi građi*, 121, 124, 129; AH, NV SPO, ONO, kutija 18, 36.

Велики жупан осијечке области је известио 28. новембра владу у Загребу да је република у Феричанцима, у срезу нашичком, капитулирала. Власти Народног вијећа се учвршћују тек кад су мања одељења српске војске упућена преко Винковаца и Осијека да појачају групе народне гарде.[185]

У Загребу ће 250 војника из 25. домобранске пуковније и 53. пешачке пуковније полазећи из својих касарни, доћи 5. децембра 1918. на Јелачићев трг, успут кличући „Живила република". Делимично наоружани, и окриљени грађанима који ће им прићи, војници ће потиснути коњичко одељење редарства (полиције) и разоружати групу академске гарде (студената). Кад им се одред влади верних морнара и сокола супротставио, војници и демонстранти су растурени. У сукобу 13 људи гине, а 7 је рањено. На Тргу неће више бити демонстраната кад ту стигне одељење војника из Српског одреда у Загребу.[186]

Нереду се прво супротстављају месни одбори Народног вијећа, често и на брзину изабрани. Ту помажу и патриотски официри позивајући војнике да још остану под оружјем и верни власти. Одбори Народног вијећа хитно организују народну гарду, врсту милиције, састављене махом од омладинаца. Народна гарда стражама осигурава мостове, водоводе, зграде уреда (на пример, аустроугарску банку у Загребу), пеште, железничке станице, складишта оружја и опреме за војску, спремишта хране и друге робе.[187]

Среске и општинске управе, месни одбори Народног вијећа, чете, водови и станице жандармерије из читаве покрајине траже војну помоћ од владе Народног вијећа. Најчешће, сви су упућени да се сами потруде, да употребе народну гарду и пристигле јединице са фронта.[188]

Влада Народног вијећа је на својој првој седници (1. новембра 1918) закључила: „Смјеста се имаде прогласити пријеки суд

---

[185]   J. I. Vidmar, *Prilozi građi*, 121, 124, 129, 147–152.

[186]   AH, NV SPO, ONO, kutija 19, 46; *Vojna enciklopedija,* IV, 231.

[187]   AH, NV SPO, ONO, kutija 17, 28–34–43–44; kutija 18, 5–8–23–26–29–38–61–81–90–110–116–143–159–170–179.

[188]   AH, NV SPO, ONO, kutija 17, 34–42–50–51–54–55–67–68–74–86.

за цијелу земљу“. Због немира и немоћи власти тај суд није могао бити посве и свуда стварно заведен.[189] Влада је затим издала поруку и упутство да се војна интервенција не сме применити без захтева месне и рејонске власти, али да треба поступати одлучно и вешто, увек стрпљиво, јер су позване трупе Антанте да дођу и помогну да се сузбије неред и обезбеди поредак.[190]

И у Босни и Херцеговини ред је нарушаван. Гладни и сиромашни људи, гдегод, насилно узимају храну и запоседају имања. Тако је ноћу између 3. и 4. новембра, на железничкој станици на Алипашином мосту, код Сарајева, сиротиња плаховито разносила из вагона жито, брашно, шећер и другу робу.[191] Кметови у селима око Брчког, Дервенте и на ширем подручју Бање Луке узимају жито и пале привредне зграде на имањима муслиманских феудалаца, ага и бегова.[192] Војни бегунци пљачкају сеоске домове у околини Тешња.[193]

Нереде у Дрвару изазивају, прво, војни бегунци, па онда мноштво војске у кретању према Далмацији и од обале мора на север, кроз Босну. Да се стога не би превећ успорио одлазак аустроугарске војске кућама, чак је месни одбор Народног вијећа из Шибеника упутио чету морнара да обезбеди железничку пругу од Дрвара према Јајцу.[194]

У неким местима Херцеговине, понајвише у источном крају, групе наоружаних људи пљачкају стоку. У пределе Требиња, Гацког и Автовца, све до Стоца и Фоче, продиру и црногорски

---

[189] AVII, Građa Narodnog vijeća SHS, *Zapisnik sastavljen dne 1. studenoga 1918. u sjednici povjerenika hrv. slav. dalm. zemaljske vlade,* tačka 3, s. 2.

[190] AH, NV SPO, ONO, kutija 19, 8.

[191] Hamdija Kapidžić, *Rad Narodnog viijeća SHS Bosne i Hercegovine – zapisnici sjednica Glavnog odbora Narodnog vijeća SHS za Bosnu i Hercegovinu* (novembar–decembar 1918), Glasnik arhiva i Društva arhivista Bosne i Hercegovine, III, Sarajevo 1963, 156.

[192] H. Kapidžić, n. d., 161.

[193] H. Kapidžić, n. d., 163.

[194] H. Kapidžić, n. d., 256.

комити; нема никога – јављено је влади у Сарајеву – да им спре-
чи прелажење границе.[195]

Влада Главног одбора Народног вијећа Срба, Хрвата и Слове-
наца за Босну и Херцеговину (саопштавајући 3. новембра да је од
дотадашњег аустроугарског земаљског поглавара преузела упра-
ву) задаје свим окружним и среским властима да, у договору са
војним заповедништвима, успоставе месне одборе Народног ви-
јећа, у које ће уврстити патриоте свих вера, дакле, Србе, Хрвате
и Муслимане, да сви скупно чине што је нужно да се чувају ред и
мир, лична сигурност, јавно и приватно власништво.[196]

Влада, у Сарајеву, 4. новембра 1918. је наредила да се у Брч-
ком, Дервенти и Бањој Луци заведе преки суд. Председник вла-
де Атанасије Шола је то оправдао речима да је сада укинут пре-
ки суд за велеиздају, како је било тумачено по још постојећем
аустроугарском закону, али нова власт мора да проводи битна и
строга суђења починиоцима паљевина, крађа, уморстава и уче-
сницима буна.[197]

Влада је 7. новембра наредила среским властима у Босанској
Крајини да употребе жандармерију и народну гарду да би спре-
чиле пљачку на железничким станицама и осигурале саобраћај
до доласка српске војске,[198] такође задала и властима у Херцего-
вини да помоћу својег наоружаног људства чувају ред док срп-
ска војска преузме осигурање простора.[199]

---

[195]   H. Kapidžić, n. d., 195, 202.
[196]   H. Kapidžić, n. d., 162–163.
[197]   H. Kapidžić, n. d., 156, 161, 163.
[198]   H. Kapidžić, n. d., 256.
[199]   H. Kapidžić, n. d., 195, 202.

III. НЕМАШТИНА

Ратни губици, разарања и штете големи су широм југословенских покрајина. Људи су гинули на бојиштима, прогоњени и суђени због такозване велеиздаје, затварани и морени у окупаторовим тамницама и концентрационим логорима; многи су помрли од глади и епидемичних болести.

Србија је најтеже страдала.[200] Најбогатији крајеви – Београд с околином, Подунавље, Посавина и Подриње – најдуже су харани као поприште ратних операција. Пољопривреда, главни извор националног богатства, лишена радних руку, пропадала је у многим рејонима. Аустроугарска окупациона власт је кроз реквизицију узимала теглећу и другу стоку, а жито, шљиве, ракију, кромпир и јабуке преко откупа по ценама веома ниским. Окупаторска војска је немилице секла шуме. Машине из многих фабрика и алат из радионица одвучени су у Аустрију. Војна управа је принудно снизила курс српског новца (1 динар = пола аустријске круне), иако је на међународном тржишту динар био двапут јачи од круне. Потрошња се стално смањивала; на крају рата је и одвише сиромашних и бедних. Што је било одмерено као вишак изнад минимума намирница, у појединим окрузима, одвожено је у Аустро-Угарску. Шпекулација је све распрострањенија. Њом грабе посредници, трговци и чиновници вршећи злоупотребе у расподели намирница становништву. Особито је тешко грађанству, поготово у Београду. Комуналне службе су једва опстојале. Могућности за зараду су незнатне. Од родбине из Француске и других земаља, и од неких добротворних мисија, стизале су у Србију извесне суме новца као помоћ. Ту је и удео српске владе преко њеног Одбора за помоћ у Женеви.[201]

---

[200] *Zapisnici sa sednica delegacije Kraljevine SHS na mirovnoj konferenciji u Parizu 1919–1920*, priredili Bogdan Krizman i Bogumil Hrabak, Beograd 1960, 371.

[201] АВИИ, ОДООВК, 31, Прилози, к. 20, бр. 1, с. 78–91, *Извештај пуковника Покорног о стању у окупираној Србији од 28. X до 17. XII 1915*; ОДООВК, 33, *Прилози*, к. 20, бр. 2, с. 47–50, 61–64; *Апел српских социјалиста цивилизованом свету*, *Историјски архив КПЈ*, III, Београд 1951.

Црна Гора је била још више исцрпена; крај рата је дочекан све-
општом немаштином. Њен приход од пољопривреде био је нижи
и од најмањих количина потребних да се одржи голи живот ста-
новништва. И од њена малог имућства окупациона власт је узи-
мала храну, стоку, вуну, воће, дрво и металне предмете, по ценама
испод вредности или реквизицијом; за неиспоруку, казна је била
одузимање целе жетве. У крајевима где је било комита наморани
су сељаци на ванредна давања.[202] Жито је било сразмерно скупље
од сваког другог производа. Папирни новац нерадо приман, док
је златни и сребрни окупациона власт брзо извукла из народа. Већ
почетком 1916. године завладала је глад у Црној Гори; патње су ду-
го трајале и број уморених глађу никад се неће сазнати.

Ни у југословенским крајевима Хабзбуршке монархије ни-
је било много лакше. Рат је толико дуго трајао да је отерао на
бојишта најплодотворнији део мушког становништва. Хронике
казују да је у југословенским крајевима било лошије стање него
у Аустрији и Мађарској. Оскудица је проузроковала тешку глад
у сиромашнијим пределима, приморским и брдским. Неколико
десетина хиљада сироте деце из Босне и Херцеговине је прихва-
ћено у Славонији. Градско становништво је сасвим изгладнело.
Шпекулација је узела маха. Често су чиновници примали мито
и потајно су трговали они што беху запослени у служби снабде-
вања. Почињено је много неправди и крађе од државних дава-
ња породицама војника на фронту.

Жетвени приноси су свуда мањи него предратни. Реквизи-
ција, пљачкашка трговина и смањивање снабдевености станов-
ништва проузроковали су, поврх глади, и нагле болести. Епи-
демија „шпанске грознице“ је захватила велики део Босне и
Херцеговине, део Србије и читаву Црну Гору. (Јавност ће топло
поздравити лекаре из Хрватске и Словеније кад после Уједиње-
ња добровољно дођу у Србију да пруже здравствену помоћ ста-
новништву.)[203]

---

[202]   Новица Ракочевић, *Прилози историји аустроугарске окупације Црне Горе 1916–1918,* Историјски записи, 3, Титоград 1960, 626–641.
[203]   *Правда,* Београд, 24. новембар 1918.

Исхрана становништва је, због губитака и патњи у рату, највећи социјални проблем. Глад је свима запретила, због смањене производње, опште исцрпености и прекомерних поремећаја у саобраћају. У свим градовима и сиромашним областима земље страх од пропасти је ухватио многе људе. Нова власт нема новца да издаје пензије и плате чиновницима. Предузећа и радионице упошљавају мало радника, па и њих једва исплаћују. Инвалидима и породицама погинулих војника и официра малена је свака онда могућна помоћ.

Српска Врховна команда је 22. септембра 1918. указала влади да се хитно предузима што је нужно како би становништво ослобођених крајева добило храну, и како би убрзо оживели привредни послови.[204] А покрајинске народне владе одмах доносе решења и издају наредбе о снабдевању становништва: у сиромашним областима штедљиво расподељивати што се има; из богатих крајева да се не допусти неконтролисан извоз; увозом из суседства и примањем савезничке помоћи увећати властите могућности.

У Војводини и Славонији су имали прилично жита и меса. Али се од обеју области захтева много хране: за српску војску, француску Источну војску која је прешла Дунав, градско становништво свих крајева, а понајпре за оскудан и испаћен свет у Македонији, једном делу Србије, у Црној Гори, Босни и Херцеговини, Далмацији и Словенији. А мађарске власти су веома журиле да из југословенског подручја извуку преко демаркационе линије што више жита, стоке и других пољопривредних производа, потребних за исхрану становништва.

Влада Народног вијећа, у Загребу, се стара да нова власт преузме залихе робе, опреме и средстава. Наређује да војничка одељења чувају складишта и имања државна, друштвена и поседничка. Одређује расподелу робе и средстава, издаје упутство о провођењу реквизиције. Сматрају је дужном да се брине о снабдевању становништва.[205]

---

[204] АВИИ, ОДООВК, 31, с. 372, *Врховна команда министру војном*, 9. септембар 1918.

[205] АН, NV SPO, ONO, kutija 18, 58–61–75–79–97–103–107–159–170.

Влада у Загребу је истовремено обавештена о сметњама насталим у прибирању и откупу животних намирница. Земаљска опскрба је известила да су изгореле куће у Доњем Михољцу и Нашицама где се налазе њене откупне станице. Уплашени службеници су побегли, а људство, из града и села, нагрнуло и разнело прикупљену и за отпрему већ спремљену пшеницу, јечам, кромпир. Навалом гомиле разорен је месни телефон и ограничен железнички промет.[206] Из Подравске Слатине је јављено да су изгредници (војници, грађани и сељаци) опљачкали све прикупљене намирнице и вероватно ће однети и вагон јечма, иако га чува стража доведена из Загреба; без сигурне заштите није могуће сачувати и отпремити робу.[207] У околини Жупање сељаци су опљачкали и разнели шест вагона пшенице у Градишту и Рачиновцима.[208]

Управа Земаљске опскрбе моли да влада Народног вијећа изда „сходне одредбе ... еда би се овом ужасном харању на пут стало и достава живежних намирница за оскудијевајуће крајеве омогућила“.[209]

У Оперативном одсјеку Одјела за народну обрану (владе у Загребу) закључено је 8. новембра 1918. да војне помоћнице (патролна и стражарска одељења), сада успостављане у котарима (срезовима), преузму и заштиту откупа и отпреме животних намирница за прехрану становништва у градовима и сиромашним пределима.[210]

На седници Средишњег одбора 30. октобра једногласно је одобрен предлог Стјепана Радића да се из Хрватске и Славоније не допусти извоз животних намирница без дозволе владе Народног вијећа.[211] Влада, у Загребу, контролом трговине између Хрватске и суседних области, настоји да пољопривредних

[206] AVII, Građa Narodnog vijeća SHS, *Zemaljska opskrba D. D., Zagreb, povjereniku za narodnu obranu u Zagrebu,* dne 5. studenoga 1918.
[207] Isto.
[208] Isto.
[209] Isto.
[210] Isto.
[211] B. Krizman, *Zapisnici Središnjeg odbora,* 353.

производа буде што више на домаћем тржишту, како би самом понудом био спречаван скок цена. Међутим, дешава се да трговци с извозним дозволама шаљу пољопривредне производе у Аустрију, док владе Словеније и Босне и Херцеговине могу из Хрватске да увезу много мање хране него што је потребно овим покрајинама.[212]

Читав друштвени посед није био довољно чуван, штићен од отмице и разношења; у складиштима и на железничким станицама у Хрватској налазило се доста робе изложене пљачки. У Загребу није било довољно дрва за огрев пошто је довоз успорен војним превозима и повременим прекидом саобраћаја.

Влада Народног вијећа тражи од српске Врховне команде да јој упути радну снагу коју би употребила за сакупљање још непожњевеног жита у Славонији и за друге послове у обезбеђивању прехране становништва. Душан Симовић је, преносећи овај захтев, указао Врховној команди да је због опште оскудице могуће избијање социјалне револуције, па сматра да би три до четири хиљаде бугарских заробљеника, упућених у Хрватску и ту запослених, олакшали затегнутост.

Врховна команда ће тражити од Команде савезничких војски да их што пре отпреми преко Ријеке у Загреб, одакле би били послани да обављају утовар и истовар робе на железничким станицама.[213] Бугарски заробљеници неће доћи, а прилике ће се, ипак, полако сређивати.

Влада у Загребу је завела војну управу у рудницима угља, поставила надзорне официре и стражарска одељења (од 3 до 7 војника) за руднике: Иванец, Ладање дол, Голубовец стари и Нови, Коњшчину, Белетинец, Иванопоље крај Лубешчице, Крапину, Суботицу, Глоговац, Царевдар, Питомачу, Врдник. Надзорни официри су подређени Рударском надзорништву у Загребу и

---

[212] Dragoslav Janković, *Društveni i politički odnosi u Kraljevstvu Srba, Hrvata i Slovenaca uoči stvaranja Socijalističke radničke partije Jugoslavije (komunista)*, Zbornik radova Istorija XX veka, I, izdanje Instituta društvenih nauka, Beograd 1959, 27.

[213] АВИИ, ОДООВК, 34, с. 394–395, *Делегат Симовић Врховној команди*, 6. новембар 1918; *Врховна команда мајору Маринковићу*, 7. новембар 1918.

„одговорни су за сигурност уређаја те направа угљеничких као и несметаног обављања рада".[214]

И словеначка влада је дала сразмерно јако војничко обезбеђење трбовљанских рудника угља, где су распоређена одељења Српских трупа у Љубљани.[215]

Народна управа за Банат, Бачку и Барању (влада Војводине) је допустила извоз хране преко демаркационе линије – у Мађарску, и преко покрајинске границе – у Србију и Хрватску. Обавезала је све трговце да су имаоци извозних легитимација, али кријумчарење није могла да спречи. Долазили су трговци са свих страна, куповали жито, месо, маст, одвозили којекако, и куда стижу продавали вишеструко скупље.[216] Оваква трговина, шпекулативна и кријумчарска, штетна је за становништво и за углед нове власти. Дешавало се да храна из Војводине стиже редовно на мађарска, аустријска и чешка тржишта, а једва у Босну.[217]

Мађарска влада је преко команде француске Источне војске покушала да се укине југословенско ограничење промета преко демаркационе линије.

Српска Врховна команда је објаснила да извоз из Војводине у Мађарску није сасвим забрањен, а да је народна влада у Новом Саду узела право да за њ издаје дозволе. Није тачно, тврди Врховна команда, да је у Мађарској већа оскудица него у Србији, већ влада те земље хоће да са изгубљене територије однесе што више намирница да би на својем тржишту оборила цене. Није нама у интересу, изјавила је 16. децембра 1918. Врховна команда команданту француске Источне војске, да дозволимо експлоатацију земље која неће бити Мађарска, да је Мађари опустоше као што су опљачкали Србију, јер са те територије добијају хра-

214 AVII, Građa Narodnog vijeća SHS, Odio za narodnu obranu, br. 2839/Op., *Osiguranje ugljenika,* 6. decembar 1918.

215 АВИИ, ОДООВК, 35, с. 400, *Прилози: Распоред Српских трупа у Љубљани,* 12. децембар 1918.

216 Историјски архив Војводине, *Записник вођен на пленарној седници Народне управе у Новом Саду* 22. новембра 1918; *Записник вођен на пленарној седници Народне управе у Новом Саду* 27. новембра 1918.

217 D. Janković, *Društveni i politički odnosi u Kraljevstvu SHS,* 30.

ну и српска војска и француске експедиционе трупе. Србија је
све дала што је имала, а непријатељ је и при одласку уништавао
њена добра. Србија је пуста; очекује савезничку помоћ која због
тешкоће преноса не може брзо приспети. Та мала резерва хране
у Војводини потребна је Србији и другим још оскуднијим кра-
јевима: Херцеговини, Далмацији, Црној Гори, Македонији. Зато
ће Врховна команда дозволити извоз само онога што српској и
француској војсци и југословенском народу не треба.[218]

Главни одбор Народног вијећа СХС, у Сарајеву, расправљао
је 4. новембра 1918. о исхрани становништва у Босни и Херцего-
вини. Решио је да се одмах прикупе железнички вагони, свуда
растурени, како би се могао вршити превоз животних намирни-
ца, и да се реквирира и под стражу стави сва роба у транспорту,
иначе изложена пљачки.[219] На састанку са војводом Степом Сте-
пановићем, у Вардишту, изасланици Главног одбора су, молећи
војну помоћ, тражили и новац којим би у Босни и Херцеговини
било плаћено железничко особље и чиновници опште управе и
стручних служби.[220]

Врховна команда је усвојила молбу владе у Сарајеву, поднету
11. новембра 1918, да српска влада утиче на савезнике да Босни
и Херцеговини допреме 500 вагона жита и брашна у пристани-
шта Сплит и Метковић, а народу објаве да ту храну шаље Срби-
ја.[221] Обавестила је 14. новембра Команду савезничких војски да
у Дубровнику има шест бродова, носивости по 600 тона, који се
могу одмах упутити у Солун за пријем и превоз хране и других
намирница за војску и становништво. Она моли да из Солуна

---

[218]   АВИИ, ОДООВК, 35, с. 265, *Врховна команда делегату капетану
Димитријевићу*, 3. децембар 1918.

[219]   N. Kapidžić, n. m., 164–170, 226.

[220]   АВИИ, ОДООВК, 34, с. 88, *Друга армија Врховној команди*, 24.
октобар 1918.

[221]   АВИИ, ОДООВК, 34, с. 265, *Врховна команда главном интенданту
Врховне команде*, 31. октобар 1918; с. 301, *Друга армија Врховној команди*, 1.
новембар 1918.

хитно пођу бар два брода са храном, јер народ страда од глади, нарочито у Далмацији, Херцеговини и Црној Гори.[222]

Врховна команда је 17. новембра наредила официру за везу у Команди савезничких војски да настоји како би из Солуна кренуо у Котор један брод са храном за трупе, и да објасни колико је храна нужна војсци и сиромашном народу у Босни и Херцеговини и Далмацији. Њему је посебно указано да се залаже како би савезници храну послали и на Ријеку.[223]

Народна влада за Далмацију, у Сплиту, питала је да ли је храна у Солуну већ принета за утовар и колико је има да би могла одредити бродове који ће је превести. Штаб 2. армије, пак, тражи да Врховна команда захтева да француске власти допусте пловидбу и пристајање ових бродова у луци Солун, где их треба снабдети угљем и другим материјалом за вожњу и дати им обавештење о минским пољима.[224]

Владе у Лондону и Паризу су тек половином новембра 1918. закључиле договор да Француска снабдева храном југословенске земље. Предвиђено је да посао довршава француска комисија у Ријеци, Дубровнику и Котору, са по једним представником српске владе.[225] Још је било неизвесно кад ће допрему започети, а сасвим сигурно да ће прво понети храну за војску.[226]

Врховна команда је (на захтев министра војног) 12. новембра наредила команданту 1. армије да одмах обавести која привредна и трговачка удружења постоје у Хрватској, Далмацији, Босни и Херцеговини. Захтеваће се од „Привредника" из Загреба и сличних друштава у другим покрајинама да хитно саставе податке о

---

[222] АВИИ, ОДООВК, 34, с. 281, *Врховна команда мајору Маринковићу*, 1. новембар 1918.

[223] АВИИ, ОДООВК, 34, с. 348, *Врховна команда мајору Маринковићу*, 4. новембар 1918.

[224] АВИИ, ОДООВК, 34, с. 564, *Друга армија Врховној команди*, 14. новембар 1918; *Врховна команда мајору Маринковићу*, 15. новембар 1918.

[225] АВИИ, ОДООВК, 34, с. 402, *Министар војни Врховној команди*, 6. новембар 1918.

[226] АВИИ, ОДООВК, 34, с. 404, *Шеф Секције за везу при Штабу команде савезничких војски Врховној команди*, 7. новембар 1918.

постојећим количинама намирница и степену народних потреба у исхрани. Робу коју ће француска служба допремати у Метковић и Ријеку, примаће привредници и неколико представника српске владе, и по плану расподељивати становништву и војсци.[227]

Врховна команда је 10. децембра 1918. наредила командантима 1. и 2. армије и шефу војне мисије у Загребу да најхитније јаве број становника у областима за које су војнички надлежни. Још треба да обавесте: докад у тим областима има хране за становништво, које су им врсте и количине намирница потребне, где да се дотуре; а податке дати посебно за сваку област, због хитности, у приближним цифрама.[228] За ову ствар, и целокупно снабдевање, ускоро ће југословенска влада постати надлежна.

Међутим, цела привреда и започето сједињавање југословенских покрајина зависили су од стања и могућности организације и од средстава саобраћаја.

Немачке и аустроугарске трупе, у одступању преко Србије, рушиле су железничке пруге и мостове. Српске пешадијске јединице су наступале без големе сметње; артиљерија и комора су заостајале и чекале да француски пионири поправе путеве. Војска је само за преку нужду оспособљавала најважније објекте путног саобраћаја.

Телеграфско-телефонским везама српске војске користе се дуже време све власти на целом југословенском државном простору.

Железнички саобраћај у Србији је потпуно успостављен тек у лето 1919. године. Железничком пругом од Дубровника преко Сарајева до Босанског Брода промет се није прекидао.[229]

Влада, у Загребу, наређује да војници утоварују угаљ у ложионици на месном Јужном колодвору,[230] да би локомотиве пра-

---

[227] АВИИ, ОДООВК, 34, с. 251, *Врховна команда команданту 1. армије*, 30. октобар 1918.

[228] АВИИ, ОДООВК, 35, с. 171, *Врховна команда командантима 1. и 2. армије и п. пуковнику Прибићевићу у Загребу*, 27. новембар 1918.

[229] АВИИ, ОДООВК, 34, с. 271, *Друга армија Врховној команди*, 30. октобар 1918.

[230] AVII, Građa Narodnog vijeća SHS, *Vojno postajno zapovjedništvo, Zagreb, Odjelu za narodnu obranu*, dne 15. siječnja 1919, 1–7.

вовремено служиле. И влада и месне власти се труде да се обез-
беде железничке пруге: од Загреба до Винковаца (пошто је био
прекинут промет на одсеку Дуго Село–Иванић-Град–Новска),
од Карловца према Госпићу, у пределу Врховина првенствено, и
према Љубљани постављањем страже у Зиданом Мосту.[231] Често
је одређена војничка пратња за поједине транспорте (на пример,
превоз соли). Повећаним залагањем стручне службе, и војске у
заштити, одржава се железнички саобраћај од Београда до Љу-
бљане, и свуда у држави.[232]

Власти су и помоћу војних јединица осигуравале поштан-
ски саобраћај. У Словенији и Хрватској су осниване посебне
грађевинске чете да одржавају телефонско-телеграфске линије
и успостављају нове, према потребама власти.[233]

Врховна команда је 23. новембра 1918. предочила Команди
савезничких војски да ће мађарска влада, правдајући се потре-
бом да исхрани Антантине трупе на својој територији, прави-
ти тешкоће при предаји Србији 100 локомотива и 2.000 вагона,
дужних јој по Војној конвенцији о примирју. Врховна команда
зато предлаже да Француска, из железничког парка заплењеног
од Немачке, стави на располагање Србији толико локомотива и
вагона. Она још моли савезничког команданта да железничку
станицу у Ријеци преда у руке Југословена, или бар француској
јединици, како не би била под италијанском контролом.[234]

Наредила је Врховна команда 28. новембра командантима
армија и делегату Симовићу да прикупе, среде и до 14. децембра
1918. пошаљу податке о железницама у Војводини, Хрватској,
Словенији, Босни и Херцеговини и Далмацији, да би се проучи-
ла могућност њихова искоришћавања.[235]

[231]   АН, NV SPO, ONO, kutija 18, 5–11–12–29.

[232]   АН, NV SPO, kutija 18, 45–60–86–94–113–159–162–177–179.

[233]   АВИИ, ОДООВК, 34, с. 373, *Делегат Симовић Врховној команди,* 1.
новембар 1918; АН, NV SPO, ONO, kutija 18, 69–70–96.

[234]   АВИИ, ОДООВК, 34, с. 424, *Врховна команда шефу Секције за везу
при Штабу команде савезничких војски,* 10. новембар 1918.

[235]   АВИИ, ОДООВК, 34, с. 564–565, *Врховна команда команданту 2.
армије, делегату Симовићу у Загребу, команданту 1. армије,* 15. новембар 1918.

Поморски саобраћај је увелико отежан италијанском оку-
пацијом јадранске обале. Паробродско друштво у Сплиту рас-
полаже са 5 великих бродова, око 4.000 тона носивости, а оно
у Дубровнику има 6 бродова, око 600 тона носивости. У лука-
ма Ријеке и Шибеника се налазио већи број бродова свих врста,
али задржаних италијанском контролом, те нису могли да слу-
же југословенској власти и српској војсци.[236]

Влада Далмације је решила да се флота у Сплиту стави на
располагање српској Врховној команди.[237]

Југословенски бродови су дотад пловили под аустроугарском
и хрватском заставом. Врховна команда захтева 23. новембра 1918.
од Команде савезничких војски да се хитно одлучи коју ће озна-
ку ти бродови даље имати, пошто италијанска војска не допушта
вијорење хрватске заставе. Врховна команда уједно поручује да је
жеља свих у Далмацији да им бродови плове под српском заста-
вом, а уколико савезници саму њу не одобре, онда нека се истиче
и француска застава, у крајњем случају – само француска.[238]

Врховна команда је 26. новембра сазнала да су италијанске
снаге поселе три брода трговачке морнарице и на два већ ста-
виле своју заставу. Истог дана је наредила официру за везу да у
Команди савезничких војски најенергичније протестује против
овог насиља, названог (у другој депеши) отимачином која иза-
зива неизбежност сукоба са италијанском војском.[239] Команда

---

[236] АВИИ, ОДООВК, 34, с. 209, *Врховна команда шефу Секције за везу
при Штабу команде савезничких војски*, 27. октобар 1918; с. 271–272, *Друга
армија Врховној команди*, 30. октобар 1918.

[237] АВИИ, ОДООВК, 34, с. 391, *Врховна команда команданту 2. армије*,
7. новембар 1918; с. 391, *Врховна команда министру војном*, 7. новембар 1918;
с. 509, *Делегат Симовић Врховној команди*, 11. новембар 1918.

[238] АВИИ, ОДООВК, 34, с. 415–416, *Друга армија Врховној команди*, 9.
новембар 1918; *Врховна команда мајору Маринковићу у Солуну*, 10. новембар
1918; с. 424; *Врховна команда делегату Симовићу*, 10. новембар 1918.

[239] АВИИ, ОДООВК, 34, с. 526–527, *Врховна команда шефу Секције
за везу при Штабу команде савезничких војски*, 13. новембар 1918; *Врховна
команда мајору Маринковићу*, 13. новембар 1918.

савезничких војски је одговорила да не може одлучити под ко-
јом ће заставом југословенски бродови да плове.

Врховна команда је била 25. новембра замолила адмирала са-
везничке флоте, на Крфу, да он реши ову ствар.[240] Пошто није ус-
пела, мораће и даље да посредује. Командант 2. армије обавести-
ће је 15. децембра 1918. да се већ четири дана домаћи бродови не
крећу, јер капетани неће да управљају због тога што је савезнич-
ка поморска конференција у Венецији решила да југословенско
бродовље метне италијанску заставу. Земаљска влада за Далма-
цију и командант 2. армије моле више пута Врховну команду и
српску владу да пораде да се таква одлука измени пошто је посве
неприхватљива.[241] Измена ће бити одобрена много касније.

Покрајинске владе су више могле да постигну у сређивању
снабдевања и саобраћаја него у поправљању општег стања дру-
штва. Сви су чекали на државно уједињење и надали се да ће
заједничка влада запослити раднике, извршити аграрну рефор-
му, обезбедити чиновнике и пензионере, предузетницима отво-
рити послове.

Пристизањем војника с фронтова незапосленост је све већа.
У Србији, на пример, индустрија је толико разорена да ни по-
ловина фабрика не може још да упошљава радну снагу. У дру-
гим покрајинама запосленост је смањена и због оскудевања у
сировинама. Уздуж јадранске обале послови су умањени због
италијанског ометања поморске пловидбе. Број незапослених
у градовима повећавао се и пристизањем избеглица из окупи-
раних предела (нарочито у Далмацији) и сталним придоласком
сиромаха који су због рата изгубили иметак на селу, или, отпре
сироти, лутали тражећи зараду. Радничке наднице су превише
опале према предратном стању. Храна, одело, огрев и стан су по-

---

[240]   АВИИ, ОДООВК, 34, с. 517–518, *Шеф Секције за везу при Штабу
команде савезничких војски Врховној команди,* 11. новембар 1918; *Врховна
команда командању свих српских труппа на Крфу,* 12. новембар 1918; *мајор
Маринковић Врховној команди,* 12. новембар 1918.

[241]   АВИИ, ОДООВК, 35, 426, *Врховна команда министру војном,* 3.
децембар 1918; *Врховна команда министру војном и главном интенданту,* 11.
децембар 1918.

скупели несразмерно више од свaког номиналног повећања над-
ница.

Радничко вијеће – основано у Загребу 4. новембра 1918. да
предводи радничку класу у националној револуцији – обавезује
представнике социјалдемократске партије у Народном вијећу и
влади да нову власт подстичу да се заиста брине о раднштву и
сиротињи.[242] Решило је 16. новембра да од владе тражи да уведе:
контролу цена, надзор над целом трговином, снижење цена нај-
важнијих животних намирница. Радничка делегација је влади у
Загребу изнела те захтеве[243] и добила обећање да ће се нова власт
побринути о снабдевању сиромашних сталежа.[244]

Радничко вијеће је затим 30. новембра јавно предложило
влади да она, упоредо с увођењем своје контроле над тргови-
ном, омогући и радницима да преко својих делегата суделују у
доношењу одлука о индустрији и трговини.[245] Затражило је да се
влада стара и о смештају мноштва људи без стана.[246]

Словеначки радници су на истим зборовима, дакле једно-
времено, захтевали уједињење Словеније са Србијом и да на-
родна влада, у Љубљани, под државном контролом осигура пре-
храну и одевање становништва. Радници још траже да се при
управама рудника, индустријских предузећа и на железницама
поставе одбори радничке контроле.[247]

Изасланство Социјалдемократске странке Босне и Херцего-
вине је поднело 8. новембра захтеве раднштва Главном одбо-
ру Народног вијећа и влади у Сарајеву. Уз значајне политичке
захтеве, изасланство ставља и неколико других: да влада отво-
ри јавне радове да би уклонила беспослицу, да осигура помоћ
инвалидима, удовицама, породицама резервиста и погинулих

[242] *Pravda*, Zagreb, 7. novembar 1918.
[243] *Radničko vijeće*, Sloboda, Zagreb, 21. novembar 1918.
[244] *Radničko vijeće*, Sloboda, 27. novembar 1918.
[245] *Radničko vijeće*, Sloboda, 30. novembar 1918.
[246] *Radničko vijeće*, Sloboda, 5. decembar 1918.
[247] *Za zedinjenje s Srbijo. Za socialno republiko*, Naprej, Ljubljana, 25. no-
vembar 1918.

војника, да обезбеди одевање целог становништва и прехрану радника и сиротиње.[248]

На састанку са представницима владе, 17. новембра, вођство Социјалдемократске странке захтева поправљање стања рудара и железничара, и државно потпомагање синдикалних организација.[249]

Радници захваћени националним покретом, још не штрајкују да би постигли испуњење захтева. Убрзо после Уједињења обновиће своје класне протесте тражећи да се повећају наднице, исплате заостале потпоре, допусти да контролишу расподелу намирница и одређивање цена, уведе осмочасовно радно време, обезбеди социјално осигурање.[250]

У свим југословенским покрајинама радници врло желе да се што пре оствари државно уједињење. Веровали су да ће им у заједници бити боље, јер ће већа и богатија држава пружати шире могућности за запошљавање, зараду и организовање.

Зелени кадар је уочи слома Аустро-Угарске испољио да освета према власти није једини разлог за његове нападе на месне чиновнике и насртаје на велепоседничка имања. Сељаци, под оружјем у шумама, мисле да је сада час делити добра феудалаца, да ратари више не раде на туђем комаду земље, већ на своме. Слом хабзбуршког царства је дао маха овој жељи; у решење аграрног питања готово се револуционарно улази.

Национална власт се многоструко труди да сачува ред и мир.

Оног дана кад се Народно вијеће, у Загребу, прогласило представником суверенитета Државе Словенаца, Хрвата и Срба одобрило је хрватском бану да уведе преки суд за сремску жупанију, вировитичку, бјеловарску и пожешку, дакле за Срем и Славоније.[251] Три дана касније, издата је наредба о преким судовима

---

[248] Šta da se radi?, Glas slobode, Sarajevo, 9. novembar 1918; Socijalna demokratija vladi Narodnog vijeća, Glas slobode, 9. novembar 1918.

[249] Pregovori naše stranke sa Narodnim vijećem, Glas slobode, 20. novembar 1918.

[250] D. Janković, Društveni i politički odnosi u Kraljevstvu SHS..., 126–131.

[251] B. Krizman, Zapisnici Središnjeg odbora..., 351.

и у осталим жупанијама Хрватске: вараждинској, загребачкој, личко-крбавској, модрушкоријечкој.[252]

Исти разлози нагоне и владу у Сарајеву да два дана по преузимању власти уведе преки суд за подручја Брчког, Дервенте и Бање Луке.[253]

Ова строга мера, верују владе, послужиће одржавању реда и спречавању самовољног присвајања земље и средстава. Средишњи одбор је 26. новембра усвојио закључак – позивајући се на обећање Народног вијећа (у декларацији 19. октобра) и закључак Хрватског сабора (29. октобра) – да се, уз праведну одштету, укину кметство и све феудалне повластице.[254]

Чиновништво жели да немира и поремећаја у земљи не буде, да се стање што пре среди, југословенске покрајине уједине и нова држава обезбеди бољи живот грађана. Делимично у политичким партијама, чиновништво подржава напоре уједнитеља југословенских земаља. Што су ублажене неке последице слома Аустро-Угарске, што су организатори националне власти успели да лако изврше промене, што је стари државни апарат готово лагодно окренут да проводи нова наређења – увелико је стога што чиновништво, мислећи на свој опстанак, хоће да сачува удобност.

Чиновништву, поглавито нижем и средњем, тешко је јер ниједна покрајинска влада не располаже новцем за исплате принадлежности и зарада.

Владе, иначе, доносе уредбе о порезима и јавно позивају патриоте да држави помогну добровољним прилозима. Покрајинска народна већа журно преузимају новац у домаћим банкама и труде се да добију власт и над националним свотама у аустроугарским банкама. Увидевши да новца нема ни у Хрватској ни у Словенији, Средишњи одбор одобрава да га влада у Загребу

---

[252] D. Janković, *Društveni i politički odnosi u Kraljevstvu SHS...*, 39.

[253] H. Kapidžić, n. d., 161–163.

[254] AH, NV SPO, *Prilog zapisniku sjednice od 25. novembra 1918; Zapisnik sjednice od 26. novembra 1918;* Ferdo Šišić, *Dokumenti o postanku Kraljevstva Srba, Hrvata i Slovenaca 1914–1919,* Zagreb 1920; B. Krizman, *Zapisnici Središnjeg odbora,* 379, 382.

прибави помоћу споразума с аустроугарском банком у Бечу и позајмицом у домаћим банкама.[255]

Главни одбор Народног вијећа Босне и Херцеговине је решавао 4. новембра, пре свега, о додели кредита месним народним већима (у зони од Сарајева и долином реке Босне према Сави) да би куповала храну за аустроугарску војску у повлачењу и спречила изгреде. Влада у Сарајеву, тражећи нагодбу с банкама, хоће прво да обезбеди новац за плате службеника и припадника народне гарде и жандармерије.[256]

Нова власт у Црној Гори тражи да јој Србија што пре пошаље новац за плате официра и чиновника и тим спречи пораст незадовољства у народу и немире.[257]

Буржоазија настоји, штогод више може, да учврсти политичку власт. Привредници продужавају своје послове кроз тешкоће, у Србији и Црној Гори проузроковане ратним разарањем, а у осталим покрајинама изванредним војним трошењем и напослетку сломом Хабзбуршке монархије.

За кратко време од ослобођења до Уједињења, и дуго после, највише користи имаће предузетници у трговини. Међу њима је и трговаца који су за рата остварили изванредно велике профите. Те који су благо стекли продајом животних намирница и лиферацијама за војску, у Србији су назвали издајницима Отаџбине.[258]

Грађанство, првенствено радничка класа, захтева да власт реквирира поседе ратних богаташа и казни оне који су сарађивали са непријатељем. Ниједна национална влада то неће радити, јер су и оне, због забране слободне трговине између покрајина, а давањем извозница, олакшале великом броју старих трговаца, и нових који су одједном придошли, да брзо постигну високе зараде. Уређујући снабдевање становништва, управне власти праве

---

[255] АН, NV SPO, *Zapisnik sjednice od 25. novembra 1918.*
[256] Н. Капиџић, н. д., 153–170, 190, 205–207.
[257] АВИИ, ОДООВК, 35, с. 406. *Врховна команда министру војном,* 9. децембар 1918.
[258] *Правда*, Београд, 11. новембар 1918.

уговоре о лиферацијама и врше друге послове; и не мичући се од својих дужности, неки чиновници отварају пут корупцији.

IV. УКРШТАЈ ТЕШКОЋА ЗА ЈУГОСЛОВЕНСКУ ДРЖАВУ

Што се широм Европе затекло невоља, проузрокованих четворогодишњим ратовањем, и још старијих и дубљих, ратом жестоко истераних, свака је могла да буде и вишеструка на југословенском простору. Непрестано ратиште, фронтовима стегнуте и закидане, југословенске земље су због оружане борбе одвећ пострадале, раздвојене и чак супротстављене, тукући се против Аустро-Угарске и, обратно, да би она опстала.

Србија је одвојевала дуготрајну одбрану; Црна Гора није сасвим издржала. А обе су (подаци казују) изгубиле близу 1.200.000 становника (од којих 365.164 војника и официра) одупирући се аустро-угарском освајању и услед рата насталим злима.[259] Југословенске области Хабзбуршке монархије дале су својег људства у аустроугарску војску, сразмерно, колико иједна покрајина царевине и сву њену узалудну борбу подмириле губитком преко 800.000 лица.

(У влади Краљевства Срба, Хрвата и Словенаца је потписано 26. марта 1919: „Целокупни наш народ стајао је светски рат преко 2.000.000 жртава“. Овај, првом службеном проценом добијен број скупних губитака људства, доцнија тачнија израчунавања су увећала за преко сто хиљада погинулих и умрлих лица.)[260]

Погибије и помори су начинили пустош и очајање у земљи. Сиромаштво и устаничко незадовољство свуда су и прејако проузроковани, доклегод је, доскора, досезала хабзбуршка власт. Освета би нашла доста воље и била би права сила да се

---

[259] АВИИ, бр. 8ª, кутија 4, фасц. 1, лист 1–11, *Министар војни и морнарице начелнику Главног ђенералштаба*, 30. мај 1921.

[260] *Стенографске белешке Привременог народног представништва Краљевства Срба, Хрвата и Словенаца*, I свеска, Загреб, 1919, 347.

како сјединила, ма и понегде, у којему ширем пределу или по-
крајини. Ситном радњом саплело се устаниште, те нигде ни
сложнога ни дугог ударца на установе и кадрове, криве за крво-
пролића и осиромашење народа.

У ратних победника једва има мање туге и узбуне него на
пораженој страни. Да ли подједнако, а свакако упоредо, два од-
судна настојања свуда се надмећу: сиромашко окупљање нација
и развитлано а несједињено раскидање старих склопова.

Национализам и комунизам, свуда већ у коштац, огорчено
ратују за државу, владавину друштвом и народима. За тај свет-
ски сукоб даваће удео и југословенски предео, од давнина неу-
једначен, а због светског рата и поремећених односа.

С првог маха, кад је светска раздеоба и овде заорала, зрео
национализам је брже и пуније одскочио хватајући се мишљу и
програмом за ратно успеће победничке стране; под велике кру-
гове империјализма да сједини и некако смести југословенске
земље и судбину.

Србија, улогом и жртвом у Антанти, с правом победника,
опуномоћена је за будућност.

Македонија, пре расечена, за рата намучена и харана, поно-
во је, колико ње раније беше, у оквиру државе Србије.

После свога ратног слома, Црна Гора је неприсутна до тре-
нутка своје плаховито проведене последње одлуке.

Југословенске земље, доскора у Аустро-Угарској, властито
су задобиле своје независно место; започеле су ослобођење хи-
трим изласком првобораца, па настављале увећаном бројношћу
добровољних ратника до коначног пада хабзбуршкога царства.

Сви су исто желели: ослобођење и уједињење до пуног оп-
сега југословенске насељености, да туђи народи овде више не
владају, да се заједницом стекне увећана снага, потребна јакости
слободе и савременом напредовању.

Давну замисао, дакле, у менама прошлим устанички дизану
и самотно чувану, светски обрти су омогућили за правило ре-
волуционара југословенства и далекосежан поглед државника
Србије. То се борбом, за опстанак и пут избављења, удесила са-

гласност; јунаци су гинућем полагали завет, говорили жестоко а из кршења светских сила искакали неки изгледи сутрашњице.

Тад је закључен пакт уједињења: Србија (потврђује) да све улаже у братску државу а југословенске земље (хабзбуршке) да ће срећне бити с њом у заједници која ће чувати својност и правду – речено је – сваког племена троименог народа Срба, Хрвата и Словенаца. Победа Антанте, довршена поразом и разбијањем Аустро-Угарске, коренито условљава остварење ратног циља Србије и ослободилачке замисли свега југословенства.

Ова победа, већ чињеница, подстиче све национализме. А пораз супротне стране, и унутарња подривања у победничкој Антанти, ма колико да су угодни надирућој социјалној револуцији, нигде, према споља, не ограђују национализам. Свака је влада, и свака фракција, назвала светињом земље и крајеве својег народа, сама дајући одредбу врсти и простору тога припадништва.

Живнула су стара укрштања, и настала нова; дакле, за ратничку расправу доста разлога на спољашњим рубовима југословенских земаља.

Италија знатном масом своје војске запоседа југословенске западне крајеве и назива их својим (а доскора беху аустријске државе) и друге рејоне према југоистоку, да би убудуће притискала на Балкану, гнездила своје људство и налазила добитке. То освајање назива својим историјским правом на јадранске пределе – уговором, у Антанти, једном јој признате – и, како причају њени агитатори, потврђене великим саучесништвом у победничкој коалицији. Напрегнута да буде империја, процењује југословенско уједињење као дело против њених интереса, па одбојем и прегоном, кроз пакости и до мржње, проговара о југословенству проричући пропаст нове заједнице због неслоге Срба и Хрвата, православних и католика.

Аустрија и Угарска, сад раздвојене, и грађанске републике у националним оквирима, којекако се грче чувајући историјско наслеђе. Обећавају правду и радости за продужетак заједништва, док истовремено у пределима помешане настањености и према суседству истурају нападачке страже састављене од распуштеног људства царске војске. Владе и јавност (па и социјалистичка крила) обеју република посматрају југословенску државу као исход пораза својих земаља.

Румунија се звала чланом победничког савеза. Према Бугарској одвојена Дунавом, окренула се против Угарске, и преко Баната повеликом војном снагом поставила наспрам брже и продорније војске Србије. Обе стране се чувају оружаног сукоба, док иза линије српског распореда агитују румунски националисти о праведности припојења целога Баната (све до Дунава и Тисе) држави Румунији. Позивају се на један потпис Антанте (1916. године) о будућности Баната у Румунији. А Србија то одбија, и сузбија, по националном праву и учинку своје војске у коалиционом рату. Румунија прима успостављање југословенске државе као решење победниково, исход успеха Антанте.

Бугарска, ма и побеђена, узнемирава Србију у граничном пределу; оружјем се прегоне отмичари и гину провалници, каткад, једновремено, с обеју страна. Бугарска влада назива неправдом према њену народу припадништво Македоније Србији. У јавности се то причало, а пропагандисти, агенти и хајдуци су подбуњивали Македонце против Србије и југословенске државе. Бугарска се, уосталом, противи свему што Србији успева и око ње се твори.

Грчка је пријатељска земља. Србији, међу савезницима, била је допустила своје тле за наставак ратовања, непрекидност државотворства и међународно дејство. То је велика залога, правом пријатељству начињено заручје. Али, како не даје Бугарској да се спушта к југу и преко Тракије настани обалом Егејског мора, упоредо би Грчка хтела да на север, кроз Македонију, помери своју границу. Србија је опрезна а тврдо одбија. Доста оптерећена унутарњом неслогом, па ратом у Малој Азији и напрегнутошћу да своје земље уједини, Грчка забрањује испољавање словенске посебности у своме пределу, а не изговара непријатељство према држави уједињених Југословена.

Албанија се одвише мучила под војском Италије и због неслоге домаћих вођа, а између активних војничких ограда са југословенске и грчке стране. Дајући праведну самоодбрану, али и навођена агитацијом и потхрањивана средствима италијанским, вољом католичке цркве, чак и обећањима бугарским, чини испаде и прихвата устаниште својих сродника у југословенској држави. Њима мало помаже, а својим простором и унеколико људством више користи Италији, у држању противјугословенског војног фронта који се протеже – стратегијски целовито – од Преспе у Македонији до Врпског језера у Корушкој. Непосредан притисак са овог фронта допуњава Италија: својом наклоношћу, државном и католичком, за аустријске и мађарске националисте, добром вољом према Румунији, војничким потпомагањем бугарских подривача у Македонији.

(Кад Албанија буде независна држава, престаће оданде опасност за југословенску заједницу, искрено су мислили у влади Краљевства Срба, Хрвата и Словенаца процењујући спољашње подстрекивање албанских незадовољстава. Албанија, сама, неће на Југославију; да је та суседка самостална, тако је Југославији најугодније – трајна је замисао владе у Београду.)

У земљама у суседству толико је, дакле, разних непријатељстава према југословенској држави, да она не би могла ни настати ни опстати, да се није случила и држала као једна чињеница на своду опште победе у европском рату. Народност, историјска и тренутна политичка борба и, дакако, војничка одбрана предела омогућавају уједињење југословенских покрајина и одржавање заједнице у границама још неконачним до одлуке на конгресу светског мира.

Ивице југословенских земаља, линијом националне насељености, могле су да буду границе уједињене државе, где је војска достигла да их брзо присуством и оружјем обезбеди. Из суседства свак је хтео, спомињући властиту етничку границу, да има државну што дубље на југословенском земљишту. (Колико је само Италија била загазила у југословенско да би се намирила из пређашњег поседа државе Аустрије.) Томе посезању војска је ставила преграду, јер би иначе провала била и дубље кроз повелику пометеност и у самом југословенском простору.

Прегаоци и уједитељи државе раде, углавном, безбедно, пошто српска војска и добровољци штите покрајине до граница које, засад, савезничка стратегија не оспорава, јер су ратовањем достигнуте и оправдане. Државници мисле да ће конгресу мира наметнути да уважи жртве и победу, јер југословенство, сад склопљено око Србије, с правом историјске силе, моралне и делујуће, опсеже земље жељне правде, узајамности и сложног опорављања од дуговековног страдања. Та је замисао црпла решеност из здружене воље широм државе, и добру наду неговала веровањем у довољну чврстоћу војничке заштите крајева и поретка; а где војска стоји, разлог њене сврхе има предност.

Српска војска је стигла у све југословенске земље, операцијским наступањем у гоњењу непријатеља и на позиве националних влада и извршних одбора да што пре дође и помогне, да угледом и присуством спречава безвлашће. За две улоге, које војска вазда има, српска се и сада претежном снагом окренула према спољашњим претњама, а мање јединица наменила унутрашњој заштити државе. Таквих ће бити изазова и мораће упоредо: да одбија извањске упаде и преуређује се у југословенску војску; да пријемом људства из целе државе и једнакошћу војне организованости у свим националним покрајинама постане заједничка. Та непосредна употреба војске у заштити граница државе трајаће све док мировна конференција одреди коначне и међународно признате границе између земаља доскорашњег хабзбуршког царства. А потом, прелазећи у мирнодопски развој, добиће распоред нужан за чување граница и одбрану државе од могућих опасности, спољашњег напада и унутрашњег устанка.

Већ на завршетку своје ратне улоге, а примајући се обезбеђења уједињене државе, војска постаје прва установа јединственог дејствовања у неједнаким покрајинама југословенским. Увелико је она, врстом своје организованости и распоредом поред свих граница и преко целога подручја државе, могла брже и потпуније од икоје снаге власти да развија и проводи уједначавање односа и радње. Сусрешће је брзо сва различност националних покрајина и открити се колико је војска негипка за њихове посебности. Нужност свеукупне одбране уједињених земаља и превласти грађанске класе наводиће властодршце да војно устројство не уважи разлике, већ да буде свуд истоветно. (Све доцније промене у обличју грађанских власти, како би се моћ државе до врха сјединила, неће достићи ту једноврсност којом је војска од првог дана постала чинилац владавине у делотворном југословенству.)

За унутрашња посредовања, у данима Уједињења године 1918, војска је наткровље другим снагама безбедности (жандармерији и групама добровољачке страже), широка заштита политичке агитације и управних послова грађанске власти. Српска војска се уздржавала, а показала, гдегод, пошто је избио немир, и умешала тек кад се устаниште сручило оружјем на власт и чин уједињења.

Испољеног незадовољства Уједињењем било је мање, и не свуда распрострањеног, него оног ускључалог огорчења против владајућег односа у друштву: свемоћи богаташа и немилосрђа чиновника; на капитал и бирократију кретала су мноштва.

Ратом намучени, људи су жудели да дивљање престане, да што пре буде хране и одела, стамбеног смештаја и зараде. Свак је видео рушевине и пустош, али нико није одобравао беспомоћност.

Устаниште се којекуда отисло, и мало где је свесно хтело да узме власт, премда је свуда побадало претњу и остављало страх. Самовољност и несједињени насртаји стапали су се у освету и отмицу: да омражени чиновници плате за доскорашња гоњења, од поседника и трговаца да људство узме средства и намирнице. Иза група у походима, развалине и расипања су указивали куд су изгредници прошли.

Понегде је било покушаја да се успостави који облик устаничког реда, али се свакоме месна нужност надредила, свак је остао усамљен, одвојен од сродног случаја у другом крају. Тек у неких је проникао поглед на велику промену. И где су рекли да ће поседничку земљу изделити, чиновнике растерати и свој одбор огласити већем републике, то су проговорили о револуцији; помишљали, нема сумње, да би хтели што и радници и сељаци у Русији, одакле су многи били дошли доносећи заробљеничка памћења и ужарену успомену на совјетску борбу против спахија и капиталиста, официра и богаташа.

Појединачно значајни – без сумње појава историјска и предсказање за могућу, јачу и осмишљенију борбу у будућности – ти мали случајеви велике револуције, свуд Европом проникле, брзо страдају. Овде пропадају због недовољне унутрашње чврстине и малене силе у тренуцима противнапада грађанске власти.

Националне владе и извршни одбори су настали, после дужег припремања свих политичких партија, да у погодном часу преузму воћство народа. То бива на самом крају постојања Аустро-Угарске.

Називајући се од народа опуномоћеним вршиоцима сувености, националне владе превише опрезно поступају према тековинама и обличју дотадашњег уређења. Значењем више него што су биле пређашње покрајинске управе хабзбуршкога реда, те владе и одбори неће ништа да одкрше из старих склопова (структура), јер се боје дубљег лома тога апарата који треба да им послужи у прелазним данима. Остављајући затечене установе, увелико недирнуту и личну размештеност чиновништва (пошто су отишле старешине, туђинци, или одскочили за нове задатке проповедници југословенског национализма), држећи и старе оружане одреде обезбеђења поретка, националне владе, од првог часа, позивају и наређују: мир у народу, ред у земљи.

На старе дужности су гдегод доведени други људи, наместо службеника Аустрије и Угарске одрешити прегаоци југословенства или спремни стручњаци за управне и техничке службе; привучени су добровољци да попуне проређене полицијске страже; све је то, заиста, само низ појединачних замена кадровске снаге, нимало карактерно мењање формације извршних установа.

Народ је сада видео на власти људе свога рода, али није од њих добио знатно животно побољшање ни душевније поступке. Усред опште оскудице, власт је чувала својину и све разлике и неправде у поседовању добара и блага. Што је требало држави – чиновништву, војсци, кадру ислуженом и немоћнима – то се збирало провођењем наредби за изванредно стање, било непосредном употребом службенога људства или преко независних посредника.

Поседници су имали своје послове; у ванредном општем стању неки су заостали због жртве у рату и садашњег оскудевања средстава, а други врло похотљиво најездили да уграбе корист ретким производом или поткупљивом трговином. Поред старих газда, надолазе скоројевићи, често помоћу власти која одобрава послове и тражи посредништва. Бујао је метеж од промета, тражења и нуђења робе и рада, како бива увек кад темељна производња не издаје доста, а нужност опстанка гони људе да пристају на свакоју цену.

Велики капитал (својина Југословена) у индустрији, земљопоседима и банкама држао се господски, заштићен влашћу, неувучен у ситнеж свакодневнице. Капиталисти примају историјску прекретницу југословенства и све измене у европској раздеоби. Многи, сад радо националисти, процењују да ће им независност државе на увећаном пространству омогућити плодоносна пословања, јевтиним радом добијену робу за проширено тржиште. Капиталисти пострадали у рату (због погибије своје чељади и губитка оруђа и средстава) скупљају што им треба да би обновили производњу. Они други, а махом сви изван одвећ пострадале Србије, провлаче послове кроз многобројна друштвена оскудевања, којекако набављају сировине и помоћна средства рада, настојећи да одрже нужну бројност стручног људства и оруђа.

Капиталистима, свима, подједнако је потребно да национална власт чврсто стоји, препречи се класним променама и постави усред друштва као окриље предузетништва и послова. Држава се зове народна, и њима то одговара, пошто знају да је њихова, јер богатство хоће да сакрива свој лик. Сви би у њој удела: кроз политичке партије – велику власт, преко чиновника непосредна подешавања.

И сама држава убрзо постаје поседник добара и извора зараде: земљопоседа, шума и рудника, творница и радионица, средстава саобраћаја, пословних уреда, монополске трговине, мноштва повластица. Опорезивањем иметка и личности, сва-

ком се надређује да узме део за своје постојање и друштвене по-
требе. Законодавним одређивањем монетарне политике и непо-
средним располагањем буџетским новцем, сумом већом него у
ма којој корпорацији друштвене структуре, држава је најмоћ-
нији газда. Више може од икога, и узима од свакога, поготово
стога што су послератна оскудица и непотпуна капиталистичка
развијеност земље условљавали невољу и нагонили предузет-
ништво. Држава је двојако, силом и власништвом над средстви-
ма производње и новчаном масом, омогућена да буде чинилац
капиталистичког развоја југословенског друштва, готово и за
елементарну радњу, једну врсту првобитне акумулације.

Капиталисти, у данима Уједињења, немајући одраније знатне
међунационалне поседе и послове, прво се срећу преко трговине
и кроз новчане услуге, махом посредством државне власти. Због
оскудице и потражње изнад могућнога, националне владе су сте-
гле располагање количинама производа. Ваздашњем првенству
домаћих потреба, ниједна није могла да припоји исту важност и
југословенских. Пред сваком је била обавеза да служи законитој
а двостраној напрегнутости капитализма: апсолутна владавина
на домаћем тлу и жилава освајања кроз друге пределе.

И кад се, убрзо, национализам окрене унутра, за неспокој и
расправу у самом југословенству, биће то најпре, и свакако извор-
но, на местима сусретања и утакмице капиталистичких настоја-
ња и претезања око добитака сваке врсте блага. Све политичке
несагласности, сва одупирања поједначењима, незадовољства и
одскоци, све могуће у национализму, биће последице и означења
тога одсуднога кршења у зглобовима производње и расподеле.

Радост од националног ослобођења свуда је мутило огор-
чење бескућних и сиромашних људи. У свима је доста врелине
и маха, али нигде таквог огња с којега би пропламсао комуни-
стички устанак, насупрот свукуд растурених и свакојаких на-
ционалистичких узношења.

У југословенским земљама, на самом завршетку Првог свет-
ског рата, није било пуне зрелости за социјалну револуцију; ни

у једној свега неопходног за класни устанак на буржоаску власт и својину.

Социјална демократија, и да је негде одгајивала револуционарно освајаштво, имала би мало времена да окупи кадрове и прогласи циљ, пошто је за рата веома страдала, била распуштена, растурана и спречавана у обнови. И сама усхићена националном слободом, пуштала је и, штавише, подстицала националисте да доврше своје дело: обаве државно уједињење Југословена. То је било по правилу њене старе схеме: прво буржоазија уређује грађанску државу, па у њој, демократској, пролетаријат задобива преимућство да би помоћу своје власти завео бескласни поредак.

Само да се огласи, толико је сад могла социјалдемократија, јер је имала малобројне кадрове и неразграну организацију, док радничка класа (коју представља) није сачињавала ни десети део свега становништва. А нарочито, није се одлучно ни понела кад су незадовољства превирала, осиротели људи побуњенички захтевали да власт и власници издају плате, намирнице, станове. Још се одбила и од зеленокадерашких побуна, не рачунајући што овде има ватре за револуцију, већ је сматрала да је ту луда претња реду у држави.

Добра за предратна опозициона организовања, социјалдемократија је претесна за нове нужности и побуде. После руске Октобарске револуције, а због противратног огорчења свуда у Европи, дешава се раздор у социјалдемократији. Вођства чувају формацију, а чланство изнутра и бунтовници извана превршују оквире и надиру против буржоаске власти и капиталиста, и стварају нови савез, револуционарну организацију.

То комунисти, претежно млади борци, и у југословенским земљама (после Уједињења) брзо устају да прогласе непријатељство према свему буржоаском и наметну своју мисао да ће војевати за совјетску власт, будућу владу човечанства.

У национализму је колевка и твораштво југословенског уједињења.

Одржављен, национализам се узнео и размешта се побед-
нички. Кроз грађанске странке, па и старинско социјалдемо-
кратско, и помоћу владајућих установа и извршних органа, про-
води се национално завојевање. Па и где су, у држави, већ на
помолу унутрашње несагласности и расправе, сваки је нацио-
нализам имао још толико својег аутономног окружја, и влада-
лачке моћи у покрајинама, да му ниједна закључена и провођена
подједнакост није одузела прилику за потпуно исказивање са-
мобитне воље. И сва даља претакања и раскидања у југословен-
ству, за свеважност јединства или првенство посебности, неће
национализам померити из те сраслости за буржоаску државу
и приватну својину.

Могао је дотле, ту достигао својим последњим успехом у
смеру друштвеног напретка. Одсад, не дајући место даљим до-
брим променама, изгубиће вредност корисне силе југословен-
ског друштва.

С првом најавом комунизма изишла је и мисао о превази-
лажењу југословенства: националне борбе су овде завршене,
Уједињење је добар довршетак, започело је раздобље социјалне
револуције; Европа ће постати комунистичка федерација рад-
ничко-сељачких република.

Комунизам, на почетку у наглом залету и прегрејаној са-
моуверености, мораће после, кроз сопствену муку и зрелијим
промишљањем, да тачније одмери обим и својства национал-
них саставака југословенске државе. Поставиће јој друкчију
одредницу за будућност: уместо монархистичког унитаризма
и грађанске демократије, републикански федерализам нација у
диктатури пролетаријата.

Југословенску државу, у данима Уједињења, на њеном про-
стору, нико не пориче. Ниједна политичка снага, у нацијама
присутна и активна као странка или група, не оспорава историј-
ску приспелост и далекосежну намену заједнице. А све разлике
у замислима о њој ниједну политичку свест не могу да означе
као противника Југославије.

Предлози о унутрашњој организованости, друкчијој од те која се заводи (не одвише брзо), управо су понечем претходнички за доцнија решења.

И комунистичко крило друштва, ма колико да оспорава вредности и право национализма, ипак тврди да државно уједињење радништу омогућава организацијско сједињавање снага, за сложну и умногостручену класну борбу у свим југословенским земљама.

Ни привреженици минуле Аустро-Угарске, па ни сепаратисти нису напрегнути непријатељи, јер их веже увиђање о неизмењивој запреми великих исхода светског рата. Истим судом су наведени и неки мислиоци националног ослободилаштва (у непризнатим нацијама, онда речено племенима) да претпостављају могућу прилику за самосталну обједињеност својег народа и покрајине баш у југословенској држави.

Уједињење Југословена, у држави званој Срба, Хрвата и Словенаца, постигнуто је дуготрајним дејством политичких чинилаца, самостално вођених, независно опредељених, убеђених веровањем да остварују историјску нужност, срећу за један народ.

Круг победе у европском рату, у који се смешта југословенска држава, даје јој згоду окупљања и велико окриље безбедности.

Домаћа војна заштита чува је од непријатељства са свију суседних страна и помаже јој да полагано чврсне изнутра.

Истина је: највише и најдубље држи се она вољом народа, где се увек ослања свако опстојање, за судбину и за историју.[261]

_____

[261] *Нейрилике јуīословенских земаља у данима Уједињења.* Чланак је објављен у часопису „Гласник Одјељења друштвених наука", књига 3. – Титоград: Црногорска академија наука и умјетности, 1981. Поново целокупан штампан у књизи „Југославија на стрмини Европе".

ПРВИ ЗАКОН
У ЈУГОСЛОВЕНСКОЈ ДРЖАВИ

Завршетком Првог светског рата – у кругу победе буржоаско-демократских велесила западнога дела света и, наспрам, успеле социјалистичке револуције у Русији – средња Европа је нагло изменила изглед: на пространству разрушене Хабзбуршке монархије, решени зависности према доскора владајућим Немцима и Мађарима, сад ослобођени народи успостављају своје националне државе, уједињују се да би самостално стварали властита друштвена уређења.

1.

Југословенске покрајине Аустро-Угарске раскидајући своју подложност у царевини Хабзбурговаца, образовале су независну Државу Словенаца, Хрвата и Срба. Врховно представништво Државе јесте Народно вијеће Словенаца, Хрвата и Срба (са седиштем у Загребу), састављено од сразмерног броја опуномоћеника свих политичких странака у покрајинама, осим Социјалдемократске странке Босне и Херцеговине која је одбила да се придружи народној концентрацији (за сврху ослобођења и уједињења сачињеном савезу свих националних организација). Као народна представништва су још изабрани (по споразуму странака) и успостављени: Народни свет (веће) за Словенију и Истру и Главни одбор Народног вијећа СХС за Босну и Херцеговину.

Поред националних (покрајинских) већа постоје и народне владе: у Љубљани – за Словенију, у Загребу – за Хрватску и Славонију с Међумурјем, у Сплиту – за Далмацију (ова покрајина знатним делом под окупацијом италијанске војске нема свог народног већа), у Сарајеву – за Босну и Херцеговину. Народне владе су одговорне националним (покрајинским) већима, управо Влада у Загребу непосредно Народном вијећу за целу Државу Словенаца, Хрвата и Срба.

Национална већа и покрајинске владе раде самостално на својим подручјима, мисаоно обједињени стратегијским задатком преузимања апарата аустроугарске власти, сређивања стања у друштву и припреме за уједињење са Србијом.

Држава Словенаца, Хрвата и Срба (постојећи у месецу новембру 1918), формацијски сачињена од народних већа, све од месних до покрајинских (националних) – представља политичку целину у врсти федерације, и са трочланим Предсједништвом Народног вијећа (у Загребу) на врху, управо – републику.

Национална већа и народне владе су провели засебне расправе о уједињењу Државе Словенаца, Хрвата и Срба са Краљевином Србијом; затим је у Народном вијећу (у Загребу) изабрана нарочита делегација, и примила зване „напутке за делегате“ као налоге за преговоре са владом Србије.

По доласку делегације у Београд, њени прваци су, заједно са двојицом министара српске владе, израдили два документа: Адресу Народног вијећа регенту Краљевине Србије и регентов одговор на Адресу. На свечаном скупу свих чланова делегације и српских министара, у привременом стану регента Србије, увече 1. децембра 1918, прочитана су оба документа.

Потпредседник Народног вијећа Анте (Ловра) Павелић[1] читајући Адресу, изјавио је жељу и одлуку Словенаца, Хрвата и Срба, ослобођених испод Аустро-Угарске, да своју независну државу уједине са Србијом и Црном Гором у јединствену државу. И, у смислу напутака, положио је одредбе за уједињену државу: да има јединствену парламентарну владу, да се успостави привремени парламент пред којим ће државна влада одговарати, да тај парламент изради и донесе Закон о изборима за Уставотвор-

---

[1]   Није идентичан са потоњим, истоименим поглавником Независне Државе Хрватске (1941–1945).

ну скупштину, да у покрајинама аутономне владе продуже деловање, да се сазове Уставотворна скупштина која ће коначно одредити облик и уређење државе.

Одговарајући у име краља Србије, регент Александар Карађорђевић је казао да он и српска влада признају садржај Адресе. И прогласио је Уједињење Србије са земљама Државе Словенаца, Хрвата и Срба у јединствено Краљевство Срба, Хрвата и Словенаца.

Пре овог чина, Црна Гора се одлуком своје нарочито сазване скупштине била ујединила са Србијом и с њом је ушла у југословенску државу. Та скупштина је изабрала Извршни народни одбор као привремено руководство власти у Црној Гори.

Банат, Бачка и Барања су такође одлуком своје народне скупштине изгласали уједињење са Србијом, и кроз њу постали део уједињене државе. Војвођанска скупштина је изабрала Велики народни савет као представништво Покрајине, из којега проистиче Народна управа као административни орган.

Уједињењем престаје суверена власт Народног вијећа у југословенским покрајинама (доскора у Аустро-Угарској); његово Предсједништво ће постојати још неко време, и покрајинске владе наставиће своју надлежност у свему оном што неће бити искључива делатност заједничке владе, као што су спољни послови и управљање војском и одбраном државе.

Влада Краљевства Срба, Хрвата и Словенаца је образована 20. децембра 1918; председник је Стојан Протић, првак Радикалне странке, на челу кабинета од 20 министара: Срба – 12, Хрвата – 4, Словенаца – 2, Црногораца – 1, Муслимана – 1, из свих већих грађанских странака у земљама уједињене државе.[2]

Политичке странке су по међусобним споразумима, а преко националних скупштина и већа, послале своје делегате у Привремено народно представништво, као нарочит и јединствен парламент целе државе, којем се поверава законодавни рад до

---

[2] *Службене новине Краљевства Срба, Хрвата и Словенаца*, Београд, 12. јануар 1919, бр. 1, с. 1.

сазива Уставотворне скупштине и доношења Устава за даљу редовну владавину.

Привремено народно представништво сачињавају 294 посланика. Словенија је дала – 32, Хрватска и Славонија с Ријеком и Међумурјем – 60, Истра – 4, Војводина – 24, Далмација – 12, Босна и Херцеговима – 42, Црна Гора – 12, Србија – 84, Македонија и Косово и Метохија са делом Санџака – 24 посланика (изабрана у овим двема областима 30. марта 1919, а 5. априла њихова пуномоћја су предата Верификационом одбору).[3]

Законодавну власт у држави имају краљ и Привремено народно представништво. Управну власт врши краљ преко одговорних министара који сачињавају Министарски савет (владу); краљ именује председника и чланове владе. Министри су одговорни краљу и Привременом народном представништву.

Свој први састанак, назван претходни, имали су чланови Привременог народног представништва 1. марта 1919. у Београду, у краљевом дворцу.

И после пет таквих, претходних састанака, намењених његовом сазиву и установљењу, Привремено народно представништво је свечано отворено 16. марта регентовом беседом о Уједињењу и најбитнијим задацима државне власти.[4]

2.

На четвртом редовном састанку Привременог народног представништва, 21. марта 1919, прочитани су регентов указ, образложење и сам предлог закона о ванредном кредиту, првом буџетском документу за целокупно Краљевство Срба, Хрвата и Словенаца.

Министар финансија др Момчило Нинчић објаснио је, писмом Привременом народном представништву од 19. марта, да

---

[3]   *Стеноїрафске белешке Привременоī народноī представништва Краљевства Срба, Хрвата и Словенаца*, од 1–20. састанка, I свеска, Загреб, 1919, с. 3–3а, 240–241. (Даље, скраћено: *Стен. бел.* ПНП, I.)

[4]   *Стен. бел.* ПНП, I, 17–19.

се ванредни кредит од 130.000.000 динара намењује за покриће свих државних, редовних и ванредних расхода у свим покрајинама Краљевства. Овај кредит би важио само један месец, док министар не изнесе народном представништву утаначено израђен државни буџет.

А израда буџета – објаснио је он – наилази на велике тешкоће: државне границе још нису утврђене, знатан део југословенске земље се налази под туђом окупацијом, у неким крајевима ни све државне власти не дејствују уредно, поштанске и телеграфске комуникације су веома отежане, чиновништво је свуда у великој мери измењено, у многим местима не поседују ни најнужније статистичке податке.

Како је, по решењу Министарског савета, почетак буџетске године померен од 1. јануара на 1. мај, онда је ванредни кредит био потребан у месецу априлу. Свота од 130 милиона динара одређена је на основу захтева и прорачуна који су стигли Министарству финансија, а чији укупан износ премашује једну и по милијарду динара за годину дана.

Тај предлог Закона о ванредном кредиту предвиђао је овлашћење министру финансија, да може одобрити за редовне и ванредне потребе целокупног Краљевства, у априлу 1919. године, 130.000.000 динара на издатке личне и материјалне, и део одвојити за резервни кредит.

За личне издатке (колико непосредно обухвата заједничка влада) намењује се динара:

Министарству војном	22.500.000
За инвалидске потпоре у целој држави	8.000.000
Двору и централној управи	1.000.000
Привременом народном представништву	500.000

За надлештва и установе у покрајинама (све под старешинством тамошњих влада и извршних управа) предвиђа се динара:

за Србију	3.500.000
Хрватску и Славонију	3.200.000
Босну и Херцеговину	3.000.000
Банат, Бачку и Барању	2.800.000

Словенију	2.700.000
Црну Гору	1.000.000
Далмацију	800.000

Свега за личне издатке је предвиђено 49.000.000 динара, од којих на располагању заједничке владе – 32 милиона, а покрајинских влада и сродних извршних власти – 17 милиона.

За материјалне издатке (у опсегу заједничке владе) предлаже се динара:

Министарству војном	27.000.000
за снабдевање земље	12.000.000
централној управи	250.000
Привременом народном представништву	50.000

Надлештвима и установама у покрајинама намењује се динара:

у Србији	7.200.000
Хрватској и Славонији	6.700.000
Босни и Херцеговини	5.000.000
Банату, Бачкој и Барањи	4.000.000
Словенији	3.200.000
Далмацији	500.000
Црној Гори	100.000
дакле, укупно –	26.700.000.

Свега је за материјалне издатке предложено 66.000.000 динара, од којих ће заједничка влада утрошити – 39 милиона и триста хиљада, а све покрајинске власти – 26 милиона и седамсто хиљада.

За недовољно предвиђене и ванредне потребе целог Краљевства – у резервни кредит – да се положи 15.000.000 динара.

За издатке у границама доскорашње Краљевине Србије да важе одредбе закона о ванредним кредитима за рата (1914. до 1918. године) а у другим покрајинама њихови досадашњи закони. И за нове потребе, сад неоцењене, да се новац тражи преко надлежног министра.

По правилу, издаци у Србији вршиће се у динарима, а у другим областима у крунама (отварањем кредита по званичном курсу), док би, изузетно, у случају потребе, по одлуци министра финансија, могле обе монете обострано да послуже.

За покриће државних расхода служиће сви приходи како су предвиђени по досадашњем законодавству у појединим областима Краљевства. Уколико ти извори не буду довољни, министар финансија би покриће остатка кредита могао да изврши позајмицама кратког рока, на подлози упутница и меница, или нарочито издатих бонова, али тек пошто добије одобрење Министарског савета.

Саслушан у пленуму, законски предлог је упућен Финансијском одбору Привременог народног представништва на оцену и даљи поступак.[5]

3.

Пред само закључење седнице седмог редовног састанка Привременог народног представништва, 24. марта 1919, Мита Клицин је прочитао извештај Финансијског одбора о ванредном кредиту. Одбор је нашао да закон у начелу треба усвојити, уносећи једну исправку и једну допуну – не „присаједињеним", већ такође речју „осталим", назвати југословенске покрајине (из Аустро-Угарске) уједињене са Србијом и да се по званичном курсу 100 динара мења за 250 круна.

Одбор је препоручио министру финансија да што пре поднесе Народном представништву предлог закона о порезу на ратну добит, пошто су редовни државни приходи незнатни. Министар се сложио.

Одбор је замолио посланике да Предлог закона о ванредном кредиту, као веома потребан, усвоје како је предложено.[6]

---

5   *Стен. бел.* ПНП, I, 34–35.
6   *Стен. бел.* ПНП, I, 100.

4.

На осмом редовном састанку Привременог народног представништва, 25. марта 1919, узет је у претрес извештај Финансијског одбора о кредиту од 130.000.000 динара.

Министар финансија Нинчић рекао је посланицима да није могао да поднесе предлог закона о буџету, због тога што је Краљевство Срба, Хрвата и Словенаца сад „у једном прелазном стадијуму, у коме је све у покрету”: стари државни органи се јављају с новим потребама, због измењених економских и политичких односа, а нове установе заједничке државе се тек уводе, стварају нова надлештва.

Нинчић је обећао да ће већ идућег месеца, буде ли имао могућности у постојећим приликама, поднети посланицима бар оквиран предрачун државних расхода и прихода. А за цело финансијско стање државе, ваља решити три крупна проблема: буџетски, порезни и валутни.

Буџетска равнотежа – казао је министар – неће бити постигнута ни за две године. Увећани лични и материјални расходи су последица рата и стварања нове државе, посебно, за инвалидску помоћ, ануитет државних зајмова, опсег и правац у социјалној политици, решење аграрног питања, радничко обезбеђење, одржавање дечјих домова, помагање удовица, онда за изградњу нових железница, путева, пристаништа, мостова, кућа. Наспрам увећаних расхода, имаће заједница приходе знатно слабије него што су њене садашње области имале пре рата.

Уређење пореза – ценио је министар финансија – биће вишеструко тешко, јер је нужно провести пореско изједначење у целој држави, а нарочито је хитно изједначење посредних пореза на предмете широке потрошње, који су у разним крајевима различито оптерећени дажбином. За све, пореско оптерећење биће веће него раније, а порези треба да буду према имућству обвезника (како сада није ни у једној покрајини државе).

Момчило Нинчић је рекао посланицима да Влади предстоји и решавање валутног питања, а благо народа као и садашње врсте владавине, међусобно неједнаке, такве су да држава уједначењем валуте не сме себи метнути неподношљив финансијски терет. И нека се у Привременом народном представништву зна и мисли да је финансијско стање Краљевства Срба, Хрвата и Словенаца одвећ тешко – у првој години имаће дефицит од преко једне милијарде динара. Нужно је, дакле, све приходе и расходе ставити под строгу контролу владе и целе управне структуре, приходе повећати кроз нове порезе, а расходе обуздати, докле год се не ускладе расходи са редовним државним приходима, одлагати нехитне издатке, а обавезати се на заиста неизбежне.

Редовни приходи – указао је министар – прве године ће једва покрити трећину државних расхода, па „ипак целом је земљом овладао један луди оптимизам, све се с правом тражи од државе”, а њој приходи слабо пристижу.

Изворни државни приходи су дажбине, и зајмови који не могу да буду стално коришћени. Због постојеће финансијске кризе у свету, свуда, наставиће се позајмљивање у иностранству, али ће убрзо достићи границу коју Краљевство не сме да прекорачи.

Момчило Нинчић, напослетку, упозорио је посланике да се Краљевство Срба, Хрвата и Словенаца налази на раскрсници, одакле мора – рекао је – стрмоглавом јурњавом у финансијску катастрофу, или, пузећим ходом, кроз велике напоре, у напредак; на овом, другом путу, спасоносном, нужна су бистра увиђања и велике готовости да се поднесу материјалне жртве и радна напрезања. Вели он да је искрено говорио истину, да би влада имала сарадњу парламента без које „она не би била у стању, да наш државни брод, који по сили прилика и сада броди у магли, управи путем народног благостања и напредка”.

Посланици су министрове речи пљескањем бурно одобрили.[7]

Драгољуб М. Павловић, председник Привременог народног представништва, замолио је посланике да штедљиво користе време, говорећи о ванредном кредиту и финансијама државе.

---

[7]   *Стен. бел.* ПНП, I, 110–112.

Васа Кнежевић, представник Социјалдемократске странке (из Војводине), намах је изјавио да пре изгласавања ванредног кредита, треба да се претресе целокупна политика Владе, да се види заслужује ли она поверење и тражени кредит. Рекао је да има веома много извора одакле би новац могао да се добије, али грађанске странке, оличене у Влади, нису храбре да помогну да се извуче оно што је држави потребно. Општа финансијска криза у свету, пак, последица је владавине буржоаских партија које неће да узимају новац од богатих класа већ терете сваљују на сиромахе. Са овога разлога, Социјалдемократска странка неће да одобри тражени кредит, гласаће против њега, а нарочито стога што одређује Министарству војном више новаца за личне издатке него за све државне потребе у покрајинама, задржавајући у војсци „велики непотребан део људи”, чиме се финансијски црпе земља.[8]

Иван Весењак, представник словеначких малопоседника, рекао је да су сељаци, трговци, занатлије, интелектуалци, као произвођачи и потрошачи, темељни носилац дажбина, разних обавеза држави; зато, бројке из предлога ванредног кредита падају на сваког појединца. Изјавио је да ће, он лично и клуб којему припада, предлогу дати подршку у целини.

Весењак је ипак запитао: докле ће се буџет државе израђивати по старим, предратним системима и методама. Сматра да су и држави неопходни: крупна измена власништва, јер су, за рата, неки људи стекли богатство а други осиромашили, као и завођење прогресивног пореза.

Са страхом и бригом за привредни развој и финансијско стање државе, Весењак каже да је прочитао бројке о издацима за војску; па жели да свота садашњег износа буде последња тешка жртва народа, због несређеног стања на границама и нужности одбране. Он је захтевао да Влада обезбеди јевтину храну за становништво сиромашних крајева, да спречи гуликоже и шпекуланте који разарају здравље и имућство народа, да се стара за инвалиде, удове, сироту децу и онемоћала лица; дужна

---

[8]   *Стен. бел.* ПНП, I, 113–114.

је и да мисли о зајамченом суделовању радништва у деоби профита великих предузећа.

Весењаку изгледа како је владавина спора, реформе одоцњавају, иначе ваља да се жури, да би се брзо обновио редован привредни живот и залечиле ратне ране. Питао је пред посланицима: шта чекају министри, јер, „развеселили смо се своје слободе, исповедали си братско љубав, седај па енергично делајмо".[9]

Др Војислав Маринковић, првак Демократске странке (из Србије), рекао је да новац увек недостаје кад се гради нова држава; и да та милијарда динара дефицита, коју је споменуо министар финансија као последицу наредног једногодишњег трошења, већ постоји, пре но што је ишта предузето у материјалном изграђивању државе. И мора се предвидети да ће се расходи попети на преко две милијарде динара. Предратни приходи свих покрајина, сада у Краљевству Срба, Хрвата и Словенаца, достизали су отприлике до осам стотина милиона динара, а садашњи ће, упркос ратном осиромашењу – због падања вредности новца у целом свету – вероватно изнети једну милијарду.

Маринковић је одобрио речи министра финансија о неоправданом оптимизму у народу, који се мора сузбијати. Министар финансија, дакако, дужан је да смањује дефицит, у овом привременом стању државе, не чекајући на пореску реформу која ће се – до усвајања – месецима претресати у јавности и парламенту.

Маринковић је исказао веровање да ће државно уједињење, „синтеза народних особина", унети такве разноврсности менталитета и генија народног, да ће заједница успешно провести обнову и градњу као што је то народ био у недавној борби са непријатељима. Зато ће он гласати за предложени ванредни кредит, пошто је држави потребан.

Маринковић је потом дуже говорио о великим издацима за војску, који гуше државу и народ, али су нужни, служе одбрани земље. Рекао је да се не може ни помишљати, да ће војни терети да буду финансијски мањи кад се рат сврши и одреде границе држава, јер, у свету, у Европи, није такво стање, да би се могло

---

9   *Стен. бел.* ПНП, I, 114–117.

прићи озбиљном разоружању. А ко хоће да буде слободан, мора своју слободу да брани, својим суседима ставити на знање да је готов на рат.[10]

Милутин Станојевић, самостални радикал (из Србије), приговорио је оглашењу овог закона о ванредном кредиту хитним. То га, вели он, подсећа на навику свих министара финансија у Србији, па би желео да се ти стари методи више не понављају у новој држави. Он је предложио Привременом народном представништву да не одобри решење Министарског савета о почетку рачунске године са 1. мајем, већ нека буде као од пре у Србији – од 1. априла, и навео је да би Влада требало 32 милиона лева (након бугарске окупације затечених у Србији) да преда, врати бугарској држави која би их Југославији намирила у злату.[11]

Настас Петровић, независни радикал (из Србије), говорио је о исхрани народа, обнови земље, саобраћајним средствима. Он је казао да се Влада није постарала да изабере најодлучније и најстручније људе за нужне послове. Ево већ четири месеца од Уједињења, а ни за 20 дана не стиже поуздано поштанска пошиљка, на пример, из Јагодине у Београд, због спорог поправљања железница и рђаве службе у пошти. Ипак, рекао је, гласаће за ванредни кредит.[12]

Стојан Протић, председник Министарског савета, замолио је посланике – који увек заседају у послеподневним и вечерњим часовима – да имају у виду првенствене, ванскупштинске обавезе министара, дужних и да присуствују седницама парламента. Јер, рекао је председник, у данашњим приликама Влада и поред свога најживљег рада једва стиже да савлађује нужне послове. И према томе није грех ако држава један дан буде без кредита. А министри ће се трудити да раде колико више могу.[13]

---

10   *Стен. бел.* ПНП, I, 117–119.
11   *Стен. бел.* ПНП, I, 119–120.
12   *Стен. бел.* ПНП, I, 120–123.
13   *Стен. бел.* ПНП, I, 123–124.

5.

На деветом редовном састанку Привременог народног представништва, 26. марта 1919, настављен је претрес извештаја Финансијског одбора о предлогу закона о ванредном кредиту.

Милоје Ж. Јовановић, припадник Демократске странке и доскорашњи министар исхране и обнове земље, правдао је свој пређашњи рад у овом ресору, посебно, искључење слободне трговине и контролисану расподелу намирница становништву. Замолио је Владу да будућем министру исхране и обнове ставља на распалагање потребан кредит, јер и народ и земља имају право да се држава о њима брине.[14]

Др Едо Лукинић, првак Демократске странке (из Хрватске) и министар пошта и телеграфа, дужим говором је обавестио посланике о изузетним тешкоћама саобраћаја у држави; и међу више неповољних примера навео како министар за народно здравље, Урош Круљ – док је у Србији умирало дневно на стотине људи од пегавца, шпанске болести и дифтерије – није могао ни за месец дана један шлеп са лековима да превезе из Земуна у Београд, јер није било радника који би лекове истоварили и пренели куд треба. Такође, за превоз поште у Србији нема довољно коња, кола и кочијаша, а посебно што нема ни стручних чиновника да примају и отпремају пошиљке, јер су за рата страдали, а који су преживели налазе се у војсци, у болницама и још којекуда. Ценио је он да услед рата порушене српске железнице неће бити скоро поправљене, и стога молио да му се помогне како би се добили товарни аутомобили (од војне команде у Љубљани) за пренос поште у Србији.[15]

Настас Петровић је на говор Лукинићев одвратио, да је напомене о раду поште учинио у најбољој намери, да би се некако ишло напред, и да би свако на тешком послу, као што је сада у обнови Отаџбине министарска дужност, био одговоран и предузимљив, а уклонио се дајући оставку чим увиди да је немоћан, као што је то урадио министар исхране.[16]

---

[14]   *Стен. бел.* ПНП, I, 134–136.
[15]   *Стен. бел.* ПНП, I, 136–138.
[16]   *Стен. бел.* ПНП, I, 138–139.

Вилим Букшег, првак Социјалдемократске странке (из Хрватске), говорио је дуго о стању у држави, критикујући Владу због предложеног кредита. Како централна влада, тако и покрајинске проводе цензуру која прелази извесне границе, „спречава израђивање политичких мисли"; „чак је" – рекао је он – „цензура под старим аустријским режимом за све време рата била готово сношљивија, него што је постала сада у Хрватској", Босни и Србији. Поједини команданти употребљавају батине за кажњавање, као што се, на пример, десило 20. марта на властелинству грофа Драшковића у Тракошћану „где је патрола батињала људе у великом броју"; то управо, реакционарне и контрареволуционарне силе искоришћују српске војнике и официре против сељачког становништва и народног јединства, због чега „франковачки и Радићеви елементи" могу да говоре како се Уједињење проводи батинама. И нека се команде старају о војничким пословима, а не мешају у рад грађанских власти, подређених министарствима која су дужна да одговарају пред Народним представништвом. „Хрватска и Славонија није никакво освојено и окупирано подручје, него подручје, које се је само ослободило и слободном својом вољом ујединило са Србијом и осталим дијеловима Југославије" – наставио је Букшег, и навео како је команда 4. армије (у Загребу) била дозволила јавне зборове у низу места о аграрној реформи, па потом сви ти скупови су забрањени наредбом министра унутрашњих дела. То се у Хрватској – казао је он – назива методама из Куеновог арсенала.

Букшег је даље говорио о саобраћају, привреди и снабдевању становништва. Он је тврдио како је доскорашња, у рату, везана трговина, осигуравала бар малу количину намирница сваком становнику. А сада проглашена слободна трговина омогућила је нагао пораст цена пшенице, жита, меса и шећера, у ствари, лихварење и препродају свих животних намирница. Нарочито, за „страховито стање прехране у Србији, гдје је бивша аустро-угарска и њемачка војска све опустошила и све извукла", слободна трговина изазива потпуну несигурност сиромашног пучанства. Овогодишња жетва, пак, биће слабија од прошлогодишње, због мање засејаних и обрађених њива, па ће се стога још теже одразити површност власти и сва несигурност у снабдевању становништва.

Индустрија у Хрватској, Славонији и Босни не добија сировине и средства за рад, па стога не може да помогне обнову опустошених крајева; уопште, због прекинутих унутарњих веза бивше Аустро-Угарске, привредни живот у овим покрајинама се споро и тешко обнавља.

Вилим Букшег је на крају рекао да ће Социјалдемократска странка „све дати за народно јединство и за правилно стварање наше нове државе без икаквог ограничења”, али неће за режим који се ослања на јакост жандармских бајонета. У име своје странке, он је затражио да Влада приступи поступној демобилизацији војске, која иначе има превише официра; војска, дакако, није позвана да се уплиће у прилике у Мађарској, већ да брани – како је речено у прогласу Народног вијећа у Загребу – само оно што је етнографски југословенско, да не узима ни осваја што је туђе.

Социјалдемократска странка неће да гласа за овај ванредни кредит, јер хоће да изрази своје неповерење у начин рада заједничке Владе.[17]

Др Светислав Поповић, првак Демократске странке (из Хрватске), напоменуо је да ће расправа о свеукупној политици Владе бити поведена кад дође претрес буџета државних прихода и расхода, а сада, поводом ванредног кредита, довољно је да се говори о финансијским проблемима и реформама. Предложио је да се, пре свега, заведе порез на ратну добит, да Влада поведе обнову и подизање ратом онеспособљених грана привреде; свакако, што пре да постави основицу уређења аграрних односа; да сељаку земља, коју добије, остане и за његово потомство. Влада је дужна да се стара за инвалиде, сироту децу, за раднике, интелектуалне и техничке службенике у болести и старости; и да сви слојеви друштва сарађују у народном животу, па би „наместо начела класне борбе требало прогласити начело друштвене солидарности”. У нади да ће Влада вршити своју дужност, Де-

---

[17]   *Стен. бел.* ПНП, I, 139–143.

мократски клуб посланика ће гласати за предложени ванредни кредит.[18]

Министар финансија Нинчић се осврнуо на изречене оцене његовог рада. Није одговарао Маринковићу и Поповићу, јер њихове мисли и речи прихвата. Казао је Васи Кнежевићу, да је прошли рат довољно потврдио како је „потребно за једну земљу, да има добру војску", јер, да Србија није имала такву војску, „да ли бисмо се ми данас овако састали у Народној скупштини", и да та војска није била одлучна и успешна, „колико би још крајева наше Отаџбине било окупирано од наших разних суседа на западу и истоку".

На замерке Букшегове о немару Владе у заштити сиромашних сталежа, Нинчић је одговорио да су ипак њене заслуге: давање осамсатног радног дана, подизање радничких надница у свим државним предузећима, припрема за извођење аграрне реформе.

Краљевство Срба, Хрвата и Словенаца – по речима Нинчића – наследило је од Аустро-Угарске веома рђаво новчано стање (вишегодишњом емисијом нагомилане милијарде папирних круна). Влада је одмах забранила увоз круна, премда је немогуће да се сасвим спречи улазак сувишног папирног новца у државу, и забранила извоз робе где нема увоза као компензације, да се не би уносиле круне. Поставила је и властитог комесара код Аустро-угарске банке да надзире њен рад. Уз све то, у припреми за решавање валутног питања, Влада је завела жигосање са пописом круна. Али, прво у поправци валутних односа мора да буде смањивање количине новца у циркулацији, што зависи: од саме израде новог папирног новца (који би временом постао заменљив металним), утврђивања политичких граница југословенске државе, целокупне економске ситуације. Нинчић је изјавио пред посланицима да економска ситуација земље није неповољна, јер она има аграрне производе који се доста траже и плаћају по високој цени; дакле, чим се спољне и унутарње при-

---

18   *Стен. бел.* ПНП, I, 143–146.

лике среде, вероватно ће она постићи активан биланс плаћања и увести здраву монету.[19]

Др Матко Лагиња, првак Народног клуба (из Истре), рашчлањујући поступно цео предлог закона управо је опширно говорио о стању покрајина у држави. Он је оценио да је министар финансија доста отворено, искрено и довољно образложио ванредни кредит. А несразмер свота, свих, према оној за личне и стварне издатке на војску, последица је нужности и љуте невоље због међународних околности. Ипак је требало да министар обавести посланике у каквој су сразмери издаци „за оне, који свјетле чизме носе и за оне, који иду у опанцима". Требало би да је већи од осам милиона динара месечно, износ за инвалидске потпоре у целој држави. И, дакако, требало је да се предвиди новац „за помоћ браћи у окупираним предјелима наше земље: Трста, Горице, Истре, делова Далмације и Крањске", и за добеглице из тих крајева, који налазе уточиште у домовини Југославији.

Лагиња сматра – како је рекао – да је од проблема пореског, буџетског и валутног, много јачи и већи проблем: спремност да се узајамно и равноправно – према снази свакога – изведе „равновјесје у нашем кућанству", управо поднесу огромни терети који предстоје народу и држави. Казао је да стање у неким крајевима не одговара правди и братству, чим онде нема доста гаранције за потпуно изражавање мисли и слободно деловање у јавном животу; у Хрватској су, на пример, ових дана притворена три саборска заступника, па забрањивани листови и новине, а не смеју се укидати који излазе, ни спречавати који ће се тек јављати. Лагиња је посебно доказивао како власт мора да поступа законито: грешна човека ставити пред редован суд, а недужног не бацати у невољу и никога не држати неиспитаног у притвору. И на завршетку својег дугог излагања, рекао је: чланови Народног клуба – „вршећи дужност искрено као представници овога младога парламента" и жељни потпуне слободе у новој домовини – гласаће за ванредни кредит.[20]

---

[19]   *Стен. бел.* ПНП, I, 146–149.
[20]   *Стен. бел.* ПНП, I, 149–154.

Светозар Прибићевић, првак Демократске странке (из Хрват-
ске) и министар унутрашњих дела, одговорио је посланицима ко-
ји су приговарали његовом ресору због забране скупова, цензуре
штампе и хапшења лица. Рекао је да он неће допустити никакве
организације чиновничке, које би штрајковале, јер су чиновници
заклети да савесно врше своју службу, покоравају се законима и
наредбама. Посланике је обавестио да Команди 1. армије у Но-
вом Саду није дозвољено да одобрава сазивање и држање јавних
скупштина у Бачкој, Банату и Барањи, покрајини која због дога-
ђаја у Угарској, а на своме подручју са демаркационом линијом,
јесте војна зона. Казао је да нема земље, у којој се „више скупшти-
на у последња два месеца држало, но што је то било у нашем Кра-
љевству”, где су дозвољавани зборови и десном и левом крилу
социјалне демократије. Вели Прибићевић да је лично присталица
слободног изражавања мишљења, али, кад се земља још налази у
националној револуцији и ратном стању, а међународна конфе-
ренција мира у Паризу није свршила свој задатак, немогуће је до-
пустити штампу без цензуре, како је и у другим државама. Саоп-
штио је посланицима да је дан пре (у Загребу 25. марта) ухапшен
народни заступник Стјепан Радић, са двојицом пријатеља, због
тога што су развијали хајку против јединства државе и обаси-
пали владара погрдама, што веома користе противници југосло-
венске државе, а њен суверенитет не сме нико да нарушава, док
може да буде небројено различитих мишљења у народу.[21]

Димитрије Попадић, самостални радикал па члан Земљо-
радничке странке (из Србије), изјавио је да је право – кад се ре-
шава о кредиту од 130 милиона динара – да се српском сељаку
„изађе на сусрет”, пошто је поднео највеће терете, и док је свак
добио понешто, он није ништа. Замолио је Владу, да све војнике
са Солунског фронта одмах пусти кућама, како би могли да об-
раде своје њиве, да све школе и цркве преведу у државне руке,
да у свакој општини установи по једну апотеку и постави ле-
кара, да сељаку набави стоку за обрађивање земље и приплод.
Гласаће – вели он – за ванредни кредит с вером да ће се помоћи

---

[21]   *Стен. бел.* ПНП, I, 154–156.

српском сељаку, „томе борцу, ... који нас је све уједнио у ову ве-
лику државу и који је то од нас заслужио".[22]

Стојан Протић, председник Министарског савета, званично
је приметио да су се овде, у парламенту, чули многи говори, не-
прилични начелној дебати о новцу за државу. Краљевство Срба,
Хрвата и Словенаца мора у првом реду да извојује и одржи оп-
шту слободу и своју целокупност пред иностранством, а унутра
не може да дозволи неограничену слободу за сваког појединца;
ово заиста не може једна млада држава, кад и „много старије
државе од нас имају мање слободе код своје куће, него ми", ука-
зао је Протић. Влада допушта сваком да слободно исказује своје
мишљење, али, нипошто, на сваки начин, јер земља мора да има
не само слободу, него и ред. Кад се односи среде, и рат одиста
заврши коначним одређењем граница Краљевства Срба, Хрвата
и Словенаца, онда ће народни представници – рекао је Протић
– да говоре и о томе колико је војске држави потребно, гледају-
ћи како је другде, около. Ова држава не може да буде прва, која
ће „војску збрисати". То нека почну велике државе, па ће их ма-
ле следити. А по ванредном кредиту знатна свота је одређена за
војску, због бројности људства под оружјем и постојећих цена;
неће тако бити кад настане редовно стање.[23]

Драгољуб М. Павловић, председник Привременог народ-
ног представништва, сад је позвао посланике да поименично
гласају, у начелу, о законском предлогу за ванредни кредит од
130.000.000 динара.

Пера Јовановић, секретар, прозвао је азбучним редом (по
имену а не презимену) 255 посланика (све није могао, пошто пу-
номоћја неких још нису била оверена, а они из Македоније, Ко-
сова и Метохије и дела Санџака биће изабрани кроз четири да-
на). Тако је због неприсуства близу половине, гласало свега 136
посланика: за законски предлог – 129, а против 7. Председник је
објавио да је законски предлог примљен у начелу.

---

[22] *Сūен. бел.* ПНП, I, 156–157.
[23] *Сūен. бел.* ПНП, I, 157–159.

Потом је проведен претрес у појединостима. Известилац Мита Клицин је читао члан по члан, а председник Павловић после сваког питао посланике да ли га усвајају; при овом гласању, у појединостима, председник није именовао никога да је био против. Напослетку, он је објавио да је законски предлог примљен у начелу и у појединостима, на првом читању.[24]

На десетом редовном састанку Привременог народног представништва, 1. априла 1919, обављено је друго читање и гласање о законском предлогу ванредног кредита.

Известилац Мита Клицин је и сад читао редом чланове предлога.

Пера Јовановић, радикал (из Србије), одазивајући се на први члан, рекао је да су неки посланици погрешили што су у начелној дебати критиковали рад Владе; то се, каже, могло и друкчије. Он је сад желео да сазна количину новчаних свота предложеног кредита – за награду војницима и за саобраћај, јер би овде удовољење помогло да се спречи ширење бољшевизма у земљи, од којега треба, најпре, сачувати војску. Зато је најважније показати бригу за војнике, јер су многи (на пример, кадровци из Балканског рата) већ девету годину у служби. Предложио је повећање месечних награда за нареднике, поднареднике, капларе и редове.

Министар финансија др Момчило Нинчић је одговорио да Влада потпуно схвата значај војске; стараће се о њој у „границама финансијске могућности", а сам предлог о повећању награде војницима не може се расправљати у Скупштини, пошто је неуставан.

Др Војислав Маринковић је додао да народни посланици заиста не могу подносити овакве предлоге, јер би настала лицитација, фатална за државне финансије.

Драгиша Васић, републиканац (из Србије), одазвао се на прочитан други члан предлога. Влада је дужна – рекао је он – да се стара како би спречила недозвољену трговину; обавезна је да намирнице за готов новац набавља и расподељује их становништву уз накнаду. Да се домаће намирнице прво употребе у земљи, за

---

[24]   *Сйен. бел.* ПНП, I, 159–162.

народ, а само сувишак препушта извозу, од којега су појединци
већ стекли богатство. Разорена земља још није доведена у ред;
пет је месеци од ослобођења, а још ни једном железничком пру-
гом нема везе из Београда с унутрашњошћу Србије. Занатлијама
су нужни алат и сировине, индустријским и трговачким преду-
зећима – капитал и машине. Нека Влада истакне захтев накнаде
штете, намирење од непријатеља који су све разнели и разорили;
и да изјави – напоменуо је Васић – како у том захтеву о „накнади
од наших непријатеља неће ни стопу уступити".[25]

Стојан Д. Рибарац, министар трговине и индустрије, и ли-
берал (из Србије), обавестио је посланике да је укинуо многе до-
зволе за извоз робе у иностранство, пошто је Влада образовала
своју централу која ће обједнити управљање прометом са ино-
странством; пониптио их и због тога што су те дозволе биле
препродаване.[26]

Светозар Ђорђевић, члан Демократске странке (из Србије),
говорио је о снабдевању народа намирницама и обнови земље,
после „једине вандалске и варварске окупације, каква је у Срби-
ји била". Он је предложио да Привремено народно представни-
штво изабере парламентарни одбор који ће руковати имовином
у ратном плену (стока, алати, кола, друго) и најбржим путем де-
лити је људима који су страдали, а најбоље ће да је искористе.[27]

Стојан Костић, радикал (из Србије), питао је: како ће да буде
распоређена новчана свота за материјалне издатке Министар-
ства војног, пошто је до сада било тако да се у парламенту одо-
бравају милиони и милиони динара, за исту сврху, па је и поред
тога било да се тражи и дозвољава бесплатна употреба народне
снаге и материјала за војску; каже он, да лично протестује због
оваквог поступања Министарства војног.

Мита Клицин је објаснио да су 27 милиона динара намењени
за снабдевање људства, распоређени по армијским областима.[28]

25 *Сшен. бел.* ПНП, I, 172–173.
26 *Сшен. бел.* ПНП, I, 174.
27 *Сшен. бел.* ПНП, I, 174.
28 *Сшен. бел.* ПНП, I, 174–175.

Председник Павловић је допустио, па брзо зауставио расправу између Пере Јовановића и Војислава Маринковића о законском праву предлагања повећаних издатака новца из државног буџета.

Мита Клицин је даље редом читао чланове закона; посланици су их усвајали, немајући примедбе.

Министар финансија Нинчић, најзад, подсетио је посланике како им је приликом првог читања био обећао да ће у другој половини априла месеца поднети законски предлог редовног буџета. Сад увиђа да то неће моћи, па моли Привремено народно представништво за одобрење Влади, да она може исто ванредан кредит – једнако од 130.000.000 динара – трошити и у месецу мају. Посланици су прихватили министрову молбу, уврстили је, као последњи члан, у већ други пут читан и претресан законски предлог.

Драгољуб М. Павловић је позвао посланике да гласају поименично за цео законски предлог.

Павел Пестотник, секретар, позвао је 255 посланика. Сви присутни другом читању – свега 142 посланика – гласали су за законски предлог о ванредном кредиту од 130 милиона динара; сад је коначно усвојен.[29]

7.

Веома скраћено овде изложена, та дуга дебата образлаже хитну нужност уједињене државе и за њу правно исказан прорачун потребног новца. Заједно са усвојеним законом, она се у битном приказује двојако: као известан вид примењеног парламентарног поступка, и као доста језгровит докуменат о врсти државноправног склопа Краљевства Срба, Хрвата и Словенаца.

Привремено народно представништво је парламенат прелазног раздобља. Састављено је како се најбрже могло у новој држави (три месеца по Уједињењу), образованој од неједнаких

---

[29]   *Стен. бел.* ПНП, I, 175–178.

управних јединица и пре него што је држава добила мировним уговором потврђене границе са суседима. Посредан избор народних представника бива обично кад нека устаничка, превратна или револуционарна снага једним махом преузима власт и руковођење у националном друштву.

Овог пута, у југословенској држави, било је тако да због несређеног унутрашњег стања и свуд около непријатељски намерених суседа, није Влада могла хитно да проведе опште, народне изборе. Штавише, пре таквих избора било је нужно да се израде једнака законска правила за читаву државу, пошто су ранија, у покрајинама, међусобно одвећ различита и (сем у Србији) увелико недемократична.

Парламент је такође био нужан да, поред краља, буде над државном владом, и био неопходан, првенствено новим властодршцима у југословенским покрајинама доскорашње Аустро-Угарске као вршилац народне суверености и врховна потврда домаће буржоаске класе у својству предводника целог друштва.

Ова се потреба довољно очитава и преко самог састава Привременог народног представништва. Једино је Србија изаслала искључиво народне посланике (изабране у Народну скупштину још 1909. године, пошто 1914. заказани избори нису одржани услед аустроугарског напада), а све друге покрајине послале су нарочито именоване прваке и друге припаднике политичких странака и дружина (већином, старешине или проводиоце нове власти) и, уз њих, много истакнутих личности у јавности и култури народа.

Ниједан доцнији парламент у југословенској монархији неће у својем саставу имати као Привремено народно представништво оволико знаменитих првака, независних националних бораца и гласовитих поборника демократије. У сваком наредном парламенту биваће све више само лица, дужних својим партијама, а међу њима ниједног челника да би га повест запамтила као искрено и подједнако посвећеног свима у југословенству. (Смотрећи на који сродан састав народних првака широм словенског југа, могло би се рећи да ће по својем чланству, људима разних

идеолошких уверења али једнаке патриотске решености да ју-
гословенство јесте чинилац једне државе, Привременом народ-
ном представништву наличити Антифашистичко веће народног
ослобођења Југославије, и по улогама им стоји међу њима једна
мера сличног, иако за различите друштвене, класне сврхе: оба су
бирана посредно, оба пута вољом оних организација и здруже-
них снага које овако, у врховним већима, утврђују своја вођства
у народу; и баш тако, да је први парламент, 1919–1920. године био
орган довршења националне револуције, увелико буржоаско-де-
мократске; а други, 1942–1945. године законодавни одредилац
државног програма социјалистичке револуције која смењује
онај први ред предводника друштва; дакле, оба ова парламента
да означе две узастопне, нужностима друштвеног развоја зако-
номерно одређене етапе, друга прву да природно следи.)

Све постојеће политичке странке у југословенском друштву
– изузев комунистичке, која се тек заснива и као начелан про-
тивник установе буржоаског парламента – имају своје изасла-
нике у Привременом народном представништву.

Дебата о ванредном кредиту је проведена према пословном
реду који се раније примењивао у Народној скупштини Краље-
вине Србије. Управо су посланици Привременог народног пред-
ставништва били усвојили властити пословник, сачињен углав-
ном по српском узору. Све странке су одмах и лако пристале да
у заједничком народном представништву влада српски парла-
ментарни ред, не само зато што је домаћи, национални, већ још
више стога што садржи општа правила модерне, вишепартијске
парламентарне радње и либералне буржоаске владавине.

Бројем говорника, преовлађују посланици из Србије: мини-
стри причама о теретима на држави и деловању њихових ресо-
ра, а други, махом о неким нарочитим потребама својих крајева
и бирача (негдашњих и сутрашњих).

Посланици из других покрајина стоје ближе класним на-
челима својих странака него кључу постојеће државе, па сваки
говорник, полазећи од извесне филозофије политике, уписује
црту за стратегију државе, изводи задатак заједничке владе.

Српски посланици, једноставно, настављају понашање и расправу по старом редоследу, а остали представници, њим једнако задовољни, уводе се у суверен скупштински рад; и сви скупно, напоредо, а са посебних партијских гледишта, поступно стављају оквире за делатно обличје југословенске скупштине.

Усвојени закон о ванредном кредиту, својим саставом, каже се структуром, има два одељка, и кроз оба укрштена два значења. Прво значење је у одредби новчаних свота за личне и материјалне издатке. То је проста подела, за радну сврху и јасност самога рачуна, углавном, као и у сваком савременом буџету буржоаске државе у друштву робне производње и приватне својине.

Друга подела је особеног значења, пошто је израз самога управног склопа Краљевства. То се целокупан ванредни буџет делио на своте: за врховне установе државе, заједничку владу и друга надлештва, и за покрајинске владе и њима сходне органе. Не узимајући рачунску раздеобу новца, већ само именоване чиниоце и ступњеве у структури, лако се увиђа како је у Краљевству Срба, Хрвата и Словенаца још непревазиђена пређашња раздвојеност покрајина и засебних целости управе у њима.

Колико је само наслеђе, а колико опет теорија о савременој буржоаској држави утицала на структуралну раздеобу, то би се морало и са ширих извора испитивати, али се, већ и због самог овог закона о ванредном кредиту, јавља питање: има ли Краљевство Срба, Хрвата и Словенаца унутарњу формацију као једна федеративна држава.

Ова, могућа федеративност – засад у научној претпоставци – рачунајући је, намах, по управним јединицама у склопу владавине, не подудара се са бројем нација, националних субјеката у држави, нити се свуда пространство једног члана федерације изједначује са опсегом и заокруженошћу ту преовлађујуће националне већине становништва, осим у Словенији.

Заједничка, државна влада непосредно управља преко окружних начелстава у Србији, Македонији, на Косову и Метохији, у Санџаку и Црној Гори, па увелико и у Војводини: цело ово пространство, због једнаке му надлежности заједничке владе, скупно сачињава исто управно подручје, те да ли стога јесте обличјем и унутарњом сједињеношћу што и један члан у федерацији.

Области под управом покрајинских влада – Хрватска и Славонија с Међумурјем, Босна и Херцеговина, Далмација, Словенија – још израженијег су својства за федеративност државе, пошто, у њих, делује заједничка влада преко покрајинских влада, не даје, непосредно, наређења тамошњим жупанијама и окружним начелствима.

Овим схватањем се запажа да би у Краљевству Срба, Хрвата и Словенаца могло да буде пет судеоника управне радње, пет засебности које надвишава заједничка, државна влада. Узме ли се да је свака засебност изразита величина за место и значење једног члана у сложеној држави, онда је ту истински питање за научну расправу: чему већма, којој врсти – федерацији или унитарној држави – припада Краљевство Срба, Хрвата и Словенаца.

Закон о ванредном кредиту, као правни закључак изворно прилагођен саставу државе (од више историјских земаља и националних подручја), доводи изучаваоца пред неодложивост суђења о тој одредби, дакле, о федерацији или унитарној држави.

Закон о ванредном кредиту (изгласан 1. априла 1919) први је парламентарним путем усвојени правни акт у југословенској држави.

Па не само да се овај закон побраја међу темељне документе – због важности стварног деловања које ће се на њему заснивати – већ и због овога првенства стоји као почетни белег целокупног законодавства, историјски стицаног кроз дејства државе Југославије (прво монархије и потом републике).*

---

* *Први закон у југословенској држави.* Чланак објављен у књизи „Zbornik radova povodom 75. godišnjice života akademika Envera Redžića“. – Sarajevo: Akademija nauka i umjetnosti Bosne i Hercegovine, Posebna izdanja knjiga 92. Odjeljenje društvenih nauka, knjiga 25, 1990, 220–237. Чланак поново штампан у књизи „Југославија на стрмини Европе“.

ЈУГОСЛОВЕНСКИ ИНТЕГРАЛИЗАМ КОД ХРВАТА И СЛОВЕНАЦА У РАЗДОБЉУ 1918–1941. ГОДИНЕ

За Југославију, изнутра јединствену државу, склапа се дружење од све моћи Србије, Срба уопште, мноштва Хрвата и доста Словенаца, неиздвајаних по разлогу нације као првенственом мерилу својности и окупљања.

Почело те истине је у сродству: Хрвати и Словенци су једно са Србима саплемено људство, гушћег својства ове једнине, него што је у суседствима где има да ни знатније разлике у роду и насељу нису уважене као високе издвојености за степен посебних нација. А колико су немилости прошлих доба биле разагнале народа, и изреметиле крвно наслеђе у словенству на југоистоку Европе, ипак последице нису необухватљиве дометима препородитељства грађанске епохе, управо просветног образовања и производне радиности становништва; уосталом, човечанство већ живи навелико своје време духовног усаглашавања личности појединца са множином политичке скупине.

Отуд се ради југословенства јавља својеврсно умовање о човеку и народу, о суштаственом својству овог рода; и надахњује се оно слободом коју ће домороци стицати и користити творећи собом грађанско друштво.

Југословенство, као политичка и просветна творевина, темељи се народом а подиже за човека. Од овога двојства долазиће трзаји, кад ли да претегне важност личности а понекад, збиља чешће, да се надреди нужност множине.

Југословенство опсеже и две знатне наспрамности, несумњиво супротности кад је стројност мноштва људи потребнија

од независности појединаца, дакле, демократију и национали-
зам, то јест првенственост човека и неподредљивост народа.

Начелно, допадљиво је југословенство као философија по-
литике уједињавања људи који су блиског сродства, за једну на-
родност и њој целисходну државу.

Ову скупност назовимо, условно: југословенски интеграли-
зам.

Његова сврха двојако натеже: привлачећи појединца свр-
става га пред задатак и утолико стапа с целином политичке
величине; стога, запоставља се простор за самог судеоника а
истиче домет дружбе. Па све то поједначивање може и да ускра-
ћује личност чим велича окупљеност рода; јединственост свију
се уплиће и јавља као закон постојања; врхуни слобода склопа
почивајући на збијености стешњених појединаца.

Југословенство, духовна одлика народа и смисао политич-
ког и просветног делања, тражећи једносложност условљава,
непосредно, за државу – унитаризам.

Тих зглобова се држе Хрвати и Словенци, који тегле за не-
дељену укупност југословенства, иако их, чак изнутра, ометају
старе и скорашње предрасуде као што ће да их зловољи и муч-
ност због посртања слоге.

За сав појас унитаризма, ти Хрвати и Словенци чине крило
распореда пошто је Србија средиште снаге а Срби шире – из-
носиоци истог напона; премда, за могуће успевање унитаризма,
привржени му Хрвати и Словенци стоје баш на одсудним ме-
стима, сред коштаца демократије и национализма.

Да ће здруживање свих Југословена са Србијом, и с те слоге
увећана способност заједнице успевати испред других настроје-
ња, више моћи од ма којег издвојеног напирања, прваци су под-
разумевали (поглавито у данима Уједињења 1918. године) нагла-
шено говорећи: колико пређашњи раздео или нечија упорност у
издвајању препрече својатања, онда ће толик изостанак љубави
сиромашити Југославију. Али због овога сву смисленост суда о
слози ниједан првак није свео у предлог: нека Србија пресвоји
Хрвате и Словенце, нека се Хрвати и Словенци примешају Ср-

бима. Овакву преточеност није ни Србија смерала; народ је овде веровао да југословенска заједница јесте окриље за сваки израз братства.

Кад се народи уједињују и оснива заједничка држава (1918), Србија није странство, ни долазник извана, већ је сопствен дом за све те Хрвате и Словенце, врло вољно поистовећене с југословенством, како се они осећајно находе и свесно упућују. Па не само зато да би им Србија била наслон при њиховом политичком настојању у Хрватској и Словенији, већ и да се с њом уживе у њено паћење и опорављање после ратних губитака, с њом узвисе за говор о српском љубљењу слободе; јер, победник ће стећи поклонике али тек јунак – штовање од које друге душе.

Како се Србија намењује свестрано Југославији, то је вредело, наспрам, истоветно пристајање, несамољубиву предусретљивост за разговоре и сложан рад. Испрва је тако; био је сусрет, као и вазда, кад се љубав улаже за слогу и стан, живљење и пород у истом дому.

Али ствари бију људе; и убрзо, нагоне се којекаква померања, па како ће ход према записаном циљу; мешаће се ред и неред, витлаће растројство, те, у свему, и до конца, успех слоге једва да је мало већи од поремећаја братства и стрпљења. Отуд, никога у целој држави, одиста никога већма повређеног од оних Хрвата и Словенаца (условно, рекосмо, интегралиста) који су одабрали једносложност у југословенству за своје веровање и рад.

На три споја, нарочито, удара сламање: трза одлучност првака који раде да би се Хрвати и Словенци сљубили са Србијом и Србима; изазива Србију, па се ова љути, често и приговара да је у браће жилавост наслеђа, установа и навика из прошлог доба, знатнија од снажности пристајања на прозивку и значење једнонародности; убацује зловољу међу Србе и Хрвате где су измешано настањени и заједно упослени; свуда, страда добродушје и мргоди се поглед у будућност.

Уколико Србија, са своје стране, не доприноси одлично да се испуњава југословенско поистовећивање Срба, Хрвата и Словенаца, она тим скраћује мах свих приврженика те истоветности; и док присталице траже и чекају доказе, противници се веселе спорости препорода. А како се и Србија изнутра раздваја за разна партијска упоришта, онда споља долазећи прваци братимљења морају одједном: да су крилом за целину Југославије а кораком пут онога положаја на којем су истомишљеници из Србије.

Сваки је судеоник јавне друштвености у Србији, сваки полазник с њеног поседа. хтео да га обасјава морална вредност њене тековине док његову намеру осмишљава разлог државе; а што су и докле Србијина унутарња противречја нека се сва стачу путевима политике у постојање и кретњу народа.

Неки свезнадар једва да их све попише и објасни, мада се то читаво мноштво промишљања и хтења разастире, за стратегију, у две битне намерености. Ни једна од њих двеју није искићена миљем славослова колико су обе натегнуте избором одсудног одређења, наиме – Србија Југославији или Југославија Србији; шире речено, пред вођством се укрштају питања: да Србија и све њено урастају у заједницу по изворним изразима истоветности у читавом окупу, или, да се југословенска целост уједињује по обрасцима из Србије; да Србија стаје и находи се као дародаван улог у државу, или, да Југославија буде насад по мерама Србије; да је Србија саветодаван садруг, или, Југославија условљен дужник; да је Србија једна крајина, нека и средишњи предео демократије, или, да је Југославија пространство за првенствовање Србије.

Непрестано ће се, чак и некорисно, мрежити оваква запитаност; и приморавају се Хрвати и Словенци (који су одрешито за непосредовано југословенство) да праве заручје и спајају свој напор с оним настојањем у Србије, које, чинило се, утврђује укупност Југославије; доиста чешће овако него, као што неки пут бива, и подаље од добробити за свемашну једносложност у југословенству.

Држе се, мисаоно, ови Хрвати и Словенци неке полуге равномерја – то јест: Србија Југославији и једнако Југославија Србији – чак и онда заклањају изреком овакве уједначености кад их буркање друштвености, услед врења мноштва неистоветних напона, односи к једном, преовлађујућем чиниоцу или у савез неколико усаглашених судеоника политике и државотворства. А сви утолико и морално кршени, неподједнако одолевају, и појединачно се обурвавају низ бесудне стрмени политике; и кроз десетак година (1918 – 1928) више их малаксава остајући уз Србију него што се збраја оних отиснутих на изруку квариоцима јединства, међу људство безбрижника за Југославију.

Срби су језгро размештености свега становништва у Југославији; с њима зближени Хрвати и Словенци настављају ону пређашњу службу роду и човештву, дакле братимљење, како је још у Хабзбуршкој монархији било назначено за исту духовност да би браћа сишла с окомице крвљења у равнине љубави, да би се нераздвој градио слободом.

Отуд, Срби у местима где живе и Хрвати, надирући страсно у сједињеност са Србијом, паметно се не односе кадгод своју увиђавност нису сплели и навојем поштовања хрватског и словеначког садејства као напона у којем вредност моралне чињенице надвишава домашај политичког учинка, кад год нису ставили китицу братства на износ рачуна, кад су множили ствари а не питали и те суседе за ред.

Срби што живе изван Србије већ самим својим напирањем у потпун окуп српског народа (који се сада сав уједињује) творе једноврсну осовину, бар крак за југословенство; и кад ти Срби испоље топлу осећајност за братско домаћинство, исказују се човечно и за општу друштвеност, даривају ведрином и благошћу првенствено те Хрвате и Словенце који су безусловно поборници Југославије.

Преко Срба настањених изван Србије искушава се непосредно стојност Југославије, баш навелико проверава она кроз све што живи и расте у духовном и стварном пространству целог српског народа. Зато, колико месна измешаност Хрвата и Срба изискује великодушне међусобности, ту још и више само опстојање Југославије производи обавезу свима да здруживање по једнакости надређују издвајању и засебностима, да демократијом истискују поводе национализма.

Југословенство, саздано од истих, сродних и сличних свој-ности једнога вишенародног братства, одбацује вирове и са-стојке национализма доклегод је слобода отворена прилика за непатворене исказе самог бића. Као добровољна израда једне духовности, југословенство се једначи с демократијом уколико је личност средиште творбе а сродство у племену изворно тво-риво велике еднине.

Тако је било појмљено југословенство кад су првоборци смишљали да своје сазнање о грађанском друштву, оне пре-поруке за ред и вид европског обрасца, не примењују начином простог сврставања људства исте крви и једног језика, већ про-свећивањем умова да се образује демократски однос у целом житељству, духовно саживе и најдаљи сродници. Демократија се дакле ставља за колевку југословенства; па бива ли гдешто она ускраћена, утолико је напорније држати борачки положај за постизање свеколиког срођивања Срба, Хрвата и Словенаца.

Зато су ти Хрвати и Словенци (што изабраше изједначеност у југословенству као напреднију од првенствене сврстаности у кругу нације) говорили Србији да она услед разних својих при-мораности не испушта демократију, и не умањује своју обзир-ност на одлике савремене друштвености. Но и они, било сами или кроз сарадњу с чиниоцима у Србији, нарушавају демократи-ју, што због невидела читаве истине, што од простог прегоњења влашћу кад је имају; запињања и грешке дешавају се готово сва-ком судеонику јавне делатности, а поготово кориснику моћи.

Ови Хрвати и Словенци, стратешки намерени да уједиња-вају Југословене по првенству начела грађанске једнакости, не задобивају јаке доказе да ће имати домет, врстан и за разред слободе грађанства у Европи, премда су они и само дружење са Србијом подразумевали као ход по краку западноевропског начина демократије.

А догодило се (у раздобљу монархије, 1918 – 1941. године) да је у Југославији свачије оглашавање страшћу за Европу, то јест градњу у домовини по европској уредби државе и тамошњег

обличја друштва, испало као надгласавање, напросто, као пре-
множење речима без довољне тежине стварног учинка.

У Србији, самој, доста је сталожен њен напон дохватања за-
падноевропских решења и обредности, чак и сустегнут у послу
државотворства, док је живахно, на махове и ужурбано преузи-
мање вештина за радна умећа и наслова за друштвена значења,
сву савремену саставност људске заједнице. У Србији, општост
уређења има окосницу (пре бејаше устав државе) по начину нај-
развијеније демократије, дакле, примера на Западу, док се це-
лина њеног грађанског друштва испуњава с доста удевака и на-
вода, стављаних стручно по школским сазнањима и управним
применама у народима дојакошње Аустро-Угарске. У Србији
се управо, стичу, дакако и прожимају, изрази и облици запад-
ноевропски и средњоевропски: у свему, њен пораст је нашироко
урастао у горњу Европу.

Исход Првог светског рата, због победе западних земаља
над царевинама у средишту континента, гомилао је изазове за-
падноевропске, чак и наметао онамошњу расположеност гра-
ђанства као демократско надмашење средњоевропске сталешке
раздвојености; истицао се западни образац као састав класно
начисто уобличених слојева капиталистичког друштва спрам
повелико, у средњој Европи, неотклоњених установа и ознака
из феудалног доба.

Србија веома хоће да се равна по западној Европи: као на-
род у савезу победника, као друштво без трагова феудализма
премда с доста старинских облика у живљењу сеоског станов-
ништва и с повише чворова средњоевропског прописа и реда у
службама државе. Неће нико рећи да је она периво благовања,
али јесте Србија изразит домашај једног самосталног развитка,
својственог кретању Европе, ближе правцу творачког настаља-
ња француске револуције (18. века) него износу устанцима из-
нуђених реформи у Хабзбуршком царству (19. века).

И не сме се рећи да је штогод у друштвености и управљању у
Србији, а слично устројству доскорашње Хабзбуршке монархи-
је, нарочито привлачило те Хрвате и Словенце који садејствују

са Србима у изградњи заједничке државе. А како се навикну-
тост не укида одједаред, него за времена истискује или прекри-
ва друкчијим настројством, онда Хрвати и Словенци запажају
да је тек понешто у Србији слично оном начину уредовања који
је претежан у њиховим покрајинама.

Овде, пак, у покрајинама, збива се политика; ту су и тежи-
шта целокупне друштвене радње. Са врха државе су прописи
а остварења су зависна од свакојаких месности у покрајинама;
ова двостраност струји кроз постојање Југославије.

Отуд је Хрватима и Словенцима, слога уз Србију, у ствари,
и пут дохођења к власти у сопственим покрајинама; преко Југо-
славије па у своју крајину није необично кад је тако омогућено
утврђеном уоквиреношћу више саставних делова државе, по-
што је савезност изабрана за полазиште а не остављена да буде
последица. С двеју страна крећући, од целокупности и од посеб-
ности, дејства се сустичу, те сукобљавана као и стапана, произ-
воде, у свему, више набоја у тврдоћу покрајине него благости за
растење Југославије.

Јер власт, док је још сврха битке, може да добије и узвишеног
прогласиоца, али кад постане средство голе моћи, тад ће схрва-
ти и племениту нарав; принижава, каткад и понижава вршиоца,
будући никад издвојива од надзорства моралне истине. Вргло
се тако да су и Хрвати и Словенци (који су непосредно привр-
женици Југославије) страдали доста као властодршци, делимично
са учешћа у државној влади а понајвише због поступања у сво-
јим покрајинама, било да су овде с другима делиоци политичке
власти или је сва њихова.

Покрајина се оквири двојако: за наследство роду и колич-
ник у окупу; као јединица за самостално постојање и сачинилац
савеза; као обличје засебности и вредност за чланство у заједни-
штву; покрајина има врења често дохватљивија национализму
него демократији.

А с велом демократије прилазећи стварима нације, политика
намерава опсег преко супротности, запада у ковитлац где напони

тргају сурово и неуједначено, кад ли више за слободу или тиранију, да ли више за демократску обраду или национални прегон.

Улазећи као покретачи преобразбе старине и израде новог кова, вршиоци непосредног југословенства често бивају надвишени силином национализма. Збива се чак и обратно: да се они, проводиоци изједначивања по југословенству, дохватају и начина и средстава каквих има да преовлађују у супарника; уто, пипавост демократије страда од осорног национализма.

Одиста, како је за раздобља парламентаризма у власти и јавности земље (1918–1928. године) све испуњено напрегнутошћу због непрестаног рвања демократије и национализма, све баш крвно натегнуто до распукнућа заједнице и слома државе, утолико се једносложност очајно мучила а засебност једрила иако спутавана наредбама владајуће управе.

Једноруким пресеком (1929. године), одлуком владаоца да се обустави парламентаризам, претеже искључивост влашћу оснажене једне силе уместо дотадашњег гневног надметања мноштва учесника јавног рада. Одредбом краљевом да се заведе исти склоп и вид органа власти у целој земљи, тим уклоне и последњи остаци пређашњих установа у покрајинама, учинило се понеком предводнику да је сад пресудно побољшан изглед за примену поједначивања људи и народа, творби и названа, у југословенству.

Лична власт монархова, с ње сад називано читаво државно дејство, може да спречава демократију а како ће да ограђује и сузбија национализам; како заиста: кад је демократија поредак друштвености а национализам исход од нагона животног; демократија је узајамно прављење редоследа а национализам је наглост за прескок; демократија је тражење правичности а национализам истеривање у једнострано преимућство. И где демократије нема као начина за друштвено опхођење, ту се национализам, што укривено што отворено, махом жилаво набија као сила преврата.

Била је пре демократија, разуме се, одлична погодност за иступања и збијања силине у национализму; међутим, одсад ће, услед одсуства демократије, успевати баш национализам да зади-

ре и придобија себи одзиве, иначе непредвидљиве њему на корист
кад би пуна грађанска слобода важила као непобитан закон.

С пострадалом демократијом испашта страдање и југо-
словенство; јер раздвојени – демократија обустављена а равнање по
југословенству продужено – праве празнину куд ускаче нацио-
нализам да окупља појединачности, личне и слабашне као и не-
ке друженве и дрске.

Дозваном за примену и негу, а без начина демократије, ју-
гословенству је унапред одузето да доходи пријатно, јер ће оба-
везно поистовећивање истеривати очајање, више него што се
накупи тихе радости од добровољних пристанака. Узвишено је
иначе братимљење по роду и језику, по земљи и држави, пого-
тово ако припомогне да се премости провалија, настре доброта
мирољубља куд се одвише једа жестило.

И коме је мило да властито национално својство и завичајно
припадање именује по слову Југославије, ко се сада горди величи-
ном Отаџбине и још хвали високом духовношћу југословенства,
па је и тај – предвиђа ли икоју несложивост људства – запитан:
може ли наредба да претопи различитог у јединствено колико би
добровољност давала лепог јединења.

Па док службе државе врше заповест о националној једино-
сти у југословенству, становништво се одзива са својих народ-
ских побуда и класних разлога, увелико пак проговором доско-
рашњих партијности, како је где сматрана и захтевана државна
заједница Срба, Хрвата и Словенаца.

На прилику, Срби су најмање узрујани, међу народима, а из-
међу класа – најмање капиталисти.

Србима је битно да се очува Југославија, а капиталистима је
првенствено да се не цепа већ некако токовима робног проме-
та сједињујуће премрежен простор државе; за Србе је нужно да
не ослабљује једноврсност у држави и тако препречава раздвој
недавно уједињеног овог народа, а капиталистима је особито ва-
жно да не буде унутарњих преграда кретању новца и робе; Срби,
ваљда, нису поверавали, иако су се уплашили, да се смаком демо-
кратије укида за свагда обнова слободе; а капиталисти су могли

и под влашћу диктатуре да се богате, јер зарада неће изостати где год стиже новац, долазећи по камату или дајући се за најамнину.

Који су, пак, Хрвати и Словенци сагласни са Србима да се претходно не условљава окуп у Југославији – него је прво заједница па потом начин и вид њеног уређења – подразумевају југословенство као општу својност која тек у заједничкој држави налази пуну прилику да постане једнако духовна вредност три овдашња племена преображена у јединствен народ. Овако није необично у Европи која је и много различитија људства (доиста сродна) претапала у исто национално друштво утирући путеве ослобађања грађанства у смеру његова општег циља: један народ у једној држави!

Могло је те Хрвате и Словенце да веома расположи како старешинство државе ставља стратегији, за смисао и ознаке, вредносна значења истоветности у југословенству; али како да их привуче и одобровољи одредба владаочева да се радом службеника обавља стапање, које би требало да износи и твори воља независних радника са доста слободе за међуљудска опхођења.

Кренуо иначе настројством повлашћеног састављача једнонародности, сав тај државни потез поистовећивања жалости колико и онеспокојава оне Хрвате и Словенце који су мислили да је савремено и напредно радити да би се југословенством као видом живота испуњавала слобода заједнице, нације и државе. Одједном преседлани овом одозго прављеном национализму, нарочито изведеног састојства ради преиначивања вишечланог састава у јединну, ти Хрвати и Словенци срећу невољу: неподударност заповеђеног поједначивања са њиховим давним предвиђањима и доскорашњим старањем о добровољном стапању огранака југословенског рода.

Читава та грубост раздваја истомишљенике (опет речено условно: југословенског интегрализма), издваја се мањина, заиста мален број, али баш познатих личности које се приклањају одлуци монарха; они ће, пристајући уз покушај државног изједначивања људи и народа у југословенству, да припомогну у подухвату.

Ова мањина (доследних интегралиста) Хрвата и Словенаца, суделујући у власти, правда свој мах тврдњом да се тежња сваког огранка (племена) народног намирује очувањем Југославије. Али, напиру и они (интегралисти) полагано да се обнови парламентарно састајање политичких личности, да би олабавила стега у држави и демократијом се припомогао унитаризам. Нико није блажен стога што би лично веровао у савршену израђеност нацрта унитаризма; али свак има поголемо страховања да ће многобројна комешања раздирати направу и приморавати браниоце Југославије да и силом заштићују државу.

Утолико је – саглашавају се Хрвати и Словенци који не траже националне знакове за именовање Југославије – баш због ње прихватљив унитаризам; помаже ли он да заједница постоји и делује, онда нека филозофија владајуће политике одреди стваран однос између значења: Југославије, појаве и реда унутра, као зависне уговорености; државе као чињенице општости и поретка као условљеног опхођења; Југославије као независне потпуности и односа међу народима овде као последице примењиваног закона.

Већина (досад интегралиста) измиче са видела власти, склања се и свија дружине за познију прилику отпора. Ова већина од свих Југославији непосредно приврежних Хрвата и Словенаца придиже се обнављајући политичко сусретање и разговоре о држави; ни тајанствено ни страсно али доста одлучно; после сходног чекања у осами на прилику за иступ, они излазе сасвим преусмерени.

Ова већина напушта унитаризам и прекорачује посве наспрам, на исходиште федерализма; она се саглашава да би федерализам, као друштвен однос и политичко дејство, био ваљан начин и вид могућег југословенског сједињавања демократије и национализма, иначе нужне радње у вишенародној држави.

И овој већини је, дакако – као и оној мањини њених саплеменика који су истрајни унитаристи – превасходна очуваност Југославије: да би држава стицала чврстоћу од тога што даје становништву законит ред за творештво у слободи грађанина и у неподложности народа; да би целокупна Југославија, општи оквир свих засебности – и појединаца, и класа и етничких скупина – обезбеђивала рад и богатство људи, достојно човека и народа.

Пристају у овој већини да унитаризам (одувек отпором сусретан) уступи и државу и будућност, рачуна се, бољем федерализму (кроз приче и написе разних предавача доста хваљеном избору и односу).

Па где би тад било тежиште сложене државе Југославије: налазило се у установама за непосредство у читавој заједници или на ступњу чланова савеза, почивало у чврстоћи целине од које сваки подељак добива јакост за став, или, у неком износу независности појединачних (национално-покрајинских) саставака државе.

То питање звучи као теза, наум и о веома потребном расветљењу околности Југославије, у Европи, под све стрмијом окомицом ратне претње.

Застрашујући испади тоталитарног национализма (у фашистичким државама, ту наблизу), заблудела леност демократских земаља на Западу, жилаво напирање совјетске републике да преиначи привреду и оспособи друштвено заједништво поседа и рада (такозвани колективизам), ударна непријатељства из суседства, с неких страна жустра и дрска а с других притајена но и оданде ровашна, и сва напетост домаћих завађености, поготово међунационалних сукоба у покрајинама; дакле, читав оквир са међународности и чемеран замршај унутрашњих противречја не састављаху ни весело време ни угодну прилику за мудровања политике о држави; Отаџбину надвија опасност; вођство мора да каже народу своје решење о начину одбране, средствима заштите и затегама слоге у вишенародној Југославији.

Повратак демократије, то се свуд у земљи изговара као прозив прве потребности народа и државе, за озбиљне и корисне јавне разговоре и за споразумевање у парламенту и влади. Веома уздржано обнављана (по оном октроисаном уставу од 1931. године, ипак подлози за спору кретњу напред), демократија увире у живот друштва и напаја свежином политичке чиниоце и дах целе јавности. Уто се, не одједном, федерализам издиже као модерно интелектуално претпостављање вишенародне државне заједнице, као спасоносна политика, говорили су пропагандисти и присталице.

Унитаризам и федерализам се кроз неколико година (после 1931) находе политички равноправно, но у битном – у гледиштима о унутарњој саставности Југославије – као и раније, једнако супротстављени али с пуном изменом међусобне предности за сутрашњицу. Унитаризам још истрајава као држећа садржина уређења земље, а федерализам задобива довољно пристанака и подстицаја за дохват моћи у држави. Федерализам је у напону да обједињујући непотрвене установе и неишчезле навике пређашњег доба успоставља нову, целовито начињену националну самоуправу.

Хрвати и Словенци који су одскора федералисти (бејаху се разишли, неистовремено, с унитаризмом) хоће као свој избор, и огледало дабогме, светлуцаву страну наилазеће прекретнице; да и они имају добитак кад убрзо федерализам пресвоји друштвену свест и постане остваривана мисао о држави и власти. Ови скорашњи федералисти (међу Хрватима и Словенцима), било ти што су опет у својим старим а сада обновљеним странкама, као и они прешавши некуд друге, сви се утолико јављају гледно с двема највећим и главним странкама Хрвата (федералистичком) и Словенаца (аутономистичком); а сврставају се скупа с оним Србима (не само изван Србије него и у њој) који мисле да је неразумно даље одлагати одсудну промену с којом би Југославија уопште опстала, и одржала се њом овде постојећа уједињеност српског народа.

Пређашњи раздели се не укидају ни ико напушта сопствену заокруженост партијског чланства и присталица, од чега долази и она тмаста различност у исказима и претпоставкама приближно сводљивим у федерализам, доиста више у најшири теоријски нацрт него у збир уговорених закључака за примену у држави.

Федерализам, раздељив, броји Хрвате и Словенце, као и Србе, све те који су скорашњи сагласиоци с потребним преуређењем Југославије као дружину на свом крилу тањем и нејаком; придошлице су лабаво у федерализму, колико да су судеоници у изради зглобова савезне државе, и, следствено, имаоци права и неких властодржачких положаја.

Та шаролика намноженост разних пристајања да се пресложи држава, двоји се при одмеравању опсега и износа националне самоуправе. Условни федералисти (све пређашњи унитаристи) и уверени федералисти су два крила; сусрећу се као да су поделиоци неког поседа кад говоре о суверенству Југославије и праву народа; први хоће да се олакша Југославији али не ослабљује држава због смањења врховне надлежности владе, а други теже да се нација (покрајина) успне што већма лествама самоуправе. Придошлицама у федерализам је важнија Југославија него покрајина, док је изворним федералистима значајнија величина националне самоуправе него запрема савезне власти.

Потезање кроз ову разлику не расцепљује федерализам колико одражава политичку каквоћу и укупну наперeност свих главних напрезања ради расподеле власти у Југославији. Тако ни уговор (1939. године) о поступном прелажењу Југославије из једносложне државе у сложену (започету измену увођењем Бановине Хрватске) не отклања постојећу двојност: бригу условних федералиста да се надлежност Југославије не окрњи којим уступцима за суверену власност покрајине и, напоредо, залагање одрешитих федералиста да национална самоуправа стекне установе и моћ државног значења.

И негде подједнако, отприлике до равномерја, даваће учинке оба настојања; у ствари, под званичном надлежношћу државне владе обликује се национална самоуправа у нарочито опуномоћеној Бановини Хрватској (док је у Словенији и раније провођена једна мерица аутономије, поступно све износитија у Дравској бановини).

Услед рата у Европи, и по други пут за четврт века тога злог походника кроз републике и краљевства на континенту, та је федеративна преобразба државног уређења Југославије окружена многим извањским пропастима и наилажењем вероватних нападача; док се влада стара о спремности за одбрану земље од фашистичке агресије, надвишава сву унутарњу промену запитаност мноштва људи о судбини свега створеног под насловима и знаковима југословенства.

Није збиља време за радосна садејства као што је прилика за изнуђене добитке, каквих уопште бива понајвише кад се из неког супарништва рађа исход, бољи само једном такмацу.

Филозофија грађанске политике, деловање партија и поступање власти у Југославији, укупно демократија и национализам, напоредо исказују своје могућности и утиру оделита настојања одједаред за државу и за покрајину; демократија остаје заслон целокупности а национализам издиже покрајинске посебности. Национализам се помагао демократијом постајући, кроз улогу политичких странака, нагон завлађивања и својство управе.

Демократију подбада и трза малограђански национализам надирући да буде сневласт у народу. Првенствено, самоуправи у покрајини намеће се национализам, и поништава он демократију уколико најјача партија, вршилац власти, истискује остале странке а себи подиже славолук ослободиоца народа и кити се натписима о својем првенству на право владаоца. И где бејаху окца и пољица демократије уплиће се једна заповедна воља; једнопартијност се преобраћа у тоталитарни национализам.

Отуд је Хрвате и Словенце (нарочито Хрвате откако се успостављају и брзо упошљавају установе Бановине Хрватске), све који су противници тоталитарног национализма, снашло најтеже, вишеструко да се одупиру: да презиру причање супарника да су браниоци југословенства неверни свом народу; да ушчувају властите партијности и организације; да не попусте хулитељима Срба остајући убеђени да је братимљење овде законост постојања; да спречавају мах сваке руке која би да разгради Југославију.

И за све те Хрвате и Словенце, подједнако за унитаристе и скорашње федералисте, Југославија је неприкосновена; па ни клети њено искуство, ни тргати њене духовне узроке и моралне корене, како би се одржала вера у историјску оправданост и људску вредност заједнице Срба, Хрвата и Словенаца.

И да ли је когод у Јужних Словена, толико целовито и тако бистро и јарко као ти Хрвати и Словенци (условно названи интегралисти) био разумски опредељен и душевно везан за Југославију: постанак и постојање државе, сусретање и уједињавање народа, тековину за човека и прилог човечанству. Можда је у још понекога, у особе или дружине, било истог узношења, али погледнути није ли у којој другој, сличној тежњи за Југославију штрчала јаче класна воља, или се у гдекога, неког трена, изразитије надизало национално припадништво. Не очекивати, ипак, како се засад препознаје, да би се у доприносу икога другог могла наћи која одлука више него што их с ознакама родољубља беше у намерености и делању тих Хрвата и Словенаца, безусловних приврженика југословенства. То одношење је поучно, памтиоца упућује да га броји и појмовима: умност, верност, доскок моралне вредности човештва.

Знатно је, такође, да се кроз закључак подразумева и извесно поодавно предвиђање, дословно речима: „Па, ако вриједи наук црпен из државне науке, хисторије и социологије, ако при уређивању наше државе буде одлучивао здрав разум и политички разбор, нарочито ако се буде доиста жељело да се проведе идеја потпуне равноправности Срба, Хрвата и Словенаца, онда по нашем најдубљем увјерењу, мора побиједити федерализам у демократској, напредној и сретној Југославији". (Наведено према напису: Ладислав Полић, „Централизам и федерализам". – Загреб: „Обзор", 15. вељаче 1919.)[1]

<hr />

[1] *Југословенски интегрализам код Хрвата и Словенаца у раздобљу 1918–1941. године.* Чланак је објављен у збирци огледа и студија „Седамдесет година Југославије", тематска свеска „Југословенски историјски часопис". – Београд: Научна књига, 1989, 143–151. И поново штампан у књизи „Југославија на стрмини Европе".

ДРУГИ СВЕТСКИ РАТ – 50 ГОДИНА КАСНИЈЕ

Збиља, шта казује и чему смера овај наслов; куд се исперио и колико би да опсегне; какво трагање навештава падајући последњим роком на пола столећа након завршетка онога дуготрајног оружаног сукобљавања; маши ли се можда подједнако и времена у пређашњем добу, сеже бар две до три деценије уназад, јер су претходно настајали узроци и спремала се учешћа, а познике се обликовали исходи и дешавале њихове последице.

Одиста, Други светски рат, раним коренима, самим догађањем и доцнијим одражајима, везује ли се за сав историјски распон 20. века?

Историчар Југославије, кретњом од њенога крила а видиком на судбину Отаџбине, што би данас узбуђеније проговорио и прешније питао пре него невесело каже: које се мноштво државничких решења и колико свега учинака по исходима Првог светског рата слегло заплетом у многоструке узрочности Другог светског рата. И намах ту дода, наглашавајући: докле се, пак, недавним смаком Совјетског Савеза докончава свемашно надметање, историјски започето с краја Првог светског рата, а потом, пригодно звано, сукобом између демократског Запада и комунистичког Истока.

Иначе, за трајања Другог светског рата то надгорњавање се утихло и суздржано одвијало, да се не би нарушила успешност садејства у Антифашистичкој коалицији. А напослетку, са раздела заједничке победе над фашизмом, супарништво је обострано гневно подагнато, и претворило се у голему непријатељство, кажу, хладни рат, у ствари, најжешће спорење првенствено између Сједињених Америчких Држава и Совјетског Савеза као главних држалаца два супротстављена војна блока.

Тако насупрот, а по свој прилици ипак равно историјској висини три победничке земље на крају Другог светског рата, дакле, Совјетског Савеза, Велике Британије и Сједињених Америчких Држава, с навршетком педесетогодишњице њиховој победи следственог империјалног сучељавања, човечанству се надносе поново три силе, овог пута, непромењено Сједињене Америчке Државе и две онда поражене па у међувремену обновљене нације, Немачка и Јапан.

Заиста, како ће одстојавати, и куда претезати, и које прохтеве уткивати свету ово потоње тројно врхунство; какво решавање о будућности света бивати без пуног удела људством милијардите и положајем самосталне Кине, без једнаког учешћа Велике Британије, иако исцрпене као колонијално царство, без ревног слушања Русије, ево доста лишене великодржавног престижа услед пропасти њом најпре створеног, па ширеног и штићеног комунистичког социјализма, те икад ли од ње мањег моћства за утицај на евроазијском пространству од времена Бечког конгреса и Свете алијансе.

А Југославија, при свему том, за седамдесет година и поред је и насред, и на окомици и у средишту; кад бејаше одсудно, прворедан је судеоник, иначе, непрестано зависна од светскога збивања у окружју европском, находећи се као појава и намењеност, чинилац и дејство, у обухвату сва три узастопно одређујућа зглоба историјске укупности 20. века.

Целовито је Југославија својим постанком обистинила два главна начела Антанте, победника у Првом светском рату: општост либералне демократије и примену права народа на самоопредељење. На подлози историјске државности Србије и Црне Горе, а с највишом етичком одликом ратничког бораштва и тековином грађанске демократије у Србији, и с тежишном постојаношћу у захвалној вољности целокупног Српства, назвала се краљевством једнако суверених Срба, Хрвата и Словенаца; и намах испољила отвореном за сједињујући развој друштва уз помоћ личне слободе грађанина на темељима приватне својине.

А на годину и шест месеци од почетка Другог светског рата, силе Осовине су напале и војскама прегазиле Југославију, њену целокупност искидале, неке области присвојиле, остале покрајине препустиле управи својих подложних савезника.

Но убрзо, из повређеног а непотрвеног родољубља, кретњом нескрхане борачке снаге, извио се оружани отпор окупацији.

У Српству, међутим, устаништво се расцепило.

Једно предвиђање одређује да се ограниченим нападима и другим сметњама, повременим и местимичним, онемогућава спокојство окупатора, па кад много клону због жртава својих војски на великим фронтовима, тад их истерати и васпоставити Југославију, монархију, с јединственом владавином, какву је имала пре слома, али без обнове Бановине Хрватске, јер њена творба бејаше од хрватских фашиста искоришћена за разарање југословенске одбрамбене моћи и државне целине.

Друго предвиђање изражава одлучност да се неодложно, и свукуд у земљи, устанички зарати с окупаторима и колаборационистима; и не чекајући на близак освајачев одлазак, већ како се где може, да се оснивају и подижу органи власти, неистоветни с установама монархије, за наумљен створ у федеративну републику преиначене Југославије.

Та два предвиђања, убрзо супротстављена и ношена оружано сукобљеним снагама, сачињавају политичку суштину свеколиког, четворогодишњег, југословенског разбијања фашистичке окупације.

Комунисти, републиканци, надбили су супарнике, монархисте, официре и грађанске политичаре. Преовладали су коначно комунисти благодарећи неким својим стратегијским преимућствима.

Победа је била и велика и сурова: монархистички одреди растрвили се и пропали су, тучени на одступним путевима немачке војске; а народноослободилачки покрет је сву земљу обухватио, обликовао се федеративном републиком с комунистима на власти.

Историјски, република Југославија је друга по реду у човечанству, а једина непосредно везано за сам ток Другог светског рата целовито саздана комунистичка држава.

Комунисти су крајем рата, с целом тековином и укупном намереношћу, стали под окриље Совјетског Савеза, у читавом свету признатог за главног издржаоца антифашистичке оружане борбе и најдосежнијег ломитеља свеколике војне моћи нацистичког Рајха.

Али већ при завршетку ратовања против Немачке, англоамеричко незадовољство због сљубљивања Југославије са Совјетским Савезом бива наговештај цепања тројног заједништва у Антифашистичкој коалицији; у ствари, показаће се, то бејаше прво предзначење ускоро потом, са Запада, поведеног Хладног рата.

Но убрзо одскок Југославије непристајањем на беспоговорну подвргнутост Совјетском Савезу, указао се свету као необичан и посве неочекиван случај, а доиста беше историјски прво осамостаљење једног сачиниоца из скупине земаља у совјетском идеолошко-политичком обухвату.

Да би одбранило и унапредило независност Југославије, истргнуте испод надзора совјетске доктрине и воље, вођство партије комуниста изабира: за државу, стварање пријатељства с ванблоковским и ваневропским земљама, што ће се развити у челно припадање покрету несврстаности; а за друштво, промишља и заводи самоуправљање, после знаменовано крилатицом – *плурализам интереса*, нажалост, том синтагмом без икаквог у њој етичког својства и захтева.

Крајем десетогодишњег раздобља самозаштите од совјетских претњи и развитка самоуправљања, видела се нова истина: прохтев национални је постао старији од потребе југословенске; од историјских покрајина начињене су националне државе.

У владавини Југославијом, у политици, привреди, култури, школском просвећивању, у свему што је садржина и израз опште друштвености, налази се и огледа врста опредмећеног тоталитаризма, која би се могла назвати – *национални комунизам или комунистички национализам* (по имену и својству партије, ствараоца, слично је и комунистички социјализам, јер постоји, веле, хришћански социјализам, социјалдемократски, шведски, чак, арапски).

Доста времена доцније, источнонемачко пробијање Берлинског зида и намах потом уједињење двеју немачких држава искинули су кључ двополне, хладноратовске равнотеже у свету и одразили већ отворено урушивање комунистичког социјализма, махом свуда, одвећ изнутра расточеног.

Комунизам је као преовладајуће својство друштва замењен национализмом, католичким и лаичким. Уместо дуготрајне једнопартијске владавине комуниста, настаје надметање за власт међу новим странкама, у друштву огромно усталасаном због распада пређашње стројности а још нестизања у пристојну редовност.

И хитајући веома, комунистички и католички националисти у Хрвата и Словенаца, по доласку на власт путем вишестраначких избора, брзо проглашавају Хрватску и Словенију сувереним државама, напросто, отцепљеним од Југославије.

Затим, одваја се и Македонија од Југославије. У Босни и Херцеговини, у парламенту, пак, одлучују муслимански и хрватски посланици да се овдашња република прогласи сувереном, значи издвојеном, упркос најодлучнијем противљењу српских посланика.

Југославија се тим незаконитим откидањем република – чланица смањује на двочлану федерацију Србије и Црне Горе; сажела се на опсег те историјске државности којом се засновала као заједница Срба, Хрвата и Словенаца крајем Првог светског рата.

Срби у Хрватској су одбрамбеним устанком спречили католичко-комунистичку власт да их начини националном мањином, цео подухват уобличили стварањем Републике Српске Крајине, духовно и радно везане за Србију и Црну Гору.

Срби у Босни и Херцеговини су оружаним отпором одбили да њиховим областима управљају муслимански и хрватски властодршци, образовали су Републику Српску, прегли да своју политичку творевину што већма сједињују са Србијом и Црном Гором.

Срби бране своје право самоопредељења, животе, благо и покрајине, неће да потпадну власти Хрвата и Муслимана, једаред, пре педесет година, виђеној у служби нацистичком Рајху и договђеној као убилачко сатирање српског народа.

Међутим, сва тежња да се спасе уједињеност Српства – постојећа у Југославији за минулих седамдесет година – опасно је погођена међународним признањем Словеније и Хрватске, потом Босне и Херцеговине, сваке у њеним покрајинским оквирима републике – чланице у Југославији, границама дотле управним а не и државноправним.

Супротности, од свакојег учесника непопустљиви напони, проузрокују грађански и религиозни рат, трослажан у непријатељствима Хрвата, Муслимана, Срба.

Умешале су се и стране државе – Европска заједница, Сједињене Америчке Државе, Русија – свака земља због неког својег разлога и циља, а све скупа, званично, преко Организације уједињених нација.

Напослетку, савезнице у Северноатлантском пакту, под премоћством Сједињених Америчких Држава, употребљавају здружене ваздухопловне трупе да Србе притисну и ослабе, присиле их да се подреде увиђањима и одлукама Европске заједнице, склоне се и смање како то срачуна вођство Северноамеричке уније (што рече њен председник, према вести из Њујорка 16. септембра 1995, његова влада може и хоће „да се дуга драма у Босни једном већ оконча“).

Србе, браниоце отачаства у Босни и Херцеговини, спомињаће историја света као народ на чијем је животу и поседу Северноатлантски пакт, први пут откако постоји (ускоро ће пола века), убитачно применио оружану силу, испада, поред нечега њему првенственог, и у помоћ овдашњим Муслиманима и Хрватима.

Да, ужаса или срама, чега овде више јесте за историјску свест људског рода кад се догодило да све најбогатије земље света (изузев Јапана), са више од пола милијарде људи у најпросвеćенијим срединама, неће истрајно у части и правичности да разумеју и одмере истину и животну битност Срба у Босни и Херцегови-

ни, него су тргле и војском, која их све представља, најзад крво-
лочно, да принуде на покорност милион људи у тој планинској
земљи на Балкану, на стрмини Европе.

А пита се сведок, као што би и страдалник, да ли је то убија-
ње Срба у Босни и Херцеговини одималаца најразорнијег оружја
и власника највеће војничке моћи откад се ратује у човечанству,
велесили Америци потребан укивак на завршен Хладни рат.

Или је, можда, бомбардерско разарање и спаљивање сред-
става потребних за живот и рад људи у српским крајевима, по
једноставном америчком рачунању, тољага Србима а говор Ру-
сији. Односно, може ли се догодити да овај светски налет сврх
Босне испадне једно предзначење великог рата, уколико се Ру-
сија, редовно обновљене снаге или неком револуцијом освеже-
на, успротиви силином ратника да је свет Запада до искапи не
ослаби задирући и преко њеног католичког суседства у источ-
ној Европи и преко Турске и туркофонских земаља у предњој и
централној Азији.

Ако се, пак, ватра из оружја Северноатлантског пакта раси-
па по Босни и Херцеговини да би огањ сажегао срж животности
у Српству, онда је то наношење страве од које ће остати натало-
жен узрок, уз многе претходне сличне наборе, за будући рат.

Јер, коначно одсудна историјска битка између Срба и Хрвата
још се није догодила, иако су Срби двапут, за последњих педесет
година, изгубили много људства убијеног хрватском руком.

И кад Српство не би било подгревано голом осветом, клик-
таји на бој подижу се свешћу о роду, неприкосновеношћу права
на живот и посед, патњом и чежњом за завичајем, епским пој-
мом о родној груди. Дође ли до те битке, па у борби буду само
Срби и Хрвати, изгинуће Хрвати. Добију ли Хрвати заштиту од
католичког Запада, тад је рат европски, и пропашће Срби. При-
текне ли Србима, пре њихова изгинућа, Русија у помоћ, сукоб се
претвара: у светски рат с употребом атомске бомбе.

Ах, како су суморне и јадовите ове претпоставке, и колико
их још има очас неизговорених, а свију могућих следом приче
о Српству и Југославији у Европи, у данима наврштека педе-

сет година од краја Другог светског рата. И није привид него стварност да сва та речена промишљања о могућим догађајима у будућности ничу из људске важности и националног опсега уједињености Српства, те од њене укупности зависне величине југословенске државе.

Српство, међутим, педесет година после Другог светског рата, доживљава што и онда, чак и у времену ранијем.

Да би се извојевала коначна уједињеност целокупног Српства у Првом светском рату, то бејаше – национално питање средњоевропског значаја.

Да се у Другом светском рату обнови од освајача раскинута једнодржавна уједињеност Српства, то је било – национално питање европског значаја.

А да се педесет година касније, са завршетком Хладног рата, очува уједињеност Српства, да непријатељи сасвим не откину од Србије и Црне Горе све српске области изван смањене Југославије – то је национално питање светске важности.

Два века ускоро истичу откако је једнодржавна уједињеност целокупног Српства прво покретач збивања, све до краја Првог светског рата, а потом чинилац и судеоништво у бораштву и стваралаштву кроз Европу.

При крају 20. века Српство одстојава тежиштем у смањеној Југославији.

А смањена Југославија јесте белег, сразмерно изразитији од других сведочења о пострадалостима, временски везаним за окончање Хладног рата. Совјетски Савез, на пример, смањио се, али није изгубио огромност својега пространства и људства. Чехословачка се, у миру, поделила на две државе. Југославију је задесио највећи губитак, свела се на мање од половине своје пређашње земаљске величине и множине становништва.

На Српству, и преко њега кроз развитак Југославије, огледали су се нагони, моћи, супротности и непријатељства велесила у 20. веку.

Југославија са неколико својих, више кобних него веселих првенстава у Европи, у беседника нагони помисао: зло, ваљда, неће вековати где се досад станило и ту морило; преместиће се, можда, оно у завичаје злочинаца, да тамо, где је изобиље, дуби и рови, трује и руби, за стрв и ватру.

Освета је моја, вели Господ!

А шта да кажемо сви ми на скупу?

Рецимо: равнотежа је закон васељене!*

---

* *Други светски рат – 50 година касније*. Уводни говор на истоименом научном скупу у Подгорици, 20-22. септембра 1995. године, објављен у Зборнику радова „Други свјетски рат – 50 година касније“. Том I – Подгорица: Црногорска академија наука и умјетности, Српска академија наука и уметности, 1997, 31-37. Чланак претходно штампан у часопису „Vojnoistorijski glasnik“, бр. 2-3, Београд, 1995, 23-28. Чланак поново објављен у књизи *Југославија на стрмини Европе*.

ДРУГИ СВЕТСКИ РАТ – ЈЕДНА ПРЕТПОСТАВКА ЗА РАЗБОР И НАУЧНО ОДРЕЂЕЊЕ ЈУГОСЛОВЕНСКОГ УЧЕШЋА

Други светски рат је поновљена оружана борба Немачке са западноевропским земљама, Русијом и Америком. Догађао се као дуготрајни оружани сукоб (1939–1945) између фашистичких освајача – Немачке, Италије, Јапана – и, наспрам, одбраном наведених на свестрано савезништво демократских земаља Запада и комунистичког Совјетског Савеза (велесиле на темељима Русије). Са исхода на бојиштима изницала је одсудна одлука о премоћи у свету, на концу победникова ратничка и уједно идеолошка превласт као обезбеђен услов за учешће у предвођењу човечанства. У Европи, по средишту побеђене и подељене Немачке, начињена је граница између Запада (света капитализма) и Истока (низа држава с комунистима на власти).

Брз раздвој победилаца услед несложивости у прохтевима и предвиђањима између западњачког либерализма и совјетског комунизма, иначе, за рата уздржано, њихово се супарништво претвара у доста жестоко непријатељство (гневно објављено на Западу, 1946. године). Започело је надметање, често је речено, између Запада и Истока, потом названо Хладни рат, и највећма обележено сукобљавањем Сједињених Америчких Држава (стуба Северноатлантског пакта, званично потписаног 4. априла 1949) и Совјетског Савеза (ствараоца Варшавског пакта, закљученог 14. маја 1955).

Издржавање дуготрајне напрегнутости, нарочито тешке за Совјетски Савез, одвише оптерећеног издацима за војску и наоружање, раскинуто је, чини се до краја, устаничким пробојем (9. новембра 1989) милиона Немаца кроз Берлински зид, са источне границе у западни предео подељене немачке престонице.

Одмах затим вође Сједињених Америчких Држава и Совјетског Савеза објављују (при сусрету на острву Малти, 2. и 3. децембра 1989) да је Хладни рат завршен, рекли су, без победника. Изрека је овлаш утешна за совјетску страну а нимало застор њеног губитка, биће и навелико предзначеног, чим се прогласи (3. октобра 1990) уједињење источне (комунистичке) Немачке са западном (капиталистичком) Немачком, улазак под њену државну сувереност са унутарњом свеважношћу вишестраначке политике на темељу приватне својине.

Смањење својства велесиле и сломом се указало кад је (5. септембра 1991) Совјетски Савез преименован у Савез Суверених Држава (после, независних држава). У ствари, укидањем назива Совјетски Савез (постојећег од 30. децембра 1922) и доношењем одлуке о самораспуштању Комунистичке партије Совјетског Савеза (24. августа 1991) званично престаје да постоји поредак комунистичког социјализма у средњој и источној Европи (рачунајући да је зачет руском Октобарском револуцијом 1917. године, после ширен и целовито створен по обличју совјетске државе и њеним моћима скупно одржаван).

Напослетку (1995. године) у свету врхуне велика тројица (уобичајени назив за најмоћније земље): Сједињене Америчке Државе, Јапан и Немачка, а завршетком Другог светског рата (1945. године), то бејаху Сједињене Америчке Државе, Велика Британија и Совјетски Савез.

Отуд је питање: каквим се представља Други светски рат педесет година после његовог стварног окончања; нису ли обнова немачког јединства и огромно смањење руске моћи две чињенице, по значењу у човечанству, сравњиве са најглавнијим исходима оба светска рата; другим речима, јесу ли потоња збивања више преокренула антифашистичку победу у Другом светском рату него што је овај рат био сатро, уклонио или преиначио одлуке и творевине саздане на победи у Првом светском рату.

Одиста, учинком и значењем, спонама и затегама, испуњава ли Други светски рат, историјски, читав 20. век?

Југославија је везана за сва три кључна зглоба те једновековне деонице. Произишла из Првог светског рата, превасходно ослободилачким бораштвом Србије омогућена је да уједини све Србе, Хрвате и Словенце на подлози затечене државности Србије и Црне Горе. Војнички оборена од фашистичких освајача у Другом светском рату, обнављала се устаничким војевањем ослободилачких снага Српства, првенствено. Најзад, пострадала од осветништва држава поражених у Другом светском рату, смањила се на федерацију Србије и Црне Горе, непријатељи су разбили 70-годишњу једнодржавну уједињеност целокупног Српства. Главни исход се обележио, наиме: први пут – победом грађанског либерализма и отварањем прилике за демократско друштво; други пут – национализмом југословенске прозивке и завођењем једнопартијске комунистичке власти; трећи пут – сарадничким подлегањем комунистичког национализма разорној освети Немачке, Аустрије и Ватикана.

Југославија је, увелико, огледиште развоја Европе у 20. веку; у три маха, свако европски опсежно догађање или постојаност имали су од Југославије учешће или овуд наслон. Са такве узајамности историјска наука прави окосницу поузданих сазнања о чињеницама и суштини Југославије.

И биће свакако да будуће изучавање Југославије порекне доста тврдњи доскорашње, зване марксистичке историје. Обеснажиће се мноштво списа о Југославији кад се 70-годишње њено постојање и развој опсегну и сажму, на пример, следећом истином: Србија и Црна Гора и целокупно Српство су безусловни држаоци Југославије; Хрватска је хтела да буде услован саставак Југославије, прво нашав у њој међународно признато окриље за сопствено управно уоквирење, па у два маха да је напушта, први пут непосредним учинком освајача Југославије, а други пут навођена од истог спољашњег рушиоца Југославије; Словенија је нашла у Југославији околност за своје управно уоквирење и појаву као национална област, избавила се испод нацизма бла-

годарећи својем залагању и пресудној ослободилачкој улози
целокупног Српства, најзад, откинула се од Југославије прео-
бративши сопствени комунистички национализам у католички
национализам малограђанства.

А посебно, посматрана у времену Другог светског рата, мо-
жда ће Југославија исказати друкчију од засад познате размеђе-
ности, у њој, супротстављених настојања, одсудно, родољубља и
издаје. Неизбежно, припашће разбору најпре да разбистри пој-
мове, почев од грешности у издаји и поштења родољубља и даље
низом до вештости у комунистичкој изреци братства и једин-
ства. Једноставно, унапред је могуће да се назначе предстојећи
послови историјске науке, али је одједаред непредвидљиво што
ће све обухватити разбор да би се истински одредила историј-
ска важност југословенског учешћа у Другом светском рату.

Овај уводни приступ разложиће се предлогом теза могућих
тематских саставака целог предмета, по следећем.

I

1. Други светски рат – поновљена оружана борба Немачке са
    западноевропским земљама, Русијом и Америком.
2. Други светски рат – дуготрајан оружани сукоб између фа-
    шистичких освајача – Немачке, Италије, Јапана – и, наспрам,
    одбраном наведених на свестрано савезништво демократ-
    ских земаља Запада и комунистичког Совјетског Савеза.
3. Други светски рат – фашизам и религије (с нарочитим освр-
    том на одзиве и учинке врло садејствујуће Римокатоличке
    цркве, привученог ислама и намученог православља у Југо-
    славији).
4. Други светски рат – затечено стање степена слоге и омера не-
    слагања у вишенационалном друштву за претходних двадe-
    сет година унутар управно мењане Краљевине Југославије.
5. Други светски рат – немачко-италијанско освојење (1941.
    године) земљишта и богатства Југославије; краткотрајан от-
    пор војске и државе.

6. Други светски рат – фашистички раскид Југославије, државе произишле крајем Првог светског рата из победе над потученом и скрханом Аустро-Угарском.

7. Окупација фашистичком најездом, силом и принудом подељеног пространства Југославије (1941-1945. године); укупно, војне снаге; управне области и власти; органи руковођења производњом, прометом и саобраћајем; средства и начини принуђивања становништва освојене земље.

8. Фашистичкој окупацији подобне колаборационистичке управе у раздвојеним покрајинама Југославије.

9. Колаборационистички режими између окупаторових власти и поробљеног становништва.

10. Јавна друштвеност у окупираним покрајинама под надзором колаборационистичких режима: фашистичким освајачима потребно свакодневно обавештавање грађанства, уз једнако подложно им деловање у оквирима просвете, науке и уметности, све помоћу новина, радија, филма, књиге, разноврсних предавања.

11. Страдање фашистичком најездом растргнутих грађанских странака, по отпацима истиснутих у безмерје предстојећих непријатељстава и следствених догађања на просторима Југославије.

12. Поједине личности, од раније шире познате у јавности, с властитим опредељењима и деловањем: уз окупаторе, или, насупрот, у строју антифашистичких бораца.

13. Намах започет немачки нацистички и хрватско-муслимански усташки геноцид (злочин убијања мноштва људи) над српским народом као страховит узрок одсудне самоодбране Српства.

II

14. Други светски рат и законита непрекидност (континуитет) Краљевине Југославије.

15. Предвиђање избегле владе о обнови Краљевине Југославије, једно време важило је – у обличју доратном, а средином рата усвојено, да се она уреди као федеративна држава Срба, Хрвата и Словенаца.

16. Монархистички покрет (четници у Отаџбини), с надлежном владом у избеглиштву, политичка и војна снага под знамењем неугашене међународне озакоњености Краљевине Југославије.

III

17. Други светски рат – општа родољубивост становништва Југославије, духовни извор борачког отпора фашистичкој окупацији и морална суштина истрајног ослободилаштва.

18. Комунистичка партија Југославије – органски саставак Комунистичке интернационале а првоборац антифашистичког отпора у Отаџбини.

19. Утицај политике и ратовања Совјетског Савеза на стратегију Комунистичке партије Југославије.

20. Опредељеношћу за Југославију и исказивањем родољубља, кроз антифашизам, заогрнута тежња комуниста за политичком превлашћу у националоном друштву.

21. Комунистичка партија творац и предводилац Народноослободилачке војске Југославије (партизани), стваралац и предводник Народноослободилачког покрета, с циљем задобијања победе на ратишту као предуслова за њену послератну владавину у федеративној републици југословенској.

22. Оружани устанак (1941. године) као почетни облик четворогодишњег ослободилачког рата против окупаторских армија и колаборационистичких војних снага.

23. Тринаестојулски устанак Црне Горе (1941. године) силовит свенародни удар на италијанску војску; прво земаљско (у једној крајини) прокинуће настора фашистичке окупације у поробљеним земљама европским; догађај етички и епски

сравњив с износом правде у највећим ослободилачким биткама за Другог светског рата.

24. Оружано борење против окупационих војски и власти у свим покрајинама Југославије, посебно у Србији и Црној Гори (можда, и такозване „лијеве грешке“).

25. Кроз ратовање у Србији, Црној Гори, у Херцеговини и српским областима Босне и Хрватске, дозивање историјски памћеног народног ослободилаштва (традиције) за потребу непосредног предвођења борачког људства.

26. Народноослободилачка војска Југославије (партизани): устаничка творевина; самостална борачка снага против окупаторских војски и колаборациониста; целовита, непрестано у стратегијској офанзиви на издвојеном ратишту сред југоистока Европе; ту, најзад, једини задобитник победе; дакле, и појавом и улогом чинилац међу војскама Антифашистичке коалиције.

IV

27. Други светски рат – нужност и потребе ратовања против устаничких ослободилаца југословенских, неизбежно предмет стратегијских процена и многих појединачних одлука у Врховним командама окупационих војски, немачке, италијанске, бугарске и мађарске.

28. Мере и износи све везаности војски Немачке, Италије и Мађарске на ратишту Југославије као одузето од укупних количина њихових трупа на фронту против Совјетског Савеза, доцније и против англоамеричких армија у Италији, напослетку, и у западној Европи.

29. Немоћ окупационих војски на југословенском ратишту – заједно с оружаним снагама колаборационистичким – да нарочито спреманим и на појединим подручјима осветнички крваво извођеним офанзивним операцијама против Народноослободилачке војске измене сопствен положај, укупно, находећи се у стратегијској дефанзиви.

30. Учешће колаборационистичке војске хрватско-муслиман-ских усташа и домобрана, заједно с италијанским и немач-ким трупама, у бојевима и ратним операцијама против На-родноослободилачке војске.

31. Једном покушај врховног команданта Народноослободилач-ке војске да извесну оперативну команду немачких трупа придобије за ненападање, па утолико усмери главнину пар-тизана на четнике, с намером, уједно, да партизани дочекају оружаним отпором англоамеричке војне снаге у случају њи-хова искрцавања на далматинско-црногорску обалу Јадрана.

V

32. Други светски рат – четници између краљевске владе у из-беглиштву и окупационих војски као уништилаца стварне власти југословенске државе.

33. Сви оружани напади четника (ма и препад неки) на итали-јанске, немачке и бугарске војне јединице и на албанска фа-шистичка одељења; исто и четничка оштећења окупатори-ма потребних колских путева, мостова, радионица, разних постројења; такође, и све људске жртве четника од окупа-торове одмазде (немачке, италијанске, бугарске, мађарске, албанске квислиншке).

34. Сви оружани сукоби четника, при одбрани сопствених кра-јева у Хрватској, Босни и Херцеговини, с колаборационис-тичком војском хрватско-муслиманских усташа и домобра-на; такође, и сви губици људства четника у тим окршајима.

35. Оружана борба, управо грађански рат (уз вршење терорис-тичке освете), између четника и партизана као два супрот-стављена покрета у различитој намерености за обновљеном Југославијом.

36. Сви напади партизана само на четнике, односно, сви само-стални напади четника на партизане; утолико, и обострани губици у људству.

37. Сви бојеви и ратне операције у којим су четници заједно с италијанским дивизијама, немачким трупама и бугарским одељењима, нападали Народноослободилачку војску (партизане); и сви губици у људству које су четници, при том, нанели партизанима.

38. Сви случајеви, на бојиштима местимично, кад су четници садејствовали усташама ради сузбијања партизана.

VI

39. Други светски рат – остварено сједињавање антифашистичког отпора и револуционарне радње у појави и подухвату југословенског Народноослободилачког покрета.

40. Улогом Народноослободилачког покрета, у подручјима ослобођеним испод окупатора одбрамбеним ратовањем Народноослободилачке војске, устаничко заснивање, подизање и потпуно уобличење шесточлане федерације југословенске, државе супротне доратном обличју и поретку Краљевине Југославије.

41. Власт и делатности у ослобођеним подручјима као удовољивање насушној потреби Народноослободилачке војске, и, уједно, борачко издизање револуционарно јављане федеративне државе.

42. Коришћење књижевних написа, ликовних радова и музичких напева у подухвату Народноослободилачког покрета, дакле, штампе, редовне просвете, уметности и разноврсних јавних приредби.

43. Политичко саглашавање и војно садејство југословенског Народноослободилачког покрета с организацијама и оружаним снагама антифашистичке борбе у Албанији, Грчкој и Бугарској.

VII

44. Други светски рат – Југославија у стратегијским предвиђањима и одлукама велесила у Антифашистичкој коалицији.

45. Четнички покрет у британско-америчком предвиђању и поступању у стварима обнављања политичке власти и друштвеног поретка Краљевине Југославије.

46. Британско-америчко бомбардовање насеља, мостова, фабрика и војних упоришта у местима и дуж путева на окупираном подручју у Југославији; при том, жртве становиштва и страдање богатства земље.

47. Британско преглабање дуготрајног подржавања четника и потоње потпомагање партизана.

48. Услови и нагодбе, пут и начин преношења међународног признања Краљевине Југославије на устаништвом успостављену федеративну републику југословенску.

VIII

49. Други светски рат – становништво Југославије (изучено према начелима социолошким и по правилима демографије): опсег подређености окупаторима, нарочито људства у фабрикама, рудницима и на жељезници; служење под колаборационистичким управама; учешће у оружаним снагама колаборациониста; одвојено, учешће у јединицама четника (званим Југословенска војска у Отаџбини); насупрот свима, учешће у Народноослободичакој војсци (партизани).

50. Други светски рат – целокупан војни удео и допринос ослободилаца окупиране Југославије у свеколиком сламању фашистичких освајача у Европи.

51. Други светски рат – укупне жртве Југославије: губици људства, блага народног и државне имовине.

52. Окупаторови и колаборационистички затвори и логори, све мучилишта југословенских родољуба; икад ли да се тачно утврди укупан број сламаних људи у тим тамницама, посебно којекуда уморених и на стратиштима у множинама побијених Југословена (свакако, и кажњавање ратних злочина).

53. Истрајношћу и јунаштвом задобијена коначна победа Народноослободилачке војске напрасито окрвављена партизанским

бесудним убиством мноштва заробљених војника и официра, припадника разних колаборационистичких формација, као и четничких јединица; такав поступак је већма проста освета дугим ратовањем напаћених партизана, или, уобичајено, револуционарно затирање свладаних противника.

IX

54. По исходима Другог светског рата – намерености у Европи: прохтеви и напони велесила победница, држава Запада и на истоку Совјетског Савеза; морања поражених земаља фашистичког тоталитаризма; између и около, могућности малих народа.

55. Критичко упоређење – с погледом у послератно доба – одредбе краљевске владе о васпостављању Југославије као вишестраначки парламентарне федерације Срба, Хрвата и Словенаца и, наспрам, комунистичке замисли (помоћу партизана обезбеђиване) о Југославији, с једнопартијским парламентом, као заједници истих народа у федерацији историјских покрајина (двапут већег броја).

56. По учинку Народноослободилачког покрета послератно настављање битне тежње Комунистичке партије, наиме: величање нације и према њеним особинама и потребама условљавање управног састава и трајности Југославије.

57. У Народноослободилачком покрету организацијски начињен приступ послератном комунистичком прављењу политичких нација.

58. Раскидна противречност у бићу Комунистичке партије због потребности јој Југославије а, при том, њене препуњености нагоном властодршства превасходно у нацији.

59. За рата одрешито наношена комунистичка обузетост нацијом као предзначење послератног, што скривеног а колико отвореног и временом све упоритијег разглабања првобитног, веома стегнутог склопа шесточлане федерације Југосла-

вије; заиста, је ли овим, већ при њену саздању, федеративној републици уцепљена клица разорства.

X

60. Југославија, истински, држава у којој је уједињено читаво Српство.
61. Југославија, човечански, плодоносно окружје за напредан национални развитак Хрвата, Словенаца, Македонаца.
62. Југославија, историјски, површна пролазност, или, народ- носно омогућива – далекосежна остapеност на стрмини Европе?*

---

    * *Други свјетски рат – једна претпоставка за разбор и научно одређе- ње југословенског учешћа.* Чланак објављен у Зборнику радова „Други свјет- ски рат – 50 година касније“. Том II – Подгорица: Црногорска академија нау- ка и умјетности, Српска академија наука и уметности, 1997, 497-505. Чланак поново штампан у књизи *Југославија на стрмини Европе.*

РЕПУБЛИКА

ЈУГОСЛАВИЈА НА СТРМИНИ ЕВРОПЕ

Данас, што прво пред вама да кажем него захвалан сам како је у записнику прошлог састанка наше Скупштине (27. фебруара 1986) сажет добро, премда шкрто но тачно, мој говор о слободи изношења и другог мишљења у Црногорској академији наука и умјетности, дабогме, једнако и у читавом југословенском друштву.

Нагласићу сад, ради допуне записника, да ова слобода претпоставља и неприкосновену моралну равноправност другог мишљења; може оно да буде мање паметно и једва плодоносно, слабије од првог, претходног или наспрамног мишљења о истом предмету, штавише, и да је посве неприхватљиво; али никако да се унапред друго мишљење неразложно ставља на лествицу етичког вредновања ниже од те замисли која се узима за водиљу стваралаштва.

У записнику је, како читамо, забележена довољно и суштина супротног говора. Опонент је одвратио – подсетимо се – да ми, Црногорска академија и званична страна националног друштва, сву слободу задржимо за се, да буде само та једна, прописана слобода, и толико свевласна, да мишљењу сваком које није њом умерено, стави петљу и скрха га као намеру злочинства; пошто, рече лане опонент, допуштање слободе другог мишљења упропашћује нашу земљу; та дозвола је дала маха, вели он, крвницима Југославије и непријатељима социјализма.

Ја и сад одбијам такво порицање мојег прошлогодишњег говора.

Волим слободу и поштујем достојност разлике.

Збиља, шта ће мени моја радост ако се не нађе слична воља и у души другога; како ће весеље без удела ичијега осим мога; усамљеност би била тужна и досадна, убиствена.

Налазим да у записнику има довољно штива и о приговору другог академика, на исту моју прошлогодишњу реч о слободи мишљења и говора. Слажем се с овим опонентом да ми у Црногорској академији имамо слободу говора.

Но, како напомиње да се морамо при том чувати заблуде, поготово, каже он, лако појављиве у друштвеним наукама, саглашавам се с овим тек условно; заправо, уколико сложно признамо да трагање истине неће мимоићи понеку заблуду, мању или већу, на пример, лагану због уважења пребрзо наумљене претпоставке или тешку услед рђавога насада филозофске претпоставке кроз нацрт о предмету изучавања.

Клонимо се страха!

То је мој усклик пред сваки наш разговор у Црногорској академији, и уз сваки наш подухват. Јер, шта може да буде опасније, што теже да онеспособи и спута: понека трагалачка заблуда или трајан страх.

Ја бирам – заблуду. Једном ћу ваљда бити устаник против заблуде тражећи видело, расветљење, истину. Заблуда ме успорава а страх би ме скврчио; заблуда не убија вољу а страх испија корен мисли; заблуда може и јуначна да буде а страх издваја уплашеног, пак, нагони и у бекство.

Поново велим: клонимо се страха да бисмо имали слободу.

И памтимо, и негујмо, наше разговоре о слободи између заблуде и страха.

Биће негда – у то верујем – да неки дипломац, студент или магистар, добије да изради монографију, бар хронику о Црногорској академији. И он ће, бистар и пажљив, листајући записнике запазити сучељавање наших говора о слободи; можда ће их назвати интелектуалним дометом, врсним за позвање и углед Академије, или ће, без свога суда, просто да их сврста у летопис.

Предвиђам да ће свакога, колико трагаоца то не мање и друкчијег радозналца, више занимати мисаона испереност Црногорске академије кроз редослед њених задатака него ли истанчаност сваке појединости у збиру послова.

Подразумевајући Академију као установу редовног окупља-
ња искусних радника највише образовне оспособљености, као
сједињење одличних творачких снага, ја ни маленкост, коју, у ње-
ном програму нисам видео ни промишљао друкчије него као че-
стицу општости, мали оглед из стратегије о величини предмета.

Свако лично чланство у Црногорској академији рачунам
својством за врсту научног или уметничког делања и, подједна-
ко, присутношћу за обавезе родољубљу.

Отуд, где ћу ја пре и где потпуније, где власније и независ-
није, него ту где спадам, да јавно питам о благу и заслугама
Отаџбине, да отворено размишљам о дужностима вођства и
напорима народа, да се изјасним о било којем морању, свакида-
шњем или одсудном, у Црногорској академији, у Црној Гори, у
Југославији.

1.

Ово поимање, данас ме, одиста вам кажем, академици, на-
морава да изговорим свој одзив на један особит изазов, ни не-
надан ни случајан, а понајмање да је безначајан чим гађа у наше
постојање.

Дана 23. фебруара 1987. године, наиме, вест је у новинама да
је у часопису *Нова ревија* (у Љубљани) објављен низ чланака под
заједничким насловом *Прилози за словеначки национални ūро-
īрам* (*Присūевки за словенски национални ūроīрам*).

Наша браћа у Словенији изрекоше ту јасно и одрешито:

Црногорци немају запрему да би живели као самостална на-
ција; Црну Гору сва Југославија има на рачунима националних
економија; Црногорце издржава савезна држава; Црна Гора ко-
ристећи Федерацију изгони и обликује свој републички сепара-
тизам.

Да нас узбуни или да нас порекне овај словеначки прогово-
вор, свеједно је овог часа кад је његова истинитост одредљива
тек начином једног испита, оштрим суочењем с чињеницама из
творáштва и развоја републике Црне Горе.

Не начинимо се да смо пречули, не бежимо погледом од то-
га написа; поготово, не рецимо да је тај словеначки глас успутна
изрека нег друштванца изопачених интелектуалаца.

Не, нипошто, не измичимо се, већ се окренимо лицем према
изазову, и објавимо свој одзив: тај приговор Црној Гори, ипак
тег на истину, преименоваће Црногорска академија наука и
умјетности у сопствени задатак с циљем да проучи стварно ста-
ње и о њему, по строгом правилу, изведе утемељен суд, састави
по тачним налазима поштен закључак.

И пре него се осмотри цела та ствар, стручно пропише оп-
сег обраде, излазе намах питања, изгледа ми, неколико неизбеж-
них, која би ваљало, за радни програм упутније срочити; но и
неразуђена, можда ће сложити бар две-три исправне ознаке за
овај предмет научне расправе и сходног суђења.

У Љубљани, на седници Председништва Социјалистичког
савеза радног народа Словеније, поведена је расправа о „Новој
ревији“ и „Прилозима за словеначки национални програм“. Уче-
сник расправе, знаменит историчар Јанко Плетерски свој говор
је приредио за објављивање у листу „Политика“ (у Београду, 4.
марта 1987). Он је, између осталог, рекао: „Нећу понављати оно
што је већ речено о оспоравању права на државност црногор-
ском народу који је своју државност утемељио у стогодишњој
борби и коме је још пре 110 година међународноправно призна-
та потпуна сувереност... Како расправљати о тврдњи да Словен-
ци 1918. године нису ушли у Југославију самоодлуком него да су
били стављени пред свршен чин? Коначно, о томе има већ до-
вољно научних записа које озбиљан аутор не сме да игнорише...
Где је у историји декларациони покрет за народно самоодлучи-
вање у којем су чак и људи из католичког политичког табора
настојали да се Словенци удруже у Југославији“.

Заједно су у Југославији, дакле, Словенија и Црна Гора.

И прво да споменемо: колико је Црна Гора добила укупно
новца од савезне државе, Југославије, од године 1945. до 1985 (за
четири деценије).

Колико је поклоњено од целе те суме, Црној Гори даровано, да не враћа.

Колико је новца позајмљено тако Црној Гори, да би повољнији био само поклон.

Колико је новца уручено Црној Гори, као иначе што се зајми, финансијски савремено сваком потпису пренесене своте.

Колико је новца дато везано: кредит Црној Гори а она да у позајмиоца купује робу и дозива стручњаке и саветнике, баш тим истим њему дужним новцем.

Колико је из фонда Федерације, и колико непосредно од националних република, дакле, укупно новца уложено заједно с благом Црне Горе (земља, путеви, зграде, оруђа), да би затим, према законитим уговорима, производња и продаја доносила добитак, дељив по размери уложеног капитала (новца, средстава) и радне снаге.

И још, те колико и колико питања, оваквих и друкчијих намиче се при поласку на овај задатак и даље, у изради затраженог рачуна.

Свакако би коначан закључак требало да садржи два главна, збирна налаза: о количини новца (ту и средствима прерачунатим у новац) поклоњеног републици Црној Гори; о износу новца (савезне државе и од других република, сваке редом) позајмљеног Црној Гори по закону капитал-односа.

Можда, преко исказа рачунских, и да се скромно промисли: је ли поклон заслужила Црна Гора нечим својим – постојањем, пределом, имањем, неким људским учешћем за цело југословенство – па је потоње дариване што и врста признања за достојност, израз памћења једне историјске ваљаности.

А обавезно, да се процени: је ли поклон исплатив (не због ината већ ради сјаја наслова у имену народа и гордог стајања синова и кћери где су сусрети у југословенству); односно, докад би Црна Гора враћала браћи што су давала. (Две хиљаде година ускоро ће откако је знаменит римски филозоф поучавао грађанина империје, те остаде засвагда стоичка напомена: мио је по-

клон на који се може не мање вратити, а буде ли поклон већи од
имања за раван узврат, даровани замрзеће дародавца.)

Најзад би стратег, питајући и ауторе елабората, одредио став
и поступак: на поклоњено (ма колико да износи), дакле непо-
вратно, Црна Гора је захвална братским републикама и држави
Југославији; а позајмљено рачунати као заједнички улог (с речју
захвале на зајам), сматрати укупношћу двеју упоредних коли-
чина: помагања Црне Горе, и искоришћавање по суштаственом
закону робне привреде.

Што рекох о овом предмету, није с намером да се сада тема
усвоји, за један назив у овогодишњем плану рада Црногорске
академије; збиља, не морамо одмах, али, кроз годину или две,
уврстимо међу обавезе Академије научно изналажење омера ју-
гословенског материјалног учешћа у опстојању републике Црне
Горе (привреде, установа, сталежа); да Академија срочи зада-
так, потом обједињава истраживаче, усмерава израду, обликује
целокупан налаз.

Довољно је ако се данас сложимо, да се једном изјавом ста-
ви раздео; наспрам те словеначке прозивке истакне врло одлучно
решење: Црногорска академија ће научним поступком утврдити
истину, и добијено сазнање саопштиће народу Отаџбине на увид.

Одазовимо се овако; не можемо ли одмах, онда, што пре; по-
требно је то Црној Гори.

Што су изговорили млади писци у Словенији, баш је, како
памтимо, први пут јавно казано, док се иначе доста прича да сав
стандард републике Црне Горе зависи од помоћи југословенске;
напросто, поткрепљује се живот у крајини а расте бреме на пле-
ћима Црне Горе, етичка самосвест народа оптерећује бесконач-
ношћу захваљивања.

Учинимо ми што је наша дужност, јер се изазов тиче нашег
стања и времена; похитајмо, штавише, пре него што би се ружно
пренело нашој деци и унучади то што је нама, ипак, пристојно
речено тим словеначким порицањем вредности Црне Горе за су-
верено државотворство. (Решавајући ту нужност, смотримо и на
ову болну истину: убрзо ће се навршити триста година, рачуна-

јући од клијања државности у Црној Гори, с почетка 18. века па
до данашњег доба, с неколико прекида, но укупно непрестано
је, да се овде власт и сва јавна друштвеност, унеколико и читаво
становништво, издржавају, до ступњева мењане савремености,
од добијане спољне потпоре; зар није старо и престаро, то древ-
но бреме Црне Горе; морално, икад ли отклоњиво.)

Погледајмо се, академици, и реците ми, отворено и оштро,
да није ни важно ни умесно како предлажем овај, у Академији
скупно непредвиђани задатак; кажите, одиста, ако сте уверени
да је цео предмет далеко од науке и уметности.

Али, пре изреке, помислите – и ко се саглашава и ко одбацује
мој предлог – дакле свак овде нека се подсети, на пример, оних
већања у Скупштини Југославије о буџету Федерације, кад нови-
не јаве да су своте за ресоре већ утаначене, а једино се делегати
још нису договорили о износима новца за неразвијене: Македо-
нију, Црну Гору, Косово и Метохију.

И питам: јесу ли такве вести и понеком од вас биле немиле,
као што су мени увек; једном су јадиле а други пут једиле нагоне-
ћи узбуђења; кадгод тугу, понекад самосажаљење, а богме, и инат
пошто је ту закључак био нехајем полаган на невољко издат она-
мошњи претек новца.

2.

Већ сам појам неразвијеност, уосталом, проговара се у Ју-
гославији двојно, наглашеније за огледање друbetween него за-
конске обавезности суделовања. Неразвијеност, коме је уписана
стога што је онде стварна, кад се разуме тачно, значи – једно
потпадање. Уколико је та реч неразвијеност посредан израз не-
ког односа између даваоца новца и примаоца, заправо између
имућног и сиромашног, тад она и понижава помаганог.

Па није ли време (после четрдесет година) да се уместо на-
плаве речи о дружељубљу срочи правни назив за неразвијеност,
једноставно именовану принуђеност неимућних да траже пот-

пору а дужност имућних да овима уступају део свога новца, другде, вероватно, и корисније употребљивог.

Оваква отвореност би, нема сумње, више вредела истини југословенског друштва него красноречиво настирање братства и јединства за политичку покривку узајамности неједнаких.

Окончати, дакле, ту превазиђеност; све што обујима такозвана неразвијеност, уставом назвати потребношћу југословенске Федерације; у ствари, да и она – као што би и друга држава – има усклађено да подиже и развија своје области; јер, без пуне радне и предузетне уједињености својих енергија на целом властитом поседу, немогуће је држави да буде одлично држећа ни савремена као ваљан судеоник светске заједнице народа.

Није претежно са њене моралне сврхе (свуд у свету позивања на човекољубље), него је првенствено ради пристојног живљења њом обухваћеног становништва, приморана модерна држава да у просторима свога размештаја, ма колико садржавала разноврсности, буде без празнина у радном развоју и распореду ималаца блага за улагање и твораца доприноса, и да широм уклања узроке свакојег потпадања.

Насупрот овој закониитости, а подлегањем тежини нације, саздане су републичке економије уместо једне јединствене југословенске. Отуд, федералним границама изнутра подељена, и к томе услед неједнаке развијености покрајина, Југославија има нације имућне и нације дужнике – понекад је чак речено – републике кривце за сву потешкоћу савезне државе.

Баш недушевна, и неправична је ова подела; она ослабљује државу. Биће поправак, кад се независно од републичких раздеоба, законом за сву државу одреди да она цела, на створу своје природе и по способности својег људства, и помоћу тековина у наслеђу, јединствено предвиђа – свуда за сврху заједнице – подручну упошљеност творачке снаге и усаглашено мерење добитака, по струкама делатности и степену вештине и доприноса у свакој грани.

Нужна је таква сасређеност, да би Југославија имала језгро чврстоће а народ – осећање безбедности. (Кад би земља имала јединствену привреду, па је свако предузеће југословенско, темељ или погон огранка, и одговорно стручном старешинству, тад би друкчије ишли договори и гласања, не би се одзивали као тмоно потпадање сиромашне покрајине којој се удељује нужна помоћ, већ би се однос именовао као радно садејство производне гране; и тад би, на пример, инжењери и радници родом из Црне Горе били још знатније, бројем, на пословима у Словенији и, дакако, у другим републикама, где, вероватно, због њихова суделовања, производност рада не би била мања него је данашња, уколико не би била и већа јер су Црногорци непрестижни прегаоци где год су изван завичаја заједно у напрезању с људима којег другог краја и порекла; а наспрам, Словенаца би било стручних и руководећих старешина у привреди у Црној Гори где би тад производња била плодоноснија него што је овде досадашња; и каква би тек излазила душевна доброта и етичка вредност од овакве, много веће него што је сада, градњи Југославије посвећене и потребне измешаности људи из свих предела, кроз све републике; а да не би било големог заостајања, већ југословенског напретка и где је месна неразвијеност, старала би се читава, односна грана привреде подобно законима робне производње и сходно моралу, поштеном сарадњом обједињених људи.)

За преобразбу, повратак свемоћи искреног дружења у југословенству, треба изнаћи савремено гесло, посве својствено изворно нараштају технолошког доба; и не потезати више братство и јединство да би оно било знамење и натпис заједнице, пошто је и одвише потпало узалудном дозивању љубави и слоге. И кад је имало живу моћ, братство и јединство није мењало суштину односа условљеног стварима и мерама за материју.

Но, док је демократски централизам био стратегијска окосница свеукупне надградње југословенског постојања, тад је братство и јединство ипак називница моралне вредности овог здружења људи и народа. За истискиваним демократским централизмом, у распредању ткива државе и друштва њим осовљеног и везаног, ишчезава и делотворна утицајност братства и јединства. Стога, и на потоње спомене за његову пређашњу сврху, зна свак, па и сам говорник, да призива узалудност, и подиже тугу у душама оног људства које једном вероваше да нема лепше истине од сложности у југословенству.

Зато, нека братство и јединство стоји као историјска успомена, даље невређана лозинка већ минулог доба југословенства.

Овладала је у Југославији друга изрека као одредница провођене политике, државне владавине и друштвене радње.

Крилатица је – за представљање, окриље, дејство – плурализам интереса; дакле, јастреб користољубља.

Њом се оглашава рашчлањивање државе, ради осамостаљења сваке националне републике у Федерацији; такво размицање чланица савеза као да је смером издвајања из заједнице. И наставља се ово унутарње раздаљивање, голема опасност за државу Југославију, док с плурализма интереса потонуће старе слоге називају обратно: плодним успевањем демократије и модерним вршењем права народа на самоопредељење.

Наша домовина, међутим, не произведе још ни једну такву чињеницу која би врло озбиљно потврђивала плурализам интереса као ваљан филозофски сажетак политичке стратегије потребне разлогу племенитости у сједињавању људи и народа у југословенској држави.

Верујем, не видећи засад никакву стварну опреку, да се плурализам интереса сврстава где и сви из прошлости нам познати прогласи о праву јачег.

Стављајући корист, опредмећене добитке, за сврху деловања човека и људства, плурализам интереса нема етичко својство.

Можда понеком и гласи као прозивка слободе, али значећи само добитке, одзива се плурализам интереса кроз увећану неједнакост: изгони јачега још силнијим, доиста може и слабијега с повишеном снагом, но према истом пређашњем надмоћнику – у повећаном заостатку.

Плурализам интереса љуби засебност а рачуном ставља меру за уједињеност, допушта и неко окретање које би часна обавезност одбацила при бирању правца и стране за будуће дане.

Како би иначе него са подразумевања и провођења плура-
лизма интереса као прагматичне идеологије управљања Југо-
славијом, откуд би друкчије изишло – исте прилике и у истом
гласилу и од истих мислилаца кад и овај суд о неспособној Цр-
ној Гори – дакле помоћу чега би пре била смишљена и објавље-
на извесна стратешка претпоставка, названа *Прилози за слове-
начки национални йроїрам* (*Присшевки за словенски национални
йроїрам*).

Ваљда смем ово да питам а једва ли да препричам штогод
из те садржине кад по службеном реду у нашој земљи (откако је
демократски централизам подлегао плурализму интереса) ни-
је допуштено јавно залажење у ствари другог народа и суседне
републике; у најмању руку није пожељно, јер свак оданде може
то другарско запажање да назове непуноправним мешањем и
којекако друкчијим иступом.

Ту нашироко слушану уобичајеност недружељубља, ја ћу
да прекршим пред члановима Црногорске академије наука и
умјетности.

И молим вас: не узмите да је наметљиво, што ћу поводом
овог словеначког искорачаја још заћи говором, подразумева-
јући југословенство благом и послом, штавише, и општом су-
штином у постојању свих милиона људи који се њим одређују у
човечанству.

Сматрам се дужним, академици, колико и сваки од нас као
родољуб и држављанин земље, да говорим за спас Југославије; а
рачунам се обавезнијим – не испред било кога од вас ма у чему
бољи – већ једино утолико одговорнији као научник, стога што
сам постао члан Академије благодарећи својој историографској
обради појединости и већих предметних одсека из полувековне
југословенске борбе за слободу, уједињење и државу, монархију
и републику.

Зато мислим да ме та двојака ураслост у југословенство (жи-
теља Отаџбине и писца повести) сасвим оправдава кад тражим
реч да бих укратко изложио своје виђење делића истине у ство-
ру народне тековине.

3.

Словеначки мислиоци, неколико, изгледа, веома учених писаца, објавише засебну замисао о бивственом (егзистенцијалном) праву свог народа, сведено у тезу, овако: словеначки народ је властан да има националну државу; самостална Словенија, обликована подобно савременом виду богатих нација, ваља да има по народној сувероности успостављене органе управе и безбедности, дакле, скупштину, владу, националну војску; невезан местом и степеном припадајуће федералности у Југославији, независан словеначки народ треба да негује самоопредељење као неисцрпљену сопственост, било да остаје у садашњој савезној држави, одлучи се на отцепљење, можда, и да ступи у неку другу федерацију.

Сазнавши ову замисао очас реко: та она је већ, заиста, више остварење него претпоставка. Има ли, збиља, неки савремен израз сувероности народа, има ли чега уставно изворног у законодавству и управи, а да већ није орган, средство и дејство нације у републици Словенији, састојку федерације Југославије.

Све установе грађанске власти и сва удружења друштвености и културе јесу и у Словенији, као и у других република, обличјем сачињене и законито опуномоћене за највиши степен самоуправе у истој савезној држави.

И војска је у Словенији, ма колико југословенска, значи, трупа савезне армије, доста прилагођена особеностима народа и ове републике; удвојеношћу целине (редовна војска и територијална одбрана) удовољава безбедности државе и националном исказивању Словенаца.

Редовна војска је језгро заштите а територијална одбрана је окупљање домородаца; војска је вазда спреман ешелон против могућег агресора а ова именована одбрана је скупно доживљавање националног војништва (свакако изразитије, на пример, него што је негда било војничење у хрватском домобранству у Угарској, док Словенци нису имали ради националног значења издвојену војну јединицу у Аустрији).

Република Словенија има двојако обезбеђење: помоћу редовне војске осигурану одбрану, спремношћу и силама целе савезне државе (какву видесмо, на пример, године 1946. кад су амерички авиони обарани у појасу западне југословенске границе пошто су овуд упадачки надлетали крајеве и насеља словеначка и хрватска, па поново доживесмо у званој тршћанској кризи 1953. и 1954. године кад се читава Југославија дигла говором и кретњом за право тамошњих Словенаца и Хрвата); има дакле Словенија, у залогу, сву југословенску снажност, а кроз формацију територијалне одбране и једнако озакоњену пространост за национално војниковање и до омамљиве самодопадљивости.

Обим овог словеначког националног програма претпоставља, нема сумње, мноштво изражаја народне суверености; и ставља знакове за сву оквирност права на самоопредељење; и може да осмишљава појединачне намерености.

Одсад, познат јавности, овај програм биће неизостављив, као сапутник или претеча на мисаоном правцу националне стратегије, кад се просуђују нека словеначка поступања у стварима важним и за целу Југославију; и биће то изузетан попуст и допуст ако – по општем смислу овог програма – допадну одредбе за делокруг пословођа и надлежност односне републичке владе.

Ето, наиме, зар се у досад веома пажљиво саопштаваном пројекту Алпе-Адриа, а после овог нарочитог оглашења о самостојности Словенаца и њиховом праву да самостално раде, зар се ту не препознаје једно прагматично испољење права народа на самоопредељење смером и видом повредљивим за југословенску државу, њену сувереност и закониту самозаштиту.

Програм Алпе-Адриа бејаше најпре представљен као један нацрт туристичког конзорција за вишечлано садејство. (Због могућег човековог уживања у красоти југословенског мора и предела, да се сусретну услуге и паре, те домаћину новац а госту из прекограничног суседства – здравост за весеље.) Потом, како је туристичка служба и проводња осладила обострано ову сусретљивост, причинило се судеоницима да она настире прилику и за другојачију размену (јер уживање изветри а новац се размили), па предвиђају: повећање сарадње у привреди (међународни сајам Алпе-Адриа, на пример); упоредо и проширивање узајамности у култури (између осталог, казалишни сусрети Алпе-Јадран); уопште множење спона грађанског саживљавања („из нужде и љубави", рече једаред спикер Телевизије Загреб).

И запитајмо, баш намерно, да ли се уговорачима са југословенске стране, бар који пут, призире прошлост кад праве закључке; је ли когод међу њима промислио да оно прошло, вишевековно аустријско газдовање у земљама од Судета до Јадрана није истина која је ишчезла (и неће нигда) из памћења оног народа, бејаше повлашћеног у Хабзбуршкој монархији; па не само жаљење за изгубљеним благом, него се у некој души негује и својатање, у којој другој, пак, и лако потпирљива мисао о стизању куд су давно преци доходили, и онде владали као велможе, газде земљама, господари народима. (Словенија је, уосталом, као и сва Југославија, трагично доживела у Другом светском рату такав и тежи повратак Аустријанаца у саставу нацистичке освајачке војске; то је био злочин који на вечито упозорава, јер су Немци поништавали Словенце, подвргли их безимену, бесправљу, разгоњењу.)

А план Алпе-Адриа, међутим, ограничава се, видимо, баш на онолико области у Југославији колико је ваљда довољно републици Аустрији и немачкој земљи Баварској за силаске њихова људства и робе кроз јужни предео све до јадранске обале; као што је погодно и Италији, ту поред, да се њене северозападне покрајине (у ранија времена бејаху оне ближе и управно сједињене са суседним појасом југословенске земље под хабзбуршком влашћу) користе трговином, сусретима људи и којим предузећем двостраног учешћа.

Нисам намеран да кажем: враћа се Аустро-Угарска; јер, каква је она била негда није више могућа таква никад.

Али, овим указивањем хоћу да питам Југословене, свакога свешћу и снагом оданог заједничкој држави: је ли он сагласан да се преко земљишта његове домовине намиче прстен уоквирења – за једно нарочито заокружено међународно садејство – тежиштем у оним покрајинама које су за дуга времена, а донедавно, биле под влашћу аустријских Немаца и Мађара.

И баш нагласим: да ли неки живи остаци старина у темељу Југославије, да ли потоње насртање згуснутих невоља Отаџбине, да ли нешто треће, тек што, збиља, условљава да се у вођству државе не обазиру опрезно на упливност сећања и силину предања, на тежину наслеђа; и да опоменем: зашто оштрије, а посве исправно, не пазе у истом вођству – како свагда мора владалац – да сувереност буде и ставом и ознаком, увек насловље и коначност сваког међународног сусрета и посла. (Ових дана, на пример, канцелар Аустрије није дошао у главни град Југославије да би ту преговарао с председником савезне владе већ га је домаћин дочекао у туристичком месту Словеније, у приводној вртачи која давно бејаше наследни посед породице немачког грофа; и је ли гост, долазећи с недалеког Дунава, могао у неком тренутку и да се осети, гледајући у околни предео, као да је стигао у радну посету покрајини своје републике; да су састајања председника влада двеју земаља уведена као редовита, једаред или двапут годишње, па нека се они једном сретну и на Бледу, а други пут у Јуденбургу, и даље наизменично где хоће, али овог пута како је био нарочит састанак – да ли с чега другог или ради договора да Аустрија учини робну и новчану услугу Југославији а ова буде прва земља која ће нацистички компромитованог председника аустријске републике позвати у званичну посету – као и свагда за нередовне сусрете државника, Београд и Беч су места југословенско-аустријског преговарања; иначе, овај дочек и разговор на Бледу, с тачке где је био, није ваљда освештање, премда јесте видан зарез уз пројекат Алпе-Адриа, барем једна са врха стављена копча над онима у подножју докле су и куда изгледи радосног обнављања радног и духовног дружења људи на пространству између горњег Дунава и северног Јадрана, то јест донедавно царевине Хабзбурговаца.)

Право народа на самоопредељење, та жижа у основици сваке националне износитости, испољава се овим споменутим међународним договором и послом, баш угодно претпоставци дружине словеначких писаца.

Да ли наша голема нужност велике промене начина владавине, да ли воља за личном влашћу, шта одиста, натерује те младе мислиоце да им се Југославија не допада, безусловно. (Ако Југославија није сада добра, прегнимо да је поправимо, јер бољег облика историја још не нанесе за потребу заједничког живљења нераздвојиво измешаних народа на словенском југу.) Што, забога, те Словенце одавде изгони.

Ако је бекство због пропадања Југославије, раскид није витешки начин; последице измицања често су теже него напорно успевање путем снажног залагања и верног садејства да се мука превазиђе.

Ако је склањање услед мрзовоље према (рече неко) тромој браћи на југу, то није мудар растанак јер у овом људству има силе за радиност и бораштво, има знања за стицање блага и одбрану постојања сваког народа у заједничкој држави.

Ако је с чињенице да смештеност словеначког народа и његова просвећеност претежу у западноевропско задружје, зар му је издвајање потребно пошто се у Југославији свеколико признаје Словенцима и Хрватима да су обличјима своје друштвености и духовности народи Запада, католичког дела света.

Ако је с намере да се припајањем Словеније европском западу обезбеђује бољи напредак производне снаге националног друштва, није великодушан однос јер држава Југославија тежи да начини што више спојева и садејстава са земљама особито богатим од њихова процвата с примењеном технологијом.

Ако је ради надмашивања тековине предака, није ни право ни часно порећи претходнике наступом који слама стару вредност, можда и доспелу за смерну надградњу; јер, што је било искрено борење за ослобођење човека и народа, то заслужује трајно поштовање, обасјано мишљу наследника да ниједно стање слободе није за вечито; али ни онај следећи домашај среће неће имати степен виши и облик бољи ако и претходним дометом није за вис омогућен.

Ако је с предвиђања да Словенија једном мора да постоји свакако издвојено, неудружена с икојим другим народом у истој држави, па стога и да се одцепи из Југославије – то је онда историјски нова мисао у Словенаца о њиховом месту међу суседима.

4.

Ни давни прогласиоци уједињене Словеније – да се напомене – предвиђајући једну управну целину од свих области свог народа, нису излучење од других претпостављали садружју. Духовни пробудиоци Словенаца и неговатељи у њих националне свести (19. века) замишљају уједињеност својих сународника као самоуправу, напоредну с једнаким износом и обличјем сродних и несродних народа, у ствари, за дуга времена сасређених, те свију, требало би, у новој слободи равноправно углављених у исту савезну државу.

То је најпре звана словенска Аустрија, замишљено преиначење Хабзбуршке монархије у федеративну државу, изгледала и словеначким првоборцима, као што се и чешком предводнику, иначе изумиоцу тог појма (на Словенском конгресу 1848. године), приказала као извесно добра ослободилачка могућност да би се у ненарушеном оквиру царством окупљених народа задобио излазак свих овдашњих Словена испод превласти аустријских Немаца.

Кад су после, по међусобној нагодби (од 1867. године), Немци и Мађари успоставили двојно преимућство, скршили су ту претпоставку о самоуправи сваког народа у вишенационалном царству, коначно збрисали привид словенске Аустрије.

Отад се словеначки мислиоци и покретачи народног устајања живље окрећу браћи на југу, истим у католичкој вери Хрватима и православним Србима. И шта је, за дуго, вероватније од словенске Аустрије, то је могуће сједињење Јужних Словена у монархији за једно пуноправно чланство у савезно преуређеној подунавској царевини (говорили су проповедници ослобођења: да се дуализам преобрати у тријализам).

На тврдоћу аустријско-мађарске спреге наилази та тежња, и утолико су борци приморани да траже неки други и друкчији смер народног ослободилаштва.

У Првом светском рату (1914–1918. године), кад се војевање окончава и распада држава Хабзбурговаца, словеначки народ на скуповима широм својих области, и објавом својег вођства, сложно гласа и решава: виват Југославија, мила и света домовина!

У Првом светском рату, Србија је издржала најгора зла. Остајући неуништена нападом Аустро-Угарске, Немачке и Бугарске, а налазећи се уз Русију, Француску, Велику Британију и Сједињене Америчке Државе, обезбедила је Србија својим опстанком превасходну чињеницу и непосредно окриље за сва југословенска ослободилачка настојања: да из општег сукоба Србија изађе међу победницима; да не остане узалудно, силом и невољом прекинуто ратовање Црне Горе и доврши се јуначким успехом противокупаторски устанак њених војника; да учешће и трпљење Вардарске Македоније, уколико је заједничко са страдањем Србије, постане предзначење доцнијег српског разумевања и искреног потпомагања националног освешћења и ослободилаштва македонског народа; да се они Срби, Хрвати и Словенци који пребегавају из Аустро-Угарске ратнички уврсте у српску војску и с њом заједно буду ослободиоци југословенских земаља, Македоније, Србије и Црне Горе испод ратне окупације а Војводине, Хрватске и Славоније, Босне и Херцеговине, Далмације и Словеније из древне њихове потчињености у царству Хабзбурговаца; да се у међувремену, државници и политичари састају, те разговарају о уједињењу и споразумевају о саставу, створу и обличју заједничке државе; да се Словенци, Хрвати и Срби, из покрајина под аустријском и угарском влашћу, ослободе и тад суверено одлуче о уједињењу са Србијом и Црном Гором.

На претешком одсеку свеколиког балканског фронта Антанте, Србија херојски враћа (1918. године) своју војску и владу на тле Отаџбине, које беху, нападачевом јачом снагом истискиване, напустиле (1915. године) па се преко Црне Горе, Албаније и Грчке војска споља ухватила јужног краја државе; одавде је, после двогодишњег издржавања фронталне борбе јуришом кренула, тако рећи, да ослобађа родну земљу и даље широм, југословенске покрајине.

Србија је упутила војску, затражену као помоћ, дала одреде братским покрајинама да избију на северне и западне рубове југословенског земљишта, и туд, против извањских задирања, заштите границе сад заједничке домовине уједињених Срба, Хрвата и Словенаца. (Ако је неки од писаца потоњег словеначког програма прелистао летопис оног времена, видео белешке и извештаје, макар и у новинама, о збивањима у Словенији и около у данима њеног откидања од Аустрије, запазио је, вероватно, у више наврата објављивану вест да Срби долазе у помоћ Словенији; угледао је, по свој прилици, напис и о том како је повелик одред Срба – иначе на молбу прве словеначке владе створен од официра и војника који у новембру 1918. године онуд путују домовима по изласку из заробљеништва у Аустро-Угарској па пристају да се задрже, опреме напуштеним аустријским оружјем и помогну браћи – баш пук пожртвованих родољуба, називајући се трупом Антанте, опоменуо је италијанску војску да не улази у Љубљану, и услед таквог предупређења сачува се овде тек сванула слобода и окрепи очас заснивана национална државност Словеније; и нашао је он, ваљда, како су војници Срби разаслани и у друга, ближа и даља места да и тамо буду ослонац ослободилачких народних већа, па послани и у Корушку да се онде заједно са Словенцима боре за северну границу изгонећи аустријске националисте из словеначких насеља, камо ће, уосталом, пристизати и батаљони из главнине српске војске, ратници са Солунског фронта, па придружиће се и добровољачки одред Хрвата и Срба из Хрватске, и још повремено ојачаване у наизменичној одбрани и нападу, све те сад југословенске јединице, под командом српског генерала, коначно одбацујући непријатеља, прелазе на леву обалу реке Драве 4. јуна 1919. и продиру даље на север, где их пресреће баш овог дана усвојена одлука Конференције мира да се припадање Корушке, нарочито подељене у две зоне, реши плебисцитом становништва, а овај поступак донеће 10. октобра 1920. године мањину гласова за Југославију и тако читава покрајина остаје у Аустрији; уочио је тај писац, зар не, неколико саопштења у новинама крајем 1918. године о изузетно свечаним приредбама у Љубљани у част Срба, и ту усхита говорима о радости словеначкој због сусрета са српском војском, речено је браћом ослободиоцима; а да ли је приметио наглашени писац више онуд штампаних одговора, на италијанске сплетке, да разлике у језику, у вероисповести, у просвећености и навикама неће сметати Словенцима да воле Србе, верујући у величину и трајност заједнице југословенске; и да ли је овај писац запамтио прочитавши у ондашњим новинама, како су Словенци погинуле Србе у бојевима за северну границу сахрањивали као националне јунаке; а видео је свакако, ево доста питани писац, шетајући Љубљаном, онај висок, поширок и обао споменички стуб, на доњем углу Универзитета, у славу бранилаца северне границе, где је на рељефу међу шкрто уклесаним ликовима ратника препознатљива и српска војничка капа; и зна он, нема сумње, да је Република Словенија признала право добровољца и звање јунака свим борцима за северну границу, 1918-1920. године, и да су ову част, за све учеснике ипак касно изречену, сазнали и примили уз још живе Словенце и сразмерно онолико Срба, разуме се, и Хрвата.)

Но остало је збиља много словеначке домовине под туђином, пређашњим господарима аустријским Немцима и наспелим освајачем Италијом; а ступање у југословенску државу бејаше одсудан корак избављења, тад једини начин да се спасе језгро Словенаца, средиште земље и самостојно живљење народа.

Уласком у Југославију уједињују се овдашње словеначке области, први пут (за преко хиљаду година) слободно за самоуправу, и полазећи од њених потребности за учешће у пословима важним за целу државу. (Словеначки предели су 828. године, за неко време, те коначно после 950. године, потпали немачким грофовима, па током столећа били уређени као феудалне крајине с управним границама између њих, устаљеним називима и неким променама доцније, остајући тако – изузев од 1809. до 1813. године у Илирским провинцијама под француском влашћу – подложни све до својег устаничког прогласа ослобођења у Љубљани 29. октобра 1918.)

Словеначка самоуправа у Југославији спрва је (1918–1921. године) износита до најпунијег изражаја, па онда неко време (до 1925. године) постепено смањивана, даље доста снижена, и најзад (1935–1940. године) полагано се враћа оном првобитном обличју, тако дакле увек постојећа у монархији. (Јер, са особености својег језика, државно уваженог једнаким са српско-хрватским језиком, па и уставно признати као, један у тројству, сачинилац суверенитета, Словенци су власни да управљају својом сада уједињеном земљом, нарочито у самотворству националном.)

Други светски рат је пресекао, ударцем освајачеве силе намах сатро тај све повољнији мирнодопски развој Словеније у Југославији.

У Другом светском рату постаде обнова Југославије исто онако спора, тешка и заливена крвљу као што бејаше и њено стварање: прва, монархија, изницала је (1914–1918. године) из родољубивог ратног отпора спољашњем непријатељу, напоном националног ослободилаштва; а друга, настајући у пространству прве, обликује се као федерација и република устаничким ратом (1941–1945. године) против туђинске окупације и упоредо друштвеном револуцијом сиромашних слојева становништва.

И док је први пут Србија одстојала непрестано, па њен улог постао велика основица за државу уједињених Срба, Хрвата и Словенаца, други пут се од нападача, а услед слома целокупне редовне војске југословенске, стровалило свуда и одвише присиле и погибељи на становништво, спопала помама убилаштва да тамани људе, уништава и сам живот домаћина и родољуба.

Други светски рат је због окупаторског разбијања освојене Југославије раздвајао овдашње народе, и намучио у свакога савест и снагу. Срби су, иначе настањени у неколико покрајина, раскинути и подређени разним окупацијским управама, уз њих и Македонци, као што су и Словенци исто раздвојени јер су Италија и нацистички Рајх своју заједничку границу са јужне ивице

Аустрије преместили на тло подељене Словеније (Љубљана је тад гранично место царства Италије.)

А како су сламани и мрвљени Срби, то је непремашиво зло- чинство, крволоштво грђе од варварске напасти, клање људи из мржње а ради отмице њихова блага и простора (100 Срба стрељати за једног погинулог немачког војника, такву наредбу је крвник вршио, док су у Хрватској, Босни и Херцеговини, тад покрајинама у зависној од немачке и италијанске премоћи Не- зависној Држави Хрватској, Срби напросто, већ са свога имена, подвргнути убијању, геноциду). Истовремено, и Словенцима је запрећено разбијањем и уморством њихова народског бића; ко- ји су потпали Немачкој да преостале од изгона сила стера жи- госане за строј германски, а они припојени Италији да слушају фашистичку власт и школу, и њом испијене свести постану за свагда људство подложно римском господству.

За оба народа, за Србе и Словенце, да би бићем опстали и обновили властито јединство, као и за друге народе у Југосла- вији уколико хоће човештва достојно живљење, за све родољу- бе, оружани устанак је био једини начин и пут тражења спаса, враћања слободе.

Та борба, ослободилачка, истовремено је спремана, истих дана (1941. године) свуд кроз Југославију започела, јединствено предвођена отад до њеног победоносног завршетка (1945. годи- не), и у свему била истоветна: патриотска и револуционарна рад- ња у сваког националног учесника, те нигде раздела (ако унутар и јесу неке ознаке) у здружености снага, чак ни издвајаног спомe- на величине покрајина и по њима мерљиве бројности устаника и ратника (овако баш, било да је последица етичке заповести или поступак ради политичког уравнавања).

Југословенско национално ослобађање с циљем обнове зајед- ничке а преуређене државе, јачало се у свих бораца и привр̌же- ника силином врлог веровања да ће Совјетски Савез поразити на својем земљишту исте злочинце, нацисте Немце и фашисте Италијане, тако начинити прекретницу Другог светског рата и допринети у садејству с Великом Британијом и Сједињеним

Америчким Државама да Европа оживи новом слободом јер ону предратну радост зликовци беху погубили.

Сваки народ у Југославији подизао је дакле и градио заједничку творевину, и стицао темељни закључак велике истине: устао је самостално, борио са све увећанијом својом снагом, и нашао, ни у чему изостао, усред спасених, ослобођених и поново још дубље уједињених саставака државе на дан завршетка Другог светског рата.

Сваки овде народ је отуд равноправан судеоник победе (у рату), а ни један да се намерно намеће неком својом претежношћу за известан надвишавајући одраз у суверенству целине; колико је борба у свакога била самоникла толико је тековина свију, заједничка; на свачијем националном простору, у свакојем боју, нађоше ли се икад и игде само припадници једног народа, већ увек и другови из суседства, често и с далека, на концу пак ослободиоци родом из свих крајева Југославије. (Најпотпуније и најгушће, завршница такве вишенационалне окупљености на југословенском ратишту догодила се баш у Словенији – то без сумње знају писци *Прилога за словеначки национални програм* – где је Народноослободилачка војска, за прве половине маја 1945. године, тукла и заробила остатке балканске скупине немачких трупа и придружених јој колаборациониста, изгонећи ту окупациону силу све из дубине југоистока, па избијањем у северозападну област Отаџбине начинила овде услов да један словеначки корпус крене с обронака алпског предела према приморју и пут Трста, онај други корпус наступи из Долењске и Нотрањске ка Љубљани, а јединице из Штајерске пребацују се у долину горње Драве да би онуд ослободиле Корушку; и као што су, на пример, Београд и Загреб освајани испод окупатора нападом војних скупина вишенационалног састава, исто је и Љубљана на дан ослобођења угледала на улицама и трговима уз Словенце још и Србе и Хрвате и друге Југословене; и да се спомене, ови писци вероватно не цене посебно такву појединост, да је суделујући у коначним нападним операцијама Народноослободилачке војске стигла и једна црногорска дивизија у Словенију где је она у долини реке Савиње за-

робила људство најзлогласније немачке дивизије; и још каже – а
да ли познато овим писцима – да је и од раније било Црногораца
међу Словенцима у њиховим ослободилачким бригадама, а то су
они пострадали учесници Тринаестојулског устанка 1941. године,
који бејаху одведени у логоре и затворе у Италији па након ратног
слома ове земље, у септембру 1943. године, при повратку у завичај,
задржавају се у Словенији и ту настављају, с браћом, да се боре за
ослобођење Југославије, с чега бива после рата, вероватно, да по-
неки планинар ведро проходећи стрменима и удолицама прекра-
сне словеначке крајине наиђе и на гробницу с очуваним натписом
па га име покојника сетно опомене како негде далеко и далеко она
мајка није била срећна да дочека и загрли свога сина у дружини
победника; па како се и сад поступа, на прилику, кад словеначки
ђаци свечано одлазе на неко месно гробље да ту, сажално и за-
хвално, положе цвеће уз спомен-плоче палих партизана, те ставе
који стручак и на врх узглавља погинулог јунака из Црне Горе; и
као што јесте сваки становник Љубљане, збиља и многи посети-
лац овог града, дошао и стао пред оно једноставно обликовано,
под бујним а ниских грана дрвећем укривено вечно почивалиште
најистакнутијих политичких и војних предводника народноосло-
бодилачког покрета у Словенији, дакле ту видео да међу урнама у
мрамору, сред мало имена знаменитих Словенаца, има и прах и
спомен Црногорца Милована Шарановића, који је у часу погибије
1943. године био начелник Главног штаба Словеније, иначе, дошао
је он у Словенију, новембра 1942. године, с оним Србијанцима и
Црногорцима, траженим да помогну па одлуком и наредбом вође
и стратега, Јосипа Броза Тита, упућеним преко Босне и Хрватске
да приме и врше старешинске дужности у словеначким јединица-
ма Народноослободилачке војске Југославије.)

5.

С победом, у федерацији и републици, у другој Југославији,
словеначки народ суверено унапређује свој развитак, изражај-
ност националну и друштвену напредност у привреди и култу-

ри. Па не само простим погледом и причањем којекуда, него и бројчаним исказима државне статистике речено је да Словенија твори државу и модерно друштво улагањем знања и снаге на сопственом поседу а плодоносно спојено с радним моћствима и изворима блага на много тачака и места у Југославији.

Колико Словенија засеже својим улогом и добитком, то је знатније од могућег њеног постигнућа са добрима у земаљским границама националне републике. (Донекле, показаће тај напредак Словеније и неколико података бројевима, овде пренесених из књиге: Савезни завод за статистику, *Развој Југославије 1947–1981.* – Статистички приказ. – Београд, маја 1982; стр. 40, 42, 198–211.)

Означивши индексом 100 Југославију (255.804 км²), онда на Словенију отпада: површине – 7,9% (20.251 км²), и становништва 1948. године – 8,8% а 1981. године – 8,4% (1.892.000 лица).

Обележавајући индексом 100 становништво Југославије (има 22.427.585 лица године 1981), у односима активног становништва у целој земљи 1948. године – 49,1% а 1981. године – 42,5%, док је у Словенији 1948. године – 52,9% а 1981. године – 47,3%, дакле кроз оба рачуна словеначки износ је сразмерно виши од југословенског просека.

У Југославији у укупном житељству државе има пољопривредног становништва 1948. године – 28,8%, посебно у Словенији има 1948. године – 44,1% а 1981. године – 10 процената.

Нарочито, пак, означено индексом 100 читаво радно способно становништво, у односу на учешће активног становништва износи у Југославији 1948. године – 81,6% а 1981. године – 65,2%, при чем је у Словенији 1948. године – 85% а 1981. године – 75,8% (ево виши је и овај износ у Словенији од југословенског степена, штавише, већи и од истоветног удела у било којој другој републици у Федерацији, што указује, поред осталог, да Словенија има најмање незапослених лица).

Године 1981, рачунајући индексом 100 југословенски просек радника на 100 радно способних становника, излази да је та ме-

ра за Словенију 167, највиша у држави, односно за 50 виша од
најближе јој Хрватске са 117, у овом односу и прорачуну.

У времену од 1948–1980, просечна годишња стопа раста
друштвеног производа уопште у Југославији износи 6,1, а изме-
ђу националних република највиша је у Словенији – 6,5 (значи,
изнад просека у целој држави); у истом раздобљу, просечна го-
дишња стопа раста друштвеног производа по становнику у Ју-
гославији јесте 5, док је у Словенији 5,7.

Поново узевши у споменутом времену, и означавајући ин-
дексом 100 целокупно учешће друштвеног производа у Југо-
славији, излази учинак Словеније 1947. године – 14,9%, а 1980.
године – 17%; утолико, пак, ниво друштвеног производа по ста-
новнику, обележен са 100 у целој Југославији, односи се на Сло-
венију 1947. године – са 163% а 1980. године – са 206% (овог пута
је двапут већи од југословенског просека, док је у Хрватској –
125%, у целој Србији – 91%, у Црној Гори – 78%, у Македонији
– 67%, у Босни и Херцеговини – 64%, а, на пример, издвојено, на
Косову је – 28%, у Војводини – 115%).

За годину 1980, по југословенском просеку бројеном индек-
сом 100, у следећем, Словенија има: расположива средства четво-
рочланих радничких породица – 140%; расположива средства
сеоских домаћинстава – 155%; чист лични доходак по раднику
(1981. године) – 116%; расходе ванпривредних делатности по ста-
новнику – 187%; потрошњу електричне енергије у домаћинству
по становнику – 136%; у свему, ево, изнад југословенског просека,
и појединачно више од било које друге републике у Федерацији.

Словенија има више од сваке друге републике својих радних
организација које су се удружиле са сходним организацијама на
подручјима других република; обратно, пак, јавља се укупно и
радних организација из других република које су створиле сво-
је целовите скупине у Словенији.

Словенија, на пример, 1978. године, има набавку од других
република у Федерацији за 18% мању него што су њене испору-
ке истим републикама; и по овом она стоји понајбоље међу ре-

публикама (док су истовремено, на пример, набавке Косова 2,4 пута веће од овдашње испоруке роба).

Набрајањем првенстава Словеније где стати кад се погледу указују још многе врсте, појединости и зглобови њеног предњаштва; и чиме ли друкчије наведене податке закључити него нагласком истине:

Словенија је сразмерно најбогатија република у федерацији Југославији, несумњиво заслугом својег способног и марљивог народа а повољно окруженог југословенством.

И колико је у великом братству доброте за жилаве и радишне Словенце што знањем и робом могу из својег дома и дворишта свуд кроз Југославију, као и у родном крају. Па у свакога од нас радост је у души што срећемо ту успешност сматрајући напредак браће општом коришћу и поуком, у свакога весеље од таквог доживљаја Југославије као заједничке Отаџбине.

6.

За све нас у Федерацији, наша је и Словенија као што је то и свака друга република, наша сва и свуда – Југославија, историјски двапут задобијана разумом, вољом и снагом, и утврђена законима, њеним и међународним.

Отуд би мисао о издвајању Словеније, ма и крајичка простора државе, била супротна кључној одредби важећег Устава федеративне Југославије о њеном постојању по суtogether вољи свих јој народа (саобразно исказаној решености у ослободилачком рату и револуцији, и отад потврђеној одлуци при сваком послератном усвајању уставних начела за државу и друштво).

Намера једног националног или месног изласка из Југославије била би противна и европско-америчком договору о немењању државних граница, утврђеном саглašу, баш најсвечаније.

У ствари, на Конференцији о европској безбедности и сарадњи 35 шефова држава и влада, изузев Албаније, у главном граду Финске, Хелсинкију, дана 30. јула до 1. августа 1975. године, и ту потписаном Декларацијом о начелима узајамних односа међу државама Европе, Средоземља и северне Америке, којом се кроз десет изразитих закључака споразума, ставља у средиште овај завет: неповредивост граница и територијални интегритет сваке државе, уз савесно испуњавање обавеза из међународног права.

Уз та два зглоба као непобитност, вреди једнако и сва међународно озакоњена постојаност Југославије, државе и заједнице народа, од првог јој споља признања (5. фебруара 1919. године од стране Владе Сједињених Америчких Држава) па редом, увек, путем сваког уговора с другим земљама поштоване основе, и наглашаване, за сваку наредну потребу, при спомињању темељне чињенице и првобитне истине.

А ни помислити да састављачи *Прилога за словеначки национални програм* не знају да су на пространству између Триглава, Суботице, Доњег Вардара и источне половине Јадрана, светски признате, то јест међународно законите само границе Југославије, за покрајине и становништво у њеном опсегу.

Одиста свеважно: по мировним уговорима при окончавању Првог светског рата, (дакле, по основном уговору, потписаном 28. јуна 1919. године између Антанте и поражене Немачке, и према свим даље сачињеним уговорима о миру за пределе европског подручја, до онога закљученог 12. новембра 1920. године између Италије и Краљевине Срба, Хрвата и Словенаца, којим се на земљишту словеначком и хрватском одређује северозападна граница југословенске државе...).

И поново, свестрано су потврђене, и безусловно подразумеване границе Југославије по уговорима о миру и о међудржавним сарадњама проистеклим из Другог светског рата, почев од оног уговора са Совјетским Савезом, дана 11. априла 1945, затим низа сличних уговора са источним суседима Југославије и с државама на северу; утолико и стављања потписа на општи уговор влада Антифашистичке коалиције с потученом Италијом, најзад оверено 10. фебруара 1947. године; напослетку и након жилаво одлаганог пристанка на известан споразум западних велесила, да се и југословенска влада сагласи 5. октобра 1954.

године с решењем које докончава ствар дотле спорног разграничења између Италије и Југославије.

Управо, толико се у западну страну сад помера граница да се Хрватској припајају сви њени крајеви а Словенији безмало па читав предео, дакле, Југославији признају области које су после Првог светског рата, ондашњим уговорима, биле додељене Италији, иначе су раније припадале Аустрији, а у Другом светском рату југословенски борци их ослободили из ропства под туђином.

За свет, сву опстојност у Европи, а да се и не спомене колико за сопствено становништво, Југославија се поистовећује са сваким крајиштем своје земље исто као и с целокупношћу пространства; што је овде звано националним или покрајинским – македонском реком, српским градом, хрватском обалом, словеначком планином – то је за суседе, за далеке извање, за човечанство, кад право кажу – једино југословенски посед (јер се уважава, свуд дат да јемчи – потпис Југославије).

Југославија је садржалац општости њом уједињених народа; она је, за ту укупност и за човека овде, врховниималац права, обезбедилац неприкосновености народа и живота појединца.

Да ова законост залази и у знање писаца *Прилога за словеначки национални програм*, рекох, малочас, то је несумњиво. Но се питам, нимало узгред, како ти мислиоци подразумевају ону изворну и свеопшту саставницу људске и човечанске истине у појави и постојању југословенског уједињења, двапут стицаног, победама закљученог. Заиста ли је, како се управо причињава, да су ти писци унеколико пренебрегли височанство историје у догађајном износу и етичкој вредности творачког бораштва Југословена.

Ако су они нешто одвећ важно сасвим занемарили, истиснули између значења за своју филозофију политике, ипак не одбијајмо ни псовком ни клетвом него окружимо разбором писце споменутог словеначког националног програма.

Засад, у први мах, питајмо те младе мислиоце полажући уједно и неке назнаке за разговор, можда за теоријска и научна расуђивања више него за политичку расправу, дакле, упитајмо их како они назиру, око своје стајне тачке, неотклоњиве појаве и слојеве истине; дакле, по следећем:

да ли је Словенија омогућена баш југословенством, њеним местом у задружју република и њеним имућством усред заједничког поседа, да поступно, са своје стране, напредно умекшава претврднулу политичку поједначеност целе друштвености у Федерацији, и тако се широм земље разређују наслаге за поратног времена непрестано одозго задаваних морања човеку и народу;

да ли је Словенија вољна да повлачи за сву Федерацију, како би кроз пукотине настора свеукупне владавине прорастале већ у дубинама зачете замисли о демократском преображају, и отуд проницала друштву нужна борачка окупљања обдарених и знањем одлично опремљених младих нараштаја;

да ли је Словенија из своје друштвене општости, стечене захваљујући њеном суделовању у творбама југословенским, сад предњак у казивању неких израза и, у примени неких облика ослобађања човека, досад одбациваних у Федерацији, па утолико уместо државног притиска да настаје прилика за интелектуално надметање сагласних и несагласних говорника;

да ли је људски паметније и човечански значајније ако се такав искорачај Словеније јавља и слаже само дома, за њен народ, или да се одзива кроз целу Југославију налазећи којекуда пристанке као и оспоравања;

да ли је и њих саме, ауторе *Прилога за словеначки национални програм*, подигло овакво предњачење Словеније па хоће својом претпоставком да заскоче Југославију, наговештавајући друкчију одлуку за Словенце (у наставку, замену пређашњег избора који се историјски збио, и још траје, страном ратног и револуционарног југословенства);

да ли би пуно разјашњење те друкчије одлуке пред извесним другарским већем, достојним читавом југословенству, било потребније и отменије него остављање немару како ће се она претпостављати изван Словеније, сад иначе републике доста засвођене јаким интелектуалним напоном да се овде изради један неслужбен, некомунистички национални програм.

Ако баш хоће, прегалац може прогласити свој циљ и да се начини непаметно охолим па не пита за околности ни мисли на будућа окружења. Не изгледа, доиста (колико се може ценити из досад добијених написа и подразумевати према њиховом образовању), да су писци *Прилога за словеначки национални програм* презрели постојећу стварност и могућа њена испољења убудуће; а како се који писац осовио на неки зглоб, и неком страном куда намерио, то је лична слобода у избирању циља дружине, од њих скупно названог циљем нације.

Неодредљиво је, збиља, шта ће све да сретне тај проглас, а да се он одмах уписује у летопис Словеније и хронику Југославије, то је несумњиво.

И вероватно је, дакако, да ће се творци *Прилога за словеначки национални програм*, пружајући одбрану и дајући допуну својег основног састава, послужити и теоријским разглабањем чињеница, расветљавањем појединости, истицањем збирова, придржавањем уз неке предзнаке сутрашњице.

И ево теза – богме за образложен одговор, по могућству непосредован јачином личних осећања и садашњом вољношћу за превисоко национално испиривање – ако вреди проучавања и расправе, баш задатак: долажење до једног суда, изведеног познавањем стварног стања и његових токова, о данашњој Словенији пред њеном будућношћу у сутрашњој Европи.

Наиме, да ли би словеначки народ да је остао поробљен у Аустрији, задобио та првенства којим се, ево, истиче у Југославији.

Да ли би покрајине за прошлих векова настањене подложним Словенцима и с повлашћеним Немцима, да ли би оне, такозване круновине (од много далеке давнине па до октобра 1918. године, службено непризнатог права на икакву словеначку државну израженост у Хабзбуршком царству), иначе не само привредно већ и уопште заосталије од северних земаља насељених Немцима и Чесима, да ли би заиста могле развитком да претекну упоредан ход суседних области, или би се десило то што се стварно и Словенцима случило у Југославији: свак се кретао напред, стицао благо и бивао имућнији.

Да ли је словеначки народ уједињујући (1918. године) своје крајеве, следствено и своје људство (дотад разједињено у неколико управних покрајина Аустрије), први пут тек у Југославији, овим прошао прекретницу; с дотадашњег, безмало па последњег места у оном аустријском оквиру и друштву, простим окретом се нашао испред свих народа у југословенској држави, уколико се ово првенство израчунава европским мерилом оновременог знања и имућства, по својству каквоће а не запреми количине.

За средиште изучавања и разговора рачунати односе, стварану размеру између силе унутрашњег нагона и задобиваних облика националне моћи путем политичког и државног уједињавања сродних народа; управо, обавезати се на расветљење укрштаја: словенство (словенаштво) у југословенству.

Ту је и питање: хоће ли се потврдити, или ће бити поречена неузгредна претпоставка да је словеначки народ обједињеније, изнутра собом пуније, свеукупном сопственошћу духа и дела изразитије од иједног братског народа у Југославији, овде развио своју природу и културу, растао непребујно али врло складно читавом снагом и вољом, већма из наслеђених властитих вредности него од усвојених условности заједнице.

Дакле, је ли вршен закон: од словеначког народа даје се југословенству (за улогу и вид) оно што је корисно словенству; начелно, од састојака да су правила и право целине; југословенство да је служба словенству (Словенији).

Колико је уопште у југословенству, као својству народа и државе, колико, може ли се израчунавати, урођеног сваком народу па из бића делатном, а колико договореног и споља стављеног за скупан оквир и облик, начин рада, службе, односе.

И да ли су, подразумевајући тај заједнички ход и развој, писци *Прилога за словеначки национални програм* довољно запазили величину једне особености, заправо наслеђу доследно и веома истрајно, и савременој слободи својствено, исказивање словеначког народа до пуног израза његовог духовног одличја и просвећености. (А ова способност је стицана за дуге прошлости, оштровидно наперена у потоњем столећу да и Словенци имају и уживају уређеност друштва и плодове рада као што је закон и ред у Европи где богати и учени владају.)

Научени обрасци за друштвено стање, страсти вођене умном одредбом, то цело угледање на срећније народе, испољава се куд год стиже реч и рачун о словеначком разлогу и циљу, па углавном умерено, никад наметљиво, преноси из словеначког простора к јужној браћи, Хрватима и Србима.

Заиста, ма колико да се политички разликују, свако особено словеначко настојање тражи уток у југословенство: како једне странке (либерала) правцем поистовећивања, у сродству, Словенаца са Хрватима и Србима, тако упоредо и још двеју наспрамних партија (иначе међусобно закрвљених) што југословенство условљавају словенством.

Наиме, клерикалци су радили да Југославија, како год се у целини одређује за поредак, призна и допусти засебност Словенаца на њиховом поседу; а комунисти се борили да цела Југославија добије уређеност по обрасцу превасходно ваљаном за обличје и кретњу нације, словеначке, па сходно и сваке друге у истом савезу националних држава.

Сва три словеначка дејства залазећи у југословенство улагањем стратешких гледишта међу начела и правила о друштву и држави, задобивају разне важности, свако знатну меру упутности за читаву заједницу.

Напослетку (у Другој Југославији, у федерацији), стиже и до степена свевласти, у филозофији политике, мисао проистекла из духовности Словенаца, у њих уобличена на тековинама средњеевропске културе а разрађена за националну употребу. (Словеначки писац и социјалдемократ Иван Цанкар, рекао је 1913. године, па десет година потом, исто, словеначки интелектуалац као комунист, дакле, они су први проговорили да је федеративно уједињење Словенаца, Хрвата, Срба и Бугара циљ правде народа у смислу модерне демократије.)

Па сад питамо ауторе *Прилога за словеначки национални програм*: да ли су и они сагласни с мноштвом људи данас, да су словеначки првоборци у политици заиста давалац, бар срочи-

тељ и приповедач кључне одреднице за федеративну Југослави-
ју; и да ли их весели и горди истакнутост Словеније у Југослави-
ји, њено првенство по сразмерном богатству међу националним
републикама и преимућство преко њених мислилаца и пред-
водника у већу стратега федерализма у теорији и примени на
просторима југословенства.

А треба нам свима у Југославији, да се стави на процену, пу-
тем научног трагања и истинољубивих разговора, општа осо-
бина и садржај садејства Словенаца у замишљању и стварном
постављању установа заједничке државе, прво монархије па
федеративне републике. И тежиште расправе да легне на бит
стварног износа: како је и колико словеначки интелектуалац и
службеник, трговац и поседник, био преносилац решења виђе-
них у европски богатих народа а упоредо и изумилац поступака
за југословенску радњу у корист сопствене националне целине.

Федерација Југославија, од замисли до расточног њеног сле-
гања у конфедеративност, ма целокупношћу својом, упућује ис-
траживача на подразумевање тога двојства у словеначком по-
средовању.

7.

Црна Гора нема, њој посебно својствено – као што је то сло-
веначко – изразито, и при мерењу чак издвојиво суделовање у
творбама југословенским.

Црна Гора се безусловно унела у југословенство, одсудно оба
пута (1918. године и 1941) за врховни циљ јединства: први пут
с реченим веровањем да је и сама, за прошлог доба, устаничким
напирањем против ропства свуд около, крилатила свест у це-
лом Српству за напоне ослободилаштва, добру кретњу могућега
обједињења све браће Словена на југоистоку Европе; други пут
је примајући задатак напросто узлетела, тако нагло и силови-
то као да њом устаје читава Југославија; први пут је васколи-
ку своју тековину преручила у заједничко благо, а други пут је,
поистовећена с југословенством, ударила наумљено: прелазити

границе завичаја ако нужност војнике одводи и у незнане им пределе Отаџбине.

И као што је била у монархији (1918-1941) служба Црногораца врсна, свуд запажена, у струкама сматрана врло државотворна, тако се и у Другом светском рату – премда подељено на два супротна политичка настројства и ту следствено два крвно сукобљена класна смера, дакле и сад, у најтежем прегарању, дешавало крајње одлучно борење црногорско за ствар југословенску (односнога избора), како која политика предвиђа обнову заједнице и састојство боље слободе.

А што у дружини издваја Црногорце, докле су ратујући доспели, то је љута непоштедност у бораштву, усред боја одгоњење страха а при збору недавање двоумици да се плете испред циља.

На дан завршетка југословенске оружане борбе (1945. године) немало је црногорских лица и на пораженој страни, заклоњених громогласним наношењем већине народа, свукуд усходалих људи говорењем о слободи, при чем о сраму пострадалих уз окупатора и о слави вршилаца родољубља. Спасени дух Црне Горе је лебдео у миљу славопојке, хвала је плавила грдњу, над понором жалости играло весеље за живот који се наставља под влашћу победилаца.

Огледнуло се тад: Црна Гора броји више својих синова, ратника, другде кроз Југославију него што војника с даном победе има у своје окружју. Когод, иначе доста слушан у земљи, изјавио је да се нарочито истиче црногорска борачка заслуга за напредно југословенство, а понеко причао и друкчије, на пример, рекао: то су плаховити сиромаси небојажљиво хрлили у комунизам верујући да ће радничка диктатура сатрти богаташе а голаће решити беде, учинити их све једнако имућним.

Одиста, сама одређеност Југославије или лепљива омама комунизмом, можда је споредно што унутра има превагу, кад је пребpoj дао налаз да с ратних положаја знатно Црногораца, и врло видно, прима дужности у струкама и установама за целу државу. И каква је у њих одлична понесеност за Југославију није мања, исто за савезну државу, ни оних сродника и земљака којим се поверава – по демократском централизму – да управљају Црном Гором.

Југославија је општост а Црна Гора саставак целине; Југославија је одређујућа величина а Црна Гора учесник скупног дејства; Југославија је сложеница а Црна Гора запис у низу овде знакова – то је мисао већине Црногораца који цене: право је, и потребно, да с појма ове државе долазе и називи и одредбе Црне Горе.

Црногорце југословенству не припаја мутни нагон већ разумно нахођење, не натискује бекство од сиромаштва у постојбини него познавање истине о човеку и свету; уводи их људско осећање својте у заједници коју осмишљава закон историје: Отаџбина је потребна завичају, у родном крају је свануће а у домовини – дан и живот.

А можда је и то закон: сој људи рађан у планинама, одрастајући ближе небу и сунцу, хоће срцем куд поглед може, одлажење животом, биће ваљда, лакше, неоскудно и веселије.

То је, збиља, неизрачунљиво, али подразумевати питање: колико је Црногорце маштовито замишљање неког другог и друкчијег стања, и онде могуће личне прилике, а колико просуђено предвиђање о заради и дивоти, одводило од давнине на све стране света. У том непреброју, свакојаких би се нашло разлога, а код сваког да је при избору пута врхунио појам о слободи, неиспереној једино у мислене висине – као што је обично у родном крају – већ упућеној кроз плодно пространство за широко кретање и корисно дејство вољног човека. И записало би се вероватно – не само у поеми даровитог романописца него и налазом аналитичког *социолога* – да је Црногорац у тражењу себи добра у туђем свету, снажније живео узбуђење душе него благовање чулно, више заволео онамошњу ширину земље него куле од богатства; бранио се од потпадања прегустој силини оног реда и метежа поетским упредањем понесених у памћењу слика о братској уљудности и сунцем позлаћеној плавети завичаја.

Отуд се Југославија, садржећи слободу и богатство уједињених покрајина, назрела Црногорцу као благородна равнина за нераскидање љубави и моћи, као јава среће завичају у којем ће нараштаји да остају у заручју родитеља. Зато се Црна Гора својски држи стојности у југословенству, и врло одзива у дружењу градитеља заједнице.

Црна Гора напредује у Југославији, замашније него што би успевала да је издвојена државица.

Кажу, иначе, Црна Гора у југословенској монархији (1918–1941. године) могла је и јаче да се поткрепи, своју чељад успешније школује и упосли, изнутра се пуније технички изгради, да је онда деловала праведнија владавина земљом.

Црна Гора у Федерацији (све од првог државног плана 1946. године) ишла је тако рећи скоковито напред; но и у овом раздобљу – како неки прегледи указују – стекла је мање блага него што би створила иметка бољом вештином и исправнијом стројношћу својег упошљеног људства а располажући и с онолико непрестано добијане помоћи од богатих националних република (путем фондова при савезној влади).

8.

Црна Гора у Југославији, знамен је историјски, судеоник политике и давалац уставности, свеукупно, духовна величина што високо надмашује мерљиве количине опсега: простора, становништва, производа.

Социјалистичка Република Црна Гора има 13.812 км^2 површине, а то је 5,4% у читавом пространству федеративне Југославије.

Рачунајући у целокупности југословенског становништва, Црна Гора има: 1948. године – 2,4% (односно 377.000 лица), а 1981. године – 2,6% (то јест 584.000 особа).

Просечни годишњи прираштај деце на 1.000 становника био је у Црној Гори у времену: 1948-1961. године – 11,5%; од 1971-1981. године – 9,6% (очито је колико се смањује прираштај, али је при сваком мерењу изнад просека у Југославији, благодарећи рађању сразмерно већег броја деце у албанским породицама и муслиманским, у Републици).

Црна Гора има пољопривредног становништва у укупном становништву Републике: 1948. године – 71,6%, а 1981. године – 25,8%, управо виши па нижи проценат од просека у Југославији (1948. године – 67,2%, а 1981. године – 28,8%).

Црна Гора има радно способног људства у укупном становништву Републике, рачунајући процентима: 1948. године – 52,5%, а 1981. године – 63,8%, управо нижи износ од просека у Југославији (1948. године – 60,1% а 1981. године – 64,9%).

Црна Гора има учешће активног становништва у свем становништву Републике, показано процентима: 1948. године – 36,5%; што значи у овом односу ниже од просека југословенског (1948. године – 49,1%, а 1981. године – 42,7%).

Црна Гора има учешће жена у активном становништву Републике: 1948. године – 42,4%, а 1971. године – 31,2%; дакле, износ испод просека у Југославији (1948. године – 37,2%, а 1971. године – 36%); управо у целој Југославији смањује се поменуто учешће жена, сем у Словенији где је видан пораст (1948. године – 42,4%, а 1971. године – 43,5%) и у Хрватској незнатан (1948. године – 38,3%, а 1971. године – 38,5%).

Црна Гора има учешће радника друштвеног сектора у активном становништву Републике: 1953. године – 21,6% а 1981. године – 65,8%; дакле, мањи па виши проценат од просека у Југославији (1953. године – 22,7% а 1981. године – 61,1%), док је, на пример, у Словенији исто учешће знатно веће (1953. године – 38,4 а 1981. године – 87,4%).

Црна Гора има издржаваних лица на 100 активних становника: 1948. године – 150 лица, а 1971. године – 154; управо износ изнад просека у Југославији (1948. године – 97, а 1971. године – 103); и већи је тај износ него, сразмерно, у било којој другој републици у Федерацији, на пример, у Босни и Херцеговини се повећао (1948. године – 126, а 1971. године – 146), у Македонији повећао (1948. године – 127, а 1971. године – 140), у Србији се повећао (у целој Републици 1948. године – 91, а 1971. године – 96, при чем је на Косову 1948. године – 179, а 1971. године – 257 издржаваних лица), у Хрватској се мало смањио (1948. године –

87, а 1971. године – 86), у Словенији доста смањио (1948. године – 76, а 1971. године – 67).

У временy 1953. године до 1979, годишња стопа раста основних средстава друштвене привреде има просек у Југославији – 8,1%, при чем је, одвојено у републикама, највиша та стопа у Црној Гори – 13,4%, потом у Македонији – 9,8%, онда у Босни и Херцеговини – 8,5%, у Србији – 8,1%, у Хрватској – 7,9%, у Словенији – 7,3%.

По овом износу стоји да се учешће основних средстава друштвене привреде Црне Горе у односу на такву укупност у Југославији повећало од 0,8% године 1953. на 3% године 1979, при чем је, на пример, у овом, истовремен напредак Македоније од 4% на 6%, Босне и Херцеговине од 13,2% на 15%, у Србији је 34% (непромењено), док се мало смањио проценат тог учешћа Хрватске и Словеније.

Од 1953. до 1979. године, основна средства друштвене привреде по раднику (опремљеност рада) повећала су се у Југославији – 2,4 пута; при том, посебно мерено, највеће повећање је остварено у Црној Гори – 7,3 пута, па у Босни и Херцеговини – 3 пута, у Македонији – 2,9 пута, у Хрватској – 2,5 пута, док Словенија и Србија имају тај пораст испод југословенског просека.

Године 1978, на пример, Црна Гора има основних средстава друштвене привреде на једног радника – 139%; ако се индексом 100 означи југословенски просек, она ту има више него иједна друга република у Федерацији (следи Словенија са 119%).

У временy 1948–1980. године, просечна годишња стопа раста укупног друштвеног производа у Југославији износи – 6,1%, при том, издвојено, у Црној Гори – 5,9%, а мања је, у републикама, једино у Босни и Херцеговини – 5,6% (док је највиша у Словенији – 6,5%).

Црна Гора има учешће у друштвеном производу Југославије – рачунајући ову укупност индексом 100 – следеће: 1947. године – 2,2%, а 1980. године – 2,1%; дакле оволико процената исказује меру удела црногорског.

У времену 1948–1980. године просечна годишња стопа раста друштвеног производа по једном становнику јесте у Југославији – 5%, дочим у Црној Гори, узето посебно, износи – 4,4%; а мање је, по републикама, једино у Босни и Херцеговини – 4%.

Према количини друштвеног производа у Југославији по једном становнику, означеном индексом 100, Црна Гора има: 1947. године – 94%, а 1980. године – 78% (међу републикама у Федерацији имају 1980. године: Босна и Херцеговина – 64%, Македонија – 67%, Словенија, рекосмо напред, има 206%, Хрватска – 125%, Србија – 91%, при чем је на Косову – 28%).

Године 1980, на пример, у потрошњи становништва, рачунајући просек Југославије индексом 100, Црна Гора има: расположивих средстава четворочланих радничких породица – 72% (најмање међу републикама); расположивих средстава сеоских домаћинстава – 82% (мање има Босна и Херцеговина – 73%); чистог личног дохотка по раднику – 90% (мање има Македонија – 82%); расхода ванпривредне делатности по становнику – 88% (мање имају Босна и Херцеговина – 64% и Македонија – 64%, – док, знамо отпре, Словенија има највише – 187%, Хрватска – 122%, Србија – 96%); потрошњу електричне енергије у домаћинству по становнику – 87% (мање имају Босна и Херцеговина – 74%, Македонија – 77%, а највише, речено је пре, Словенија – 136%, па Србија – 110%, и Хрватска – 99%).

Југославија, на пример, школске 1952/53. године има у средњим школама – 242.000 ученика, а школске 1979/80. године – 1.010.000, што је, у ствари, повећање за 4,2 пута; при чем је повећање знатније на неразвијеним подручјима: на Косову и Метохији – 14 пута, у Босни и Херцеговини – 9 пута, у Македонији – 6,2 пута, у Црној Гори – 5,6 пута.

У Југославији, школске године 1952/53, има 54.700 студената у вишим и високим школама, а 1979/80. године има их – 447.800, управо 8 пута више; при првом попису овог стања Црна Гора нема стварног податка а код доцнијег бројења има универзитет и високе школе са 8.200 студената (слично је, на пример, на

Косову и Метохији где при последњем рачунању на овдашњем универзитету и високим школама има – 47.400 студената).

Југославија има лекара: 1952. године – 6.548, а 1980. године – 39.622, односно 6,1 пута више у потоњем износу; при том у Црној Гори сразмерно повећање броја лекара (изнад је општег просека) – 7,8 пута; отуд, 1981. године, у Југославији, просечно долази 563 становника на једног лекара, посебно, пак у Црној Гори – 784 становника (међу републикама. једино више је у Босни и Херцеговини – 843, док на Косову и Метохији долазе – 1.512 становника на једног лекара).

Наведени подаци (и многобројни други), из редовних пописа и стручних прорачуна државне статистике, налазе и одређују Црну Гору међу три недовољно привредно развијене републике и покрајину Косово и Метохију, у којим је иначе знатан годишњи и скупан пораст развијености производних снага, упоређен са просеком у Југославији.

Тумачи се, иначе, по стручном прегледу статистике, да услед природног прираштаја њихова становништва – изнад просека у Југославији – имају привредно недовољно развијене области утолико мањи проценат пораста производње по једном становнику у односу на сав друштвени продукт у сваке посебно; и уопште, мањи је стога у њих износ (сразмерно, по рачунима) укупног напретка друштвене заједнице (републичке, покрајинске).

Државна статистика даје и објављује податке и о званим мерама за подстицање бржег развоја привредно недовољно развијених република и, у оквиру Србије, покрајине Косово и Метохија.

Кажу састављачи стручног прегледа да је 1965. године заведено то подстицање „систематским мерама које имају дугорочни значај“; за ту сврху је установљен Фонд Федерације који обједињава и расподељује законским прописима обезбеђен сталан прилив средстава. А та средства Фонда Федерације стварају се путем обавезног зајма од организација удруженог рада (при чем део тог давања може да се стекне и путем самоуправног удруживања рада и средстава); на пример, у времену 1970–1975, годишња стопа издвајања средстава у Фонд Федерације износи 1,94%, а у времену 1976–1980. године – 1,97%, од друштвеног производа друштвене привреде Југославије.

Кредитни услови за средства из Фонда Федерације су различити: до 1970. године, недовољно привредно развијене републике и Косово и Метохија су ослобођени враћања ових кредита, а своте су у целини пренесене у средства организација удруженог рада на односним подручјима; у следећем петогодишту (закључно са 1975. годином) кредити су одобравани с роком враћања – 15 година а каматном стопом од 4%; у трећем, пак, петогодишту (до 1980. године) кредитни услови су мало поострени; но увек су ти кредити, из Фонда Федерације, давани повољније него што иначе поступају редовне кредитне установе.

У расподели средстава Федерације за кредитирање бржег развоја привредно недовољно развијених република и Косова и Метохије, Црна Гора учествује рачунајући по текућим ценама: у раздобљу 1966–1970. године – 13,1% (управо добија 1,2 милијарде динара од укупне своте 8,9 милијарди динара, означавајући ову суму индексом 100%); у раздобљу 1971–1975. године – 11,4% (то јесте, 2,8 милијарде динара од новца за све неразвијене – 24,6 милијарде динара); у раздобљу 1976–1980. године – 10,8% (у ствари, 8,3 милијарде динара од укупних 76,9 милијарди динара за сва неразвијена подручја).

Из буџета Федерације се издају и звана допунска средства – која су неповратна – за финансирање друштвених делатности у недовољно привредно развијеним републикама и на Косову и Метохији. Та средства су издвајана из друштвеног производа укупне привреде Југославије: у годинама 1971–1975, по стопи од 0,83%, у годинама 1976–1980, по стопи од 0,93% (али због смање-ног буџета Федерације стварно су додељивана по стопи – 0,80%).

Из средстава буџета Федерације за финансирање друштвених делатности недовољно развијених подручја, Црна Гора је добила, рачунајући у текућим ценама: у раздобљу 1966–1970. године – 11,4% (управо 575 милиона динара од укупне суме из буџета за споменуту сврху 5.048 милиона динара, означене индексом 100); у раздобљу 1971-1975. године – 10,4% (то јесте 1.350

милиона динара од скупне своте 13.017 милиона динара); у раздобљу 1976-1980. године – 12,4% (у ствари, 4.915 милиона динара од своте 39.580 милиона динара за све неразвијене области).

Федерација издаје и посебна средства, законски одобрена, за одређене намене у недовољно развијеним подручјима; тако је Црна Гора добила новац за отплату иностраних кредита узетих ради градње путева, за инвалидско-пензијско осигурање, превазилажење билансних потешкоћа у Републици, за финансирање друштвених служби на подручју пострадалом од земљотреса 1979. године.

Коришћен је, временом, и кредит Међународне банке за обнову и развој ради унапређења производње у привредно недовољно развијеним пределима Југославије. Црна Гора је добила из ових кредита: у раздобљу 1949-1970. године – 22,7% (управо, 35,8 милиона долара од укупне своте 158 милиона долара, односно ове суме означене индексом 100); у раздобљу 1971-1975. године – 17,4% (у ствари, 76,5 милиона долара од укупне своте 438,8 милиона долара); у раздобљу 1976-1980. године – 18,7% (дакле, 194,9 милиона долара од укупне суме – 1.041,2 милиона долара).

Да би се обезбедио бржи развој Косова и Метохије, издају се из буџета Федерације и нарочита посебна средства (мимо оног кад добијају три републике), тако да је учешће ове покрајине у средствима Фонда Федерације повећано од 33,25% на 37,1% а у допунским средствима са 30,9% на 35,4%; уз то и кредитни услови за средства Фонда Федерације повољнији су за 25% Косову и Метохији него односним републикама.

У закључку ових података, сви поменути облици давања средстава Федерације за напредак недовољно развијених република и Косова и Метохије, достижу по издацима (без средстава за премошћавање разлика и иностраних кредита) кроз три узастопна петогодишта – рачунајући у милионима динара – скупан износ, показан следећим прегледом табеле:

Године	1966–1970	1971–1975	1976–1980
Укупно милиона динара	20.309	44.283	134.190
Босна и Херцеговина	6.435	13.900	38.471
Црна Гора	2.856	6.314	17.387
Македонија	5.884	9.175	23.636
Косово и Метохија	5.134	14.894	54.697

Осмотри ли се, на пример издвојено, та свота од преко 134 милијарде динара, дата неразвијеним областима у раздобљу 1976–1980. године, она представља 3,1% друштвеног производа друштвене привреде Југославије оствареног тих година. А учешће додељених средстава у друштвеном производу односне друштвене привреде, различитог је износа: у Босни и Херцеговини – 7,1%, у Црној Гори – 20,7%, у Македонији – 10%, на Косову и Метохији 66,5%.

(Сви овде подаци бројевима о Црној Гори у Југославији преузети су из одговарајућих поглавља већ споменуте књиге Савезног завода за статистику: *Развој Југославије 1947–1981.* – Статистички приказ. – Београд, маја 1982.)

Кроз све малочас саопштене прегледе средстава Федерације за неразвијене области, рачуном излази да је Црна Гора – како под којим насловом потпоре – добила (1966–1980. године), кад се саберу проценти за поједине намене и овај збир подели с одговарајућим бројем дознака, у свему, дакле, примила – 11,6% из укупне југословенске своте за три односне републике и Косово и Метохију издатог новца у споменутих петнаест година.

Ако је овај износ (11,6%) икако упоредив са уделом становништва Црне Горе (1981. године – 2,6%) у становништву Југославије – бар у том смислу колико би њим означена количина новца дала исхода, при подели, на једног становника ове Републике – онда излази да је 4,5 пута виши проценат новчаних средстава према проценту становништва.

Босна и Херцеговина, на пример, има становништва (1981. године – 18,4%) у односу на целокупно житељство Југославије, а добила је средстава (1966-1980) по намени за неразвијене републике – 35,4% од свеукупног издатка Федерације, те излази да је овај проценат близу 2 пута већи од горњег процента становништва.

Македонија броји житеља (1981. године – 8,5%) у целокупном становништву Југославије, а њен примитак новца (1966–1980), по својству недовољне привредне развијености, износи у читавој своти Федерације за ову сврху – 21,2%, дакле, проценат виши 2,5 пута у поређењу с наведеним процентом њеног становништва.

Косово и Метохија има становника (1981. године – 7,1%) у укупном југословенском становништву, а добија (1966-1980. године) у свему – 31,8% од целокупног новца Федерације за подстицај развоја неразвијених предела, управо 4,5 пута виши је овај проценат од процентуалног исказа становништва покрајине.

Ако би се односним процентима означене количине новца исказале и разломком по једном становнику (1981. године) у Црној Гори (584.000 становника) и на Косову и Метохији (1.584.000), изишло би да је сразмеран црногорски добитак приближно колик и косовскометохијски, штогод ниже или изнад.

А колико је од Федерације Црна Гора примила средстава раније (пре 1966. године), и доцније (после 1980. године), дакле као недовољно привредно развијена република, то је предмет за изучавање: проналажење рачуна и записа, сабирање појединости, исказ скупних свота, све обрадом стручњака статистике (имајући у виду, што напомињу и сами уредници споменуте службене публикације, да је остало рачуна необухваћених прегледом раздобља 1966–1980. године.)

И саветност, због оваквих и оволико изложених података, ставља још строжије обзир – него што сам рекао у почетку – да Црногорска академија наука и умјетности подстакне, не одлажући, то трагање и израду општег обрачуна, стручном послу статистике да истанчано образложи задатак, и надгледа проведбу, према циљу: утврдити обичним рачунима исказиво доприношење Југославије, непосредно материјално потпомагање развитка Црне Горе, свеукупно, националне привреде, републичких установа, сталешке опстојности (од 1945. године и потом све докад буде ишла од Федерације врста помоћи пределу, неимућнијем од просека благостања у држави).

9.

Подаци о запреми Црне Горе (записани овде наведеним прегледом бројчаних показатеља) бележе тако рећи изворну зависност напредног развоја Републике од добијања и употребе државне помоћи Југославије.

Та зависност није весела истина, премда, до врха гледано, јесте висока чињеница; братство је песма кад се душе љубе а поглед у страну кад се удељује парче за хлеб и стан.

Слобода је овде – негда напев у брдима, пастирово говорење пределу и небу – сад постала школа и наука, многољудна насеља и друavailable работа уз машине, служба уређена по струкама, скупа дакле до искапи свега што се радом ствара.

А како ће толик трошак Црна Гора, та уобличеност чудесне природе, планинама и водама да сунчанијих и бистријих нигде нема, пољицима и њивама сувотним и мршавим.

Радиност је марљивошћу и вештином доста начинила, не исцрпла све што земља има и даваће, а врло је поткрепљена добицима југословенске повољне помоћи за плодоносну производњу и дужности грађанске управе.

Та помоћ је, како се додељује, државни разлог Југославије, а наспрам, животна потребност Црне Горе; што и пређа за ткиво, споља доток у твар суштаствену.

Црна Гора има да се правда учинком; није ружно али је обавезно; и мало је стидно за врлетну гордост црногорску што подлеже помањкању самих ствари за духовност народа и изградњу укупности Републике.

Спољни разлог није вечит а живот је незасит потражилац; и да ли се плаши ово помагано друштво (доскора брђана а сад претежно неимућног грађанства) да ће онај закон о дружеству (помагању) изгубити снагу пре него се Црна Гора оспособи да сама, од своје течевине, може да одвоји позајмицу или дар, нужном и заслужном.

Помоћ, уосталом, већма је олакшање или терет, очас потпора а доцније бреме, тек с надолажењем следећих и наредних допуна све дужа листина уписаних појединости за стварно враћање и прав морални израз одужења.

Црна Гора, штавише, обавезна је спрам нарочите увиђавности Југославије, пошто су из укупног новца Федерације за подстицање бржег развоја привредно недовољно развијених подручја, отишле на одсек црногорски количине сразмерно изнад просека (по доказима из коришћених података државне статистике, при чем, нека појединост, ако и штогод мање чини од истих у њеном реду, неће бркати горњи закључак на основу скупа збирова).

Црна Гора је област (заиста у овом, статистички обрађеном раздобљу, 1966–1980. године) која постиже једно првенство у Југославији, на пример: 1978. године има Црна Гора највиши проценат (139) основних средстава друштвене привреде на једног радника (док је најмањи, 81%, у слично помаганој Македонији).

Али, наспрам, Црна Гора нема исто највиши друштвени производ по становнику; на пример, 1980. године, овај њен износ је 22% нижи од просека у Југославији (као што је тад и у других помаганих подручја, такође испод реченог просека: у Македонији – 33%, у Босни и Херцеговини – 36%, на Косову и Метохији – 72%, а истакнимо поново, како је у Словенији, надмашно – 106% изнад просека).

То једно, и никоје више прво место, има Црна Гора у републичким сразмерама плодотворног рада и иметка становништва Југославије; а све остало, видело се куд је ишла рачунаљка, јесте гдегод изнад а махом ниже од просека југословенског учинка и стања.

Првенство, збиља, није обавезност, ни сјајно значење кад такмичење не би надимало међуљудска односшења; стога, једно првенство је домет за све у покрету, пред свима продор и омер за целину, вис пут којега има стазу сваки судеоник.

Ах, како се то неугодно збива за поглед и напон Црногорца, пошто је вољом увек готов да претиче напоредног прегаоца, баш и кад доспећем остаје у низини, међу последњима на степену путање.

Што је за радњу једног трена, нужну хитрине колико и смелости, Црногорац има ли ту премца. А где треба да се тегли, стално напреже умереним улагањем снаге, неумањиво истим следом у додиру и при ударцу, негде ће да тресне отпором или застане љутито тако дугом и непрестаном истоветношћу узрујана црногорска душа; па стизање, због пропуста, хоће навалице и прескоком куд се мора, утолико остане и нека бразда празна, гдегод шупље а друге препуно, тек, на концу, чворновата творевина.

И докад ће доња места, у размери упоредивих количина републичког производа у југословенском опсегу, да буду црта, нижа степеница Црне Горе, то је – кад се пита – пало ближе моћству маште него расудности разума.

Средства јесу твар и основица, садржина сваког предмета, но без марљивости и вештине човекове, она стоје као нема грађа; ум и рука могу дело, стварање блага и владавину тековином, и ту закон зглоба, Црној Гори изузетно морање.

Није сама школа доста за обуку људства, ни довршна ичија вежба при занимању, јер кључ збија напон за преображај личности, радника и корисника. И како су справе и направе – у неких народа израђиване све поступно довољности животне побуде – преношењем у затечена старинска стања Црне Горе, овде одвећ пресвојиле друштво, стрмено се и громадно престројава, обртању машине зачуђено и отпорно подешава човекова кретња.

Свикнуће руке, нема сумње, савршено садејство машини, али страсти овде да се блаже предметима, да се строје услужно, кроте једначито, биће можда некад; но кад ли пре него што се сојеви континента претопе у једну жилу људског рода, па Европа све своје расе и скупине да назива речју – свугде човек, свуда исти народ.

Брза је памет а ћуд непретворљива; и настојаће Црна Гора, макар гдекад инатом ишла, да је гдешто обасјају вредности некога њеног првенства у Југославији.

И као досад што је било, тако и убудуће – вероватно доклегод је не прожме и посве обележи техничким развојем наметан именик (нумерација) сваком састојку општости – Црна Гора ће волети духовно и морално истицање, срчаније него какво постигнуће мерљиво начином за употребне ствари, узнесеније тежити освојењу епске истине него имању потрошног добра. (Ствар је саломљива а песма вечита; трошком окрет па у земљу а речју полет па к сунцу и небу, одкуд доходи озрачје души брђанина: „Ој свијетла мајска зоро, мајко наша Црна Горо“.)

То поетско наношење хвата безгранично: смела воља свету до врх чела, родна земља висом у свемиру. Црна Гора хоће да је видна, где појмови владају да је она знамен сјајан и одатле знак предању у незаборав оног прегарања којим се штити постојање и задобива присуство и учешће.

Споменица Црне Горе бележи тих блиставости поприлично, баш неколико тако знатних да су вредни и читавом југословенству, поготово светли садржином за моралну износитост постанка и брањења, коначно величанства заједничке Отаџбине.

Не наизред, и све скупно, него само једно означење погледнути, израђај са све југословенске ширине а с назнаком на појаву рода Црне Горе, дакле навод који само саопштава а никога поред да не омаловажи.

Наочит пример, свакоме знан, са страница повести о Југославији, реч о реду људи по којим се славно знаменује федеративна република, и ту доказ да је победа заљубљена у јунаке чим њихова имена уписује у називе места и установа, у ствари, родољубима да се поносе а властима за величање, целој земљи као вид политичког односа, епске важности.

Наша Отаџбина, дакле, има 1.310 особито високо одликованих учесника антифашистичке борбе (1941–1945. године), речено је, за осведочено јунаштво у рату и храбро држање пред непријатељем, и сваки назван – Народни херој Југославије (добивши и истоимен Орден). Из списка свих (како је с неколико основних података о сваком лицу штампан у књизи: *Војна енциклопедија*. – Свезак 6. – Београд, 1964; стр. 71–105), чита се да је рођено у местима данашње Црне Горе – 250 Народних хероја (управо, 19,08% од свеукупног броја у Југославији, не прибрајајући им још неколико Црногораца који због печалбе, службе или изгнанства њихових родитеља, нису дошли на свет у завичају својих очева).

Да осведочи тај износ и однос – што безмало једна петина свих Народних хероја Југославије има родна места у Републици која чини четрдесети део становништва Федерације – за долажење до таквог првенства, Црна Гора има исходишта: историјски непосредан наступ, особену духовност, животни разлог.

Радити, зато, све што се човечно буде могло, да Црна Гора истраје, непреварена каквом рђавштином и несхрвана оскудицом, нигда не пристане да овај израз својег крвавог огледа подвргне покрићу стварима што се мрве и нестају.

Ни засад тај чудесан досег, по смислу слободе и звону трагике, не подлагати тумачењу; доста је усклик: то је Црна Гора!

И не потезати тај крст судбине црногорске због некога малог разлога и себична повода, јер он има посвећење, над њим власну само једну величину – Југославију – кад је она принуђена да затражи одзив снаге и подигне скупан знамен над опсегом и смером свога историјског права и људског циља.

Ни сад овде, овог маха, у Скупштини Црногорске академије наука и умјетности, нема сврху друкчију; није говор о херојима да нагласи једну изузетност, ни да изненади спомињући један жртвени премашај (просека), ни, дабогме, да се истицањем једног првенства посредно умање суседна јунаштва, већ је прича, како очас излагање тече, да се срочи поклик: за Југославију, браћо, другарски сјединимо воље, исто силно и срдито, исто храбро и слично намерено као што је било у пређашњем залагању да се створи па обнови држава, те с онога делотворства изишла знамења што опомињу творце и зову наследнике, покрећу сву родољубиву чељад Отаџбине.

10.

Југославија данас (1987. године) стоји испијена, све смање-
нија унутра; растаче се (откад ли), у понечем тихо и скривено а
гдегод и рушевно услед наглог прекидања неких кракова цели-
не. Националне владавине, обликоване у републикама савезне
државе, осамостаљене су за лабаву међусобност; како се иначе
процењује, та растреситост је ближа врсти конфедерације него
складу јединица федеративне скупине.

У неком кобном случају (замислимо из страха а првенстве-
но ради онемогућења), на спопад удеса, растанак би могао да
буде и једноставан и лаган, чак и шала кад не би био злодело,
напросто ништа стварно не помери се, јер би сам оглас једном
реченицом – не признајемо даље Југославију као Отаџбину –
одједаред досудио одлуку и створио последицу. Збиља, ни један
човек на владајућем положају у ма којој републици да се помак-
не, јер свака установа суверенитета онде већ постоји под старе-
шинством националног руководиоца.

Отуд, раздвајање није само унутарњи расточни напон што
распуча споне редом, већ је дотле доведена радња да убојем цепа
и крха кључну саставност савезне државе; раздаљивање постаје
све јаче а изостаје сједињавање, Југославију властодршци под-
лажу мучењу.

А спасиоци јединства, којих несумњиво свуд има, тек се
ослобађају зачуђености због преваре; и разбор родољубља све
јасније провиђа какво се гломазно растројство угнало у југосло-
венско друштво, и све одрешитије напомиње куд би требало да
се одбој супротстави распусту државе.

Родољубље, сасвим је неодложно, мора устанички да пре-
пречи суноврат до ивице самога понора натиснуте Југослави-
је; патриотизам да оголи и зарати са сепаратизмом (издвајањем,
раставом, одвајањем), овде са црногорским као и онамо са сло-
веначким, дабогме, непоштедно крене у окршај са сваким рас-
кидањем велике државе и добре домовине.

Не плашимо се данас, највише, црногорског сепаратизма.
Ово настројство, познато је, није никад било политика из на-

рода, већ с почетка, и увек после, неизменљиво, крвна срдња празнословне дружине, мало људи напрасито самољубивих, и погрешно жељних власти и слављења.

Сепаратизам у Црној Гори је omražen, одавно отклоњен као садржатељ и носилац појмова о народу и националној држави; и приморан је да некуд около (чак хоће и у туђинству) проналази себи разумевање и потпору.

Црногорски сепаратизам је стидна узалудност, жалостан промашај законости историјске, нигда покрет у народу; можда (као што једном бејаше) ипак могућа, но танка и мршава, и доста непоуздана служба каквом извањском намернику или негде даље неком владаоцу.

Црногорски сепаратизам је дакле безначајна појава; не може самостално, нешто да начини, ни штогод важно од њега не зависи; просто: сав је сирота настраност.

Не устрашимо се, највише, ни словеначког сепаратизма; није он засад зачетак могуће партије ни филозофија политике личности знатних у националном друштву. Неко трзање, махом у млађарији, већма из незадовољства с једнопартијском влашћу него због неподношења Југославије, понавља се и љутњом на Федерацију, гдекад и посредним прекором домовини, утолико плахим говорењем о велелепној Европи на Западу.

Трагање смисла је позвање људско; што је ваздух за живот, слично је, на прилику, и умовање о слободи човека и благостању народа. Зато су и знања и проговори о Истоку и Западу потребни Југославији, обавезни јавности и власти пошто ова држава заседа одсек оне светске разделнице из давнине, и садржи, већ десетлећима, пуну сусретеност људи и народа у средишњем пределу југоистока, на стрмини Европе.

11.

Европа, ево, зближава национална властодршта, не предвиђа цепање стечених целина, не захтева откидање нечијих окрајака за пренос у нека суседства.

Европа сад (осамдесетих година двадесетог века), целом свету наочиглед, сазива и састаје своје мислиоце и државнике да претпоставе створ и обличје њене духовне и радне уједињености, одреде путеве дохођења у користан окуп, пропишу поступке и поведу интелектуална дружења стваралаца и многоструку делатну узајамност произвођача и прометника.

Европа је богата постојбина гордих народа, множине благом засићених људи и оне још веће скупине – углавном неоскудних житеља.

Европа има довољно пресудних разлога да би се предала раду и самоизградњи: мир на континенту (и около), устрашено колико и одлучно чуван после искуства с грозотама изгинућа и опште пострадалости у два светска рата; дејство социјалистичке револуције са диктатуром пролетаријата која се једнопартијском влашћу исцрпла као поредак друштва па ће и сама поступно усвојити начело да задата једномисленост није исход слободног избора; човечанску уваженост демократије као правде за односе међу људима и закона за устројство и владавину државе; силовито а преумно (јер и техничке направе сад говоре, рачунају, чак мисле), и до границе срећне издржљивости саме твари, већ надошло бујање производних снага.

Живот, тај бог постојања, омогућава и одређује Европи да бива радна и високоумна у миру и твораштву.

И та срећа сија, широм зрачи благост за оплодњу паметних настојања; изван тога струјања не находи се Југославија.

Ако је, пак, словеначки додир с Европом опсежнији и живљи него других народа овамо на југоистоку, онда нека подстицаји од поука са Запада пролазе преко северозападног краја Југославије и даље, свуд у њене покрајине, па изазивају другарске разговоре, јавну расправу, расудна и добронамерна саглася о држави и заједници народа; великодушност је светла величина а љубав је извор и закон живота; од добра, ма и туђег, жељном биће боље.

Ову здравост уме и може Словенија, доста се тако доказала; овакво опхођење приличило би Европи која се не шири за налетнике и пребеглице, зловољне прикљученике и ратоборце;

Европа сад, дома, свуда штује домаћина на поседу у отаџбини, врло цени становника целовите домовине, радо прима ревносног грађанина самосталне државе.

Но бојмо се, ипак, хрватског сепаратизма, оне опакости каква се нагнала такозваним масовним покретом (1969-1971. године) као својеврсним устајањем против целокупности Југославије а за сврху свевласти издвојене и надвишне нације Хрвата. Тај доста трајан напад имао је крван наступ, срдиту вољу, пространо исходиште и свукуд запрему чим су комунисти (хрватског порекла), иначе владајућа партија у Републици, много зашли онуд да обједине рушиоце Југославије, па силовитом ударношћу те множине догнају у распучје саставака државе на кључном споју за читаву Федерацију (у средишту њенога пространства и где је додир и укрштај настањености Хрвата и Срба).

А противудар с врха државе је изненадан, нагао и брз, јачи онде спољашњим притиском него унутрашњим садејством, но довољан да расече површину оног покретања; ипак недостижан да разбије и смрска дубинске корене напасти на хрватско-српско сажитије и укупну слогу у југословенству. Што се, нападнуто, размакло и куд преместило, то побуњенике не лишава њихове намере; штавише, остаје им простор да окретом унутра задрже стројност бораштва, збијајући се у заштитна језгра да очувају нападни нагон за наредни поход, опет с циљем да освоје Републику Хрватску.

На невољу, безмало па сав потоњи развој државности и друштвености Југославије, могао би да се допада и стратегу сваког националног сепаратизма; издигло се републичко обличје над савезну целину као одређујућа неприкосновеност, првогласно означење постојеће политичке заједнице; јединица је првенство а скуп – од ње зависност. Које би сепаратизам дао установе националној држави, све те, по свој прилици, има свака република у федеративној Југославији. Утолико, сепаратизам од непријатеља постаје супарник у надметању око власти; ако би се он влашћу омоћао, па још штогод да докине на управним спонама у југословенству (пошто су стеге ишчезле), одједном би добио издвојену националну државу.

Доиста, хрватски сепаратизам је дубља кореника, громаднији и чворастији израштај од сепаратизма словеначког, а поглавито црногорског; јер, док је црногорски сепаратизам слепо лутање нерасудних, словеначки – љутито трзање лаковерних, хрватски сепаратизам је истрајно и одлучно борење веома усмерених људи. Историјски, ни у Црној Гори ни у Словенији сепаратизам није био ишта друго, и друкчије, осим просто следство туђинском зору и надзору.

У Хрватској, пак, сепаратизам се једном исказао и као врста власти: у очајним приликама Другог светског рата, сред искомаданог простора југословенске државе, био је ужасно наказна владавина злочиначке дружине помагача окупаторових. Па и кад се не би неки преживели злотвори јављали којекуда из света, називајући правом и творевином хрватског народа ону страховладу, иначе би – због истинитог сећања на ту грозоту ненадокнадиве жртве Срба и неизбрисиве теготе Хрвата – сваки проговор о искључивој једнонационалној премоћи изазивао јежњу и оштрио јавно усађен опрез (јер нико не може да се искраде из своје историје).

Сва општост људска, бивствени услови и морални закони постојања упућују Хрвате, пошто су већина становништва у Републици, да расположе своје биће не истискујући, ни гњавећи, ни вређајући ту упоредо настањене Србе.

Разлог народа за добру стојност у сопственој држави гледно наноси познање и претпоставку за чврст и упутан обзир Хрвата: на стваран, првоборачки удео суседних Срба у заједничком ослобађању испод фашистичке окупације (1941–1945. године), и тад оружаним устанком и ратом омогућења да узајамно успоставе и граде Републику Хрватску; на ону најнесрећнију поученост Срба да их нигда више какав поремећај њихова мира и живљења не затекне, као онда, наивно неспремним за нужност одсудне одбране властите заслуге и голог опстанка; на пострадалост и самог хрватског народа, пошто је она злочиначка влада мучила и тукла противнике јој Хрвате; на црнило истине да су крвници робили и убијали, при сваком злоделу пламтећи речима католичке заклетве – за име и вјеру Хрвата.

То безумље – четири године крвопролића становништва у такозваној држави којом хрватски сепаратизам управља (1941–1945) под заштитом и у служби немачке оружане силе – остаје повесници народа, као злоупотреба његова имена, земљишта, блага, снаге; нажалост, заувек, да су помама и зло, понижење човека, убијање народа, речи којим ће се једино називати та паклена владавина.

Остатак живота је родио поколења да обнове страдао народ, а памћење не може да измени пређашњу чињеницу. Разум, отуд, има да управља и предводи нараштаје све пазећи да кретња заједнице не повређује болне од крваве ране ни црвени постиђене оним злочинством рођака. Свака умна савест зна да несрећа поново, овде би опет била заједничка, Срба и Хрвата, па саветује паметно дружење, трпњу међу браћом, узајамно дејство, човечну саживљеност.

Плашимо се, дакако, и оног наноса одскора запаженог у Југославији, званог – исламски фундаментализам (просто напевом изговарано: „Од Бихаћа све до Техерана биће земља Муслимана"), управо извесне филозофске упућености и чудног сепаратистичког опредељења неких припадника муслиманске вероисповести. Сам тај назив овде је двојако напорит: што услед недавног проглашења српскохрватског становништва ислама – Муслимани, као и врло жустре наглости у доказивању појма засебне нације, дозива мухамеданства као обједињавајуће свевласти.

Ова жестока и далекосежна верска и политичка намереност, за посебност у Југославији, има зачетак на извору појмова: наиме, са основе, од темеља (фундамента) у исламу (по арапском: „покорити се божјој вољи"), односно у религији званој вером муслимана по овој турској речи арапско-персијског порекла, одређује се засебност једне политички сагледане скупине, у вероисповести, сродних људи.

Освајаштво је родно својство људству и религији; ма колико несравњиви по опсегу појединог, међусобно су допадљиви налажењем претпоставки и правдања у истој филозофији богословља и световности.

Фундаментализам свакојако задире кроз земље ислама, свукуд тражи и налази заверенике, спрема преврате и напреже то људство да овлада оним крајем, кажу покретачи, облашћу заједничке домовине муслимана.

И стварање нације Муслимана у Југославији стратешки је подухват с предвиђањем неколико освојења: да се становништво мухамеданске вере, иако рода српског и хрватског, издвоји за једно звање и целовито право у скупу чланова Федерације, дакле, одузме Србима и Хрватима колико и колико њихових сродника по крви; да се савезна држава и односна Република употпуне ознакама Муслимана, и у свему да се ова заједница сматра, уписује и назива носиоцем суверенитета; да се количник званичне номенклатуре (наслова и наименовања) и друштвеног опхођења, при изборима и одредбама за службе и звања, почасти и представљања, сразмерно примењује и на Муслимане; да се радна упошљеност и народско живљење Муслимана надахњују мисаоним, уметничким и градитељским творевинама које наслеђују од предака, из времена Османског царства, баш остацима турске владавине, од којих се кострече Срби и Хрвати, јер ту има дела и знамења што и превише подсећају на дуговековно страдање хришћана, православних и католика, под исламским Османлијама.

Свеукупно, дакле, издвајање људства и образовање духа заједнице за нацију Муслимана одвија се одламањем од засебних укупности Срба и Хрвата, одједаред, и помеђу оба народа, јер утроје живе настањени у истим крајевима. Да ли прикљештени Србима и Хрватима, па стога хоће знатнију кретњу ради налажења засебних пријатељстава у исламском свету, или се оснажују да би већма задирали кроз суседство него што овде трпе притиска.

Свакако ће мислиоци и предводник у нацији Муслимана особито пазити да ово људство, збијајући се и напрежући у делању, не повређује крила братства. Јер су такве повреде (у прошлости) секле једну страну одлазећи оној другој, наспрамној, као придружење, каткад и у неразумљу и у разбратству. Муслимани, уосталом, имају доживљај заведености хрватским сепаратизмом (у Другом светском рату), и у тој спрези одскок и лудило неких острвљених сродника који су клали Србе; па, услед грозно изазване освете, страдала је и невина чељад муслиманска.

Та истина истура поуку, засвагда: Муслимани пашће на злопутицу пођу ли икад и икуд мимо правца циљем Југославије.

Историјска и људска је заповед: Муслимани у кретању напред да су у искреном и блаженом садружју, једнако са Србима и с Хрватима кад су сви људство истог, словенског рода, измешано насељени.

Страхујмо, заиста, и од албанског сепаратизма, дубоко и жестоко настројене напрегнутости против Југославије. Овај нагон одвајања има јаку жилу и дугу прошлост; има година више него доба југословенске државе, јер наставља свеалбанску тежњу из времена владавине Османлија.

Албански сепаратизам, скоро непрестано, испољава се: у рођачкој политичкој странци богаташа; у дружинама за роваш и напад; у неговореном, налик стихијном отпору множине сродника; у укупности поретка и службе подложне освајачима и саме Албаније. Најпосле, под крилима такозваног комунистичког интернационализма, одвија се што завренички што редовним начином, кроз установе социјалистичког друштва за управу, привреду, културу, духовно опхођење становништва, као издирање раставе од Југославије.

Албански сепаратизам је трипут и оружјем ударао против целокупности Југославије: први пут, местимичан је устанак сељака који се, сузбијен од законите власти, претвара у дуго четовање комита (такозвани качачки покрет, 1918–1928. године); други пут, дејство је војних јединица у саставу оружаних снага колаборационистичке владе Албаније (1941–1944. године); трећи пут, баш је (1968. и 1981. године) оружано изазивање грађанског рата између Југославије и њеног албанског становништва.

Наоружани одреди албанског сепаратизма увек су везани за спољег непријатеља или супарника Југославије. Први пут су ослоњени на изнутра нестегнуту државу Албанију, тамо пребегавају ради спаса испред југословенских потерних чета, онде примају оружје и новац од италијанске војске која се тад налазила на тлу албанском, ту сусрећу и послане бугарске поверенике који подстичу мржњу и ратоборство, наилазе им онде и разни плаћеници, допипава их, дакако, и понеки агент аустријски, и још когод препуњен незадовољством према уједињеном југословенству. Други пут су оружане скупине сепаратизма подручне командама оперативне војске и заповедништвима полицијских трупа, италијанским па немачким, на окупираном југословенском земљишту. Трећи пут су, обновљене, скопчане преко неких албанских исељеника и бегунаца са иностраним, нечијим службама у њиховом тајном пробијању и подривачком дејству против Југославије.

Војничка оспособљеност албанског сепаратизма, кроз та три оружана иступања, представља се повећаваном: први пут, у устанку су голоруки сељаци, па после у четовању неколико стотина момака с пушкама уз јатачку подршку родбине; други пут, у строју је исто и нешто млађе људство, но ратнички савремено наоружано, углавном војнички одевено и добро храњено, и старешински вођено од италијанских и немачких официра; трећи пут, у тајним дружинама завереника су махом средње и високо школовани млади људи, до крвности запојени доктрином нације, снабдевени техничким прибором за шпијунажу и убојним оружјем за напад.

И укупна снажност албанског сепаратизма, испољена у та низом три оружана борења против Југославије, одиста је у порасту: први пут, непросвећено сељаштво је исходиште политичких покретача и наоружаних устаника; други пут, фашистичким тоталитаризмом обухваћено становништво даје, тако рећи по разрезу, војнике и жандарме, док је и само, читаво подвргнуто колаборационистичкој служби за окупаторе; трећи пут, прилично просвећено становништво са властитом интелигенцијом, образовно оспособљаваном у домаћим установама просвете и културе, основица је и уточиште политичких завереника и наоружаних нападача.

Дејствену непрекидност стратешке замисли албанског сепаратизма јесу реметиле али нису никад потрле, па ни истисле, догађане промене у појединим земљама и у међународним односима на Балкану, ни, посебно, измене начина и облика владавине у југословенској држави.

Најпре, у монархији, због неуређеног положаја албанске националне мањине, одскок и растанак с Југославијом налази покретаче и политичке присталице међу земљопоседницима, трговцима и малобројним иоле школованим лицима.

Потом, у времену фашистичке окупације, говорима о избављењу испод југословенске власти опричава се слобода; у ствари, тако се прикрива поробљеност целокупног албанског народа, у којем се, заједно с избијањем југословенског отпора истим окупаторима, јављају комунистички првоборци против лажи и ропства. Албански комунисти се боре за ослобођење својег народа замишљајући – по теорији пролетерског интернационализма и по неким назнакама из предратног поучавања за револуцију – да ће победом бити могуће проширење државе Албаније кроз суседан југословенски предео, куд има насеља албанских.

Устанички покрет и удар, затим развој и сав обим и смер ратовања ослободилаца Југославије – на овом подручју и до превршења одређујућег мерила у Антифашистичкој коалицији – обезбеђује државну обнову Отаџбине.

На ту очигледност, албанска национална мањина, крајем рата (јесени 1944. године), креће за првоборцима комунистима, даје људство у Народноослободилачку војску Југославије, за њене завршне операције против немачких трупа и колаборациониста. Међутим, првих месеци 1945. године, у ослобођеном пределу, биће тешко потучена бројно јака скупина Албанаца који су се побунили против југословенске власти.

Недуго потом, у републици, кад је почела обнова огромно порушене земље и имовине југословенске, у ових веома пострадалих побуњеника, колико се бејаше сачувала, тад баш оживљава, гмиже и потајно залази међу сународнике мисао свеалбанског уједињења.

А федеративна Југославија, сопственим укупним напредовањем, подиже и албанску националну мањину; то је савремено духу и кретању Европе, племенито и благодатно. Повишавање знања и нарастање иметка врло повољно омогућавају стање и рад установа као и све наслеђене и стицане изражаје народске особености Албанаца; но, утолико, повлаче и осиљавају њихов појам о једном народу у једној држави (ваљда, и под једним вођом, владаоцем).

Без сумње, услед напредног развитка целог друштва федерације, албански сепаратизам постаје жилав, дубоко урастао непријатељ и намеран одломитељ дела Југославије. Одиста, и да федеративност Југославије није стихијно, као и последично својом стратегијом и творбом донекле измамила његово проницање, албански сепаратизам би се и иначе пробио, и задро у друштвеност земље као љут нагон из природе народног бића.

А колико тек овом сепаратизму годи закључак обратан, необично повлашће – од југословенске владе дато – да област Косова и Метохије, настањена Албанцима као већином становништва, има својство уставног сачиниоца у Федерацији премда је предео без доказа у предању да је икад имао какву народносну самоуправу. Оваквим решењем Југославија се озбиљно повредила, умањила своје право на употребу средстава државе ради заштите сопствене целокупности.

И како та изузетна одредба о степену државотворности албанске националне мањине – да ли има, у било којој земљи негде, такав случај да народносна мањина условљава суверенитет државе – као мера повлашћености сваковрсно се испуњава животом и радом људства, па све тања може да бива његова морална обзирност и духовна саставност са Југославијом. Стога, у сепаратиста, пак, и да се учврсти претпоставка о све очитијем изгледу могућности да ће неког дана бити довољан само један потез, хитар засек, и ено се досегла овде засебна и целовита др-

жава Албанаца; тад, још једна поред те у суседству југословен-
ском, с наклоношћу у обема, дабогме, да се споје и сачине – све-
албанску заједницу.

Овакав циљ, најпре истицан као тежња у непросвећеном жи-
тељству; после њему истом лажно приказиван као остварење у
албанској држави која се била увећала италијанским освојењем
(1941. године), и сва налазила у зависности од римске владе и не-
мачке команде; дакле, у два ранија раздобља замисао крашена и
говорена потлаченим и неуким људима, има сад, у федеративној
Југославији, испред слободно становништво, просвећене грађа-
не и описмењено сељаштво.

Данас, јачи је албански сепаратизам него што је то био икад
од постанка Југославије: за доба монархије, устаничко војни-
штво сељака предводе гдешто писмени а већином неписмени
сродници; у времену окупације, колаборационистичком трупом
од тих истих људи командују италијански и немачки официри,
службеници освајачких држава. У југословенској федерацији,
пак, врежи се албански напон растанка као политичко настоја-
ње у сталежу школованих људи и у радничкој класи.

Албански сепаратизам, данас, има претпоставку повољни-
је опште условљености својег наума, него икад раније, уколико
за се корисном величином рачуна достигнуту и даље изгледну
развијеност народносне укупности Албанаца у Југославији.

Битно је овесељење сепаратиста од самог пораста броја Ал-
банаца, који се, сразмерно, умножавају већма од иједног наро-
да у Југославији. (На Косову и Метохији, на пример, где су Ал-
банци већина у житељству покрајине, и кад бива овде све мање
Срба и Црногораца јер су сепаратистичком дивљом принудом
приморани да се исељавају, јесте, дакле, 1981. године, рачунајући
по броју рођених на 1.000 становника, прираштај за 31,8% из-
над југословенског просека; те, овако, по новорођеној деци – ка-
ко тврде аналитичари статистике – „Косово има водеће место у
Европи“, иначе је ова покрајина, у раздобљу 1948. до 1981. године,
више него удвостручила своје становништво, при чем се у истом

времену житељство целе Југославије повећало 1,4 пута, записано је у спомињаној књизи *Развој Југославије 1947–1981*, стр. 198.)

Друга је, са истог разлога, и за сепаратисте радост отуд што се Албанци корисно разилазе кроз Југославију у тражењу и налажењу посла и зараде. И не као негда, у монархији и првих година у републици, да примају и обављају, једино они, најниже плаћене и најнезгодније услуге и занимања, него се, ето већ деценијама, упошљавају као радници и стручњаци, и пословође, у индустрији, рударству, саобраћају, трговини; добијају као стручно школовани командне положаје и сходне дужности у војсци, стичу и врше разна звања у управним и услужним делатностима; нарочито, Албанаца има свукуд занатлија, и врло видно, самосталних предузетника у трговини, угоститељству и промету, у званој малој привреди.

Отвореност Југославије према свету, причини се каткад, као да је шира за овдашње Албанце него за икога другог рода у земљи (узевши по броју колико их има на такозваном привременом раду у иностранству); онамо, пак, куд је доста Југословена, сви су једнако под бригу и старање Отаџбине. Стеченим новцем обезбеђују себе, печалбаре, потпомажу породице у родном крају, одвајају колико могу и за градњу кућа, куповину земљишта, самосталне радње у занатима, трговини, угоститељству. Југословенски Албанци најбоље виде како, у суседству, њихови сродници живе уобручени непропустљивим границама републике Албаније, неовлашћени да путују икуд изван државе. И наспрам овога, поред свега другог много важнијег, та живљена слобода кретања и рада свакако вреди велик обзир, поштовање и љубљење Југославије, из памети и срдаца њених Албанаца.

Треће је, ваљда задовољство сепаратиста, као што је и читаве националне скупине Албанаца у Југославији, због знатне обимности њезина целокупног иметка, у порасту.

Раније – у монархији, под окупацијом, и за десетак првих година у републици – албанску националну мањину су сачињавали претежно сељаци са малим имањима великих породица те огромним сувишком радне снаге, феудалци са површинама старински обрађиване земље, ситни трговци и занатлије, углавном сиромашна чељад у варошицама, мешовито, исламским и хришћанским.

У федеративној Југославији одлива се радна снага са села, па остао на кућишту пољоделац утолико добива бољу прилику за упошљеност и животно стање породице. Упоредо, врло разграната државна управа и друштвене службе, индустрија, саобраћај и трговина, школе и друге установе културе, запошљавају све више радника и службеника. Овај напредан развитак плоди се и користи благом стицаним на местима рада; помаже се, навелико, и оним сразмерно високим свотама новца стално добијаног из фондова Федерације за бржи пораст производних снага и добробит целог друштва у крајевима, настањеним већином Албанцима. (Бар један, свакоме очигледан одраз богаћења, уз ону укупну развијеност насеља и предузећа, јесу лични и породични поседи Албанаца, нове куће, на пример, па и по три једнаке истом зиданом оградом, опкољене, велике и раскошне, те, наспрам, изгледају трошне потлеушице они стари двори негдашњих бегова, феудалаца.)

А сепаратизам нема увиђаван, поштен обзир на овакву тековину, па ни ревно а камо ли да захвално говори о благодатном учешћу југословенске помоћи; сепаратизам би хтео супротно да начини, решен да све отме и одвоји, лиши Југославију њена улога и поседа.

Отуд, данас, сепаратизам у југословенских Албанаца може да има изворе снабдевености средствима, новцем првенствено, обилније него ма кад у прошлости што је овом рушилаштву државе било на изруку плаће и мита. Сепаратисти су дуго издржавани од присилног а штогод и добровољног давања оскудног сељаштва, шкртих феудалаца и једнако штипавих трговаца. А потоњих деценија, ево, албански сепаратисти могу да претпоставе, и траже, прилоге од појединаца из велике множине службеника и радника, к томе и поклоне од особа у мноштву рођака који марљиво раде и прилично зарађују свуда у Југославији, па још и више да им стигне новца и прибора од сродника (пореклом из Југославије и Албаније) што по свету, у земљама Европе и Америке, било служе као најамници или тамо привређују као пословође, предузетници и газде; управо, из иностранства, да примају потпору баш од лица непријатељског настројства према Југославији, целокупном словенству и уопште социјалистичком уређењу националног друштва.

Албански сепаратизам данас има пријатељства ту и тамо у Југославији, дакако, и којекуда у свету, тврђих, издашнијих и подстицајнијих од сличних, суседских и спољних подржаности му у пређашња времена. Да је сепаратизму албанском по вољи сваки нагон излажења из Југославије, то је тачно, као што је вероватно да ће му се од неких противника ове заједнице нудити потпора и у нетраженом износу или виду. И да у федерацији, услед растења националног самољубља кроз уобличеност републичких држава, одсијава топлина за сваки сепаратизам, а поготово за албански, то је очигледно. Може се претпоставити, штавише, да ће којипут албанском сепаратизму доћи рука подршке, потећи звучање узајамности, и од јавног делања, можда и нарочитог иступа властодржаца и њихових помагача у изведби републичке самоуправе и превласти у држави.

У свету, пак, трагајући за помоћ и примајући се садејства, сепаратисти албански улазе међу сроднике, раднике и поседнике, у придобијених полажу и чврсну завереништво, од жестоких узимају рушиоце који скрнаве знамења и нападају онамошње установе југословенске. Уједно, где су настањени исељеници и печалбари, и куд још около и даље, албански сепаратизам се везује са разним, капиталистичког света обавештајним службама које – често је речено – воде специјални рат против земаља социјализма, односно, против Југославије.

Званично и непризнат од извесне законите владе, албански сепаратизам је придобио у јавној друштвености неких земаља доста неоспоравања његова дејства, богме, гдешто стекао и пристанака на стратегијски циљ: постанак засебне државе од југословенских крајева насељених Албанцима; наравно, у оваквом саглашавању више је користи за сепаратисте, него што би они могли да имају добитка од голог признања из вођства неке државе.

На тој извањској страни, усред свега што албански сепаратисти имају у сопственој окупљености, скривеној и отвореној радњи, стварно постоји многоструко укључење социјалистичке републике Албаније. И њено учешће, колико навођењем ових рушилаца Југославије, тајним путевима и јавним оглашавањем, знатно превазилази оштрином, дрскошћу, удубљеношћу и опсегом уклињавања оно потпомагање негдашњих сепаратиста долазеће од краљевства Албаније, иначе државе сиромашне, ровашне, дрхтаво предвођене и спољашњим премоћима у покорности стегнуте.

А отпорност Југославије, државе, на разорну натегу албанског сепаратизма, бива, временом, променљива. Донекле је та одбрамбеност, данас, без густоће унутарњег набоја одвраћањем, слична оном растреситом гоњењу албанских прекршилаца закона у двадесетим годинама данашњег века.

Онда, споро договарана и одвећ окомито завођена уједињеност краљевства југословенског, одражава се и у кривудавом, збрканом, недовршивом сламању устаничких качака, као и у припростом, грубом и осионом покушавању политичке обраде овдашњег житељства албанског. Спочетка често оружани сукоби жандармерије и војске с качацима, после спорадични окршаји, најзад примирење пошто је неодломивост Југославије издржала кршење а герила дојадила побуњеницима.

Доиста, такво се непријатељство гасило и стога што је Албанија, због многих својих потреба, решила да устанике склони, па развија њиховим вештим уплитањем неспречавану сарадњу с југословенском државом. Јер, признала је Албанија, једног маха, несумњиву искреност говора Југославије, по исповести, збиља јој мило да албанска држава постоји независно. (У суседству, и шире около, ни од кога да је повољније гледана та независност, јер присуство неког мутиводе или могућег освајача у Албанији љуто узнемирава Југославију.)

И кадгод је, током пола века, био непоштован тај разлог и обзир – да је независност Албаније спољна потребност Југославије – то је невоља за југословенску страну. Услед такве незгоде, могуће је и големо вређање, задирање у постојаност југословенске државе, нагна ли се оданде опакост да подјарује на безакоње овдашњу албанску националну мањину.

Данас, нажалост, неповољности је више у југословенској одбрани него онда, очито на степену стратегијском, стога што се у Федерацији одлука државе споро и једвито зглаба због неистоветног, у републичким владама, виђења и одређења албанског сепаратизма. У монархији, она једина влада, кад се сложи међупартијско увиђење нужности противудара, издала је решење и заповест. Федерација, међутим, примењује друкчији редослед: предлог противмере обилази републичка управитељства, па је, враћен од свих на полазно место, довукао оданде приговора, често непрелазних док се не отклоне ставови који су негде названи неприхватљивим. Отуд, још колико времена пролази, после оно дана првобитног оклевања па почетног смишљања поступка, те шетње предлога кроз републике и одговарајуће установе, у свему колико месеци (зар не и која година) до коначног закључка одлуке у влади Федерације; дакле увек, на прилику, дуго и предуго, а вазда, наспрам – прегаоцима албанског сепаратизма као помоћљив добитак времена.

Југословенска држава се привикла да постоји у надгорњавању с непријатељским албанским сепаратизмом; и неодредљиво је докад ће да траје и црпе ово веома напрегнуто сукобљавање. Непријатељство је то такво да се искључује, унутар, трајно помирење; један пораз под једном победом утонуо је за преокрет, а да ли се сломом једног става докончавају сви узроци ове борбе.

Јачица ће да истисне противника, или га подјарми, чак и да му сможди доста бића, али с неких окрајака (којих увек преостане да се живот не би затро) израшће наставак, опет немила појава у видокругу победника.

Но, кажу обично: ново време имаће друкчију обзирност, ваљда трпељивије одношење међу људима и народима; и с овом

олаком речју а празном надом протиче свакодневица, збива се
живот њом наношен, свестрано, сучелице међу противницима
са исходишта старог непријатељства.

Закон обликује друштво, а снаге се већ рвају, сваки одред
бије и напире куд бејаше и пређашње смерање његове стране;
живот се понавља, док учесници говоре, при боју и напору, ка-
ко својом силом и освојењем творе још једно, своме крилу свој-
ствено витешко дело и велико доба.

А будућност, кад се у њу загледа, једва штогод има да је она-
мо назрети; зато се прошлост довлачи и натура како би она
одсевом своје садржине обасјала вероватне дане сутрашњице.
Постојање, ипак закономерно, са незавршиве кретње састојака
бића, улаже зарана и осовину будућности, куд ће загледање и
претпоставке, док уговор и суд одређују радњу и односе; позна-
вање правца спремности и поштовање мере обезбеђују ред за
међуљудска опхођења; знање и закон држе човечанство.

Југославија, дакле, може и да се забави омамом стишаности
сукоба, чињеницом сузбијености разбоја, али ниједном прили-
ком не изоставити: албански сепаратизам, ма колико неког часа
тражио блага, хоће коначно не мање земље и поседа него да от-
цепи баш све крајеве насељене сународницима.

Циљ сепаратиста бележи толико пространства Југославије,
да и главне градове Македоније и Црне Горе с појасевима зе-
мљишта до висине такође обухваћене Старе Србије, уоквирује
и припаја држави албанској. А наум толиког одузетка, очевид-
но је, поништава историјску и вредносну, целовиту и бивствену
Југославију.

Неопходно је, дакако, при процени те замисли и непосред-
не радње албанских сепаратиста да се упоредо посматра и свака
друга претпоставка отцепљења истог или неког другог краја и
народа од Југославије; на пример, стратегијски план нових (по-
слератних) усташа готово је исти у прохтеву на земљу и покраји-
не као и њихових страствених претходника (1918–1945. године).

Јер, кроз све савезе и удружења за коначан циљ хрватског
сепаратизма, усташе обрађују замисао, до крајњег износа, ова-

кву: обновљена Независна Држава Хрватска треба да обухвати све области које је стражила под италијанском и немачком окупацијом (1941–1945. године), дакле, Хрватску и Славонију са Сремом и делом Далмације и Босну и Херцеговину, још целу Бачку на североистоку, Хрватско приморје, Кварнер и Истру на западу, средњедалматинске отоке и сав јужни крај с Боком Которском до негдашње аустроугарске границе у Црногорском приморју; при чему би Словенија (са својим, званим алпским Хрватима, како веле усташе) постала подручје хрватске државе, непосредно спојено и укључено, или, као аутономна област.

План усташа је, напросто, предусретљив према циљу албанског сепаратизма: Независна Држава Хрватска би имала на југоистоку, код Бара на приморју и у дубини залеђа око Рожаја, да се гранично додирује с увећаном Албанијом; и још, било би – како усташки цртежи сликају – да је од ишчезле Југославије остала Црна Гора, малецан лешник, без морске обале, а Србија, орашчић, одвојена онамо источно; Бугарска би узела преостали део Македоније (јер се западним делом и средиштем до близу Вардара намирује Албанија), присвојила би и сав предео између Мораве и Дунава (с југа до севера), где би она била и сусед Мађарске (у Банату), чак недалека и усташкој држави (из Срема) преко зоне Београда.

Да искочи отпис Југославије, може свакад зубљом маште у напону зловоље, и да се то запањено чита као чудовишан исказ, прича о уморству кад памћење не би тргало по разуму да се сећа и препада од оне једном доживљене страхоте: у крвопролићу, дуго кушаног сламања и обнављања јединства у југословенству.

Онда, у Другом светском рату, разлом Југославије па обнова и састављање, неких људи злодело а других доброчинство, имају узроке унутрашње и вршиоце домаће; али сви они, кроз међусобно непријатељство, сврставају се уз две зараћене стране, сваки да оданде има пажњу и потпору државе и силе, моћне да задобива и услови коначне исходе општег сукоба, те, разуме се, стави она насред и властит разлог својег неког присуства на простору обележеном границама југословенске државе; дакле, у сву котлу овдашњег метежа да снаге бију куд намиче рука извањског моћника, понеког у вртлогу и наредбодавног наводиоца.

Споља наилажење, одатле уплитање, то је неминовност за Југославију услед њена састава по земљама и народима, са њене размештености на Балкану, због њезина места на стрмини између Средоземља и средишта Европе. Пространство њено јесте крајина југословенска али подручје европско, посед југословенски а евроазијско проходиште, Отаџбина Југословена а земља Европљана; и дах овде увлачи вијорења са Истока и Запада.

Отуд стојност Југославије количина је и вредност за њено становништво а важност и старање за Европу; јер, рушевност на тлу југословенском мути страву пред видиком европским.

Ту истину и грожњу одлично знају предводници сваког сепаратизма; и албанског, дабогме, ништа мање него хрватског; ваљда појме да Југославија не може опстати преполовљена, без своје западне половине, као што ни поднети она не може да буде саката ако би јој отргли дуг и широк појас у јужном крају источне половине.

Разбојно изазивање отпорности Југославије дира и укупност европског мира; ремећење југословенске добре саживљености трза и по спокоју у Европи. Та злорадња може да буде оштра па ублажена, поново жестока и до краја рушилачка; но, непрестано узрокује она да се надиже па и приближава упадају извањска готовост учешћа, да ли посредништва које би пресекло тучњаву или раторборства, како би ко споља наишао, у помоћ закрвљеним домороцима; тај тег, навој стварне могућности, не одмиче се са ивице европских околности за Југославију; такав случај сумрачно се предсказује на обзорју, доста уочљив због премножене задртости албанског сепаратизма.

Као што је увек кад отмица ускаче силом, тако и сад албански сепаратизам неће разборити пресек насртања, ни пристати да се окане напасти, ни послушати одредбу: постојаност Југославије служи Европи, чува већма него што сама земаљски опсеже, заштићује и шире пространство кад се не подаје врстама

уламања, каквим се, на пример, била препустила, стога онејачи-
ла, у времену подилажења Другог светског рата.

Али разлог Европе да не потпадне каквом поводу трећег
светског рата, та висока неопходност човечанства а европско
надчовечно морање, није узвишеност за сепаратисте; већа је њи-
ма, и важнија, громада њихове замишљене државе него сва та
законита целост на континенту од које свакако зависи и појава
и обличје албанског чиниоца; уосталом, колико суманутог има
у тероризму: нека буде намирење макар царевало на гробишту.

Европа је одговорна, и власна, дужна да одбрани своје бла-
го и просвећено друштво; људски обавезна да начини преграду
окрњивању Југославије, заклон даде овом углу своје целокупне
просторности, ваљда доста што је двапут (за четврт века), на пе-
пелиштима злих владавина, био подизан. Није милосрђе него је
закон, није даривање напољу него је чување унутарњег спокој-
ства, да Европа смирује страственике, гони и спречава напасни-
ке, а рушиоцима и убицама ставља негде и одређује принудно
самовање; премда, казна не поврати што је злочин сатро.

12.

Европа је данас богатија него што је икада раније то била,
и јесте шире развијене духовности но у прошлим временима, и
сталоженог дахтања како је узорно за разумно одношење.

Европа се доиста још много опомиње страхотом рушевине,
ужасом уништења живота, ако би удес спопао, уму се отела рука
да тргне справе и отпусти преко неба налет смрти. То надкровље,
из којег би се просуло уморство, Европа још не одмиче, али, упркос
стрепњи, озбиљно промишља како би га безопасно растурила.

Европа се, у потоње време, обухватније него раније, можда
не удубљеније (него, на пример, у националним раздобљима од-
личног просветитељског рада), свија око човека и упиње у тва-
ри, не хитајући да благостању постави границу.

И потврдило је проналазаштво да у тмини предмета, у са-
стојству ствари, има безгранично силе и творива, и тако исто

има безброј путева између свести и бића, од ума до тајне. Изуми су засегли, открића се наређала до непреброја, трагање се свугде разастире, знање бива царство преко свију међа, непосредно творачки држалац богатства.

Свет човеков збиља виси о лако срочљивој противречности: блага за срећу никад више а смрт свему нигда да је ближе; куд ће да превеси, што да претегне, пита се човечанство и од тога мука је навелико.

Та, забога, осветлилац тмине, размрсивач тајне, утврдитељ истине, извлачитељ силе и водилац кретања, зар тај свеумник, што у атому откри космос, да не смисли начин, и уведе га као ред, којим ће посве мирољубиво обгрлити све проналаске и читаву тековину људског рода; овај кључ, управо изум над изумима, чини се, већ с чела генија указује се човечанству.

Зато, бојећи се пропасти, свађати страх и смелост да би породили избављење; јер умирања нема више него живљења; живот је старији и предњи а смрт је придошлица, никако да претекне и запречи овог претходника.

Једном изнађен смисао постојања, вреди вечност, у ствари, предаје се познавању истине и памети вођства; у стрпљивости није ропство него сазревање.

Баш Европа, за својег развитка, надуго је искусила како је завојито кретање често достигло куд нагао мах никако не могаше; доживела је, колико пута, да је поступност здравија од прескока; али трпела и двогубу последицу не нашав слогу по истом разлогу.

Европа се подухвата, гласећи скромно а наредно, да устали свој ход, смером напред а износом навише; мисли да постане Европа – отаџбина (како је једаред, као из милоште, названа речју знаменитог стратега).

Европа је већ у напону да поступно обједињава националне производње и народне културе; а границе између држава оставља: да означују саставке целине; да оквире самоуправне пределе с њиховим скупштинама и владама; да служе сагледивости заједничког имућства; да истичу особене одлике људства и прилике крајева; да подграде где би штогод да се распе пре него се сједини; да границе постоје ваљда док свету не дође немило да се записује и прозива по разделима и насловима, задобивеним махом (за дуге прошлости) путем устанака, ратова, револуција, помоћу силе и преврата, често крвопролићем.

Европа креће у опште јединство полазећи са својег Запада, а отвориће се, нема сумње обострано, и за сусрет и спајање са земљама Истока. Сва мерења радиности и прихода дају исказ: од Атлантика до Урала, то је једна пољана, за благодат човеку баш згодно подручна. И културе хоће да се друже; оглед је ограшје а укрштаји су игра, и прожимање сродних умећа управо износ свачијег нахођења, далековидног и радосног састајања.

Европа се намерила да уједињава земље и поседе, да би сложила народе, још више помешала људе, уздизала човека. Ову кретњу, да ли можда врлудаво наступање, предвиђати окриљем, гдешто и грубељивим, и сматрати приликом, богме не равномерног изгледа и тока, за приступ, прихват и сложност поштених побуда и здравих нагона. Класе за набоје својих хтења, и народи да заокруже своје и навике – уколико је неком нешто ускраћено, преграђено, издељено, премештено – стицаће поступно општа саглашења, редом и обличја Европи саобразна, достојна узраслих постигнућа.

И да ли је народа у Европи, осим – намах речено – острвских Енглеза и континенталних Руса на њиховом огромном пространству, да тај нема сународнике изван своје, матичне државе, негде у суседству. На Балкану и у средњем Подунављу, на стрмини Европе, на пример, особито је разграната измешаност племена и народа; и не само дуж граница између овдашњих држава него гдегод и усред становништва по којем се нека земља назива, ено ту настањена и национална мањина, чак понегде не само једна.

Никоја земља, влада овде, баш ни једна ваљда, неће поставити запреку, ни даље крвно одвајати становништво државе од те огромности целовито окупљаних људских снага, како проистиче из природе робне производње да се састају и залажу творећи живот европског друштва; ни нечија гордост, ни каква тешка љутња, ни дуготрајна омраза, чак ни убогост, не би правдала изостанак.

После векова приче о европском духу, нека свест поведе људство да саздаје Европу, једну домовину. (И комунисти, ево на Западу, уместо негдашње опште натукнице о револуцији, сад изричу: нека се сложе све странке левице – комунистичке, социјалдемократске, социјалистичке – да би из њихове сарадње произишла уједињена Европа демократије, социјалне безбедности за грађане, здраве природе за све људе.)

Југославија има доста битних разлога, и још колико и докле оних мање зависних од бића да би делотворно урастала у Европу. Читаву своју укупност – пространства, становништва, поседа – има Југославија да мери уз Европу, те у њено окружје и богатство удева спојеве за узајамност, уздуж шири и племени путеве општег уједињавања; да се креће и опходи јављајући се сачиниоцем целокупности друштва на континенту.

Европско уоквирење, буде ли опсег а не ограђеност, станица на путу а не коначно станиште, буде једна колевка човештва у човечанству, онда неће сузбијати ничије добре напоне ни стискати изворне особености; даваће оно – да се сад верује – пружати обрасце па свак изведе решење како се оном људству и вођству допадне за унутрашњи ред и спољашњи изражај, дакако, по начелу за целину, јер би странство стискало и сиромашило неприлагодљивог судеоника.

Југославија читавом својем становништву, напросто да нуди Европу, као стање и власт, као доба и прилику, куда ће оно да удева своје делатности; са њих да се онуд траже и налазе угођаји и тим животним израштајима и духовним тековинама, које национална држава иначе притешњује (пошто нису њеног сродства) док их европска међудржавна разграниченост пресеца.

Европа је дакле та домовина у којој ће свет Југословена да нађе себи природно досегнуту, историјски заслужену, незасецану размештеност: за човека и множину; за нацију и националну мањину; за класу и целокупно становништво; за особене одлике људи и прилике крајева; за религије од Истока и Запада; за културе са духовним језгрима од латинског католичанства, словенског православља и исламског вероучења, а сваке грађанским рационализмом оперважене и прожете; за младог грађанина технолошког доба, који вели да је планета Земља његова отаџбина.

Ево окружја у којем се налазе у Југославији, дакле, изразите скупине, по народносном одређењу, Албанаца, Турака, Бугара, Румуна, Мађара, Словака, Чеха, Италијана. И напоредо, у суседству су националне мањине: Срба у Албанији, Румунији и Мађарској; Македонаца у Албанији, Грчкој и Бугарској; Хрвата у Мађарској и Аустрији; Словенаца у Мађарској, Аустрији и Италији; баш свуда около, при границама или подаље, има људства и насеобина сродства југословенског.

Па ко ће коначно саставити својте, те мањине с матицама њихова рода, пошто границе држава деле сроднике.

То може Европа правцем својег развитка за височанство човека, грађанина, суверенијег од класе и нације.

Унапред је неодредљиво да ли ће будућа Европа с границама између својих држава те разделе понегде да помера, или где-год их сасвим уклони, можда одреди неку мету куд је још нема; такође, хоће ли унутар, већим да начини неке области, чак, превазиће све историјске границе на земљишту и подразумева их, најпосле, ознакама прошлости. (Одиста, како ће бити убудуће, пошто се Европа обавезала у Хелсинкију да неће дирати границе међу државама, док, разуме се, мењаће и поправљати стања националних друштава.)

Али се зна, ма колико да државе имају невоље због нагона растанка (националистичких сепаратизама), да је свака испуњенија неупоредиво живљим и јачим, одсудним намораностима услед класне напетости сталежа, и тек одатле жудње појединца и множине да доживљава својственост властитог народа; све се, уосталом, човеку дешава, па и где је неуочљив, био је покретач и биће уживалац или трпилац последице.

И видно је, како се неке већ постојеће зближености наводе и кроз њих исказују намерености у сутрашњицу, да ће се Европа, као једна отаџбина, поступно подизати: прво уставна обједињења по широким областима па од ових јединица — склоп целокупности. Вероватно ће, од неколико држава и државица, суседних и управним поретком сличних, да произиђе целовит састав, поред сходне величине што дотично настаје, и још којег даље здруженог чиниоца, а у сваком изданку са толико запреме простора и људства да он засебношћу условљава заједницу. Овај савез народа, или савез класа, или савез људи, у Европи, докле би уобличио и нераздвојивост имања и рада, како унапређивао обједињавајуће делотворство.

Два раздобља, најмање, предвиђати као време за приличност уједињавања Европе; па још и треће доба, буде ли нужно да савез класа (у име народа), као нижи ступањ, дорасте и преобрази се у савез људи, моћство врховне неприкосновености човека.

Није злослутно, кад је с помисли на прошлост, да се спомене како Европа има доста трагова и знакова о вајкадашњим кретањима људи и, за времена, сједињавања множина кроз области континента; туд и данас – а ваљда ће и вечито – путују посленици те налазе, где беше некад, тежишта дружења у твораштву и забави. Природа је условила а људска рука радила како је ум небесно водио да се бајно обради предео, за удобност човекову и украс живљења, не превршив нигде измењиво али неуништиво састојство ствари.

Свакако задобици земаља и блага, који су проистицали из силовитих освајачких похода, па краће или дуже трајни, нису домети упутнији од оних величина насталих поступним ширењем исте владавине кроз припајана подручја, те у свему показале више изума него нехата, примениле више вештине него насиља израђујући сопствену друштвену целину. И оставила су та царства, осим прошлог јада од неправде онда, и неишчезле бојазни од обнове неке превласти, предала у наслеђе знатна саздања трајне вредности, као и утрвене путеве за људе и робе, баш обрађена окружја куд би могли и нови израштаји још човечнијих начина и облика радног садејства и духовне саживљености.

Потоње, у технолошком добу брзо нарастање послова и производа наставља људску тековину из минулих времена, и како се творба згомилава и даље, то је да се уобичајено каже; куд је врело и цурење, благо сједињује човека с предметом, условљава износе делотворства.

Тај наставак није проста тежња, ни већма потезање кроз наслеђе него што је надирање у тражене могућности из стечених количина и набраних сазнања. Искуство је увек основица, и сабир знакова са којих ће даље трагање изумеђа. Само дејство није ново (ствар је стојећа устаљеност), али напон има самобитну кретњу, циљ је звезда чекајући решење. Све мерљиво бројем и речју, и намештено и стегнуто за тачно одређен добитак, даје уравњену поновност, ипак доскок изума маштовите претпоставке.

Предвиђање суочава испробане тачности и назрете могућности, пита зналце и мислиоце, навлачи кресиве укрштаје наука и филозофије. Проналазак потом сажео је тежњу скупа, одсликао знанствену вишеструкост из које се зачео и њом узнео; да је понекад загонетно које су замисли пресудно одредиле битно својство исхода; ипак од науке је, од већине струка у савету, од филозофске умности, владајућ правац.

А како је често стратег, политички вођа, одредио истраживање због потребе друштва, за сврху нације и државе, и оцртао каткад неке ступњеве могућег хода према циљу, подразумљиво је његово учешће, пак и предводништво.

Тако идеологија (духовни израз друштвеног положаја класе, сталежа, дружине), као теоријско гледиште владара, или нека друга филозофија политике а унесенија у духовност људства, обузме замисао трагалачког подухвата. Поготово, што спада области и степену стратегије, туд непосредно залази идеологија у послове и ставове предвиђања, чак ће опседати науке, наносити се да претиче друкчија а напоредна умовања, надређивати се етици, утискивати непосредан разлог наводиоца као свеважећу вредност за човека и народ.

И као што се вођа, приморан да мишљу и чином надгорњава немилосрђе стварности, усмерио извесном поуком из политичке идеологије, ту поред се неки мислилац надахнуо дозивањем Бога или безименог Апсолутума, било да је заостала предрасуда или жила искреног веровања. Једноставно, нигде изума о друштву а

да религија није учесник, помагач или противник, духовни пра-
мен поуке о сажитију или нарочито уведен препречилац.

Што сама особеност богословне религије да је истрајно, неу-
даљиво следство човека, а што настројство идеологије да се крепи
супарништвом, тако доходе обе у сусрет, свака где су људи да онде
обузме душе, снађе се и расположи, другој не допусти превласт.

Искусније је богословље него идеологија, и стрпљивије да-
како, и одређеније намењено, у човека дубље владалац. Религија
пристаје и на расподелу човека; душа духовнику а тело влада-
ру; ум да стрепи од усуда док рука служи нареднику; разум да
је посвећен несагледивом божанству док се покорава грешном
кориснику телесности; управо, религији да припада испиту и
надзорству неподложно владање осећањима, а идеологији се
оставља земна стварност којој духовништво врховно суди за-
ступајући човека.

Религија опкољава и надвишава идеологију. Религија, свака
историјски дужег века, каткад је дала и темељна начела нечије
политичке идеологије. Религија ће и тако да траје; да би опстала,
ставиће можда и неки знак неверовања у божанство, како не би
испустила човека; макар потиснута до руба подсвести да оданде
пази на обраћеника, проникне из потаје, озари поуком или пре-
падне опоменом баш кад ће решилац махнути делањем.

У човеку, идеологија покреће и згушњава страст глади, а ре-
лигија налази и одржава тихо трептање страха; глад се намирује
а страх стално подрхтава; глад се и заборавља а страх не престаје
немиром; благо се свукуд сложило а страх подилази и спопада
убодом: све је узалудно! И намах, из препасти, излеће устанак
свести, па куд ли друге сем једино у незнање јер знање издаје;
конац је међу стварима а спас у невиделу; у тмини, међу сенима
је последње уточиште о којем религија има заносну проповед.

Врховнија, дакле, и дуготрајнија биће религија него икоја,
појединачно, световна идеологија. (Човек је послан на Месец –
на основу милијарде научних проналазака и техничких рачуна
– избачен у свемир с молитвом Богу да Свевишњи штити лете-
оца, помогне јунаку да стигне и срећно сиђе на ону планету, па

оданде, с тога путовања кроз небеса, где по причи обитавају ан-
ђели, чеда божанска, врати се победник здраво мајци Земљи.)

13.

Европа, зна се, у свему овом испаштању човека и човечан-
ства, има доста сазнања и учења; и као њен предео, има их, да-
како истих, и Југославија, још млада држава овде давнашњег
становништва.

Примила је Југославија у властито духовно састојство знако-
ве и записе о државама, стварним и замишљаним, у пређашња
времена, дакле, наследила о народима својег подручја све истине
у чињеницама и претпоставке у промишљањима. Но, и сама се
она нашла под пажњом, сред мисли и подухвата устаника и рево-
луционара, легитимиста и узурпатора, разбијача и обновитеља.

Свака је замисао о Југославији, при оснивању државе, и по-
сле, ради преуређења, или крвникова с циљем раскроја, предви-
ђала известан, намери сходан развој збивања и односа у Европи;
и остваривала се, или је пропадала, зависно од хвата и поступака
те европске стране с којом се била духовно и дејствено везала.

Историјски су исцрпљене замисли, било да су стекле ожи-
вотворење било згасле због слабости својег чиниоца или несу-
висле садржине; управо сврстале се у поменик минулих изазова
и појава, претпоставке: грађанског либерализма о демократској
држави суверног народа, шовинистичког сепаратизма о једно-
народној засебној издигнутости, комунистичког подухвата за
премоћ пролетаријата преко узане раседлине између нације ма-
лограђана и интернационале радника.

Из ових неједнаких духовности и, у многом, не само супар-
нички него и непријатељски унутар изукрштаних политичких
настојања, није могла да пође и развија се воља прелажења из
појединачних уоквирености у вишечлано садружје; није се на-
гон спајања нигде ни испилио, јер се натега самодруштва одвише
упињала користољубљем и уображено надизала засебношћу
стечене или наслеђене творевине; у свакога самштина прегла

да је неспојива са изданком у суседству. Овако је утолико више кад ни Европа није својом општошћу погодно условљавала приступе удруженостима и кругове могућих прожимања сродних састојака, дакле, друштвених савеза, државних установа, сједињујућих радних програма. Европа, штавише, у међувремену, једаред је толико скрхана да се усред њена слома догодило освајачево крваво владање просторима (1939–1945. године) где би се иначе, у слободи и с добром вољом, сместио велики савез народа; наказа је једва одагната, окупација посве схрвана, а народима се вратила слобода у националним државама.

Пространство Југославије, пак, и пре њена постанка (1918. године), а нарочито, након пада (1941. године), при потезању обнове и преиначења (1941–1945. године), потпада, истина је, и промишљањима о великодржавној укупности, сложеног састава, у етнички измешано настањеним подручјима на Балкану и у Подунављу. Помисли су излазиле, шетале и залазиле, остављале неке ознаке, на предмету се сретале, нашле и коју заједничку црту и општу тачку, у свему сложиле се у замисли с предвиђањима два тежишта, суседна и не супротстављена, те у сваком с довољно природних услова, историјских вредности и људских разлога да садржи осовину окупљања.

Домовинство мислилаца и предлагача родну земљу предочава као средиште оне замишљене велике заједнице, сложене државе. И сваки је тај казивач изговарао својствено му класно виђење будућности Отаџбине.

Уколико се и напољу, где и далеко, помолио неки одзив, стављао је, како који, посебну повлаку; на пример, за Другог светског рата, владе велесила су утуриле своја назирања, спремиле своја мерења; и у сваке, доиста, замисао о државном, вишечланом сједињавању у областима југоистока и средишта Европе, вукла је и тег онамошњег империјалног циља.

Из свега, дакле, по казивању летописа, два наслова се реде напоредо, означују издигнуту целост предмета, одређено именују могуће савезе народа, остајући као мисаони знамени истог доба: балканска федерација и подунавска (средњеевропска) федерација.

Малко је сложенија друштвена изворност појма подунавска федерација него назива балканска федерација; и ко зна: није ли она израз умнији, видовитија одредница, можда обрис који неће остати узалудан, него доследно се испунити животом, па залазећи из Подунавља и дубље кроз југоисточни предео, низ стрмину Европе црпсти прилику за такмаца.

Балканска федерација је збиља устаничка замисао; спочетка, проговор који над чиновнички мерену и стезану друштвеност малих монархија, и ту свукуд осионо упливну окрутност околних царевина, истиче револуционаран циљ; макар и снено речено али је представа која надмашује племенска самољубља, превазилази крхке усамљености, провиђа ослобађајућу скупност као једно неистискивано судеониште у пословима Европе. Управо, ма и привид ако је, тај назор уједињења филозофски пориче постојећу мешавину ропства и сиромаштва, и претезање између самобитности и стеге, пошто мраче моћство слободе на Балкану. (Светозар Марковић је 1872. године написао: „Српском народу је излаз револуција на Балканском полуострву".)

Ослободилачки национализам је још био у здравом напону; ницањем саме стварности на Балкану и повољно зањихан неким нахођењима са рубова европске духовности, одстрањује вишечлана везивања, увећаваном износу једнонародности даје мах и обличја.

А балканска федерација, исказница и за праведне намере националног устаништва, издваја се и смешта у насловља политичких циљева револуционарног радништва.

Овде, у Интернационали социјалне демократије, додирују се, чак и сустичу, назив балканске федерације и појам подунавске федерације, с јасноћом узетих намера али неистанчаном одређеношћу земаљског пространства, у замислима.

Балканска федерација се прозива живље, и спомиње чешће, поглавито откад постаје (1910. године) сагласно видокруг свих социјалдемократских странака и удружења на југоистоку Европе. Воође партија и говорници радништва именујући балканску федерацију увек наглашено додају: нису ратови и самовлашћа, због крволоштва, него демократија и препород, по човекољубљу, та делотворна обухватност којом ће произићи потпуно ослобо-ђење и уједињење дуго страдалих народа при концу њихова из-лажења из ропства у царствима Османлија и Хабзбурговаца.

Изрека је стојала: неумањено да представља њом сведену по-литичку мисао, а све оштрије да звучи кроз опомене властодр-шцима због заласка национализма, што вољног што принуђеног, у ратне подухвате. Ни изгон Османлија (1912–1913. године), ни скори оружани поход Аустро-Угарске на југоисток (1914. године напад на Србију и Црну Гору), ни после још гушће и пространије ратовање на Балкану, нису скршили социјалдемократско вред-новање балканске федерације. Напротив, тад партијци причају: многољудну погибију докончати хитним прекидом крвопроли-ћа, и намах приступом помирењу које ће сузбити мржњу, пре-скочити раздеобе, прерасти у државни савез народа. Домишљај дакле куд само жудња може предајући машти искрену побуду, овом речју, балканску федерацију, ипак као један наум међу прет-поставке о општем, социјалдемократском преуређењу Европе.

Одједаред, као што бива кад сневаном истином јава изненади, обасјала је руска револуција (1917. године) духовно поднебље сва-ке тежње за миром, ратом згрченој Европи наметнула оглед с нај-необичнијим размишљањима о разлогу и сврси општег оружаног сукоба; и затечен је појам балканске федерације затомљен у пар-тијским одлукама из предратних дана (већ од 1910. године). Бурно врење силе и јављање устаничког прегалаштва растурају умовање старије доктрине, цепа се другарска заједница, и назива издајицом ко не следи револуцију. С овог крила, где говоре о незастоју пре-вратничког похода кроз Европу док се она не начини једном до-мовином класе пролетера а гробиштем последњих богаташа бур-жуја, бије позив звонко и над речју балканска федерација.

Прво устаничка замисао, и све позније доследна изрека, по-јам балканска федерација стиче топло озрачје од једне истинске и посве блиске револуције; из социјалдемократије пренесена је

међу одредбе укупног комунистичког опредељења. (Зато су на-
рочитом објавом казали српски социјалдемократи, децембра
1918. године, при обнови своје беше ратом искидане партије, да
је сад уједињена држава Срба, Хрвата и Словенаца добро дело
националног ослободилаштва, и да ће се до врха ваљано испу-
нити њен смисао ако постане сасредиште зближења суседних
народа, основица балканске федерације.)

У комунистичком покрету уопште, првенствено у вођству
Треће интернационале, кованицу балканска федерација виде
и користе као помично слово; којом ли на рубу а гдекад усред
задатака дотичних и обавезних партија; но углавном као при-
ручан назив за стратегијску величину – предвиђа се – савеза
совјетских република на Балкану.

И држе тај наслов, у Коминтерни, с претпоставком да ће на-
ционални устанци, и преовлађујуће им придружена пролетер-
ска револуција, разорити југословенску краљевину, од које би
настале засебне државе – Србија, Хрватска, Словенија, Црна Го-
ра, Македонија. Ову државицу окрњеном предвиђа због никако
сасвим искреног пристајања иначе врло уважаваних бугарских
комуниста да и они сматрају, изричито именују Македонце за-
себном нацијом, а не којекако измешано и значењем супротно,
него баш овако: Македонци су људство бугарског рода. И још,
веле у вођству Коминтерне: од разбијене Југославије отпадају-
ћи, национална мањина Мађара пристаће рођачкој Угарској на
северу, а национална мањина албанска припојиће се матици на-
рода да сачине уједињену Албанију.

Издржљивост монархије Југославије међу мргодним суседи-
ма и нехајним велесилама – у ње законом забрањено посто-
јање комуниста као политичке странке – често је жестоко про-
гоњење разних противника; па, пресудно, злосређа Европе да
јој се навргне националистички тоталитаризам као филозофија
политике и владавина у неколико држава мрзовољних према
другим народима, док је оглашених крвним непријатељима ко-
мунизма – наморавају вођство Интернационале да преусмери
дејство њених секција, националних партија; одредбом задаје:

од претежности борења против капитализма уопште – како се
испољавао у свакој земљи појединачно према исходима Првог
светског рата и последицама мировних уговора (1919–1920. го-
дине) званим версајски систем – преносити и најјаче згушња-
вати упорност нападаја на грамзиви фашизам као напаст која
прети слободи и демократији у целом свету.

Отуд, после десетак година (1924–1935) комунистичког на-
зирања балканске федерације преко замишљаног растура Југо-
славије, престаје у вођству Интернационале спомињање савеза
совјетских република на Балкану као циља опште револуције
радништва. Но именица остаје, назив наума да ли већма у са-
мих комуниста или код супарника у свету грађанске демокра-
тије. Закриљена веома изразитим комунистичким дејством
против фашизма, доспева она на раскршће: за Другог светског
рата, после уласка Совјетског Савеза у оружани сукоб (1941. го-
дине), да се наговести федерација као сједињујући циљ устанич-
ког родољубља у покореним земљама, или, да се појам задржи у
памћењу стратега као реч која би дала смер стварном залагању
ако догађаји нанесу прилику за прекрој оне предратне, међуна-
родно признате установљености држава у југоисточној Европи.

Појам балканске федерације сад је, у ствари, потпао неисто-
ветној природи а сложном ратовању савеза демократских држа-
ва Запада и комунистичке отаџбине Совјета на Истоку; нашао
се на једној тачци међу линијама стратегијског опсега удруже-
них сила које се јако и убедљиво обавезују да ће сузбити и по-
тући освајаче, те земљама избављеним из фашистичке потрве
омогућити да имају владавину какву ће сваки народ сам да би-
ра, себи одреди.

Тај проглас је повољан за сваки начин и вид противфаши-
стичког устајања ради ослобођења, био и доста простран, ако се
пригуше предрасуде, и за политичку радњу ма којег смера у ра-
спону између демократије и комунизма. И с те начелне ширине,
несумњиво сваком једнако моралног ослонца, ослободилачки
покрети под вођством комуниста у балканским земљама – пр-
венствено и претходнички у Југославији – извлаче особен потез,

меру за путању класне, социјалистичке револуције. У ствари, проповедањем народне демократије, ови покрети обавијају битну промену, ницање и обличје противбуржоаске власти, а све обезбеђено бојним доприносом на ратишту и, утолико, ојачаним правом на самосталан избор облика и начина државништва.

Одсудан, највећи и преломан, совјетски удео у сламању до уништења фашистичких освајача, и, ту згодно и врло виђено, комунистички узраст кроз народне ослободилачке устанке, доводе за сусрет истину и појам, измењену политичку стварност Балкана и ту постарију мисао о државном савезу народа на стрмини Европе.

И баш на домаку појаве балканске федерације, пошто су војске изгонећи фашисте ваљано условиле за преговоре (крајем 1944. године), пред само закључење споразума о здружењу Југославије и Бугарске, којем би се, јамачно, одмах припојила и Албанија, задржан је потпис уговора. Свакако, ово ускраћење мање је проузроковано запињањем услед неколико, наспрамно, различито предлаганих појединости о зглобовима савезне државе него што је застој легао због обзира Совјетског Савеза.

Совјетска влада је извесно уважила, са савезничке стране у Антифашитичкој коалицији поручено подсећање, да у областима заједничког занимања једнострана решења не доносе ведрину за узајамности; с чега би, на прилику, оличење Балкана федерацијом република у окриљу Совјетског Савеза доста простора широм Средоземља одвајала од Запада, неповољно за европско одавно устаљено и неговано садејство нација у производњи и култури. (Доиста, и британска влада, наспрам, имала је претпоставку, да би се после растура фашистичке окупације, федерацијом у неколико прстенова од Средоземља до Балтика, разуме се, у поретку грађанске демократије, могла успоставити обновљена средња Европа између Совјетског Савеза и поражене нацистичке Немачке; међутим, након прекретнице рата на совјетско-немачком фронту, од почетка 1943. године, моћно потискивање изгоњених Немаца, докле су били продрли у социјалистичку земљу, и залажење совјетске војске пут средине

континента, колико је ведрило за могућу балканску федерацију
толико је мрачило за промишљања о икојој друкчијој, сем под
комунистичком превлашћу, савезној држави у ослобођеним зе-
мљама источног предела Европе.)

Жива остаје замисао, скрајнут нацрт уговора балканске фе-
дерације, до наредног осврта и проглашења успоставе, непопу-
стљиво пред приговорима супарника и упркос опирању непри-
јатеља.

Чудо се, међутим, догодило, пребрзо; изненадан совјетски
спопад Југославије (1948. године) скршио је поимену и чекану
друженост комунистичког интернационализма, рушилачки
ударио на сувереност ове независне државе, и, уједно, доиста од-
једном, растурио све начињене приступе балканској федерацији.

Југословенско одбацивање неистине и пакости наставља се
дуготрајном одбраном државе и уређења друштва, права наро-
да и части вођства, јер се совјетски насртај претворио у премно-
штво вређања Југославије; па у овом злоделу, нарочито суседи
Југославије, доскора пријатељске државе и спремани чланови
прављене федерације, издиру још љуће од зачетника (совјетске
владе, својег покровитеља), бацају клевете и претње, шећу вој-
ном снагом уз границе, набијају смртоносно непријатељство.

Таквом злоћом изубијана је замисао балканске федерације,
згужвана, изгажена, одбачена, осрамоћена; али, није уништена.
(Мисао је као звезда у свемиру: јавља се изреком одједаред, сто-
ји и светли у својем свету, и гаси се ни по чијој личној вољи већ
због ишчезнућа оног бивства које узбуђиваше свест човекову и
тераше проговор.)

Замисли балканске федерације одиста предстоји: без раз-
бора ичијега, да остане заувек у записима где је сада њено по-
чивало, њена немост у некретању, или, подигне се ипак, негда,
речју незаборава, великодушним исказом истине о неразлучној
сједињености природе и човека, побуди намере са животне из-
ворности постојања.

Дрско искључена из садружја социјалистичких земаља, Ју-
гославија се винула непредаји, сва стегла и прегла да своју суд-

бину не пусти покори, опстанак измучи самопрегором, немења-
ну одлучност за комунизам потврђује самотвором у трагању и
напретку.

Југославија се машила подухвата светски значајног: у само-
ћи да не грчи стрепњу, згиба се мраморно од ледене муке, него
улагањем укупне вредности у поседу и све моћности пред туђим
силама да развије и обликује национално друштво, следствено
самостално читаним и независно схватаним мислима из тео-
рије о социјализму, уобичајено речено, о држави радног народа;
управо, по суверено процени, да крене собом један историјски
навештен и укупности човечанства потребан израст социјали-
стичке заједнице људи мимо једномислености и истообразно-
сти, иначе свуда за комунисте обавезне, било да су властодршци,
или, опозициона странка у капиталистичким државама.

Прво нагао окрет услед изненадног споља ударца, па пре-
усмерење изван видокруга и одређења по совјетском обрасцу
социјализма, Југославија се откида од раније међудржавно уго-
ворених и провођених савезништава на Истоку а не прескаче
на обалу Запада; одавде, пак, већ уназад коју годину (баш од
пролећа 1945) са срдњом спомињу Југославију, и опоро је сре-
тају, све у непристајању да граница домовине обухвати до самог
северозападног руба настањености Хрвата и Словенаца, што су
родољуби били задобили ослободилачком оружаном борбом; и
поврх, нерадост се оданде мрштила и на Југославију због начас
после рата настале политичке и духовне поделе Европе између
капитализма (на Западу) и социјализма (на Истоку).

Нашав се усамљена (1948-1950. године), не сме да је јабука,
ни корисно јој да је осињак, ни разумно да је гвожђем оковано
стабло, Југославија се ведро и смело окреће свету: Европи и чи-
тавом Западу да у земљама грађанске демократије придобије за
се разумевање уместо затечене опрости, налази потпору нужно-
сти својег опстанка; у Азији и Африци, пак, народима доскора у
ропству искоришћаваним, да кроз иста узбуђења слободом и са
сличних виђења правде и напретка у човечанству, заједно про-
изводе утицај у стварима света, моћан уплив од множине уче-

сника и независан од постојеће раздеобе евро-америчког про-
стора између два супротстављена савеза огромно наоружаних
велесила.

Стратег је смислио позвање Југославије: морално доследно
са њене улоге и заслуге у противфашистичком рату и врсте од-
бране самосталног развоја у социјализму, а за творбу видовито
и до недогледа у могуће домашаје човечанства.

Југославија се својски, одлучно и покретачки трудила: на
Западу је стекла наклоности, сем идеолошки неусловљаване са-
радње још и доста исказа онуд политичке жеље да она посто-
ји као независна заједница сред југа Европе; с државама Ази-
је, Африке и Латинске Америке засновала је, и врло разастрла,
светско дружење, названо покрет несврстаних земаља, где она
има улогу увођству као члан с нарочитом заслугом.

Југославија је, за деценија, развојем у федерацији национал-
них република, израдила сопствен образац социјалистичког
друштва.

Свеукупно, југословенски успон и облик је постао особи-
та чињеница: свету значајна као предсказање блиског цепања и
доцније распуста постојеће поједначености обављаних нацио-
налних замена поретка приватне својине уређењем друштва
на заједничком поседу добара; важна нашироко као крак воље
радосно расположене спрам општости у човечанству; достој-
на пријатног увиђања пошто садржи одлучност да се стојност
властитог дела заштићује и поштовањем друкчијег начина и об-
личја; видна одсвакле као белег да пут у социјализам исходи из
бића и својстава сваког тамо намерника, започиње и наставља
се памећу и деловањем решилаца усред људства на борилишту;
очигледна сваком као пркосно сведочење да од предмета кому-
нистичког интернационализма постаје социјализам ствар поје-
диначног националног избора и самосталног поступања.

Та бразда кругом, с огњишта домаћег у витао планетом, го-
тово се уметнички уцртала, лепо за представу намере, чак чаро-
вито за наклона осећања. Видокруг омамљив, а творачке силе
докле могу: стазу или стазицу; јер ту негде, у заседи, загонетка је

супарништву између речи и творбе, духовног одраза и стварне последице.

Југославија се односи верно, и ведро креће с поетском изреком: слобода је недељива, правда тачно ваља кад је сви имају, свет је домовина људи. Овај глас душевности да и небу одзрачи моралну истину човештва; и док звучи узвишено позвање, светски посао се навелико углаба кроз унутрашња морања Отаџбине, даљине су потезале радосника а дом се утолико празнио или богатио.

Југославија се густо натисла у пријатељства са земљама различитог стања власти и поседа, с многим и што живе у сиромаштву а гдекојом препуклом од нереда; дала у задружја широм света, ту и одличне везаности с неколико далеких држава. То је збиља важно и врло знатно, а славило се као величајно; тутањ приче је весељем узбуђивао људства не марећи што се упоредо нагомилавао настор привида: свет је прво суседство Југославије.

А завичај Европа, родна груда, што остаје иза леђа, није гребла питање јер се окрет може изабрати; али, ко је мислио, како истрајати достојно кад домовина дахом живи и радом се оплођава од тековине на континенту, има потку и напоне из овог окружја, њим постоји.

Вео части још трепери њихан успоменом а слап радовања једва цурком да је могућ, пошто се, у међувремену, Југославија ојадила услед својег раздешавања у одвише осамостаљене националне саставке; и у слабљењу спазила се она некорисно оперваженом: због напирања изузетношћу своје појавности у социјализму, издвојила се из друштвености у Европи, нашла најзад подно два велика савеза држава, усамљена као да је отуђеник.

Југославији, земљи европској, народу који свуд около има духовна сродства и радна садејства, већ пада одсудно: уједно, обнављати слогу дома и с Европом изукрштати мисао и рад; искреност да изнесе љубав а узајамност да облагороди твораштво; вез живота да напуни истином куд природа држи постојање.

Горостасно она стоји а оловно тежи тај задатак Југославије; опомиње непажњу, бије на неслогу, наморава родољубље, циља пут висина где развитак домовине знаменују историјски врхови: уједињење (1918. године), устанак на фашистичке освајаче (1941. године), потпуна обнова и преуређеност (1945. године), отпор напасти (1948. године), самцит закорачај у гдешто прозрачну маглу будућности (1950. године).

Сад Европа није љуто подељена (између два супротна савеза држава) као што бејаше кад је Југославија полазила да проналазачки твори властиту својственост и у свету нађе пријатеље с којима би правила моралне савезе политичког садејства.

Европа је стекла врло знатна ублажења супротности између својег западног предела (капиталистичког) и оног на Истоку (социјалистичког), преко међе доста умножила привредне послове, и са блага културе свестрано озарила душевно узношење јединства; предрасуде се склањају а разбор наступа средиштем.

Југославију сад додирује, опипава и узбуђује, стратешки издигнуто и државнички настављано уобличавање духовне и радне заједнице Европе на Западу. А на Истоку, после дугог згибања у поједначености, националне државе социјализма смишљају и ређају изразе своје независне властости, признајући ранију југословенску осамостаљеност, као високу вредност, чин јуначког првоборства и путоказ епохалан.

На Западу се поступно, и због разних народски осетљивих особености веома обзирно, згушњава уједињавање; на Истоку, међутим, ради напретка, навесила се двоумица: живље удубљивати сарадњу са земљама наспрам, на континенту, или, брже проређивати обавезе кроз мноштво наврстаних задужења у тешко укованој истоветности социјалистичких држава. Јер, с путева кроз Запад дохватно је покриће за многу потребу на Истоку; обострано, дакле, враћа се Европи њена просвећена укупност, овде срећно и човечанству на добробит.

С навоја тог спајања одсева благост и за појмове и за осећања у Југославији; иако она није подручје главних токова на континенту, ипак није ни кутак постранце на стрмини Европе. А кад је стицала законе и установе социјалистичког друштва, неистоветне с уређењем у земљама идеолошки слично усмереним, Југославија је чврстоћом у решености и врлошћу у трагању одразила извесно знамениту упутност за односе између држава, поглавито малих и великих.

Југославија, дакако, стоји особено као стваралачки судеоник у заједници Европе; и љуби своју политичку самобитност као учинак и појаву по европској духовности; и подразумева знање и богатство на континенту као упливно окриље својег постојања и напретка.

Погледу са Запада као и са Истока бива Југославија предео својан: народи овде особинама бића и истинама из својих прошлости, с духовним делима и рукотворинама, имају стоструко спојева и појединачних истоветности са суседима около, дубоко кроз обе стране европске. И куд је раздео између величина, саставака Југославије од Истока и од Запада, то је веома видно, а каткад се причини уочљивијом у државе та разделница него сва јој обједињеност с навршетком седамдесет година.

Поглед из Југославије, с целокупности њеног поседа, испуни се одједаред виђењем читаве Европе; но испашће пристрасно пода ли се изражају једног краја, успону појединог чиниоца; јер, право је и потребно да с немењаног размака иста пажња води пребрoj укупнога стања, и обезбеђује тачну спознају и суд.

Југославија је у Европи, како само биће условљава, изнутра природно неподељивим напонима за садејства, унапред готово равномерно из својих области за исхођења у сав околни свет.

Југославија на стрмини Европе, то је већ за поклик после година и деценија непуноручнога дружења ове земље на јужној страни с народима источно и западно. Правац се угодио по разлогу живљења с целовитом тековином на континенту, а разбору је поверено да оцењује прилике, издева задатке, усмерава дохват, закључује степен сарадње пред још пунији закорачај у свестрано здруживање

Југославију ће мотати грех странпутице, изабере ли за водиљу какву вредност изван оног редоследа који човечански упућује националне подухвате; страдала би ако зађе мимо научно изведеног предвиђања о целој Европи, о садејству влада и сретању народа, по моралним законима људске општости за сврху плодности слободе човекове.

Југославија, сад, није догнан уском под европска мерила, али јесте принуђена да расуђује о раздаљини између своје поремећене сасређености и неједнаких ступњева различито постављеног и супарнички зиданог јединства у оба велика савеза држава, ево у њих умекшаних оштрина, обострано ублажених окомитости у преговорима о сложном живљењу у Европи.

* * *

Најзад, академици, ја молим: не пристајмо на истискивање наших знања о законима човечанства; не правимо се глувим сред ломљаве испропадалих људских вредности; не дозволимо да каква мала количина прегради наш поглед на владајућу величину; не остављајмо добронамерне износиоце разних замисли да им једини саговорници буду партијски агитатори и јавни правобраниоци; нипошто, збиља, него говоримо и тражимо одговоре, дајмо разложна објашњења, налазимо и нове приступе истинама, ширимо кругове сазнања, подижимо наша небеса слободе.*

_____

* _Југославија на стрмини Европе._ Студија је написана према садржају ауторовог говора у Скупштини Црногорске академије наука и умјетности, 27. фебруара 1987. године; израђена је за сврху потребног образложења, пред академицима прочитаног одзива и начелног осврта. (Говор је службено забележен у саставу „Записник са XXXIII сједнице Црногорске академије наука и умјетности", одржане 27. фебруара 1987. године, стр. 5.) Студија је први пут објављена, ево, у истоименој књизи.

ЈУГОСЛАВИЈА ВЕЛИКА ОТАЏБИНА И ДОБРА ДОМОВИНА

Да овог часа не бројимо ни спомињемо редом минула стољећа земље, данас зване *Црна Гора*, јер бијаше предавно кад је људство нашег рода, долазећи са сјевера, застало пред водом Јадрана; и ту, над пучином мора, као и дубље, у скадарској котлини, у зетској равници, још даље по средишту Балкана, за себе и своје потомство саздало трајно станиште.

1.

А тад ни предводник ни пророк не би могао предсказати да је чељад претходнице починком засјела баш у области гдје ће одавно изнутра подвајана религија распући се, па и ову крајину погодити расцјеп, уобичајено називан раздвојем Истока и Запада; што овдје, уже гледано, стварно јесте одсјек просторне границе између грчког обичаја и латинског обреда у хришћанству, непосредно, један предио додира између пространстава православљa и наспрам католичанства.

Сва исказница о Истоку и Западу на вјечито се везује са много ранијом диобом (395. године) – Римске империје на источно царство (владар и патријарх у Цариграду) и западно царство (намјесник и папа у Риму). Отуд је потоњем бесједнику о расколу у хришћанству, представа најочитија кад именује Исток облашћу православља (цариградског обреда) а Запад подручјем католичанства (римског обреда).

Доцније, османски Турци освајањем запосиједају земље православних народа на Балкану и доста католичке Паноније, па стоји, за појам европски, да је ислам, турска вјера, такође религија Истока.

А Запад, значи, сав је римокатолички и оних обреда који временом проистичу из њега по разбору, због одметања, одстрањења, прегоњења у догми и црквеној казни за непокорне и иновјерне.

2.

Нашав се на раседлини, при окончавању подјеле хришћанства (1054. године), и баш у освит тад стваране српске државе Зете, овдашње људско постојање натегу добива. Јер овуд, та свјетски важна граница, обиљежена сусједним богомољама супарничких цркава, исто као и свако друго размеђе, донекле и већма, приморава сроднике да у залеђу имају ширину и пуноћу, а испред прилично за видик и послове.

Разлика се неотклоњиво исперила, подијељеност испријечила као закон, стога обострано кријепила напоритост, да отпором и одбојем опстају цјеловите духовне засебности гдје имају нужан додир.

Православље преовлађује у Срба, постаје вјера човјекова, црква народа, судионик државотворства, просвјетитељ духова, побуда и сврха градитељства, проповијед и кроз књижевну причу, обзор за умјетничку представу.

Словенско православље уопште, нарочито српско православље не потпада тајанствености, сљубљује свештену поуку и обичај народа, богомољство једначи с човјештвом, цркву не издиже над Отаџбином, вјеру крили као вео слободе.

Поглавито, откад су им државу разорили Османлије, Србима помаже православље: јачином духа да човјека свијести; предањем о старини да особине народа штити од стрва; чува чистоту наследства; вјерским обредом оличава живот упркос господарећем туђинству.

Српско православље дуго и предуго упорно одстојава; католичанству не уступа читава крајишта испред; при Јадрану, древ-

на међа непомјерљиво стоји. А због губитка, браће потпале све-
сили ислама, даљи осип православље заустављa својом отпорном
кретњом, којекуда наносећи се и ослободилачким устаништвом.

Са те постојаности, вјера и воља поступно творе друштвени
поредак; у племенима обликује се власт, у Црној Гори том одли-
ком настаје и напредује држава. По називу брдског краја изведе-
но име земље и њеног житељства.

Владика предводи и управља; улогом свечано гледаног влада-
ра оличава поштовано првијенство братсвеничких јунака у пле-
менима. Вјерска проповијед, дакако, помаже државотворству.

И под књазом, владаоцем, исто је у Црној Гори правосла-
вљем умиљена духовност Срба: уз посвећеност религијску ујед-
но душевност људска, умно вјерски обред проплетен обичајем
народа. Законито уважено, православље има вид и моћ судио-
ника опште друштвености.

У југословенској монархији, такође, православље у Црној
Гори неизмјенљиво има духовну и обредну узајамност са све-
товним односима Срба. Уосталом, једино је православље јед-
нако уједнитељ Срба у цјелокупној држави, мимо свих, по
насљедству, међу њима покрајинских различитости, и упркос
свакојаких подијељености браће према странкама и службама,
вољама предводника и прохтјевима газда и властодржаца, зло-
ћама смутљиваца и пакосника.

Власт у федеративној републици Југославији одстрањује цр-
кву, све религије, из јавне друштвености.

Српско православље је најниже потиснуто, осиромашено,
ојађено, усамљено; у земљи тајом да мили, и без потпоре од неке
сродне цркве из гдјекоје стране земље. Трпњом да живи и стеже
своје постојање, као негда у давнини, мора српско православље;
свакако, и да врши обред за потребу душе и пробљесак суштине
бића народног.

А што су туђинске свемоћи гњавиле у Српству, и по дома-
ћим гониоцима то се озлогласило, битност је сачувана у право-
слављу; дакле, вјера кроз народност као дозивање човјештва, и
црква на сабору прва установа Отаџбине.

Зато одсад, веома потребном обнављању народног својства и братске слоге у Српству – након већ договореног узмака искључиве власти комунистичке – православље се находи као појас: лицима побожним читанка за бдење а непобожним оглед о људскости; првим за благост душевну а другим за поуку моралну; првим завјет и понос а другим – поуздање у народност; за све, одиста, родитељ је родољубља и милосни образ Отаџбине.

Српско православље одгаја правдољупца а никако злотвора; бранич је дома и рода, посвета човјештву. (Будимо људи и према нељудима, поучава ових дана паству првосвјештеник у Српству.)

3.

Друго је извориште обнове и препорода у предању о Српству: о земљи и њеном благу, о народу, првацима и великанима, о живљењу и збивању на тлу отачаства. То имућство творе приче о прошлости, споменичка трајна оличења, живи знакови о бићу људства и потребама становништва, дакако, и наперено предзначење долазеће одсудности.

Црну Гору одликују њено самотворство и поетски говор.

Особена је Црна Гора и по том што се за слободу говора издигла, за владавину ријечи стварала; да потвора, клевета туђа и пакост извањска не спречавају скупштину народа ни страше чељад код огњишта.

За ријеч човјека, брата и старјешине, за досуду општег збора у народу, везано је постојање, у миру, као и с буном, у прегарању најтежем; и увијек тако:

епски нанос красно преврушује појам о разлогу а братство сија циљем.

Што нема биљег јунаштва не весели дружину; полетно се појединац равна са завичајем. Сва је Црна Гора у самом Црногорцу, њом се он велича, као да је његов посјед цијела ова постојбина.

То поистовјећење човјека и завичаја не бива у Црној Гори на мјерљивом иметку; оно је превасходно духовна врлина. Овдје, лично узношење земљом и народом ниче ту гдје дозив Бога и бесједа о човјеку сплићу вијенац за јунака, праве спомен за повјесницу, слажу запис у незаборав; слављени су смјели умом исто храбри и срцем.

Црногорско опхођење има кретњу попут горе коју витла силан вјетар; има звучност узнемирене висине; има гледност озрачену златом сунца и модрином неба; говор бије и потеже, вољи прти измаштану жељу; често, скок је бржи од ријечи.

Све одличје Црне Горе, по врстама духовности, саздано је Српством, мјесно ликом и одразом а свеопште смислом и састојством.

Црногорска особина. збиља, колико бијаше борачка сила и творачка моћ, па, савремено и доцније, причана, пјевана и сликана, сва та величина управо је знаменитост српског духа и израза. А што би се унутра нашло као сљедство туђем схватању, отпада и мре ако иоле нема духовност српску и обрис општељудски.

Дјела ума и рада у Црној Гори, као и све овдашње и извањске представе о Црној Гори и Црногорцима, треба тумачити по положају крајине и особинама ових људи. Па когод споља, пакостан или тачно неизвијештен, и понеко дома, несавјестан, може ријечју да ограничава ту укупност: први, да је назове ваљаном само за јунаке поједине приче и слике; други, пак, проглашава је доказом црногорске давне посебности и немирног самостоја.

Овакву нескладну размјеру занемарити као промашај.

А одредбу о смислу значења и вриједностима тековина темељити на истини: Црна Гора је земља и народ у Српству; какво је њено постојање и колико је њено благо, то су чињенице и својина Срба. А што је и другдје српско, као творевина и улог, у Црној Гори има да се појми и живи као добро сасред родног дома.

Заиста, у предстојећем духовном обједињавању Срба – још препречаваном заосталим разликама у нарвима усљед ранијег дугог живљења у неједнаким друштвеним и управним околностима – имаће и Црна Гора улогу, удио и препородан допринос, изворно од сопственог постања и замашно по даровитости својег људства.

Српство је наслијеђено одређење, свестрано битан опсег, у многочем и циљ; затечене својштине нека су састојци цјело-купности, свуд у покрајинама истовјетно обгрљене обрадом по свјетски најбољем учењу о човјеку и човјечанству.

4.

Историјски, како родом својег житељства, православљем, обичајима, цијелом духовном тековином и читавим рукотво-ром, тако се и властитом државом и земаљским ширењем Црна Гора јавља, представља, креће и развија у Српству.

Већма опстоји као задружно обличје једног самовољног не-покора, или, размјешта се као установа сачињена за поредак и напредак, питање је давно о црногорској држави, при сагласју свих говорника: она је чинилац ослободилаштва, никад лишена устаничке затеге, жарена хтењем за виши дохват.

Откад њу страни картографи први цртају кружићем пре-ко гребена ловћенског, пупком у источну страну, па до времена доцнијег, након више од једног стољећа – кад ће се и по школ-ском земљопису звати њеном облашћу читаво подручје до иви-це Косова и до тока горње Дрине – црногорска држава је јачала и увећавала се на земљишту српског народа, одгонећи туђина који је овдје предуго газдовао; ни које брдо ни удолицу неку ни-је задобила друкчије сем војевањем, одбраном и нападом; само устанцима и ратовима ширила је сопствено пространство, дају-ћи власт главарима и слободу тежаку и цркви.

Појавила се црногорска држава уз једно ребро Запада, успи-јевајући, за времена, да се разастире кроз предио Истока.

Одиста, читав вијек прије довршетка ослобађања испод Османлија на Истоку, искусила је Црна Гора оружани сукоб и са завојевачем од Запада, полазећи својом војском и помоћу уста-ника да би странце подаље зауставила а братско сусједство ује-динило се с родбином у држави над приморјем.

Европске велесиле потиснуше Црну Гору, и умјесто пређашње латинске власти надође и посади се германска сила уз њено приморско надбрежје.

Та туђа силина залегла је непробојна, а Црна Гора, држава, подиже се поред староставне раздјелнице Истока и Запада, самосталним дјелотворством на источној страни, а са доста напона те важне своје потребе окренута и западно.

Творци историјске Црне Горе, около запријечене гневним и огромним царствима, државу оквире Српством; ма гдје се она налазила границом, ова међа да се не рачуна коначном све док ће се испред мучити иједна неослобођена српска чељад.

То је маштовита замисао, донекле надстварна жеља, али побуда праведна; бијаше уједно прозив општег циља у Српству; такође, и оглашење једне сродствене намјере у Словенству. Ослободилаштво је, да се каже, као пут неба наперено, а борачки мах да се једино сопственим снагама ограничава.

Отуд, у сваком стварном подухвату бораштво искри Српством и напреже се непосредним морањем завичаја. Епски говор равна ратнике потоње с оним јунацима давнашњим; поетика домишља даљину а политика обликује учинак.

Црна Гора се у озрачју Српством твори као држава и находи као прегалац.

5.

За Црну Гору је ограшје кад у Српству устанком Шумадије, Посавине и оба Поморавља против Османлија настаје држава Србија, усред Балкана, од подбрежја дунавског и савског ширећи се према југу. Тирани је сузбијају и сламају, али жилу устаништва нијесу затрли; Србија се буном ослобађа, крепко уобличава испуњавајући се државотворством. Влада турска је принуђена да призна самоуправу Србије, и не омета у предјелу Османског царства.

Србији, за осамостаљење, то је довољна прилика; она ће сваким напретком и, напосљетку, једним ратом против Турске да извојује потпуну слободу и стекне независност државе.

Двије државе у Српству, Црна Гора и Србија, имају најприје братско саосјећање, задуго, једино ову могућност.

Биће обје прилично оснажене кад промили ријеч међу њима да ће једном сложно ударити да би сасвим отјерале Османлије из још неослобођених српских области.

У том рату, како се бојеви догађају, Црна Гора је борце послала на исток и сјевер а Србија усмјерила војску према југу; везује их циљ ослобађања Српства, иако се ратници на војишту нијесу широко састали и помијешали.

Велесиле су уметнуле своје прохтјеве; а Србија и Црна Гора жртвом и побједом стекле (1878. године), свака понаособ, међународно признање суверенитета и државности.

У сљедећем, баш коначном рату против Османлија (1912/13. г.), Црна Гора и Србија према уговору садјествују, свака људством на посебном војишту до сусрета на Косову и Метохији (несрећној пољани Српства). Српска војска (јаким одредом) помогла је Црногорцима да освоје Скадар; а Црна Гора прискочиће једнако (дивизијом) да Србија своје завојевање одбрани (1913. године) од бугарског покушаја отмице.

Велесиле се опет наднесе, да мјере и суде; Црној Гори је одузет Скадар да би припао тек ствараној држави Албанији, док Србија није теже оштећена, иначе је војском и Једрене освајала. Обје српске државе су повећале своја земаљска пространства.

Српство је коначно ослобођено у покрајинама на Истоку. Османлије су пут Азије прогнане, а Србија и Црна Гора добиле заједничку границу потписом уговора о разграничењу, у Београду, 12. новембра 1913. године; обострано, да се узајамност умножава: сродство напаја истом духовношћу и једнаком просвјетом, плодотворство радиношћу укршта, живот знањем богати, судбина домогне уједињења свих Срба, озакони и мисао о дужности према неослобођеној али сада врло осокољеној браћи у предјелима Запада.

Истовремено, велесила на Западу, сусјед Србије и Црне Горе, кривотворном тужбом клевеће Србе у покрајинама својег царства, размеће се војском дуж сопствене источне границе, пријети да ће силом онемогућити уједињење Црне Горе и Србије, (о чему међу владама бијаше започела преписка); Аустро-Угарска овако навјешћује рат Српству.

На скоро питање вођства Србије – очас пошто је добило аустроугарски ултиматум – како Црна Гора схвата долазећу напаст, из Цетиња је владар поручио (24. јула 1914) у Београд:

„Судбина Србије и наша је судбина. Зло и добро нам је заједно са Србијом. Србија може рачунати на братску и неограничену помоћ Црне Горе, како у овом судбоносном часу за српски народ, тако и у сваком другом.“

Прослов небесно душеван, братски поклик, срок закона о бићу, одредница да важи вјечито; и још више за истину и потребу Српства, значи ова, епски звонка порука из Цетиња.

Србија и Црна Гора се боре заручно; црногорска војска ратује према стратегијском плану српске Врховне команде; обје војске, уз најтеже бојеве и битке, одбијају нападача.

Послије дужег мировања, потпомогнута немачком војском, Аустро-Угарска је освојила Црну Гору, а Србија се најпожртвованије залагала, те државу и њен ратни циљ спасава одласком владе и остатка војске у изгнанство. Тако, што од старине и докле сад окупацијски, германска сила постаје господар у свим земљама гдје Срби живе.

А насупрот, у Српству се одсад подвостручује ослободилаштво с уједнитељством, да би се у окриљу те свјетске стране – учеснице општег рата, којој савезнички припадају Србија и Црна Гора – издигла држава свих Срба са пространстава Истока и Запада; и још, како Србија предводнички тежи (по својем ратном циљу), а хоће и Црна Гора, да се створи заједница и с Хрватима и Словенцима.

Овом циљу нема домаће сметње, нигдје крупне, пошто се ратним сломом обију њемачких царевина згодила прилика да Срби, Хрвати и Словенци начине једну државу. (Често је речено прије њене појаве: да би она била преграда германском посезању у области Истока.)

У скупштини нарочито изабраних посланика изгласано је (26. новембра 1918) да се Црна Гора уједини са Србијом, па заједно уђу у државу са Србима, Хрватима и Словенцима, званим Југословени, из покрајина доскора у Аустро-Угарској.

Да се спајање двију историјских држава у Српству прогласи претходно и одвојено, посебно од закључка свега југословенског уједињења, то је исправан поступак, баш нужна дослиједност свеколиком пређашњем предсказивању будућности рода и величању службе Отаџбини.

А што Црна Гора прилази Србији, не обавља се чин уједињења у заједничком изасланству обију Краљевина, при учешћу два равноправна судионика државотворства, то није случај само због брзања црногорског него превасходно потез усљед преважних разлога; наиме: једина је Србија задобитник права и позвања ратног побједиоца у земљама југословенским; Србија је као мислилац и потписник усмјеравајућих прогласа и одлука укупне припреме, од раније постала опште признато средиште уједнитељству оданих Срба, Хрвата и Словенаца; Србија има војску којом ће да заштићује пресудну одлуку државотвораца.

Уједнитеље не спречава неминовност да ће Србија и Црна Гора државно ишчезнути, да би се свестрано уложиле у велику заједницу Срба, Хрвата и Словенаца. И као што се Црна Гора спаја са Србијом, тако ће она да се размјести за ослонац и полазиште даљег развоја, градњу нових установа.

Државотворство у Српству, дакле, наставља се, и проширује, творштвом за југословенство.

Право је: засебности да се љутито не сустичу, ни одвојеним тежњама надгорњавају; једноставно, нека је грађанин, помоћу парламента, давалац пуномоћства властима, јер су Срби, Хрвати и Словенци, поименично и једнако, суверена племена, по њима се држава назива (проглашено уједињених 1. децембра 1918. године).

6.

Срби троимену државу појме својом великом Отаџбином, сваку област цијене као родни предио, не само због својег претежног удјела у стварању заједнице, него особито стога што их она све управно обједињава, значи, народ Србије и Црне Горе и покрајина доскора у Аустро-Угарској.

Хрвати, већином, заједницу три народа сматрају историјски изнесеном околношћу за развитак властите самобитности у смјеру сопствене, засебне државе, прво у виду високе самоуправе а напосљетку – поред зглоба неке прекретнице – и за излазак с одлуком о издвојеној самосталности.

Словенци су заједничку државу веома хтјели да би у њој нашли властит национални спас, имали заклон и заштиту од грозе германства (аустријског) и пожуде латинства (италијанског), једнако крвнички намјерених да растргну и пониште словеначки народ.

Срби због знатних у себи различности, стечених особина за прошлих времена у неједнаким условима живљења у неколико држава, као и због привлачног изгледа вишепартијности којом се одликовала нарочито Србија, збиља, народ у цјелини не привољева се окупу у једној политичкој странци, големо надмоћнијој од свих других у националном друштву. Срби су личну слободу надредили скупном једногласју; да их родољубље сједињује за Отаџбину а самопоуздање разводи, како којег појединца, у разне дружине истомишљеника.

Хрвати су створили једну, у народу преовлађујућу политичку странку. Ова партија придобија већину сродника називајући потребе малог посједника највећим послом државе, и поглавито, издизањем нације као обједињења свих друштвених вриједности, сједнитеља религије и грађанске просвећености, одређујуће величине постојања, врховности хрватског државотворства.

У Словенаца је католичка странка продужила своју ранију превласт. Ова странка ојачава домаће словенство залагањем цркве кроз сву грађанску друштвеност; она подиже националну свијест сродника помоћу опште просвјете; хвали се постојаношћу југословенске државе као добре Домовине за опстанак Словеније; она властодржачки управља покрајином колика се домогла слободе испадајући из разбијене Аустро-Угарске.

Срби су презапослени влашћу, зарад слободе у једној Отаџбини, гледајући и у неки немар Хрвата и Словенаца за јакост заједнице; укупно, приморани су Срби да превршују својим удјелом у службама државе. Срби с овог разлога, и, природно, по сразмјерно највећој бројности својег житељства, имају преимућство у властодрштву.

Хрвати су знатно упорни за сопствено национално величање. Они су радиношћу повећавали народни посјед; за сврху засебности користили се споро уклањаним законима пређашње, у заједницу унесене, покрајинске самоуправе; штитили се и помагали учешћем у власти; имали послове кроз читаву државу; стицали добитке и у крајевима гдје нијесу од давнине насељени.

Словенци су унапређивали своју покрајинску аутономију, непрестано придржавајући се јачом споном с владом државе. Они су уносили, у свесрдно подизано национално уобличење, добитке зарађене у завичају као и донесене радом и прометом из других области, све стицано учешћем у владавини и предузетништвом у привреди.

У цјелокупности заједнице, дакле: Срби имају преимућство у струкама државне управе и војне заштите Отаџбине; а Хрвати и Словенци, засебно, имају сразмјерне премоћи у националној обједињености од свестраног садејства римокатоличке цркве, као и посједа имовине у новцу и средствима за производњу и промет.

Једном ријечју, Срби су широко опсегли површ, а Хрвати и Словенци јачали жиле својег постојања. Срби се везали одржавањем заједничке установе, а Хрвати и Словенци творбу испунили старањем о изворима сопственог живота.

Срби нису сметали да се држава, и земља, и народност, и просвјета, и душевна воља људи, зову југословенским. Разбором су они препријечили могућу срдњу због уклањања њихова имена у називу државе и у општим дјелатностима народа. Срби су повјеровали да ће усвајајући владајућа одређења по Југосло-

венству врло угодити Хрватима и Словенцима, пошто сама ри-
јеч, Југословени, и према њој прва прозивка најзнатније родо-
љубиве намјере, долази са њихове стране, од њихова прослова,
из поднебља Аустро-Угарске.

Србима се причинило: допадаће се Хрватима и Словенцима
кад назив државе, не гласећи поименично, неће широм знаме-
новати првијенство Српства по његовом историјском истицању
и већој бројности житеља.

Одредба о јединствености у Југословенству затекла је Ср-
бе несједињене у духовности народној, готово неумањене мјере
унутарњих разлика у општим назорима; тек мало мање дубо-
ким неистовјетностима у осјећањима и појмовима него што оне
бијаху при првом сусрету свију у данима Уједињења (1918. го-
дине). Због непотпуне обрађености својега духовног садружја,
имаће Срби невоље, чак и међусобна штетна разилажења.

Званична задуженост Југословенством растакала је поли-
тичке странке у Срба.

Старци у вођствима дотрајавају разглабањем о потоњој вр-
сти владавине као редосљеду несравњивом с оном филозофи-
јом политике у Србији на успону.

А млађи у овим партијама, обавезни законима и службама,
чиновнички настиру своје личне потребе, не понуру у одсудну
нужност Отаџбине; тако ни у кога од њих видовитог промишља-
ња, благочестиве замисли о народу и држави за раздобље Срп-
ства у Југословенству, већ опкољеног обновљеном силом осва-
јачки кострешеног германства, к томе, и ослабљене узајамности
с иначе тада улежалим демократским друштвима на Западу.

Хрвати су мргодно смотрили на владаочеву одлуку да Ју-
гословенство буде службена општост државе и једно прозивно
одређење три народа, иако је баш међу њима било од раније, као
што и сада има, најискренијих поборника троплемене поједна-
чености у Југословенству.

Главна странка у Хрвата стегла је своје језгро, политичким
ограђивањем народа ставила препреку Југословенству; уз по-
моћ римокатоличке цркве и школске просвјете свуд казивала

проповијед о националном праву, гдјешто се и љутим отпором нагнала. Са свега властитог, ова се странка намеће јавности Домовине и континента, срдито условљава цјелокупност Југославије остварењем њеног хрватског циља.

Најзад, при околности већ започетог њемачког и италијанског освајања кроз Европу, та странка добија (1939. године) самосталну власт Хрвата, штавише, и на земаљском пространству ширем од њихове насељености. До коначног циља за издвојену државу Хрватску – преостаје кратка дионица.

Словенцима се условно свиђа покривање Југословенством, јер не задире у њихову народску засебност, оставља им и управу у покрајини. Наизглед, као да се они користе пркосом и одметањем Хрвата; но превасходно је да са својих темељних разлога Словенци настављају сарадњу; одиста, пуније него дотад имају улогу у влади земље, највиши положај с којег непосредно учествују у изради одлука за читаву државу.

7.

Југословенска држава, за Србе – велика Отаџбина, за Хрвате и Словенце – добра Домовина.

Срби су градили одбрамбеност државе, а Хрвати и Словенци оквирили своје националне просторе с нужним обзирањем на придизање, најзад и ударну кретњу осветничке настројености у земљама потученим за Првог свјетског рата.

Срби имају и знају непријатеље; а Хрвати и Словенци, из међупростора, опредјељиваће се накнадно, бирајући наслон спаса или избјегнуће пропасти.

Срби, историјски други пут, одбацују (1941. године) да се престрашени предају освајачком германству; датум овога њихова одбоја, исто као и оног пређашњег (1914. године), спомиње свачија историја Европе, свака, за памћење догађаја у човјечанству.

Грозно нападнути, Срби војском државе нису могли дуготрајну одбрану; стидно, нема сумње, кад се упореди потоњи брз распад Југославије с оном нескршивом отпорношћу Србије у

Првом свјетском рату. Оборени су Срби снагом јачег и за ратовање неупоредиво моћнијег непријатеља. Подлегли су Срби, дјелимично, и због дотрајалости неколико кључева у строју државе, дакако, посрнули и усљед сопствене духовне растреситости, дакле, брзо пали због мноштва пропуста и доста нагомиланих погрешака у претходним годинама мира и благовања.

Срби, средишњи имаоци Југославије, сачували су, ипак, знамен државе, спасили њену међународну пуноправност и судиоништво у свјетском вијећу препречитеља нацизма и фашизма.

Хрвати, већином, нису бранили Југославију; понегдје, чак, српски отпор су ометали оружаним нападом и рушилачким развалама. Њихова владајућа странка је предала сав склоп установа управе дружини крајњих националиста хрватских; и ова гомила се устоличава уз помоћ освајачеву.

Словенци су намах распршени, освајачке трупе су муњевито прегазиле њихову покрајину.

На Србе је влада нацистичког Рајха усмјерила вихор непријатељства: затирање оружјем, огњем, пљачком, обесправљеношћу.

Скупине чиновника, посредујући у Србији (слично и у Црној Гори), колико службом окупатору задобијају један услов за помоћ пострадалим људима и донекле разријеђену заштиту народног иметка, ипак не могу да умање њемачко крвожедно сламање Срба.

Њемачка војска и, у мањој мјери, италијанска војска одвеле су у логоре заробљене Србе, уз много војника безмало и све активне официре и главнину резервних официра, те овако озледиле и принудом везале узвишено моћство школованих добротвора.

Српству ово је најтежи освајачев ударац, јер ће се учени људи налазити у ропству четири године, све док се у Отаџбини и Европи не оконча Други свјетски рат.

Преостали у земљи, школовани Срби могли су једино да слиједе одредбе некога изван стратега, искажу бораштво али без обима и висине знања за самосталан избор предводништва устаника, народносно језгровите ослободилачке борбе.

Нацистичка влада подстиче савезнике Рајха и све колабора-
ционистичке снаге, сваку војску која судјелује у окупацији међу
освајачима подијељене Југославије, да немају границу у окрут-
ности према Србима.

Нацистичка влада настоји да се овог пута згоди што њемач-
ке царевине нису могле у Првом свјетском рату, коначно порази
Србија, тако сломи кичма Српства, те германству подлегне сав
Балкан.

Хрватима освајачи хоће да допусте национално дружење и
представљање, али уоквирено потребама окупационих војски,
извођено по начину фашистичког тоталитаризма, обликовано та-
ко да буде један саставак у Европи под њемачким надзорством.

Нацистичка влада дозвољава ријешеност терористичких
завјерника – по вољи њеној и италијанске владе сабраној дру-
жини убица за управљаче у подложној држави Хрвата – да у по-
дијељеним покрајинама искоријене Србе убијањем и прогоном.

Хрватима, већини спочетка, није мрско што из слома Ју-
гославије изниче њихова држава; штавише, како нове државе
махом настају устанцима и ратовима, може и хрватска држава,
подразумијевају умјерени националисти, да избије на окрајку
кроз кршење свјетских сила. Омама стога траје, привид се зори,
па колаборационистичка држава неће омрзнути већини Хрвата
све до одсудне прекретнице Другог свјетског рата на главним
фронтовима, и отад све снажнијег вјеровања да ће нацизам и
фашизам скончати поразом.

Словенце спопада што и Србе: разгон и поништење, подије-
љеност између Њемачке и Италије. Нацистичка влада посједнут
словеначки предио припаја јужној покрајини Аустрије, а итали-
јанска влада, пак, у области наспрам заводи полицијску управу
уз надмоћ окупационе војске.

Срби, угрожени до изгинућа, убрзо дижу противокупатор-
ски оружани устанак:

• у Србији – нападају њемачке трупе, бугарску војску, мађар-
ску војску, албанске фашисте;
• у Црној Гори – намах туку готово све италијанске посаде;

- у Босни и Херцеговини – прво сузбијају кољачке (хрватско-муслиманске) гомиле колаборационистичке државе хрватских фашиста, потом се сукобљавају с италијанском војском, најзад боре и против њемачких трупа;
- у Хрватској – Срби се најприје устанички бране од покоља хрватских терориста, убрзо сукобљавају и с редовном војском усташке државе, не дуго затим одупиру и противнападима италијанских дивизија и њемачких потјерних одреда.

Хрвати – нашав се између претпоставке о добробити од сопствене националне државе и загонетне помисли чија ће се најзад побједничка превага узвисити сред коначног исхода Другог свјетског рата – имају родољубе, угледне личности, одрешито противнике фашизма; стога, неки преплашени а други ужаснути, сви постиђени од случаја домаћег поклонства освајачима, под настором окупације скруживаља националне величине и правде.

Из ове одбојности проистиче хрватски отпор окупаторима и домаћим слугама у колаборационистичкој држави, неодлаган као политички избор а условљаван нужношћу сукоба с убилачки настројеним домаћим фашистима (усташама), такође, неизбјежно оружаном борбом и разним видовима непокорности.

Словенци – иако предвојени освајачком раздиобом њихове домовине и толико потчињени да се ни колаборацијом неких група не умањује окупаторски убој словеначког бића – одсвуд крећу снагом из дубине, устаничким отпором да спасавају свој род на земљи завичајној.

Срби – принуђени да бране живот и природну цјелину народа – устају ослободилачки, ево други пут да ратују непосредно за Југославију; моралну вјеру тековини и борачку снагу јединству у овој држави, да улажу као силу обнове и врше као закон постојаности.

Срби су привржени Југославији али кретање ка пресудном рјешењу немају сви једносмјерно. Јер у Срба, сврх општега родољубља, исказују се и истичу неједнака политичка гледишта, по предратним припадањима а с разлогом учешћа у рату изведена опредјељења, укупно несложива, чак и непријатељством гдјегод препуњена.

У Српству, с оба крила, те два упоредна правца, за исту укупност али унутар различите политичке мјере и друштвене односе, напрежу се борачке снаге: службеници и сљедбеници монархије да васпоставе доратну, окупацијом сатрвену управу у Југославији; а супарници, изгонећи окупационе војске, да истовремено на ослобођеном пространству успостављају власт супротну предратном поретку грађанске демократије и приватне својине, и тако поступно изнутра освоје Југославију, начине је републиком.

Монархисте, браниоце насиљем окупаторским одстрањене законитости Југославије, представља редовна влада државе, спасена одласком у Велику Британију а на тлу Отаџбине поближе их усмјерава тој влади одговорно старјешинство војних одреда.

Далеко од Отаџбине, под заштитом британском, и надзорством тамошњим, југословенска влада је садејствујући чинилац; ни којом државничком претпоставком а ни каквим мањим настојањем да преврши (или вријеђа) онамошњу империјалну одредбу за сврху општег рата земаља демократије на Западу против фашистичких држава у средишту Европе.

Отуд противфашистички отпор монархиста начелно је доследан стратешком гледишту владе у избјеглиштву, а бива према појединачним процјенама и наређењима војног старјешинства на попришту. Због овакве раздаљености, чврста јединственост предвођења је онемогућена а самовоља у борби веома извјесна; но разлике и погрешке прекриваће законитост борења за међународно и даље уважавану Југославију, правдати свјетски стојећ проглас велесила на Западу да не признају посљедице фашистичких освајања.

Политички сврстане, монархистичке снаге отпора су вишепартијског састава: цјеловите скупине, остаци, отпаци, појединци, чланови и гласачи, све људство од неколико странака грађанске демократије до рата опозиционих као и владајућих, а због окупације зближених на садејство ради ослобођења и обнове државе па у њој заслужене расподјеле власти.

Наспрам, партија комуниста завјеренички строго и свестрано обједињава пристале родољубе, спрва као устанике на окупатора а потом, приљубљене њеним предводништвом и свуда првоборачким удјелом, и као осокољене ратнике за републику, у ствари, укупну промјену друштвеног уређења Југославије. Неизбјежно, револуционарна намјереност с крила комуниста исходи као хтјење супарничко монархистичком легитимизму, премда и комунисти, говорећи о будућој потребности Југославије, држе лакат споја с редовношћу ове државе.

Комунисти самостално и засебно стварају устаничке војне одреде и помоћне управне одборе, ни с којом другом странком неће да дијеле управљање борачким људством; пристају весело на појединачна придружења родољуба сваког политичког убјеђења не дајући им прилику да се издвојено окупљају и представљају партијски равноправним судиоником у рату за ослобођење.

Комунисте овдје, пак, пошто су један огранак Комунистичке интернационале, стратешки упућује њено вођство налазећи се у Совјетском Савезу, држави под влашћу комуниста, званих бољшевика. И чим је нацистичка Њемачка напала Совјетски Савез, вођство Треће интернационале обавезује комунисте свуда у свијету да иступају у одбрану земље совјета – поручено је дословце – да помажу својој социјалистичкој домовини.

И кад комунисти у Југославији позивају родољубе да устају оружјем на окупаторе, за обнову државе и ради помоћи Совјетском Савезу, тај поклик има знатан одзив међу Србима јер гласи именом Отаџбине и предочава им Русију, братску велесилу.

Комунисти читав сопствен подухват, значи, војничке одреде и политичке органе, битне одлуке и главне прогласе, свеколико своје дејство, именују по народу.

Управо ријечима – народноослободилачки покрет у народноослободилачкој борби против окупатора и његових сарадника.

Ова одредница је одлично саображена мјерилу војног и политичког садејства капиталистичких држава, Енглеске и Америке, са комунистичким Совјетским Савезом у свјетском рату против нацистичке Њемачке и фашистичке Италије.

Иста одредница изражава особеност народноослободилачког покрета, посредно исказује и стратегијски поглед комуни-

ста, али не побраја изричито средства и коначан циљ; ни рево-
луција, ни република, ни социјализам, не слове у говорима и
написима комуниста све док траје ратовање против окупатора.

Изостављање ових ријечи, несумњиво вјештина вођења (пр-
во је рођење па крштење!), погодује великодушном родољубљу,
отвара приступ лицима одважним и незазорним; али, оно није
прихватљиво за супарнике који су раније сузбијали комунисте
као противнике монархије и рушиоце капитализма.

Отуд, с предубјеђењима од незаборављених пређашњих су-
коба међусобно се гледају раздвојене скупине: и свачија ратна
радња процјењује неодвојивом од блиске јој спољње, свјетске
стране; и стављају се, утолико, класни разлози уз општу нацио-
налну потребу, те партијска предвиђања продијевају кроз исто
позвање родољубља.

Срби немају знатнију политичку јединицу напросто везану
уз окупатора; чак и једна споредна дружина, у Србији, што у
покори обавља радну службу у струкама управе није посред-
ник по властитом, унапријед знаном избору сарадње него је то
нужношћу истиснута скупина по најтежу цијену за родољубље:
да би ма и мало ублажења ропства прибавила народу, мора ту
олакшицу стећи послом у корист освајачеву; очигледно, жртва
као по уклину, уједно и за јед и за тугу, можда, у нечем, за својан
и захвалан спомен.

Монархистички легитимисти (четници) ропству се одупи-
ру да би продужили ратовању својствено учешће законите Југо-
славије, дајући допринос уплитали њено право да се заслужено
обнови као парламентарна држава једнако суверених Срба, Хр-
вата и Словенаца; дакле, јединственост југословенска да омогу-
ћава равноправност три народа (често је речено – племена).

Од комуниста предвођени устаници (партизани) брзо испо-
љавају како хоће на потрви окупацијом разнесене власти краље-
вине да саздају федеративну заједницу Срба, Хрвата, Словенаца,
Македонаца и Црногораца, сходно гледишту у вођству Треће ин-
тернационале да су ова племена посебни народи, те сваки природ-

но обдарен правом на самоопредјељење; баш према овом начелу засебност петочлана да условљава заједништво југословенско.

Та два различита склопа Југославије, један већ историјска чињеница (иако окупацијом умањен) а други политичка претпоставка, оба потребита војске и ратовања, истину разлажу па одвојке слажу кроз све моћи народа, први важношћу као закон а други улазећи као прохтјев превратан.

И како је борцима схватљиво да ће се коначан одлазак окупатора догодити по исходима битака на свим ратиштима у Европи, онда оба подухвата – условно звана монархистички и републикански – имају стратегијска тежишта на пољу унутарњег надметања, дакле, у међусобној борби за послијератну владавину Југославијом.

Засебност надраста општост; окупатор као да је омалио спрам домаћег супарника; испред туђинца крвника и да се некако измиче а свом силином удара по браћи и сусједима у којих је битна тежња сасвим друкчија.

Окупаторово присуство као стварна околност неизбјежно је непријатељска страна, с којом се бојеви множе, али нимало да помјере или смање стратегијску претежност унутрашњег супарничког бораштва за Југославију, истовјетно оружаним начином.

Родољубиви отпор окупаторима – у свему ослободилачки рат – постаје пазухо класног, грађанског рата; па дотле се изукрштају оружана дејства да су, у крвности борења, принуђени домаћи супарници на повремена одустајања од напада на окупационе војске не би ли избјегли погибију.

Монархистички одреди (четници), међутим, придружују се мјестимично на ратишту окупаторским трупама да би узајамно с њима потукли комунистичке устанике (партизане). Као супротно начелу непомирења с фашизмом, ово садејство може стратег да прогласи крајишком самовољом непосредних извршилаца – по правилу: тренутно се користити једним непријатељем против онога другог кад су оба на попришту – али том изреком не умањује нанесену повреду родољубљу ни отклања штету угледу југословенске владе у избјеглиштву.

Одбрана старих вриједности, појмљив циљ монархистичких снага, не изоставља ни преживјела одређења па се јавља и одвија општом потребом по савременом изразу и увијек с призвуком врховне неприкосновености родољубља. Међутим, та одбрана се спутава навикама из прошлих времена, гдјегод и распусно наноси, одвећ препушта посљедицама туђих учинака немајући ни замисао мудрију од супарникове главне претпоставке.

Комунистички устаници, наспрам, сопствен циљ и сав напон крсте родољубљем, њим поистовјећују борбу и слободу, уносе дах множине у говор и творбу; дјело је у моћима ратника а вјера у побједу је безгранична.

Срби непрестано војују; до кољена гину, чак и по спољашњем изазову сјурнуто и донекле туђим рукама вођено, те свакојем њиховом непријатељу мило – крвљење у Српству.

Срби, макар грезли у братоубилачкој борби, обострано надиру и троше се за Југославију.

У Србији – монархисти су створили оружане одреде и представили се устаничком војском краљевине; а комунисти подигли доста људства на устанак, одупирали се противнападима њемачког окупатора, у ослобођеној области оснивали једноставна вијећа власти, пак, посадили и клицу републике за обличје будуће федерације.

У Црној Гори – монархисти су нешто доцније али нагло кренули, брзо се множили, ратоборно пристали уз италијанске окупационе трупе; а комунисти су под навалом окупаторовом сачували језгро устаничких одреда, брзо обновили бројност бораца, претјерали крвношћу у завођењу своје ратне власти на ослобођеном подручју, народноослободилачки покрет обликовали у значењу једног чланства за предвиђену федерацију.

У Босни и Херцеговини – раздиоба одбрамбено усталих Срба настаје под утицајем расцјепа и сукоба у Србији и прилично повезано с Црном Гором (из Херцеговине); монархисти су у неким предјелима постали бројнији, а одреди под вођством комуниста одржали се и, посебно, одлично учврстили у средњој и западној Босни прихватајући разумну поуку да све Хрвате и муслимане не изједначују с фашистичким злочинцима (усташама), те клоне се освете, говорено им је, његују братство три народа у покрајини која ће постати федерална јединица у обновљеној и преуређеној Југославији.

У Хрватској – Србе у одбрамбеном устанку дотакла је подјела; мјестимично су монархисти начинили упоришта а претежну већину људства су придобили комунисти као првоборци, храброшћу у бојевима, причом о непоједначивању народа Хрвата и усташа, предсказивањем Хрватске као државе коју ће Хрвати и Срби једнако суверено творити као чланицу федеративне Југославије.

Срби, послије једногодишњег устаничког борења против фашистичке окупације а усљед догођених промјена у општем положају на војишту, имају врло видне снаге на оба правца ратовања за Југославију, рачунајући по покрајинама: у Србији, Црној Гори и Херцеговини – монархистички одреди су војнички надвладали иначе неискорјењиве комунистичке устанике; у Босни и Хрватској – неупоредиво је бројније људство под вођством комуниста него монархиста.

Другим ријечима, у источном дијелу Југославије знатни су повратиоци монархије а у западном – јача је множина ратника за федеративну републику.

Укупно, пак, у српским покрајинама слабија је прилика за монархију, баш и стога што и у крајевима гдје су снажнији њени војнички одреди, поред је доста људи, првенствено младих, који мисле да су се Срби већ издовољили својих краљевских династија, па хоће, склони промјенама, да често а редовно бирају некрунисаног суверена.

Ова неравномјерна присташност Срба за монархију одражава постојећу њихову духовну неуједињеност, по насљеђу разлику из ранијег доба и још неуспјећу предратне двадесетогодишње власти да браћу зближи, посредује да појмове о народу уједначе.

Очито, у областима Српства с историјски домаћим владарима (у Србији, Црној Гори, и Херцеговини гдје су признавали црногорског књаза) значајно је предање, живо својатање и ведро причање о слози између народа и краља, и ова својштина, уз сву непосредну радњу, садржи мјеру оданости монархији у Југославији.

А Срби, који су до Уједињења (1918. године) имали као владаоце цареве туђег рода (у Босни и Херцеговини и Хрватској), пресјечени су партијством и врстом саживљавања са заједно настањеним муслиманима и Хрватима, и претечени унесеним страним теоријама и причаним бајкама о западњаштву; и још којечим доста спријечени, да за минулих двадесетак година пригрле династију српског рода и уопште се одушеве народним краљевством у Југославији.

Та раздијељеност у Српству, између мршаве оданости монархији и јаче воље за републику, није пресудан разлог коначног исхода за Југославију у Другом свјетском рату али јесте узрок супарничког надбијања. У многом, на једној страни, та подела бива голема благост за комунистичке устанике кад у Босну и средњи предио Хрватске дођу, потиснуте од окупатора и монархиста, ратнички прекаљене бригаде партизана из Србије, Црне Горе и Херцеговине.

Отад је у западном дијелу Југославије, баш у српским областима, окупљена главнина устаничке војске под вођством комуниста. И за двије године онуд је њено стратегијско упориште, све до похода ради преношења тежишта војних дејстава у источни предио, да се посљедње ратне године завршна битка за Југославију догоди у Србији, као што је овдје и почело четворогодишње ратовање са свим важним предзнацима доцнијег збивања.

Занимљиво је, но и значајно колико је правовјерно, да се проговори како је одсудност побједе за Југославију нашла затечен услов и сасредила одлучујућу снагу: у Првом свјетском рату – у Србији; у Другом свјетском рату – у западним областима Српства; оба пута корјенито привлачно и за Хрвате и Словенце.

Хрвати који судјелују у борби за Југославију немају двоумицу каква је Србе крвнички подијелила.

Главна странка Хрвата (уочи рата властодржац) танушно је везана са крилом монархистичким преко неколико својих министара и мало службеника у влади у избјеглиштву. Та кротка скупина поузданика говорећи уопште о праву народа и старинству домовине, о туђим кривицама и заслуженим правдама, о нужности преуређења Југославије, знатно успијева, уз залагање националног исељеништва, да се јавност Запада, првенствено сјеверноамеричка, не срди на Хрвате колико на друге народе у којих је власт фашистичка, чак ни пошто су онамо сазнали о усташким покољима Срба.

Тај огранак националиста сарађује у избјеглој влади да би штитио законост задобијене бановинске самоуправе Хрвата у монархији (1939. године), као залог неумањив а услован, особито одређујућ, при сваком рјешењу велесила Антифашистичке коалиције о обнови Југославије.

Наставља та скупина службу уз прозивку хрватског државног права, и досљедно основној замисли своје странке о суверенству Хрвата као неприкосновене одреднице националне политике, у свим околностима живе истине народа и главног циља предводника и сљедбеника.

У тој дружини политичара и чиновника, уосталом, ревност за монархију није убјеђење него обзир, није свој избор већ је задато правило, у ствари, прегиб за сврху странке, једном раније и званично писане – републиканска. Јер, тај положај у влади у избјеглиштву омогућава Хрватима да су политички виђени у свијету Запада и правно уважени кроз Југославију, збиља угодно хрватској кретњи ка осамостаљењу у независној држави, пошто је у домовини за окупаторову потребу начињена фашистичком творевином, од главне странке цијењена – кривом направом на иначе правом мјесту.

Осим учешћа у избјеглој влади, са хрватске стране нема дејства у земљи намијењеног непрекидности монархије у Југославији. Управо, од домаћих фашиста (усташа) спријечена да слободно дјелује, главна странка Хрвата се смањује, прво усљед наглог преласка повелико њених припадника на окупаторову страну, потом због гдјешто појединачног прескока па доцније све учесталијег прилажења, коначно, сврставања знатне множине њених чланова у народноослободилачки покрет; а њено вођство дотле живи у трпњи и потаји, чекајући да се укаже пун обрис завршетка Другог свјетског рата па оно тад, према износу и обличју антифашистичке побједе, саобрази правац партијске политике.

Хрвати имају, као супарнике те главне странке, одиста првоборце у противокупаторском устанку, дакле, комунисте свога рода у покретању и предвођењу грађанског отпора и у војним јединицама заједно са Србима у покрајини.

Комунистичко устаниште заноси Хрвате, причинило се окупатору, као одзив на тражење Треће интернационале да се помаже одбрани Совјетског Савеза; међутим, суштином је то извооран пробој тежње за влашћу у нацији, у изванредним приликама рата поход буном као што обично бива силом кад се дуга припрема препуни набојима за удар а околност се вођству причини повољном за битку и побједу.

Намјера је крајње одлучна а моћство хрватских комуниста ограничено, да би они успевали бар једног од три непријатеља сами да надгорњавају и туку, наиме: окупаторску војску, управни поредак и трупе домаћих фашиста, супарничку странку сељаштва и малограђана. А усред свега, ту намјеру надвишава питање: како ће се Хрвати, већина, ријешити набијане им неистине о врсној ваљаности колаборационистичке државе па окренути да снагу улажу за истински демократско ослобођење, могуће као тековина борења у окриљу Антифашистичке коалиције.

Противокупаторски устанак је тако: за Хрвате, ратовањем условљен начин и облик борбе првенствено за главни политички циљ; а за Србе устанак је нужна одбрана самог бића, превасходно народног постојања. Хрвати да извлаче своју вољност а користе се принуђеношћу Срба, те спајањем оба напона производи јединствена борачка сила, то предузимају комунисти. Спочетка они журе, упркос грозној стрепњи усљед нацистичког продирања кроз совјетску земљу (којем војнички доприноси и повелик одред колаборационистичке државе хрватске), ипак истрајно дјелују. А кад Њемци сасвим застану на Истоку, ондје дожив за се неповољну прекретницу свјетског рата, отад се зорно представља, устаничким постигнућем исказује комунистичко братимљење Хрвата и Срба.

Прегаоци су говорили: братство и јединство је спас човјештва, духовна залога будуће среће народа, политички стег за нову државу.

Намах у одбрамбеном устанку, пак при почетку комунистичког наступа, Срби својски дочекују Хрвате који су противници фашизма. Срби без подозрења пристају да им хрватски комунисти буду и старјешине у војним одредима и политички прваци у помоћним органима народноослободилачког покрета. Вјештина и разлог имају одраз: Срби увећају напредак а Хрвати дају име и значење; тако се, на примјер, и велике јединице ослободилачке војске у којим Срби сачињавају претежну већину бораца називају – хрватским.

Ни од милостиње ни због нужности, већ према изричитом предодређењу о федеративној Југославији, уписује се по Хрватској свему наслов и звање што народноослободилачки покрет обухвата, садржи, успоставља и чини на њеном земаљском пространству; уосталом, исто, као и у свакој другој историјској покрајини за тамошње дејство и појаве под вођством комуниста.

То се сматра праведним, потребним, благодатним, Хрватима суверено припадајуће као једном самосвојном сачиниоцу федерације, стваране по схватању из комунистичког огледа писаног и званог – национално питање Југославије.

А што се и Срби у Хрватској подразумијевају такође сувереним, ту неколико чињеница и битних својстава, тачно и честито цијењених, могу издати закључак, наиме:

- поред Хрвата, сразмјерно велика бројност Срба у становништву Хрватске и Славоније и Далмације;
- у овим областима радна предузимљивост, духовна особеност и редовна служба Срба, за неколико прошлих вјекова, вредности су упоредне са имањем и способностима Хрвата, праводобно улагане у исто, узајамно друштвено творaштво (неспречавано религијским разликама у обредима, поклонству и ознакама);

- уважавање хрватског државног права, као и неодвојиву од њихове сувјерености грађанску равноправност српску;
- природна саживљеност Срба са завичајном грудом у мјестима и крајевима гдје је и домовина Хрвата;
- на сопственим огњиштима српска устаничка одбрана од усташких покоља као вид буне против колаборационистичке државе, класног прогонитеља оних Хрвата који су антифашисти;
- противокупаторски устанак Срба, баш у Хрватској, као унос доказа о неподлијегању покрајине, о придруживању Хрвата, скупа ослободилачком борењу за дохват, заједнички, неког гребена спаса на једној стрмини свјетског размјештаја Антифашистичке коалиције;
- Хрвати, који су комунисти, спајају своје државотворство са српском борбеношћу.

Спрва, устанку Срба уткивајући замисао о слободи у могућој демократији Хрватске, они отварају политички видокруг голој самоодбрани. Потом, како се повећава број Хрвата у ослободилачкој војсци, као и учесника грађанског отпора (неоружаног ометања окупаторске премоћи), ти комунисти вреднујући ово устајање све умноженијим ознакама припадања Хрватској, уоквирују и темељно српско учешће. Доцније, са обзорја извјесности свјетског слома фашистичких освајача и с дотад видно увећаним судјеловањем Хрвата у противокупаторској борби, исти комунисти прозивају Хрватску националном државом, већ у настајању, разумије се, добром и за Србе као што мора таква бити Хрватима.

А слом Италије (јесени 1943. године), уз Њемачку корисника колаборационистичке државе хрватске, осмјелио је мноштво људи да ступају у ослободилачку војску, придружују се добровољци Хрвати првоборцима Србима.

И тад комунисти довршавају образовање извјесно борачког политичког вијећа, већином од Хрвата с мањином Срба, које се проглашава представништвом и влашћу Хрватске као чланице стваране федеративне Југославије.

Од тих дана до краја рата Хрватску одиста дијеле, као непријатељи, домаћи фашисти (усташе), налазећи се подручно нацистима Њемцима, и комунистички устаници (партизани); а једину њену редовну законитост (у обличју бановине у краљевини) правно чувају и представљају хрватски министри у влади у избјеглиштву.

Хрватске комунисте бодри саглашавање српских другова, што долази од истовјетне обавезности свију дисциплини и доктрини у партији, као и ради унутарњег политичког неразликовања у општем сукобу с непријатељима и супарником.

Али бива, што спонтано што нарочито извођено, да је преимућство хрватских комуниста најмање тројако: пространијим налажењем чланова у покрајинској партијској организацији, држањем стратешки важних дужности, знатнијом упосленошћу у стварима политике; значи, споља гледано: претежност хрватских комуниста је у државотворству а српских у ратовању.

Борачко дружење их везује и ријеч о пролетерском интернационализму упућује на обзир и повјерење; зато, српски комунисти не изговарају замјерку кад се партија у супарничком надметању с главном странком Хрвата – да би ову лишила њених присталица – доста подлаже националном разлогу, хрватску посебност промишља и прописује, при том, занемарујући српско присуство и дјелотворно учешће. А ко је са српске стране приговорио да у комуниста хрватских провијава неподношење Срба, слично мрзовољи фашиста хрватских, назван је рушиоцем братства и јединства и одбациван по осуди да је уклет, издајнички монархист.

Срби нису тад увиђали, као ни Хрвати с њима заједно у противокупаторској борби, уосталом, баш нико у народноослободилачком покрету није знао да сагледа сву замашност својеврсне упослености комуниста нацијом; а још мање је у овом покрету ико умио да просуди какав се коначан исход предупређује, чему клица полаже издизањем нације над цијело друштво, стављањем националне сврхе над општу потребу грађанства, хваљењем националног окупа мимо општељудског дружења, биљежење нацијом умјесто вишенародном заједницом.

Вјероватно ни вођство комунистичког устаништва – запоје-
но мишљу да снагу Југословенства употријеби за унутарња на-
ционална осамостаљења, кроз ломна и преломна збивања свјет-
ског рата да првенствено Хрвати и Словенци стекну управну
засебност благодарећи сопственом залагању а гредом пресуд-
ности српског удјела у борби за федеративну државу – дакле, ни
стратег није могао тад предвиђати какву је раскидну против-
рјечност уцијепио Југославији; одредио је да она, оквиром зајед-
ница, буде условљена прохтјевима својих националних састава-
ка, опуномоћена до степена њихове усаглашене висине, зависна,
често је речено, од права народа на самоопредјељење.

Срби, који су комунисти, увијек су појмили да се смисао
овог права испуњава постојањем Југославије, не марећи да јав-
но подсјећају како су комунисти хрватски и словеначки тумачи-
ли право самоопредјељења, све од првих помена (прије двадесет
година) доскора преводили то начело у наглашавану власност
Хрватске и Словеније да се образују као националне републике,
и да с таквим видом и значењем свака самостално изабира савез
држава којем би припадала.

Овако се комунистички интернационализам обрубио мало-
грађанским национализмом; а кад је настала за то прилика (ево
током Другог свјетског рата) тад и свио, удубљен, како би све-
страно овладао нацијом, с чега ће се доцније, при пуном остава-
рењу, начинити поредак – условно речено – национални кому-
низам или комунизам у нацији, свакако врста једнопартијске,
тоталитарне владавине.

Словенци тад немају, и неће за дуже времена имати, замјену
Југославије којом другом државом у својим претпоставкама о
националном опстанку, слободи и напретку.

На подручју под влашћу аустријских нациста ништа се сло-
веначко не смије испољити као знамен или дјело народа; напро-
сто, Словенци су (чак погрдно називани) поробљено људство,
сви подвргнути напајању германством, дијелом за претапање у
њемачку расу а укупно народски непуноправни и свуд обаве-
зни ропску службу нацистичком Рајху.

Слабашан колаборационизам под италијанском окупацијом није извукао ни мјерицу управне самосталности, а камо ли да добије неку власт која би служила као исказ националне виђености Словенаца. Потурајући се, једна скупина јаких богаташа и доскорашњих главара самоуправе у Словенији (бановини монархије југословенске) држи се ипак покрај окупаторова размјештаја војском, полицијом и надзорним чиновништвом.

Тај наслон користе политичари (првенствено из најјаче, клерикалне странке) да би очували језгро партијске целине и располагали ма и малим сопственим војним одредима у стражарској и патролној служби, уз окупаторове трупе заједно, насупрот оружаним снагама под вођством комуниста.

Та странка има једноставну стратегијску претпоставку; сва се њена тежња исказује ријечју о потреби уједињења словеначких области, поново у Југославији, како би се наставила предратна добростојност народа и стекла предност за вјерне подржаваоце.

Она не прегара жаром за монархију али краљевство подразумијева као постојећу законост Југославије. И преко неколицине Словенаца, иначе партијских изасланика који се налазе на дужностима министара и високих службеника у избјеглој влади, има ова дружина згурених колаборациониста извјесно садејствујуће значење, бар важност држаоца права монархије на ишчекујућу обнову.

Наставиће се таква духовна узајамност и кад војни одреди колаборационистички – послије слома Италије (1943. године) – потпадну њемачкој команди; а притијешњено друштванце политичара тајан дослух са земљацима у избјеглој влади испуниће ријетким доставама о стању у Словенији и допунити од њих приманим порукама о непопуштању комунистима, јер ће, веле оданде залудни видовњаци, сва сила земаља Запада ударити да разбије Совјетски Савез и све за њ везане власти и покрете.

Овакав развој да се догоди, то бијаше снена жеља ратно поражених којекуда кроз Европу, прича промашених дружина, у Словенији пак јадовит говор о немогућем случају упркос домаћем изванредно успјешном партизанском устаништву.

Међу Словенцима, одиста, прво у Југославији, започела је припрема отпора окупацији, пронесена кроз покрајину покретачка замисао комуниста о устаничком самотворству као начину одбране националног бића и путу тражења слободе. Комунисти спретно раде, по сопственом искуству и партијским поукама из прошлости, да мах бораштва не премашује опсег сједињености односног људства.

Зато се најприје образује врховно вијеће националног савеза противника фашизма од личности смјелих, а не свију исте партијности, па посредством комунистичких ћелија у мјестима оснивају истовјетна чворишта; у цјелини, тако се заснива родољубив ослободилачки покрет словеначког народа.

С коријеном у општирности устаљене снаге, стварани су и дјествовали под вођством комуниста оружани одреди и вијећа устаничке власти.

Отуд, не величина ослобођеног земљишта покрајине, него одрживост и бројност и уређеност борачких снага јесте кључна стратегијска тековина противокупаторског устанка у Словенији. Уосталом, исто је битно за читав народноослободилачки покрет у Југославији, али се дешава и одражава, донекле особено, код Словенаца.

Осим општих услова – значи, изузетно важног положаја Словеније у појасу између сјевера јадранског и средишта Европе, брдско-планинског обличја њеног земљишта, веома разгранате изграђености колских путева, духовних својстава и просвијећености Словенаца, њихова насљеђа из опште друштвености и националног рада – има, дакле, и једна широко сједињујућа љествица филозофије политике у партијности словеначких комуниста.

Они, наиме, имају у сопственој духовној баштини (као насљедство од социјалдемократије из које су проистекли) преузето од аустријских социјалиста тврђење да су Срби, Хрвати и Словенци засебни народи – а не племена троименог народа како су онда проповиједали романтичари национализма – па тај појам причом уносе у класну партију југословенску. Освјештан теоријом и поукама из властодршства комуниста у Совјетском

Савезу, тај срок не претпоставља ништа прече о народу од његовог права на самоопредјељење.

Такође, памте словеначки комунисти да су њихови преци социјалдемократи, процјењујући савремена, дружевно међународна претпостављања о могућој балканској федерацији и о федерацији подунавској (која би настала преуређењем Хабзбуршког царства по начелу народности), предвиђали да би Словенци тад образовали властиту управну јединицу која би могла да уђе у састав прве федерације; но, уколико би обје постојале, онда свакако словеначка јединица да нађе мјесто у другој федерацији, подунавској и средњеевропској.

Ту двострану условност, не искључиво везивање за једно окружје, не спомињу изричито али подразумијевају словеначки комунисти кад су први проговорили, и даље веома упорно понављали, да партија сматра постојећу монархију Југославију унутар неправедном заједницом, пошто се, кажу, она не установљује ни обликује као савезна држава самосталних народа.

Појединачно првенство народа, дакле, мјерна је висина а размјештеност државе оквирна околност, да саставци условљавају цјелину, свакако и југословенску, па то служи окретљивости главног зглоба партијске политике, истовремено пак чепи се и за укоп стожера теоријске мисли словеначких комуниста о нацији, правди, држави.

Предузимљивост њихова није изумитељска али је марљива, па вредноћа израђује шаролик састав од смисла високопарних изрека социјалдемократије и блажене звучности заводљивих савјета хришћанског социјализма до упутне важности тврдих одредби совјетског комунизма, све узгред сједињавано помоћу уметања стварних података о Словенцима у прошлости и садашњости.

Врста препричавања одабраног градива за унапријед знану, и успут потанко утврђивану стратегијску претпоставку, то је штиво названо вјеродостојном расправом о словеначком националном питању; и, к томе, усљед оскудијевања домаћим филозофским поучавањима, као и због мале укупне учености комуниста, спис је оглашен партијским промишљањем о праву самоопредјељења свих југословенских народа.

Очас, овдје, овим огледом Југославија није оспорена (премда је за претходних десетак година често ријечју комуниста поништавана); није приказана ни као одлична појава и за вјечито ваљана држава; цијењена је, међутим, као унутар прилично саживљено вишенационално друштво с повелико развијеном могућношћу да демократским путем истисне изједначеност управног поретка по Југословенству а задобије уређење уважавајући сувереност сваког народа у сопственој покрајини.

Претпоставка, очевидно, задовољава и потоњи стратешки савјет Треће интернационале да се очува земаљска цјелокупност Југославије; за овдашње комунисте баш потребно изјашњење како их класни супарници не би изједначивали са злочестим домаћим разбијачима државе који су потпали разним иностраним властима.

Предвиђање, обитавајући политичким учинком Словенаца, казује да је исходиште преображаја Југославије у народу, у свакога појединачно кретњом, самостално до закључка општег склопа зависно од природе и домета сусретених уноса; с више страна да иде творaшто, одоздо се издижу размјере укупности, да цјелину развијене засебности предодреде. Савезна држава треба да је садружје самотворно израслих саставака.

Готово праволинијски, тако рећи, по слову комунистичке теорије о словеначком националном питању, испуњава се противокупаторска борба устаничким државотворством; брод је Словенија а обала Југославија; самосталност приступа је неприкосновена.

И кад се према постигнућима двогодишње противокупаторске борбе срећу (крајем 1943. године) покрајинска изасланства да повежу националне сачиниоце федеративне Југославије, Словенци већ имају пуну развијеност састојства сопствене државе, дубоко умножених органа и јуначки разгранатог сарадништва кроз сву покрајину у промјењљивим и одвише грубим приликама територијалног рата и сколиког отпора окупаторима.

Зорност Словенаца и да се надигне због овако примјерног остварења, али није наметљива, не одаје се хвалисању, обзирно истура судбоносно хтјење: не величајност него употребљивост Југославије да прожме законе федерације.

Та размјера се неком допала а другом учинило да је штетна појму и сљедству комунистичког интернационализма. Она је, међутим, неодстрањива чим се поткрепљује и правда првобитношћу националних уобличења и по њима избору врсте и кругова југословенског државништва.

Утиснуће се та мјера у саставност федеративне Југославије (послије рата под влашћу комуниста), нарочито објашњена низом сплетених доказа кроз штиво допуњене теорије о словеначком националном питању с изведеном поруком за стратега: савезна држава је огледиште, услужна установа, зависна величина, један закон а нипошто изворно биће.

И учиће ту теорију не само партијци него и грађани, сви је звати науком и прослеђивати њене навођене одломке као филозофско осмишљење комунистичког прављења политичких нација у Југославији. Унапред незнано до сваке појединости, али претпостављено да федерација може ширити унутарњу преграђеност, било би, незгодну за Србе као најбројнији и најраспрострањеније насељен народ, али погодну Словенцима и Хрватима да помоћу садејства и привлачећи друге нације обезбјеђују заједничко преимућство у савезној држави.

Муслимани, на примјер, привјесиће и словеначку теорију о националном питању међу остала освјетљења једног дана закључене и издате одлуке комунистичког владарства државе да се у поменик суверених сачинилаца федеративне Југославије они уписују – народ. И весело они могу да говоре како су својим претходним развојем и дјелатношћу баш потврдили суд те теорије, непосредно уз Хрвате и Србе борећи се (у Другом свјетском рату) за ослобођење испод окупације и за савезну државу.

Муслимане у Босни и Херцеговини, окупаторском подјелом Југославије допалој у окружје колаборационистичке државе хрватске, осукала је громада фашизма, у већине њихова људства умјесто страве угнала лакомство па гомила се наопачила, многи крвожедни момци ступили у разбојничке одреде усташких кољача српског народа.

Колаборационизам, колико га бива од муслимана, сав је прожет прохтјевима хрватских фашиста (усташа), и такође користан окупаторима, Њемцима и Италијанима.

Неки покушаји да муслимани издвојено сарађују са освајачима Југославије завршени су више испољењем него испуњењем; извјесно малена нацистичка удовољења као да су више утирала зависну обавезност усташкој власти него што су отварала ширину за особен израж̌ај босанско-херцеговачких исламиста (на примјер, постојање муслиманских војних јединица под њемачком командом).

Самоодбрана Срба подстиче неке разборите а преплашене угледнике муслимана да сродницима предоче савјет: нека сложе крвност и не учествују у рату између Хрвата и Срба; то је по судбини муслимана, јер Срби им нису кривци а Хрвати само себи хоће државу.

Значајнија од овог душевног проговора грађана, трговаца и свештеника, јесте појава муслимана, који су комунисти, заједно са Србима и комунистима хрватским у противокупаторском устанку.

Комунистичку проповијед о братству и јединству – у Босни и Херцеговини живље намијењену одвраћању српске освете због учињених злодјела муслимана усташа него предупређивању још могућег њихова злочинства – разастиру противокупаторски устаници кроз крајеве у којим племеници двију вјера живе помијешано. Крилатица даље смјера него што стварно помаже; братство се тумачи као праштање народу због злочина људи његовог рода а јединство преводи у право муслимана да се једнако са Србима и Хрватима именују судионицима народноослободилачког покрета.

Муслимане ће исто као и већину Хрвата, тек општа прекретница Другог свјетског рата повући да се откидају испод фашизма и све знатнијом множином припајају народноослободилачком покрету. Њихово учешће постаће видно, доиста цијењено као родољубив израджај народа, допринос вредан трајне политичке похвале и озакоњеног права на слободу и срећу.

У Босни и Херцеговини муслимани су нарочито охрабрени појавом и намјеном политичог вијећа народноослободилачког покрета у својству представништва покрајине као чланице стваране федеративне Југославије. Муслимани и слове и броје се заједно са Србима и Хрватима, значи сви, три равноправна ствараоца заједничке самоуправе.

Муслиманима је, овуд, кроз то равноправно тројство, усљед њихова прелажења испод власти колаборационистичке државе хрватске на крило комунистичких устаника, опраштана пређашња служба окупаторима, речено је, срам од те издаје они бришу уласком у редове бораца за ослобођење. Овако се увећава бројност људства ослободилачке војске и уједно расте степен сувёрености у државотворству.

Муслимани слушају понављану похвалу од комуниста да нису нимало потпали монархизму; у избјеглој влади немају својег министра, а безначајан је случај то што у земљи неки појединци њихова рода пропитују родбину и сусједе: хоће ли да се мјесно удруже као војници за краљевину. И нису само хрватски фашисти, него са своје стране и комунисти, муслимане плашили осветом монархиста на усташке покоље.

Причом о таквој пријетњи а нуђењем своје партије као спасоносног путовође, комунисти постижу врлу допадљивост код муслимана. Тако благодарећи сусретеним обостраним настојањима, од првих чари властољубља а од других нужности прилагођења, предзначује се при завршетку четворогодишње противокупаторске борбе доцније комунистичко званично именовање муслимана посебном нацијом.

Македонцима није потребно као то муслиманима да се просвјећују и народносно озакоњују помажући се допуњеном теоријом о словеначком националном питању; премда ће њу гдјекојом навести при образлагању неких својих појединачних тражења.

Македонци, звучало је по ријечи Треће интернационале, засебна су скупина у Југославији, дакле, појам обавезан за го-

вор комуниста и прогласе о југословенској држави. Тако важи
све од оне године (1924) кад је у вођству Треће интернационале
предвиђено да се рјешење званог националног питања Југосла-
вије изврши путем одвајања Словеније и Хрватске, при чем се
помиње сличан излазак Вардарске Македоније, али не назване,
изричито, покрајином посебног народа.

Бијаше онда овако о Македонији: упоредо, нека се словенач-
ки комунисти и хрватски комунисти боре да овладају својим
народима, баш погодно разбијању Југославије; једнако је ово
мило и бугарским комунистима који једноставно воле (или таје
кад не могу друкчије казати усљед партијске обавезности у Ин-
тернационали) да су Македонци људство из рода Бугара; схва-
тљиво је и српским комунистима да су Македонци народносна
посебност чим тако цијене у вођству Интернационале, па донек-
ле прихватљиво и стога што већ неки грађански мислиоци у
Србији указују на особености становништва и прилика вардар-
ске области, овде баш потребне покрајинске самоуправе.

Вођство Треће интернационале огласиће (1935. године) своје
измијењено гледиште о Југославији, дакле, ова држава да се не
разбија него чува; па хрватски комунисти и словеначки кому-
нисти потад спомињаће Македонију, исто као и њихове покра-
јине, могућом националном државом у федеративно преуређе-
ној заједници; српски комунисти биће ту сагласни; а бугарски
комунисти противиће се установљењу Македоније изван поли-
тичког оквира својег народа.

Окупаторском подјелом освојене Југославије (1941. године)
Италија мањи дио Вардарске Македоније, западни појас, при-
паја подложној Албанији, а нацистичка Њемачка дозвољава за-
висној Бугарској да се кроз средњи и источни предио покрајине
размјести као једина национална власт.

За окупационом војском хитају оданде, уз чиновнике за
све струке управе, још и бугарски комунисти да би македонски
огранак југословенске комунистичке партије одвојили и приса-
једнили га својој странци. Они не причају друговима у Маке-
донији да им је покрајина сад поробљена; напротив, говоре да је

национално ослобођена па зато им предстоји да се као и сви ко-
мунисти у Бугарској класно боре против буржоаске владавине.

Вођство југословенских комуниста има друкчији суд, и од-
ређује саобразан смјер: Македонија је окупирана област; кому-
нисти овдје сачињавају неодвојиву покрајинску организацију;
они су дужни да припреме, поведу и предводе противокупатор-
ску борбу македонског народа, јединствену са читавим антифа-
шистичким отпором на пространству поробљене Југославије.

Тако се у окупираној Македонији сусрећу двије супротста-
вљене комунистичке смјернице; расправа и потискивање су не-
миновни.

Исправност југословенског гледишта је потврђена у вођству
Треће интернационале одлуком да организацијска повезаност
остаје и за рата каква је дотле постојала; међутим, оданде изо-
стаје порука о Македонији, нацији и могућој држави.

Помогло је ипак овакво рјешење да преовлада југословенска
тежња, али није посјекло у бугарских комуниста својатање Ма-
кедонаца у вардарској области.

Комунисти македонски разборито удаљују све нагомилане
предрасуде о Југославији и закључују стратегијску претпостав-
ку: Македонци задобиће ослобођење судјељујући узајамно са
Србима, Хрватима и Словенцима у борби против фашистичких
окупатора; Македонија биће национална држава у заједници ју-
гословенских народа; за ову сврху стварају се војни одреди и
политичка вијећа као зачетак македонске власти.

Комунистички устаници (партизани) у Македонији започи-
њу оружану борбу у приликама по много чему тежим него игдје
тад у југословенским покрајинама. Да ничега неповољнијег од
непогоде за саобраћање између одсијечене Македоније (под бу-
гарском влашћу) и средишњих предјела земље, дакле погранич-
ности окупацијом расцијепљене покрајине; и, к томе, одсвакле
у народу подјариваног ружења Југославије, па је доста узрока
и принуде да се овдашње ослобађање војује само снагом непо-
средно обједињеног борачког људства.

Задуго, једино такозвану идејну везу (помоћу писама и учешћем нарочито опуномоћених савјетника) има предводништво устанка у Македонији са вођством народноослободилачког покрета у Југославији.

Поступно и жилаво, све упорније, дакако и видније, догађа се противокупаторска борба у Македонији.

И оних дана средином четворогодишњег рата кад изасланства народноослободилачког покрета из покрајина одлучују да се дотадашњи државотворни рад комунистичких устаника прстенује званичним прозвањем Југославије федеративном заједницом равноправних народа – имају борци у Македонији свој политички одбор са значењем уваженог националног представништва у ствараној савезној држави.

Потом, при повољнијем моћству ослободилачке војске, Македонија се на скупштини борачких изабраника проглашава националном државом у саставу федеративне Југославије. Ствараоци вјерују да су радили благодатно за самобитност македонског народа; јер, они предвиђају да Македонци једино побједом југословенских комуниста постижу дјелатну моћност за суверенство и самосталан развитак.

Кроз читаво у Македонији догођено ослободилаштво, помоћљиво је упијено садејство Срба, комуниста и других противокупаторских ратника. Српски комунисти су савјетници у покрајинском партијском руководству; устаници из Србије заједно са македонским партизанима образују бригаду ослободилачке војске; јужносрбијанске јединице прихватају, у својем крају, македонске борце па, узајамно ојачани, маневрују предјелом источне Македоније.

Судјеловање Срба је одлично, пожртвовано, пуно душевне својности са Македонцима.

Српски комунисти иначе предвиђају да ће уједињеност неколико народа у федеративној Југославији бити слична оној множини у Совјетском Савезу; сматрају, довољна је она за свачији народносни изражај при потреби да се јакост заједнице обезбјеђује сасређеношћу главних пуномоћја у опсег надлежности савезне владе.

Да федерација буде заједничка Отаџбина а национална држава завичајни крај, да је савезност народних величина круг управног уређења земље а никако крута подијељеност укупног посједа, то је замисао и настојање српских комуниста.

Политичким схватањем српски комунисти без приговора пристају да се дио пространства историјске Србије, вардарска покрајина ослобођена испод Турске (1912. године), рачуна подручјем стваране македонске државе.

Српски комунисти назиру скривану жудњу бугарских комуниста да се Македонија не осамостаљује у федеративној Југославији, него остави усамљена, стога нејака, што би испало подесно привлачењу к држави Бугара.

Српски комунисти цијене борбу за државност Македоније као партијску досљедност одредби Треће интернационале.

Они још не потиру доктринарну важност, донекле и непосредну стратегијску приближеност, поодавно у Интернационали срочене претпоставке о савезу сусједних народа у могућој федерацији совјетских република на Балкану.

Једног тренутка (при завршетку Другог свјетског рата) та федерација као да је овлаш обрисом засвијетлила кроз пламено бљештање војних побједа Совјетског Савеза чије су армије, гонећи нацисте, преко Румуније избиле у Бугарску и на тле Југославије, у Србију.

Посљедњи побједнички договор међу велесилама у Антифашистичкој коалицији, међутим, отклонио је замисао о балканској федерацији.

Српским комунистима, иначе, могло је изгледати и правилним и великодушним да се противфашистичка борба Албанаца – оних у сусједној држави и ових што су национална мањина у Југославији – појми и као допринос за спомињан, будући постанак балканске федерације у којој би сваки народ цјеловито имао и уживао властиту управну обједињеност.

Албански комунисти, упоредо, поштујући замишљану кружност федерације, користе се као заклоном тако маштовитим гледањем у будућност; и врло очекују уједињење читавога својег народа, управо, становништва Албаније и сродника у Југославији.

У Албанији, уз помоћ српских комуниста који су онде савјетовали тамошње комунистичко вођство, уређују се борачке снаге и доносе најважније државотворне одлуке сличне и сљедствене обличју народноослободилачког покрета у Југославији.

Али ни знатна проширеност противфашистичког борења у Албанији не подстиче националну мањину у Југославији да оружаном снагом напада поробљивача. Све до посљедње године Другог свјетског рата, дакле, до пуне извјесности побједе Антифашистичке коалиције, албанска национална мањина даје људство и доста рада окупаторима, прво Италији па онда нацистичкој Њемачкој чији обавјештајни официри јављају својој Врховној команди, поред осталог, да су Албанци најбољи војници за Рајх међу колаборационистима на Балкану.

Комунисти албански, припадници националне мањине а првоборци заједно са српским комунистима, постају наједном врло моћни међу сродницима као старјешине у јединицама ослободилачке војске и челници у партијским комитетима и вијећима власти, ствараним у данима коначног одгоњења њемачке војске из области на југу Југославије. Овим одзивом, прилично великом бројношћу у југословенском народноослободилачком покрету, житељство албанске националне мањине постиже довољну друштвену износитост за политичку и општу самоуправу.

Албанци ће имати аутономну област и поврх – према том како се изнутра уређује федеративна Југославија – још и право на удео у управљању савезном државом.

Српски комунисти одобравају аутономију Албанаца, сматрају самоуправу њиховим националним правом а своје саглашавање рачунају политичком обавезом према поуци о пролетерском интернационализму.

Исте мјере јесте и разумијевање српских комуниста о аутономији Баната, Бачке, Барање и Срема као области настањене поред Срба и Хрвата, још и националним мањинама Њемаца, Мађара, Румуна, Словака.

Њемачка национална мањина је служила освајаштву нацистичког Рајха; уочи његова коначног слома (1945. године) све њено људство њемачка војска је повукла, одвела с тла Југославије.

Међу Мађарима, у националној мањини, има комуниста који су противфашистички првоборци док је већина житеља судјеловала у рату Мађарске као савезника Њемачке на фронту против Совјетског Савеза, и навелико садејством у мађарској окупацији војвођанског предјела Југославије. Најзад, прилична множина Мађара ступа у ослободилачку војску те учествује у завршном изгоњењу окупатора са југословенског земљишта.

Ослобођење Југославије испод фашистичко-нацистичке окупације и задобитак домаће власти извојевали су комунистички устаници (партизани); једино су они побједник а сваки други видан војни учесник Другог свјетског рата на простору југословенском потучен је на бојишту.

Освајачке државе, како је која сламана и на осталим ратиштима, повлаче под борбом окупационе трупе из Југославије: најприје Италија (1943. године), потом (1944. године) Бугарска па Мађарска, напосљетку, Њемачка (1945. године) не успјевши да избави све своје војне јединице.

Балканска количина њемачке војске заробљена је у Југославији истих дана кад Антифашистичка коалиција слави своју ратну побједу, и добронамјерно оснива Организацију уједињених нација – гдје учествује и југословенско изасланство ради унапређивања сарадње међу народима и чувања мира у свијету.

Ратни судови побједничких земаља, по одредби нарочитог закона, кажњавају фашисте и нацисте због њихових злочиначких повреда човјештва у човјечанству; у земљама пак гдје су ти генерали и министри управљали окупационим војскама и властима, осуђивани су као насилници, починиоци уморстава, пљачкаши блага поробљених народа.

У Југославији, побједник (партизани) сврстава уз окупаторе и све његове овдашње сараднике као учеснике војних дејстава и службенике у управи, назива их извршиоцима насиља, пљачке и убистава, све из свих скупина – кривцима због националне издаје.

Исто су комунистички устаници (партизани) звали те једнако кажњавали и монархистичке легитимисте (четнике); и коначно их потукли при њихову одступању кроз предјеле операцијског кретања њемачке војске у повлачењу.

Монархисти су били изгубили (скоро и годину дана раније) британско покровитељство и помоћ у средствима; остали су и без свог политичког вођства у лику избјегле владе. Догодило се овако стога што је британска влада процијенила да монархија у Југославији – крајње поткопана противокупаторским борењем партизана (који су републиканци) и наспрам непоткријепљена ни виднијим ни знатнијим бојевима четника, требало је, њиховим нападима на фашистичку војску и нацистичку војску – дакле, краљевина не би имала јаку копчу својег спасавања преко сарадње владе у избјеглиштву са вођством народноослободилачког покрета у довршавању народне борбе за ослобођење; према овој процени Британци су одлучно посредовали.

Стварно извођење односне претпоставке, послије неколико сљедствених потеза, довршава се (прољећа 1945. године) образовањем јединствене и привремене владе Југославије коју састављају министри, већином републиканци и неколико монархиста.

Тим је влада у избјеглиштву смакнута; а с њене стране, Хрвати и Словенци и Срби из западних области Српства, сви условно монархисти, обавили су спајање законитог суверенства краљевине са државотворним учинком комунистичких устаника.

Јединствену владу су одмах признале владе велесила у Антифашистичкој коалицији; међународно важећа законост Југославије наставља се, непрекинута, под знаменом монархије а неотклоњеним залагањем ослободилаца Отаџбине да свеколико војничко постигнуће и политичко остварење коначно доврше прогласом републике.

Од монархије још постоје: наслов државе, владар иза намјесника (који су учесници противокупаторског отпора), понеки тајни окуп привржен429321их стараца у закржљалим одборима грађанских странака.

Монархија је изгубила своје војно људство што изгинуло што разбијено на ратишту. А официри који се враћају из ратног заробљеништва у Њемачкој ступају махом у ослободилачку војску, партизанску.

Монархија нема у земљи ниједну установу управе, посредовања, друштвене заштите и самопомоћи, пропаганде, баш ничега јаког за сопствено државништво.

Народноослободилачки покрет, међутим, саздао је широм земље поредак владавине и оснивао савезе сталешке и опште друштвености, скупно зване – демократска федеративна Југославија, дакле, савезна држава у цјелокупности.

Од првих предзначења па током четири године противокупаторског ратовања, федерација се све виднијом уобличава одлукама три скупштине југословенске важности:

- на првој (1942. године) – наговијештена је као циљ комунистичких устаника (партизана);
- на другој (1943. године) – проглашена је постојећом са врховним представничким вијећем, и с поименично, у покрајинама, националним вијећима и одборима власти у подручјима и мјестима;
- на трећој (1945. године) – обезбијеђена је редовним својим законима о најпрешнијим потребама земље и државе с потврђењем задобитка из споразума са владом краљевине, несталом недавно.

У слављењу побједника и ружењу савладаних противника, уз спонтану радост од преживљења ратног страдања, сходно упорству комуниста у свему устанички створеном и живом – размахнуо се силан полет већине становништва наспрам мањине житељства, истиснутог, речено је, под бременом кривице због сарадње с окупаторима. Кроз такав духовни раздвој, између гордости већине и јадности мањине, проведени су избори народних посланика за уставотворну скупштину; исход је побједоносан за комунистичку страну.

Уставотворна скупштина (29. новембра 1945) укида монархију, Југославију проглашава федеративном републиком.

Испунила се замисао, начелна у филозофији политике комуниста, јер су они свакад и свуда – републиканци.

8.

Отад па све до обављања (1990. године) вишестраначких избора за парламенте у националним републикама, партија комуниста је једини политички владалац у федеративној Југославији.

Комунисти, властодршци, истисли су и нагнали у подземље остатке грађанских странака, ни једна не добија право да слободно дјелује.

Комунисти су помоћу закона изгласаног у савезном парламенту (постао је претварањем Уставотворне скупштине у редовну скупштину) одредили да власт национализује, каже се, претвори у државну и друштвену својину велика предузећа у гранама производње и промета, све банке и сав опсег спољне трговине; при том, у већини случајева прислоњен је у оно вријеме становништву појмљив разлог: благо се одузима због власникове сарадње с окупаторима, значи, усљед националне издаје.

Комунисти су влашћу обухватили и пољопривреду, прво врло опсежном примјеном закона о аграрној реформи (добар дио земљишта додјељује се и држави) а потом обавезним сједињавањем сељачких имања и снага у земљорадничке радне задруге.

У савезној скупштини усвојени закон о петогодишњем планском развоју земље утврђује државно управљање радом и плодотвором људи на темељним добрима.

Приватна својина је споредна, опстаје на малом посједу.

Комунисти уређују државу, усмјеравају предузетништво и рад, устројавају становништво, све налик поретку Совјетског Савеза.

Управо, још прије проглашења земље федеративном републиком, пред сам завршетак рата, привремена влада је потписала уговор о пријатељству и помагању између Југославије и Совјетског Савеза.

Тим уговором је започето доцније замашно савезништво са читавим низом социјалистичких држава; Југославији очас стижу совјетски стручњаци за савјетодавно судјеловање у свим струкама управе.

Британска влада се јетко одазива на југословенско придружење Совјетском Савезу, као и на саму владавину комуниста; она ускраћује пријатељство и затеже ипак потребне узајамности.

Слично поступа и сјеверноамеричка влада.

Обје владе распаљују своја незадовољства; гдјешто жаре и непријатељство према федеративној Југославији усљед брзог поратног разиласка Велике Британије и Сједињених Америчких Држава са Совјетским Савезом, с којим су заједно у рату потукле блок фашистичких земаља, Њемачку, Италију и Јапан.

Дружељубље између комуниста у Југославији и оних у Совјетском Савезу, поистовјећивање првих с другима, трајаће двије послијератне године. Потад, са совјетске стране, прво полазе приговори па онда (1948. године) удара и крајње жесток напад који се претвара у свакојако непријатељство свих социјалистичких држава, готово свих комуниста у свијету, против Југославије.

Вођство југословенских комуниста, у одбрани, доказује сопствену правовјерност општој доктрини револуционарне партије пролетаријата. И сад први пут изјављује да је за Другог свјетског рата народноослободилачки покрет под вођством комуниста стварно извео револуцију у Југославији, да би се она у миру изграђивала као социјалистичко друштво.

У самоодбрани, вођство југословенских комуниста појачано утире неке облике поретка и властодршства баш својствене совјетском обрасцу.

Упоредо, вођство понире у комунистичку теорију о класама у капитализму и о могућству социјализма, те објављује и своју процјену совјетског одступања од појединих заповједних начела; утврђује и два стратегијски важна одређења: Југославија да развије самоуправљање, поступно у свим производним, прометним и услужним дјелатностима, такође и у сваком виду грађанског удруживања; партија комуниста да се клони совјетских допуна општој теорији а поучава из ранијих списа о друштвено-историјској нужности социјализма као насљедника капитализма.

Утолико, Велика Британија и Сједињене Америчке Државе ублажавају своју крутост према Југославији, дају средства за војску и привредне послове како би се ова угрожена земља оснажила за одбрану од оружаног напада, већ загријеваног пријетњом са совјетске стране.

Међутим, након престанка свемоћи властодршца у Совјетском Савезу, насљедници долазе (1955. године) у Југославију да овдје изјаве како голема грешка почива у оном нападу (1948. године) и потом догађаном непријатељству, па нека престане битка, понови се другарство, услиједи сарадња. Закључено је помирење; обновила се редовност односа између Југославије и Совјетског Савеза.

Но таласаво се одвија понављана узајамност комунистичких партија и влада, каткад бива и кроз оштре приговоре, непрестано уз очит или скривен назор југословенских комуниста да се никад не врати првобитна њихова радосна и одлучна оданост Совјетском Савезу.

Југославија има непосредан, земаљски додир с државама из оба велика савеза – на Западу капиталистичког Атлантског пакта и на Истоку социјалистичког Варшавског уговора.

Али она неће ни једном да приступи, већ другдје и даље у свијету тражи разумијевање и налази пријатељство; многе владе и политичке покрете одушевљава својом одлучношћу да постоји независна; Југославија креће правцем самостално изабраним за национални рад и општељудску својност.

С ове ријешености и за њ везаних постигнућа настаје извјесно међународно заједништво, звано – покрет несврстаности. И као трећа страна у човјечанству, између два супротстављена блока држава, покрет несврстаности особено осмишљава значење општег мира за људски род, његује независност и поштовање међу владама, задаје творачку тежњу у међународности.

Одлике овог покрета и његова свјетска оглашења корјенито су везани за југословенски унос вредности и мисли, као и врло настојање кроз окуп и дејства; Југославија слови међу неколико оснивача, и, непромјењиво, првака у покрету несврстаности.

Југославија се одсликава пред свијетом као социјалистичка земља намјерна благости, неке мекоте непостојеће у државама гдје владају комунисти. Један одраз различности намакао се пред свачији извањски поглед већ самим откидањем Југославије из блока држава стегнутих вољом и моћима владара Совјетског Савеза.

И свуда се гњевно противници веселе сукобом између влада комунистичког својства; стога одсвакле хвале и бодре југословенску одбрамбену одлучност не бременећи је одбојношћу због овдашње веома напрегнуте и љуте и преоштре и пристрасне кретње против ванстројних приговора.

Исто као и другдје, комунисти су и у Југославији опоре духовности, окрутни у владавини, искључиви као заповједници.

С којом је брзином и осветничким налетом разагнала остатке грађанских странака одмах послије рата, партија комуниста, тако рећи, с десетоструко тежом силином туче и слама оне своје чланове и друге грађане који су ма и једном негдје рекли, многи чак у тајности споменули, да вјерују у истинитост и потребност совјетских приговора и опомена (1948. године) југословенском вођству.

Властодржачко гушење ове процјене, супротне партијској одредби и заповијестима, сатрло је на десетине хиљада људи, да, поред погубљених, жртве заувијек буду и преживјели, сваки згњечене душе од убоја махнитих мучитеља.

Доиста окрутнија него оним наглим истискивањем малих и збуњених скупина грађанских странака, па убрзо после сламањем сељачког отпора обавезном откупу пољопривредних производа и улажењу у земљорадничке радне задруге, збиља, неупоредиво свирепијим поступањем, партија комуниста крши унутрашње, речено је, злочесто измишљане приговоре њеном општем правцу и појединачним одредбама у владавини Југославијом.

А та три сламања, редом, дакле, грађанских странака, по-сједника на селу, оспорених сопствених чланова, врши партија комуниста располажући државом, једина власна у управи, по-лицији, судству, војсци, цијелом друштву.

То збивање прави обрис политичке стварности Југославије на плећима свеколико устројеног становништва по замисли и ријечима партије о званом самоуправном социјализму.

Млаку кретњу друштва, уходану радиност људи и млохаво стање духа народног, прекида (1968. године) политички устанак студената као пробој унутра нагомиланог отпора свуда укова-ној, партијски себичној и присвајачкој свемоћи комуниста.

Студенти су затражили да властодршци укроте личне про-хтјеве, окану се грабљења блага и ману доживљаја неуљудних угодности; управо, да се часним људима, и омладини, отвори приступ, дохват установа да би помоћу ових умјесто већ окор-јелог једноумља друштво разногласјем стекло размах, и правда истисла партијско тајно пресуђивање о стварима и радњама.

Политички устанак студената је историјски блистав догађај. Љепотом учесника, ведрином поноса, опсегом знања, душевном чистотом, прохтјевом за човјештво, мишљу о слободи грађани-на и истини народа, побудом за Југословенство, овај устанак је обиљежио конац творачке способности комуниста.

И предсказао је устанак да је сасвим неопходна замјена вла-дајуће једнопартијности пријеко потребном вишепартијношћу, у ствари, непригушеним дахтањем множине, неометеним гово-ром сваке личности, часним редосљедом устоличења за влада-вину опуномоћених грађана.

Некрунисан владар Југославије вјештом ријечју стишао је студенте, власт убрзо испунила неке споредне њихове захтјеве; устанак се као пријетња поретку окончао, а знамен његов остао узвишенији за поглед и важнији за понос од све претходне му и потоње улежалости једнопартијношћу опседнутог југословен-ског друштва.

Можда је политички устанак студената бар унеколико ос-мјелио неке разборите и увиђавне комунисте на важним ду-

жностима у партији, првенствено у Србији, да олабаве органи-
зацијску стегу, допусте некажњиву причу о пропустима вођства
и окошталости строја владавине.

А вођство партије просто, дисциплински, одстрањујући те
личности, гаси (1972. године) њихов покушај да отворе пут де-
мократији, осуђује такву намјеру као непријатељско хтјење, на-
звано либерализам, што је требало да значи повратак превази-
ђеном капитализму.

Такође, партијском казном то вођство уклања са високих
дужности поборнике супротне тежње, дакле, вршиоце искљу-
чивог национализма хрватског. Смакнут површински једно-
ставном забраном, овај национализам се удубљује у сопствено
извориште, наставља да се бодри све жешћим нагоном бора-
штва за независну државу Хрвата, чак, укривено се проноси и
одавно свикнутом примјеном комунистичке партијности.

Бијаше тад (1972. године) немогуће да се сузбије национа-
лизам; увелико, њим је обрасла политичка духовност партије
комуниста, па се ту казнена мјера своди на замјену ипак оса-
мостаљених лица новим саставом послушнијих људи, презадо-
вољних повјерењем стратега, владаоца Југославије.

Национализам није искорјењив ни стога што је озакоњен
као састојство владавине, и разгранат кроз сам склоп федера-
ције. Над свим раније уложеним за прохтјеве засебности, пр-
во амандманима на постојећи Устав (1971. године) па коначно
посљедњим Уставом (1974. године), национализам се зацарио,
поглавито одредбама које савезну власт уписују зависном од
пристанка сваке републичке и покрајинске владе на предложе-
но рјешење и спремљену наредбу за цијелу државу.

Ова врста зависности врха власти од увеличаних огранака
шири се као препона, све више њом умањује надлежност саве-
зне управе; стварно расте надмашност националних република
и покрајинских власти (упркос амандманима на Устав, 1981. го-
дине и 1988), видеће се убрзо, узалудно задатим враћањем мал-
ко југословенске уједињености.

Једино се ширење раздвоја дешава у Југославији све отад до вишестраначких парламентарних избора у републикама (1990. године) кад партије крајњих националиста католичких преузимају власт у Словенији и Хрватској, и одмах исто објављују: циљ им је отцјепљење покрајина да би постале самосталне државе.

Заиста, претужна истина за комунисте и за Југославију; они су својим раздеобама отворили пут малограђанском национализму који побједом на изборима насљеђује државу, управу, благо.

Овдје, друкчијег исхода готово и да није могло да буде у времену сурвавања (1989-1991. године) читавог социјалистичког државништва у источној Европи, свуд унутра стално подједаног католичким разорством и разноврсним капиталистичким уплитањем мамаца превећ осиромашеним народима под влашћу онуд осионих и окорелих комуниста, за минулих деценија ни једном смјењиваних властодржаца.

Једнако и у Југославији исто дуготрајно несмјењивање комуниста на власти – иако су ови у међувремену покушали да духовно освјеже партију и ублаже тежину властодрштва – докончава се ломљавом у творевини, не остављајући, изузев материјалних здања, ни један образац опште друштвености тако уман и дотле жилав да би се надметао с начелима друкчијег порекла и супротног смјера.

Баш је веома једноставног тока укупна стварност Југославије за времена комунистичке власти. Да се изгради и усавршава као самоуправна социјалистичка заједница, и да је врло утицајна улогом у свјетском покрету несврстаности, то су, речено за синтезу, двије одреднице њене историјске мјере и величине.

Као друштво без неколико политичких странака, и, сљедствено томе, без људима потребног супарништва такмаца за власт, без изборне борбе за парламенат и стога једноставне редовности у обнови скупштинских састава по избору личности, претходно у комунистичким комитетима предвиђених за посланике, а с три заредом устава државе и помеђу с још више пута доношеним уставним амандманима, те само једном, на почетку, сазваном Уставотворном скупштином – дакле, свеколико, Југославија не обилује разноврсношћу унутарњег друштвеног буркања и борења; она се не јавља ни којим хтјењем ни каквим напоном несравњивим са комунистичким створом њене укупности.

И кад се Југославија током пола вијека (потоњег), читава, једним писаним огледом оцртава, ваљда је тачно да се два њена раздобља именују кованицама, коришћеним за владавине комуниста: прво раздобље (1945–1965. године) звано ријечима – демократски централизам; а друго раздобље (1966–1990. године) ријечима – плурализам интереса.

Смисао је демократског централизма у том да се према нацијама сачињен састав Југославије, сва цјелокупност државе потчињава врховном вођству; дакле, уједињеност је безусловна а засебност, у оквиру општости, подразумљива.

Срби, са природног својег стања по множини људством и земаљској размјештености у пет република федеративне државе, појме демократски централизам као праведно начело за благотворну узајамност више националних саставака заједнице и учесника опште друштвености.

Срби су за Другог свјетског рата сразмјерно више ослабљени од иједног другог народа у тад стваараној федеративној Југославији. Изгинуће на бојиштима, страдање од фашистичког геноцида, опустошеност њихових крајева куда су се највећма кретале и сукобљавале зараћене војске, умањили су запрему Срба у простору и износ моћи у радним снагама.

Србима се, ипак, обнавља творачка способност доласком из ратног заробљеништва у Њемачкој оних хиљада школованих људи, официра и лица других струка.

Уосталом, извјесна мањина се није вратила из заробљеништва; ти људи, оставши монархисти, разишли су се којекуда по свијету.

А већина дошавших у Отаџбину бива рапоређена за службеничке послове, да ником од ових учених личности, дословце баш ни једном човјеку, комунисти неће повјерити неку високу дужност за шире утицајно дјелање у држави и народу.

Оваква грешка проузрокује несамјерљиво штетан одузетак, дуготрајно смањење изврсне дјелатности; три и четири десетљећа потрајаће (отприлике, до политичког устанка Срба 1988. године) док преовлада сталеж школованих предводника народа.

Срби су под атеистичком влашћу комуниста лишени прилике да се несметано исказују у сопственој религијској духовности. Ионако је православље, историјски народна црква, дотле било једини, свемашни обједнилац Срба помоћу вјерске обредности и саборног окупљања братства. А сад свештенство стиснуто око богомоља сиромашки преживљава оскудицу и стрепњу, при чем доскорашњим вјерницима и млађим нараштајима комунисти предају поуку о човјечанској нужности савремено побједничког пролетерског интернационализма.

Србима је комунистичка прича о братству и јединству за срећну будућност Југославије одвраћала мисао и вољу од праведне потребе да спомињу властити улог, поготово наглашавају одсудност сопственог залагања у оба свјетска рата да постане па обнови се ова држава. Та прича је сметала Србима да очувају своје историјско власништво, баш подређено смањивању да би се спало у калуп равномјерности, сравнило се с доприносом сваког другог народа, те испало свију подједнаког учешћа и заслуге у стварању федерације.

Оваква угодба бијаше неправда по Србе, спрјечава им заслужено величање сопственом прошлошћу, приморава да буду умањеног духовног захвата у текућем збивању.

Срби су с комунистима на власти могли:

• у Србији – према свим другим народима у држави да окајавају гријехе приписиване пређашњој монархији под династијом српског рода, па у републици угађају националним мањинама искреном предусретљивошћу и помагањем како би оне користећи се властитом политичком самоуправом имале самосвојан духовни и просвјетни развој;

• у Црној Гори – подвргну се комунистичкој обради за посебну нацију Црногораца који се више не броје ни службено уписују људством српског рода;

- у Македонији – прилагоде се политичким говорима и про-свјетној проповиједи о македонској нацији, штавише, и сво-ја презимена преудешавају да би се званично писали Маке-донци;
- у Босни и Херцеговини – великодушно се односе према Хр-ватима и муслиманима, заједно с њима посвете изградњи покрајинске републике по начелу о тројној равноправно-сти, с нарочитом благошћу према муслиманима као људ-ству прије рата запостављаном а револуцијом подигнутом за видну улогу у државотворству;
- у Хрватској – своју ратничку заслугу и морално преимућ-ство од устаничког првоборства против фашизма да при-пајају политички вредносном удјелу Хрвата у сламању кола-борационистичке државе, с њима буду истовјетно суверени па заједно творе републику као градитељи и учесници вла-давине;
- у Словенији – милосном усрдношћу, као службеници држа-ве, да се опходе према Словенцима, с њима друже и сарађују.

Србе је федеративна саставност Југославије и врста њој по-добног начина управљања, онемогућила да самостално, сред-ством скупа, уприличе околност сопственог духовног сједињи-вања у народности и православљу. И наставља се, унеколико временом чак и продубљује, из ранијег доба наслијеђена духов-на неуједињеност Срба, видјеће се доцније, голем узрок неизра-де националне стратегије за Српство у федеративној држави.

Срби су и мимо свих по себи неповољности због преваге на-ције – а не грађанина – за мјерило уређености Југославије, сра-змјерно бројнији од других народа у службама државе, нарочи-то у војсци и полицији, првенствено по насљедству и наставку својег учешћа у ослободилачком рату против окупације па тек са сопствене земаљске размјештености.

Особито видно, Срби из западних области Српства у вели-ком броју судјелују у командном саставу савезне војске па су отуд у многом ослонац старјешинства федерације, узданица вр-ховног самодршца.

Срби су савјетовани да друге народе уважавају као и себе, са свима се друже и у пријатељству живе. Срби се заиста с њима ороћују; на примјер, у броју такозваних национално мјешовитих бракова биће сразмјерно највише супружника српског поријекла; па од њихова порода, и уопште, сразмјерно се највише Срба званично уписују као Југословени у државном значењу ове ријечи.

Хрвати се срчано заузимају да умјесто одагнане колаборационистичке државе створе националну републику суверено народа, користећи се и искреном сарадњом овдашњих Срба, такође признатих суверним а стварно обухваћених културом и обичајима хрватског малограђанства.

Хрвати располажу, поглавито у својим мјестима и крајевима, мање ратом окрњеним у моћима и средствима за производњу и промет, него Срби у њиховим областима; такво имућство Хрватима омогућава предност за надпросјечну зараду на јединственом југословенском тржишту.

Хрвати настављају просвјетну и општу обраду своје народности неометани пресјеком од федеративности у држави, и неодсијечени од владарства католичке цркве која прожима сву њихову духовност, вјерским учењем и обредом уживљава се у читаво постојање и развој друштва.

Хрвати имају своје сроднике на највишим дужностима у савезној влади и власти. Хрват је неприкосновени вођа партије комуниста, лично суверен државе Југославије, старјешина савезне војске, свестрано владалац, одиста представљен као интернационалист, поборник братства и јединства; али у свијести са доста је појмова и у понашању с не мање навика својствених националном духу хрватског народа и поукама од римокатоличке цркве.

Хрвати, сразмјерно, стичу преимућство у федеративној Југославији узевши да су мање бројни од Срба, рачунајући, дакако, и да су мање заслужни за њен настанак, и постојање.

Словенци, такође, имају истакнутост у владавини Југославијом преко својих сродника у најужем кругу првака врховног управитељства савезне државе.

Словенци баш самостално, без бројнијег од старине присуства људи којег другог рода на њиховом тлу, изграђују своју народну државу, теоријски промишљену оним већ за рата примјењеним списом о националном питању.

Словенци свестрано развијају своју народну духовност по насљеђу саздану од римокатоличке поучности и рационалистичке просвијећености.

Словенци, благодарећи сопственом посједу и вршећи најважније дужности у савезној власти, имају сразмјерно већу могућност од Хрвата да постижу изванредно крупне добитке на јединственом југословенском тржишту.

Македонци, братимећи се видно са Србима, изграђују националну државу; по народном говору пишу властит књижевни језик, развијају свестрано школску просвјету, унутар се братиме ријешени спољашње стеге, први пут омогућени да собом управљају и самостално уређују сопствен живот.

Муслимани исто добро здружени са Србима, равноправно и с Хрватима, судјелују у властодрштву Босне и Херцеговине, но и у другим крајевима гдје представљају знатан дио мјесног становништва.

Муслимани налазе политички ослонац у званом југословенском социјалистичком патриотизму; напајају се исламом, вјером и обредима, све врло наперено к циљу да се оличе као народска засебност у значењу нације сред укупности федеративног садружја у Југославији.

Албанци, национална мањина, брижно помагани од Срба, уживају самоуправу у области Косова и Метохије, у западној Македонији и у Црној Гори; овуд су равноправни судионици властодрштва у свим кретњама живота и рада. Албанци су помоћу школства, науке и јавне друштвености напрегнуто употени његовањем сопственог националног духа, и с тим уједно племенског рођаштва са сродницима у сусједној држави Албанији.

Мађари, такође национална мањина, у почетку се односе уздржано, препријечени истином о њиховом судјеловању у окупационој управи; послије живље поступају узносећи се сопственом народношћу кроз просвјету и оданост римокатоличкој цркви.

Самосвојно ојачавана упоритост нација растаче сложност федерације, штетно подједа обавезну узајамност по демократском централизму; уосталом, то је посљедица остваривања врховне одредбе да савезна држава служи њеним саставцима.

И да би се прозивка ускладила са стварношћу, потребна ријеч слагала са током збиље, срочена је у вођству партије комуниста кованица – плурализам интереса – да смијени већ потрошен смисао слога – демократски централизам.

Плурализам интереса као изрека без имало састојства од моралног обзира, покрива готово озакоњен раскид савезности у Југославији; у партији комуниста, у држави, у сталешким редовима и друштвеним скупинама, у пословима.

Срби веома страдају:

- у Србији – на троје су подијељени, чак подложни самовољи аутономних власти у покрајинама Косова и Метохије и Војводине;
- у Црној Гори – ограђени су као посебна црногорска нација, ништа не смије да им буде заједничко у духу и напонима с осталим Србима, штавише, и да су зловољом окренути против рођака у Србији;
- у Македонији – поништени су сасвим преименовањем у Македонце;
- у Босни и Херцеговини – притијешњени су силним нарастањем муслимана који везано с овдашњим Хрватима држе владајуће положаје у управи, привреди, просвјети, општој друштвености;
- у Хрватској – трпе све тежи притисак крајњих националиста хрватских који овдашњим Србима одричу озакоњен суверенитет у републици, говоре да ће створити своју цјелину на читавом пространству пређашње окупаторове творевине, значи, колаборационистичке државе хрватске (обухватала је и Босну и Херцеговину).

Одвећ засјекла подијељеност пријети бићу Срба, да их искида у пет посебних управних округја и свуда – сем у Србији – постану национална мањина. Одбрамбено устаниште (1987-1991. године) Србе спасава од такве пропасти.

Хрвати све жилавије надиру да се издвоје из Југославије, образују засебну националну државу; комунисти хрватски допуштају приступ католичким националистима да и они побједом на вишестраначким изборима долазе на власт.

Словенци, увијек имаоци самоуправе у Југославији, најед-ном изненађују познаваоце њихове прошлости у ропству под аустријским Њемцима, као и штоватеље њихове марљивости и обогаћења у Југославији, ма безмало свакога изван своје републике, запањују прохтјевом да се отцијепе од југословенске заједнице и настave живот у самосталној држави.

Македонци су одлично напредовали у садружју југословен-ском; но и код њих неочекивано избија одбојност према Србима које су дуго са захвалношћу за доброчинство спомињали. У Македонији се јавља доста крајњих националиста који теже да републику одвоје од Југославије.

Муслимани су одлуком врховног вођства партије комуни-ста проглашени нацијом; тако су постали, каже се, један, у тројству, конститутиван сачинилац државе у Босни и Херцегови-ни. Осиљени и знатним порастом бројности својег житељства а под утицајем проповједника ислама као вјере за душу и поуке за владавину, муслимани увелико настоје да би преовладали у управљању Босном и Херцеговином.

Албанци, национална мањина, устанички ударају да би се отцијепили од Југославије и припојили држави Албанији.

Мађари, национална мањина, иначе веома имућно људство, врло смјело крећу, издижући сопствену народност и католич-ко вјероисповиједање, да им буде ближа сродна Мађарска него родна Југославија.

Плурализам интереса, у свему, дешава се и отворено и скривено разбијањем Југославије, баш несојно исказан муклим изласком (1989. године) комуниста словеначких па комуниста хрватских из партије југословенске, дуже од четири деценије владајуће, у којој су баш они имали преимућство при доношењу одлука и упутстава за читаву државу.

9.

Срби, иако изнурени дуготрајним збијањем и осиромашени дубоким раздјељењем, устанички полазе:

- у Србији – да влади омогуће успоставу надлежности у подручју цјелокупне републике;
- у Црној Гори – да би сломили туђи кључ издвајања Црногораца из Српства;
- у Босни и Херцеговини и Хрватској – да јавност узбуде проговором о темељном удјелу Српства у стварању и постојању Југославије.
- Србија уставно закључује (1989. године) завођење управне јединствености.

Црна Гора политичким устанком (1988. године) поставља моралну преграду даљем изгоњењу Српства из епске духовности народа.

У Босни и Херцеговини и Хрватској Срби се и кроз пркос сучељавају с наспрамно гњевном искључивошћу Хрвата и муслимана.

Српство, цјелокупан народ, доживљава повраћај пуне својствености, хвали братство, духовно се снажи и побудом која правда и обнавља поетску изреку давних првобораца: Српство сложно за Југославију, велику Отаџбину.

Хрвати под влашћу крајњих националиста љутито и свадљиво, пребрзо своју републику откидају од Југославије. Крајњи националисти докончавају подлу радњу претходних властодржаца, из врсте комунистичког тоталитаризма, који су десетљећима издизали засебност Хрватске увећавајући њену опуномоћеност а смањујући у њој југословенску надлежност, стварно вршили издају добре Домовине.

Хрватски крајњи националисти и говорима и стварним поступцима предсказују да ће издвојена Хрватска својатати, као властиту историјску вриједност, цјеловит израђај народног самоопредјељења, дакле, и ону за Другог свјетског рата постојећу државу која се памти као освајачева творевина, коначно, по свјетском суду спасилаца слободе, прибројена множини фашистичких злочина против човјештва и човјечанства.

Срби, гдје живе помијешано с Хрватима, грозе се представе о држави Хрватској изван Југославије; ни слутњом ни разбором да би нашли ма и један разлог који отклања претпоставку да се обновљена независност хрватске државе не би намиривала поништавањем Срба у њеном подручју; Срби се одупиру, о себи говорећи католичким властодршцима у Хрватској да су овог пута оспособљенији за устаничку самоодбрану него што бијаху у Другом свјетском рату.

Срби у Хрватској траже братску помоћ од читавог Српства. Они дојављују и свијету да их заштићује законитост Југославије, Отаџбине народа и државе која се пише и међу оснивачима Организације уједињених нација.

Словенци под влашћу католичких националиста сложно се труде да среде потпуну припрему, тајно ускладе безброј појединости за једностран раскид, отцјепљење националне републике од југословенске федерације. Католички националисти напросто настављају од комунистичких националиста наслијеђено растављање Словеније од Југославије. Споља, неуочљиво је задуго, одакле у тих разбијача Југославије жестина надирања која иначе премашује снагу словеначког народа. У одсудним данима, разголитиће се да је моћство католичких националиста у Словенији од поодавно потхрањивано савјетима и подршком неколико демохришћанских странака и власти у сусједству, првенствено с положаја аустријских Њемаца некадашњих господара у областима словеначким.

Срби, онеспокојени разорством католичких властодржаца Словеније и Хрватске, захтијевају да се поштује Устав Југославије и путем договора у установама савезне власти налази рјешење свачијег посебног прохтјева.

Срби болно и одлучно тврде да им је Југославија Отаџбина, историјска тековина и животна потреба, држава у којој су сви уједињени.

Срби истичу: јаче је укупно право постојања Југославије од ма које засебне воље за излазак из њена оквира.

Срби веле да се не противе отцјепљењу Хрвата и Словенаца из Југославије; но и Срби, наспрам, имају право: да остану у Југославији, сачувају посјед и државу, безусловно, на пространству својом народношћу насељеном од старине.

Словенци националним уставом (1990. године) предодређују па нарочитом одлуком (1991. године) проглашавају своју републику независном државом; значи, власном да се самостално односи према другим земљама, дакако, и према остатку Југославије. Савезну војску законито послану да спријечи прве повредљиве посљедице противуставног чина католичких властодржаца, пресрећу и очас нападају наоружане јединице словеначке; оне су насрнуле да зграбе и присвоје оружје и средства војске.

То недуготрајно преотимање (1991. године) католички властодршци су назвали – ослободилачки рат Словеније.

Могу они да се хвале поступком и некуд користе задобитком, али обзир непристрасан и суд тачан о словеначкој буни јесте: војнички – просто је гусарски насртај; правно – кршење постојеће законитости; државно – велеиздаја; морално: грехота и срамота; јер су Словенци у два маха, у оба свјетска рата, баш спасавајући се од германског поништавања њиховог бића, нашли спас у Југославији; коначно, историјски – та је буна јадан случај, изван домаје једва ли за нечији негдје узгредан спомен.

Хрватски крајњи националисти поступају истовјетно: својим уставом (1990. године) па посебним одлукама републику Хрватску су назвали (1991. године) сувереном државом, ни у чему изнад обавезном према Југославији. Они су, при том, одузели Србима ондје историјски стечено и природно припадајуће право сувереног судионика у државотворству и владавини.

Пошав полицијом и војском да би Србе подвластили, сабили их да су национална мањина, католички властодршци Хрватске наилазе на српску оружану самоодбрану. А што су Срби већ и дуже од године дана предочавали, они сада чине: бране огњишта, из својих мјеста и крајева изгоне војску и полицију републике Хрватске.

Српски отпор је нескршив због снаге у самим борцима и свем житељству, свјесним да бране сопствено народно биће и сам живот. Ојачан је тај отпор и помагањем од читавог Српства; и, углавном, заштитно је окриљен судјеловањем савезне војске, прво покренуте да посредује, раздваја сукобљене стране, а пошто је и она нападнута, мора одбрамбено да дјејствује.

Оружана борба већ има размјере, својства и намете војевања. У ствари, то власт крајњих националиста хрватских ратује против Срба у Хрватској и против савезне војске.

За полугодишњег трајања (1991. године) оружани сукоб Хрвата и Срба стапа обиљежја етничког рата и вјерског рата; дабогме, и врста је грађанског рата због сукокба Хрвата и савезне војске коју законито и редовно сачињава сходно људство од свега становништва у Југославији.

Пред очима Срба, посебно, у овом рату се свукуд потврђује подударносг потоњег хрватског војинства с оним убилаштвом фашистичке државе хрватске у Другом свјетском рату.

Срби, у одбрамбеном устанку, основали су установе сопствене власти, опуномоћили их да управљају као народно суверено представништво.

Срби у Хрватској су спремни да своје области одцијепе од ове републике да би оне, неодвојиво, остале у Југославији, тако, у држави цјелокупног Српства. Борци једноставно говоре: нека Хрвати и Словенци одлазе из Југославије кад тако хоће, Срби њих неће спречавати, али ни допустити Хрватима да Србе одведу под њемачку превласт.

Македонци, ево, доста потпадају вољи својих крајњих националиста који се надмено загоне да би народ одвојили од Срба говорећи разлог, као да је пошалица од ината, баш ријечима:

кад Словенија и Хрватска неће даље припадати Југославији, ов-
дје ни Македонија не може да остане. Ти националисти обећа-
вају народу да ће Македонију увести у Европску заједницу, што
је лака нада а превише горка варка којом се прави застор надно-
шења Бугарске Македонији.

Некуд, из Југославије, искорачај Македоније, мора право-
времено, прије него се догоди, да пресретне порука Србије и
Црне Горе, ни срдито, ни претеће, али најозбиљније упозорење;
наиме: национална држава македонског народа је успостављена
у области задобијеној побједом на бојишту за посљедњег осло-
бодилачког рата српског народа против Османског царства.

Ова истина има и поштоваоце и браниоце у македонском наро-
ду, сматрају је часном вредношћу и залогом љубави према Србима.

Србија и Црна Гора, такође заједно, да поруче Бугарској: не-
ка пустоловом не упада у постојаност Македоније; одиста, веома
нагласе Бугарској да је она, у размаку недугом (за тридесетчети-
ригодине), потписала три међународна уговора, који редом по-
тврђују да је Македонија покрајина Србије, с њом и Југославије.

Српство – како овим говором слиједи – остаје једини народ у
Југославији, тачније речено, с муслиманима нашироко заједно.

Муслимани, од Срба неоспоравани као народ изишао по
начину комунистичког прављења политичких нација, имају у
овом висок разлог за вјеровање у наставак досад претежно до-
бре узајамности.

Муслимани знају да су Срби давно престали да куну негда-
шњу превјеру мноштва браће; зато памћене нужности и нагоне
у минула доба не повлачити из читанки поезије.

Муслимани су доживјели да их Срби, у оба свјетска рата, већма
позивају да се одметну од германске силе, њој не подмећу, него што
их грде због несреће коју су начинили служећи туђину, освајачу.

Муслиманима ваљда не треба још које слично упозорење како
би их на концу спопало морање да се спасавају тражећи прашта-
ње Срба, уколико би овима у међувремену нанели какву злочест.

А Срби су дужни да поштују исламску, обредну и рођачку
особеност муслимана, као и њихову политичку тековину буј-
ним развитком у Југославији.

Срби могу врло својно да се у том огледају; јер, откако посто-
ји Југославија, обично их спомињу: наша браћа муслимани; зби-
ља, људство истокрвног рода, те како би ходом у будућност него
баш узајамно, сложно у твораштву и заручно на свечаностима.

Србима је уз моћност нужан и стрпљив рад да би поправили
доста поремећену саживљеност с Албанцима, националном ма-
њином у Југославији и народом у сусједној држави. Добра при-
лика би настала ако би се смањило страно уплитање вајкадашње
злобности; јер завада прави згоду недобронамјерном долазнику.

Имају сопствено искуство Срби и Албанци да су плели уза-
јамну трпељивост, с ње правили ваљано садружје кад преко ал-
банске стране није задирало прекоморско непријатељство на
државу Србију и послије Југославију. Баш обостраним стара-
њем тежити задобијању угодности за сарадњу, да би богатила
Албанце и узвисивала Србе.

И не би било необично – узевши за претпоставку – ако би
Срби једноставније углавили добростојност с Албанцима него
што ће успијевати да блаже повећаване прохтјеве мађарске на-
ционалне мањине у сјеверној области државе.

Откако је католичка странка постала главна политичка ску-
пина у Мађарској, то подстиче њене сроднике у сусједству да и
они оснаже утицај цркве и ликом сопствене духовности домог-
ну се самосталног политичког положаја у Југославији.

Таквом надизању да се супротставе, уколико би им нано-
сило повреду, могли би Срби и уз садјество Румуније, државе
православног народа у којој има затегнутости, па избија и не-
пријатељство између уставне власти и подручне мађарске на-
ционалне мањине.

Срби ће, уосталом, преко Мађарске, да ли овуд више или
преко отцијепљене Хрватске, но свакако, трпјети притисак
средњеевропског склопа демохришћанских странака на власти,
набијеног иначе осиљеношћу уједињене Њемачке.

Сад, након католичко-капиталистичке развале комунистич-
ког социјализма у источној Европи, ево трећи пут у двадесетом

вијеку како Њемачка пробојно залази, кружи и надгорњава да би сабила и стегла, па онда рачунали је главним газдом на Балкану.

И како ће се кроз хрватско подручје Њемци ширити, постати посједници на Јадрану, власници и закупци хотела, лађа, лука, плажа, кућа, уреда и бироа, средстава превоза, залазиће они као трговци и банкари и у црногорски предио обале, да би овуд притјешњивали излаз Срба на море и одатле пут у свијет.

И с копнене стране, од запада и сјевера, Њемачка ће такође да условљава потребе и послове Срба, народа и државе.

Што би Њемачку на овим странама ограничило, то је, како изгледа, преграда прохтјевом и присуством Сјеверноамеричке уније.

Могла би Америка, свјетска велесила, настојати да посве загази и размјести се на Балкану новцем, робом, радњом, надзором. Отвор за наступ указује се на простору још незапосједнуте а привлачне Албаније. Одавде с полазишта, ако би Америка кретала да обузме и Македонију и даље према истоку просторно важну Бугарску, онда би с југа подишла Украјини и Русији, и примакла се снагом средњеазијским државама.

Тако би Америка, још и бочно преко Турске, обухватила с јужне стране, пространство бивше совјетске државе, којој се са сјевера приребрила кроз Пољску и балтичке државе. Америка би, можда, хрлила и да се уплиће у погађање Русије и Украјине око припадања Крима и Азовског мора, куд ондје да имају заједничку границу.

У чему би оваква распрострањеност америчког присуства (можда војском, вјероватно флотом и размјештајем авијације) утицала на Србе и општи правац српске државе, то је – уобичајено речено – велико питање.

Италија, прекоморски сусјед Срба, имала би према областима Јадранског мора овдје прохтјеве стијешњене од Њемачке и Америке. Да буде трговац, да се преседлава између тих јачих држава, то Срби знају о Италији; и предвиђају да их она неће подарити добрим обзиром ако њу користољубље буде тјерало још даље на источну страну.

Италија, уосталом, у времену оба свјетска рата, освајачки је спречавала и оружаном силом рушила Југославију гледајући је углавном као државу Срба, пространство и прилику за превласт православља.

Француска и Енглеска, државе великог моћства и значења у човјечанству, историјски пријатељи Срба, заједно са Сјеверноамеричком унијом и Русијом (односно Совјетским Савезом), судионици су прво постанка па послије обнове Југославије. Те државе су главни спољни надгледници Југославије, преко општих мировних уговора и посебних споразума потписници међународног признања, тим и јамци њене цјелокупности и развоја.

Срби обично вјерују да те велесиле неће пренебрећи своју одговорност за Југославију; иначе, како оне подносе чињеницу да је смањивање Југославије, због отцјепљења Словеније и Хрватске, доиста одломак за стопу наспрамног успона Њемачке у Европи.

Срби свакако да се жалосте због потоњег страдања Русије, држаоца Совјетског Савеза. Но, нипошто да се лишавају својег вјеровања у истину да је Русија вазда велесила, макар у неком времену трпјела и помутњу и сиромаштво. Она је најпространија држава на свијету (преко седамнаест милиона квадратних километара земаљске површине), с божанственим обдареностима својег људског рода, с готово неизмјерним природним благом, напосљетку, и посједом нуклеарног оружја.

Нека српском душом пјевно звучи вјечита реченица милог руског поете: велика је мајчица Русија, велика је матушка. Јер, у Србина и сам појам да Русија постоји, кријепи вољу, срце радошћу весели, снагу за полет крене.

За Србе, вјероватно, било би заштитно садјество Русије и Сједињених Америчких Држава, јер би обје велесиле – колико је предвидљиво према историјском искуству – принуђивале Њемачку да своју силину више укопава за властиту опстојност у средишту Европе па мање нагона има за наметање премоћи околним и даљим народима.

На крају ево датог оцрта садашњег положаја Срба и других народа у смањиваној Југославији усред неповољних међународних околности с претежношћу оданде подлог раскрајања (од Европске заједнице) и голeмог непријатељства (од Њемачке, Аустрије, Мађарске, Ватикана), скромно истаћи натпис:

- Југославија постоји; и постојаће, макар се држава још кр-њила те бивала мања; значи, увијек с овим именом до тог дана кад ће становништво у оном преостатку плебисцитом да потврди њен историјски наслов или усвоји нов назив;

- Југославија је својина Српства; у два свјетска рата превас-ходно је учешћем Срба стварана па обнављана; по чињени-ци и људској важности Југославије представљено је Српство у човјечанству двадесетог вијека;

- Југославија као међународно признато окружје становни-штва и његовог посједа има неколико хиљада уговора са спољним свијетом, што службено државних што званично предузетничких; недопустиво је да се раскида и застари то насљеђе; а ко самовољно одлази односећи тијело и одијело, од главнице нема му дијела.

Српство да постоји бранећи унос својег блага у заједницу и овдје створену и надодатну принову.

Заиста, како да се унутра уреди смањена Југославија; ту од-редба нека изиђе пошто се мјера за будућност огледне наспрам искустава из прошлости; и уз савјет, дакако, од савремених на-чела напредности у човјечанству.

Први пут, Југославија се укрстила начином демократије за све класе с вјеровањем да ће врхунити часна умност човјекова; а при остварењу, у развоју, претегла је тежина и моћ класе посједника.

Други пут, Југославија је добила устројство само по једној класи, рачуна се, запремаоцу цјелокупног друштва; збиља, при-чом да ће у држави благовати слога људи помоћу примјене јед-ностраног интернационализма; међутим, ова одредница се из-метнула у преимућство нације као оглашеног ствараоца, бива одвише преко потрве њој подређеног човјека.

Трећи пут, у смањеној Југославији, нека човјек, грађанин, буде височанство моћи, давалац сувероности и морална вели-чина над читаву општост друштва.

Намах се указују два обрасца могуће унутарње саставности државе.

Први је вид да смањену Југославију сачињавају већ постојеће федералне јединице: Србија, Црна Гора, Босна и Херцеговина, српске Крајине, и још која област.

По другом обрасцу се препоручује да Југославија постане – како се данас често спомиње – држава регија, веле стручњаци, склоп близак човјеку, појединцу, јер би се ове управне јединице уобличиле према условима земаљским и саобраћајним, моћствима и врстама привреде, обичајима и духовним особинама становништва.

- Црна Гора у Југославији нека буде:
- област исцијељеног Српства; предио родољубног православља;
- подручје разумијевања између православља, католичанства и ислама; родитељ соја људи бистрих, смјелих, полетних, неустрашивих; старалац о школовању младежи природно обдарене за учење и способне за такмичење у знању и предузимљивости;
- расудан и строг чувар природног блага, првенствено земљишта на Приморју којем купац не може бити нико изван државе Српства;
- поклоник ријечи, јер у Црној Гори, колијевци књижевног језика за читаво Српство, ријеч има крила, оплиће се сновима, пише као поетски знамен, говорена једначи с животом, славећи човјека.*

---

*   *Југославија велика Отаџбина и добра Домовина.* Оглед је написан за Прву сједницу Републичког савјета за развој Црне Горе, одржану у Титограду, 17. и 18. децембра 1991. године. Пред учесницима сједнице прочитан је завршни одјељак дактилографски уобличеног списа; и то издвојено штиво је штампано у зборнику радова на тему: „Перспективе Црне Горе у савременим процесима“. – Титоград: Републички савјет за развој 1992, 37-44. Иначе, читав оглед је објављен у часопису „Овдје“. – Титоград, јануар 1992, с. 20-24, фебруар 1992, с. 44-47, март 1992, с. 43-47; и поново цјелокупан штампан у књизи „Југославија на стрмини Европе“.

ПРЕДЛОГ
ПРОГРАМА СТРАНКЕ ЈУГОСЛОВЕНА

Седамдесет година и редом даље својег доба набраја Југославија, држава Словена и других народности на пространству од Јужних Алпа и средишта Паноније, кроз Подунавље и дубину Балкана, уздуж Јадрана и до близу Егеја, на стрмини Европе.

Толико је времена откад атлас Европе уцртава границе и земљиште Југославије: насеља, путеве, воде, облике тла, историјске покрајине, управне области.

ПОЈАВА И ПРИЛИКА ЈУГОСЛАВИЈЕ

Југославија је земља средњоевропска и медитеранска. Југославија се јавља међу оним државама које осмишљава право народа на самоопредељење; успоставља их устаничка воља првобораца и ратничка снага војника за ослобођење и уједињење кроз исходе Првог светског рата.

За првих тридесет година, Југославија је прошла што и оне државе – но теже од иједне чини се – којима су се очај у побеђених царевина и супарништво од незадовољних суседа намах навратили. Из овога непријатељства, најзад, и војске су осветнички ударили, у Другом светском рату, па насиљем пресекле унутрашње дејство независних националних влада.

Све откад је (1918. године) проглашена при коначном уједињењу народних области, дакле, у попису држава у свету, непрекидно слови Југославија међу земљама у свему признатог суверенитета. Увиђавност вођстава демократије и сва заштита преовлађујуће законости у човечанству не пристадоше, у међувремену, да се последице фашистичких освајања (1939-1945. године) уваже као дела правде, као поштена истина и стање за трајност.

У Југославији се тако, споља, чувало непрестано њено међународно признање, док унутра, на прегибу до раскида, та вредност налази одбрану и врхунско истицање у противокупаторском борењу ослободилаца Отаџбине.

Законито, све од њена постанка, именом и местом Југославије назива се и оквири становништво, етнички сродно и разнородно, и сталешки издељено. Овде је свима, и појединцу и свакој множини људи, прилика за живот, рад, грађанско дружење и духовност. Неизостављива је Југославија у наслову сваког овдашњег личног присуства и друштвеног рада.

Југославија државно опсеже неколико народа и доста народносних мањина, с њиховим неједнаким наслеђима (из пређашњег доба) у општој друштвености, просвети, религијама, управним порецима, стању привредом. Са тих засебних тековина уносећи својности и мах, ова људства се срећу, укрштају вољама и тару моћима, надмећу се, гдешто мимоилазе, ипак радно слажу.

Ти уједињени народи узастопно творе облике заједнице, врсте владавине, побољшице привреде, духовна садејства, моралну везаност, условљено животним потребама, отуд прохтевима, често потежући снагом и до крајње напрегнутих појединачних и скупних прегарања.

Тако је баш по свакој философији владајуће политике и под сваком управом коју су Југословени за седамдесет година, у заједници, искусили.

Југославија је у врсти с оним државама, европским, које су прошле два раздобља својег постојања, обличја и развитка, и већ су на прагу трећега.

Прво је исхођење Југославије (1914-1918. године) потхватима родољуба против Централних сила, а страном Антанте и наспрам утврде социјалистичке револуције у Русији, потом наставак развоја начином парламентарне, вишестраначке власти грађанске класе.

Друго је устаничко избављање Југославије (1941-1945. године) испод окупаторових војски, и кроза њ проистекла револуционарна влада на размеђу заједничке но издељене ратне победе демократских држава Запада и социјалистичког Совјетског Савеза на Истоку, у оквиру Антифашистичке коалиције. Ова прекретница је омогућила познију дуготрајну, искључиву владавину комуниста који заводе социјалистичко уређење, властит тоталитаризам.

Треће раздобље Југославије, с навршетком њене седамдесетогодишњице увелико на обзорју, надвија се благодатно са извањске стране. Услед све зорнијег европског уједињавања, наилази велика згода, отвореније и не би могло да буде, за вишеструк југословенски учинак: нагло укидање строја постојеће једнопартијске владавине; постепено прерастање федерације националних република у заједницу неприкосновених грађана, или супротно, смањивање узајамности на два-три уговорена кључа конфедерације националних република; свеколико издизање човека за врховно височанство у друштву и држави.

Три, дакле, епохална догађаја, два светска рата и потоње одсудно смањивање власти комуниста у неколико социјалистичких држава (около, на истоку и северу), истискују Југославију као човечански ваљану чињеницу: први пут – да се успостави; други пут – обнови и потврди; ево и трећи пут – да се просвећено усавршава те сопственим вредностима устали као изразит саставак европске заједнице народа, ваљда у скоро доба – конфедерације националних држава или посредно савеза, од неколико регионалних заједница.

И прикладно је, за разговор, да се саобразно тим раздобљима изведу три назива, како једноставно тако и условно каже: Прва Југославија, Друга Југославија, Трећа Југославија.

Прву Југославију, по њеном времену, рачунати од 7. децембра 1914. године кад је Народна скупштина изгласала да ће се Србија уједно борити за спас Отаџбине и за ослобођење и уједињење свих Срба, Хрвата и Словенаца па до војног слома монархије у Априлском рату 1941. године, односно до 29. новембра

1945. кад је Уставотворна скупштина државу прогласила федеративном републиком.

Друга Југославија је предзначена 27. марта 1941. године узмахом народног родољубља против подлегања агресоровој прет
њи, па коначно установљена прогласом федеративне републике
(1945), и све потом развијала се као социјалистичко друштво.

Трећа Југославија је наговештена политичким устанком студената 3. јуна 1968. године као и оним предзнацима из раније започетог борења појединих мислилаца – књижевника, филозофа,
историчара – за истинито приказивање југословенске прошлости и поштену текућу владавину. Ево, почетком 1990. године,
Трећа Југославија се навелико указује путем извојеване вишепартијности и начином једнакоправности свих облика својине,
како изгледа, јаче националним нагоном него снагом општости,
слабећи федерацију а подижући размеђа за конфедерацију.

Прва Југославија је монархија. Друга Југославија је федеративна република нација.

Трећа Југославија, како историјски следи, требало би да буде превасходно република грађана.

У недрима Прве Југославије зачела се Друга Југославија, па у
ове рађа се и расте снажност за Трећу Југославију.

Првој Југославији и Другој Југославији својствено је ослоба
ђање већине народа.

Позвање је Треће Југославије да се успостави и развија као
постојбина слободног човека, сваког без изузетка.

Прва Југославија се подизала знањем филозофије ослободилаштва из проповеди малограђанских либерала у малим народима. Друга Југославија је преовладала вештином употребе
комунистичког интернационализма за нагоне и сврху властодржца у нацији.

Трећа Југославија настаје по свеколикој општости у човечанству, за појединца, грађанина, политички независног члана
друштвене заједнице.

Прва Југославија је стварана (1914-1918. године) с предвиђа
њем да ће Антанта, савез демократских држава Запада, потући

Централне силе. Друга Југославија постаје (1941-1945. године) револуционарним мењањем Отаџбине уз крило Антифашистичке коалиције као јаче стране у сукобу с блоком фашистичких држава.

Трећа Југославија проница у Европи разумно умерене међудржавности усред уживања благодати од општег мира.

Прва Југославија и Друга Југославија стекле су разлог, путем и начином својег настајања, да читав опстанак и постизано напредовање изводе као последицу и рачунају као потврду оружане победе на ратишту, националном и европском, те напиру покрај раседлине између савремених блокова велесила на континенту.

Трећа Југославија ваља да буде обличје заједнице и уређености друштва за једно чланство у долазећој конфедерацији европских држава.

Прва Југославија почива на приватној својини као облику друштвеног богатства са слободном утакмицом између власника и давалаца блага и рада. Друга Југославија се темељи на заједничком поседу зависних лица, државно или дружевно управљаним добрима, почетно задобијеним укидањем приватне својине и после по нахођењу политичког владаоца обједињаваним у производњи и размени.

Трећа Југославија, очито је, биће друштво свих облика својине, савремених технолошкој образованости и моћи у човечанству, дакле, равноправно сусретаних ималаца знања и средстава рада, за слободан наступ и подухват, требало би да буде граничених обзиром људскости.

Прва Југославија је класно друштво, неједнако имућних људи и једнако оскудних сиромаха, но сваког независног до износа његовог имања и успешности његове вредноће. Друга Југославија је друштво путем власти изједначених људи, свију исто зависних од општег строја, за њ везаних службом као јединим начином зараде за потребе живота.

Трећа Југославија наилази као мешовито друштво: интелигенције као сталежа предводника, самосталних предузетника и пословођа на властитом поседу, најамника у производњи и

услужним делатностима; у свему, бива друштво поседника бла-
га и рада, у појединаца једног или другог иметка, а у многог вла-
сника да обоје има и даје.

Прва Југославија се испуњавала владавином политичких
партија грађанства, странака поседничких и чиновничких, са
повремено мењаним савезима између њих, а стално раздељи-
ваних гредом – влада и опозиција. Друга Југославија, где стоји,
свуд је монолит (камен) једнопартијске владавине, скупина од
шест упоредних и међу се прво веома па онда све слабије веза-
них количина националног комунизма.

Трећа Југославија се наговештава као држава грађана, пу-
тем вишепартијског представништва у парламенту опуномоће-
не владе и ту стечене опозиције.

Прва Југославија је проживела своје доба у надгорњавању,
истискивању и кршењу између федерализма и унитаризма. Дру-
га Југославија садржи искључиво владавину федерализма.

У Трећој Југославији, време је човечанско, има личност чо-
векова да постане величанство моћи.

Прва Југославија и Друга Југославија су безмало подједна-
ко борилиште неколико национализама у трајном сукобу, што
скривеном што ли каткад и превише распламтелом.

Трећа Југославија се прозива, и људским правом наморава,
да буде огледиште хуманизма (живљења доличног човеку у бо-
гатом човечанству).

Овако, уопштено мерено, две Југославије, Прва и Друга,
почивају као историјска истина.

Трећа Југославија из корена настаје чим се овде озакоњује
равноправност, у свему, приватне својине са званом друштве-
ном својином. Поглавито, како ових првих месеци 1990. године,
уместо комунистичког тоталитаризма овлађује вишепартијска
општа друштвеност, може се рачунати да се збила одсудност:
Трећа Југославија започиње своје историјско доба.

Одсад, одједаред или поступно, требало би да Трећа Југосла-
вија стекне овом материјалном услову живота саобразно, али и
тим многим политичким чиниоцима својствено обличје држа-

ве и унутарње уређености, дајбуди би било угодно за остваривање великог начела: моћност човека у слободном друштву.

Југославија, задобитак ослободилачког бораштва и саздање дуго подизано искреним напирањем људских поколења, ненапустива је као домовина народа, потреба европска и појава историјска.

Да се не броје жртве на којима она стоји, ни ређају подухвати из њена летописа, ни спомињу сва јој (за времена) исказана и почињена непријатељства, има једноставно да се каже:

Југославију је самовољно и нескршиво упорито изабирала, и градила, дакле, једна снага коју је закон света осилио за делотворство.

ИСХОЂЕЊЕ СТРАНКЕ ЈУГОСЛОВЕНА

Југословенство, најпре побуда сродства, после замисао првобораца, онда циљ ратника, затим искрено веровање и поштено мирнодопско дејство множине родољуба, па, због ратног слома државе, задатак устаника; напослетку, у обновљеној и преуређеној заједници, превећ стезан па олако подлаган предмет политике, уврежило се оно, упркос хиљадуструким сметњама упило у живот народа.

Југословенство постаје својство бића, искрен и радостан исказ рода. Више од милиона људи национално се одређује, изричито – Југословени (према службеном попису становништва Југославије 1981. године).

А што је од природе здрав напон и у човеку поштено хтење, право је да се испољава и наноси сопственим прохтевом, сврстава међу просвећена дејства постојећих чинилаца, упоредних и наспрамних, сродних и супротних.

Зато, и непатворено југословенство нека има савремен одраз своје животне потребе у виду политичког удружења које се по њему назива – *Странка Југословена*.

ПОЛИТИЧКО ОДРЕЂЕЊЕ СТРАНКЕ ЈУГОСЛОВЕНА

Странка Југословена гледа настао раскид и распуст владају-
ће комунистичке једнопартијности у неколико земаља по сре-
дини и на истоку Европе, као и већ зашло растакање строја у
Совјетском Савезу иначе узорном склопу социјалистичке др-
жаве, дакле, посматра сав тај преокрет и оцењује га као исто-
ријски растанак човечанства са доста дуготрајним покушајем
да се помоћу једне доктрине искључивости и завереништва – а
речју у име сиротиње – изнаће уређење, људскије од несавршеног друштва у капитализму.

Странка Југословена извлачи моралну поуку због потоње
свуд заселе мисли о узалудности свега комунистичког маха и
рада за више од седамдесет година (1917-1989). И просуђује да
стога разочараност похараних људских множина не одзвања
упразно, већ тако се натискује да би очас могла да се прелије
силином у правцу устаничког тражења спаса, кретњом напред,
или, насупрот, лакомо преда мрзовољи па послужи разарању,
гдешто и отмици и распарчавању блага стварног дугогоди-
шњим радом милиона и милиона људи.

Странка Југословена хоће да претпостави, како ће можда
бити – кад се прекретница слегне и на њене последице свикну
људи – вероватно сложити се за коначну одредбу, између оста-
лих, и следећи закључци:

- руска револуција је дала нов облик власти, и по њему це-
  ло уређење друштва, налазећи да је већа важност броја него
  имена, потребнија јој снага дружине него независност поје-
  динца, и нужна иста стројност свих људи под руком неме-
  њаног комунистичког старешинства;
- комунизам је својих седамдесет година проживео прожет
  и непрестано исперен непријатељством, према извањским
  противницима као и моћима у самом себи, па је, у свему,
  скрхао више људи унутар свога размештаја и поседа него
  што је оборио спољашњих крвника;
- руска револуција је преносно – са окрутних учинака и рђа-
  вих последица искључиве власти совјета и потом истог след-

ства комуниста у социјалистичким државама – наморала
богате земље капитализма да начином животних побољши-
ца за упошљене људе ублажују домаће класне супротности,
и тако се смотава и само гуши устаниште нижих сталежа,
те, напослетку, излази да овде грађанин има законито обим-
нију обезбеђеност него под владом која себе назива омиље-
ним руководством радног народа;

• расап комунизма због којег се већ прича о земљама бившег
социјализма, вероватно неће пресећи човечанску мисао у
трагању да изуми и просвећеним начином ствара друштво
у којем не би било немилосрђа незаситог капитализма и су-
рове скучености сиромашног социјализма;

• стално увећавање имућства човечанства што би, изузев
пропасти услед употребе атомског оружја, могло да зауста-
ви, што непрелазно да се препречи човеку, свестрано омо-
гућеном да се духовно обогаћује сједињујући личну слободу
са све раскошнијим условима стваралаштва и све намноже-
нијим изазовима уживања.

Странка Југословена сматра да је историјским тренутком,
у којем се она јавља, навелико упућена да предлаже, и помаже,
достојанствен растанак народа са дуготрајном владавином на-
ционалног комунизма у покрајинама Југославије.

Странка Југословена заступа потребу да Југославија не на-
пусти ни једну благотворну установу и човечански ваљану уза-
јамност са земљама у свету: са свима помоћу Уједињених наци-
ја, с неким и преко постојећих и могућих регионалних уговора
и савеза, с многим и појединачно у двостраном саобраћању.

Странка Југословена не пристаје на домаће, често снисхо-
дљиво и самопонижавајуће разглашавање како Југославија има
да се нарочито припреми да би ушла у Европу.

Није извањска, него тако и толико је ова земља сачинилац
све укупности на континенту, да никоји делитељ размештено-
сти у простору, суделовања у култури, принесених чињеница за
повест, не може Југославију да излучи, пошто је она исход, посед
и делотворство у Европи.

А поврх, да ли је икоја земља овако као Југославија, иједна ли још као она, урасла у европско састојство опсежући историјске области Истока и Запада са свим њиховим одразима и значењима у особинама људи, рационалистичкој просвећености, религијској духовности, општој друштвености, творевинама градитељства, моћствима наука и уметности.

Странка Југословена налази да је веома потребно Југославији да преиначи своје савезне и националне установе према историјски потврђеним обрасцима људске узајамности, и, подобно заснованим везама и уведеним токовима већ остварене као и намерене уједињености у Европи.

Не искорачај напоље, ни онамо доскок, споља, већ изнутра потхват па навише досег, нужан је Југославији да би се и њено становништво помагало с добробити од садејства народа у Европи.

Странка Југословена суделоваће политичком улогом и просветничким радом да би тај окрет, појединачан у Европи, био достојанствен и плодоносан, како би се Југославија неуспориво испуњавала знањем, богатила од рада и блага, светски савремено развијала.

Чувајући геније народа, изворне вредности његовог пређашњег и текућег самотвора, Југославија има да штити и своју независност државе, највише могућу кроз сарадњу суверених судеоника на континенту.

Странка Југословена љуби општост у Европи, већма могуће заједништво него ли неку и нечију претежност на континенту и још шире, у свету.

Због састава њеног становништва, у овом људству доста различитих веровања, обичаја и нахођења, Југославији треба на обема странама, и према Истоку као и пут Запада, да има удобне ослонце.

Ма чије једнострано навлачење до извањске мудрости или спољашње силе, цепа овде слогу и раскида државу Југославију.

Странка Југословена суделоваће, свесрдно, у националном настојању да Југославија живи пријатељски и сарађује својски са земљама у суседству. У том опсегу, да се не подлеже разликама у гледиштима ни неслози међу прохтевима, него ставља изнад сва укупност могућег саглашавања о сличним разлозима и заједничким пословима.

Циљ је да се зближавају народи у области Медитерана и Подунавља, да се сроде јер ће они бити – већ се проговара – једна регионална скупина у саставу велике конфедерације Европе.

Странка Југословена вишепартијност у политичкој јавности друштва сматра одразом разних побуда у људима, својеврсно спајаних сродности, дакле сложених и исказивих кроз више упоредних прохтева и наспрамних намера. Одатле, из преплета различнога, исходиште је независних судеоника општег подухвата, као и распон за корисно противречје, уопште корен свега оног испољења које се на врху обликује постојањем и радом владе и опозиције.

Странка Југословена садејствоваће са другим политичким чиниоцима у свему оном што ће бити ваљано за грађанина и добро за Југославију, подразумевајући људске слободе, парламентарну власт и тржишну привреду како општим предусловом тако и начином свачијег напретка.

Странка Југословена одбацује везаност, путем установе, између политичке партије и власти.

Струке и службе су независне. Оне су средство и снага државе, као целовито правне установе, у њеном посредовању за становништво, за појединца и множине.

Поглавито, службе и снаге реда, државне безбедности, војне заштите, стоје под непосредним надзором народних представништава, свугде преко оног ресора на увид Народној скупштини и сабору републике-чланице.

И у овим струкама, као и у свим другим, службеници, дабогме и официри, могу да буду припадници разних партија, како лично за се изабере сваки појединац који хоће да се и политички исказује.

Странка Југословена верује да Југославија потоњу своју палост може да превазиђе здруженим улагањем моралног поверења, осећајне оданости отаџбини, високог знања, осамостаљене радиности, тачне сарадње у судеоништву. И да се те уједињене моћи одлучно држе правца промене која ослобађа човека као грађанина и предузетника, ојачава га као власника и творачку силу.

Странка Југословена, не приклањајући се ни мржњи ни освети у раскршавању с људима и начином националног комунизма, неуздржано тражи да се исправно обелодањују односни списи комунистичке власти.

Странка Југословена жели да се неусплахирено прича о грешкама; препоручује да се непристрасно говори о грабљивцима и кривотворцима; захтева да се правично раздвајају вршиоци те власти, високи дужностници од обавезних чиновника. Но безмало, па све их рачунати јадним због њиховог незнања политике; свакако, издвајати скромне и увиђавне појединце из множине надртих себичњака.

Странка Југословена предлаже да оним службеницима националног комунизма који су били злочинци, не треба досуђивати казне каквим су они, као властодршци, морили своје стварне и набеђене противнике; ни коначно робију набити крадљивцима за све оне ствари, новац и предмете, које су лажима и пљачком отели. Ипак, и једне и друге казнити најтеже а етички узвишено, наиме: неосветљивим презиром и записом да су скупно, као сталеж, скончали, ево и пред очима паћеника, те остали, за памћење историјско, као дружина путем власти подло и грамзиво, злотворно окоришћених људи.

Странка Југословена залагаће се да отаџбина Југославија, нарочитим прогласом Народне скупштине, изјави историјско извињење, жаљење и саосећај свима оним грађанима који су, под влашћу националног комунизма, страдали од телесног и духовног злостављања у затворима, логорима, породичним домовима, на местима рада и путевима кретања. К томе, грађанима који су били убијени или су умрли због повреда, поклонити се као мученицима, жртвама безумља.

Странка Југословена налази да је право, и људски потребно, ево скоро ће након пола века од свршетка Другог светског рата, да се законом прогласе историјски похрањеним сва домаћа непријатељства у том дуготрајном оружаном и свакојаком сукобу. Да због нечијег ондашњег припадања нема последице која би и даље кога теретила, ни, наспрам, такве предности која би коме другом давала какво преимућство за добит и власт.

Странка Југословена узима као тешку невољу за Југославију сав напон и радњу читаве те силе која надире да област настањену Албанцима одвоји, и тим окрњи целокупност државе.

Странка Југословена ће одлучно потпомагати да се створе услови за трпељивост и разговор, за међунационално споразумевање, и да се једнако мери правда за људе ма којој нацији и религији припадали у тој области где избија разорство.

Странка Југословена не сматра корисним рушење па градњу посред развалине, него рачуна мудро мењање, и њим преображај, најцелисходнијим начином политичког устанка демократије на свевласт националног комунизма у домовини.

Странка Југословена зато предлаже да се најпре, законски, јединствено обезбеде грађанима, сваком држављанину једнако у сваком крају Југославије слободе: говора, састајања, договора, удруживања с другим особама, објављивања личних мисли и дружевних нахођења путем штампе, радија и телевизије.

Странка Југословена захтева да савезна Народна скупштина донесе закон о општим, непосредним и тајним изборима народних посланика у Уставотворну скупштину.

И по извршењу избора, најдоцније за пола године, да се састане Уставотворна скупштина да би потом израдила и потребном већином гласова усвојила нови Устав Југославије.

ГЛЕДИШТЕ О ОБЛИКУ И СУВЕРЕНОСТИ
ДРЖАВЕ ЈУГОСЛАВИЈЕ

Странка Југословена подразумева отаџбину Југославију државом грађана, изнутра кључно изведену по националној и уопште друштвеној својности обједињених историјских покрајина.

Југославију, федеративну републику, сачињавају републике-чланице, свака са својством државе, условно, за врсту и облик савезне уређености заједнице.

Странка Југословена указује на потребу уставне измене званичног и службеног назива државе, наиме, да се скрати и лиши идеолошког одређења, те буде тачно, кратко и лако изговорљиво њено име, једноставно:

РЕПУБЛИКА ЈУГОСЛАВИЈА

Странка Југословена сматра домовину Југославију човечанском чињеницом све од њеног проглашења државом 1. децембра 1918. године, па непрекидно, до ма којег доцнијег дана, већ минулог као и долазећег.

И право је да се ова истина уписује – знаком, словом, бројем – у знамења Југославије: грб, заставу, химну, споменице разне врсте.

Странка Југословена рачуна неприкосновеним вредностима Југославије: свестрану слободу човека, републику као облик државне заједнице народа и народносних мањина, савезно уређење, једнакоправност свих облика својине, неповредивост земаљске целокупности државног подручја.

Југославија је јединствено подручје: кретања и настањивања људи, посла државне управе, радиности у производњи и услугама, делања у култури, уопште произилажења и творења савремене грађанске друштвености.

Странка Југословена зато тражи да држављанство становништва буде једно и јединствено, у Југославији.

Народ је давалац суверености државе и власти; ову неприкосновеност он врши преко својих изабраних представника (уставно одређено за ступњеве владавине) и путем референдума, најнепосредније.

Референдум је велико средство за пренос питања народу и добијање његова одговора о пуномоћству држави, о потреби целе заједнице или намери становништва само једног предела.

Странка Југословена жели да Југославија буде парламентарна држава са истовременим учешћем више политичких странака у законодавном раду и у извршној власти, а све на темељу поверења које стичу њихови кандидати на изборима за изасланике у народна представништва.

Југославија да има владу, сменљиву у парламенту у којем се једнако законитом признаје и страна опозиције.

Странка Југословена сматра једнакоправним, за израз и означење, својност и употребу, све језике народа и народносних мањина у Југославији.

А да језик службеног, свакидашњег редовног саобраћања у установама, стварима и пословима савезне државе јесте српскохрватски језик односно хрватскосрпски језик.

Посебно, у Народној скупштини, да је слободно сваком народном посланику да пита, говори, подноси интерпелације, образлаже намере, којим он хоће језиком народа и народносне мањине.

Странка Југословена цени државне границе Југославије као неприкосновену одређеност, дакле историјски исход родољубиве борбе за ослобођење и уједињење.

Гледа те границе и као једну међународно озакоњену утврду сред пуноће размештаја земаља и народа у Европи.

Странка Југословена унутрашње границе у Југославији, између република-чланица, сматра важним, првенствено значајним као линијама подељености земље на самоуправна подручја.

Странка Југословена залагаће се да садејство становништва, духовни сусрети и радни подухвати зависе све мање од међурепубличке разграничености. Поглавито, стараће се она да уплив општег просвећивања о безброју разлога све потребније сусретљивости међу људима, чини да границе између република-чланица постају пре белег него раздео, више успомена него обавезујућа условност, за путнике и пословнике, житеље у дому и рођаке у суседству.

Странка Југословена има у виду истину да се границе између република-чланица у федеративној Југославији поклапају са пређашњим уоквирењима националних и мешовито настањених покрајина. И пазиће она на важност чињенице да су те границе већином преузетак последице прадавних и познијих освајања па дуге владавине туђинаца на земљи Јужних Словена, а мањим делом наслеђе исхода домаћега устаничког и ратничког задобијања слободе и политичког остваривања народног уједињења.

Странка Југословена веома обзирно гледа на сваки онај одсек где граница између република-чланица није подударна с рубовима просторне размештености тих народа по којима две суседне имају званичне називе.

Странка Југословена цениће с пуном увиђавношћу могуће тражење већине становништва појединог краја да се међурепубличка граница помери са историјског оквира покрајине, премести дакле на спољашњи руб његове настањености, да би се оно ујединило с матицом својег народа у дотле суседној републици-чланици.

Странка Југословена видеће велику тежњу у широко распрострањеној жељи становништва двеју или више република-чланица да се споје у једну републику-чланицу.

Странка Југословена неће унапред одбацити ни могуће тражење једног дела становништва постојеће републике-чланице да, у подручју своје насељености, образује засебну републику-чланицу.

Странка Југословена, подразумевајући могућим неке промене граница између република-чланица, хоће да нагласи: она неће подстицати мењање постојећег разграничења, пошто је поборник што тешње уједињености људи и покрајина у Југославији. А смατра, иначе, ако би овакав захтев доспео до одлуке, да је референдум дотичног становништва, законски подробно прописан и исправно обављен, најбољи начин добијања народног одговора и решења.

Странка Југословена свој суд, дакле, о било којем обиму промене границе између република-чланица темељиће на научним налазима о крвном и духовном сродству становништва, о моралном смислу и политичком циљу затражене измене, о предвидљивим последицама за привреду и културу. И стављаће она, при том, као мерило: правду за човека и добробит за Југославију.

НАЧЕЛА О ПРАВИМА ЧОВЕКА
И СЛОБОДНОГ ДРУШТВА

Странка Југословена издиже слободу човека и друштва изнад власти. Да устав и закони ограничавају властодршца. И да право не подлеже претходној дозволи од власти; због повреде да се накнадно одговара.

По природи његовог бића, неускративо је право човека на срећу. Као појединац и као могућ припадник дружине да он развија своју личност и да суделује, доприносом и захтевањем, у било којем виду људске узајамности, духовне и радне, предузетне и услужне, уопште друштвене.

Грађанин може да путује куд жели и када год хоће, по својој вољи бира место борављења и упослености, покривен заштитом слободе рада и занимања, све предузимљивости. Он је властан по личном рачуну да искоришћава своју зараду, уживајући законско јемство својине.

Грађани су равноправни; ником се права човека, уставно утврђена, не могу ни делимично ни сасвим ускратити због његовог порекла, расе, народности, језика, вероисповедања, степена образованости, политичког уверења, партијске и сличне припадности, сталешког положаја, имовног стања, звања у служби, испољења у јавности.

Уставом се предвиђају права грађанина: на образовање, запослење, здравствену заштиту, коришћење средстава опште услуге, учествовање у савременој друштвености на благу наслеђеном и увећаваном непрестаним плодотвором заједнице.

Било чијим позивањем на слободу у границама закона, грађанин не може бити ни одвраћан ни спречаван да сваким уставно утврђеним и законски прописаним начином врши своје право, тражи заштиту угроженог права, захтева намирење претрпљене штете.

Грађанину се не признаје преимућство по рођењу, ни дају личне повластице према положају, имовном стању и образованости.

А звања, стручна и насловна (титуле), руководећа и почасна, стичу се успехом у знањима, маром у вештинама, доприносом у врстама самосталног стваралаштва.

Припадност политичкој странци не доноси грађанину никакво повлашћење ни проузрокује неки одузетак.

Странка Југословена говори и заступа животну заповед: породица је под заштитом државе; о деци се старају родитељи.

Жена је равноправна с мушкарцем, у службама и у домаћинству.

Жену, запослену у предузећу и установи, окриљује посебан обзир радне заједнице, саобразан природи њеног бића и животног позвања.

Жена, мати, са својим дететом је под нарочитом заштитом државе, у запослености, награди при раду, у њеним дужностима материнства.

Странка Југословена залагаће се да деца без родитељске заштите, инвалиди рада и инвалиди рата, изнемогла чељад, одвећ сиромашне особе, незапослена лица, стоје под старањем државе, потпомагани износом најнужнијег прихода и неким животно важним услугама.

Странка Југословена поштује начело да сваки држављанин, мушкарац и жена, по навршетку 18 година живота, има право да бира опуномоћене изасланике народа у сва изборна тела државне власти и самоуправе.

Бирачко право грађанина је свеопште: за све једнако, од свију непосредно, вршено тајним гласањем, слободно.

Грађанин не може бити узет на одговорност, ни притворен, ни ма од кога лишен слободе осим у случајевима предвиђеним по закону.

Да би судио грађанину, не може бити установљен нередован, изванредан суд. И ником не може бити досуђена законски неустановљена казна, ни за дело које није, по закону, названо кажњивим.

Телесна казна је искључена, недозвољива, противзаконита.

Смртна казна је непримењљива за незаконито дело само политичке природе.

Странка Југословена захтева да се, уз неповредивост стана грађанинова, једнако озакони и неповредивост тајне личних писама.

И да се грађанину заjeмчи да може, у присуству својег правног заступника, добити на увид списе које служба унутрашњих послова има о њему као човеку и судеонику друштвеног живота.

Странка Југословена врло истиче неприкосновеност слободе ума.

Грађанину се не може наметнути да сматра својом ознаком, правцем, страном, припадањем, оно што он није по сопственој савести одабрао, или му је понуђено па самостално усвојио.

И да нико нема право, ни икаквим средствима, да сврстава грађанина куд он неће вољно, непринуђен да приступи.

Слобода учења и исповедања религије ужива јемство у дому и богомољи. Прописи његове цркве не могу држављанина да разреше дужности грађанина и војника у отаџбини.

Црква је одвојена од државе.

Свака вероисповест, пазећи на устав и земаљске законе, самостално уређује сопствене унутарње ствари и послове.

Вероисповести су равноправне, међусобно.

Просвета и образованост су опште благо народа.

Школе су јавне установе друштва.

Допушта се и рад приватне школе.

Основно образовање је обавезно и бесплатно у школама првог степена; образовање ученика у школама средњег ступња стоји под особитим старатељством државе.

Слободна је настава у високим школама; уређена је и вођена по знањима и нахођењима наука и уметности.

Слободне су науке и уметности.

Наука, помажући се старањем државе, посредује између друштвене потребе и интелектуалног чиниоца као основног носиоца развоја.

Уметност ужива пажњу државе и подршку друштва.

Странка Југословена сматра да штампа, радио и телевизија, као најобухватнија средства опште друштвености и надгледања владавине, треба да су равноправно доступна свим личностима и политичким чиниоцима, сваком изражавању јавног мнења.

За издавање списа, новине и вести, није потребно претходно одобрење власти.

Не може се установити цензура, ни издати каква нарочита наредба да би спречавала излазак или стизање списа и новина до читалаца и вести до слушалаца и гледалаца.

Странка Југословена подразумева грађанима обезбеђено право збора и договора, јавне поворке и скупног дружења, основним предусловом слободног друштва.

И да се грађани несметано удружују: за политички циљ, чување сродништва, неговање обичаја и веровања, за сврхе просвете, науке, уметности, здравства, свеукупно, у областима управљања, рада и потрошње.

Свако удружење је самостално; може да се веже с другим удружењем, те заједно творе савез.

Стручна, синдикална удружења су распрострањена кроз сву државу.

Странка Југословена сматра штрајк законитим средством истицања групних и сталешких тражења. Штрајк је примерен начин недопуштања да се праведан однос између рада и капитала ремети преображењем у злочесто израбљивање радне снаге.

Странка Југословена залагаће се да се уставно призна право политичког устанка грађана: генералним штрајком да принуде властодршца нека одступи с положаја у држави ако је већини становништва дојадио самовољом и безакоњем, осрамотио се пљачком, или се показао неспособан да предводи народ и управља пословима заједнице.

Учесници генералног штрајка (с правом на побуну) иступају голоруки, ненаоружани убојним средствима, а својом множином и обуставом рада, на кључним тачкама и у животно важним погонима, врше устанак ненасиљем.

Насилно рушење уставног поретка је противзаконито и кажњиво.

Странка Југословена поставља да се озакони начело: у Југославији нико нема право да искористи ни државну ни деоничарску ни приватну својину као основицу насиља против уставног реда, ни као полазиште или разлог потчињавања другог човека, скупине људи, сталежа, читавог становништва.

Странка Југословена издиже јавну службу као представљање Југославије и посредовање између државе и грађанина, као двострану одговорност; слушање закона а неповређивање становника, својно говорење и савесно одношење, мерење према пропису а одсецање и по души, учено гледање и морално пресуђивање.

Сва звања у свим струкама управе и самоуправе и у радним јединицама сваке врсте, доступна су подједнако свим држављанима, за сваког – под истим законским погодбама.

Сваки службеник је гласник државне целине.

Укупност отаџбине и стручна пуноћа службе не могу се, ни с којег разлога, подвргавати личном нахођењу службеника услед његовог припадања народу, народносној мањини, вероисповести, клубу истомишљеника, политичком удружењу.

Обавезност у установи управе, у органу самоуправе, у радној јединици, службенику не ускраћује слободу независног опредељења у стварима опште друштвености, културе, посебно политике, изабраног веровања, хотимичног дружења.

ПРЕТПОСТАВКА СТРАНКЕ ЈУГОСЛОВЕНА О УСТАВНОМ СКЛОПУ ДРЖАВЕ ЈУГОСЛАВИЈЕ И О ПАРЛАМЕНТАРНОЈ ВЛАСТИ

Странка Југословена се опредељује за висок износ ујединености владавине у Југославији: условљен првенством човека и значењем нације; изискиван напонима савременог живљења и сложеном укупношћу оспособљивања грађанина за улогу и допринос; осмишљен сврхом напредовања у знањима, производњи и услугама; наложен нужношћу обезбеђења личних добитака и друштвених постигнућа; прилагођен смеру и великом маху духовног и радног сједињавања људи и народа у целом човечанству, баш подобно развитку у Европи.

Овом мерилу да потпада раздеоба надлежности између савезне државе и република-чланица, у законодавству и управљању.

Размера у опсегу законодавства и сав низ установа за службе по струкама, да се одређују према већ достигнутој развијености земље, као и по разлогу повећавања добробити за човека и народ, за сталеже и покрајине.

И да ова целост како садржи тако и очито исказује савезну (федеративну) уређеност државе Југославије.

Као што је уобичајено у федерацији, тако да је и у надлежности савезне државе Југославије одређивање стратегијских основа политике у областима: опште управе, образовања, права, науке, технологије, чувања животне средине, темељне производње, железница, електропривреде, тржишта, новчаног и кредитног промета, девиза, заштите права човека и слободног друштва, спољне политике, војне одбране, безбедности државе и друштва.

Нужно је, отуд, и уједно праведно, да закони савезне државе имају снагу на читавом њеном подручју.

Да је и република-чланица, у својем опсегу, одговорна за остваривање закона државе; врши те законе у садејству с установама савезне управе и самостално у оквирима властите самоуправе.

Странка Југословена сматра да пуну уставотворну власт у Југославији треба да има само Уставотворна скупштина; но делимично може и редовна Народна скупштина, под погодбом, ради измене неких појединости у важећем уставу.

Странка Југословена се саглашава с начелом да је Народна скупштина представник суверенитета народа, врховни орган државне власти, једина законодавна власт из надлежности Југославије.

Странка Југословена предвиђа установљење једнодомне Народне скупштине Југославије.

Народни посланици, изабрани гласањем становништва на општим изборима, свуда једнако, непосредно и тајно, слободно, дакле, по правилу бирања: један грађанин – један глас, саставља Народну скупштину.

Народна скупштина се бира на четири године.

Законом о изборима народних посланика одређује се број изборних јединица у држави. Потребно је, по могућству, да свака изборна јединица буде у оквиру подручја једне републике-чланице.

Један народни посланик се бира на сваких 70.000 становника.

Право предлагања кандидата за народног посланика имају: појединац, група грађана, радна заједница, стручно удружење, сталешки савез, политичка странка.

Народни посланик је независан јавни радник, достојан моралне узвишености.

Сваки народни посланик представља сав народ Југославије а не само оне грађане који су га изабрали.

Народни посланик не може да прима заповести и обавезна упутства, нити му их могу бирачи давати.

Народног посланика, за глас који је дао у Народној скупштини, нико и никад не може да узме на одговорност.

Народни посланик не мора да сведочи о једном или више лица која су га, навластито, због његовог својства независног јавног радника, обавестила о неком случају (појави, чињеници, ставу), нити мора да каже шта је сазнао од тих саговорника.

Народна скупштина се састаје у редован сазив два пута сваке године, половином априла и половином октобра.

Право предлагања закона у Народној скупштини имају: Министарски савет, поједини министри (од својих ресора), сваки народни посланик.

Закон се усваја изјашњењем народних посланика, лично и појединачно.

Закон може бити укинут у целости или делимично, односно обустављен или измењен – само на основу закона.

Једино путем закона могуће је грађанина ослободити примене закона.

Сваки акт власти, управне и самоуправне, мора да је заснован на закону, на законској уредби, законском упутству, законској наредби.

Странка Југословена се изјашњава за установљење положаја и одредбу дужности председника Републике Југославије.

И да председник Републике буде државник обједињавања, умно страстан у југословенству а непристрастан према било којем месту, крају, људству, појединцу, мишљењу и предлогу, веровању и настојању у домовини.

Мандат, пуномоћство, председника Републике Југославије да траје пет година.

Председника Републике бирају становници, сви грађани у држави, на општим изборима, непосредно, једнако, тајним гласањем. (Иначе, кад би био биран у Народној скупштини, тад би он био изабраник једне политичке странке, или неколико странака, те, у ствари, њима дужан на поверењу.)

Народна скупштина расписује опште изборе за председника Републике Југославије.

Сам поступак и редослед, сходан рад у припреми и обављању избора председника Републике, исти је као и при бирању народних посланика.

Председник Републике, при ступању на дужност даје свечану изјаву пред Народном скупштином. Говорећи први пут у парламенту, он се позива на своју савест и част, да ће радити за слогу народа и народносних мањина, да ће чувати независност Југославије и целокупност њеног пространства, да ће штитити неповредивост устава и захтевати безусловно поштовање закона.

Председник Републике своје ступање на дужност објављује прогласом отаџбини: предлаже разумевање и поверење, право човека и разлог домовине, верност Југославији и штовање устава, као начела узајамности између све множине становништва и њега, од већине гласача изабраног за највишу дужност у држави.

Председник Републике представља народ и државу у домовини и у високо званичним односима са страним земљама, и у том својству обавља радна и протоколарна пуномоћја, уопште уобичајена за поглавара државе.

Председник Републике је врховни командант војске и свеколике одбрамбене снаге Југославије.

Председник Републике излази, једаред годишње, пред Народну скупштину да би овде свечано обавестио народне посланике о стању отаџбине и позвао их да претресу његов налаз, те процене – ради усвојења ако им предлаже – правац неких управних мера државе, путем законодавства, у смислу њене опште сврхе или одскора наспеле обавезности.

Председник Републике има право да врати с примедбама закон изгласан у Народној скупштини, и да предложи измену или допуну, могуће и у виду амандмана, достављајући их парламенту ради усвојења.

Председник Републике може да сазове састанак Министарског савета, и под његовим руковођењем одржи се седница министара, којима он ставља на процену и решење ствар особите важности за државу,

Председник Републике може, због неке изузетне а нарочито хитне потребе народа и државе, да позове на заједнички састанак председнике свих република-чланица; и да с њима, кроз претрес предмета, углави државничку препоруку, коју ће они заједно објавити прогласом становништву земље или је службено предати Народној скупштини и савезној влади указујући, при том, и на извесно могуће законито решење.

Председник Републике у случајевима тешке претње устав-
ном уређењу и земаљској целокупности државе, личним а зва-
ничним проглосом позива становништво да помогне властима
како би оне у најкраћем року, и како је потребно слободи народа
и независности земље, обезбедиле да се врши устав.

Странка Југословена предлаже да се највиши орган управ-
не власти у Републици Југославији назива – Министарски савет
(савезна влада, државна влада).

И да министарстава у савезној влади има колико је наро-
читим законом утврђено изразитих стручних области управе
у држави; њихов број је променљив услед успостављања којег
новог министарства или спајања неких постојећих.

У савезној влади, за непосредно дејство у целој Југославији,
постоје: министарство финансија, министарство иностраних
дела, министарство војне одбране, министарство саобраћаја,
министарство поморства, министарство пошта, министарство
спољне трговине, министарство за науку, просвету и вере, ми-
нистарство за развој.

У Министарском савету постоје, дакако, и ресори за струке
и послове узајамног рада савезне владе и извршних већа у репу-
бликама-чланицама.

Председник Републике именује председника Министарског
савета из реда народних посланика.

А на предлог председника Министарског савета председник
Републике именује министре, чланове савезне владе.

Председник Министарског савета не може да има, посебно,
неки портфељ непосредног поверења и одговорности.

Сваки министар се поставља за поједину струку (ресор) др-
жавне управе. Министар је тајник државе и обвезник народу,
старешина струке и дужник закону, високо одговоран деловођа,
најупосленији јавни радник.

Министарски савет за свој рад одговара Народној скупшти-
ни. Парламенту подноси: ресорна експозеа, извештаје струка и
повремена објашњења, по својем нахођењу препоруке и захтеве,
предлоге закона и законских уредби, тражења нарочитих овла-

шћења, предлог једногодишњег буџета и саобразног завршног рачуна државе.

Председник Министарског савета говори објаву (декларацију) савезне владе пред Народном скупштином.

Та свечано радна (инаугурациона) декларација подлеже расправи, и, напослетку, гласању народних посланика о усвојењу.

Редовно, приликом решавања о годишњем буџету државе, а може у међувремену и на тражење уставно одређеног броја народних посланика, Народна скупштина расправља о прошавшем и предстојећем раду Министарског савета.

Исте прилике, није обавезно, али може бити затражено и посебно гласање народних посланика о поверењу Министарском савету, што се иначе редовно изражава прихватањем или одбијањем буџета.

Председник Министарског савета, после процене извесног предмета на седници чланова кабинета, може због те ствари да затражи, уз пристанак на решење, још и гласање народних посланика о поверењу влади.

Министарски савет, кад не добије подршку обичне већине посланика у Народној скупштини, подноси оставку.

А председник Републике, чим прихвати ту оставку, именује новог председника Министарског савета који ће што пре образовати савезну владу.

Без поверења већине посланика у Народној скупштини, Министарски савет може само условно, и за мало дана, да стоји на врху управне власти у Југославији.

Изузетно, по споразуму између клубова посланичких, може да се успостави радни кабинет, или влада стручњака, са задужењем да разреши бар једну копчу општег спора, па таквим изласком из тескобе и својом привременошћу омогући именовање и потврду Министарског савета с потребним, законски предвиђеним поверењем Народне скупштине.

Министарски савет ради на основу устава, закона државе и основних закона самоуправе република-чланица. Такође, израђује и издаје своје уредбе, упутства и наредбе ради вршења закона државе.

Странка Југословена – полазећи од својег увиђања да је ради погодног и тачног разликовања надлежности потребно да се јединица националне самоуправе са њеним органима именује друкчије од савезне државе и њених установа – предлаже називе:

- република-чланица, саставак федеративне републике Југославије;
- сабор републике-чланице подобан Народној скупштини Југославије;
- председник републике-чланице, сродно звању председника Републике Југославије;
- извршно веће републике-чланице као установа владе;
- основни закон самоуправе републике-чланице као наслов њеног устава;
- народни заступник, слично народни посланик;
- повереник у извршном већу, исто што и министар у савезној влади.

Свака република-чланица остварује сопствену самоуправу утврђену јој уставом и законима државе Југославије.

Сабор је врховни орган самоуправне власти у републици-чланици (зван, на пример, Сабор Републике Македоније, и тако редом, поименично, сваке републике-чланице).

Сабор састављају народни заступници, изабрани гласањем становништва републике-чланице на општим изборима, једнако, непосредно и тајно.

Сабор републике-чланице се бира на четири године.

Сабор републике-чланице треба да има у свом саставу најмање 35 народних заступника.

Ако у некој републици-чланици није могуће изабрати толико народних заступника, због сразмерно нижег броја њених становника, подељено с бројем предвиђених на једног народног заступника, онда се овде изналази количник мањи од југословенског просека; применом овог, посебног количника постиже се избор сабора од најмање 35 народних заступника.

Право предлагања кандидата за народног заступника је истоветно с правом предлагања кандидата за народног посланика.

Народни заступник у сабору представља све становнике републике-чланице, а не само оне који су га изабрали.

У сабору републике-чланице народни заступник говори како жели, језиком својег народа или народносне мањине.

И сваки има право да на својем језику подноси предлог закона, уредбе, упутства, наређења, нарочите објаве сабора.

Сабор непосредно остварује сарадњу с Народном скупштином Републике Југославије и сабором сваке друге републике-чланице.

Сабор решава и усваја годишњи прорачун републике-чланице, редоследом истим као што Народна скупштина прима буџет државе.

Сабор израђује и усваја основни закон самоуправе републике-чланице.

Основни закон самоуправе, са својством уставне исправе, садржи правне одредбе за видан износ самосталне власти у републици-чланици; усаглашен је са уставом Југославије и с посебним законима државе.

Закони републике-чланице не могу да противрече уставу Југославије нити законима државе, сваки за односну грану управе и извршне власти.

У случају мимоилажења, несагласности или сукоба, првенство имају одредбе устава и закона Републике Југославије.

Странка Југословена предвиђа да сабор избира председника републике-чланице, личност из реда народних заступника, у то звање за четири године.

Председник републике-чланице, са својег положаја, представља историјску износитост покрајине, оличава духовну својственост становништва самоуправне јединице, везује суверенитет народа с ауторитетом државе.

Странка Југословена предвиђа улогу извршног већа као највишег извршног органа самоуправе републике-чланице (и да се

назива, на пример, Извршно вијеће Републике Босне и Херцего-
вине, односно слично, по наслову сваке републике-чланице).

Председник републике-чланице је уједно и председник из-
вршног већа републике-чланице.

Извршно веће има у саставу повереништва, укупно према
том колико је основним законом самоуправе републике-члани-
це утврђено да оно има ресора за струке и службе.

Председник републике-чланице одабира личности за пове-
ренике у извршном већу, старешине повереништава.

Извршно веће, председник и повереници скупно, одговор-
ни су сабору републике-чланице; сви морају уживати поверење
сабора.

Извршно веће, у својем делокругу, обавља послове придр-
жавајући се устава и закона државе, основног закона самоупра-
ве и законитих прописа у републици-чланици.

Извршно веће републике-чланице имајући, по степену над-
лежности, изнад Министарски савет а ниже извршне одборе у
општинама, јесте кључни вршилац власти: зглоб је између вр-
ховне управе и свуд делатне самоуправе; распоређујући упра-
вљач благом земље и народа; непрестано износилац признатих
засебности а проводилац општости законске ради обједињеног
чувања здравља, подизања знања и повећавања богатства ста-
новника Југославије.

Странка Југословена прихвата уобичајену меру да је општи-
на основна управна јединица у Републици Југославији.

Устав државе и основни закон самоуправе републике-чла-
нице дају начелне одредбе о праву и дужностима општине.

Сабор републике-чланице, подразумевајући та начела, до-
носи, посебним законом, потанко прописе о делокругу општи-
не, њених одсека самоуправе и извршних органа.

Основни закон самоуправе одређује укупан број општина,
уједно и земаљски опсег и назив сваке општине у републици-
-чланици.

Скупштина општине је установа самоуправе. Кроз скуп-
штину општине пролази, успињући се од ње и силазећи к њој,

сва овлашћеност државе и на сусрет овој сва уставна пуноправност грађанина.

Скупштину општине сачињавају одборници.

Број одборника се одређује статутом сваке општине а према, за све, важећим начелима законским.

Странка Југословена предвиђа да половину одборника изабирају сви становници у месним изборним јединицама, а другу половину бирају само запослени грађани према размеру одређеном за све ту постојеће области производње и услуга.

Половина одборника изабраних по правилу један човек – један глас сачињава веће грађана.

А та половина одборника који су изабрани по сразмери броја запослених, обиму капитала и износу дохотка, чини веће рада.

Веће грађана је општенадлежно веће у скупштини општине.

Свакад, у оба већа, одборници се бирају равноправно, непосредно, слободно, тајним гласањем.

Сваки одборник представља укупно становништво општине.

Дужност одборника је бесплатна; звање одборника је почасно.

Скупштина општине бира својег председника из реда одборника.

Скупштина општине установљује извршни одбор, и бира његове чланове, дакле по једног одборника за сваки одсек самоуправе, у звању начелника, као најупосленијег посредника између власти и становништва.

Председник скупштине општине је уједно и председник извршног одбора.

Скупштина општине доноси одлуку о установљењу месне заједнице; ова је просторан одсек општине и дружеван круг становништва, први степен и најживљи облик непосредног одлучивања грађана о стварима друштва и пословима владавине.

Град, великог подручја, може да има више општина.

Те општине, на скупштинама одборника, бирају из овог реда своје сталне изасланике који сачињавају градско веће, отуд зване већницима.

Већници бирају председника градског већа, као и чланове извршног одбора градског већа, сваког за челника поједине службе међу онолико свих које се установљују за управни обухват целокупног подручја великог града.

Председник градског већа је уједно и председник извршног одбора.

Странка Југословена сматра праведним и нужним, уколико нека општина не може из властитих средстава самоуправе да подмирује редовну делатност служби управе, просвете и здравства, ни предузима какав градитељски подухват, онда нека јој извршно веће издаје допуну новца по прорачуну републике-чланице, део из своте нарочито предвиђене за припомагање неимућних насеља и сиромашних крајева.

ЗАКЉУЧАК О НЕЗАВИСНОМ СУДСТВУ

Странка Југословена је поборник независне судске власти, позване да држи правду за окриље човека и штит заједнице, блага и рада људи.

Судство је у свим степенима растављено од управне власти и од самоуправне власти.

Судови, у изрицању правде, доносе пресуде према уставу Југославије, законима државе и законима републике-чланице.

Судије су сталне.

Сваки судија је самосталан јавни радник, упућен законом а вођен човечношћу: при мерењу правде, где полаже казну на грешку и злодело, да уложи и редак опроста за неповреду образа и душе кривца.

Судија не може бити ни деоничар ни саветник неког удружења или каквог предузећа које својом делатношћу остварује капитал-зараду.

Судија, при вршењу дужности, не може примати упутства ни од којег органа законодавне и управне власти, ни од неке радне заједнице, сталешког савеза, стручног удружења, политичке странке.

Странка Југословена предвиђа да нарочит правни савет, са-
стављен од представника судова и адвокатске коморе у репу-
блици-чланици, предлаже судије поименично, за свако поједи-
но место по два кандидата, за судове свих степена.

Такав предлог се предаје извршном већу републике-чланице;
из њега се саопштавају Министарском савету кандидати пред-
ложени за Врховни суд Југославије и Уставни суд Југославије.

Једнако из тог предлога повереништво за правосуђе увр-
шћује у списак кандидате за чланове Великог суда републике-
-чланице, окружних судова и општинских судова.

Сабор бира Велики суд републике-чланице.

А председник републике-чланице поставља указом судије
окружних судова и општинских судова.

Странка Југословена предвиђа да Врховни суд Југославије и
Уставни суд Југославије, сваки посебно, има судија у својем са-
ставу подједнако из сваке републике-чланице.

Овако је стога што се овим судовима, а поглавито Уставном
суду, намењују, поред уобичајених ствари, још и предмет и пи-
тања која би иначе спадала у надлежност већа народа Народне
скупштине кад би ова била дводомна.

Народна скупштина бира судије Врховног суда између два-
пут више уписаних кандидата на листи коју Министарски са-
вет подноси као сабир предлога приспелих од извршних већа у
свим републикама-чланицама.

На упражњено место судије у Врховном суду долази ново-
изабрани судија из те републике-чланице одакле је био и његов
претходник.

Судији Врховног суда се законом обезбеђују независност и
сталност.

Надлежност и уређење Врховног суда Југославије утврђују се
посебним законом. На основу устава и тога нарочитог закона из-
рађује се пословник о устројству и начину рада Врховног суда.

Народна скупштина бира судије Уставног суда Југослави-
је истим начином као и судије Врховног суда. Да из сваке ре-
публике-чланице буде судија у саставу Уставног суда, најмање

по три а највише пет, потребно је ради његове високо заштитне улоге у целокупној друштвеној дужности чувања равноправности народа и народносних мањина.

Чланство судије у Уставном суду траје десет година.

На основу начелних одредаба из устава и ближих прописа посебног закона о његову устројству и надлежности, Уставни суд израђује пословник о начину својег рада.

Сва област уставности и читаве законитости у држави јесте подручје посла Уставног суда Југославије.

Пазећи на законитост владавине, посредничких и производних делатности, Уставни суд увек има у виду потребу Југославије и разлог заштите грађанина са његовим правима на рад и зараду, самосталну употребу личне тековине, плодотворно коришћење имања, учешће у јавној друштвености према условима и средствима животне и грађанске опстојности.

Одлука Уставног суда је коначна, обавезна и извршна.

Странка Југословена предлаже да Савез адвокатских комора у Југославији има право – по својем нахођењу, подстреку из јавности или са званичног тражења Народне скупштине – да подноси правничко мишљење са сопственим предлозима о сваком закону док се он, још у нацрту, налази у раду парламента.

Свака адвокатска комора у републици-чланици једнако је пуноправна да дотичном сабору предочава своје запажање и властиту правну претпоставку за одредбе и потанкости овде припреманог закона; може и самостално да поднесе сопствен предлог закона.

СТРАНКА ЈУГОСЛОВЕНА О ИМАЊУ И РАДУ ЉУДИ

Странка Југословена се придржава веровања да живот људски, достојан дара и знања човекова, налаже свеколика разумна уједињавања становника, осмишљава творачки рад појединца и множине, стоји сред правила сваког закона о грађанину и власти.

Странка Југословена зато сматра: позвана је држава да у Народној скупштини изради и усвоји општи закон о благу и раду као скуп темељних одредби за сву укупност правних прописа о људском коришћењу природе и стечених творевина, сасређивању производних снага и знања у стварању друштвеног богатства.

И тај закон да углавном претпостави: врсте и облике својине; врсте и ступњеве радних заједница; управљање радним заједницама, предузећима и установама; услове рада и начине стицања дохотка; кључеве расподеле остварене вредности; поступке и изразе предвиђања привредног развитка; изворе обезбеђивања материјалне основице делатности изван привреде; могуће видове садејства радних заједница; права самосталних поседника и појединачних предузетника; заштиту темељног иметка, улога и зараде.

Понуда и потражња као наспрамна а сусретљива настојства творећи тржиште, свеобухватно условљавају делатност радних заједница и самосталних посленика. Остварења се вреднују подвргавањем изворном тржишном начину у свем току производње и услуга, а по тренутном стицају износа према устаљеним мерилима пословања.

Општим законом о благу и раду признају се, као равноправни, облици својине, имовина:
- државе, републике-чланице, општине;
- удружених лица на деоничком поседу (првобитно стеченом путем национализације капиталистичког блага, па, деценијама потом, увећаваног доградњом, све под називом друштвене својине); радне заједнице самосталних улагача, задруге; независног предузетника на сопственом имању (земљиште, радна просторија, оруђа за рад);
- имаоца поседа за ренту (земљиште, пословна зграда, оруђа рада);
- власника стана, средстава и прибора за живот, личан и породични;
- задужбине.

И да се дело умног рада цени као духовна сопственост и предметна својина творца, аутора; да се то дело находи под особитом заштитом државе, уз добру сусретљивост од друштва.

Странка Југословена предвиђа да се врховна власт стара, помоћу одговарајућих закона и сувереним посредовањем, да темељне области привреде – те гране које су пресудно важне за свеукупност производње, услуга и потрошње, сву пуноћу савременог живљења – буду у рукама удружених лица на деоничком поседу.

За сврхе остварљиве у производњи и услугама слободно је удруживање у самосталну радну заједницу, како се предвиђа општим законом о благу и раду и ближе прописује по другим законима.

Радне заједнице исте струке, као и садејствујуће из додирних вештина, могу се удруживати у властит савез да би пуније развијале производњу или услуге ради својег напретка и увећавања друштвеног богатства.

Самоуправно састављена опуномоћства, сразмерно од изасланстава свих судеоничара, руководе савезом радних заједница.

Сродне савезе радних заједница обједињава саобразна им комора као земаљско, југословенско удружење са позвањем стратега целе струке у држави.

Странка Југословена сматра потребним да нарочит закон поближе прописује услове и оквире упошљавања радне снаге. Првенствено је да међузависност рада и капитала буде примерена достојности човека као ствараоца вредности, износу плодотворног залагања људске способности.

И да се јединствено одређује дужина радног дана у областима производње и услуга; обезбеђује сваком запосленом лицу: лечење у болести; помагање у изнемоглости и старости; здравствено осигурање чланова његове породице.

А за децу, малолетну а у радном односу, има особито да се стара држава.

Раднику и службенику се ујемчава право на плаћен годишњи одмор, право на стан, право на минимум плате у струци према висини просечне награде за свако радно место и за њ потребне оспособљености.

Раднику и службенику без посла и зараде издаје се новца, хране и одела колико је најмање нужно за опстанак његов и породице; овај издатак, јединствен у целој земљи, исплаћује се из државне благајне.

Законом државе се одређује начин прибирања новца у фонд за незапослена лица; утврђују разлози и основица за мерило о исплаћивању накнаде раднику и службенику који је остао без посла.

Странка Југословена залагаће се да се поштује, и што мање повређује велика правда: земља је опште добро.

Обрада земље и коришћење њеног богатства од природе јесте дужност власника према друштву.

Земљораднику се ујемчава имање земље, стоке, оруђа и средстава за рад; сав тај посед је неограничен.

Право наслеђа земљопоседа обзирно уважава посебности живота на селу и овдашња занимања: пази, у првом реду, на благодатну истрајност пољоделца и на општу животну важност ненапуштања сеоских насеља.

Благодарећи савременим техничким оруђима и технолошким средствима, и, дакако, имућству сељака, власт има да помоћљиво посредује да се живљење на селу разликује од онога у граду само уколико га друкчијим условљавају природна околина човекова и врста занимања, иначе да је подобно животу у градским срединама: у просвећивању, настамбама, снабдевености потрошним стварима и радним прибором, по опхођењу, здравственој заштити, раскоши за духовни доживљај.

У Југославији пореска обавеза је општа. Једино се законом установљују порези; јединствено одређује скуп свих пореза који се наплаћују (порески систем) у земљи, као и начин и вид узимања новца од произвођача и вршилаца услуга за своте којим се подмирују службе државне управе, самоуправе, заштите, посредовања, и разни подухвати.

Сва пространост Југославије јесте јединствено привредно и царинско подручје.

Одлуке, исправе и други појединачни акти управне власти
и самоуправе, издати грађанину и друштвено правном лицу,
имају исту важност у читавом подручју Југославије.

Посебним законом државе се одређују права страног лица
с његовим средствима која улаже: у радну заједницу удружених ли-
ца на деоничком поседу, у банку, у задругу, у сопствено предузеће.

Права и дужности радника и службеника у предузећу стра-
ног лица уређују се уговором између власника и упослених, но
посве у духу социјалног законодавства Југославије.

О сваком дугу државе, као и о зајму из општег блага земље,
решава се у Народној скупштини.

Сваки издатак – помоћ, стална или привремена, награда,
свечани и протоколарни поклон, пријатељски дар – који се пла-
ћа новцем државе и републике-чланице мора бити по закону,
уздржано и штедљиво мерен.

Лихва (зеленаштво) је кажњива; непримерено оптерећење
дужника повређује добар обичај пословања, и сматра се нева-
жећим пред законом.

У Југославији новац је један једини.

Уређују се законом државе монетарни систем, девизни си-
стем и кредитни систем, устројство и деловање сваког, једин-
ствено у целој земљи.

Посебним законом се уређује банкарство.

Народна банка Југославије је средишни одржалац валутно-
монетарног и кредитног устројства у земљи.

Странка Југословена имајући у виду сву многоструку сло-
женост основе и творбе живота – исказиве, на пример, преко
званог већа рада у народном представништву – предлаже, не у
замену, али због све велике и особене укупности производње и
услуга да се установи Привредни савет Југославије као стално и
независно стручно тело.

Привредни савет да образују стручњаци из редова инже-
њера, радника, економиста, социолога, правника. И сваки да је
гласовит специјалист за једну област, а сви скупа да могу бити
врхунски способно судилиште о народној економији по грана-

ма: пољопривреде и шумарства, рударства, саобраћаја, елек-тропривреде, индустрије, трговине, финансија, организовања производње и промета, усмеравања потрошње, уопште техно-лошког развоја.

Привредни савет Југославије да има најмање 35 чланова а највише 50.

Министарски савет, посредник при бирању чланова При-вредног савета, прво тражи да управа сваког југословенског са-веза (могуће коморе) стручних удружења производње и услуга и једнако управе синдикалних савеза, предложе могуће члано-ве Привредног савета, за једно место по два кандидата.

Министарски савет спаја тако добијене предлоге, и с име-нима разврстаним по занимањима и струкама доставља скло-пљену листу Народној скупштини.

Затим Народна скупштина бира чланове Привредног саве-та гледајући при том да за сваку уведену струку изабере сразме-ран број стручњака.

Чланство, лично, у Привредном савету траје четири године а може и још толико времена.

Привредни савет сам одређује сопствено устројство.

Привредни савет се установљује и у свакој републици-чла-ници, изабран у сабору.

Слободно је члановима и стручним сарадницима сваког Привредног савета да испитујући кретњу рада, робе и новца, залазе у свако предузеће и установу.

Привредни савет је опуномоћен да подноси Министарском савету, на његов захтев, своје налазе, предвиђања и препоруке о појединачним а особито важним запитаностима у свакој грани привреде.

Министарски савет сваки нацрт закона из области привре-де и социјалног старања доставља правовремено Привредном савету тражећи његово мишљење о предмету и већ сроченим одредбама.

Привредни савет Југославије има право самосталног подсти-цаја да се у Народној скупштини донесе закон о неком предмету.

Исти је поступак и у републици-чланици кад се овдашњи Привредни савет обраћа сабору односно извршном већу.

Странка Југословена предвиђа да се посебним законом установи Државно књиговодство с улогом да прегледа, пречишћава и окончава потврдом рачуне установа управе и органа самоуправе, радних заједница, самосталних радњи, посредничких уреда.

Државно књиговодство је самостално и јединствено уређено; своја увиђања, примедбе и препоруке саопштава законодавним телима.

Народна скупштина бира чланове Врховног већа Државног књиговодства између двоструко више кандидата са листе коју подноси Министарски савет, иначе сачињене у влади сједињењем предлога добијених од свих извршних већа република-чланица.

Врховно веће је због особене службе Државног књиговодства опуномоћено као највиши рачунски суд.

За чланове Врховног већа важе одредбе о сталности и независности, исте као и за судије редовних судова.

У свакој републици-чланици се успоставља Веће Државног књиговодства, изабрано у сабору.

Странка Југословена подстицаће сама, и потпомагати тежњу других, да се и у Југославији врше уговори склапани међу државама и предузетницима, у Медитерану и Подунављу, о чувању и заштити земље, воде и растиња, уопште околине човекове и природне средине свих живих бића.

Придружиће се Странка Југословена и захтеву да се законски забрани изградња нуклеарних електрана у Југославији и заведе редовно мерење радиоактивности у ваздуху, бићима и материји.

Странка Југословена ће такође давати потпору, где искрсне потреба, да се спречи градња фабрике, пута, водотока, настамбе, свега што би проузроковало страдање споменика културе или нестанак неке изузетне лепоте у створу и обличју природе.

Странка Југословена стараће се да се обавља редовно просвећивање становништва о последицама производње и промета за само земљиште, воду и бића, и дају поуке како да се неке незгоде избегну, а штета услед догођене несреће умањи или сасвим отклони пуним опоравком.

ПОЈАМ НАЦИОНАЛНЕ АУТОНОМИЈЕ У КУЛТУРИ

Странка Југословена, одлучна да потпомаже све тешње и плодоносније уједињавање људи и покрајина у Југославији, неће стога занемарити велику важност вишенационалног састава овдашњег становништва.

И да би човеку било пространо, једнако свуда у држави, а нацији угодно у њеној области и крају, Странка Југословена верује:

• савремено је обезбедити за управу, радиност и послове свуд истоветно уређење, а ради духовног исказивања људи и сродничког живљења да је слободно сваком појединцу и множинама да се изражавају, међусобно односе, испољавају дома и према суседству саобразно својим особинама, знању, целој историјској тековини.

Тако бива омогућено да самоуправа у свакој републици-чланици има мисаону, говорену и душевну израженост каква је својствена особинама читавог њеног становништва.

Законодавна и самоуправна представништва свих степена, бирана општим, једнаким и непосредним, тајним гласањем, постојано изражавају једнонародну као и вишенационалну саставност бирачког тела, сразмерно укупној бројности људи сваког појединог рода; и да не остане ни најмања скупина без својег изабраника у односни сабор или скупштину општине.

Сваки народ и народносна мањина има неприкосновено право употребе својег језика и својег писма (латинице или ћирилице) у породичном и друштвеном опхођењу, при послу у свим областима рада и плодотвора, и кроз све видове и начине усменог, писменог, ликовног и музичког изражавања осећаја, воље, убеђења, вере, намере, циља.

Пред судовима, установама управе и органима самоуправе, пред управитељствима стручних служби, у радној заједници, припадник народносне мањине се служи својим језиком исто као и сваки припадник народа чијим језиком говори већина становништва у републици-чланици.

Странка Југословена верује да уставно признање језика сваког народа и сваке народносне мањине великодушно условљава да се, кроз свачију вољу, својски држи поимање српскохрватског језика, односно хрватскосрпског језика, као језика општег посредовања, добродошлог свима, како је иначе уобичајено у вишенационалној држави да се становници, изван дома, споразумевају језиком онде изворно најраспрострањенијим, као што је у домовини Југословена овај споменути језик.

У мешовито настањеним областима, овде насељена народносна мањина као и људство сродно народу у суседној републици-чланици, не могу се ограничавати у исказивању њихових националних особености, због разлога и ради сврхе националне самоуправе тог народа у републици-чланици по којем се она назива као његова историјска тековина и обличје оствареног права на самоопредељење. Признаје се да су овдашњи делови становништва, сродног суседном народу, као и припадници народносне мањине, такође судеоници стварања и развоја односне републике-чланице.

Делу народа, настањеном изван републике-чланице у којој живи матица његова рода, обезбеђују се у оној републици-чланици, где тај део припада, сви правни и стварни услови духовног сједињавања са већином сродника.

Република-чланица је властна да се занима положајем и живљењем сродника у другој републици-чланици.

Припадање нацији може бити разлог, и основица и оквир, удруживања грађана за сврху: опште и стручне просвете, науке, уметности, здравља, спорта, заштите природе, окупљања ширег родбинства, споменарског подсећања на неко пређашње заједништво, доживљавања обичаја уже крајине, обнављања старина, уопште чувања вредности духовне и материјалне културе.

У пределу Југославије где измешано живи људство народа и једне или неколико народносних мањина, онде се, осим наставе на језику већине становништва у републици-чланици, обавља школско учење и језиком мањине.

Она општина у чијем становништву има знатно припадника народносне мањине, једне или више, обезбеђује да сваки орган самоуправе и свака организација јавног овлашћења обавља службену радњу и преписку и на језику мањине у оквиру прописа датих законима државе и републике-чланице.

Свака радна заједница са големо упослених припадника народносне мањине, утврђује својим општим актом да су они властни, у обиму неповредљивом за намену и добит целе скупине, да се у послу и опхођењу служе својим језиком, поглавито кад врше лична права грађана.

Народносна мањина има право, на темељу устава Југославије, да одржава духовну и сродничку узајамност са матицом својег народа у суседној држави.

СТАРАЊЕ О СРОДНИЦИМА ИЗВАН ЈУГОСЛАВИЈЕ

Странка Југословена цени да је брига о оним Југословенима у другим земљама, где живе као народносне мањине, обавеза државе и становништва Југославије.

Министарски савет је дужан, у оквиру целокупне своје управне делатности, да се стално заузима како би делови југословенских народа, који припадају са својим крајевима државама у суседству, имали онамо призната и коришћена грађанска и национална права, каква се народносним мањинама, баш родбини истих суседа, обезбеђују у Југославији.

Министарски савет помаже да се у јавној друштвености земље развија осећање братољубља, унапређује и ревно богати душевношћу радно, просветно, уметничко и обичајно сусретање грађана са сродницима у суседним државама.

Министарски савет обједињава посредовање извршних већа република-чланица у свим видовима делотворног неговања вишеструке узајамности грађана и удружења са братским исељеништвом у ближим и даљим земљама.

Савезна влада се предусретљиво опходи доприносећи да исељеници, усвојивши законе и друштвеност оне домовине, ненапустиво чувају и вредности својег родног завичаја, истину и лепоту Југославије.

Министарски савет, како којем ресору припада, брине се о положају, правима и стању множине грађана, уобичајено зване људство на привременом раду у иностранству; сваки њен држављанин онамо је под заштитом Републике Југославије.

ВОЈНА ЗАШТИТА ЈУГОСЛАВИЈЕ

Странка Југословена високо поштује узвишену изреку и човечански обичај да се одбрана дома и отаџбине сматра природном људском потребом, неприкосновеним правом грађанина, неотклоњивом обавезом држављанина, незавршивом дужношћу родољуба, у Југославији.

Војна обавеза грађана је општа.

Странка Југословена подразумева исправним и корисним, да у оружаним снагама Југославије службени језик заповедања и управљања јесте: у Југословенској народној армији – српскохрватски језик односно хрватскосрпски језик, искључиво; а у јединицама Земаљске заштите (територијалне одбране) – језик већине становништва у односној републици-чланици.

Председник Републике Југославије своје позвање врховног команданта оружаних снага, ово суверено пуномоћје ослања на одговорно руковођење министра војне одбране целокупном облашћу спремања становништва, привреде и установа државе и друштва за опстојање и борачко дејство у случају рата.

У рату, пак, потпомаган делањем министра војне одбране, начелник штаба врховне команде управља војском на бојишту, операцијама трупа, као стручни стратег уз председника Републике.

Стална војска се, за редовног стања, не може употребити ради одржавања унутрашњег реда, у земљи, да силом разгони и хвата голоруке људе.

Народна скупштина може гласовима обичне већине својег укупног чланства да одреди приправно стање дела сталне војске у некој области државе, ако због нереда онде избија претња миру, уставном поретку и земаљској целокупности државе Југославије.

Народна скупштина може, ако се неред нагло шири, да овласти Министарски савет да по свом нахођењу располаже војском, а она обавести председника Републике о таквој својој одлуци. И тад савезна влада закључује наредбу да јединице изиђу из касарне и поставе се наспрам људства у немиру.

Једино, уколико је оружано нападнута а пошто је била упозорила да је готова на самозаштиту ватром, војска одвраћа силом.

Председник Републике не може, без претходног одобрења Народне скупштине, ни позвати ни узети страну војску у службу државе Југославије.

Председник Републике не може, без претходног одобрења Народне скупштине, потписати дозволу да се војни одреди Југославије употребе за ма коју сврху стране државе.

Председник Републике одобрава одлуку Министарског савета, ако је ова заснована на претходном овлашћењу Народне скупштине, да јединице сталне војске Југославије уђу на земљиште стране државе и тамо остану до извршења стављене им онде намене.

Странка Југословена се држи суда да је Југословенска народна армија стална војска отаџбине, уставно овлашћена, законски нарочито упућена и друштвено оснажена, да се супротстави било чијем оружаном удару на државно уређење и земаљску целокупност Републике Југославије, како нападачу споља, тако и цепачу изнутра, сваком који би покушао да овлада неким пределом, облашћу, покрајином, читавим подручјем државе.

НАЧЕЛА ДРУЖЕВНОСТИ
У СТРАНЦИ ЈУГОСЛОВЕНА

Странка Југословена изводи од речи Југославија сва придевска одређења властитог својства.

Клониће се самохвале упозоравана познавањем историјске пропасти охолих причања о слободи и правди као вредностима бољим, по речима неког говорника, него игде и икада. И чуваће она своју смерност што мање пристрасним суђењем о општој истини и тачним говором о сопственој намери.

Странка Југословена је отворена за све људе који се боје празнине, и непотврде, наслова издизаног гневним или пенушаво веселим обећавањем среће.

Само један властит завет рачуна она, под заклетвом на част и смисао свога постојања, унапред испуњивим, значи – приврженост Југославији.

Све друго чему Странка Југословена стреми, не зависи једино од њена духа и смера, напора и подухвата.

Странка Југословена негује у својем чланству: искреност и дружељубље, отворен разговор и добронамерно договарање. Узајамно поверење је кључна морална сила у Странци Југословена. Поштење, знање и вредноћа појединца, стојећи на поглед свију, цене се као благо целе Странке.

Странка Југословена види у сваком својем припаднику достојну личност за ма коју потребну јој дужност, радно дејство и представничко послање. Увек, где је потребан један човек, да се тај изабира између неколико истоветно предложених лица за ону насловно назначену дужност.

Странка Југословена је привлачна како за родољубе који се зову и пишу првенствено Југословенима, тако исто, нема сумње, и за оне људе друкчијег националног изјашњења, који нису вољни да уђу у неку дружину национализма, а ни допадљиве им нису политичке партије, самозване по слободи, правди, једнакости, демократији, идеологији, религији.

Странка Југословена изјављује своју претпоставку да ће се једном сталожити (приликом њене појаве постојећа) узрујаност у Југославији, коју изазива страдање сиромашних људи, јари растанак народа с тоталитарном влашћу националног комунизма, љутито разноси, понегде, чак и разбојство силином као у негдашње фашистичке дружине.

Кад се јарост смири, и разумно увиди да владавина није посао налетан већ начин са стрпљивом муком разбора и кретње, усталиће се потом два главна крила у политичкој јавности југословенства.

Вероватно, на једној страни биће присталице велике уједињености грађана и крајева унутар Југославије, условно звано унитаризма, а на другој страни постојаће националне скупине федерализма и конфедерализма са малим ту, између, разликама.

Већ доста предвидљиво растење сједињености народа и земаља у Европи, ваљда ће имати себи својствен одраз, то јест уједињавајући, и у југословенству.

Странка Југословена не сматра да је површно ако се помисли да би удружење таквог хтења, као што је њено, постојало чак и у случају потпуне раставе националних република које сачињавају федеративну (Другу) Југославију.

У сваком народу Јужних Словена (узевши, дакако, и Бугаре) имаће привржеnике, под ма којим околностима, та замисао да овај род словенски може да има заједничку државу, и са њена опсега и места држи један кључан положај у конфедерацији Европи.

Странка Југословена држаће се правила да се сваки израз и облик човековог рада може побољшавати мењањем, па ће тако она поступати и са својим програмом. Ни охолост, ни какво надметање, ни отпор некој самовољи, неће Странку спречавати да отклања што је временом превазиђено и премашује што је извршењем окончано, те уписује за намеру и обавезу оно што је савремено, разборито и плодоносно.

Странка Југословена ће, без сумње, бити сусретљиво отворена према сваком новом појму и постигнућу зарад човечности

у свету, било да запажања проничу у њеним редовима или на-
вод споља стиже.

Странка Југословена пазиће на изворе својих прихода и јед-
нако на издатке за властиту сврху и општи учинак; руковаће
строго новцем, према позитивним законима и, одрешито, по
обзиру части.

Неприхватљив је новац, какав друкчији добитак или по-
клон, ако се не правда друштвено редовним правилом и потпу-
но покрива грађански поштованим родољубљем.

Достојанство и позвање јој налажу, да Странка Југослове-
на проводи штедњу, не само као начин располагања средствима
него и као одгојно поступање и морални однос; јер, расипни-
штво је опака страст, и раскош је ружан призор.

Странка Југословена има овај симбол: уцртана граница Ју-
гославије и унутар круг са зракасто извученим цртицама свуд
около, што значи – једну отаџбину исто сунце грeje.

Странка Југословена излазећи пред отаџбину оглашава се
обавезом: издизаће човека сред домовине; граначе слободу као
природно људско право; стајаће уз истину по закону.*

---

*   *Предлоґ проґрама Странке Југословена* је састав доследан делу В.
Стругара „Повеља Југославије (Устав државе и друштва)“, достављеном
(17. фебруара 1990.) на преко 120 адреса, почев од Председништва Савезне
Републике Југославије и Председништва Савеза комуниста Југославије, па
највишим установама у републикама и још све до одговорних уредника
дневних листова, станица радио-телевизијских, најпознатијих гласила. У
новинама „Борба“, „Вечерњи лист“, „Политика“ – објављена је вест (3. марта
1990) да је претходног дана у Загребу основана Странка Југословена. Затим,
у званичној публикацији Сабора Социјалистичке Републике Хрватске,
објављена је (12. априла 1990) „Изјава Странке Југословена“. Својим писмом
посланим у Загреб (21. априла 1990, Драшковићева ул., бр. 72) честитао
сам Извршном одбору оснивање Странке Југословена. И настављајући рад
завршио сам (5. маја 1990), три месеца пре започето, самостално писање
штива „Предлог програма Странке Југословена“, ево први пут објављеног у
књизи „Југославија на стрмини Европе“.

СРПСТВУ ОКВИР

ЈУГОСЛАВИЈОМ
ДРЖАВНА УЈЕДИЊЕНОСТ СРПСТВА

Поштовани председниче!

Захваљујем на позиву да присуствујем овој седници, јер хоћу радо да поздравим учеснике Скупштине Удружења Срба из Хрватске.

Браћо и сестре,

Којом другом приликом, с некога редовног повода, ја бих се обратио пригодно, речима, даме и господо, али ових дана, у одсудном времену за наш народ, кличем никојим друкчијим прословом него баш веома нам потребном прозивком братимства, у свеколиком Српству.

Поздрављам вас лично, од свег срца, и званично, једнако срдачно, у име чланова Иницијативног одбора *Црногорског сабора српске слоге*.

Овај Одбор, да вам укратко саопштим, спрема оснивачку скупштину извесне заједнице духовног и родбинског друговања мноштва људи.

Одређујућа мисао, стожерна окосница, читавог подухвата је у овом:

Црна Гора је једна колевка а Српство је сва родбина;

Црна Гора је завичај једног соја браће а Српство је укупност свих братстава истог рода;

Црна Гора је једна крајина племеника а Српство сва земаљска област сродним људством од давнине настањена;

историјски Црна Гора је држава у Српству.

И ми верујемо да је право, и етички узвишено, по Црној Гори да се назива и начином саборности (историјски својствене Србима) јавља и потврђује то удружење за које предвиђамо:

самим именом да спаја посебност Црне Горе и општост Српства;

појмом слоге у Српству да осмишљава бит свога циља;

искреним залагањем да испуњава сарадњу са сродним, покрајински и облано званим, ванстраначки стојећим удружењима, друштвима, савезима, вијећима у Српству ради повезивања свих у известан *Свесрпски сабор слоге*.

Ствараоци Црногорског сабора виде зачетак тога свесрпског саве-за родне духовности и братске сарадње, гледају баш у појави и дејству Удружења Срба из Хрватске; и желе да сачиниоци тога могућег окупа у Српству буду и већ створена и делотворна друштва, дакле, Удруже-ње Срба из Босне и Херцеговине, Српски Сабор независних научника и уметника, Друштво Српска крајина, Српско вијеће Боке, многобројна завичајна друштва ужег опсега, као и сва слична удружења што ће вре-меном настати.

Оснивачи Црногорског сабора српске слоге верују да би садејство родољубивих удружења припомагало да се благотворно развија и пло-довима употпуњава, духовно срођивање још недовољно сједињених за-вичајности у Српству; иначе, често у нас, изразитија је, чак утицајнија, особеност, на пример, шумадијска, црногорска, босанска, крајишка, не-го ли општост српска.

Пораст јединствене духовности би повољно условио, нема сумње, и да се браћа слогом одобровоље за сачињавање једне политичке стран-ке која би имала чланство и присталице, јединствено, у свим покраји-нама Српства. Непроцењиво је данас колико је то роду големо штетан недомашај због непостојања једне свесрпске политичке странке. А лако је назрети какву би творачку вредноћу таква странка представљала за Српство мерећи то, макар и по случају, да српски суседи, супарници, на жалост и непријатељи, имају политичке партије, неке у свему претежне, јер су разгранате у читавом оном народу прелазећи све управне границе усред његова земаљског размештаја.

Удружење Срба из Хрватске, већма и живље од иједног другог суде-оника одбране рода, искушава последицу непостојања свеобухватне ду-ховне јединствености и непорозне борачке упоритости свега људства у свеколиком Српству. Одиста, пре других националних чинилаца, Удру-жење Срба сукобљава се у Хрватској с поновљеним непријатељским по-кретом, на српски народ, јер се он јавља уназад две године, баш у данима кад браћа у Крајинама, испод мача који прети а с огњишта где се чељад рађа, крећу и устају да бране породице и посед, заштите постојање на властитој земљи.

И онде, на попришту, браниоци рода и дома проговарају: Србе, све уједињене у Југославији, погађа деоба ове државе; Срби, да би народно-сно опстали, морају да сачувају постојећу своју уједињеност; Срби имају историјско право и животну потребу да су у једној држави; *та држава је – Југославија.*

Једноставно, дакле, ова изрека крајишких устаника да *сви Срби живе у једној држави*, проистиче из стварне истине, већ седамдесет година постојбине, у човечанству.

Та изрека није претпоставка, прозив удаљеног циља којем људство тежи, него је одређење, за истрајност, већ уживане тековине народа.

Та изрека истиче право ослободилачким народним ратовима стицаног, историјски гледаног, и међународно признатог окупа Срба, Хрвата и Словенаца.

Та изрека казује да се Срби непопустљиво противе да им давно утемељену уједињеност разоре Хрвати и Словенци, Муслимани и Албанци, отцепљујући се од Југославије.

Та изрека бележи обавезу Србије и Црне Горе, братски дужних помоћ и заручје Србима у Хрватској и у Босни и Херцеговини; иначе, издајом би било названо препуштање српских крајина да се усамљене одупиру онуд непријатељски намјереним властима Хрвата и Муслимана.

Та изрека предочава да ће Срби своју уједињеност преобликовати; по откидању Словенаца, Хрвата, Муслимана и Македонаца, дати народној држави вид и устав савременог грађанског реда, за властиту потребу као и једнаку достојност људства других народности.

Та изрека да сви Срби живе у једној држави је неизбежна, никад преурањена, нигде неумесна, свакад заповедна одредница родољубљу и вођству народа.

И кад се баш том изреком не би‚ именовала одбрана нераздруживости Српства, по величини обликованој у Југославији, таквом би мером требало испунити наум првобораца, уколико би предстојало да се тек ослобађа и уједињује српски народ.

Уосталом, који би се властодржац, политички чинилац, јавни радник, уопште родољуб у Српству, усудио да изјави како је неразумна – пошто је за суседе и Европу неприхватљива – изрека *сви ће Срби живети у једној држави*. Збиља, ко је ову одредбу смео да порекне, пре искушења, кад би одмах био назван издајником, јер *та држава јесте постојећа Југославија, већ седамдесет година уједињујући Србе.*

А ми, сви дужни Отаџбини, мислимо на време и о том да у Српству једино о издаји, предаји без борбе, нема народног певања; и никад не пустимо забораву историјску истину да душа српска слободу окриљује, најрадије украшава песмом о јунаштву рода, исто у страдању као и у побеђивању.

Што изговорих прочитане вам реченице, ако иоле значе ваљан осврт, својски их додајем извештајима који ће овде бити саслушани о раду Удружења Срба из Хрватске.

Још једаред учеснике поздрављам желећи успешан рад данашње Скупштине.*

---

* *Југославијом државна уједињеност Срйства*. Говор на скупштини Удружења Срба из Хрватске, у Београду, 4. јула 1992. године; први пут објављен у књизи „Југославија на стрмини Европе“.

РЕПУБЛИКА СРПСТВА

Да сазив великог скупа људи из сталежа најобразованијих грађана назовем изванредно важним састанком ради разбора и говора о Отаџбини, то хоћу радосно.

И весело голему своју наду хоћу овом сабору да преручим, с вером у тачнији његов проход кроз истину и бољи домет у предвиђању будућности него што је бивало на мноштву оних пређашњих, давних и доцнијих већања историчара и филозофа, кад су празнословље гомилали и омаму умножавали, па зато били јавно миловани угађачи режиму, а трпели су грдњу или се мотали под ћутњом мислиоци људски честите и човечански ваљане претпоставке казане изреком најједноставније: јако Српство – јака Југославија!

Ово подсећање, разуме се, нећу овде допуњавати ређањем читавог низа личних проговора и спомињањем тренутно напраситих, па после збранијих партијских одвраћаја несагласјем за последњих десет година. (Почело је 7. и 8. октобра 1983. године у Загребу, што се може видети у градиву извесног научног скупа према књизи *Historiografija i suvremenost, Idejne kontroverze.* – Zagreb, 1984, str. 149-164.)

При том, рачунам да неће бити нескромно ни наметљиво ако из свеколиког тога предвиђања (иначе објављеног у књигама: *Велика буна Црне Горе 1988–1989.* – Београд-Никшић, 1990; *Повеља Југославије, Устав државе и друштва.* – Београд, 1990; *Срби, Хрвати, Словенци и Трећа Југославија.* – Београд, 1991; *Црногорски сабор српске слоге.* – Београд, 1994), издвојим један назив да би учесници конгреса чули звонкост и промислили о тачности двеју ту спојених речи, па ко год се осврне – што искрено желим – нека се обазре на језичко значење појма, а други пак нека огледне му меру као одредници, за правило и закон друштва, за обличје власти и наслов државе.

Република Српства, одмах да огласим, управо је та превећ обремењена спојеница коју препуштам самостоју пред свачи-јим судом.

На годишњој скупштини Удружења Срба из Републике Српске Крајине и Хрватске (4. јула 1992) рекао сам: требало би да се завичајна удружења нарочито баве духовним срођивањем још недовољно сједињених завичајности у Српству; баш тако да се труде како би та јединствена духовност добро условила да се створи једна политичка странка која би имала чланство и при-сталице у свим покрајинама Српства.

Једнако и овог часа – не узгред него нарочито – изговарам да би требало створити једну свесрпску политичку странку, било уједињавањем неких већ постојећих и за сврху велике унутар-ње слоге преображених странака, или, оснивањем сасвим но-ве странке на духовном темељу који ће се саздати радом нашег конгреса интелектуалаца.

Ова странка – рекао сам онда и понављам сада – имала би да се посвети превасходно уједињавању Србије, Црне Горе, Ре-публике Српске и Републике Српске Крајине у једну државу, на-звану – кад се хтења сложе и појмови споје, а међународна при-лика добро угоди – једноставно, Република Српства.

Очито, за писмо, овај назив је краткоћом веома подесан, из-говору је лаган, слуху звонак, музичком исказу погодан.

У значењу назива, реч република је неприкосновена, нео-спорива као име обличја државе, разговетна за уобичајеност у свету.

А реч Српство стављам на испит.

Оглед, чак и дугачку студију, испунила би расправа о речи Српство, њеном првом проговору и следственој употреби, често и целисходно казиваној у раздобљу националног романтизма, а спорадично спомињаној, некад и гневно, у врсти моралне само-одбране праснутој, у доцнијем времену, кад се југословенство избира и издиже за одређење државе и прозивку грађанина.

Свакако, сву ту расправу везао би, као нит, владике Рада појам о роду, сродству и вери, о народу и завичају. Владика Раде, у Бечу, 1847. године, на трећој страници спева *Горски вијенац*, рекао је последњим стиховима посвете Карађорђу: „Зна Душана родит Српка, зна дојити Обилиће/ ал' хероје к'а Пожарске, дивотнике и племиће/ гле, Српкиње сада рађу... Благородством Српство дише.../ Бјежи, грдна клетво, с рода – Завјет Срби испунише!" Књижевно је изразито и толико филозофски свеобухватно његошевско Српство, да доцнији песници и беседници, многи државотворци и разни писци следе владичин поетски говор као подразумевање једнородног људства на властитом земљишту и ту ствараним сваким благом у добрима за постојање и развој бића и у вредностима, стицаним и брањеним, за просвећеност грађанску и достојност човечанску.

То значи – не само поезију и етику него и целокупност живота и твораштва изражава реч Српство.

Баш том појмовном узноситошћу реч Српство, на пример, зрачи:

- у приповедању Марка Миљанова;
- у песништву и говорима владара Црне Горе Николе Петровића („Живјели моји храбри Црногорци! Живјело наше мило Српство!", овако он завршава проглас о придружењу Црне Горе Србији у одбрани од напада Аустро-Угарске 1914. године);
- у сећању Јована Дучића (који вели да је Мостар у његовој младости, око 1900. године, био знан и вољен у целом Српству), у потоњој расправи о неуспелости Југославије (у дугом огледу готово целовито штампаном у листу *Политика* под насловом *Спорна питања Краљевине Југославије*, пише он између осталог: „Српски народ, а то не само Србија, него и цело уједињено Српство, место да се 1918. формирало у једну огромну и етнички хомогену групу, и следствено у једну велику државу, примило је на себе дужност да пристане на границе Југославије... Југославизам је идеологија без свога идеолога... Југославизам ће у нашој историји бити

синоним диктатурâ, за које је од првог тренутка био тесно везан" – Београд, 11. јануар 1991, стр. 21);

- у гледиштима Српског културног клуба уочи Другог светског рата (о чему видети избор веродостојних списа добијен старањем академика Миодрага Јовичића);

- напослетку, и за наш конгрес у поднесеном реферату академика Василија Крестића (где он, поред осталог, говорећи о разједињавању српског народа у шесточланој федерацији Југославије, каже да је готово пресахла свест о „историјском јединству Српства, јединству упркос разноликости, која чини богатство наше културе и нашег националног бића" – *Срйско йишање данас. Конīресни машеријал.* – Београд, 1994; стр. 29).

Ту разноликост подразумевајући, у Црногорском сабору српске слоге схватамо реч Српство као народносно одређење Србијанаца, многих Македонаца, Црногораца, Бокеља, Херцеговаца, Босанаца, Крајишника, Далматинаца, Личана, Кордунаша, Банијаца, Славонаца, Сремаца, Барањаца, Бачвана, Банаћана – све душа православља, с подразумевањем свакако и оних Срба који су у минула доба примили ислам, као и других што су прешли у римокатоличку веру.

Да се допадне свима, зар не, једино ће Србијанац упитно трепнути а Црногорац се можда и строго обрецнути. Али пре него што крену одзивом, ваља претећи свакојег макар напоменом.

Србијанцу, на пример, казати да је Ваљевац Николај Велимировић, владика у Охриду двадесетих година овог века, своје земљаке звао Србијанцима („Ми Србијанци смо у извесноме погледу незгодни. Непобожни смо, не идемо у цркве, не маримо за верски живот" – записано је у књизи: Григорије Божовић, *Чудесни кушови.* – Изабрао и приредио Гојко Тешић – Јединство, Приштина, 1990, стр. 197).

Исто тако, Перо Ђукановић, покретач српског устанка у Источној Босни против усташке власти, у својем потоњем причању о том отпору и читавом војевању у Другом светском рату, о свему што је обавио у Србији, овдашње саговорнике и помагаче назвао је речју – Србијанци. (Видети: *Записи Пере Ђукановића. Устанак на Дрини* – Приредио Здравко Антонић. – Српска академија наука и уметности, Балканолошки институт. – Београд, 1994.)

- А Црногорцу, ако не пресече провалом говора, ваља саветовати да узме старе песмарице, па се начита народне поезије и свега стихотворства у Петровића Његоша;
- да сриче и збори наизуст китице у причама Марка Миљанова;
- да потражи и сазна како је Григорије Божовић за једне посете Цетињу и Катунској нахији овде видео Црногорце у Српству („Црногорац је најбољи представник наше расе и најлепши њен образац... Он је наш највиднији приговарач, па опет ваљан грађанин у својој држави... Тамо је сваки човек свој, својеобразан, онакав и онај кога Цвијић много воли, али и од кога се доста боји. Тај човек може и уме епски да понесе заједничко бреме боље но ико од нас. Није он разоран, није недруштвен, ненародан и недржаван. Државност му је у сржи. Само његови вођи могу да омахну.“ – *Чудесни купови*, наведено издање, стр. 225-226);
- да претресе сачуване давне записе у сопственој породици, па ће ту наћи школска сведочанства предака у којим пише да је свако ђаче у Књажевини Црној Гори – Србин православне вере;
- да се не оглуши и на понеку препричавану досетку о Црногорцима у Српству (кажу да је неки старина на питање новинара је ли Црногорац или Србин – одговорио да јесте обоје; а на приговор како може бити обоје, одрешито узвратио: ах, забога, какав бих ја био Црногорац ако не бих био Србин).

Оволико, засад, објашњења о речи Српство.

А Републику Српства ваља предвидети као државу веома сређених стручних служби с јаком кичмом целокупне управе.

Нека она има једно законодавно тело и његов извршни орган, државну владу, и на врху, као представника суверенства земље, председника републике, можда бираног од свих грађана.

Републици Српства је ради њеног благотворства потребно да има ревносну расположеност према завичајностима, нипошто сустегнуту, већ гипку и прилагодљиву склоност за особености у покрајинама, где год је нека средишна тековина значајна и неко претежно имућство важно за самосвојан живот становништва.

Отуд, вероватно би Република Српства развила врсту савезности кроз устројство управе; за основу имала би свуда истоветне установе, а навише, по прилици не у целој области државе, него само у односном подручју, неко обличје опуномоћености, појединачно, према главном састојству сваке завичајне целине.

Неки хват и вид савезности у Републици Српства претпоставља се као услов првенствено за Црну Гору с обзиром на њен положај с изузетностима тачно приказаним у реферату Милорада Екмечића (*Срйско йишање данас. Конīресни машеријал. –* Београд, 1994, стр. 18). И веома се слажем с поруком академика Екмечића: „Дух посебности у Црној Гори не сме се ломити политичким средствима, нити би то био историјски прогрес".

Одиста тако, задобијеност државе – као поступно увећавана самобитност и дуготрајно развијано уређење друштва на постигнућима устаничког и ратног ослободилаштва – управо је та историјска тековина Црне Горе, којом се она особено оличава у свеколиком Српству (што рече Григорије Божовић: државност је Црногорцу у сржи).

А умесно је претпоставити да ће се Црна Гора, као област у приморју, замашно, брже и пуније него икад раније, сљубљивати с пределима у залеђу. К Јадрану, уз обалу Црне Горе (дугу око 300 километара), седам пута краћу од поморске обале шесточлане федерације Југославије (износила је 2.092 километра не рачунајући острва), путују људи и преносе средства, у оба правца, с пространства за готово један и по пута већег од половине пређашње Југославије (која је имала 255.804 квадратна километра површине, а Србија има – 88.361 квадратни километар, Црна Гора – 13.812 квадратних километара, Република Српска – око 32.000 квадратних километара, Република Српска Крајина – око 17.000 квадратних километара). То ће силно подстицати њен напредак кад се у подручју Црне Горе смести и пуним напоном упосли сав Републици Српства потребан обим установа и служби – по природи везаних за приморје и поморство.

Напоредо с означеном посебношћу Црне Горе, ваља имати у виду, као особене својности у Српству, на пример: шумадијску војничку обдареност, државотворство и сву домаћинску постојаност; даровиту предузетност херцеговачку и нераскидиву жилавост људства уздуж целе динарске области; непоколебљиво самопоуздање крајишко кад се одстојава у прегарању.

Стварно надевање Републике Српства не треба предузимати док се сасвим не исцрпе наследна потребност и одживи свикнута усвојеност речи Југославија у наслову државе.

Републику Српства не рачунати споља довољно обезбеђеном без потпоре јој бар једне велесиле.

Засад, та велесила је Русија, но проређено, некако растресито наклоњена.

А чиме да буде придобијена сем говореном јој истином – и у Руса знаном – да плутократије Запада, бијући Српство, циљају на Русију да би је надгорњале, те истисле као једног од два најмоћнија држаоца света.

Има, збиља, исказа и знакова да ће Русија сврстати међу разлоге своје стратегије ненапустивост – за православно Словенство – ни окрајка Отаџбине Српства све до њена западнога руба, удаљеног ни дан хода пешадијом до Ријечког залива а дан и ноћ до утока реке Соче у Јадранско море.

И Русији треба да Српство, непомерљиво, наставља живот и напредак у својем од старине земаљском размештењу, с обе стране јужне деонице раздела међу Истоком и Западом.*

---

* *Реѿублика Срѿсѿва.* Говор у расправи на Другом конгресу српских интелектуалаца, објављен у зборнику реферата и говора „Српско питање данас. Други конгрес српских интелектуалаца“ (Београд, 22–23. април 1994). – Београд: Српски сабор, Матица Срба и исељеника Србије, Удружење универзитетских професора и научника Србије, Одбор САНУ за национално питање, Удружење Срба из Републике Српске Крајине и Хрватске, Удружење Срба из Босне и Херцеговине у Србији, Црногорски сабор српске слоге, 1995, 117–120. Поново говор штампан у књизи „Југославија на стрмини Европе“.

ДУХОВНИ САБОР СРПСТВА

Браћо и сестре!

Не љутите се на мене, молим вас, стога што, ево очас, поново излазим за говорницу. А разумећете, верујем, моју слободу иступа уколико заједно имамо у виду, увек уобичајеност, да се сваки наш завичајни састанак испуни, мање или више, и причом о стварима и појмовима целокупног Српства.

Отуд је и ова скупштина, рачунам, отворена за један прослов о Српству, нашем роду и имену, нашем језику и завету.

Намерно узимам реч *Српство*, тренутно бар двоструко наглашену.

Прво, реч Српство изговарам као изворно име нашег рода, у времену романтизма издигнуто као обједињујуће насловље ослободилачког раскидања туђинског тирјанства; и отад тачан израз једне народносне постојаности и звонка прозивка њене поетске истине.

Затим, реч Српство казујем и по њену значењу појмовне одреднице родбинства, стварно својственог како људству православном, тако и оним дружинама, истог бића, које су, за времена прошлих, због прелажења у католичанство, као и потпадања исламу, предале се некој политичкој идеологији, напуштале следство старини, презначивале крвно порекло, откидале се из братства. Дакле, иако превера, неизмењиво су родним бићем од Српства и та житељства, макар у потоње доба словила прозивком по неким другим именима, оглашавала се чак засебним народима.

Ова историјска несрећа Српства, отпадање његове чељади, вечит разлог туге Светосавског православља и вазда потег опште мрзости на кршење родољубља, кад ли ће се окончати, то питајмо много брижно, смерно и ревносно разгледнимо, помоћу неприкосновеног знања поучно просудимо.

Збиља, данас узевши, шта и с једне доста искошене стрме-
ни светског догађања услед веома упорне намерености капита-
листичког освајаштва да журно заседне кроз пространства до-
скорашњег комунистичког социјализма, дакле, каква судбина
предстоји Српству, засегнутом на низбрдици.

Већ смо доживели, за тек минуле четири године, да господа-
ри блага и руковаоци оружаном силом свакојако обрћу и седла-
ју да би сред Српства ударили раскидне разделе, сврх давнашње
му раздељености на три цркве, подигли нека управна окружја,
можда узгред правдана особеностима нарави и обичаја у зави-
чајним колевкама, а одсудно подметнута владавини римокато-
личкој и исламској, према Српству особито непријатељској.

У самоодбрани, Српство је саздало две нове политичке за-
једнице: прво Републику Српску Крајину и потом Републику
Српску (у подручју историјске Босне и Херцеговине). Тако, са
Србијом и Црном Гором, Српство ево има четири упоредна др-
жавотворна саставка, те сваки подоста засебан, озбиљно само-
узнесен.

На четири виса управно обликовано, целокупно Српство
има данас само једну заједничку, свуда истоветну и од свих у
роду једнако појмљену установу, дакле, једино – Српску право-
славну цркву. После дужег раздобља жустро утискиваног без-
бошства, чак и горопади грдње на Светосавско православље,
доживљавамо да се наша црква узвисила и потоњом постојано-
шћу као заветни бранилац Српства. И нека црква настави своју
апостолску службу и позвање народносног духовника; сви јој
зато указујмо поштовање, дарујмо наше разумевање, поклањај-
мо сусретљивост.

Али изван црквеног опсега и утицаја, остаје много потреба
целокупног Српства, једва им преброја кад се пишу појединач-
на задужења.

Да би ту једна општесрпска политичка странка могла већ-
ма од икојег другог чиниоца да покрене борашта и усмерава
трудољубља, то је несумњиво. Међутим, појам о једној странци
Српства – толико замашној да преовлађује у друштвености сва-

ке од четири наше политичке заједнице – ма колико био јасан, бар подразумљив ради сложности у родољубљу, неизгледна је она као извесно свеобухватан израштај, скупно сложен, творачки изданак из постојеће вишепартијности у покрајинама.

И једноставно речено, само двапут, од памтивека те досад, бејаше прилика, оквирно повољна околност, да цело Српство стекне странку, такву која би свуда у народу била утицајнија од других, од сваке појединачно, чак моћнија од свих заједно судеоника политичког надметања; наиме: најпре то бејаше за првих година Краљевине Срба, Хрвата и Словенаца (1918–1923), и поново, дуго доцније, при настајању вишепартијности у шесточланој федерацији југословенској (1989–1990. године).

На почетку, греда је сломљена кад се странка Срба у Хрватској с оно својих присталица из Босне и Херцеговине одваја од тежишта у Србији, онда придружује најјачој странци хрватског национализма па годинама потом, сложно, дотичну им покрајинску уоквиреност рушевно надносе целости државе која иначе уједињава читаво Српство.

И поново, скорени комунистички национализам и журно домишљани национализам по узорима грађанским, растргли су повољност за општесрпску странку. Комунисти су стегли свој дотадашњи посед а противници јурнули да им отму власт; крвљење је потекло, туча је често бесомучна.

Уосталом, свака странка, па и та коју бисмо желели, општесрпска, имала би своје партијно, извесном засебношћу наношено, нечим самосвојним пренаглашено, баш самосталном напоритошћу говорено и творено гледиште о бићу и стању, о моћима и нужностима Српства.

Заправо, то значи, не од појединачног друштвеног чиниоца, ни само из средишта а још мање с неког бока, него од све творачке умности читавог Српства, требало би да се издигне једно духовно престоље, јединствено да обележава покрајине и јамчи родословну целокупност Отаџбине, собом предзначује свему људству потребан једнодржавни окуп четири споменуте, засебне политичке заједнице.

Духовни сабор Срйства, назовимо, засад, тог обједините-
ља стваралаштва, мислиоца братимства, проповедника слоге,
предлагача предвиђања, с нужном претпоставком о видљивом
и скривеном, за подухват враћања Српству пуне једнодржавно-
сти, иначе потрвене, насилно незаконитим отпадањем Слове-
наца, Хрвата и Муслимана од Југославије.

Духовни сабор Српства представљао би житеље Отаџбине и
браћу расељену у свету; и од свију био сматран врховном уста-
новом за морално просвећивање и умствено јединство народа,
баш до оног исхода кад ће потпуна везаност четири политичке
заједнице у једну државу условити саобразну управну службу за
достојност грађанина и потребе мноштва људи.

Духовни сабор Српства, јасно је, не може бити законодавни
парламент; а вредело би да има моћ, не политичку власт него мо-
ралну снагу, заиста опуномоћење да пита народ и право да мол-
бено и саветно говори грађанима Отаџбине, и Србима свуда у
свету, те каткад, за потребу рода, обрати се и целом човечанству.

Духовни сабор Српства, ради његове улоге, требало би да
сачињавају: државници, политичари, привредници, војсковође,
свештеници (по могућству, уз православне, и римокатолички и
исламски), философи, песници, научници сваке струке, умет-
ници свих родова, спортисти, новинари; лица високих способ-
ности, одличне воље и врле моралности; у свему, дакле, изасла-
ници народних скупштина, политичких странака, црквених
заједница, стручних удружења, установа привреде, просвете,
науке, опште културе, здравства, спорта из Србије, Црне Горе,
Републике Српске, Републике Српске Крајине, и од Срба који
живе у другим земљама, широм света.

Исправно је да вас подсетим, браћо и сестре, једаред се огла-
сила намера оснивања установе којој би – како гледам – наличио
Духовни сабор Српства. Намера је јавно изговорена (17. септем-
бра 1990) позивом Српског покрета обнове политичким стран-
кама да одреде своје представнике преко којих би све скупа, за-
једно с неким независним личностима, израдиле национални
програм српског народа. Потом (9. априла 1991) објављен је на-

црт Декларације о српском националном јединству, написан старањем неколицине знаменитих књижевника и најистакнутијих јавних радника, и намењен за усвојење у већ спреманом за оснивање Српском националном савету. Међутим, политичке странке се нису довољно сагласиле, ваљда већма о појединостима него о начелима, па није установљен Српски национални савет.

Такво веће, пре четири године неопходно Српству, данас му је вишеструко потребније. Онда, Српство бејаше у једној држави, иако унутарњим границама изукрштаној шесточланој федерацији Југославији. А данас, Српство се управно обликује у четири засебна саставка, два и два упоредна, с државним разделом између пара источног и пара западног. Онда, Српство је могло да се користи посредовањем установа и органа федеративне Југославије. Данас, пак, Српство нема, од себе целога и над собом читавим, ниједно редовним начином створено и свенародном вољом оснаживано опуномоћство, да сву Отаџбину представља и о њој се, целокупној, стара.

Па на то празно височје нека се успне Духовни сабор Српства, да би био у Отаџбини: предузимљиви усмерилац јединствености у култури и просвети, неговатељ моралне сложности, износилац историјске истине; и штогод би творио, нека свуд улаже, као заповест, судњу изреку: *за све Српство – једна држава.*

Зато предлажем, браћо и сестре, да се високо добронамерном, плодотворном и још нераспуштеном Одбору за сазив и вођење Другог конгреса српских интелектуалаца, повери припрема оснивања Духовног сабора Српства. За нову сврху, овај Одбор би се проширио учлањењем, свакако, званичних представника академија наука, универзитета и политичких странака из Србије, Црне Горе, Републике Српске и Републике Српске Крајине, по могућству, и неких изасланика српских удружења у иностранству.

Овог тренутка нећу саопштавати сопствено предвиђање о начину рада тога проширеног одбора, јер би се то унутар њега потанко уредило; а назваћу га једноставно – *Иницијативни одбор Духовног сабора Српства.*

Разуме се, Иницијативни одбор би могао себи да изабере друкчији наслов, дакако, и за Духовни сабор Српства предложи други назив.

Најзад, молим Извршни одбор Удружења Срба из Босне и Херцеговине у Србији да сазове Одбор за Други конгрес српских интелектуалаца, и пренесе му овај предлог на решење.

Једнако молим све вас овде, у дворани, браћо и сестре, да одобрите овај предлог ако га сматрате умесним, иоле целисходним. Но, знајте, нећу се срдити, ако предлог не добије сагласност.

А веома желим да се Одбор за Други конгрес српских интелектуалаца преобрази у Иницијативни одбор Духовног сабора Српства, и да у том виду и својству ужива прихват у Удружењу Срба из Босне и Херцеговине у Србији, и непосредно буде окружен најсрдачнијом потпором Српског сабора, Удружења Срба из Републике Српске Крајине и Хрватске и Црногорског сабора српске слоге.[*]

---

[*] *Духовни сабор Српства.* Говор на скупштини Удружења Срба из Босне и Херцеговине у Србији, у Београду, 17. децембра 1994. године; први пут објављен у књизи „Југославија на стрмини Европе“.

САЗИВ СЕНАТА РЕПУБЛИКЕ СРПСКЕ

Госпођо др Биљана Плавшић, председниче Републике Српске,

господине магистре Момчило Крајишник, председниче Народне скупштине Републике Српске,

Ваше високо преосвештенство, господине митрополите Николај,

господо учесници Оснивачке седнице Сената Републике Српске,

да вас од свег срца поздравим, то ми је радостан осећај у особитом тренутку и важном нашем чину.

Хоћу, такође, ведро и својно да вас поздравим и у име Црногорског сабора српске слоге, удружења посвећеног просвећивању и братимству у целокупном Српству.

Али стар човек, усред вас средовечних и још млађих, шта да кажем благословећи сазив Сената Републике Српске.

Одиста, пред ствараоцима Републике Српске, може ли један учесник Другог светског рата, онда међу борцима за Југославију – ту државу која је уједињавала читаво Српство – дакле, сме ли ондашњи ратник да се овог трена начини јунаком, пошто је растргнута земља и владавина чијим се војником побрајао.

Збиља, како би се данас могао дичити онај родољуб који с дружином устанички прегну на фашистичке освајаче Југославије, а не сме после, заједно с другарима, ни да се макне како би спречили неке своје саборце да се одвећ не осиле на власти, да не злоупотребе друштвено им дата права, да не расточе и истроше моћност Југославије те српском народу одузме се једнодржавна уједињеност.

Отуд, јунак или већма кривац, то се питам сваком приликом, потоњих година, при јављању да говорим о усуду Српства, страдању и жртвама народа, ипак довољно видном али не још

коначно уобличеном исходу трећег у 20. веку српског ослободи-
лачког борења, ево и сада, као и оба пута пре, четворогодишњег
одбрамбеног ратовања.

I

У Српству, судбином, родољубу се одрешито задаје слободар-
ско устаниште; никад не допушта мировање у подложности.

И записано је у историји: Србину је милије макар и сирото-
вање на сопственом огњишту него ли гојно бављење у топлом
окрајку подно туђе трпезе.

Изданак и израз те нужности, и прослова историјског до-
стојне поноситости, јесте Република Српска, установљена 9. ја-
нуара 1992. године (под овим именом од 12. августа 1992).

Устаничким постанком, одбрањеношћу снагама и напори-
ма родољуба, саздањем за животну и људску потребу народа по
којем се назива државом, Република Српска надмашује свачију
појединачност: из личних немира извлачи борачку снагу; где би
палост подишла, издиже напон прегалаштва; освештава трудо-
љубље и жртве њених стваралаца.

Република Српска – узевши по начину њеног постанка – до-
следно представља, видом оличава и самоствором понавља на-
родску битност, својствену давном исхођењу држава у Србији и
Црног Гори. Заиста, подударно с њиховим јављањем, почетним
обличјем у народним устанцима па доцније завођењем потребних
установа – све уз упоредно одупирање околним и удаљенијим не-
пријатељима, чак и ратовањем; једнако, дакле, настаје и развија
се, брани и оснажује властитом државношћу Република Српска.

А колико су сва три ослободилачка подухвата, ранији, у Ср-
бији и Црној Гори, и овај још незавршен устанички учинак Срба
у Босни и Херцеговини, подстакли супротних изазова у сусед-
ствима и код велесила, изгледа да би у том Република Српска
могла понајпре и највећма да се упореди са ослобађањем зави-
чаја и стварањем државе у Првом српском устанку (1804 – 1813)
под вођством Карађорђа Петровића (1768 – 1817).

Тад је Србија предзначила и подстакла доцније противтурско ослободилачко устајање народа на Балкану, а европске велесиле јој се надредиле, већ заривене у југоисток Европе, прохтевима да деле земље и народе избављане из ропства у Османском царству.

А Република Српска – најближе упоредива са истовремено ствараном Републиком Српском Крајином која је проглашена државом 19. децембра 1991. године – нанела се устаником на ислам исто као и Карађорђева Србија. Но, доживела је теже непријатељство католичанства, одакле европске државе и широм света заглављена велесила Америка стежу и сузбијају, крње и смањују, чак, у великој мери, уништавају ослободилачка остварења Срба у Босни и Херцеговини и у западним крајинама.

Устаничка Србија је имала само Турке за крвнике, војску Османског царства као наоружаног непријатеља. А Републику Српску Крајину и Републику Српску туку одреди најмоћнијег војног савеза, опсежнијег људством и снабдевенијег убитачним средствима него што је то икад била нека оружана сила откако се памте ратови у човечанству.

Такође, Карађорђевој Србији и Републици Српској је истоветно: на почетку хитро овлађивање простором завичаја и намах унутарње заснивање државе; а потом, убрзо бојеви и битке да се прошири почетна основица и одбрани цела национална тековина.

И у постојаности својег вођства Република Српска има сличности са Карађорђевом Србијом више него са било којим устаничким остварењем Срба у 19. и 20. столећу. Личности вођа у Првом српском устанку (1804 – 1813) и предводника ослободилачког подухвата Срба у Босни и Херцеговини (1990 – 1996) писаће се упоредо, потоњи уз пређашње, на истој висини по насловима спомен-читанке о Српству. И сва слика обеју угледности је историјски значајна, врло знаменита; морално је високо вредна, и големо подстицајна у родољубљу и бораштву за Отаџбину.

Но како последњи потхват освајаштва, надирући из света Запада, понижава нејаке народе и покорава ослабљене земље,

тим приморава Српство да одсудно брани сопствену слободу и
животна права.

Отуд је заповедно да три данас постојеће политичке заједнице – Србија, Црна Гора, Република Српска – сложно раде, и
не допусте потпадање Српства разбојним премоћима католичанства и ислама.

Оспособљена за самосталност, испуњена установама за савремено технолошко доба и за одвећ опора сучељавања са супарницима и непријатељима Српства, Република Српска оснаживаће и одбрамбене нужности, уопште, сву животност и Србије
и Црне Горе.

Потребно је, заиста, да се Република Српска начини што боље државом у већ постојећем опсегу њене самосталне владавине и по властности коју ће још стицати.

II

Ту ће Сенат Републике Српске имати својство државне установе и намену саставка законитог представништва једног извесно сувереног чиниоца; личним саставом и угледом чиниће
државу стаситијом и стратешки видовитијом.

Сенату се не поверава да заповеда. Од Сената се тражи да
промишља и предвиђа, властима пружа савете, народу објављује сопствене претпоставке, свету саопштава истине и правду Српства.

Желим да Сенат Републике Српске схватим предзначењем,
и весником, донекле и зачетником, нашем народу заиста потребног духовног већа свеколиког Српства. Ову одлику Сената
неговати у њему самом; народу говорити о потребности установљења Сената целокупног Српства; од власти ту захтевати
непротивљење; од учених људи тражити савете, поуке и тачна
објашњења о стварима земље и народа, праведним прохтевима
друштва и државе.

И једног маха о свему том расправљати у Сенату Републике Српске, те усвојити саобразну одлуку, покретачку и саветну, ненаметљиву и усрдну.

Сенат Републике Српске, дакле, позван је да буде сазивач Сената целог Српства. А тај корак не мора се одлагати до оне прилике кад ће бити могућно да Србија, Црна Гора и Република Српска творе јединствену државност; целовито уједињене да имају поредак, управу и друштвене односе по вољи житеља Отаџбине, заправо, што већина одобри бирајући народне посланике у представничко и законодавно тело.

А дотад, значи, у међувремену, Сенат целокупног Српства био би првенствено духовно вођство народа па веће за политичке подухвате. И том улогом, допринесе ли уједињењу свега Српства, овај Сенат би се добром заслугом големо истакао; предњаштвом се историјски узвисио.

Но тренутно, усудићу се да изрекнем три задатка Сената Републике Српске.

Прво. – Неговати и развијати у свему што духовно живи и бива ткиво људских остварења, оснаживати, дакле, слогу широм целога Српства; узроке размирица отклањати племенитим разбором; благошћу и доброчинством правити излишним свађу и раздеобу.

Друго. – Учвршћивати и издизати државност Републике Српске.

Треће. – Уопште делати сходно сврси заручја Србије, Црне Горе и Републике Српске, како треба да буде обликом и видом једне државе; упоредо, и челно и крилно, обележити се историјским правом и природном правдом на сопственост у областима, беше државотворно уоквиреним Републиком Српском Крајином (1991 – 1995. године).

На крају ове пригодне речи, најсрдачније се захваљујем личностима које су ме позвале у чланство Сената Републике Српске.

И још једаред топло да поздравим све учеснике данашње седнице; поновим и своју жељу да се искаже срећним, ваљаним и плодотворним установљење Сената Републике Српске.*

---

* *Сазив Сената Републике Српске.* Говор прочитан на оснивачкој седници Сената Републике Српске, у месту Пале, 12. септембра 1996. године. (Последње речи, готово читав говор, читао сам прилично узбуђен. Кад сам завршио читање, запљескали су учесници седнице. Мало после, Брана Црнчевић предложи да се овај говор прихвати као изјава свих сенатора; то је усвојено.) У књизи „Југославија на стрмини Европе“, говор је први пут објављен.

НЕГОВАЊЕ СРПСКЕ ДУХОВНОСТИ

Господине председниче Српске академије наука и уметности,

господине председниче Црногорске академије наука и умјетности,

господине председниче Академије наука и умјетности Републике Српске,

даме и господо,

колеге, браћо!

С дубоком смерношћу, и радостан несумњиво, дошао сам да присуствујем Оснивачкој скупштини Академије наука и умјетности Републике Српске.

Вама који сте ме сматрали достојним овог учешћа, те позвали на састанак, захваљујем речју: да сте благословени!

И намах, одлучно и свесрдно, да кажем: нека је срећно установљење Академије наука и умјетности Републике Српске; и нека се она плодотворством, замислима и делима, искаже убрзо у својој држави и у читавом Српству.

Зажелимо, дабогме, да се Академија наука и умјетности Републике Српске налази и развија у заручју са двема академијама, за наше прилике, и судбину живљења, већ старе нам и гласовите Српске академије наука и уметности и знатно млађе али већ добро и зрело стасале Црногорске академије наука и умјетности. Но, уза сву корениту сличност у појединачном настајању сваке од три наше академије, налази се особита изузетност у појави и положају, извесно нарочитој дужности, Академије наука и умјетности Републике Српске.

Наиме, како обе старије академије наука имају тежиште постојања као и стваралачке доприносе у наукама и уметностима – ради укупног просвећивања народа – тако ће и данас основана Академија, за сродне области, предвиђати, развијати радиност, творити дела.

Као што су обе старије академије – иако настале у великом временском размаку и у неједнако уређеним државама, те која више, која ли мање – имале да се уобличе и као својеврстан саставак народу намењених установа, исто тако, и још већа, утицаће својим дејством Академија наука и умјетности Републике Српске.

И док су обе старије академије стваране у приликама опште редовности, мирног развитка и немучене проницљивости, томе наспрам, Академија коју данас проглашавамо основаном, условљена је вишегодишњим ослободилачким ратом народа.

Отуд, она је позвана да знањем и учинцима учествује у развојном величању народне тековине; заиста, да мишљу, списима, сусретима и саборима, помаже опстанку и јачању одбрамбеним устаништвом изнесене Републике Српске.

Ту своју особеност, Академија наука и умјетности Републике Српске неће наметати ни Српској академији ни Црногорској академији; али, ни сузбијати је у себи чим треба да негује бораштво као напон у свакојем сопственом подухвату, да придева своју усталачку вољност сваком предлогу о сарадњи.

И потицаће од такве њене природе, нема сумње, да ова Академија свако своје предвиђање веже потребом друштва у Републици Српској, обележи етичким изрекама и епским знаковима свеколиког Српства, те остварује своје одлуке и одредбе под вођством мисли о историјској праведности и људској потреби да се обнови управна уједињеност свих српских земаља.

Припада, дакле, Академији наука и умјетности Републике Српске да буде покретач, смеран али упорит тражилац заједништва и садејства.

А то заједништво се већ данас, овим скупом зачело, утолико што присуство председника наших академија и неких чланова сва три председништва предсказује образовање једнога заједничког органа, као што, на пример, бејаше пређашњи, сада бивши, Савет академија наука и уметности Југославије.

Можда ће се и ново, тројно веће истоимено назвати. Међутим, било би мало, ако би се оно, попут оног ранијег Савета, ограничило старањем о правилима узајамности међу академијама и бринуло о још неким стварима сталешким.

Савет трију наших академија треба да буде стално радно тело, врло предузимљив прегалац у најширим оквирима наука и уметности.

Зато такав савет нека сачињавају сви чланови сва три председништва академија с правом да решавају и јединствено одређују заједничке циљеве и ту сходне задатке.

Тако би се образовало, за врховну моћ у обради и неговању духовности Српства, свему роду много потребно веће неприкосновено узвишених предводника.

И не само на подстицај од Академије наука и умјетности Републике Српске, већ са сличног увиђања и у двема другим академијама, вероватно би понајпре ваљало да видовитошћу и разбором, премеравањем стварности и рачуном о моћности земље и народа, смисле, сложе и прогласе разговетно предвиђање о нужностима духовног уједињавања нашег народа. Јер, у Српству има још подоста недостигнуте унутарње сљубљености неколико наших великих и особених завичајних сојева у целини, са прилично у ткиву бића жилаво прираслих противности.

То, разуме се, не би био подухват само једне струке, на пример, историографије, филозофије, етике или поетике, него задаћа за све науке, првенствено те зване хуманистичке, и за све уметности, поготово, лепу књижевност макар се и велом романтизма огртала.

Људство природом и родбинством, обичаји народа, особине завичајних сојева, језик и говори у Српству, саборна црква, општа просвећеност, ослободилачки устанци и одбрамбени ратови, народне државе у борби за ослобођење и уједињење, и још много догођеног у опстајању Српства на размеђу Истока и Запада, дуго робљеног од ислама и одвајкада рубљеног од католичанства; дакле, ово све, насловима и тежинама, находи се у градиву за научне обраде и уметничке описе.

Можда би се над свим издигло, пре ичега за говор и слику надносило, потоње десетогодишње збивање у земљама Српства и около као судњи намет разбојне прекретнице.

Голема, данас, политичка несложност у Српству наморава мислиоце и стратеге да предвиде правац и одреде начин истискивања свадљивог разногласја; уместо расколних делидби, да родољубље пресвоји у души народа, верност Отаџбини да врхуни у свачијој свести.

И нека три наше академије буду мислилац и предводник, по савременој просвећености развијеног душевног срођивања и духовног саглашавања у Српству. Баш то раде с владајућим појмом: Отаџбина је врховно величанство, и дуг њој родољубљу неотклоњив.

Тај подухват би захтевао од духовног вођства народа и политичких управитељстава да мудро и упутно оцене филозофско значење и историјску мерљивост животне припадности Српства Југославији, прво монархији, потом шесточланој федеративној републици, најзад, услед насиља, смањеној држави.

Често чујемо порицање вредности Југославије за Српство. Може и тако да се прича, док ће наукама неизбежно припасти да истражују и тумаче сведоџбе, сабирају и разврставају налазе, пак, тачно назову ваљаност и мане Југославије, пређашње и садашње, упуштајући се и у предвиђања о њеној будућности.

Засад је неодредљиво: хоће ли Југославија коначно бити звана добростојном за Српство.

Иначе, неправедно је порицати истину да је првобитна Југославија, и она следећа, била Отаџбина Српства, врло јој оданог. Уосталом, првенствено је српски народ, у Првом светском рату, извојевао Југославију, те сав био у њој уједињен; и за ту сврху њу обнављао, током Другог светског рата, устанички изгонећи туђе, освајачке војске.

И збило се, упоредо, да је и Хрватима и Словенцима била исто добра Југославија; јер, откако постоје као историјски народи, сваки се у њој први пут целовито уједињује. (Па помислимо начас, не само у шали него и озбиљно: може ли бити, некад, у неко доцније доба, кад ће Србин гордо спомињати истину, и поемом казивати, да су заредом три краља његова рода, Карађорђевићи, били владари и Хрвата и Словенаца, а то значи слично давној навици у српском народу да се сматра дичним наслов – цар Срба, Грка и Арбанаса Душан Силни Немањић.)

Завршавајући говор, поново велим, као родољуб и уједно у својству председника Црногорског сабора српске слоге, непартијског удружења за просвету и културу, одиста својно изговарам: нека буде срећно и свеколиком Српству благотворно оснивање Академије наука и умјетности Републике Српске.*

---

* *Неговање српске духовности*. Говор прочитан приликом оснивања Академије наука и умјетности Републике Српске, на Јахорини 11. октобра 1996. године, и објављен у књизи „Споменица. Оснивачка скупштина Академије наука и умјетности Републике Српске“. – Сарајево: Академија наука и умјетности Републике Српске, 1997, 49-55. Говор поново штампан у књизи „Југославија на стрмини Европе“.

НАСТАНАК ПОДЕЉЕНОСТИ СРПСТВА У ОТПОРУ ОСВАЈАЧИМА ЈУГОСЛАВИЈЕ

У општој несрећи, да потпадне неслози и доживи зле последице унутарњих сукоба, то бејаше неизбежно Српству у држави Југославији, чим се према сили, споља долазећој, свако самосвојно находио, неке дружине да јој се покоре а чврсти родољуби одупиру. У ствари, ни у природи народа ни у својствима творачких чинилаца ништа није намах измењиво, макар силник ударио тако бесомучно да и само биће разнесе. А прилагођења и отпори проистицаће из свих различности у друштвеном стању и следствено неједнаких образаца за борачке снаге, донекле условљено и постојањем још повелико опорих засебности, народносном сједињавању неугодних.

ФАШИСТИЧКА ПОДЕЛА ОСВОЈЕНЕ ЈУГОСЛАВИЈЕ

Српство, што искреније ниједан други народ у Југославији, сву државу сматра и назива својом Отаџбином; у њеном оквиру целокупно је уједињено.

И нападачи су ценили: једино ће Срби бранити Југославију; у другим срединама родољубље ће грчем грепсти за преслон, крилом пасти у подножје освајачево.

Но и Српство, нејединствена духа дочекује напад Немачке и Италије на Југославију (6. априла 1941). Безнађа је доиста било мање него пркоса, клонулости било више у вођству државе него у множини народа; претежна је храброст. Али, српски отпор испаде крхким, каквим се не наговешташе две седмице раније мартовском побуном грађанства у Београду и другде и тад, упоредо, официрским превратом са сменом државне владе.

Много надмоћнијим снагама, освајачеви нагли продори исекли су југословенску војску на положајима; а местимично јуначком одбраном она није могла да успори брзо расуло целине. Војници, увелико с оружјем, враћали су се странпутицама у родне крајеве, а официри и генерали предавали се нападачима.

Влада с краљем на челу спасила се (15. априла 1941) авијатичким одлетом у савезничко иностранство. Окончало се непријатељство војски на правцима немачких и италијанских продора (17. априла 1941), напослетку, северно од Скадра (тек 22. априла 1941), где је југословенска Косовска дивизија притискивала италијанску јединицу.

Осим код Срба, од других народа није било виднијег отпора освајачима, али нека појединачна херојства њихових земљака вреде спомена под насловом – Југославија.

Не охоло, колико плаховито и срдито, похитале су Немачка и Италија да поделе (21. и 22. априла 1941) освојену територију Југославије и да начине две окупационе зоне, с демаркационом линијом ниже од средине идући, од северозапада до југоистока државе: природно богате области, житородни као и рудама обилни крајеви са главним саобраћајницама на југоистоку Европе да потпадају под немачку власт и служе нацистичком Рајху; а сиромашан појас уздуж источног Јадрана буде под влашћу фашистичке Италије.

И тако бива да немачкој зони припадају македонско подручје, које су освајачи доделили Бугарској, и војвођански предео са Међумурјем и Прекомурјем, предат Мађарској (у свему, површине 11.601 квадратни километар); а кроз суседан југословенски појас проширена Албанија да у сваком погледу и после зависи од Италије.

Укупно том поделом: Словенија је поништена, северни предео (површине 9.620 квадратних километара) био припојен Рајху, а јужна крајина (5.242 квадратна километра) потпала је Италији; обала морска и надбрежје Далмације са Боком Которском (5.381 квадратни километар) припојени су Италији, подређени јој и Црна Гора, Косово и Метохија и западна Македонија (у свему, 28.000 квадратних километара); од већег дела Македоније, окрајка Косова и четири среза у јужној и источној Србији (свега, 28.250 квадратних километара) биће начињене две управне области Бугарске царевине; у смањеној Србији (51.000 квадратних километара површине) постао је главни старешина немачки војноуправни командант; од Хрватске и Славоније, остатка Далмације (неприпојеног Италији) и Босне и Херцеговине има да се обликује Независна Држава Хрватска (површине 98.572 квадратна километра), с усташама на власти а под заједничким немачко-италијанским надзором.

Ни о пределу ни у којем знамену не остављајући прозив југословенства, освајачи су довршили сложно што је Италија одавно хтела, а Немачка одскора решила – да нестане држава Југославија.

Немачка, поврх, рачунала се и намириоцем освете Србији због сопственог и аустроугарског пораза на балканском војишту крајем Првог светског рата.

УЧЕСНИЦИ СРПСКОГ
ПРОТИВОКУПАТОРСКОГ УСТАНИШТВА

Отпор Српства освајачима Југославије стварно је неизбежност: споља нанесеним злочинством проузрокован исход; слободољубљем покретано одвраћање; моћност из сложеног састојства и укрштености основних животних потреба, духовних вредности, душевних особина, етичких назора, политичких схватања, историјског домета и одређености, дакле, свега родољубљем прожет а самим опстанком приморног на одсудно искушење.

И у свем пространству Српства, насељености житеља, мноштву начелних опредељења и припадања, неколико знатно особених завичајности, где пре или после, свуда истоветно или широм, с повелико разноликости, да се вине духовно устајање и поведе оружана борба с окупаторима, поробљивачима Југославије – то је питање претходило дејству, за родољубиве чиниоце задатак и пре спопада непосредне нужности.

Предодређење се нашло у самом друштвеном стању Српства, у моћима и разликама, по битности родољубља укорењеног сред посебних, прилично раздаљених, гдешто и међусобно супротстављених судеоника националног творашта. Свак да мишљу прими и усвоји нужност народног отпора окупацији, али нико, целовито устројен доктрином и још ношен сврхом и навиком предратног делања, да напусти раније стечено тежиште. Нико да преокрене основну опредељеност, општост пригрли а скучи засебност, одбрану Српства уважи као сједињујућу прилику; и сложност у Отаџбини врши и твори као највеће моћство борења.

Збиља, што се у кога затекло, с чиме се раније сљубио, било на власти моћан или с њом у надметању, или бунтовно противан читавом политичком уређењу грађанског друштва, свак је ценио окупацију као нову, прекомерно неповољну, у свему одбојну, али неизбежну околност за властито дејство: бојажљиво па одважније проницање напоном, колико се иоле безбедно може, против освајача а смислом за обнову државе; или, сасвим друкчије, одмах ратоборан узмах целокупном снагом, и крајњим начином, с одлучношћу да се коначно протера туђинска војска и уједно заведе укупно измењена владавина друштвом.

Па очас, у овом огледу, уместо појединачног спомињања више видних чинилаца противокупаторског отпора, можда је довољно, према својствима сродних учесника и њиховом главном циљу, уоквирити односни подухват, означити дружину, по мноштву учесника именовати сав сопствен им покрет отпора.

Да освајач буде прогнан с њеног тла и Југославија се обнови, то је у свих врховна мисао, одређујућ видик, бит ослободилаштва. А унутар, до висине тога лука, успиње се разделница, баш лежећа и усправна, и непомерљива, на многострукој друштвеној издељености и следственим супротностима и борбама, којима се испунио читав пређашњи двадесетогодишњи развитак Југославије. Уопштено речено, развој збиван надметањем између монархизма и републиканства, још жешћом сукобљеношћу између грађанске демократије и комунизма, такође, и дубоком непомирљивошћу између унитаризма и федерализма у државништву.

Та разделница, непомична међу двема додирним а упоредо, но различито сазиваним дружинама првобораца, раздваја супарнички окупљане снаге; на обема странама, свакој са званичним насловом по сходном значењу државног или народног суверенитета.

Уобичајено, супарници су најчешће називани само двема речима – четници, партизани.

Историјски, у Српству, четници слове ранијом појавом и давно вршеном улогом: с почетка 20. века својим устаништвом против османске власти у тад још неослобођеним јужним покрајинама; потом, за Првог светског рата, у сукобима с аустроугарском, немачком и бугарском војском; па после, у народу чувени и заслузи доследни, из својега удружења оглашавали се ретко но жестоко на разорне размирице у југословенској држави.

Четник, реч, изведена је од звања четом мале дружине момака, иначе врло способне да изненадним нападима, из заседе или отворена налета, узнемирава далеко бројније наоружано људство непријатеља, одржава жилав отпор у покореној области.

Четнике предводе официри редовне југословенске војске, који нису потпали немачко-италијанском заробљавању. Они су стварали оружане јединице, прво скупно назване војни четнички одреди, а после – Југословенска војска у отаџбини.

Историјски, уопште, партизан је старија реч и неупоредиво распрострањенија у значењу назива за припадника наоружаног одреда који се бори против људством бројнијег, технички опремљенијег и силом надмоћнијег непријатеља, најчешће у устанцима на освајаче и тлачитеље. Војни писци иначе веле да је врсте партизанског борења било и у прадавна времена, док најзнаменитијим сматрају шпанску герилу (1808–1814) и руско

устаниште (1812–1813), тад на обема странама против францу-
ске освајачке војске. Они такође спомињу и црвене партизане у
Русији (1918–1920) као браниоце Октобарском револуцијом ус-
постављане совјетске власти. Има, дакако, писаца који читаво
ослободилачко устаниште у Европи и на другим континенти-
ма (у 19. и 20. веку) називају партизанским ратовањем.

Да се у Југославији прими, уведе и усвоји назив партизан, то
је учинак Комунистичке партије Југославије, започет у данима
њене припреме (пролећа и лета 1941. године) оружаног устан-
ка на окупационе војске. Имала је она у виду руске примере и
шпанску герилу, и још већма, обазирала се на сопствену интер-
националистичку усмереност; свакако, тргла се, и тим поводом,
своје мрзости на такозвани великосрпски хегемонизам, подра-
зумевајући одбојним разлогом и податак да се реч четник сво-
јата у њиховом, иначе комунистима немилом удружењу. Поврх,
Комунистичка партија се служила и својом претпоставком да
би реч четник пригрлили само Срби, а други народи на њу се
мрштили, већином је отклањали. Реч партизан, међутим, гласи-
ће пријемчивије где се страним изразима радо користе, разуме
се, нарочито у срединама зраченим духовношћу латинства.

РАЗДВОЈ У ХЕРЦЕГОВИНИ

Из знатно опширнијег историографског списа о подеље-
ности Српства у отпору освајачима и окупаторима Југославије
(1941–1945) – дакле, из састава заснованог на сходним историј-
ским изворима и приручној литератури – издваја се овде, за на-
учни скуп у Академији наука и умјетности Републике Српске,
део те целине који говори не о свеколиком трогодишњем не-
пријатељству између четника и партизана, већ само о настанку
поделе међу Србима у Босни и Херцеговини при започињању
устаничке, ослободилачке борбе против фашистичке тираније.

Одбрамбени оружани отпор Срба у Босни и Херцеговини
и Хрватској намах је проузрокован убилачким походима хрват-
ских и муслиманских усташа.

Бејаше тако да је само пет дана по узимању звања и најаве моћи поглавник Независне Државе Хрватске подстакао усташе да уништавају Србе, Јевреје и Цигане, већ уредбом лишене законске заштите; и усташама да помажу, држећи градове и путеве, жандармерија и војска, звана домобрани. А потом ни десет дана се није навршило па су усташе убили близу стотину Срба код Бјеловара и убрзо (6. маја 1941), у шуми код села Благаја, побили преко 500 Срба из Вељуна на Кордуну.

Злочинство су усташе наставили, и ширили, кроз све српске области у Хрватској, Босни и Херцеговини. И кад су дошли да хватају и убијају Србе око Невесиња, у Херцеговини, овде су им мештани из села Дрежња пружили отпор (3. јуна 1941); но силом јачи, усташе су потисли устанике и спалили село. Три дана после, наоружани српски сељаци из Гатачког поља спонтано су устали, гневни напали и уништили четири усташке жандармеријске постаје и запосели пут према Билећи.

Охрабрени пак вешћу о уласку Совјетског Савеза у рат с нацистичком Немачком, Срби из северне Херцеговине листом су устали и кренули у напад (24. јуна 1941). Прво су савладали једну усташку постају код Невесиња; и за пет наредних дана, уништили девет жандармеријских станица, продрли у Невесиње, тукли домобране на путу према Улогу, одбацили усташе и жандарме ка Мостару, заузели Автовац (28. јуна 1941); укупно, ослободили су подручје пет суседних срезова.

На то, да би сузбили устанике и обновили посаде и власт, усташе и домобрани су учестали противнападе. А устаници, где нису могли да одоле и одрже се, напуштали су борбу и заједно са својим породицама повлачили се у планинске пределе, удаљене од колских путева.

Огласио се (5. јула 1941) Обласни комитет Комунистичке партије Југославије за Херцеговину, доследно партијској одредби о братству и јединству, позивом Србима, муслиманима и Хрватима да се удруже против окупатора и његових сарадника, те заједничким залагањем зауставе усташке покоље, иначе намножене, речено је, после напада Немачке на Совјетски Савез.

Појавио се (17. јула 1941) и Обласни војни штаб за Херцеговину, с комунистима у свом саставу, и намером да обједини устанике, постане им руководство. А затекао је, као што ће мимо њега још бивати, самостално и несједињено сналажење устаника.

И више спонтано, од ума борачког и духа епског, него ли по којем политичком савету и тражењу, устаници су се назвали – Народна војска; па тим већма означени него чврсто уобличени, местимично су имали назив, на пример: Народна војска билећког среза, Срески штаб Народне војске за Невесиње, Видушки одред Народне војске (по селу Видуша), Ластванска чета Народне војске (по месту Ластва). Старешине и чланови штабова махом су изабирани на скуповима устаника.

Истоветно, понегде у ослобођеним крајевима, бирани су одбори, неки се звао народни, а сваки имао дужност да смирује ускомешаност житељства, покаже се као веће потребне власти, свакако да се представи уносиоцем реда и сагласја међу устанике.

А чете Народне војске, одолевши усташко-домобранским противнападима, обновиле су устаништво (другом половином августа 1941): из предела Невесиња развиле су дејство према Калиновику; разоружале муслимане у њиховом јаком упоришту у Фатници; напале усташе у Берковићима; порушиле железничку станицу Јасен и продужиле на северозапад у правцу Габеле; бориле се три дана да би освојиле Љубиње; заједно с придошлим у помоћ им црногорским герилцима, заузеле су Плану, ушле у Билећу, а домобрани се повукли из вароши у оближњи војни логор; и напале су (5. септембра 1941) усташко-домобранску јединицу у Гацком.

Но тад, против српских устаника, наступиле су и дивизије италијанске војске, самостално, тек понегде и заједно с оружаним снагама Независне Државе Хрватске.

У ствари, из Команде италијанске 2. армије (са седиштем Штаба у Ријеци) потекао је предлог и захтев (19. јула 1941) да њене трупе пођу из јадранског појаса и поседну сву област у Независној Држави Хрватској до демаркационе линије са немачком окупационом зоном; из Рима су наум одобрили, сагласила се и

усташка влада. Отуд се десило да је претходница италијанске ди-
визије, долазећи од Требиња, ушла у Билећу (29. августа 1941), а
устаници се повукли после једнодневног боравка у месту; окру-
жени домобрани спасили су се предаје четама Народне војске.

Италијани су продужили поход и за неколико дана (почет-
ком септембра 1941) посели главна места у Херцеговини и у су-
седном крају источне Босне.

Окупаторским доласком Италијана, нанесени су узроци
особите невоље за дотад противусташки устанак Срба у Херце-
говини. Оружана моћност италијанских трупа је неупоредиво
већа од све пређашње снажности около размештених усташких
и домобранских јединица. А према тој јачој сили, једино ће њи-
хово познавање родних крајева и хитрина кретања планинским
врлетима давати предност устаницима, док ће родољубиво не-
подношење туђинаца мотати грбаву недоумицу: подлећи сил-
ном освајачу, или, наставити отпор ратујући и са војском фаши-
стичке државе Италије.

Ту су двоумицу начиниле баш ровашном команде италијан-
ских трупа гдешто се приказујући заштитником Срба: нагове-
штајем да ће ограничити усташку власт; причом о допуштености
исказивања српске народности и православне вероисповести;
обећавањем старања о свакодневном животу становништва.

Такав је говор изродио крилатице, отворене поруке и боја-
жљива дошаптавања, свуда разношљиво, и пријемчиво дакако;
у лакомислена и лабава човека, у плашљивог као и самовољног,
да узмуте страховање, упусте препуштање предаји.

Још, који су се људи мрштили на комунисте, не прихватају-
ћи никако њихову пркосну одлучност да смосвојно и својевољ-
но предводе устанике, неки од њих су помишљали и на друкчији,
свакако блажи, тих и потајан отпор окупатору, са којим је неко
сажитије ипак допустив однос; кажу, није славан случај ма ни пр-
љаво издајство. Такво промишљање бива снажније и упоритије, и
више да потегне, код грађанства него у сеоском становништву.

Избегличка узрујаност је полагано малаксавала, народ се
враћао у своје домове; неки устаници се предавали, а друге су

хватале и одводиле у затворе и на губилишта италијанске из-
виднице и страже. Сва множина устаничког људства се смањи-
ла, у целини разредила.

Покрајински комитет Комунистичке партије Југославије
за Босну и Херцеговину упозорио је комунисте међу устани-
цима да чувају одреде и чете, речено је, од разорног роварења,
потребног Италијанима, који лажима варају Србе с циљем да
затрују народно родољубље, сасуше изворе отпора окупацији.
Стога, поручио је Покрајински комитет, изричито: устаничке
редове чистити од смутљиваца, туђих плаћеника и разних про-
вокатора (злонамерних подбадача).

У међувремену се Обласни комитет Комунистичке парти-
је Југославије за Херцеговину успротивио позивању Срба да се
боре против свих муслимана, јер то хоће и захтевају – дословно
је напоменуо – разни шовинистички елементи и разбијачи на-
родног јединства.

Језгро устаника се одржало, прошав обрт, брзо се показало
борбеношћу, на пример, нападом на непријатеља у Калиновику
(28. септембра 1941). И биће кратко време у променама унутар-
ње војничке уређености (на пример, образован је Штаб Херце-
говачке бригаде), да би – према одлукама партизанског Савето-
вања у Столицама (код Крупња, у Србији, 26. септембра 1941)
– већину устаника обједнио Херцеговачки одред са девет пар-
тизанских батаљона у својем саставу.

А устаничко људство, које одбија да га комунисти предводе,
сачињаваће војночетничке одреде, значи, борце супротне пар-
тизанима.

КРАТКОТРАЈНА СЛОЖНОСТ
У ИСТОЧНОЈ БОСНИ

Доста сличан избијању и почетном напону херцеговачког устанка јесте потхват противокупаторског оружаног отпора Срба у источној Босни; но гдешто и друкчији, на прилику: пошто је споља условљен потпадањем источне Босне немачкој окупационој зони; и бива с већим и непосреднијим уделом Покрајинског комитета Комунистичке партије Југославије за Босну и Херцеговину; и повезан је с неизбежношћу преношења и утицаја свих знатних намерености и одсудних подухвата у суседној Србији.

Срби су и у источној Босни спопаднути убилаштвом усташа чим је Независна Држава Хрватска журно створила своје оружане снаге и разместила их у градовима и по многим селима. Усташе су помамно кренули, баш залетно у крајевима где су и муслимани насељени, да разгоне и хапсе Србе, одводе их у затворе па одатле којекуда на губилишта.

А Срби, сва чељад, да би се спасавали од мученичког умирања, бежали су из својих насеља и склањали се по околним шумовитим пределима.

И стегнувши тренутну преплашеност, отресити људи и одважни домаћини, с народом на беспућу збијени, сложили су воље и напрегли одлучност да се супротставе гониоцима; и одбраном и нападом да заустављају и одбацују усташке кољаче, борбом штите породице и домаће благо.

Започео је тако спонтан устанак Срба на усташе и домобране, Хрвате и муслимане, местимично неједновремено, али истоветно у пределима Мајевице и Озрена, кроз Подриње од Зворника па до Вишеграда, на планини Романији и свуд около, те западно и до предграђа Сарајева. И већ у првим сукобима бивало је окршаја с неупоредиво више погинулих усташа и домобрана него палих устаника. Смели покретачи отпора, као и војништву поучени момци, истичу се међу борцима, постају предводници устаничких чета и дружина.

Самоодбраном Срба понесен, устанак је већ бројио минуле сукобе с непријатељем, кад је Покрајинском комитету задато да комунисти поведу родољубе у противокупаторску борбу. Тако се у источној Босни појавио опуномоћеним (21. јула 1941) Областни војни штаб за Сарајевску област да има тежиште и полазиште за потхвате на простору Романије.

Јављање и оглашавање комуниста пред устаницима, ту је за неке изненадност, другима пак причинило се нејасним, понеком, рекао је, непотребним и штетним, а помњивости осталих указало се подразумљивим проговором и великим заносом. Уз комунисте, Партији обавезне чланове, нашли су се, прво, непартијци, но другари им из предратног политичког супротстављања грађанској класи и монархистичкој власти. Па тим зачетницима су прилазили, прво умерено, после живље и бројније, углавном млади људи, мешајући личне смелости са небесно громовитом и епски величаном беседом о Слободи за човека и народ, срећи, говорило се, за читаво човечанство.

Тај белег општости Слободе, стварно позив у борбу против свачије и свакоје тираније – како су покретачи хтели да се разуме њихова усмереност – изричито означава једну страну, стоји за насловље особеног покрета, претпоставља раздео према свему друкчијем и противном у захвату изгонилаца окупаторских војски и преуредитеља Југославије. Устали су и остали, дакле, интернационалистички комунисти наспрам српских националних родољуба.

Комунистичко оснивање војних јединица, чета (на пример, Романијска чета) и одреда (на пример, Озренски одред), донекле руководеће обједињених и по ширим окружјима (на пример, беше сходнима надлежан – Срески штаб за Бирач), доводи им за старешине и много извањце, појединце од пре непознате српском устаничком људству.

Комунистичко стварање посебних чета и одреда не раздире затечене војне јединице, негде чете, другде одреде, чак и пук, а сваке са старешинама из завичајног гнезда, угледним прваком у крајини и јунацима из окршаја с усташама и домобранима.

За неко време не бива ни суревњивости ни претицања ни подгоњења између чета и одреда под руководством комуниста и оних војних јединица које предводе месни прваци.

И где су то могле, или пак морале, обострано, дејствовале су оружане снаге самостално, раздвојено, ипак више пута и упоредо, у истом потхвату, али не под јединственом управом већ по нахођењу односних старешина, према општем расположењу и тренутној настројености борачког људства.

Кад су устаници растурили (31. јула 1941) усташку жандармеријску станицу Жљебови на Романији, ту се испољило учешће и настојање комуниста. А потом су чете и одреди, којим руководе комунисти, заузеле Шековиће и Папрачу; одбиле су на Црвеним стијенама Немце и домобране, послане из Сарајева да се пробију на Романију; бориле се и код Мокрог; покушале су да освоје Кладањ; ослободиле су Соколац и убрзо Рогатицу; напале су усташку стражу на железничкој прузи између Рајловца и Семизовца; запоселе су Цапарде.

А заједно су чете и одреди, предвођене комунистима, и војне јединице којим управљају национални родољуби, заузели Власеницу (10. августа 1941) и Сребреницу; са мноштвом придружених сељака с подручја Озрена напали су усташко-домобранске посаде и страже у Добоју, Маглају и Грачаници, градове освојили и овуд пресекли Немцима саобраћајницу између Сарајева и Славонског Брода. Те удружене јединице су покушале (дакле поново) да освоје Кладањ; садејствовале су борећи се против усташа, домобрана и Немаца око Зворника и јужније; растерале су постаје усташке жандармерије у Устипрачи и Кнежини; освојиле су Рогатицу (у коју се, у међувремену, непријатељ био вратио); и дошле су тако (крајем октобра 1941) на поглед с италијанском војском у Горажду и Вишеграду.

За двомесечних борби, знатнији су и војнички успешнији заједнички потхвати обостраних устаничких чета и одреда него једнострана прегнућа.

Насупрот њима, усташко-домобранске снаге, поступно ојачаване нарочито довођеним јединицама, првенствено су штитиле промет железничком пругом између Сарајева и Славонског Брода, упорно држале предео Зворника и положаје око Сарајева. Предузимале су и противнападе да би сузбиле и растерале устанике: успеле су, наступајући од Зворника, да устаницима одузму Власеницу и Хан Пијесак; на другој страни, брзо су потиснуле устанике из Добоја, Маглаја и Грачанице, удаљиле их и од Тузле на висове Мајевице.

Устаничке чете и одреди местимично су пружали отпор, но већма настављали нападе, нека места први пут да ослободе а друга поново заузму (на пример, обновили су напад да би освојили Зворник).

Међутим, коренита удвојеност устаничких чета и одреда бивала је све израслија и виднија, исказивала се озбиљном различношћу, нагло не прелазећи у непријатељство. И није био значајан само намером него користан и стварним уважавањем, споразум Обласног војног штаба за Сарајевску област и првака српских националних родољуба (потписан 1. септембра 1941) да се све устаничке снаге заједнички боре против власти и војске Независне Државе Хрватске.

Несумњиво, у том садејству бејаше важнија трпељивост између једних и других устаничких одреда него борачко успевање. Истоветна самоодбрана Срба, све их је једнако чинила устаницима на усташко-домобранску војску.

Али, комунисте и српске националне родољубе деле две супротне суштине у њиховим засебним политичким гледиштима; не може да их зближава ни неједнако подразумевање истог непријатеља; раздвајају их несложива предвиђања о држави; супротставља и неслога при сређивању прилика у ослобођеним местима и крајевима.

Комунисти, оштри завереници званог пролетерског интернационализма, противе се називању свих Хрвата и свих муслимана непријатељима српског народа; јер су злотвори, говорили су комунисти, једино оружана сила и крволочна власт усташке државе. Комунисти, штавише, вршећи одредбу своје партије о братству и јединству међу народима Југославије, саставили су (октобра 1941) Муслиманску чету у оквиру Романијског одреда.

А наспрам, национални родољуби, предводници чета и одреда, рачунали су крвницима Срба све Хрвате и све муслимане због њихова мноштва, и грађана и сељака, у кољачким похарама кроз српска насеља.

Националним родољубима није се допадало ни комунистичко стварање званих народних одбора (на пример, у Сребреници, Шековићима, Сокоцу), чак су их понегде ометали, јер су чували своју ревност, сматрајући начелно ваљаним државне установе, доскора у дејству, југословенске.

Одиста, сав ту размак међу разликама са умножавањем случајева неслоге, бејаше, поред свега унутар узрочног, и одзив и одраз истовременог догађања у Србији, народног ослободилачког отпора и нацистичког осветничког злочинства.

Потпун раздвој се ипак дуже уходавао и постао је неизбежан чим су (октобра 1941) одреди под руководством комуниста, називајући се дотад народноослободилачки, увели реч партизан као одређујућу себи за именовање и својство, за припадност и позвање.

А наспрам, јединице које предводе национални родољуби, утврдиле су своје већ казивано припадање збиру и опсегу устаничких војночетничких одреда Војске Краљевине Југославије.

Но убрзо (почетком 1942. године), подела између њих биће коначна, до краја несмањива и неублажива, и у источној Босни, као и другде, несрећна за Српство.

Управо, сходно одлукама Саветовања у Столицама, прозвао се Главни штаб народноослободилачких партизанских одреда за Босну и Херцеговину; и од свих јединица у источној Босни, под вођством комуниста, сачињено је шест партизанских одреда који ће у својим саставима имати – 22 батаљона.

Српски ослободилачки устанак се учврстио у средишту источне Босне: нарушио је власт Независне Државе Хрватске и везао њене повремено ојачаване оружане снаге; пореметио је безбедност немачког саобраћаја особито важним железничким правцем између Сарајева и долине реке Саве; сучелио је браниоце завичаја са италијанском војском у пределима средњег тока реке Дрине.

ПРЕИМУЋСТВО ПАРТИЗАНА У БОСАНСКОЈ КРАЈИНИ

Исто – Немце, усташе и Италијане имали су за непријатеље и Срби у средњој и западној Босни, донекле, и у чешћим и жешћим сукобима, пошто је сав тај простор, иначе средиштан у Независној Држави Хрватској, косо делила, у смеру северозапада, демаркациона линија између италијанске и немачке окупационе зоне. (На пример: Италијани су својатали Бихаћ и Дрвар а Немци Босански Нови и Бању Луку, где су имали седиште штаба једне дивизије, са целом облашћу од Сарајева ка северу, сливом реке Босне до њеног ушћа у Саву.)

Српски устанак је и овуд почео одбрамбеним одвраћањем усташама, но и отпором немачкој војсци која је у Босанској Крајини, као и у Србији, одмах по освајању Југославије, налетно убила множину Срба да би заплашила целокупно становништво, сажегла у слободоумних људи родољубиво неподношење ратне окупације и њом заведене владавине туђинаца.

Укупним видом, исто као у Херцеговини и у источној Босни, усталио се устанак Срба и у средњој и западној Босни; али, с нешто друкчијим редоследом моћности и утицаја, творaштва и опсега између интернационалистичких комуниста и српских националних родољуба.

У Херцеговини и источној Босни – како је овим огледом испричано – национални родољуби су већ предводили браниоце српских живота и насеља кад су комунисти с налогом вођства своје партије кренули да стварају наоружане одреде за устанак на окупационе војске.

У Босанској Крајини, пак, комунисти су, од почетка, били покретачи организованог отпора, неустрашиви и разборити у збеговима народа, одважни и усмерени, који су из градова долазили међу устанике; сви врло одлучног настојања да се за оружје способни људи сврстају у војне одреде за ослободилачко ратовање.

Овде, заједно са Србима који су комунисти, има комуниста родом Хрвата као и припадништвом муслимана.

И није нагла упорност комуниста потегла колико је увиђавно пристајање већине националних родољуба условило широку решеност Срба, борећи се да одстојавају у неподлегању убилачкој окрутности Независне Државе Хрватске и грозним силинама немачке војске и италијанске.

Спонтан отпор Срба усташама (већ од почетка маја 1941, на пример, у селима Подгрмеча) затекао се напоном сусретљив према наишлој и све живљој намерности комуниста да се од свега људства у кретњи и самоодбрани одабирају момци за ратовање – обучени у војништву, снажни за напоре, да истрајавају способни и, надасве, свесни потребности да се општим циљем ослободилаштва осмишљава спасавање српског бића.

И ту, духовним спојем зачео се подвиг. Прегалаца се јављало доста; окупљани на збориштима, сачињавали су војне одреде, махом зване герилски. Затим, ти су одреди били заратили кад је (средином августа 1941) образован Обласни војни штаб за Босанску Крајину да их све обједињава; а за уже пределе одређени су штабови да руководе месним одредима (на пример, Штаб герилских одреда за Гламоч, Срески штаб герилских одреда Крупе и Сане). И поврх, именовањем Штаба Дрварске бригаде означен је виши облик војне уређености герилаца, иначе, прошлих дана омогућен борачким размахом јединица уведених у њен састав. Учвршћеност одреда, појединачних и свих скупа у Босанској Крајини, такође је обележена и потврђена заменом (почетком септембра 1941) назива герилац речју – партизан.

Али ту поред, словио је и један дркчији назив невелике дружине српских устаника, дакле, Народна војска Јања и Пљеве с четама у одбрани овог предела. У тим четама, као и у неким мањим а засебним јединицама око Приједора и у широј околини Бање Луке, комунисти нису предводници. И предстојало је свима, колико ли истрајним у отпору усташким властима, да им се људство раздваја, ипак спорије, сразмерно њиховој величини него, на пример, у оним слично називаним четама у Херцеговини и источној Босни; али бива истоветно: једни борци да прелазе у партизанске јединице, а други, остајући у почетном окупу, да коначно припадну војночетничким одредима.

Герилски одреди, више само праћени него ли оружано збиља помагани од мноштва људи из околних села – баш исто као десетак дана раније герилци у Црној Гори – започели су народни устанак Срба нападом на најближе усташко-домобранске посаде и постаје. Заузели су Дрвар (27. јула 1941), тог дана и Босанско Грахово, утолико успут растерали више непријатељских одељења и стража.

Три јутра потом и наредних дана, герилски одреди су ослободили Гламоч, овладали Рибником, разбили домобране на Срнетици и код Бравског, заузели Крњеушу и Врточе, после и Рипач, те нешто доцније (6. септембра 1941) освојили Кулен Вакуф.

Герилски одреди из Подгрмеча напали су (29. јула 1941) и до сутрашње вечери разагнали усташко-домобранске постаје око Лушци Паланке и шире на простору између Кључа, Санског Моста и Босанске Крупе.

За последња два јулска дана, герилски одреди са Козаре, и заједно с њима осокољен народ, освојили су Босанску Костајницу и Босанску Дубицу, потисли усташе и домобране, сишли на железничку пругу у долини реке Уне, а према северу, на домаку преко Саве, приближили се железничком путу између Загреба и Београда, уопште преважном саобраћајном правцу за целокупну немачку војску на југоистоку Европе.

А на источној страни, устаници су заузели Мркоњић Град (29. августа 1941), заробивши чету домобрана; десетак дана доцније покушали су да освоје Котор Варош, у средњој Босни.

Устанак Срба у Босанској Крајини догађао се на простору недалеком од Загреба, главног града Независне Државе Хрватске, па су се и стога, поред свега осталог, усташка влада и војска, заједно с немачком командом и трупама, најжешће супротставиле да би борце силом потукле и убијањем мноштва људи смождиле животну жилу српског народа.

Противнапади усташа и домобрана уследили су одмах по избијању устанка. И наставили се замашно моћним јединицама – у свему, 22 батаљона усташко-домобранске војске и немачког људства на почетку њихове противофанзиве (14. августа 1941) – дакле, походом и дејством: из долине Уне и долине Сане да окруже и скрше герилске одреде на Козари; из Босанске Крупе да овладају Подгрмечом; из Бихаћа да продру у Дрвар; из Кључа да се усмере ка Босанском Петровцу; из Бање Луке да заузму Мркоњић Град и продру пут Млиништа да би разбиле устанике у Јању и Пљеви.

Устаници су маневарски одстојавали, гдешто се бранили а понегде и накратко нападали; избегавајући одсудне сукобе, недавно освојене градове су напустили, повукли се и из многих села (на пример, у Поткозарју – између Бање Луке, Приједора и Двора на Уни), свуд се дотакли у брдовите и пошумљене пределе. Оружани окршаји су бивали око градова и у захвату колских путева.

Герилски одреди су се одржали, нигде нису ненадокнадиво разбијени. А становништво је доста страдало, у неким крајевима и местима огромно изгинуло. (Усташе су, првих дана августа 1941, стрељали Србе: у Санском Мосту – близу 3.000, у Кључу – око 500, у Гламочу – преко 700 пошто су град освојили.)

Сав тај смртоносни поход усташа, домобрана и Немаца на Србе у Босанској Крајини бејаше тек завршеног размаха кад се допунио силином од придоласка Италијана с југа, према оном договору окупаторских команди да се италијанска војска прошири поседањем земљишта до демаркационе линије. Долазећи од Книна преко Босанског Грахова и Дрвара, претходница једне италијанске дивизије затекла је на Оштрељу (25. септембра 1941) делове усташко-домобранске војске.

Замрсио се и тим сусретом читав сплет већ вршених оружаних непријатељстава против Срба у западној половини Југославије.

А кроз преплет једва ли скриваног сопственог неподношења усташа и своје плашљиве завидности према Немцима, Италијани су и у западној Босни, исто као и у Херцеговини и у српским областима у Хрватској, Србима предочавали неке знакове омаме, лажне благости и лукавог умекшавања окрутне окупационе владавине. И где је у страдалаца намах превластио нагон спасавања уместо разумне нескршивости у одупирању освајачима и злотворима, срозава се родољубље, завођење опија душе, предаји подлежу духовно нејаки људи.

Таква палост није широко засегла ни повукла низдол много људства; поглавито, ни дотакла није герилске одреде, ни родбину и помагаче устаника где су комунисти предводили борце и сав народ.

Устанак је досегао видик за мисаон премашај окупационог стања, отворио прилику за изворан израж сопствености народне, баш самотворством у владавини. Тако су у више ослобођених места бирана или именована већа којима се поверавало да сређују прилике и представљају устаничко људство. Појава њихова и позвање – обично названих, на пример, општински народни одбор, градски народни одбор, привремени народни одбор – сва им виђеност, јединствено и најцеловитије се показала постанком и саставом Народноослободилачког вијећа за Дрвар и околину, изабраног (31. августа 1941) на збору мештана из овог града и села у ширем окружју.

Комунисти су предњачили при оснивању народних одбора, одлучно да их начине органима власти, уједно и зачетницима и навестиоцима потпуне измене грађанске уређености друштва; значи, поништавајућом променом у односу на окупациона освајања и творевином неподударном с поретком југословенске краљевине.

Та се намерност понегде и преоштро испољила, утолико изазивала недоумицу и зазор, у понеког одбој па и супротстављање. Стога је Покрајински комитет упозорио комунисте (15. септембра 1941) да ће испасти грешка и штета нагло и прејако увођење и оглашавање, речено је, револуционарности, у ствари, уношење крајњих циљева Партије у строј и ход војних јединица, у зборност и учинке народних одбора.

Тај осврт, међутим, не испаде опомена него савет, благодарећи чврстој и врло борбеној одрживости устаничких војних јединица у западној и средњој Босни. Оне су (средином октобра 1941) – уређене према одлукама Саветовања у Столицама – сачиниле три велика партизанска одреда са укупно 10 батаљона у њиховим саставима.

И саздало се тако у Босанској Крајини нескршиво упориште противусташке самоодбране Срба, поставши основица и најжилавије укорењеног ослободилачког ратовања с окупационим војскама Немаца и Италијана.

Свугде у Југославији, устаници су јуначки борци, али нигде згуснутијег строја и јаче удружености, ширег и дубљег хвата у народу и поносније истрајности него у Босанској Крајини.

Свуда широм Југославије, устанички одреди су надирали и узмицали, тукли окупаторске војнике и губили многе задобитке, доживели одсудно искушење, али нигде нису, рачунајући целу завичајну област, онолику ратничку опстојност одржали непрекидном као што то бива у Босанској Крајини.

У свакој покрајини Југославије, устанак је значио, макар и малом дружином започет, хтење јединства; био корак поништавања окупационе поделе земље и вредео улогом обнављања заједнице, али нигде одсудније него у Босанској Крајини да ће устаници и сав народ дати прихват вођству и војним јединицама за стратегијско-оперативна дејства југословенског народноослободилачког покрета.

Комунистима да се хвале дође та истина: себи да прибрајају успехе; називају се најбољим предводницима; једино своју партију спомињу моћном и заслужном да предводи Југословене у народноослободилачкој борби. Тај занос понекад крилати и безмерним самохвалисањем; понесеност узмахне толико да се напушта разбор, смрачује поглед на све извањско, уопште неподобно комунистичкој доктрини или несложиво са главним одредбама партије, предводника и ствараоца.

Међутим, за високу смелост комуниста и предводничку предузимљивост и сву њихову замисао о ратовању против окупатора, те, упоредо, и поступном утемељивању федеративне државе југословенске, нашло се одважним, и широкогрудим, и јуначким, баш огромно повољним – историјски нетрошено родољубље Срба у Босанској Крајини, крајње напрегнуто нужношћу одбране самог опстанка народа.

Збиља рећи, у целокупном Српству:

Црногорци су, изгледа, најзалетнији походници, а Крајишници, одиста, најпостојанији издржаоци;

Србијанци су највештији ратници, а Крајишници најстројнији упорници;

Црногорци су громогласна војска, а Крајишници, друг уз друга – неплаховита дружина;

Србијанци су проницљива наступа, а Крајишници стрпљива става;

Црногорци су махлије самовољством, а Крајишници делије ревношћу;

Србијанци су несташни слободари у држави, а Крајишници сложно верни сарадници вође и владара.

У свем Српству, заиста, Крајишници су сој и људство најпуније завичајне сједињености, непатворене очуваности родбинства, здраве силине и ненаметљиве ћуди, одличне ведрине и дружељубива приступа.

Неподложни су плачу и туговању због страдања. Причом су умерени кад славе победу. Етички су моћни да своје биће осиле поимањем врховности Отаџбине, свој дух бодре веселим веровањем у диоту Слободе.

***

Завршавајући излагање о настанку подељености Срба у Босни и Херцеговини у отпору окупаторима Југославије, уместо ширег закључног осврта на укупну садржину насловом назначеног предмета, казаћу једну пишчеву напомену, не смем да назовем, препоруку целом Српству, али хоћу – молбу.

Наиме, гледајући на ток, исходе и последице ратовања између четника и партизана (1941–1945. године), те по датом правцу и на догађања Српству за потоњих десет година (1987–1998), неизбежно се уочава како је народу угроженом, сламаном, тученом, мученом, побеђеном, потлаченом, нужно – да би икако опстао – неко прилагођавање силини освајача и свирепости мучитеља. Дакле, иако тужан и ружан, било вршен смерно и разборито, или тегљен одвећ јадно и понизно, збиља, неотклоњив је неки омер сарадништва (иначе званог колаборација, колаборационизам) са прејаким налетником, господарем, угониоцем тираније.

Отуд, прилагођавање подразумевајући бивственом нужношћу, не хитати нипошто реч „издаја" да се надева супарнику и противнику. Него, стегнути се болним грчем опстајања, блажити осећањем братољубља, храбрити дужношћу родољубља, освешћивати мишљу да понижеост и угњетавање неће вековати, буде ли у српском народу слоге, родбинске, разумне, одлучне, пожртвоване.

Разум и слога, вођство су и потреба за здравост и плодност, етичку висину, епску певност и човечанску износитост Српског духовног простора.[*]

---

     [*]   *Насшанак йодељеносши Срйсшва у ошйору освајачима Jyīославије.* Одломак из ширег списа поднет на научном скупу, у Бијељини, 29-30. октобра 1998, и објављен у зборнику радова „Српски духовни простор". – Бања Лука, Српско Сарајево: Академија наука и умјетности Републике Српске, 1999, 179-200. Поново штампан у књизи „Југославија на стрмини Европе".

РОДОЉУБЉУ

ВИСОЧАНСТВО

ОТАЏБИНА ЗАРУЧЈЕ ВЕЧНО

Данас, у заједничкој држави Србије и Црне Горе, имамо не-бројено разлога за разговор о традицији народа и позвању ње-гове војске.

Најпре, овим скупом упућених људи, ево званим Округли сто, да започнемо претрес предмета, исправно усмеримо тре-нутну и предстојећу расправу, смислимо неколико начела за окосницу далекосежног подухвата. Оволико ако сад сјединимо, биће да добро полазимо; са светиљком крећемо у непрегледно пространство појединости, видљивих знакова и скривене су-штине, у свему, *Истине* творене бићем и оличене *Отаџбином*.

1.

Отуд, не само Војсци Југославије ради њене духовности не-го и читавом народу за висок смисао његова постојања, потре-бан је тачан и потпун увид у све властите вредности, наравно, очишћене од наслага кварежи из прошлих доба, те цењене по износима сваке за човештво врсности и по гласности поетској и узорности етичкој; то све да не опсеже мање од укупности на-слеђа и текуће ствараног блага, ни прозива се друкчије сем јед-ноставно и речито прочишћење духовног стања народа, заиста преображај који би задуго испуњавао одскора започето, исто-ријски збиља особито раздобље наше Отаџбине. (Но има ли у души човековој нешто жилавије од предрасуде и сумње, гдешто упоритије од предубеђења и заблуде, налетније од уобразиље и неувиђавности.)

Није сад прилика, одиста, да причам о важности нераздво-ја војске од народа, о потреби истоветности духовног узношења борачког људства и множине становништва. Али је умесно, како изгледа – подразумевајући законост опште слоге у родо- љубљу – да заједнички осмотримо кључни појам у наслову да- нашњег саветовања расправом о две-три, у службеном допису, зване оријентационе тезе.

Претходно да нагласим: што ћу о том намах рећи није при- говор, који би оповргавао употребљен појам, него је напомена да се Округли сто мало осврне на затечену условност за сми- шљање и избор речи и израза, нових одредница, ослободилач- ки потребних циљу и садржају споменутог преображаја, баш да кажем, препорода.

У наслову нашег саветовања реч *нација* јесте одређујућа као назив друштвене заједнице чије су тековине и особине, овде зване традиција, ваљане обраде, љубљења и настављања.

Узимајући да је реч *нација* данас свеопшта, свачија у чове- чанству (ено издигнута и установом Организације уједињених нација), треба се присетити обичаја да се њом пуноважно про- зива модерна народносна целина по својствима грађанског дру- штва на темељу робне производње.

Реч *нација*, међутим, бива наметнутом, звучи неразговетно, те слови неизносито, кад год је њом, именицом, и придевом од ње изведеним, поменут народ или нека његова ствар у времени- ма пре, како чијег, државотворног потврђења независном поли- тичком владавином.

Реч *нација*, због доцнијег њена општег усвојења, нема ни појмовну исказивост ни гласовни напон за спој с појавама и чињеницама из давнине, а треба нам таква веза, тако рећи, се- жњем до оног предалеког освита нашег историјског имена. (Би- ло би неосновано, на пример, нацијом крстити оно друштво, у прошлости, од којег су најстарији и доцнији мотиви епске пое- зије у Српству, жиже спевова о бојевима и борцима, за безброј стихова силне подстицајности у родољубљу. А милије читанке српског родословља нема мимо песама у Вуковим збиркама, ни више хероичне узнесености него ли у јунака из „Горског вијен- ца" кад митом Косова, дозивањем Обилића и браће Југовића, небесношћу обасјавају сопствено слободољубље. Уосталом, верујем, да би се реч *нација* незгодно навесила и народној песми о потоњем, још незавршеном догађању, на прилику, започетој овим стиховима: „Од како се Српство засрбило/ у невољи већој није било/ јер пут њега са сваке стране/ зијевају и але и вране.../ Срби ће се од њих да одбране/ и бољи ће да им свану дани/ а ови ће да се зову лани".)

Реч *нација*, штавише, нема довољну словну гласност ни гледност сликовну за целовито означење друштва у доба њене свеважности. Овако је стога што реч *нација*, у говорном саобраћању, преовлађује прво као средство у борби за власт па тек се своди као правдање свему људству одређујуће сопствености. И тако временом, реч постаје све испуњенија бивањем и стварношћу, изворно оставши међу прословима филозофије политике, и кад се њом свеукупност именује, било у развигору демократског либерализма, или, под стројем фашистичког тоталитаризма, или, у идеолошки једначитим саздањима комунистичког социјализма.

А како је благотворству препорода (о којем говорим) потребно да влачи кроз наслеђе, узима знакове, усваја завештања, слави лепоте, обистињује поруке, све то стечено трудољубљем и бораштвом за векова уназад – онда је правилно да се врста подухвата, одређује речју уздуж потврдљивом, својном свакојем раздобљу, поетски одличном и научно неприкосновеном.

Та реч, напоменух, није нација; та реч је *народ*.

2.

И реч *народ* налазимо, ево, у званим оријентационим тезама за данас предвиђена саопштења. Гласи изричито: *срйски и црноїорски народ*, што има да се разуме – два су народа Срби и Црногорци. Ово је званична одредба: за државу бит а за војску заповест; за политику и став и питање а за управне струке службено начело.

Двојако дужан обзирност, грађанинову смерност пред уставом Отаџбине и уобичајено поштовање суда друкчијег од сопственог, стога, дакле, не желим овог маха ни да предлажем а камо ли нагоним прешно расправу о народности Срба и Црногораца: једна је целовито, или су две засебне, и свака унутар толико самосвојна да се разделом међу њима ниједној не закидају пуноћа и стојност.

Ипак да споменем, засад је довољно: само изрицање слога речи *српски и црногорски народ* неће положити сталожену истину.

И биће у грађанству, вероватно и у људству Војске Југославије, да слог ових речи добива једва ли мање одбоја него прихвата, значи, не само усвојење него и оспоравање и тако неминовно изазива разговор о назначеној својштини, у старини и у познија доба.

А причање о том роду и сродству, несумњиво, често и свукуд, хоће ли да буде већма разборито или напрасно, више љубазно него мрзовољно, претежно братољубиво а ретко раскидно.

Трпељивост од свих тражити и слози се надати подразумевајући крст речи *српски и црногорски народ* условном одредницом за Савезну Републику Југославију (тренутно, за сврху потоњег државотворства, не уплићући иначе незапостављиве отпорне изданке полувековног прављења политичких нација у шесточланој федерацији југословенској).

И правду творити стављајући над ту углављујући спојницу вечит појам *Српство* у значењу израза о општости рода, једној укупности истокрвних покољења, дакле, народа и његових покрајина.

Појму *Српство*, у Отаџбини, у пороcу њеном, противе се неки неучени људи а страсни партијци. Скупа, они нису занемарљива дружина, поглавито стога што – ма колико то и не хтели – стварно угађају прохтевима супарника и непријатеља Српства називајући Црногорце самородним људством од прадавног доба, самосталном граном у Словенству, народом нимало истим са Србима.

Појам *Српство* не гневи оне људе – више их је него претходних – што говоре да су Црногорци родом Срби, ипак, посебни као завичајна скупина у којој се, уз знање о пореклу, развила особена црногорска свест услед овдашњег дуготрајног устаничког ослободилаштва против туђинске тираније. И самосталним државотворством Црногораца обезбеђује се једна сувереност, следствено стиче историјско право, чврсто обликује чинилац за вид и врсту националних саставака међународне заједнице; дакле, свега ту довољно има, веле ови људи, за изговор и политичку важност имена – црногорски народ.

Појам *Срйсйво* весели оне Црногорце који не пристају да власт или неки писци преслове потомство, соју одузму име праотаца, племенима срубе окићеност бајкама о прецима са Косова. И називају они хуљење, чак злоћу и издају, онај случај кад нечија сујетна самовоља таштином подједа и извртањем истине срами род и судбину, кажу, отров налива куд животно чиста крв тече. Злочесто је, пак, говоре ови доследници, да се пориче и одузима Црној Гори оно што чељад овде крај огњишта сазнаје, о истом се уверава и причама из записа о братствима и крајиштима, поврх, поучава молитвама и ликовима у црквама и манастирима, па тако, одиста, духовно живи све непатвореним одразима Српства. Зато, нека се сваки Црногорац поносно зове Србин, каже узнесени привdesignати, оба имена челом носи, љуби душом, образом заступа; нераздвојиви су: завичајно црногорско име као неостављив знамен једнога борачког издигнућа, крсни надимак ослободилачки кретаних предака, општенародно српско име као одређење рода и реч прозива у човечанству.

Појам *Срйсйво* допада се, нема сумње, свим Србима у Србији, споља рођачки званим – Србијанци. А који би од њих ту штогод прекорео или презрео, тесногруд је говорник, без широке воље и љубазне наде, можда услед ограниченог знања.

Појам *Срйсйво* соколи Србе изван Србије и Црне Горе, све који се не налазе у Савезној Републици Југославији него живе у државотворно усмереним управним областима, Републици Српској (у подручју Босне и Херцеговине), Републици Српској Крајини (насталој у одбрамбеном отпору хрватском национализму), и у Хрватској. У тих Срба, који су данас у одсудној борби да одбране сопствена земљишта и саздају самоуправу, појам *Срйсйво* је духовно сједињујућа сила, уносилац наде, охрабритељ ослободилаштва, видик у будућност, реч веровања у сутрашњу обнову државне уједињености одскора у три окружја раздвоје-них народних покрајина.

Заправо, свака политичка претпоставка о слободи и држа-ви, сvачија стратешка замисао о постојању и развитку народа у будућности, не би имала појам, мимо *Српства*, сједињивијег у родољубљу, ближег и потребнијег у говорима о правди и циљу.

А све преграде наслеђене од шесточлане федерације, и, та-кође, ограђујући оквири који настају самоодбраном Срба изван Србије и Црне Горе, не могу се рачунати непрекорачивим зиди-нама, премда јесу неприродна сметња братимљењу и сарадњи. Нипошто, не могу се гледати те препреке као размеђа откинутих засебности ма колико рушиоци пређашње Југославије и убудуће презали да се устали разбијеност Српства у неколико државица.

Збиља, нужност, увек ће нанети морање а прилика условити закорачај, па тако и потоње извањско приморавање, и понечији овдашњи пристанак, да деобно крајње важе натурене границе сред земаља Српства, па их свакако пресретати гипкошћу која ублажава убоје, заштићује часну постојаност свесрпског родо-љубља.

Неће, ваљда, овог пута злотвори насиљем премашити све давне и доцније крвнике Српства. Но и кад би злочинци свуда земљу зацрнили гажењем правде и убијањем живота, отимала би се и тад, из непотрвених остатака, окрвављена мисао о Срп-ству: роду и крајинама, ослободилачким устаништвом обно-вљеном, једном државом за целокупну Отаџбину.

Судбоносно је ненапустива крилатица: *целокупно Српство постојаше у једној држави*, макар за неко време и веома неиз-гледно било да ће овај народ поново стећи уједињеност какву је доскора уживао дуже од седамдесет година (1918–1991).

Та изрека о потребној сложности створене државе и родне Отаџбине, за читаво Српство, није преместива међу записе о прошлости; неизостављива је све доклегод у Европи буде народ-на самосвојност важила извором права на посебну суверност и самосталну политичку обједињеност.

А икад буде ли да се сва Европа, без унутарњих граница др-
жавних, јединствено уређује према свеважности грађанина, не-
зависно од скупине његових сународника, онда и Српство нека
омекшава за обликовање друштва и власти, издижући као глав-
ног јунака човека, личност појединца.

Српство ипак – како се маштом слути та неизвесна будућ-
ност – морало би да се преобраћа у слагану европску општост
обзирући се и на увртљиво упорство великих религија како је
којој у побожништву својствено; и да пази како упоредо све-
тлосна језгра култура великих народа свестрано сијају својим
чарима, управо, многим преимућствима наносећи се, надгор-
њавајуће, другим, мање раскошним људствима и тим, чине нео-
тклоњивим разне зависности у човечанству.

3.

Овим разлагањем о појмовима *нација, народ, Српство* поку-
шавам да поставим један кружни обод, ни искључив као пред-
значење ни прејак као наслон, за сврху разговора о садржини
предмета названог оријентационом тезом – *Традиција државног
и војног организовања српског и црногорског народа за одбрану
сопствене слободе.*

Упутно је, говором даље, ови појмови да изостану а помоћу
именица Србија и Црна Гора, те, ако затреба, и наслова Репу-
блика Српска и Република Српска Крајина, да се прави костур
за саопштење о народу и слободи, о држави и правди. Ове име-
нице, кључне за развој и склоп приче, саме не помирују неjeд-
наке приступе предмету ни мрсе супротна гледишта већ као
одлика језика, свачијем умовању потребна, добро условљавају
сусретљивост и научно споразумевање о начелима за предстоје-
ћи званичан просветни рад.

Једнако, с почетка и непрестано после, да се подразумева и
ова истина: како су упоредо оснивaне и развијане држава и вој-
ска у Србији, исто и у Црној Гори, отуд бива да је слобода Отац-

бине задобијана па брањена, узастопно или одједаред, што за поуку о родољубљу јесте – јединствено борење.

Србија у новом веку и Црна Гора (одавно заједница сродника) јесу остварења ослободилачког устајања народа на власт и поредак Османског царства, што прилично подсећа на раније избављење Срба испод превласти Византије и прва им обличја самосталности у средњовековним државама Зети и Рашкој.

Отад, дакле, ослободилачко задобијање власти и чување моћства Отаџбине закриљују учесталим сукобима с непријатељима; и надвишавају свако друкчије истодобно или међувремено залагање, за минулих векова, на пространству данас обухваћеном Савезном Републиком Југославијом.

Тако се безмало сва блиска и даља прошлост Србије и Црне Горе гледаоцу и беседнику подастире као збивање и развитак с препуно појава и подухвата, чињеница и установа, принуда и промена, све спадајућих у повест државе и војске а временом слегнутих као изворно налазиште историјских узора.

Према томе, споменута оријентациона теза на сву ту прошлост, не налаже поступан претрес њене целокупности за сврху нашег данашњег саветовања. Одиста, како је задатак Округлог стола да одмери суштину предмета, изрази правила за кретњу и за одбир етичких и поетских вредности, довољно је, засад, подразумевати само то подручно преобиље историјског градива.

Двоумица се ипак намеће при решавању о одредби којом претпоставити начин обухвата и смерове трагања. Наиме, изложити извесне назнаке редом како би којој струци појединачно спадало да испитује ствари и тумачи вредности, или, споменути битне особености предмета незаобилазне свачијем осврту. Можда ће се мешати оба обзира због нераздвојивости саставака предмета, дакако, сплитати и услед потребе да се скоковито, као што у огледу подсећањем настаје, сложи неколико говорникових препорука, махом запажања као цртица.

Државу Србију, нову, грађанску, ствара народ ослободилачки устајући из ропства (оружаном снагом 1804. године) на вишевековне тиране, освајаче османске Турке.

Ствараоци нове Србије осмишљавају своју тежњу и снаже сопствену борбеност говорећи о слави и величини српске средњевековне државе (од 11. до 15. века). Из предања (традиције) узимају узоре: спомињу владаре да би именовали и побрајали земље српске; славе ондашње јунаке да би с њима равнали потоња херојства; куну самовољу феудалне властеле да би предупређивали домаћу неслогу. Предање је помогло да се у свести устаничког народа учврсти појам о праву на властиту државу; утицало је и да се намноже лична јунаштва ослободилаца. Али средњевековна држава није могла да буде образац за облик и врсту устаничке власти. Требало је ослободиоце српског сељаштва и трговаца да стварају уређење угледајући се на постојеће грађанске државе у Европи, онуд саздане саобразно робној производњи и размени.

Ствараоци нове Србије, прво рушећи османску власт, ослабелу и унутар запуштену, неугледну и пљачкашку, самостално иступају; док се боре на бојиштима они немају непосредан ослонац на војску неке велесиле која би, на пример, негде близу, у суседству, ратовала против Турске, или тако зашла да би јој се придружили на својим имањима. Устаници, међутим, имају неку повољност у залеђу на северу, преко Дунава и Саве, у Хабзбуршкој монархији, где набављају оружје, онде продају своју робу, напослетку онамо се склањају. Устаници имају помоћ од Русије, непосредно дипломатску, гдешто и посредну војну; имају донекле и заштиту која попушта кад Русија прави уступке у ратовању с Турском и уопште у погађању с другим велесилама.

Ствараоци нове Србије, самостални али не сасвим усамљени, користе супарништво међу велесилама као повољан услов за сопствене подухвате. Но, при том, донекле је ослободилачки домет Србије угрожен супарништвом велесила – Хабзбуршке Монархије, Русије, Француске, Енглеске – које се надмећу за превласт на Балкану; свака би да загосподари овуд благом и простором, задобије што већи утицај у народима устанички ослобађаним испод Османлија.

Устаничка Србија храброшћу и делом узвишава народно ослободилаштво као начин сламања поробљивачке османске власти у балканским земљама. Србија потребан изгон Турске са Балкана – често зван *Источно питање* – испуњава народним самотворством и етичком праведношћу насупрот освајачким уплитањима велесила.

Устаничка Србија – оставши усамљена због руске заузетости ратом против Османског царства и утолико турског крше-ња обавезе да уважава самоуправу српску – изгубила је (1813. године) под навалом прејаке османлијске војске, своју револу-ционарно створену државу.

Србија поновљеним устанком (1815. године) прокида ца-ревање Османлија и спречава Турску да помоћу војске обнови пређашњу власт у пределима оружаног народног отпора.

Ствараоци нове Србије, коначно, могу устаљеном само-управом, поштованом и од владе Османског царства, да поступ-но стварају модерну, народности својствену и грађанској демо-кратији саобразну државу.

Нова Србија се обликује као кнежевина (постаће краљевина 1882. године), значи, у врсти монархије. И дуго ће, безмало чита-во столеће, трајати отворено сукобљавање и тајно делање, у бо-рењу за престо, између двеју династија, једне проистекле заслу-гом вође у првом устанку а друге изишле из поновљеног устанка прегалаштвом, упорношћу и вештином предводника народног отпора и ствараоца све видније државе.

Нова Србија упоредо са заснивањем установа владавине, ширењем стручних служби и умножавањем чиновништва, сти-че савремену друштвеност: политичко супарништво слојева у становништву; сукобе првенствено између владара и његових противника; супротности између грађанства подизаног везано-шћу за власт и сељаштва све обавезнијег на разна давања блага и рада држави.

Нова Србија полагано шири и унапређује робну производ-њу, при чем највећма през трговачки капитал, уз набоје зелена-

штва, док се спорије подижу предузећа индустрије а градитељ-
ство бива све замашније у насељима и на путним правцима.

Нова Србија уводи и разграњава модерну просвету: оснива
и побољшава школе свих ступњева; поставља заводе за разна
стручна обучавања; свуда и у свему ради учења и примене зна-
ња према обрасцима у великим и богатим народима.

Нова Србија се за пола века развила – у међувремену и зе-
маљски ширена – из једног подручја устаничког непосредства и
налетне сналажљивости у државу са установама владавине и по-
ретка као што је у оним земљама где робна производња, рацио-
налистичка просвећеност, парламентарно законодавство и по-
литичко бораштво творе суштину и изглед народне заједнице.

Грађанска Србија, многоструко оспособљена, докончава ра-
скид са суверенством Османског царства, уклања с ослобође-
ног подручја и последње остатке званичне турске присутности,
људство и знамења.

Нова Србија поставши међународно призната држава (1878.
године), благодарећи својој укупној развијености, осамостаље-
ности и ослободилачком војевању против Турске – сврстава се
међу решаваоце *Источног питања*, несумњиво, надгорњавана
од великих сила, али с увећаваним правом да се заузима ради
избављења из ропства још неослобођених српских области.

Грађанска Србија, веома унапредивши политичку демокра-
тију и робну производњу (баш врло видног замаха након заве-
реничке смене династија 1903. године), силном снагом суделује
у последњем ослободилачком рату против Османског царства
(1912-1913. године). Турци су сломљени и протерани савезнич-
ким залагањем балканских земаља.

Србија је ослободила крајеве на југу, двоструко увећала сво-
ју државну област (укупно, 1914. године, има 87.303 квадратна
километра површине са 4.438.521 становника).

Задобијена је заједничка граница између Србије и Црне Горе.

Углед Србије огромно је порастао; па не само у Срба од дав-
нине насељених у покрајинама Аустро-Угарске, него и међу
знатно Хрвата, дакле, свију одушевљених коначном победом

над Турцима, подигла се вера и у могуће њихово ослобођење испод Хабзбурговаца те уједињење са Србијом и Црном Гором.

Србија у то време (за последњих десетак година) знатно уважава реч и савете од Русије, ствари државе се решавају у сагласју с руском стратегијом.

Демократска Србија је најзад приморана да се брани од Аустро-Угарске која полази војском (1914. године) да би овладала средиштем Балкана, тако сасвим онемогућила и уједињење целокупног Српства. Овако је овде започео Први светски рат (1914-1918. године).

Србија се одлуком своје Народне скупштине прогласила (1914. године) ратником за сопствен опстанак и уједно борцем за ослобођење и уједињење свих Срба, Хрвата и Словенаца.

Циљ Србије праведан је као одређење одбрамбене потребе народа у рату против велесиле која хоће да размрска политичку крепкост и затре државотворну предузимљивост у свеколиком Српству.

Циљ Србије има револуционарну усмереност чим се назвала прегаоцем који ће помажући браћи да изиђу из ропства рушити на поробљености неколико народа постојећу Хабзуршку монархију.

Циљ Србије се утврђивао братством у народу и родољубљем војске и добровољаца који приспевају на бојишта долазећи из покрајина у Аустро-Угарској.

Циљ Србије се подудара с владајућом мишљу филозофије политике оног доба, уопште у развијеном свету проширеним гледиштем о праву сваког народа да има сопствену суверену државу.

Циљ Србије садржи смисао и издиже људску вредност, под утицајем предратног доста изразитог српско-хрватског дружења, врло оглашаваног веровања да су Срби, Хрвати и Словенци један народ – обично је речено – три племена истог народа, природно властног и историјски опуномоћеног да оствари изреку мислилаца и често поруку политичара грађанског либерализма:

један народ у једној држави!

Циљ Србије светли великодушношћу: она благо народа и мо-
ћи државе завештава окупу заједницом, паметно састављивом
ако се разборито превазиђу унутарње опорости из прошлих доба;
вође и ствараоци племенито пригну и укину наставак старе не-
среће, оних смутњи каквим су властодршци туђинског порекла
предуго и којекако ометали да ниче и расте слога Срба и Хрвата.

Циљ Србије, поткрепљен херојском борбом војске на рати-
шту и држан политичким упорством владе, стиче прихват и у
Хрвата и Словенаца; братски се ту усаглашава и Црна Гора. Ко-
начно и велесиле, које војском побеђују Хабзбуршку монархију
и Немачку, одобравају да се оствари право самоопредељења Ср-
ба, Хрвата и Словенаца.

Јуначка Србија, прегалеме жртве поднесвши, налази се међу
победницима на крају Првог светског рата. А Хабзбуршка монар-
хија, међутим, распала се због својих војних пораза на ратиштима
и услед националних буна у њој од давнине поробљених народа.

Победница Србија је одсудно допринела да се створи глав-
ни услов за државно уједињење Срба, Хрвата и Словенаца (1918.
године).

Демократска Србија је својим начином владавине и општим
нахођењем за друштвене односе одлично условила да се Срби,
Хрвати и Словенци сматрају, и уставно одређују, истоветно су-
вереним у заједничкој држави.

Победница Србија је првенствено заслужна што су при за-
вршетку Првог светског рата сви Срби могли да ступе у једну
државу.

Србија је истовремено једнако помогла и Хрватима и Сло-
венцима да у овој држави први пут стекну, те имају и уживају,
историјски никад раније, пространију унутарњу уједињеност
својих покрајина; иначе, за хиљаду и више минулих година де-
љени су и угњетавани од аустријских Немаца, Млечана, Мађа-
ра, Турака.

Демократска Србија улаже установе и искуство државе, даје
војску, уноси земљиште и све створено благо, ставља и велик ме-

ђународни углед, приноси, дакле, сву своју живу постојаност и морално достојанство у заједницу свих Срба, Хрвата и Словенаца.

Србија тако, већ издигнута у демократији и углавном обухваћена робном производњом, постаје средишњи творитељ погодности за благодатну узајамност Срба, Хрвата и Словенаца; заиста, с њене стране, врлом отвореношћу: свачијој општепоштованој народности, религијској припадности, савременој просвећености, независном предузетништву, слоби за грађанина у југословенској држави (пространој – 247.542 квадратна километра површине са 11.984.911 становника према попису од 31. јануара 1921. године).

4.

Црна Гора, историјски, јесте нововековна појава и чинилац у Српству.

Црна Гора, држава, остварење је народне ослободилачке борбе, вишеструко изузетна постанком, начином управе, пространством, положајем на размеђу Истока и Запада,

Црна Гора, држава, има ли премца у дуготрајности борења за појаву, опстанак и ширење, рачунајући откако је запажена као целовит политички наговештај на једном делићу европског руба Османског царства (око 1700. године) до њеног коначног уоквирења знатним завојевањем у Балканском рату (1912-1913. године).

Црна Гора, постајући од непокорног крајишта довољно видна држава и потом још ослободитељка околних предела, војује у међувремену, током два столећа, толико бојева и ратова да никад јој, тако рећи, живота мимо свакодневне нужности да пружи отпор турским провалама, пође с оружјем у помоћ побуњеној браћи у суседству, крене на војну с Турском, одбије напад и са западне стране, једном чак оружаном снагом дочека француске трупе (почетком 19. века), најзад свим моћством зауставља и одбија освајачку аустроугарску војску (1914. године).

Црна Гора, да мање ли људства, савремено у сличном по-
духвату игде у Европи, него што је њеног народа кад започиње
ослободилачко устајање (око 1700. године има нешто мање од
15.000 душа у пределу између реке Зете и планинског гребена над
Јадраном), да би последњим задобицима, у Балканском рату, сте-
кла трипут већи простор и кудикамо више становника (у свему
– 14.180 квадратних километара површине и 445.000 житеља).

Црна Гора, држава, пресудно је условљена крвним срод-
ством становника, свију православним хришћанством и душев-
но напајаних предањем о Српству у старини: моћним и славним
властелама пре Косова (1389. године), несрећним јунацима у
овој бици, потом растуреним народом и турченим отпадници-
ма, ипак, у ваљане браће – како песме казују и легенда велича – с
неискорењивим непокором тиранима Османлијама.

Црну Гору, државу, поседује људство унутар сједињено по
племенима и братствима, што својеврсно условљава њену уре-
ђеност, облике и делатност органа власти. Лична слобода је не-
прикосновена, а припадност братству и племену сваком човеку
потребна као окриље за живот и част. Овде има неједнако имућ-
них људи и породица, али нема потлаченог човека ни презрене
дружине.

Црну Гору, државу, братственички оснажују сви њени ста-
новници а предводе је племенски прваци. Из таквог сродства
је произишла династија владара и развила се читава множина
властодржаца.

Црна Гора, држава, обликује се као теократија (током 18.
века) стално под духовним вођством и све пунијим стварним
старешинством владике, па постаје кнежевина (1852. године),
најзад је проглашена краљевином (1910. године). И владике и
световни владари, сви су наследно из истог братства, непрекид-
но дуже од два столећа.

Црна Гора, постајући држава на земљишту од света сматра-
ног пределом Османског царства, одржава се у окружењу непри-
јатељском, безмало па са сваке стране, изузев на ободу повише
Јадрана. Овде она има споља стезан или ширен приступ робом

и послом у приморје под млетачком влашћу (до 1797. године), у међувремену, потом, мало и француском, па задуго аустријском (1815-1918. године).

Црна Гора, држава православних Срба, није стекла присно сажитије с католичким властима у приморју. На тој страни, над све потребе Црне Горе, обављене и неиспуњене нужности надносило се неверство између православља и католичанства. Находећи се под небом Истока, требало је Црној Гори да особито пази на понеку потпору из суседних области католичког Запада.

Црна Гора, држава, задобила је пажњу и имала помоћ Русије, све од својег зачетка па до слома царистичке власти (1917. године), током два века у свему. И колико је руска потпора била важна за стварање државе, и руско посредовање корисно за сам опстанак Црне Горе, овде се духовна сила саздала храњена појмом људи о Русији. У Црној Гори народна мисао Русију издваја, машта је до безграничности разастире, душа својата, поетски увеличано, као небесну светлост и сунчано благодарје.

Црна Гора је изузетно, током ослободилачког борења својег људства, постала од назива једног земаљског предела одређујући реч у наслову државе а ствараоци по њој се именовали – Црногорци. Иначе, да се овде није гнездила и дуго бранила слобода, звала би се Црна Гора што и пре (негде од средине 15. века), дакле, голо и суро површје изнад плавети јадранске насељено крајишким братственицима.

Црна Гора поставши међународно призната држава (1878. године) овим добија подстицај за напредан развитак, уз увећану укупну моћ, посебно, бар трипут повишену привредну способност благодарећи тек завршеном ратном ослобођењу неколико градова и ужих равница.

Црна Гора прима и шири начин робне размене, премда у земљи преовлађује старинска пољопривредна производња. Поред зеленаштва, постаје знатнији трговачки капитал, улаган у послове промета домаћег и са иностранством. Почиње градња колских путева, газде зидају куће у варошима, али нема да се игде подиже неко моћније индустријско предузеће. Занатство је главно занимање у градској привреди, а на селу – домаћа радиност за потребе чељади и кућанства.

Црна Гора убрзано отвара основне школе, оснива и неколико средњих школа, а свршене ученике скромном бројношћу упућује у друге земље ради универзитетских студија, понајвише у Србију па у Русију. У Црној Гори штампају књиге, издају новине, пак и дневне листове; настаје и расте грађанска друштвеност.

Црна Гора образује органе власти по обличју сличне сродним установама у развијеним државама, доиста прилагођене владаревој надмоћи и племенском састојству још сталешки нераслојеног друштва.

Црна Гора има унутарње политичке противречности, најпре сукобљавање између владаоца и његових супарника у неким племенима, онда и борилачки напон школоване омладине која тражи завођење грађанске демократије. Тад, Црна Гора добија устав, настају политичке странке, сазива скупштину народних посланика.

Црна Гора, држава, прожета је у свему што ствара властитим припадањем Српству као роду, духовном одређењу и етичком завештању.

Црна Гора се огледа као српска држава и читавом сарадњом са Србијом, поглавито савезништвом у четири узастопна рата, дакле, кроз два последња војевања против Турске (1876-1878. године и 1912-1913), једаред битке с Бугарском (1913. године), најзад одупирања Аустро-Угарској. У рату, пак, с Хабзбуршком монархијом престала је Црна Гора да се на фронтовима бори (1916. године), пошто је обезбедила, на својем тлу, одступницу војсци Србије к албанском приморју. Црна Гора, међутим, убрзо обнавља отпор герилским устајањем на окупационе аустроугарске трупе: најзад, својим ослободилачким одредима среће Српску војску при њеном гоњењу непријатеља након пробоја Солунског фронта (1918. године).

Црна Гора, напослетку, своју државу приноси Српству одлуком нарочито изабране Народне скупштине да уклони с престола својег монарха, и уједини се са Србијом под њеном краљевском династијом, те обе српске државе заједно уђу у већ стварану велику државу Срба, Хрвата и Словенаца. Овим чином Црна Гора суверено постаје саставак осниване југословенске државе; и остаће јој привржена кроз нераздруживост од Србије.

5.

Срби изван Србије и Црне Горе – данас у Републици Српској, Републици Српској Крајини и Хрватској – имају такође поучно предање о ослободилачким борбама предака, збиља и о сопственом залагању, ево, потоњем жртвовању у одбрани живота и слободе. Устаници против турске тираније и крвави отпори подложништву у Хабзбуршкој монархији светле као случајеви слободарства и родољубља у Српству. Махом, напон побуњених људи и вазда настојање устаничких крајева теже да се збаци туђинска власт, макар спрече нељудска понижавања, уклоне зликовци, престану ропска морања и одвратне службе.

Савремено посебним државама у Србији и Црној Гори (током 19. века), устаниште још неослобођене браће увек претпоставља њихову моралну подршку и борачку помоћ. У бунама у Босанској крајини, на пример, јављају се међу устаницима и добровољци из Србије. За сваког устанка у Херцеговини има придошлих бораца из Црне Горе. А Турска је и војском кретала на Црну Гору да је покори, оваквим ударом устанике, херцеговачке Србе, лиши потпоре, онемогући им ратничку издржљивост, потуче их, остатке разагна.

Ослободилачко устаниште Срба у Босни и Херцеговини залази тежњом и учинком у европску политику, циљем у звано *Источно питање*, јер њихову борбу велесиле цене као ствар међународног решавања, посматрају као изазов својем мешању у прилике Османског царства.

А откад је Босна и Херцеговина предата под управу Хабзбуршке монархије (1878. године) случена је околност да се ослободилаштво Срба у овој покрајини духовно сједињује, па и политички спаја, с отпором Срба у Хрватској и Славонији и Далмацији аустроугарском угњетавању.

Власт хабзбуршка је и кривотворство и злочине чинила и насиљем стално притискала, да би предупредила ослободилачко устајање и борачко зближавање Срба у покрајинама Монархије. И нарочито се та власт заузимала, јавним сметњама и свакојаким тајним подривањем, да Србима у Аустро-Угарској онемогући стизање подршке и помоћи из Србије и Црне Горе. На пример, за погибију свога престолонаследника од руке Србина из Босне (1914. године), влада Хабзбуршке монархије окривљује Србију као подстрекача и наводиоца дружине атентатора. Сам случај, штавише, она узима као повод аустроугарског војног похода на Србију и Црну Гору (јер се Црна Гора одмах придружује одбрани Србије). Непријатељ цени Српство једном здруженом снагом, можда и већма него што се Срби сами осећају духовно уједињени за свеукупно сложан борачки наступ.

Срби у Босни и Херцеговини, Хрватској и Славонији и Далмацији, иако подвргнути гневној аустроугарској одмазди, пружају отпор; многи прелазе у Србију и Црну Гору, као добровољци у овдашњим војскама да ратују против Хабзбуршке монархије. То прелажење траје све до завршетка Првог светског рата, коначно у толиком збиру појединачних одзива да претежно ти Срби са мањим бројем Хрвата и још мање Словенаца, такође добровољаца, сачињавају једну оперативну дивизију у Српској војсци на Солунском фронту, и оданде у ослободилачком походу преко Македоније до приморја Црне Горе.

Срби у покрајинама Аустро-Угарске одлучно суделују у коначном отклањању хабзбуршке власти. Ти Срби су покретачи и вршиоци приспелог и задобијеног уједињења ових покрајина, скупно званих југословенским, са Србијом и Црном Гором. Они схватају, од првог часа, државу Срба, Хрвата и Словенаца заједницом у којој се уједињава целокупно Српство. Они су овој држави приврженi сматрајући је остварењем циља својег народа, плодоносним условом постојања, траженим чиниоцем слободе и напретка.

6.

Војска је увек, и свачија, својим створом подобна природи друштва од којег има устројено људство, а прилагођена према доктрини о унутарњем склопу, виду и сврси односне државе.

Војска нове Србије најпре је устаничка и свенародна, потом снага унутарњег обезбеђења, најзад оружана сила за одбрану Отаџбине и вођење рата са спољашњим противником.

Војска нове Србије се развила до обличја, као и њој савремене војске; има све врсте борбених јединица, школе за обуку, установе за снабдевање.

Поучена и властитим искуством, војска Србије је изградила одличну унутрашњу уређеност. Одликовала се изврсном способношћу својих официра, изванредном издржљивошћу војника, имајући свесрдну подршку народа.

Војска Србије водила је у Балканском рату и у Првом светском рату битке, које су после уопште сматране поучним за савремено ратоводство.

Војска Србије постала је језгро оружаних снага заједничке државе Срба, Хрвата и Словенаца, Југославије.

Војска Црне Горе је најпре одбрамбена дружина мештана, после племенски окупљана и за нарочиту потребу сазивана оружана снага, најзад, углавном модерно устројена заштитница завичаја.

Војска Црне Горе је задржала свенародност у обуци, снабдевању, позиву за прихват оружја, одлажењу на бојиште.

Војска Црне Горе се одликовала изванредном покретљивошћу јединица, самопрегором старешина и војника, храброшћу појединца, баш неограниченом пожртвованошћу у борби.

7.

Овим огледом, заправо цртицама, обележене су прошлост и Србије и Црне Горе, како гласе, виђене минуле и трајне вредности народа, потребно знању људства у Војсци Југославије.

Ова намена изискује приступ истини, како ваља да се трага о друштву и човеку. А овог часа изрећи једино напомену: кретати се у предмету, правити одбир примера за поуку, говорити слушаоцима што ће да памте, све то водити – само начином науке.

Уплитање ма каквих партијских обзира је штетно, можда, у понечем тренутно повољно али најзад испада заводљиво, ружно, погубно.

Отаџбина је свеколика *Истина*, врховна светост за грађанина и војника, заручује вечно.

Родољубље је дужност према Отаџбини, окриље за породицу, најлепше осећање за општост људску, најчистија узноситост личности.

Устав Отаџбине је скуп одредби о народу и држави, о човеку и друштву. Уставом се одређује војсци да штити Отаџбину, целокупност државе и достојанство народа.

Отаџбина, Родољубље, Устав – ове три речи – именују наслове битности за читанку о моралном васпитању грађанина и војника.*

---

* *Отаџбина заручује вечно.* Оглед је написан према наслову „Вредновање и неговање традиција нација и националних мањина СРЈ у Војсци Југославије", наученом за Округли сто, у Београду, 28. јануара 1993, на позив Управе за информисање и морал, Генералштаб Војске Југославије. Оглед је делимично објављен у часопису „Војска", Специјални прилог; Београд, јун 1994. године; целокупан, пак, штампан у књизи „Југославија на стрмини Европе".

НЕРАСКИДНО ЗАЈЕДНИШТВО

За двогодишњег одупирања разбијачима Југославије, Србија и Црна Гора су више пута сложно објавиле да ће чувати заједништво обликовано овом државом.

Предсједници Србије и Црне Горе, на примјер, издали су (у Сарајеву 22. фебруара 1991. приликом сусрета свих шест предсједника република) изјаву којом кажу да ће Црна Гора и Србија непопустљиво радити да Југославија опстане као федеративна држава.

Предсједници република и предсједници влада Црне Горе и Србије споразумијевају се (у Подгорици 27. марта 1991) да обје републике усагласе властита предвиђања о улагањима средстава и упошљавању људи: у рударству, електропривреди, металургији, машиноградњи, саобраћају, туризму, заштити укупног кретања и запошљавања становништва.

Представници Србије и Црне Горе, за два узастопна сусрета (у Београду 5. фебруара и у Подгорици 12. фебруара 1992), процјењујући губитке и нужност отаџбине, закључили су договор одлуком да обје републике остану заједно, сачувају језгро Југославије и настави се тако непрекидност постојања ове државе.

Србија и Црна Гора да имају заједнички: дводомну народну скупштину (вијеће република и вијеће грађана), владу и предсједника савезне државе; а посебно, имаће свака – народну скупштину, владу и предсједника републике.

Гледајући на важност таквог споразума, Скупштина Црне Горе је усвојила (22. фебруара 1992) Закон о референдуму становништва – да грађани гласањем одлуче о будућем положају своје републике.

Референдум је обављен (1. марта 1992) великим одазивом становника.

Становништво Црне Горе знатном већином гласова (не само грађана изишлих на референдум него и у омјеру према читавом бирачком тијелу) одлучује да његова република остане привржена Југославији, са Србијом нераздвојно.

Већина посланика је у вишестраначкој скупштини била одбила (23. марта 1991) извјестан приједлог декларације о проглашењу Црне Горе сувереном државом; Црна Гора то својство, кажу, има и испуњава у Југославији.

У Србији није обављен референдум сличан том у Црној Гори, по свој прилици због преваге овог мишљења: Србија је утемељитељ Југославије, стоји у средишту свакој другој власти и области, отворена за приступ и заједништво. (То мало подсјећа на поступак 1918. године, кад је Народна скупштина Србије 29. децембра, одобравајући југословенско уједињење проглашено 1. децембра, уједно признала и одлуку Црне Горе, која бијаше посебно донесена 26. новембра.)

Правници, затим, једни опуномоћени од владе Србије и други од црногорске владе, радећи посебно и заједно као уставна комисија, написали су Нацрт устава за државу која остаје као неразорена основица управног јединства у простору југословенском. Нацртом устава заједничка држава Србије и Црне Горе је названа – Савезна Република Југославија.

На засебним засједањима, свака у својству представника народне суверености, скупштине Србије и Црне Горе су појединачним гласањем посланика усвојиле Устав Савезне Републике Југославије.

Потом, делегати Савезног вијећа Скупштине Социјалистичке Федеративне Републике Југославије су изгласали 27. априла 1992. Устав Савезне Републике Југославије; њено постојање рачуна се од овог дана.

Одмах затим Устав је свечано проглашен у присуству делегата који су га изгласали, делегата Вијећа република Скупштине Југославије, посланика народних скупштина Србије и Црне Горе и нарочито позваних првака и старјешина у струкама и установама привреде, науке и умјетности.

Истог дана учесници заједничке сједнице Скупштине Савезне Републике Југославије, народних скупштина Републике Србије и Републике Црне Горе – пред којима је свечано проглашен Устав – усвојили су посебну Декларацију о вољи грађана Србије и Црне Горе да остану у заједничкој држави, Југославији.

Декларацијом су записане, међу осталим, и сљедеће одредбе:

Савезна Република Југославија (двочлана политичка заједница) наставља државни, међународноправни и општи субјективитет Социјалистичке Федеративне Републике Југославије (шесточлане федерације) и поштоваће све обавезе које је Југославија на међународном плану преузела у прошлости;

Савезна Република Југославија је спремна на пуно уважавање права и интереса југословенских република које су прогласиле независност;

Савезна Република Југославија је заинтересована за обнову привредних, саобраћајних, енергетских и других токова и веза на читавом простору досадашње шесточлане федерације;

Савезна Република Југославија нема територијалних претензија ни према којој земљи у својем сусједству;

Савезна Република Југославија зајемчује највиши степен заштите људских права и права националних мањина предвиђених међународним правним инструментима и документима Конференције европске безбједности и сарадње;

Савезна Република Југославија, у својим односима са другим земљама, руководиће са начелима Повеље Организације уједињених нација, као и принципима из докумената Конференције европске безбједности и сарадње, посебно Париске повеље;

Савезна Република Југославија, као оснивач Покрета несврстаних земаља, остаје привржена главним начелима и циљевима политике несврстаности;

Савезна Република Југославија, као држава слободних грађана, руководиће се у свом демократском развоју мјерилима и достигнућима Европске заједнице и других европских установа, с намјером да им приступи, у свакој добије пуноправно чланство.

Делегати Савезног вијећа су донијели одлуку да се одрже избори за посланике Скупштине Савезне Републике Југославије, дакле: општи народни избори за Вијеће грађана (31. маја 1992), а у међувремену да народне скупштине Црне Горе и Србије изаберу посланике у Вијећа република.

Скупштина (Вијеће грађана и Вијеће република) Савезне Републике Југославије образовала се на свом првом засиједању, у Београду 11. јуна 1992. године.

Скупштина је 15. јуна 1992. изабрала предсједника Савезне Републике Југославије.

Предсједник је именовао личност да састави владу Савезне Републике Југославије. Та влада се представила у Скупштини 14. јула 1992. године.

Савезна Република Југославија је уобичајеним редом добила врховне установе. Обликовала се имајући и потпуну развијеност органа власти у републикама чланицама, Србији и Црној Гори.

Савезна војска, Југословенска народна армија, добија (одлуком 20. маја 1992) нов службени назив – Војска Југославије.

Од часа усвајања Устава и Декларације, Савезну Републику Југославију називају – Трећа Југославија; то је за обичан разговор подешен слог ријечи о имену заједничке државе Србије и Црне Горе.[*]

---

[*] *Нераскидно заједништво.* Чланак је објављен у часопису „Војска“, Специјални прилог; Београд, јануар 1996. године; поново штампан у књизи „Југославија на стрмини Европе“.

ОТАЏБИНА
ВРХОВНО ВЕЛИЧАНСТВО

Владо Стругар, члан Црногорске академије наука и умјетности, члан Српске академије наука и уметности, члан Македонске академије наука и уметности, пуковник, у пензији, историчар, написао је следеће обраћање Отаџбини, војсци и народу, које је усвојила и препоручила за објављивање група академика и научника приликом пријема код начелника Генералштаба Војске Југославије, генерал-пуковника мр Драгољуба Ојданића (у недељу, пре подне, 28. марта 1999, у Централном клубу Војске Југославије, у Београду).

ОТАЏБИНА ЈЕ ВРХОВНО ВЕЛИЧАНСТВО

Не пристајући да се покори злочинцу НАТО пакту, најнаоружанијем војном савезу откад је света и века, наша Отаџбина Југославија досегла је светски гласовиту и историјски знамениту часну смелост.

Витешки и човечно узвисила се оном храброшћу коју је наш народ исказао у времену од 1914. до 1918. године ратујући против освајача, Аустро-Угарске и Немачке. Одважила се истоветно као што је наш народ поступио 27. марта 1941. године одбијањем покорности Тројном пакту, онда најмоћнијем војном савезу у свету. Показала се достојна бораштва нашег народа у четворогодишњем рату 1941–1945. године против фашиста и нациста, освајача и зликоваца, који су убијали наш народ као што ево – 1999. године – смртоносну ватру сипа и НАТО пакт, доиста, већом ударном силом и свирепијом окрутношћу.

Наша отаџбина Југославија је ових дана извојевала једну по-
беду, по моралном значењу – највишу. А та победа се састоји у том
што се наша Отаџбина није, без борбе, предала нападачима; прегла
је у рат за слободу и опстанак, за част и правду (24. марта 1999).

Ова чињеница има светскоисторијски значај, можда и већу
важност од нашег 27. марта 1941. године (иначе, свака и свачија
историја Другог светског рата уписује тај дан и датум).

Отуд, нека та вредност соколи нашу војску, официре и вој-
нике. Нека подстиче добровољце да ступају у војску и тако осна-
жују одбрану Отаџбине. Нека храбри родољубе поучавајући да
је Отаџбина врховно величанство, највиша висост. Отаџбина је
услов слободе за грађанина, окриље среће за породицу.

Витешки напред, официри и војници! Каже вам негдашњи
ратник, потом официр, данас старац; јер, тачно вели народна пе-
сма: „И ови ће проћи дани, и ово ће се звати лани”. Зато, нека ваши
ратнички дани буду, и спомињу се, славни, као што су то одбрам-
бена и ослободилачка ратовања ваших очева, дедова и прадедова.

Сложно, роде мој, кажем својем народу. Издржимо у отпо-
ру зликовцима. Својом непредајом већ имамо једну победу, за
охрабрење – одсудну победу.

Издржимо у братољубљу, и тако ћемо истиснути неслогу из-
нутра, уколико је још имамо.

Уместо тесноће партијског родољубља, имаћемо свеопшту
моћност отаџбинског родољубља.

Издржимо јунаштвом. Наша истина је праведна; наша по-
треба је човечна.

Победа је наша; већ имамо једну победу; а морамо – коначну и
целокупну.[*]

---

* *Отаџбина врховно величанство.* Проглас је споменут у вестима
Телевизије Београд, 28. марта 1999. увече и поново 4. априла 1999, такође
у вестима Радио Београда, 1. априла 1999; прочитан на скупу у Удруже-
њу књижевника Србије, 3. априла 1999, објављен је у наредном броју ли-
ста „Књижевне новине”; објављен је у листу „Дан”, у Подгорици, 15. априла
1999; званично је објављен у општевојном теоријском часопису „Војно де-
ло”, ратно издање, Београд, број 3–4, 1999; вест о објављивању прогласа у
часопису „Војно дело”, дата је у листу „Политика”, у Београду, 31. маја 1999.
Коначно, проглас је штампан у књизи „Југославија на стрмини Европе”.

У СРПСТВУ ВОЈСКА

„Од како се Српство засрбило,
у невољи већој није било,
јер пут њега са свакоје стране зијевају и але и вране...

Нек се носе и але и вране,

Срби ће се од њих да одбране, и бољи ће да им свану
дани,

а ови ће да се зову лани...

Срб се узда у Бога и у се

да ће спасит и себе и Русе."

(Стихови из народне пјесме „Уздамо се у Бога и у се", чи-
тане, и слушане уз звуке гусала, на ратним положајима
бранилаца Републике Српске већ од љета године 1992.)

Српство (ријеч писана првим словом великим) назив је
људства, јединствен именитељ народносне припадности за све
душе православне вјере у Србији, Црној Гори, Босни и Херцего-
вини, Хрватској, гдјешто и у Македонији, с подразумијевањем,
пак, у сродству и тих лица чији су преци у минула доба прими-
ли ислам, као и оних који су прешли у римокатоличку цркву.

Српство (ријеч писана првим словом малим) значи име-
новање самосвојних особина српског народа, управо, износа и
вида духовности у знањима и изражајима, начина исказивања
душевности у дружењу, све по сљедству предању и умијећу тво-
раштва, а битно од људског соја и стечених обичаја.

Српство је, дакле, род и име, језик и завјет, отаџбина и те-
ковине.

Отуд, висока је умна износитост, и зорна је морална величи-
на, и голема је заповједна силина, и неприкосновена је вријед-
ност, одиста, безгранично потребна овом народу, истина, звана
– *Слоīа у Срӣсӣву*.

Такође, има ли смисленији, испред ријечи *Снаīа*, снага са-
здана слогом, који друкчији израз да би тачније означио правац
оспособљивања Српства за постојање, суверену његову моћ-
ност на властитим посједима, неометано живљење у сопственој
држави.

А та снага, одсудан држалац тековина и творашта, подра-
зумијева се као спремност знања, рачуна стегом и махом свачи-
је мишице, стапа од сложности свију родољуба, у истом хвату
сједињаваних животним правдањем и васељенском узвишено-
шћу заједнице, речене – *Оӣаџбина*.

Овако, помоћу те три, очас нарочито наглашене ријечи, *Сло-
īа – Снаīа – Оӣаџбина*, мисаоно се опасује сав витао Српства, и
роду своди опсег дјејства ради имања слободе, с њом достојан-
ства и отпорне неподношљивости ропства.

I

Српство, историјски народ, одавно искушава наредбоносну
тежину, и утолико познаје поетску чар судње крилатице: *Слоīа
– Снаīа – Оӣаџбина*. Повјесница, уосталом, поучава: Србину је
милије макар и сиротовање на сопственом огњишту него гојно
бављење у топлом окрајку подно туђе трпезе.

У Новом вијеку, Српство се дуже од иједног другог народа на
Балкану оружано бори да се ослободи туђинске тираније и напо-
сљетку политички и управно уобличи једном својом државом.

Испред Српства, ниједан други народ на југоистоку Европе
не записује ни набраја више својих ослободилачких устанака и
ратова.

Изданак и једно обличје те особености баш је Република
Српска, установљена 9. јануара 1992. године (под овим именом
од 12. августа 1992).

Устаничким постанком, одбрањеношћу снагама и напорима родољуба, саздањем за животну и људску потребу народа по којем се назива држава, Република Српска надмашује свачију појединачност: из личних немира извлачи борачку снагу; гдје би палост подишла, креће напон прегалаштва; освјештава трудољубље и жртве, благослови ствараоце.

Република Српска – узевши по начину њеног постанка – досљедно представља, видом оличава и самотвором понавља народску битност, својствену давном исхођењу држава у Србији и Црној Гори. Заиста, подударно с њиховим јављањем, почетним обличјем у народним устанцима па доцније завођењем потребних установа – све уз упоредно одупирање околним и удаљенијим непријатељима, чак и ратовањем – једнако, дакле, настаје и развија се, брани и оснажује властитом државношћу Република Српска.

А колико су сва три ослободилачка подухвата, ранији, у Србији и Црној Гори и овај потоњи устанички учинак Срба у Босни и Херцеговини, подстакли супротних изазова у сусједствима и код велесила, изгледа, Република Српска би у том, могла понајприје и највећма да се упореди са ослобађањем завичаја и стварањем државе у Првом српском устанку (1804-1813. године) под вођством Карађорђа Петровића (1768-1817).

Тад је Србија предзначила и подстакла доцније противтурско устајање народа на Балкану, а европске велесиле, прохтјевима већ заривене у југоисток Европе, надредиле се да дијеле земље и народе избављане из ропства у Османском царству.

А Република Српска – најближе упоредива са истовремено стараном Републиком Српском Крајином која је проглашена државом 19. децембра 1991. године – нанијела се устанком на ислам исто као и Карађорђева Србија. Али је доживјела теже непријатељство католичанства, одакле европске државе и широм свијета заглављена велесила Америка стежу и сузбијају, крње и смањују, чак, у великој мјери, уништавају ослободилачка остварења Срба у Босни и Херцеговини и западним крајинама.

Устаничка Србија је имала само Турке за крвнике, војску Османског царства као наоружаног непријатеља. А Републику

Српску Крајину и Републику Српску туку снаге најмоћнијег војног савеза, бројнијег људством и снабдјевенијег смртоносним средствима него што је то икад била нека оружана сила откако се памте ратови у човјечанству.

Упоредо, те империјалне велесиле море и Србију и Црну Гору; свакојаким принудама и ограничењима, одузецима и наморавањима, притежу да их раставе, Србију осаме, сасвим лише способности за отпор и самосталност.

У одупирању том свеколиком освајаштву, укупни губици Српства су засад неизмјерљиви; некад, убудуће, подаци сређени, казиваће о погинулом људству, отетом и уништеном благу, али никад неће бити ни најтачнијим сабиром исказана духовна пострадалост и душевна намученост Српства, поготово, нигда измјерена врста јада од понижавања, којим католички свијет Запада злоставља православне Србе, част им оцрњује, вољу слама, уцјењује живот, одузима услове за срећу.

Но у Српству ниједан губитак властитог земљишта не рачунати коначним исходом, неизмјењљивом посљедицом догођеног страдања; јер, уколико је природно право зависно од људских снага и стварних домашаја, историјско право је вјечито.

Управо, и данас је као што свагда бијаше: кретња сучељава супротности; надгорњавања се настављају; коначност је неизвјесна кад се боравишта подижу и премјештају док несмирена развала кида унутарње стеге и обличја пређашњих творевина, квари обичајност и законит поредак.

Стога, Српству је превасходно да свеструко обједињава своје моћи и усаглашава прохтјеве, не одјелито по покрајинама већ усклађено, суштински, сложно у Србији, Црној Гори и Републици Српској.

За Српство кључ је опстојања у слободи и цјелокупности, да је сљубљено са Србијом, у средини, на чворишту јој Београда; с њеним благом у темељу; с њеним људством у задружју; с њеним историјски славним именом у свакојем заједничком прослову.

Од Црне Горе Српство има: епски прозив, поетичност слободарства, напоритост у бораштву.

Република Српска, крило рода, у крајини на бранику, Српству дође и чедо и задатак: да оспособи установе државе, заводи племениту дружевност, поправља живот озлијеђеног становништва, развија се спајајући све струке и службе са истоврсним занимањима у Србији и Црној Гори, без икакве, унутар, стављене раздјелнице.

У свему, за Српство, просвјета, школска и општа, да буде свемашни ујединитељ, благородни творилац јединствене духовности с појмом слоге у народу и подразумијевањем врховности Отаџбине као средишне окоснице свачијега знања и прве одредбе за свако лично и друштвено опхођење.

Црква, куд и школа, по предању Светосавском и сопственом историјском искуству спасиоца духа Српства, и по православним поукама за човјештво, да судјелује у народним подухватима, блажи опорости, савјетује братољубље, учи о чедности у поступањима, гради општу сложност.

Војска, бранилац народа и државе, да се морално озарује поучавањем о јунацима и бојевима из ослободилачких ратова Српства, и стручно оспособљава како савремено ратоводство поучава, духовно уздиже и чврсне Отаџбином као неприкосновеним величанством за грађанина и војника.

Школа, црква, војска, та три творитеља опште друштвености, уједињујући знања и сопствена залагања, и дајући стручне способности и потребну безбједност свим врстама савремене радиности, нека битно доприносе да се увећава богатство Отаџбине, смањује оскудица, множе услови за спокојство.

А таквом домету начинити и ширити духовно упориште:

поимањем сопствене народности, по могућству, схватањем без преплаве ма којег идеолошког наноса и уплива рђаве туђинштине; етичком поуком и свештеном проповиједи по историјском искуству и народским обредностима српског православља;

честитим и правичним вредновањем својег духовног блага у предању и знањима, широм у насљеђу и међу потоњим остварењима; извојевањем земаљског опсега државе у којој ће Српство живјети, плодити се и богатити;

избором облика, вида и начина заједничког живота помоћу владавине која обезбјеђује општу слободу и људска права личности, творећи друштво у којем је човјек штићен примјеном закона.

И све то узвишено поднебесјем моралне заповијести Српству, да свуда у браће, и кроз све у роду и у свему од појединца и множине, стоји и помаже – *Слоīа*:

као напон којим живе ствараоци;

као стега која веже творачка моћства;

као љубав која сједињује душе;

као зарок који одређује – једно су народ и моћ, неразлучни воља и власт.

А Српство, разумије се, не би могло срећно живјети ни благотворно напредовати у ограђености и осамљивању; сарадња у међународности је нужна, и темељно потребна, и човјечански важна.

Свакако, и да се опомиње предвиђањем: плутократије Запада и даље ће се подлошћу служити, којом и силе машити, можда опет и оружано ударити, да би Српство подредиле својем прохтјеву, потчиниле га, како је очигледно, да би постало служинчад Сјеверне Америке, можда људство на нижим и најнижим пословима за велику Њемачку.

Но у свеколиком одбрамбеном морању Српства, не лишавати се вјеровања: обновиће се Русија, постати што је била у претходна два вијека, управо, један од двојице, или међу тројицом и четворицом, доносилаца судбоносних одлука за човјечанство. И нека та вјера надаље кријепи одлучност Српства да брани свој живот и правду; но, биће као и увијек прије, снагом ношена и жртвом подмиривана.

II

Република Српска сопственим бораштвом, прво одбрамбеним устанком па ево четворогодишњим ратовањем, насљеђује врло значајно предање (традицију) о ослободилачким јунаштвима предака.

Устанци против турске тираније и крвави отпори подложништву у Хабзбуршкој монархији свијетле као подвизи слободарства и родољубља у Српству. Савремено посебним државама у Србији и Црној Гори (током 19. вијека), устаништво још неослобођене браће увијек је претпостављало њихову моралну подршку и оружану помоћ. У бунама у Босанској Крајини, на примјер, јављају се међу устаницима и добровољци из Србије. За сваког устанка у Херцеговини има доста придошлих бораца из Црне Горе. У посљедњем рату против Османског царства припадници су, у редовима војски Србије и Црне Горе, и добровољци Срби из Босне и Херцеговине, Хрватске и Славоније и Далмације. У коначном рату против Аустро-Угарске, Срби из њених покрајина у великом броју прелазе у Србију и Црну Гору, да овдје заједно с браћом бране правду и посједе Српства, борачким удјелом буду међу ломитељима дуговјековног деспотизма Хабзбурговаца.

Ти Срби, добровољно првоборци, одлучно су привржени подухвату уједињења југословенских покрајина разбијене Аустро-Угарске са Србијом и Црном Гором. Они схватају, од првог часа (узевши 1918. године), државу Срба, Хрвата и Словенаца политичком заједницом, коју условљава уједињеност цјелокупног Српства. Зато су јој одани, рачунајући је остварењем својег народног циља, заштитним оквиром властитог постојања, извојеваним чиниоцем слободе и напретка.

Том увиђавношћу одржавајући своје вјеровање у одсудну важност једнодржавне уједињености цјелокупног Српства, постали су Срби у Босни и Херцеговини, Хрватској и Далмацији, и током Другог свјетског рата – иако допали у два несложна и међусобно супротстављена покрета противокупаторског отпора – најодважнији устаници на фашистичке освајаче: и огромно су помогли, унеколико и претежно допринијели, да се обнови предратна држава, поништи окупаторским насиљем убојно и крвожедно искомадана пређашња уједињеност свих српских завичаја.

Зато су Република Српска Крајина и Република Српска, одбрамбено ратујући, једнако хтјеле, упорито се залагале, да оста-

ну неодвојиве од Србије и Црне Горе, у ствари, сачува се уједи-
њеност Српства.

III

Овако огледом, заправо убиљежавањем неколико помисли,
можда су назначене неке историјске знаменитости и стога ду-
ховне вриједности, уз напомене о данашњој и будућој потреби
народа, све саобразно наслову: *У Српству војска.*

Општост овог наслова истински се оправдава големом исто-
вјетношћу, сличношћу језгара, у засебним појавама и остварењи-
ма народног ослободилаштва у Србији, Црној Гори, Републици
Српској и Републици Српској Крајини; у свих је, при пребројy,
суштински, неразличје у почетним подухватима, те сљедстве-
ним завојевањима и највишим задобицима.

И са виса те општости, увијек погледом на укупност њеног
опсега, кретати се у предмету, правити преглед цјелине, одаби-
рати примјере за поуку, уопште говорити о војсци у Српству,
значи, у Србији, Црној Гори, Републици Српској и Републици
Српској Крајини.

Потом, наставком истраживања и бесједе залазећи у пре-
ђашње историјске и потоње стварне посебности те четири вој-
ске – скупа зване *Војска Српства* – сваки појам саздати и сваку
причу уобличити поштујући безгранично благородство народ-
не духовности.

Њој на штету, било би уплитање у истраживање и прика-
зе ма каквих идеолошких намета или прохтјева; макар започе-
то маштовито и заводљиво, испало би најзад ружно и погубно.
Пристрасне засебности нека се предупређују старијом и већом
важношћу сведржећих битности у духу народа и уређености
друштва.

Прво је Отаџбина, свеколика својина, врховна светост за
грађанина и војника.

А родољубље је својно грљење Отаџбине, понос и радост за
породицу, поетска висина за узајамност људску, благословена

вољност човјекова, морална суштина у сваком дружевном опре-
дјељењу.

Отаџбину и родољубље сједињује, прожимајући се њима,
устав државе и друштва: грађанину одређује права и дужности;
војску обавезује да штити благо земље, цјелокупност њена про-
странства и достојанство народа.

Отаџбина, родољубље, устав – ове три ријечи – насловљују
све што би требало да садржи читанка о народној духовности
и предању, као везиља поука за савремену просвијећеност и мо-
рално одношење грађанина и војника у Републици Српској.

А поврх и около, као сунцем позлаћена дуга над сумором
земаљским, нека се находи, гласи заповијест, узбуђује срца, не-
уклоњив прослов:

> тужно је Српство кад му војска није славна;
> без њене славе истањен је понос народа;
> устанком посеже да стекне јунаке;
> презире палост, а нагони јуриш;
> хоће слободу, пјесмом велича борце;
> с њима за дичан узнос и свијетао образ пред човјечанством.[*]

---

[*] У *Српству Војска*. Оглед прочитан за Округлим столом о теми
„Развијање и његовање српске духовности и традиције у Војсци Републике
Српске и цјелокупном систему одбране Републике Српске”, у Бања Луци,
4. маја 2000. године; и објављен у зборнику радова теми дословног назива.
– Бања Лука; Република Српска, Министарство одбране, Центар за страте-
гијске студије, 2000, 65-74. Оглед поново објављен у књизи „Југославија на
стрмини Европе”.

ДОМ И ПОВЕСТ

ЈУГОСЛАВИЈА
ИСТОРИЈСКО НАСЛЕЂЕ

Историчар др Владо Стругар, редовни члан Црногорске академије наука и умјетности, аутор књиге „Југославија федерација и република" и других студија из наше новије историје, недавно је изабран за члана Македонске академије наука и уметности. То је био један од повода да са њим разговарамо о стању у нашој историографији.

Ових дана је у штампи објављено да сте изабрани за члана Македонске академије наука и уметности. Како сте примили ту вест?

Примио сам је с радошћу као сваку пријатну вест.

Да ли због тога што сте пре тога били критиковани од неких чланова Црногорске академије наука и умјетности?

Не само због тога и можда најмање због тога. Драго ми је што су колеге у МАНУ уочили вредност мојих радова. Посебно се радујем што је избор, како ми је јављено, био једногласан. То је за мене највеће признање јер, као што видите, данас није лако ни у академијама постићи сагласност.

Шта је по Вашем мишљењу било пресудно у томе?

Вероватно то што сам се у својим радовима о Југославији увек трудио да оцртам, што боље могу, македонске тешкоће у рату и револуцији, поглавито у отпочињању устанка. Сем тога, имао сам и неке посебне радове о Македонији. У сваком случају, хоћу да нагласим да ми је то признање врло драго и да га осећам као поетску вредност.

*У жижи Ваших истраживања је Југославија и њена про-
шлост. Једна од Ваших новијих расправа гласи „Југославија као
историјско наслеђе револуције". Зашто сте одабрали ту тему
коју многи историчари заобилазе?*

Кад на нашим научним скуповима говоримо о рату и рево-
луцији, често занемарујемо Југославију као историјско наслеђе.
А она је, како сам рекао на прошлогодишњем научном скупу у
Струги, историјска тековина, за партизане – полазиште. То је
вредност коју је стекао народ и као своју не може никад да је на-
пусти. Југославија је била услов и оквир за обликовање државне
самосталности сваке од њених нација. Као члан међународне за-
једнице у коју је двоструко била уведена – на једној страни, преко
краљевске владе и, на другој самосвојно, ослободилачким устан-
ком – она се нашла као заслон сваког националног ослобађања;
и захватом у простору углавном била одређена као формација
свега истоименог становништва. А проширење на оне крајеве
у којим се југословенство још налазило под туђинском влашћу
задато је ослободилачком устанку, да национална разграничења
оствари споразумно са антифашистичким борцима у суседним
земљама. То прошло време често се заборавља, па нам се чини да
је историја почела од оног дана кад смо ми кренули.

*Шта је узроковало занемаривање Југославије као историјског
наслеђа?*

Кад размишљамо о узроцима не би требало испустити из
вида да историју пишу победници. Ми смо дуго после рата били
заокупљени причама о себи, о рату који смо водили, о револу-
цији и њеним достигнућима, о заједништву. Политика која се
водила у то време налагала је да се што више прича о томе чему
је она наставак. У таквој ситуацији писање историје се сводило
на хроничарски опис догађаја; даље се није могло.

*Свако време има своју предисторију. Зар предратни напред-
ни покрет, штрајкови и борба КПЈ против реакционарних режи-
ма нису предисторија нашег ослободилачког рата и револуције?*

Тачно је то. Па ипак, ми смо се више задржавали на победничкој фази, описивали смо тај део прошлости и садашњости, занемарујући оно што је томе претходило. Све што је историјска наука казала о том прошлом времену могло би се свести на једну солидну реконструкцију догађаја. Будућа покољења ће направити своју анализу и даће своју оцену догађаја и понашања учесника. Они ће то моћи да ураде јер ће имати документе, не само оне којим смо ми располагали, већ и многе друге.

Можете ли објаснити због чега смо толико заокупљени собом и својим делом?

Ако може да буде утеха, нисмо једино ми тако поступали. Сви су тако радили. Свака национална историографија се трудила да покаже оно што је добро за ту нацију и за њену ратну и послератну политику. Кад сам за један научни скуп Српске академије наука и уметности припремао реферат „Место Југославије у општим историјама Другог светског рата", нашао сам какве су све неправде ту учињене. Међу 30 књига које сам анализирао била је, на пример, једна обимна француска историја Другог светског рата. Њен аутор је, кажу, пријатељ Југославије. Али та књига садржи више о учешћу Француске у Другом светском рату него о учешћу Совјетског Савеза. Интересантно је, такође, да је свака од тих историја забележила наш Априлски рат (1941) и долазак Совјета на Балкан (1944), а многе нису ни споменуле нашу народноослободилачку борбу. Сваком је, дакле, било потребно да каже нешто о свом доприносу победи. То је уопште тако, и чини се да је неопходно да та „победникова прича" мора да потраје неко време. А кад дођу наследна покољења онда почиње пажљивије анализирање и разбистравање прошлости.

Сведоци смо доста жучних расправа међу историчарима. Може ли се то сматрати почетком тог разбистравања?

Рекао бих да јесте некакав почетак, некакво отварање на које смо дуго чекали. Колико могу да видим то је било неминовно и не треба да нас збуњује.

Ако сматрате да је то отварање, зар мора да буде овако бучно?

Човек често не може да изабере облик отпочињања неке радње. Сложио бих се да је то дошло нагло, али не треба губити из вида да смо ми и раније излазили са извесним претпоставкама, покушавали да дубље анализирамо неке ситуације. На поменутом скупу у Струги, на пример, поставио сам питање: када ће се организовати скуп писаца и истраживача на ком би се расправљало о опсегу и садржини велике теме – класе националног друштва у ослободилачком рату и револуцији. Потребно је да се прецизније утврди којом се главном разделницом граниче социјална померања и добровољно или гонилачко сврставање људства са неједнаким и супротстављеним политичким циљевима до победе револуције која свему народу одређује коначност преокренутих односа.

У чему видите величину те теме?

Видим је у томе што многи аспекти нашег ослободилачког рата и револуције још нису објашњени. Да романописци нису проницали у душевна стања људи у рату и револуцији, са других полазишта, о томе се не би ништа знало, јер су историчари, углавном, збирали и ређали податке, понеко и за синтезу, а публицисти, репортери и мемоаристи славили херојство победника и још више порицали човечност окупатора и колаборациониста. Нико досад није јасно и гласно именовао незаобилазни крст: човек је био у средишту свега, а мора се дознати како је тај доскорашњи, уљудни и незлобиви грађанин и сељак могао очас да постане жестоки заточник неке политике, ратник једне војске, озлојеђени гонилац друга и брата, убица у одбрани или насиљу. Без познавања тих душевних стања и мноштва раскида и спојева биће непотпуна историја ослободилачког рата, а остаће недовољно сагледана и револуција.

Приметили сте, свакако, да неки учесници у садашњим расправама о прошлости веома оштро, рекло би се, чак и нервозно реагују.

Има и тога. Али ја мислим да је добро што се и њима пружа прилика да изнесу своја виђења и своје оцене; ако они сада не би рекли то што имају да кажу, будући историчар би располагао само оним што је писац у свом приказу изнео. Не би било сведочења друге стране. А ми се сад питамо: колико је у прошлости било чинова и дејстава без сведочења „друге стране", и колико нам је историја услед тога истинита. Стога, разговор треба да подстичемо, негујемо, а не заустављамо.

Из садашњих расправа видимо да су људи у различитим временима давали различите описе истих догађаја и личности. Ко треба да каже шта је тачно?

Историчар мора да пресуди. Он ће имати на располагању мноштво докумената, и ранијих и каснијих, на основу којих ће изграђивати свој суд.

Дедијерови „Нови прилози за биографију Јосипа Броза Тита" су на удару критике. Шта Ви као историчар мислите о њима и о критикама?

Не бих хтео да будем схваћен као Дедијеров адвокат. Он има две доста јаке ограде. Прва је што је књигу назвао „Прилозима", а у прилоге може много шта да се стави. Друга је „историјска дистанца", коју ја уважавам. Лично ми се неке ствари не свиђају, нарочито описи неких личних душевних стања. То му не бих одобрио. Не бих се сложио ни са неким другим описима, али му не бих због тога рекао да не пише. Напротив, треба да пише, поготову ако располаже документима и ако је то што пише у контексту онога што се данас може знати и говорити. Можда су ове полемике узеле необичан ток због тога што је он много тога одједном изнео, што је све то пало као громада, сручило се као неки усов па је све то тешко могло одједном да се прими. Но без обзира на све то, мислим да је добро што је та полемика покренута.

Учесници у садашњим йолемикама често се сйоре, йа чак узајамно ойтужују, око йојединих догађаја, йозивајући се на исте документе. Како је то могуће?

Различитог тумачења појединих ситуација одувек је било и увек ће бити. У документима је за свакога неоспорно име, место радње, учесници. То не може нико да измени. Али просуђива-ње је субјективно. У документима свако тражи оно што жели да докаже. И у томе је занимљивост историје као науке. Оно што је до сада писано о НОР-у и револуцији остајало је у оквирима со-лидне хронике, у којој су забележени догађаји, учесници, места збивања. Стварна научна анализа, просуђивање и проналажење неких историјских законитости тек треба да дође. И због тога ћемо се ми увек враћати документима. На научном скупу који је крајем прошле године организовало „Војно дело" на тему: „Ти-това концепција општенародног устанка 1941." рекао сам да су историчари и публицисти Титово дело претежно читали да би сазнали чињенице, прибрали податке за причу и тезу о ваљано-сти замисли и борилаштва Комунистичке партије Југославије у рату и револуцији.

Оно што су посебно хтели војни аналитичари читајући Ти-тове радове, сажима се као низ поука за стратегију општенарод-ног рата. Они су то у већини случајева обављали као стручни сарадници на савременом елаборату, али, као школовани по ра-нијој доктрини која је служила командама регуларних армија у Другом светском рату.

Данашња теорија је нешто друго и они ће се сигурно поно-во враћати том извору и тражити има ли ту нечега што би нас могло упутити на нова размишљања и нова закључивања. Са извесне удаљености лакше се закључује шта је било успешно а шта није. Познато је да смо ми у досадашњим расуђивањима признавали само две категорије: борац и издајник. Нико се није усуђивао да испитује и објашњава шта се налазило између.

Ви се вероватно и због тога залажете за отворени дијалог. Може ли се он водити у ситуацији у којој полемичари не показују довољно толерантности према друкчијем мишљењу?

Дијалог се мора наставити, па макар и у таквој ситуацији. Људи који су разборити и кадри да се уздигну изнад приземне полемике, треба да издрже. Јер, једино се тако може доћи до објективног научног суда. Осим тога, одлика слободног самоуправног друштва требало би да буде отвореност.

Ви сте се на неким скуповима залагали да се Априлски рат 1941, који је до сада приказиван искључиво у црно-белој техници, друкчије вреднује.

Учинио сам то недавно на скупу који је организовало „Војно дело". Том приликом сам рекао да целовито сагледавање устанка мора да обухвати и Априлски рат. Од 6. априла 1941. године фашисти су гинули на југословенском простору. До данас нема ниједне историје Другог светског рата, објављене на Истоку или Западу, која није приказала немачки поход на европски југоисток. Има чак писаца који тврде да је одласком на Балкан, Немачка толико закаснила нападом на Совјетски Савез да се томе благодари што је Москва одбрањена.

Историчари су полемисали и око „Историје српског народа", чија је прва књига недавно изашла из штампе. Постављало се питање да ли је требало писати историју српског народа или историју Србије као државе.

Научно је сасвим оправдано да се пише историја српског народа, јер тако замишљена историја претендује да буде синтеза. Ако бисмо се ограничили само на државу, уз то на државу народа који је имао велике тешкоће кроз историју, који је остајао и без државе, онда не бисмо имали потпуну историју тог народа. Био би велики пропуст ако се наш напор не би усмерио тако да обухватимо све гране и све области живота једног народа. У данашње време историјска наука се помаже резултатима и других наука да би се добио синтетичан приказ, дакле, економије, социологије, психологије и политикологије. Нама су све те компоненте неопходне да би се обухватила целокупност, а то је један народ и његово живљење у сваком виду.

Као историчар сигурно пратите и разговоре о национализму као теми увек актуелној у нашој вишенационалној заједници. Пошто се национализам јавља у разним областима, има ли га у историографији?

Национализам се код нас после рата најпре јавио у расправама о прошлости. Кад смо на неком научном скупу слушали говор да је Аустро-Угарска за народе који су живели у њој била боља од предратне Југославије, нисмо тада знали чему та мисао води. Касније смо видели да је то био наговештај нечега што се испољило као одређена политика. Данас не мислим да је та појава јако изражена, али је сасвим извесно да национализма има и у историографији. Ми смо се и научно организовали тако да првенствено изучавамо националну историју. Истина, имамо и институте који се баве прошлошћу Југославије као целине. Имамо и часописе, и академије наука, и друге институције на националној и републичкој, односно покрајинској основи. Могуће је да у таквој структури дође и до пренаглашавања националне компоненте. Али то није општа карактеристика.*

_____

* Разговор водио *Милош Мишовић*; новине „Политика”, Београд, 23. јануар 1982. Поново објављен у књизи „Југославија на стрмини Европе”.

ПРЕУРЕЂЕЊЕ БЕЗ ЖРТАВА

У последње време почеле су да се појављују књиге докумената о спорним догађајима у научном, културном и уметничком животу протекле деценије, збивањима која су из своје оригиналне сфере преведена у политичку. Сад кад су се демистификовале ондашње политичке околности и смањиле присиле идеолошких тумачења, пред читаоце излази грађа за најновију политичку историју, али и за својеврсну „историју бешчашћа" – свих оних нестрпљивих, једностраних, политички функционализованих реакција којима су дочекиване песничке збирке, научни огледи, позоришне представе...

Један од таквих зборника докумената јесте и књига „Велика буна Црне Горе 1988-1989" Влада Стругара, у издању „Књижевних новина", из Београда, и „Универзитетске ријечи", из Никшића.

Историчар, академик Владо Стругар, који је средином педесетих година објавио прву књигу прозе „Узимај редом Господе" и прву научну студију „Социјална демократија о националном питању југословенских народа", наставио је свој каснији научно-истраживачки рад и на темама из рата и револуције 1941–1945. Његово главно дело, преведено на више језика, је за целокупно учешће Југославије у Другом светском рату, али је већина његових студија окренута периоду између два светска рата и анализи политичких односа у „првој Југославији".

Још 1985. године, уводећи у нашу јавност појам „трећа Југославија", Стругар је изазвао прве негативне реакције политичких форума, да би спор свом силином избио октобра 1988. године, после његовог излагања на годишњој скупштини Црногорске академије наука и умјетности под називом „Предлог питања црногорском народу о Српству и о могућем уједињењу Црне Горе и Србије". Узевши за подстицај свом „Предлогу" та-

дашње масовно народно незадовољство изражено на митин-
зима и демонстрацијама (али и сазнања из својих анализа ме-
ђуратног периода 1918–1941, што је у ондашњим коментарима
готово сасвим занемаривано), Стругар је покренуо питања која
су за мање од две године стекла пуни јавни и политички леги-
тимитет. Признаје се криза „авнојске Југославије", нуде се разна
нова решења за њено преуређење, национално питање показује
се нерешеним и поново отвара у свим републикама...

*Како гледате на ангажовање научника и научних институ-
ција попут академија наука, у драматичним данима превирања
у народу, и какав је смисао упуштања историчара у анализова-
ње „текуће историје", закључивање на основу догађаја који су у
самом свом напону?*

– Да за општу сврху друштва, национални поглед на свет и
радну претпоставку отаџбине, наноси подстицаје, узбуњује ду-
хове, ставља путоказе властан је филозоф, приповедач, истори-
чар, дабоме и сваки брижан говорник о човеку и народу. Подра-
зумевајући се овако омогућеним ја сам, отварајући (26. априла
1985) известан научни скуп у Црногорској академији наука и
умјетности, рекао (према објављеној белешци присутног нови-
нара), врло намерно, и ово: „Прва Југославија је створена за на-
род а испало је за буржоазију; друга, такође, за народ а испаде за
бирократију. Назиру се и елементи 'треће Југославије'; пожели-
мо да ова буде за човека и биће за свакога."

Убрзо потом згодио се случај да целовитим предавањем у
Српској академији наука и уметности (14. јуна 1985) разјасним
називе прва, друга и трећа Југославија. Завршио сам читање тог
есеја, поред осталих, и следећим реченицама: „Преголеме жртве
почивају у темељима и прве и друге Југославије. Свак се, смеран,
клања сени палих, али једном, као по судбини, израња питање:
је ли будућност збиља оправдала поднесене губитке народа...
Многољудношћу, здрављем и знањем омладина је способнија за
своје историјско позвање него што су били њени преци, твор-
ци прве Југославије и друге Југославије... И нека омладина своје

претке надрасте заклетвом и чином: у трећем устанку, у трећој револуцији – за трећу Југославију – да не буде жртава које би се бројиле мртвим главама."

Црногорци су Срби

У књизи су објављена два Ваша опсежна научна огледа, оспоравана од колега у Црногорској академији, као и одјеци у политичким форумима, при чему се у средишту пажње нашао Ваш став о вештачком, комунистичком стварању црногорске нације. Шта је суштина Вашег гледишта о Црногорцима као народу?

Без двоумице, одмах да кажем: Црногорци су Срби. Ово је моје осећање, лично веровање и научно тврђење.

Повест и поезија поучавају Црногорце да су Срби. Памтим, из детињства, причу мог оца како је он у своје доба, у школи као и саки други ђак, при молитви Богу за добар дан, имао да изговори још узречицу: ја сам Србин, српски син.

Много времена позније, питао сам оца о српству, подсећајући га који пут и на ову његову давну причу. За последње прилике (1974. године, како сам тад забележио) казах оцу, упрошћено наведох, да је власт наредила да се у Црној Гори одсад нико не сме ни звати ни писати Србином. Он ми љутито одврати: то што збориш не може бити. Ублажено сам поновио исказ и запитао оца хоће ли се приволети налогу властодржаца. Он сад вели: „Бићу што и вазда, Србин и Црногорац." Приметих да двојако није дозвољено, јер власт раздваја, често и супротставља та имена. Отац понови да би утврдио: „Ја сам Србин из Црне Горе, отуд – Црногорац."

У међувремену, штива песничка, приповедна и научна, у школи и доцније ми позната, богате знањима тај изворни појам о српском роду и црногорском завичају.

Ево, на пример, извода из једног записа који сведочи о српском народносном одређењу мојих земљака у данима стварања Југославије. Они су – по речима документа – на „народном скупу Ријечко-љешанске нахије одржаном првог (14) новембра 1918. године на Ријеци (Црнојевића В. С.), послије дужег претресања о данашњем положају српског народа у Црној Гори" усвојили међусобну заклетву и општу резолуцију о уједињењу „Србије и Црне Горе, као и свију покрајина у којима Срби живе."

Та својност српства у Црногораца јесте, уосталом, и значења државноправног; наиме, у закону донесеном на Цетињу 1855. године, чланом 92. се прописује: „И ако у овој земљи нема никакве друге народности до једине србске и никакве друге вјере до једине православне источне, то опет сваки иноплеменик и иновјерац може слободно живити и ону слободу и ону нашу домаћу правицу уживати како и сваки Црногорац и Брђанин што ужива."

Поноситост древним државотворством

С том истином поистовећује се моје научно увјерење испричано (1985. године у Црногорској академији) дужим огледом о прошлости Црне Горе и закључено овим судом: „Црна Гора је српством као својим духовним бићем и душевном страшћу испуњавала властито постојање. Српство је најизразитија одредница Црне Горе за четири века њеног постојања. Историјска Црна Гора је земља и држава српског народа."

Други део Ваше књиге чине записници и извештаји, говори из бурних политичких догађаја у којим је дошло до смене партијског и државног руководства у Црној Гори. На основу чега сте то збивање квалификовали као „народни устанак", што је, такође, изазвало много противљења?

– Кретњу и узмах преко 3.000.000 људи у Србији и око 200.000 у Црној Гори од средине лета 1988. године до пролећа 1989. ценио сам као јединствену радњу, друштвено особену, морално високо износиту, историјски знатну. Управо, све од почетка (од великог скупа у Новом Саду 9. јула) гледао сам растућу усталасаност народа имајући на уму свој назор, из прозива „треће Југославије" (1985), о бескрвном устанку омладине. Зато сам у првом огледу расуђујући (27. октобра 1988) о споју и хтењу покренутог људства, баш оних недеља све множине у навали силнога напона, закључио: „Српски народ је овим исхођењем извео прави устанак, могућ у данашњој, пуној мира Европи. То је устанак духовни и душевни, ослободилачки, демократски.“

За йройекле две године йрилике и у Југославији и у Исйочној Евройи йромениле су се брзо и мимо многих очекивања; десиле су се баршунасйе револуције, йройала је, како и Ви на једном месйу кажейе „искључива комунисйичка владавина“. Ту је и Ваша йврдња да Црна Гора већ два века сйоји усред свих вртлога и йрогресивних йромена у Евройи. Мислийе ли да ће она и убудуће йако држайи корак?

Црногорце, нарочито подиже и соколи њихов епски појам о ратнички стицаној и једнако чуваној слободи постојбине, истиче их поноситост домаћим, древним државотворством.

За последња два века, нештедимице пролазећи сваку голему смутњу у Европи, и поднєвши жртву сразмерно већу од икога у свакојем овде светски значајном напирању под насловом слободе и правде, Црна Гора се, видимо, достојанствено растаје од последње узалудности; разборито збори и смерно одмиче, пазећи се коби стида сутрашњега ако би данас хулила на свој искрен занос веровањем у могућу владавину доброте међу људима и часне дружевности међу народима.*

---

*   Разговор водила *Бранка Ойашевић*; новине „Политика“, Београд, 9. фебруар 1991. године. Разговор поново објављен у књизи „Југославија на стрмини Европе“.

ЈУГОСЛАВИЈА – СВОЈИНА СРПСТВА

„Срби су својом надом напајали прву Југославију: добротом и вером даривали другу Југославију; човештво и родољубље могу да уносе и у трећу Југославију.

И над овакав проглас да се истакне упозорење: рачуни су привремени, количине потрошљиве, а врлина – вечито за поему".

Овим надахнутим речима завршава историчар, академик Владо Стругар своју књигу огледа „Срби, Хрвати, Словенци и трећа Југославија" која је недавно изашла из штампе у издању београдске „Стручне књиге". Књига, према казивању аутора, обједињава четири састава: први напис има улогу увода; други прилог исказује филозофско одређење Југославије; оглед, трећи по реду, оглашава позив омладини да преузме вођство народа и ствара државу бољу од две претходне, значи, трећу Југославију; четврти састав је претежан, обимнији од свега осталог, као историографски говор о југословенству – о народима, житељству и покрајинама, о религијама и политичким чиниоцима, о држави и властодршцима – међу суседним земљама и под окружјем велесила, за седамдесет и више година, рачунајући уназад од 6. септембра 1991. године.

Књига је била повод за овај интервју о трећој Југославији и српском питању. Синтагму трећe Југославије академик Стругар је први јавно изговорио, 14. јуна 1985. у Српској академији наука и уметности. Такође, први је дао предлог о уједињењу Црне Горе и Србије, 27. октобра 1988. у Црногорској академији наука и умјетности.

Прошлост – мера за будућност

За многе, Југославије више нема. Ви се с тим, господине Стру-
гар, не мирите?

Југославија постоји и постојаће, макар се држава још крњи-
ла те бивала све мања, значи, увијек под овим именом до тога
дана кад ће становништво у оном преостатку плебисцитом да
потврди њено историјско име или усвоји нов назив.

Југославија је својина Српства: у два свјетска рата превас-
ходно је учешћем Срба стварана па обнављана. По чињеници
и људској важности Југославије представљено је Српство у чо-
вјечанству 20. вијека. Југославија као међународно признато
окружје становништва и посједа има неколико хиљада уговора
са спољним свијетом, што службено државних, што званично
предузетничких. Недопустиво је да се раскида и распе то насле-
ђе; а ко самовољно одлази односећи тијело и одијело, од главни-
це нема му дијела.

Српство има да одстоји бранећи унос свога блага у заједни-
цу и у њој створену и надодату принову.

Како да се изнутра уреди смањена Југославија?

Та одредба нека дође пошто се мјера за будућност огледне
наспрам искуства из прошлости; тад, дакле, утврди начело за
темељну, сведржећу окосницу градње и строја.

Први пут, Југославија се изнутра везала крстом демократије
за све класе с вјеровањем да ће врхунити личност човјекова; а при
остварењу, у развоју, претегла је тежина и моћ класе посједника.

Други пут, Југославија је добила устројство само по јед-
ној класи, рачуна се, запремиоцу цјелокупног друштва, збиља,
с причом да ће у држави благовати слога људи помоћу примјене
једностраног интернационализма. Ова одредница се изметнула
у преимућство нације као свеважећег чиниоца а преко потрве
њој подређеног човјека.

Трећи пут, у смањеној Југославији, нека човјек, грађанин, буде височанство моћи, давалац сувирености и морална величина над читавом општости друштва.

Намах се указују два обрасца могуће унутарње саставности државе. Први је у том да смањену Југославију сачињавају федералне јединице које већ постоје: Србија, Црна Гора, Босна и Херцеговина, српске крајине и још која област. По другом обрасцу се препоручује да Југославија постане – како се данас често спомиње – држава регија, веле стручњаци, склоп близак човјеку, појединцу, да би се ове управне јединице образовале према условима земаљским и саобраћајним, моћима и врстама привреде, обичајима и духовним особинама становништва.

Варка македонских националиста

Како коментаришете одбијање Македоније да буде у скраћеној Југославији?

Македонци доста потпадају вољи својих крајњих националиста који се надмено загоне да би народ одвојили од Срба говорећи разлог, као да је пошалица од ината, баш овим ријечима: кад Словеније и Хрватске неће више бити у Југославији, овдје ни Македонија не може да остане. Ти крајњи националисти обећавају народу да ће Македонију увести у Европску заједницу, што је лака нада а много више варка којом се прави застор надношењу Бугарске Македонији.

Некуд, из Југославије, искорачај Македоније, мора правовремено, прије него се догоди, да пресретне порука Србије и Црне Горе, ни срдито, ни претеће али најозбиљније упозорење: да је национална држава македонског народа успостављена на историјском земљишту државе Србије, у области задобијеној побједом на бојишту за пошљедњег ослободилачког рата српског народа против Османског царства. Ова истина има и поштоваоце и браниоце у македонском народу, сматрају је моралном вредношћу и залогом љубави према Србима.

Србија и Црна Гора, такође заједно, да поруче Бугарској да не упада пустоловом у опширност Македоније; одиста, веома да нагласе Бугарској да је она, у размаку невеликом, за 34 године, потписала три међународна уговора, који редом потврђују да је Македонија покрајина Србије, па с њом Југославије.

Какав треба да буде однос Срба и Муслимана и Срба и Албанаца?

Муслимани су доживели да их Срби, у оба светска рата, већма позивају да се одметну од германске силе, односно њој не подмећу, него што их грде због несреће коју су им начинили служећи том туђину као освајачу. Муслиманима ваљда не треба још које слично предупређење како би их на концу сачекала нужност да се спасавају праштањем Срба, уколико би овима у међувремену нанијели какву злочест. А Срби су дужни да поштују сву исламску, обредну и рођачку особеност Муслимана и њихову политичку тековину из раскошног развитка у Југославији. Срби могу врло својно да се у том огледају, јер откако постоји Југославија обично их прозивају: наша браћа Муслимани. Збиља, људство истокрвног рода, те како би ходом у будућност него баш узајамно, сложно у твораштву и заручно на свечаностима.

Срби остају једини народ у Југославији, тачније речено, с Муслиманима нашироко заједно. Муслимани, од Срба неоспоравани као народ изишао по начину комунистичког прављења политичких нација, имају у овом висок разлог за вјеровање у наставак и досад претежно добре узајамности оба народа. Муслимани то знају, да су Срби давно престали да куну негдашњу превјеру браће; зато, описане у нејасности, нагоне у прошлости не повлачити из читанки поезије и прозе.

Србима је уз моћ нужан и стрпљив рад да би поправили доста поремећено сажитије са Албанцима, националном мањином у Југославији и народом у сусједној држави. Добра прилика би искрсла ако би се умањило страно уплитање по древном обичају да завада причињава згоду недобронамјерном долазнику.

Имају сопствено искуство Срби и Албанци да су уживали драгоцјену трпељивост, с ње и ваљано садружје, кад преко албанске стране није упирало прекоморско непријатељство на државу Србију и послије Југославију. Баш обостраним старањем тежити задобијању угодности за сарадњу, да би ова богатила Албанце и узвисила Србе.

И не би било необично – узевши за претпоставку – ако би Срби једноставније углавили добростојност с Албанцима него што ће успијевати да блаже све несташнију напетост мађарске националне мањине у сјеверној области државе.

Откако је католичка странка постала главна политичка снага у Мађарској, већ то само подстиче њене сроднике у сусједству да и они оснаже уплив цркве и помоћу своје мађарске духовности домогну се самосталног политичког положаја у Југославији. Таквом надизању да се супротставе, уколико би им наносило повреду, могли би Срби и уз садјество Румуније, државе православног народа у којој има затегнутости, па избија и непријатељство, између румунске власти и подручне мађарске националне мањине.

Срби ће, уосталом, преко Мађарске, да ли овуд више или преко отцијепљене Хрватске, но свакако добивати навални притисак цјелокупног средњоевропског склопа сазданог од демохришћанских странака на власти, набијеног иначе империјалним нагоном уједињене Њемачке. Сада, након католичко-капиталистичке развале комунистичког социјализма у Источној Европи, ево трећи пут је у 20. вијеку како Њемачка ударно надире, сили се и надгорњава да би сабила, истисла, ко зна можда и смлавила Србе, па тек онда сматрала се главним посједником на Балкану.

И како ће се кроз хрватско подручје Њемци ширити, постати газде на Јадрану, власници и закупци хотела, лађа, лука, плажа, кућа, уреда и бироа, средстава превоза, залазиће они као трговци и банкари и у црногорски предио обале, да би овдје притјешњивали излаз Срба на море и одатле пут им у свијет. И с копнене стране, од запада и сјевера, Њемачка ће, такође да условљава послове Срба, народа и државе.

Русија вазда – велесила

Шта, по Вашем суду, Њемачку на овим странама може да ограничи?

То је, како сад изгледа, преграда прохтјевом и присуством Сјеверноамеричке уније.

Могла би Америка, свјетска сила, настојати да широко загази и размјести се на Балкану новцем, робом, пословима, надзором. Отвор јој се указује на простору још незапосједнуте а привлачне Албаније. Одавде с полазишта, ако би Америка хватала и Македонију и даље пут истока тад јој нарочито важну Бугарску, онда би она с југа подишла словенским државама Украјини и Русији и примакла се сасвим средњоазијским државама.

Ако би Америка, још и бочно преко Турске, обухватила с јужне стране пространство бивше совјетске државе, слично оном као што му се она са сјевера приребрила кроз Пољску и балтичке државе, Америка би могла непосредно да се уплиће и у погађање Русије и Украјине око припадања Крима и Азовског мора, куда ондје да оне имају заједничку границу.

У чему би оваква распрострањеност америчког присуства, можда војском, бар флотом и базама авијације утицала на Србе и општи правац њихове државе, то је – како се уобичајено каже – велико питање.

Срби још верују да велесиле неће пренебрећи своју одговорност за Југославију?

Француска и Енглеска, државе великог значења у човјечанству, историјски пријатељи Срба, заједно са Сјеверноамеричком унијом и Русијом односно Совјетским Савезом, судионици су постанка и обнове Југославије. Те државе су главни спољни омогућитељи Југославије, и путем општих мировних уговора и посебних споразума, потписници међународног признања и тако јемци њене цјелокупности и развоја.

Срби свакако да се жалосте због потоњег страдања Русије, држаоца Совјетског Савеза. Но, нипошто да се лишавају свог вјеровања у истину да је Русија вазда велесила, макар за неко вријеме и помутњу и сиромаштво трпјела. Она је најпространи- ја земља на свијету са преко 17 милиона квадратних километа- ра површине, с божанственим даровима свога људског порода, с готово немјерљивим природним благом, напосљетку и посје- дом нуклеарног оружја. Нека српском душом звучи вјечита ре- ченица топлога руског поете: велика је мајчица Русија, велика је матушка. Јер, у Србина и сам појам да Русија постоји кријепи вољу, срце радошћу подиже.

За Србе, вјероватно, било би благотворно пријатељство и садејство Русије и Сједињених Америчких Држава, јер би обје велесиле – колико је предвидљиво помажући се историјским искуством – принуђивале Њемачку да своју силину више уко- пава за властиту опстојност у средишту Европе па мање нагона има за наметање моћи околним и даљим народима.*

---

* Разговор водила *Зора Мијаūовић;* новине „Дневник”; Нови Сад, 2. фебруар 1992. Поново објављен у књизи „Југославија на стрмини Европе”.

СЛОГА У СРПСТВУ

Даме и господо!
Родољуби!
Браћо и сестре!
Поздрављам вас, и обратићу се, у име Црногорског сабора српске слоге.

У овом подужем називу, који ме овдје, за говор, опуномоћава, слове један завичај у Српству и извјесно општа сврха; смјештају се име једног удружења родољуба и запис о човјечном морању цијелог народа.

1.

Отуд, висока је умна износитост, и зорна је морална величина, и голема је заповиједна силина, и неприкосновена је вредност, одиста, безгранично потребна нашем народу истина, звана – *Слоīа у Срūсtву*.

Промислимо заједно, пропитајмо се разборито, и говоримо без срдње, која би ријеч, већма од именице *Слоīа*, изразила потпуније сушту потребу Српства у садашњем а трећем, ево, ововјековном његовом прегарању за опстанак и уједињеност у слободи.

Такође, има ли смисленији, испред ријечи *Снаīа* саздана слогом, који друкчији израз да би тачније означио правац оспособљивања Српства за постојање, суверену моћност на властитим посједима, неометано живљење у сопственој држави.

А та снага, одсудан држалац тековина и творашта, подразумева се као спремност знања, рачуна стегом и махом свачије мишице, стапа од сложности свију родољуба, у истом хвату, сједињаваних животним правдањем и васељенском узвишеношћу заједнице, зване *Отаџбина*.

Овако, помоћу те три, очас нарочито наглашене ријечи, *Слоīа – Снаīа – Отаџбина*, мисаоно се опасује сав витао Српства, и роду своди опсег дјејства ради имања слободе, с њом достојанства и отпорне неподношљивости ропства.

Српство, историјски народ, одавно искушава наредбоносну тежину, и утолико познаје поетску чар судње крилатице: *Слоīа – Снаīа – Отаџбина*.

2.

У Новом вијеку, Српство се дуже од иједног другог народа на Балкану оружано бори да се ослободи туђинске тираније и напосљетку политички и управно обликује једном својом државом.

Испред Српства, ниједан други народ на југоистоку Европе не записује ни набраја више својих ослободилачких устанака и ратова.

Неке крајине српске прве се на Балкану ослобађају из ропства, па протичу два стољећа борења – узевши од Боја на Цареву лазу (1712. године) до пробоја Солунског фронта (1918) – док се коначно, за читаво Српство, створио услов да се уједини у властитој држави.

Постанак ове државе је непосредно условљен одсудним учинком претходеће јој државе, Србије, одбрамбеним и ослободилачким њеним ратом против поробљивача, Хабзбуршке монархије.

Уједињавајући све Србе, ова држава даје прилику и Словенцима и Хрватима, тек ослобођеним испод аустро-угарске власти, да и они, у њеном оквиру, такође развију и оплемене своју уједињеност, раније никад не налазећи се у већем и слободнијем својем окупу, откад се историјски као племена и народи записују.

Ова држава, добивши званичан назив изричито по именима Срба, Хрвата и Словенаца, садржи и износи једнаку сувереност сва три племена српско-хрватско-словеначког народа, како се онда службено пише и уобичајено каже.

У Српству је с гдешто отпора, али у свему ипак својно прихваћено да се држава преименује у Југославију. Баш с надом је примљена та измјена, збиља с помишљу да би усвојење овог назива, према појму и избору већ поодавно виђеном у разним одређењима опште друштвености и у насловима католичке културе Хрвата и Словенаца, припомогло да они можда обуставе нека своја одупирања сасређеном управљању земљом, поглавито Хрвати, бар смање своје разбојно упорство на саставност троплемене државе.

У тројној заједници, Српство има преимућство, тачније речено, пунију виђеност, углавном због сразмјерно веће бројности житеља свога рода и знатно распрострањеније насељености, па отуд и следственог удјела у органима власти.

У свему другом, поготово степеном развијености својих привреда, одличном згодом за културно-просвјетну дјелатност, истом духовном обједињеношћу римокатоличком црквом, Словенци и Хрвати стоје темељније, имају шире погодности за бржи и замашнији, плодоносан развитак.

Српству, пак, Југославија је борачка творевина, и неприкосновена величина јер сав народ уједињава.

А Хрватима већма него Словенцима, али истовјетно им, Југославија је првенствено историјски допала околност, потребна и искористљива, да послужи, као међународно признато окружје једног суверенства, ради њихова дохођења к наумљеној издвојености у засебним националним државама.

Употребом Хрвата и муслимана завршио се погибељно и срамно, по злочинству према Српству највећма памћен, фашистички образац хрватског осамостаљења (под окупацијом, у прољеће 1941. године).

Пола вијека доцније, латио се отцјепљења здружен словеначки и хрватски напон, изнутра јединствене католичке духовности а споља покривен такозваним комунистичким интернационализмом. Овај национализам, католички и комунистички, у Словенаца и Хрвата, одбацује Југославију; пошто се наситио дуготрајно црпећи њену дародавност, отцјепљује републи- ке Словенију и Хрватску. Искористио је тај национализам, као околност за сопствен искорачај кроз разорство, тренутак и по- сљедице текућег сламања социјалистичких режима у државама источне Европе.

Отцјепљењем Хрватске (1991. године), власт католичких на- ционалиста хрватских укида дотле постојећу, уставно озакоње- ну сувереност Срба у тој републици.

Годину дана доцније (1992), хрватски националисти и ислам- ски фундаменталисти, сложно, правним актом у парламенту Босне и Херцеговине, и свуда притиском, хоће да начине Срп- ство у овој републици потлаченом мањином становништва.

3.

Самоодбрана Српства је планула с огњишта гдје се чељад рађа. Устаници су прегли да бране породице и посјед, заштите своје постојање на властитој земљи од давнине.

А политички проговор о неумитности такве самоодбране гласи, готово одредбом: Српство, уједињено у Југославији, ције- па се и разбија деобом ове државе; Срби имају историјско право и људску потребу да остану у једној држави; Срби морају да од- бране уједињеност своје укупности, уоквирене Југославијом.

Та изрека крајишких устаника да ће читаво Српство посто- јати у једној држави, проистиче, дакле, из стварне истине, већ седамдесет година уживане тековине.

Та изрека истиче ослободилачким устанцима и ратовима стицано историјско право Српства.

Та изрека одређује потребу Српства да бораштвом спријечи Словенце, Хрвате, Муслимане и Албанце, да му ови својим отпа- дањем од Југославије не раскину давно утемељену уједињеност.

Та изрека проглашава обавезу Србије и Црне Горе да пома- жу одбрани Српства у Хрватској и Босни и Херцеговини, дају заручје браћи, не препусте их да се усамљени одупиру онуд непријатељски искошеним властима националиста хрватских и фундаменталиста исламских.

Та изрека да Српство обезбједи своје живљење у једној држави је неизбјежна, никад површна, нигде неумјесна, нипошто напустива, него свакад заповједна одредница родољубима и вођству народа.

А снагу непријатељским оспоравањима и разлог домаћим приговорима појму и причи о једној држави цјелокупног Српства, дају велесиле Запада признавањем државног осамостаљења отпаднички, противуставно отцјепљених од Југославије – Словеније, Хрватске, Босне и Херцеговине; штавише, оне поткрјепљују то отпадање и опорим залагањем да Уједињене нације исто учине, те назову бившом иначе за седамдесет минулих година њихову чланицу Југославију.

Таквом разбојству у Југославији, и спољашњем помагању разоритеља, упорито одолијевају четири политичке јединице у Српству: старије државе Србија и Црна Гора, и, у самоодбрани народног бића створене, самосталне управне заједнице – Република Српска Крајина (у отпору хрватском национализму) и Република Српска (на подручју историјске Босне и Херцеговине).

Србија и Црна Гора, привржене узајамности, ипак спасавају дио доскорашње шесточлане федерације с њеним називом – *Југославија*. У овом је висок знамен за Српство: сачуван наслов именује животну потребу народа; озваничава несмањиву износитост историјског права Отаџбине; исказује једно поносито неподлијегање превртљивостима; издиже етичку правину наследства, баш човјечну постојаност отпора снаженог истином.

Република Српска Крајина и Република Српска, стваране у наметнутом рату, дакле, самим постанком су принуђене да одбране своја земаљска окружја и да стекну опште признање као суверена власт.

4.

Српство, с четири своје управне јединице, трпи све теже стезање и добија свакојаке убоје од непријатељског окружења. Велесиле са Запада и ислам с Истока држе одсвакле препреченом Отаџбину Српства.

А унутар, међутим, разјарило се сваћање, смутња обесвјешћује људство, раздор плоди прилику за прохтјеве разоритеља и којекаквих нападача, сву множину суморних намјерника који би хтјели да искомадају постојбину Српства, подвласте одвојене крајеве; а на остацима, након разбојства, скамене се мршаве маленкости, пошто би била смождена жила напона за пуном обновом српске уједињености.

Усамљено, како сада јесте, Српство има да одстоји вјерујући у сопствену *Слоїу, Снаїу, Отаџбину.*

Упоредо, Српство да се не лишава, већ духовно подними својим вјеровањем у руски народ. Ма колико унутар страдала Русија, у свијету се Бог зна докле смањио њен утицај, Српство, упркос таквом опадању, нека се храбри мишљу: подигнуће се руски народ, и опет бити моћан и надмоћан у човјечанству; исказаће он, руком помоћи, да не заборавља како у Српству није ишчезавала љубав према Русији чак ни онда кад се ма и танушан саосјећај с руском душом, грозно кажњавао у Југославији.

Свакако, у Српству, ни старјешинства власти ни воћства странака да не пригрле ону домаћу претпоставку која предвиђа: обезбјеђење суверености Србије и Црне Горе; а изван, за Србе (близу трећина свих у роду), само, по међународном правилнику, штићење њихових људских права; а то би значило небратско напуштање Републике Српске Крајине и Републике Српске; па ништа више за њих да се чини него за оне Србе који су и даље под влашћу хрватском, у градовима и неослобођеним српским местима.

Предупређење овако кобне расподјеле народносних права у Српству, још је у вољи народа.

За који дан, управо, бираће становништво сачуваног остатка Југославије посланике у савезни парламент и за двије републичке скупштине; истовремено, изабираће и предсједнике Србије и Црне Горе.

Родољубно је позвање сваког грађанина, и потреба је укупне постојаности на попришту, да се изаберу личности које ће вршењем власти и законодавним радом спречити пораз и предају, наговијештене тим предлагањем да већини становника, дакле, овим у Србији и Црној Гори, припада суtogether сувереност, а мањина, исто знатна људством, да се препусти потпадању суверенству државе хрватске и упоредо власти исламској.

Овог пута, и стога, голема се одсудност навјесила, легла обавезом на Србију и Црну Гору, да правду подразумијевају, и начине је смислом истомјерну за своја подручја, за Републику Српску Крајину и за Републику Српску.

Спомињаће се као велико старање, историјски знаменита радња, *усвајање закона и провођење владавине с циљем да се четири политичке заједнице у Српству, једном споје у државу облика и поретка како то сам народ онда избором одреди.*

---

* *Слога у Српству.* Говор на збору грађана у Београду, у Сава центру, 13. децембра 1992. године. Први пут штампан у књизи „Југославија на стрмини Европе".

СРПСТВО ДРЖАВИ

Данас се у Београду одржава Скупштина Црногорског сабора српске слоге. Друштво које је основано пре пола године окупља угледне београдске интелектуалце пореклом из Црне Горе. Тим поводом за „Експрес" говори председник друштва, академик Владо Стругар.

Зашто друштво носи баш то име? Шта оно значи?

То црногорски нам је завичајност, пошто смо сви родом из Црне Горе. Црногорско нам је посебност, а српство општост, наше одређење. Доста смо се намучили око имена када смо оснивали ово друштво. Био је предлог да се зове Удружење Срба из Црне Горе, али смо проценили да би то звучало некако као да нисмо домаћи него извањски, као, на пример, Срби из БиХ, Срби из Хрватске, при чему се тачно зна одакле су. А ми смо ту домом и зато смо казали – Црногорски сабор српске слоге. Нама је завичајност неки разлог, а српство нам је циљ.

Ко су чланови друштва?

Окупљамо људе из Црне Горе, а тежимо да створимо организације и у Србији, Црној Гори, Војводини, Косову и Метохији, па и БиХ, Хрватској, Српској Крајини – укратко свуда где има Срба. Хоћемо да имамо друштво које не би било ни политичко, ни партијско, ни владино, него једноставно установа за културу и просвету. Сада смо још увек ограничени у Београду, јер немамо материјалних средстава.

Друштво је регистровано у Београду, а ево и Скупштина се одржава овде. Има ли то неко посебно значење, или би, можда, било боље да је основано у Црној Гори īде се данас на ūaj начин ūeже орīанизоваūи збоī одређених йолиūичких йроблема?

То је потекло од нас који живимо у Београду. Настојимо посебно да створимо огранке у Црној Гори и Војводини, и на Космету где има Црногораца. Околност да су многи умни људи школовани у Београду, сигурно је условила да се окупимо овде. Осим тога, ми овде исповедамо српство вероватно разговетније него људи у Црној Гори, у тамошњим мало стешњеним околностима.

Али, све ми се чини да би на ово ваше врло занимљиво питање требало одговорити да је у сваком случају оправдано да седиште Црногорског сабора буде у Београду, будући да наш интерес није само Црна Гора, него целокупно српство. Ми смо само завичајно кренули од Црне Горе. У нашим замислима ми њу видимо као простор српства, зато се нећемо ограничити само на њу. Касније ћемо обухватити и ствари које се тичу Србије и других области. Ми хоћемо Црну Гору да вратимо српству, јер је она за 50 година из њега истискивана и од њега откидана.

Ваша Скуйшūина се одржава у ūренуūку кад мноīи насūоје да йомуūе слоīу и изазову раскол између Србије и Црне Горе?

Ми хоћемо да истискујемо све те злоће, те невоље и да припомогнемо јединству и слози Србије и Црне Горе. У Сабору се подразумева да је Србија средиште, темељ и основица коју морамо сви да чувамо. Јер, ако би неко сломио Србију, онда би било растурено целокупно српство. Ми смо интелектуалци, нисмо партијци, нас занимају општости, а никако нешто само тренутно. Нећемо зато да спомињемо ни заустављање камиона, ни рампе, ни граничаре. То што се догађа, говори да држава није добро усложена, да је Србију и Црну Гору требало друкчије ујединити, и уставно уредити бројне односе између две републике.

Ви сūе својевремено найисали један усūав и йредлаīали нека нова решења. Шūа о ūоме данас можеūе да кажеūе?

- Тај устав је био нека врста моје исповести, као поборника Југославије и грађанина те отаџбине. Веома сам тужан стога што се у целој ондашњој шесточланој федерацији на тај мој спис, који има један историографски приступ и који није мален – близу 200 куцаних страница и преко 500 чланова уставних одредби – нико није одазвао. Једино су се двојица црногорских новинара наругали мени преко сарајевских новина – један у „Ослобођењу", други у „Свијету".

Данас ја о томе нерадо причам, мада кад би ме неко сад питао, која ти је књига, који спис, и које ти је дело најближе, ја бих казао: то је „Повеља Југославије, устав државе и друштва". То вам је отприлике као кад имате петоро-шесторо деце, па је једно слабашно, онда му увек пружате неку мало већу заштиту. Ја сам својевремено на нечије питање, не могу се сетити чије, да поређам своје књиге, ову ставио на прво место.

Какав је Ваш суд о садашњем државном устројству савезне државе? Шта јој недостаје?

Мислим да је лоше, да је непотпуно, да те две републике које сачињавају савезну државу треба учврстити. Сада између њих има мало везе. У ствари, споразумеле су се две партије, а све остало је препуштено стихији.

Осим што се у Црној Гори појављују неке сепаратистичке групе, у последње време и у Србији неки кругови, или појединци, покрећу извесну хајку на Црногорце који овде живе. Набрајају се имена људи који су пореклом из Црне Горе, а налазе се на највишим или истакнутим политичким функцијама у Србији или на челу значајнијих институција. Како тумачите такву нетрпељивост?

Незгодна је, тешка и немила. Највећим делом то су последице комунистичког усмерења које смо дуго имали. Али, и то ће ваљда проћи. Увек помишљам како је код нас могуће неко незгодно и непријатно настројство, а ипак, рачунам, то су партијске ствари у данашње време и надам се да ћемо наћи пут који, можда, неће оптеретити нашу судбину. Нећемо, ваљда, због тога имати тешкоћа. Мора се схватити да Црна Гора не може без Србије, а ни Србија без Црне Горе.

Ви сте се, својевремено, први упропастили разним етногене-
зама и доказивањем да су Црногорци другог порекла. Последице
су биле оштри напади на Вас. Проглашени сте на неки начин је-
ретиком. Колико се од тада изменило у погледу тих настојања
да се између Срба и Црногораца створи јаз?

На жалост, то се наставља. То што сам тада говорио припа-
да минулим тренуцима. Ја сам ту застао, нисам од тога правио
никакву политичку пропаганду нити сам тражио новинаре и те-
левизију да то шире. Хтео сам просто да спасем своју душу. А то
нисам учинио, због мог схватања, мог поимања дужности инте-
лектуалца родољуба. Могао бих само да се кајем ако нисам јавно
рекао оно што сам видео и за шта сам мислио да није добро. Тако
је било и кад сам био у оној другој служби. Није ми, значи, било
први пут да јавно кажем неке ствари онако како их видим и да се
то не подудари са оним што је владајуће гледиште.

Колико је данас тешко бити Србин у Црној Гори и Црногорац
у Србији?

Данас ништа није тешко. То је тако просто за забаву. Данас
је таково разногласје да можете да будете што год хоћете. Може
човек да буде и Кинез, а Црногорац.

Откуд данас проблем идентитета код Црногораца кад га
није било у време када су имали државу и када су носили и косов-
ски барјак?

Ово питање је за један опширан оглед. Мислим да је то, пре
свега, наставак династичког супарништва између Србије и Цр-
не Горе које смо имали раније – ко ће да буде владар у целом
српству. Ето, опет долазимо до историјског српства, а ми овде у
Сабору хоћемо да следимо управо то. Неке завичајне особено-
сти црногорске су изузетне, нема сумње. Ми их негујемо, нигде
се не одричемо да смо Црногорци, али не можемо пристати ни
на то да нам се одузме да смо Срби.

Црногорци јесмо, али у сваком случају српског порекла,
српског поимања, српске припадности и осећајности. Ту при-

падност морамо да штитимо, јер, проћи ће ово време, ово је само један тренутак, доћи ће неки други. Треба очекивати да ћемо бар мало обновити ту нашу народну духовност, да ћемо се вратити вери, не вери само као богословљу, него као извору духовности и моралних начела, цркви као народној тековини, установи свих нас, окупљала је људе с којима смо историјски везани.

Колико је, у овом часу, реално очекивати да ћемо доћи до неке велике српске државе, оне коју неки већ називају Савез српских земаља или Уједињене српске земље?

Наша, а и моја лична мисао је – Српство је једна држава. Само, то се неће десити преко ноћи. Ово што је кренуло неће се у догледно време остварити. Биће то процес који може да траје деценијама, сем уколико Русија нешто брже него до сада не оснажи и не врати своју моћност, чиме би се опет успоставила тзв. биполарна равнотежа. Неће то ићи све док Америка буде једина велесила. Европска заједница ће се некако опирати, али зависиће много од Русије. Ако она за догледно време успостави равнотежу, вероватно ће доћи до смиривања и на овим просторима. А дотад све ће бити кретање, јер је ту још једна сила – ислам, са великим капиталом, новцем и могућностима за диверзије, разарања, употребу људи. Немачка, која такође, осцилира, настојаће да осваја новцем, робом и стручњацима, свуд куда је некад ишла војском.

А шта, по Вашем схватању треба да чинимо ми, јер, нема сумње, наша судбина је и у нашим рукама?

Ми морамо, по могућству, да некако вратимо и оснажимо узајамност и пријатељство са Енглеском и Француском, а да пазимо и како ћемо с Италијом која нам је сусед. Морамо се враћати и пријатељству с Америком, јер се не може дуже време бити у затегнутости према једној велесили као што је она.

Како кад су наши некадашњи углед и поверење, истина доста неправедно, толико пољуљани да смо у завади са готово целим светом.

Вратиће се и углед и поверење. Све ће ово проћи. Ко је 1987, па и 1988. године, могао да претпостави да ће се за годину дана ујединити Немачка. Наши Срби и Босанци, ратујћи, спевали су доста стихова, а један од њих гласи овако: „И ови ће проћи дани / Ово ће се звати лани" – речи су академика Влада Стругара у ексклузивном разговору за „Експрес" уочи Скупштине Црногорског сабора српске слоге.[*]

---

[*] Разговор водила *Вишња Вукотић;* новине „Политика експрес", Београд, 13. новембар 1993. Поново штампан у књизи „Југославија на стрмини Европе".

СРПСТВОМ УЗАЈАМНОСТ
СРБИЈЕ И ЦРНЕ ГОРЕ

Ваше високо преосвештенство,
Браћо и сестре,
и наша омладино;
сви, Роде мој;
лепшег и усрднијег прослова не имадох од милосног усклика – Роде мој!

1.

Овако призивам чешњу благости за све Српство, народ чија смо чеда, величанство којем смо поклоници.

Верујем, овде, на скупштини данас, све душе су сједињене поносним осећањем припадања Српству, узнесене поучношћу Светосавског православља, одлучне да имају и уживају братску сложност.

Српство наш род, дакле, те три речи, неизмењена редоследа, изговарати као битно одређење, име за прозивку, знак о месту у поднебесју.

Покрет који данас оснивамо нека буде вођен истином да су све вредности Црне Горе у природном благу и створеним добрима, у предању и обичајима, у историјским знањима и потребама живљења, дакле, све њено јесте тековина и величина, непатворено у Српству.

Црна Гора је једна колевка, а Српство је сва родбина.

Црна Гора је завичај једног соја браће, а Српство је укупност свих братстава истог рода.

Црна Гора је једна крајина племеника, а Српство сва земаљска област сродним људством од давнине настањена.

Историјски и стварно, Црна Гора је друштво и држава у Српству.

И моћан је данашњи скуп да говори о општости Српства, особености и потреби Црне Горе.

За Српство кључ је опстојности, у слободи и целости, да је сљубљено са Србијом у средини, на чворишту јој Београда: с њеним благом у темељу; с њеним људством у задружју; с њеним историјски славним именом у свакојем заједничком јављању.

А од Црне Горе Српство има: епски прозив, поетичност слободарства, напоритост у борењу, громовито хтење за неизостанак у сабору владалаца човечанства.

И баш данас и отсад, у данима невеселим, сред одсудности за Отаџбину, благотворно доприносити узајамности Црне Горе и Србије.

Нека се савремена духовност нашег рода уздиже, развија и оплемењује изворним вредностима завичаја, саобразно наукама и уметностима, народном предању и вештинама, све цењено као особено благо Српства.

Наш данас основан *Покрет*, одважно суделујући, да подстиче познаваоце науке и вршиоце политике, све творитеље јавне друштвености, да споразумно одреде и разговетно напишу *Општи програм Српства* као састав начела, намењених сваком родољубу, врховних за сваку странку, заповедних свакој влади.

Наш *Покрет* се оснива на скупу грађана који се залажу за очување заједничке европске државе Србије и Црне Горе.

Овај придев *европски* значи – *прилагођавање* нечему извањском, страном, туђинском. Па који ће исход да настане: унапређење сопствености или отуђење; увећање властитог моћства или оронулост скрханога стабла Српства.

Овом запитаношћу обујмити свеколико старање о Српству.

На оснивачкој скупштини *Покрета*, подразумљиво је, да су присутни грађани, сви вољни да се залажу ради опстанка заједничке државе Србије и Црне Горе.

Иначе претпостављам: убудуће, ову засебност не би требало захтевати; него позвати све грађане, па нека дођу и они људи којим се не допада одредба о заједничкој држави Србије и Црне Горе.

Овај *Покреѓ* треба да буде општи отаџбински савез, да се бројношћу припадника увећава, родољубиво шири. Неопходни су свöјна убеђивања и братско споразумевање.

Па ко искаже несагласност са истинитом изреком да су Црногорци људство српског рода, очас му рећи: нека узме и пре-листа књигу историјских докумената *Црноѓорско ѓиѓање*, са-ставили Владимир Јовићевић и Будимир Алексић, такође и књигу *Срѓсѓво у Црној Гори* у којој је Предраг Вукић објавио око 80 пресликаних школских сведочанстава у Старој Црној Го-ри (1905-1913); у сведочанству сваког ученика и ученице поред штампане одреднице, рукописом дато стоји – народност срп-ска, вјера православна.

Зна се: свак противан неће усвојити ту истину; али биће увиђавности нечије, па престаће тај да се служи кривотвореним називом да Црногорци нису српског рода.

А који проговори да је Црној Гори било наметнуто уједи-њење са Србијом, подсетити га да је баш од црногорске стра-не, с владарског трона, потекла замисао о зближењу међу њима. Управо, краљ Никола се 15. марта 1914. јавио писмом краљу Ср-бије, између осталих, и речима: драги зете, краљу Петре, поби-једисмо и одагнасмо Турке, осветили смо Косово, наше држа-ве имају сада заједничку границу у Рашкој, па нека се процене прилике и услови за што тешње њихово заједништво. Краљ Ни-кола није писмом споменуо, али су у влади, на Цетињу, подра-зумевали оно што се после назива – унија, дакле, истоветност у спољним пословима, финансијама, спољној трговини, школству и општем просвећивању становништва.

А ко оспорава људску вредност нераздруживости Црне Горе и Србије, њему рећи: Црногорци све од половине 19. века одлазе у Србију; овде налазе прихват, занимања, пределе за домаћин-ство и напредак; са сваког огњишта у Црној Гори има колико и колико чељади у Србији, у свему, од радника и чиновника до властодржаца на највишим положајима.

И ово допунити речју: који су Црногорци одлазили на Запад, преко Јадранског мора и тамо далеко у Америку, били су само печалбари, умоници на најтежим пословима; па колико је оданде стигло у завичај вести о несрећи, деца остала без оца, вршњаци им без стрица и ујака.

А ко правда издвајање Црне Горе у самосталну државу ради њеног привредног напретка кроз непосредност са земљама на Западу, упозорити га, на пример, да одличан колски пут од Бара, кроз Созину, преко Зете, уз реку Цијевну, и даље преко Плава и Гусиња према истоку, неће бити црногорска цеста него саобраћајница оне велесиле која на Косову и Метохији има успутну станицу за смер према обалама Црног мора и онамо још даље.

И напоменути свакако: железнички и колски пут од Бара до Београда води страном благостања за Српство; јер од Паноније до јужног Јадрана читаво земаљско пространство је природна целина, па споменути, између безброј доказа који потврђују важност те природности, на пример, како су немачки генерали и дипломати предлагали вођи Трећег рајха, после капитулације Италије (1943. године), да једно, увелико домаће старешинство управља Србијом и Црном Гором; али нацистички диктатор није дозвољавао да се ичим ојача Србија, и с њом зближи Црна Гора; па у *Ратном дневнику* Врховне команде немачке војске налазимо записано (13. септембра 1943), дословно: „Питање црногорско-албанске државе и даље остаје отворено”.

Сазнавши овај запис, с дрхтајем да упитамо: није ли то слутња, каквих је било у прошлости, спрва само проговор а доцније стваран исход; у овом случају било би у земљи где се од три мушкарца претходног поколења у следећем нараштају не рађају три него два сина, док ту поред, у суседа, три мушкарца имаће више од петнаест синова; а последицу да не спомињемо.

Наведох можда и превише ових појединости, но доиста све намером: уместо прекоревања и подсмеха између неистомишљеника да стрпљиво правимо образложено братско убеђивање, постизање преимућства тачног знања о истини; с циљем свакако да се увећава и снажи родољубива посвећеност Отаџбини, на вечито нераздвоју Србије и Црне Горе.

Хвала вам на пажњи.[*]

---

* *Српством узајамности Србије и Црне Горе.* Говор на Оснивачкој скупштини Покрета за заједничку државу Србије и Црне Горе у Београду, у Дому синдиката, 5. фебруара 2005. године; први пут објављен у књизи „Југославија на стрмини Европе".

КОСОВО, СРПСТВУ ЗАВЕТ

На Косову – Српству вечном откако је царству овде изгину-
ла војска – свака данас беседа о истини рода и потребан разго-
вор о нужностима и прохтевима Отаџбине, нека појме општост
постојања и стављају путоказ кретању напред под сазвежђем
умности и поука, Србима датих проповедима и саветима, од-
редбама и уредбама, насловима и списима Светог Саве, Вука
Караџића и Владике Рада.

Свети Сава је Србима обезбедио самостој у православљу,
вери мироносној, по својности саборној, у крајини Истока баш
уз раздео са светом Запада.

Вук Караџић је Србе научио писмености, сазданој од народ-
ног говора и свеопштих знакова правописа; створио књижевни
језик јединствене доследности изворној природи и пуне саобра-
жености нововековном просвећивању.

Владика Раде је Српству спевао појмове за народно одређе-
ње сред инородних људстава; уковао клетву тирјанству, а бо-
жански величајном представио слободу. Назвао је нужним му-
чење човештва и неизбежним ломљивост у човечанству, свугде,
унутарњим противностима, раскидање васељене.

Све српско ту је и земаљско и небеско; има полазишта на
Косову, а немерљиво је докле сеже кроз свемир.

И находећи се Српством узнесен и дужан, морен и подстицан,
Владика Раде једаред за се каже – у спеву „Луча Микрокозма" на
страници Посвете Сими Милутиновићу – дословно стиховима:

„Судба ти је моја позната
мислим, нејма подобне на
земљи;
до вратах сам изника

> тартара,
> ад на мене са
> проклетством риче,
> све му гледам гадна
> позоришта.”

Очито, и данас, те намах, сваки родољуб у Српству – „Ко на брдо, ак’ и мâлô” – изговорио би те Владичине стихове као сопствен исказ. И врло би нагласио да је „Горски вијенац” и све што је Његош написао, сада Српству потребније него икад раније, на Косову и Метохији, свакако, највећма.

Ја нећу да поновим – како се иначе уобичајено о понечем каже: данас више него игда пре – јер, колико је то било пута, за минулих сто педесет година, кад је одсудност опстанка тукла и сламала, раскидала и смањивала Српство, више или мање до потоње такве несреће која се ево још не завршава, сатирући снаге и грабећи поседе народа.

Али хоћу да истакнем: данас, и заувек убудуће, Српству је неопходно да песничку истину Владике Рада, заједно с благом од других умника и просветитеља сложи и уложи у темеље сопственог духовног издизања.

После времена доста дуготрајног уважавања првенствености туђих налаза и мерила, па утолико запуштеног просвећивања и по властитим изумима и дометима, Српству је потребан духовни препород.

Поглавито, помоћу духовности успоставиће неприкосновену важност моралне истине, стицати и одржавати творачко самопоуздање. Тако, у задружју са историјском свешћу о самосвојностима у вредностима сопствених остварења, напредак Српства биће износит, ваљан роду и видан у човечанству.*

---

* *Косово, Српству завет.* Овај наслов је узет са Интернета (2. октобра 2009. године) о говору прочитаном приликом отварања Четврте међународне научне конференције „Горски вијенац“, под старатељством проф. др Радивоја Паповића, ректора Универзитета, у Приштини, овде на Филолошком факултету 23. маја 1997. године. Говор је објављен у Београду, у листу „Војска“, специјални прилог, месеца маја 1998. године, речима уредништва насловљен: „И над Косовом Владике Рада звезда“. Поново, говор је штампан у књизи „Југославија на стрмини Европе“.

ХИЛАНДАРУ СЛАВА

Неумитност времена и њим принуђеност Српства да одоле-
ва страхотама и грехотама, имају ли неко означење сједињљиви-
јег исказа од вековања храма Хиландара?

Са својих осам стотина година Хиландар, ево, сјаји Свето-
савским православљем, колико беше светлосно за минулих сто-
лећа, толико је небесно и пред идућим добом; звезда је благости
и поуке, гнездо мира и братимства, српској души милина за по-
вој наде, одгој љубави, снажење вере.

Та узвишеност Хиландара оличила се величанствено и об-
ликовала кротком лепотом у недавној прослави о његовом по-
стојању, утицају и заслузи, чувању народности. Сунце Хиландар
запоји светлошћу, испуни радошћу и сљуби вери свуд једнако
свако чедо у Српству. Род се веселио и свету је гласила порука:
међу знаменима у човечанству, по којима се броје и вреднују со-
јеви људски, овај храм сведочи да су Срби одавно завичај слобо-
де и просвећености, Богу одан народ.

Озарен тим величанством, и ходећи Растковим путем, те-
жио је Миливоје Павловић да сабере, причом веже и тумачењем
представи све важне проговоре и изворне записе о прослави хи-
ландарској; и две свете чињенице да буду озрачје часног оства-
рења – осам стотина година од упокојења Стевана Немање, и две
хиљаде година откад је хришћанство религија у човечанству.

Дело за благослов, причу и даривање, то је летопис Миливо-
ја Павловића *Срйске земље и дијасйора лицем йрема Хиландару*.

Читалац, одиста, чему већма овде да се диви: дару и знању
пишчевом, красној оданости Српства властитој светињи; веле-
лепном и усрдном, смерном и побожном окупу данас најзна-
менитијих Срба под крилима светиње, код огњишта вечности,
древног храма Хиландара.

Подацима тачним и говором беседничким, летопис је историографска прича.

Описом ликовних вредности у Хиландару и за њ везаних споменика, летопис је својствен историји уметности.

Унесеним песмама и још сродним књижевним саставима, летопис је поетска читанка.

С неколико огледа одређујућег смисла о Хиландару и Српству, летопис је филозофска исказница.

Одбиром цитата за назнаку посебности сваког одељка његове целине, летопис је садржалац изрека моралне поучности и узорних примера умотворства.

Ова књига је до потанкости испуњена приказом појединачних радњи најбрижљивије споменутих учесника, мислилаца и извршилаца. Овако, изузевши вишетомне енциклопедије, она можда више него иједна домаћа монографија има обилније стручно разнородство укупног мноштва прегалаца.

Отуд књига Миливоја Павловића споменица је духовности и родољубља, учености и етичке славе.

Сведочи, такође, да је Српство, славећи осам векова Хиландара под сумрачјем америчко-европског убилачког налетања на његову чељад и благо, указало свету да је човештво Божје моћство, док строваљена превласт силом беше срамна радња.

Ова књига је, знатно превазишавши своју провобитну намену – да буде летопис прославе осам векова Хиландара – дело драгоцено, упутно и саветно, помоћљиво без сумње, данашњем и сутрашњем враћању Српства Светосавском православљу, сазданом више ли од богомољства или народне обичајности.

Хиландар је, дакле, светионик, општост, свеприсутност, вис за Божји престо у Српству.*

_____

* *Хиландару слава*. Приказ објављен у књизи: Миливоје Павловић „Српске земље и дијаспора лицем према Хиландару“. – Нови Сад, Прометеј; Беседа; Каћ, Културно-информативни центар, 2003, 5. Приказ поново штампан у књизи „Југославија на стрмини Европе“.

СРПСТВО НАШ РОД

Свакако памтите, и, вјерујем да, рачунате важним, свој го-
вор у Црногорској академији наука и умјетности прије десетак
година због којега сте били тешко нападнути од својих колега у
Академији па убрзо и од новинара и ондашњих политичара на
власти. Како Вам то дјелује са данашње дистанце?

Сложимо се, хајд'мо, да своје одговоре на Ваша питања за-
почнем – као прословом, потребом, одредбом – једном мудро-
шћу из Библије, из апостола Павла Посланице прве Коринћани-
ма, следећим ријечима (Гл. 13, т. 13):

> „А сад остаје вјера, над и љубав,
> ово троје;
> али је љубав највећа међу њима”.

Поука је ова, зар не, довољна да прекрије, и осмисли, све
што ћемо причати.

О већ питаном што памтим, и могу очас да споменем, нала-
зи се у мојој књизи *Велика буна Црне Горе 1988–1989*, објављеној
1990. године. Књига је напросто сабир изабраних докумената,
рачунам, вјеродостојно свједочанство чим садржи званичне и
службене списе државних установа, владајуће партије, стале-
шких савеза, Академије наука.

Тада (27. октобра 1988), говором у Академији наука, изразио
сам своје схватање политичког устанка Црне Горе, започетог у
љето 1988. године придружењем покрету Срба и Црногораца
на Косову и Метохији у њиховом отпору разбијачима Југосла-
вије, непосредно албанским и оданде даље хрватским и слове-
начким. На скуповима хиљада и хиљада људи, готово у свим
градовима, како говорима тако и изрекама и ношеним сликама

наших великана из прошлости, Црна Гора се исказала родом и завичајем Српства, баш по својем историјском учинку и духовном својству. Епика и етика Косова, јуначко борење за опстанак рода и слободу крајине, све одлике Српства, видјело се, историја записује и предаје као свјетлосну истину Црне Горе.

Гледајући те скупове (по снимцима телевизије, рекох, у љето и јесен 1988), разумио сам да дотадашње четрдесетогодишње комунистичко прављење црногорске нације није потрло Српство Црне Горе као народност и духовно биће. И промислио сам, па зато говорио у Црногорској академији, да би одбрањивости већ увелико изнутра ослабљене Југославије (нарочито примјеном Устава од 1974. године који је сваку републику-чланицу федерације био осамосталио већма од савезне државе), дакле, веома ваљало ако би се тјешње сљубиле Црна Гора и Србија; а њихова особита уједињеност да би подстакла Србе у Босни и Херцеговини и у Хрватској да се истргну онамошњем национализму и републичком издизању и издвајању муслимана и Хрвата. Тако би се цјелокупно Српство нашло чвршће сједињеним, вјероватно и са јединственим програмом, у данима и раније уочљивог разбијања Југославије, растакања државе и вишенационалне заједнице.

Мој проговор је био узалудан, можда и одоцнио, јер се о спасавању шесточлане федерације Југославије – која је уједињавала читаво Српство – требало отприје старати, поступно бар десет а можда и двадесет година раније. Мој говор у Академији остаје ипак памћењу и којипут спомену; а да ли ће се гдјекојом наћи и као податак у историји Српства, то не знам. Но, Ви питањем предзначујете да тај говор још није пропао међу невидјелости из прошлих доба.

Како гледате на Црногорску академију у приликама данашњег одбрамбеног рата наше Отаџбине?

Црногорска академија наука и умјетности је достојна историјског имена Црне Горе. Врсна је међу установама сличног позвања и значења у Југославији и широм около.

Академија је на ванредној сједници своје Скупштине, одржаној у четвртак 1. априла 1999. године, говорима и телеграфским порукама појединих чланова, као и ту усвојеном заједничком изјавом свију, јасно назвала и одлучно осудила злочиначки напад НАТО на Југославију; тако се исказала бранитељем Отаџбине.

Сваком члану Академије, иначе, слободно је да се самостално изјашњава о стварима државе, потребама друштва и пословима политике, значи, по сопственом схватању и нахођењу.

Академији, пак, као највишој установи за науке и умјетности у Црној Гори, омогућава се неприкосновеност у областима њеног дјелања; задаје највиша стручна оспособљеност; натписује морална одговорност; налаже родољубивост у одлукама и подухватима.

Општа потреба народа је старија од сваке појединачности, разумије се, и од партије и од нечије политике; с њом се изједначује само народна држава. Општост и далековидост, истинитост и родољубље – све скупно за Отаџбину – творе духовно поднебесје и етичку висост за Црногорску академију наука и умјетности.

Сажето реците, молим Вас, своје предвиђање о одрживости постојеће југословенске федерације.

За дневне новине, претпостављам, потребно је и извјесно срочити само назнаку.

Савезна Република Југославија остатак је пређашње, шесточлане федеративне државе која је смањена (1991. године) насилним и незаконитим, издајничким и нечасним откидањем четири њене републике-чланице. А Србија и Црна Гора, одане јединству, међусобном неразлучју, остале су нераздвојне. И сачувале су тако основицу оне заједнице која се, уједињујући Србе, Хрвате и Словенце, појавила крајем Првог свјетског рата међу епохалним тадашњим ослободилачким постигнућима у Европи.

Отад, памћење ранијег обострано дуготрајног предвиђања да ће једном имати исту владавину, па након Уједињења (1918) поштена досљедност одсудној прекретници, свакако, и постоја-

ност у државотворству, везују Црну Гору и Србију. Та се посто-
јаност огледа и потврђује и у том што по својим називима нису
Србија и Црна Гора именовале сопствену двочлану федерацију,
већ јој у наслов уписале ријеч историјског спомена и човјечан-
ског значаја, дакле, Југославија. (Збиља ријеч, која се ових дана,
у свијету, по јуначком одупирању наше Отаџбине злочиначком
НАТО, поистовјећује са херојством, изговара као што је слично
казивана и у Другом свјетском рату због храбрости југословен-
ских бораца против фашизма и нацизма.)

Но још дубље, и битно, сједињују Црну Гору и Србију истород-
ност њихова људства у соју и роду; у свему: један језик и писмо,
Светосавско православље, косовска епопеја, уопште народно пје-
сништво о слободи и Отаџбини, народни обичаји, просвјећеност
и мноштво изражаја историјске и потоње духовности.

А што имају посебно Црна Гора и Србија, то су данас – у за-
једничком наслеђу – само два упоредна државотворства и сходна
им друштвена развитка (до Уједињења 1918. године); док њихова
самостална ратовања за ослобођење Српства испод Османлија
бијаху врстом истовјетна, општим циљем подједнака.

Српство, стварно, род и духовност, држи узајамност Црне
Горе и Србије у једној држави, истом позвању, једнаком морању;
дакако, од њих обију братска саосјећања са народом Републи-
ке Српске и данас потлаченим а још у већем броју прогнаним
Србима из Хрватске, као и с одважним Србима, ено мањини, у
Републици Македонији.

*Одакле данас у Црној Гори, у неких људи, жестока јеткост
на све што се зове српско?*

То је невјера због одсуства љубави и нерођења наде. Али од-
метање не мијења природу одметникову; што је у бићу, родно по
крви, неизмјењљиво је на вјечито; прозив ма који да се нађе – не,
суштаству неће одузети урођена му својства.

Иначе, одвајкада, бива да је превјера жешћа од вјере којој
се наметљив дошљак приклања, па грозничаво размахује да би
правдао себе, игра присташност и граби да се повећа дружина

невјерника и пребјеглица, превратника и рушилаца старевине. (У нашем народу, на примјер, често се чује стара изрека: „Потурица гори од Турчина".)

А Црна Гора, откад бијаше и кад све у ранија времена, имала је двоумице о судбини, отпадање нејаких, ломљиво сагибање преплашених, превјеру и опачину нестрпљивих и користољубаца.

Црна Гора је, кажу, земља и народ на размеђу Истока и Запада: својствима од православног Истока а с потребама окренута и католичком Западу; и док одстојава на Истоку, рубљена је од Запада, њена чеда да се претуре и гдје јој се крвници јате.

Повремено па жестоко, или тихо и скривено, блаже те појачано, заиста непрестано, задире у Црну Гору нека вјештина растакања, упорита да осамљује Црну Гору, утолико и умањује моћност цјелокупног Српства.

И није посве с њима истовјетно, али унесено споља и слично посљедицом, сврстава се упоредо са исламом и католичанством, међу одломитеље Црне Горе из Српства, значи потоње полувјековно комунистичко стварање и обликовање црногорске нације.

Промјена вјероисповјести, међутим, није ником одузела крвно поријекло, ни бит у соју преродила, па су православци превјерени у исламисте и католике остали неизмјењиво људства српског рода. У првих се развила свакодневна обредност према поукама ислама, а у других мање измијенила отприје свикнута обичајност и надмено образовало поклонство латинству.

Комунизам је шире кроз људство захватио, али се уже пробио; улажењем по идеолошкој претпоставци а користећи се једино истином о историјском државотворству Црне Горе – па отуд, речено је, њеном праву на независност, баш издвојеност из Српства – саздао је узану основицу, боље рећи положио само греду за ослон сопственог поучавања о црногорској нацији.

Прво идеологија, слично врсти религије, па послије и једнопартијска владавина, комунизам је задао народу у Црној Гори да се начини, представља, оглашава и записује издвојеним из Српства, једноставно ријечју – црногорска нација.

Отуд, црногорска нација је политичка творевина, ништа више ни друкчије; значи, партијност важи јавну засебност у општој друштвености, испиње се тражиоцем и вршиоцем властодрштва, док биће људства остаје српско: родом, језиком, православљем, завичајем, обичајима, предањем, душевним осјећањима и духовном обдареношћу.

И како се прије десетак година окончало изричито комунистичко творештво, ипак, остављајући партијна насљедства у политичком бораштву, сву теоријску причу „О црногорском националном питању" (у листу „Борба" у Београду, 1. марта 1945. године), дакле, почев од овог првог чланка којим је готово наредбодавно казано да су Црногорци „посебни, другачији Срби од осталих Срба", па до једне књижице четрдесет година доцније, препуне порицања ма у чему својности између Црне Горе и Српства.

То је све, и махом написано жустрим нагоном и ониским знањем данас већ заборављених партијских личности; дакле, превише оскудна, стројна једномисленост коју би поклоник црногорске нације могао данас да својата као драг исказ, изјашњење и бесједу.

А наспрам, непреклони истрајник вјеровања и владалац осјећања да је Црна Гора земља и народ у Српству има испред себе, и за своје одређење, право благо, бисере даровитости црногорске, повеље, тако рећи, духовне узвишености:

У порукама владике Данила Петровића Његоша, у Историји Црне Горе од владике Василија, у посланицама Светога Петра Цетињског, у генијалном пјесништву владике Рада, у епским пјесмама војводе Мирка Петровића, у пјесмама, говорима и заповијестима књаза и краља Николе Петровића, у причама Марка Миљанова Поповића, у приповијестима Стефана Митрова Љубише, у школским уџбеницима језика и историје, у крштеницама и школским свједочанствима, у новинама и часописима; у свему том, одиста, неприкосновену истину:

Црна Гора је земља и држава Српства; Црноргорци су род и племе у Српству.

Оних дана, на примјер, кад нужно бијаше охрабривати и себе и саговорника да бисмо издржали ужас од злочинства НАТО над Југославијом, читао сам пјесме војводе Мирка Петровића о бојевима Црногораца са Турцима (1852. и 1862), дате у књизи „Јуначки споменик"; и у свакој ту од двадесет и девет пјесама, војвода Мирко Црногорце назива Србима, дакле, Никшићане, Катуњане, Цеклињане, Црмничане и друга племена. Узмимо, у првој пјесми „Погибија Ђулек-бега у Дуги", он каже како херцеговачке аге, у Мостару, тужни „о свачему зборе и говоре / а највише око Горе Црне / за јунаке мрке Црногорце... / Поче им се туговати Дедо / на ваљану српску Гору Црну / да он више живоват не може / од Србаља од те Горе Црне". Па како су Црногорци потукли у Дуги турске походнике, погубили и Ђулек-бега а заробили четири његове буле, они их пуштају да се врате у Гацко, „јер адета у Србина нема / ко би турску булу заробио / Србин зулум учинит јој неће... / Ондје стоје Турци кукајући / отиђоше Срби пјевајући".

Коме, збиља, у Црној Гори ово није својније него му ближа и важнија ватиканско-комунистичка, преварна и разбојна измишљотина да Црногорци нису народ српског рода и знамена – и ја се често упитам.

Дух Црне Горе није саломљив, ни душа јој превртљива; народ косовским епом се узноси, родољубљем дичи, све збором и твором за част човјека и слободу рода. То одличје Црне Горе јесте историјска знаменитост Српства, и неугасива живост бића, и дубока моћност вјере у љубав, и неискорјењива оданост братству са Србима свуда.

Ех, колико је пута Црна Гора тим братимљењем узлетјела, и на бојиштима га потврђивала, и пјесмама завјештала Српству.

И данас, богме, она не изостаје. У задружју са Србијом одупире се и Црна Гора америчко-европским зликовцима, у НАТО, који, почев од сриједе увече 24. марта 1999. године, огњем из ваздуха разарају благо и убијају народ Југославије.

Та сложеност, појам дужности и осјећај нераздвојивости, бораштво војника на положајима и дружење грађана у пословима, изразила се, поред мноштва другог, и долажењем родољуба из Црне Горе у Београд да се овде загрле с браћом, овеселе родбинством, осиле снагом, сљубе душама, стегну правдом и човјечношћу.

А с којим поносом и каквим братољубљем се то исказује, предивно нам вели „Поздрав Црне Горе Србији”, та управо епска порука коју је професор др Ново Вујошевић прочитао на Тргу Републике у Београду, у петак 16. априла 1999. године. Говорио је пјеснички; и реченице у прози поетски гласе. Љубав, вјеру и заклетву, између осталог, казао је и овим стиховима:

„Са Ловћена кличе вила
О Србијо, мајко мила
О Србијо, мила мати
Нећемо те никад дати
С тобом ћемо бити први
До посљедње капи крви”.

Да, баш тако у братству, вјечна и непрекршива да буде усправност Црне Горе; пјесмом данас речена а звоном и дословношћу као да је прије стотину година изговорена.

И намах подсјећа на ријечи краља Николе (од 24. јула 1914), преко посланика Црне Горе у Београду, упућене овде влади уочи њеног одговора на аустроугарски ултиматум Србији, дакле:

„Тешко је ријешити какав одговор да се дадне Аустрији. Наше би мишљење било да се послуша савјет Русије. У сваком случају кажите господину Пашићу, да нам је зло и добро заједничко са Србијом. Њена судбина и наша је.”

Вјечита је ова порука краља Николе: изрека је за незаборав, прослов ненапустив, судња одредба родољубљу у Српству.

Школи, цркви и војсци, као благотворним одгојитељима народа и свестрано држаоцима Отаџбине слободном, намјењују се, по смислу те поруке, узајамност у дужностима и сложност у потхватима и дјелотворству.

Највећма су школа, црква и војска, слогом моћне да саздају и примјењују општу оданост роду и држави, независну од схватања или прохтјева било које партије или надношења дружине имућних и влашћу осиљених људи.

Баш много је нужно данас Југославији, биће и послије, да умјесто партијског родољубља, увијек условљеног неком засебношћу, стекне и у свему има преовлађујуће, отаџбинско родољубље.

У Српству, пак, отаџбинско родољубље се одређује и напаја Светосавским православљем, блажи и весели епском поезијом, издиже и храбри предањем о народном ослободилаштву у сламању и одгоњењу туђинских тиранија, поучава из повијести домаћих стваралаца, унапређује сазнањима из савремене просвијећености у свијету.

Какву прилику, да се упитамо, данас преовлађујућа моћност у свијету наноси Словенству: избавиће се оно даљег страдања или ће заједно са још смањенијом Русијом огромно пропасти.

Словенство, религијски подијељено од давнине, на међама, унутар и свуда около, има провалије; нико далеко од амбиса, свак на мјесту гдје би се и бездно за бестрв отворило.

Словени римокатоличке вјероисповијести, за дан за ноћ, раскинули су своје вишедеценијско припадање комунизму и њим везаност с Русијом; очас, згибли су се према Риму а одвојили од Москве. И данас, ти Словени су, областима својим услужници и сагласјем присташе, а гдјешто и учесници, похода плутократије (земаља у којим богати људи владају помоћу новца и капитала) од Запада према Истоку, на Русију; плутократија и римокатоличка црква, удружено и свакојако, главни су разоритељи комунизма, насталог и одржаваног свјетски јаком снагом Русије.

Словени мухамеданске вјере најљући су противници православља; служе земљама плутократије с рачуном да ће крилом свјетске премоћи Америке доспјети у једно велико царство ислама на просторима предње Азије и југоистока Европе.

А православни Словени, са Русијом најмоћнијим својим ослоништем, ево десетак година откако су принуђени да бране неприкосновену сопственост у властитим државама. У понеких, већ владаоце заноси и поједине партијске дружине хвата роваш освајачке плутократије; међутим, Русија, Бјелорусија, Српство, одолијевајући напастима и злочинцима, заштићују своја људства и блага, и тим уједно од поништења чувају начела часне пристојности, правде и народне слободе у човјечанству.

Шта очекује човјечанство у 21. вијеку, утолико и нашу Отаџбину.

Човјечанство је у 20. вијеку војевало три свјетска рата; у 21. стољећу, пак, преврше ли безумна грабљивост и надмена силина у владалаца благом на планети Земљи, имаће људски род само један свјетски рат, њим уништење житељства и богатстава. Иначе, Америка наставиће да којекако опкољава, мучи и стјешњава Русију, да би се ова издробила у мноштво државица.

А Русија, несумњиво, одупираће се – вјерујмо – све снажније и успјешније, врло пазећи да се њени унутрашњи сукоби и надгорњавања не распале до бесвијести, па ту неко безуман потегне атомску бомбу на супарника; и тад, и тако, човјечанство би доживјело нуклеарни рат изгинућем руског народа. И није одвише залетно питање: теже ли велесиле Запада можда и таквој пропасти Русије, дакако већма удаљена Америка него блиска Њемачка коју би преплавиле затроване олује са источних страна, те и њој нанијеле помор.

А Српство, мора да остане, тако рећи, на ратном положају. Јер, војном снагом већ на српској земљи, на Косову и Метохији, Америка ће притискати, гњавити и мучити, на којешта њој потребно приморавати Србију и Црну Гору, доклегод буде разбојно презала према Русији. А кад онамо застане Америка, смириће се ваљда и према Српству, али неће повући војне одреде са српског земљишта све док иоле буде настојала да се новцем, сплеткама и силом пробија преко Балкана пут Истока, онамо да заробљава исламске народе и разорно гребе кроз рубна подручја Русије.

Српству, дакле, предстоји да се и у 21. вијеку бори за властит опстанак: бићем, имућством, државништвом, историјском заслужношћу и људском достојношћу у човјечанству. Одбраниће се, и зорно опстаће Српство: ако умјесто садашње своје унутарње завађености оживи братољубље; умјесто свакојаких раздиоба заведе општу слогу; умјесто грабежа за латинством одбрамбено његује Светосавско православље и издиже сопствене, наслијеђене и савремено творене вриједности; умјесто варања званом глобализацијом као походом туђинства узноси дух и вољу родољубљем као спасоносном вјером; умјесто заношења партијством обузме се старањем о народној држави; умјесто налетношћу у користољубљу напаја се свемоћношћу чисте љубави за Род, Дом, Отаџбину.*

---

* Разговор водио *Илија Јовићевић*; „Дан”, новине, Подгорица, 1, 2. и 3. јануар 2000. године. Састав поново штампан у књизи „Југославија на стрмини Европе”.

ПРИЛОЗИ

МАПЕ

Краљевско посланство Југославије у Француској, из Париза (20. јануара 1932) доставља ову мапу Министарству просвете у Београду.

Ослобађање југословенских земаља у току два века: 1712. годи-
не – бојем Црногораца на Цареву лазу и одупирањем турским
нападачима унутар њеног предела одбрањена је мала крајина
слободне Старе Црне Горе; 1796. године – Бојем у Мартинићима
и Бојем на Крусима поражена је турска војска у походу на Црну
Гору и проширила се слободна област; 1804–1815. године – Пр-
вим и Другим народним устанком на власт и сав у Београдском
пашалуку постојећи поредак Турске обезбеђено је земаљско
подручје за настанак и развој националног друштва и државе
Србије; 1820. године – бојем у крајишту Морачи очувано је спа-
јање онуд ослобођених селишта са Старом Црном Гором; 1831–
1833. године – упоритошћу стеченим припајањем „Шест нахија“
увећала се површина устаничке Србије; 1858. године – победом
Црногораца у Бици на Граховцу крилно се размакао повећан
обим слободне крајине и нанела прилика за међународно од-
ређење државних граница Црне Горе; 1876–1878. године – вој-
ничким успесима у рату с Османским царством проширене су
државне области Србије и Црне Горе; 1912–1913. године – ра-
том Србије и Црне Горе окончано је ослобађање Српства испод
Турске; 1914–1918. године – ратом Србије и Црне Горе против
Аустро-Угарске и савезника јој Немачке и Бугарске, те пресуд-
но, учинком Србије, створен је услов да се обе српске краље-
вине уједине, да приме у заједницу југословенске покрајине
најзад распаднуте Хабзбуршке монархије, и да се местимично
исправи гранични раздео с Бугарском (према Нејском уговору,
1919); 1941–1945. године – устаничким и ратничким изгоњењем
војски и власти фашистичких окупатора Југославије ослобођен
је и последњи окрајак дотле под туђином држане југословенске
земље.

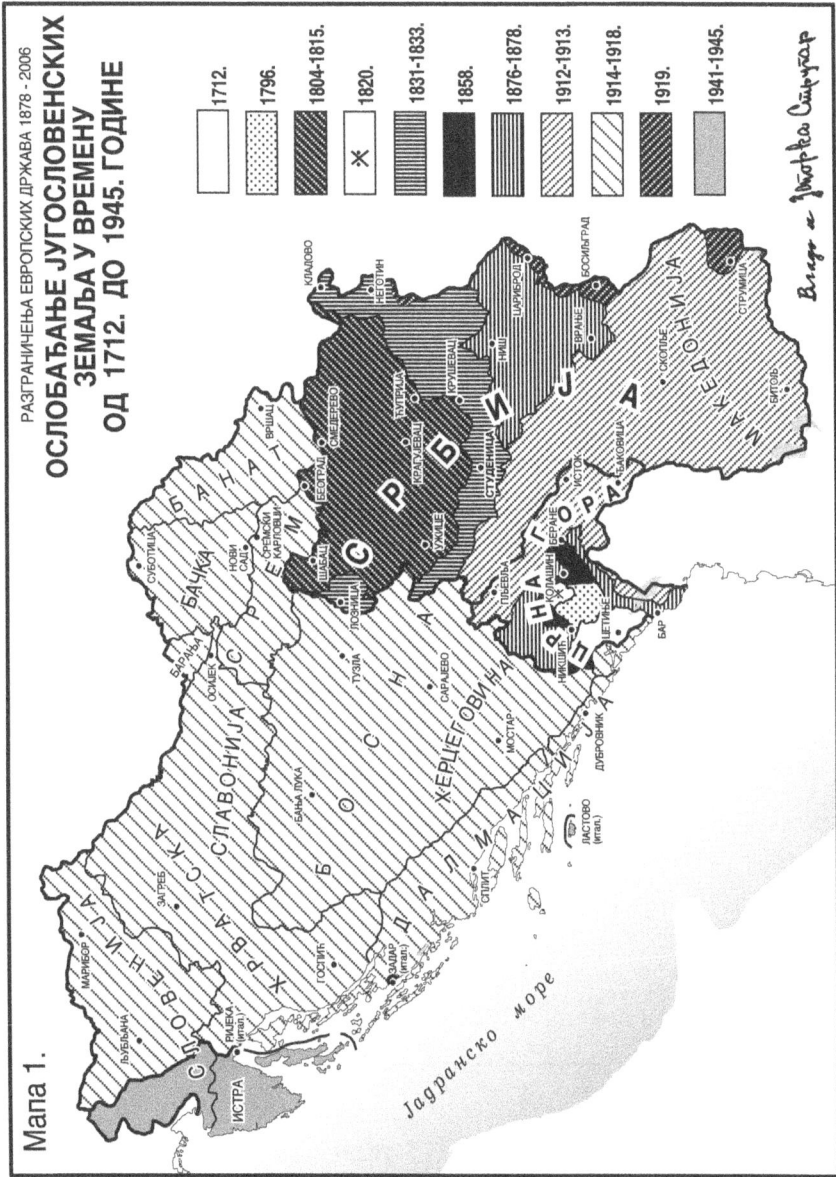

Мапа 1.

РАЗГРАНИЧЕЊА ЕВРОПСКИХ ДРЖАВА 1878 - 2006

ОСЛОБАЂАЊЕ ЈУГОСЛОВЕНСКИХ ЗЕМАЉА У ВРЕМЕНУ ОД 1712. ДО 1945. ГОДИНЕ

1712.
1796.
1804-1815.
1820.
1831-1833.
1858.
1876-1878.
1912-1913.
1914-1918.
1919.
1941-1945.

Мапе
Разграничења
европских
држава
1878–2006;
израда:
Владо Стругар
– научни
пропис,
Љубиша Гвоић
– уметнички
нацрт

РАЗГРАНИЧЕЊА ЕВРОПСКИХ ДРЖАВА 1878 - 2006

ЕВРОПА 1878.

Мапа 2.

Мапа 3.
РАЗГРАНИЧЕЊА ЕВРОПСКИХ ДРЖАВА 1878 - 2006

**ЈУГОИСТОЧНА ЕВРОПА
СВРШЕТКОМ РАТА
1912/13. године**

Мапа 4.

ЕВРОПА: ДРЖАВЕ У РАТУ (1914 - 1918)

РАЗГРАНИЧЕЊА ЕВРОПСКИХ ДРЖАВА 1878 - 2006

Централне силе

Покорене земље

Антанта и савезници

0   250   500   750   1000 КМ

Мапа 5. РАЗГРАНИЧЕЊА ЕВРОПСКИХ ДРЖАВА 1878 - 2006
КРАЉЕВСТВО СРБА, ХРВАТА И СЛОВЕНАЦА
(1. децембар 1918)

АУСТРИЈА 83.849 km²

ИТАЛИЈА 301.262 km²

СЛОВЕНИЈА 16.197 km²

МАЂАРСКА 93.030 km²

МЕЂУМУРЈЕ 775 km²

РУМУНИЈА 237.500 km²

БУГАРСКА 110.912 km²

ГРЧКА 131.944 km²

БАРАЊА

БАНАТ 19.702 km²

БАЧКА

СРЕМ

ХРВАТСКА СЛАВОНИЈА 42.533 km²

БЕОГРАД

С Р Б И Ј А 90.052 km²

БОСНА И ХЕРЦЕГОВИНА 51.199 km²

ЦРНА ГОРА 14.180 km²

АЛБАНИЈА 28.748 km²

Ријека (итал)

Задар (итал)

Ластово (итал)

Д А Л М А Ц И Ј А 12.732 km²

Јадранско море

В. Гарчар

ЕВРОПА 1919 - 1923.

РАЗГРАНИЧЕЊА ЕВРОПСКИХ ДРЖАВА 1878 - 2006

Мапа 6.

САВЕЗ
СОВЈЕТСКИХ
СОЦИЈАЛИСТИЧКИХ
РЕПУБЛИКА

0 250 500 750 1000 KM

ФИНСКА
ЕСТОНИЈА
ЛЕТОНИЈА
ЛИТВАНИЈА
ИСТ. ПРУСКА
ПОЉСКА
РУМУНИЈА
БУГАРСКА
ТУРСКА
ШВЕДСКА
ЧЕХОСЛОВАЧКА
МАЂАРСКА
АУСТРИЈА
КРАЉЕВИНА СРБА, ХРВАТА И СЛОВЕНАЦА
АЛБАНИЈА
ГРЧКА
НОРВЕШКА
НЕМАЧКА
ЛИХТЕНШТАЈН
ШВАЈЦ.
ДАНСКА
ХОЛАНДИЈА
БЕЛГИЈА
ЛУКСЕМБУРГ
СМ МАРИНО
ИТАЛИЈА
МОНАКО
ВАТИКАН
Сардинија
МАЛТА
ВЕЛИКА БРИТАНИЈА
ИРСКА
ФРАНЦУСКА
АНДОРА
Корзика
Балеарска ост.
ШПАНИЈА
ПОРТУГАЛИЈА
МАРОКО
АЛЖИР
ТУНИС
ИСЛАНД
КИПАР
ЦРНО МОРЕ
СЕВЕРНО МОРЕ
БАЛТИЧКО МОРЕ
ЈАДРАНСКО МОРЕ
ЈОНСКО МОРЕ
ЕГЕЈСКО МОРЕ
ТИРЕНСКО МОРЕ
СРЕДОЗЕМНО МОРЕ
АТЛАНТСКИ ОКЕАН
Каспијско језеро
Крим
Крит
Фарска ост.
Шетландска ост.

В. Гаргић

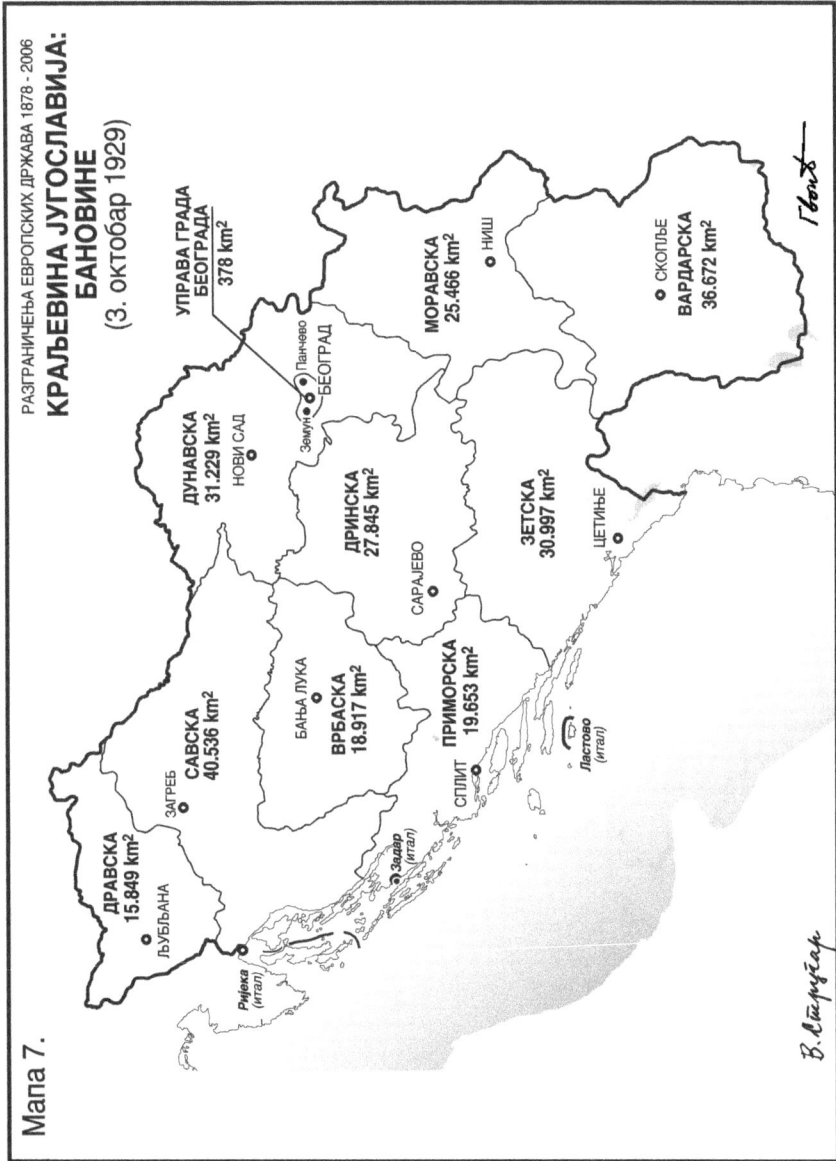

РАЗГРАНИЧЕЊА ЕВРОПСКИХ ДРЖАВА 1878 - 2006

КРАЉЕВИНА ЈУГОСЛАВИЈА: БАНОВИНЕ

(3. октобар 1929)

Мапа 7.

УПРАВА ГРАДА БЕОГРАДА 378 km²

ДУНАВСКА 31.229 km²
НОВИ САД

МОРАВСКА 25.466 km²
НИШ

ВАРДАРСКА 36.672 km²
СКОПЉЕ

БЕОГРАД
Земун Панчево

ДРИНСКА 27.845 km²
САРАЈЕВО

ЗЕТСКА 30.997 km²
ЦЕТИЊЕ

САВСКА 40.536 km²
ЗАГРЕБ

ВРБАСКА 18.917 km²
БАЊА ЛУКА

ПРИМОРСКА 19.653 km²
СПЛИТ

Ластово (итал)

ДРАВСКА 15.849 km²
ЉУБЉАНА

Ријека (итал)

Задар (итал)

В. Ластутар

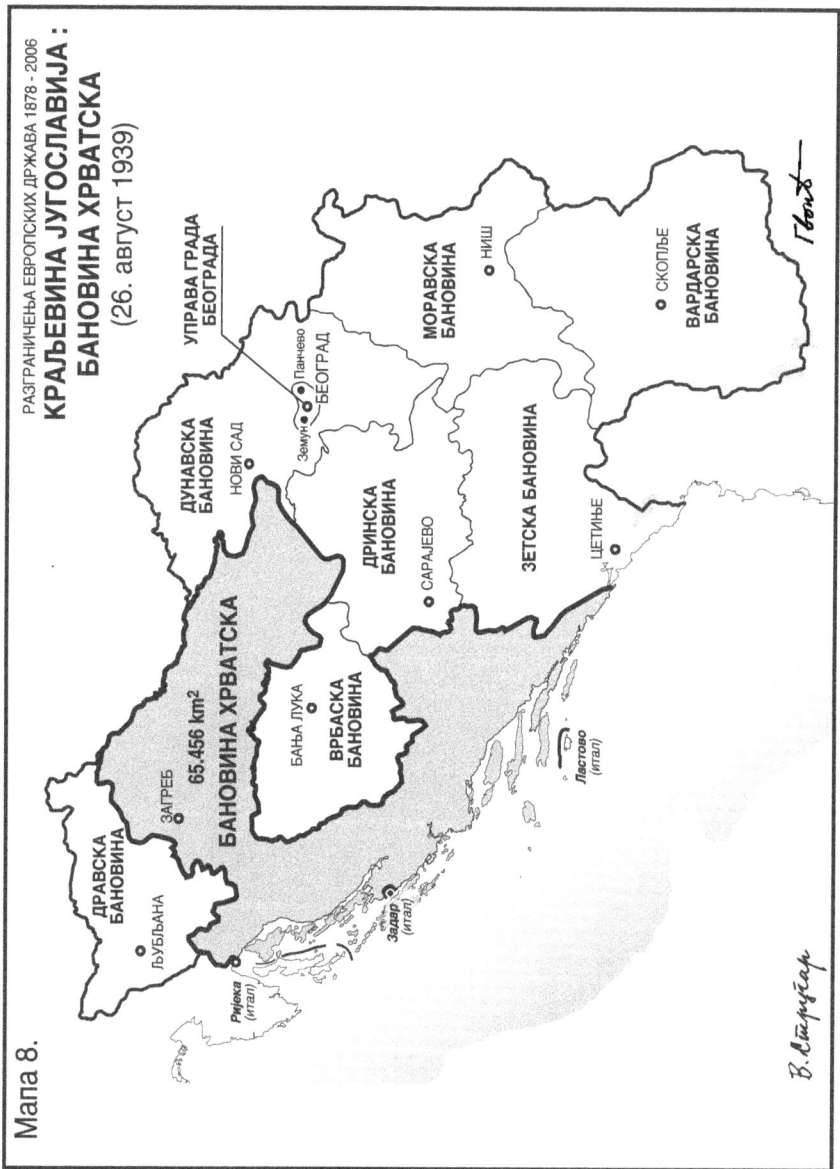

Мапа 8.

РАЗГРАНИЧЕЊА ЕВРОПСКИХ ДРЖАВА 1878 - 2006
КРАЉЕВИНА ЈУГОСЛАВИЈА : БАНОВИНА ХРВАТСКА
(26. август 1939)

УПРАВА ГРАДА БЕОГРАДА

ДУНАВСКА БАНОВИНА
НОВИ САД

МОРАВСКА БАНОВИНА
НИШ

ВАРДАРСКА БАНОВИНА
СКОПЉЕ

Панчево
БЕОГРАД
Земун

ДРИНСКА БАНОВИНА
САРАЈЕВО

ЗЕТСКА БАНОВИНА
ЦЕТИЊЕ

БАНОВИНА ХРВАТСКА
65.456 km²

ВРБАСКА БАНОВИНА
БАЊА ЛУКА

Ластово (итал)

ДРАВСКА БАНОВИНА
ЗАГРЕБ
ЉУБЉАНА

Задар (итал)

Ријека (итал)

В. Стругар

ЕВРОПА: ДРЖАВЕ У РАТУ (1939 - 1945)

РАЗГРАНИЧЕЊА ЕВРОПСКИХ ДРЖАВА 1878 - 2006

САВЕЗ СОВЈЕТСКИХ СОЦИЈАЛИСТИЧКИХ РЕПУБЛИКА

Тројни пакт

Антифа- шистичка коалиција

Мапа 9.

Мапа 10.

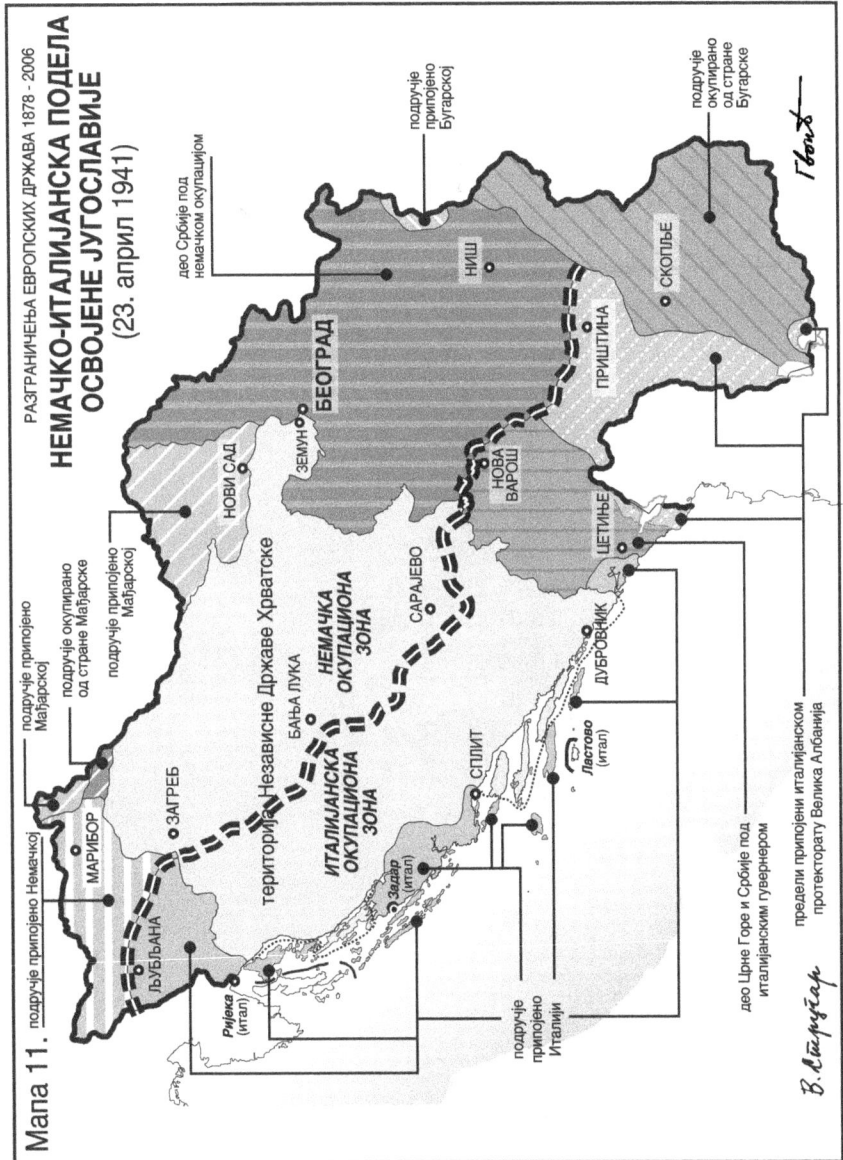

Мапа 11. НЕМАЧКО-ИТАЛИЈАНСКА ПОДЕЛА ОСВОЈЕНЕ ЈУГОСЛАВИЈЕ (23. април 1941)

РАЗГРАНИЧЕЊА ЕВРОПСКИХ ДРЖАВА 1878 - 2006

подручје припојено Немачкој
подручје припојено Мађарској
подручје окупирано од стране Мађарске
подручје припојено Мађарској
део Србије под немачком окупацијом
подручје припојено Бугарској
подручје окупирано од стране Бугарске

територија Независне Државе Хрватске
НЕМАЧКА ОКУПАЦИОНА ЗОНА
ИТАЛИЈАНСКА ОКУПАЦИОНА ЗОНА

подручје припојени Италији
део Црне Горе и Србије под италијанским гувернером
пределu припојени италијанском протекторату Велика Албанија

МАРИБОР
ЉУБЉАНА
ЗАГРЕБ
Ријека (итал)
Задар (итал)
БАЊА ЛУКА
СПЛИТ
Ластово (итал)
САРАЈЕВО
ДУБРОВНИК
НОВИ САД
ЗЕМУН
БЕОГРАД
НОВА ВАРОШ
ЦЕТИЊЕ
НИШ
ПРИШТИНА
Косово
СКОПЉЕ

В. Пауновић

Мапа 12.

РАЗГРАНИЧЕЊА ЕВРОПСКИХ ДРЖАВА 1878 - 2006

ЈУГОСЛАВИЈА :
ОБЛАСТИ ОРУЖАНОГ
УСТАНКА ПРОТИВ
ОКУПАЦИОНИХ
ВОЈСКИ
(лето и јесен
1941. године)

Области оружаног устанка

Мапа 13.

РАЗГРАНИЧЕЊА ЕВРОПСКИХ ДРЖАВА 1878 - 2006

ЕВРОПА 1941 - 1942.

САВЕЗ СОВЈЕТСКИХ СОЦИЈАЛИСТИЧКИХ РЕПУБЛИКА

Територија сила Осовине

Под немачком управом (Генералгувернемент)

Сателити сила Осовине

Војна окупација сила Осовине, новембар 1942.

0 250 500 750 1000 КМ

ФИНСКА
ШВЕДСКА
НОРВЕШКА
ДАНСКА
БАЛТИЧКО МОРЕ
СЕВЕРНО МОРЕ
ВЕЛИКА БРИТАНИЈА
ИРСКА
ХОЛАНДИЈА
БЕЛГИЈА
НОРДФРАНКРАЈХ
ФРАНЦУСКА
ВИШИЈЕВСКА ФРАНЦУСКА
НЕМАЧКА
ЛИХТЕНШТАЈН
ШВАЈЦ.
ИТАЛИЈА
ЛУКСЕМБУРГ
СЛОВАЧКА
МАЂАРСКА
НДХ
СРБИЈА
ЦРНА ГОРА
АЛБ.
РУМУНИЈА
БУГАРСКА
ГРЧКА
ЦРНО МОРЕ
ТУРСКА
КИПАР (брит)
ДОДЕКАНЕЗ (итал)
ЕГЕЈСКО МОРЕ
КРИТ
ЈОНСКО МОРЕ
ВАТИКАН
САН МАРИНО
МОНАКО
ЈАДРАНСКО МОРЕ
ТИРЕНСКО МОРЕ
Корзика
Сардинија
Сицилија
Малта
МАЛТА (брит)
ТУНИС
АЛЖИР (ВИШИ - ФРАНЦУСКА)
МАРОКО
ПОРТУГАЛИЈА
ШПАНИЈА
АНДОРА
Балеарска ост.
Гибралтар
Шпан. Мароко
СРЕДОЗЕМНО МОРЕ
Фарска ост.
Шетландска ост.
ИСЛАНД
АТЛАНТСКИ ОКЕАН

0 250 500 750 1000 КМ

В. Пар...ић

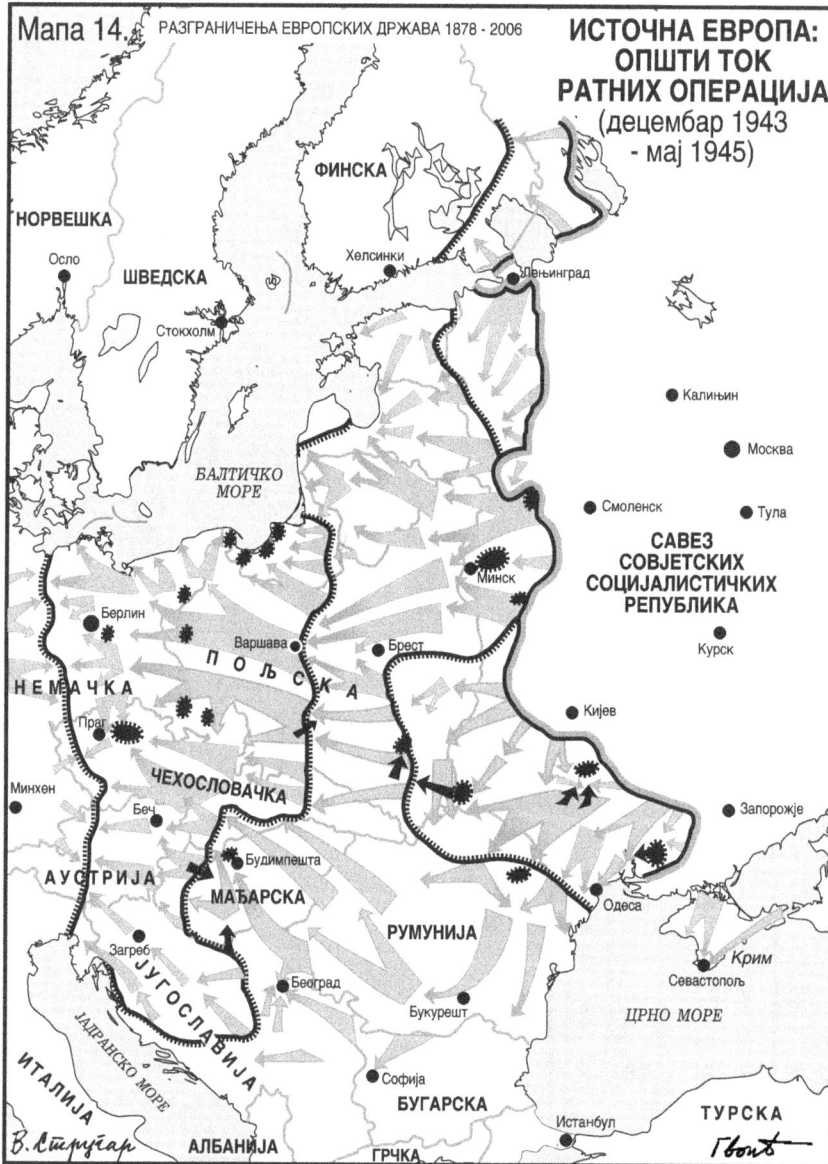

Мапа 14. РАЗГРАНИЧЕЊА ЕВРОПСКИХ ДРЖАВА 1878 - 2006

ИСТОЧНА ЕВРОПА: ОПШТИ ТОК РАТНИХ ОПЕРАЦИЈА (децембар 1943 - мај 1945)

Мапа 15.

РАЗГРАНИЧЕЊА ЕВРОПСКИХ ДРЖАВА 1878 - 2006

ЗАПАДНА И ЈУЖНА ЕВРОПА: ОПШТИ ТОК РАТНИХ ОПЕРАЦИЈА
(јун 1944 - мај 1945)

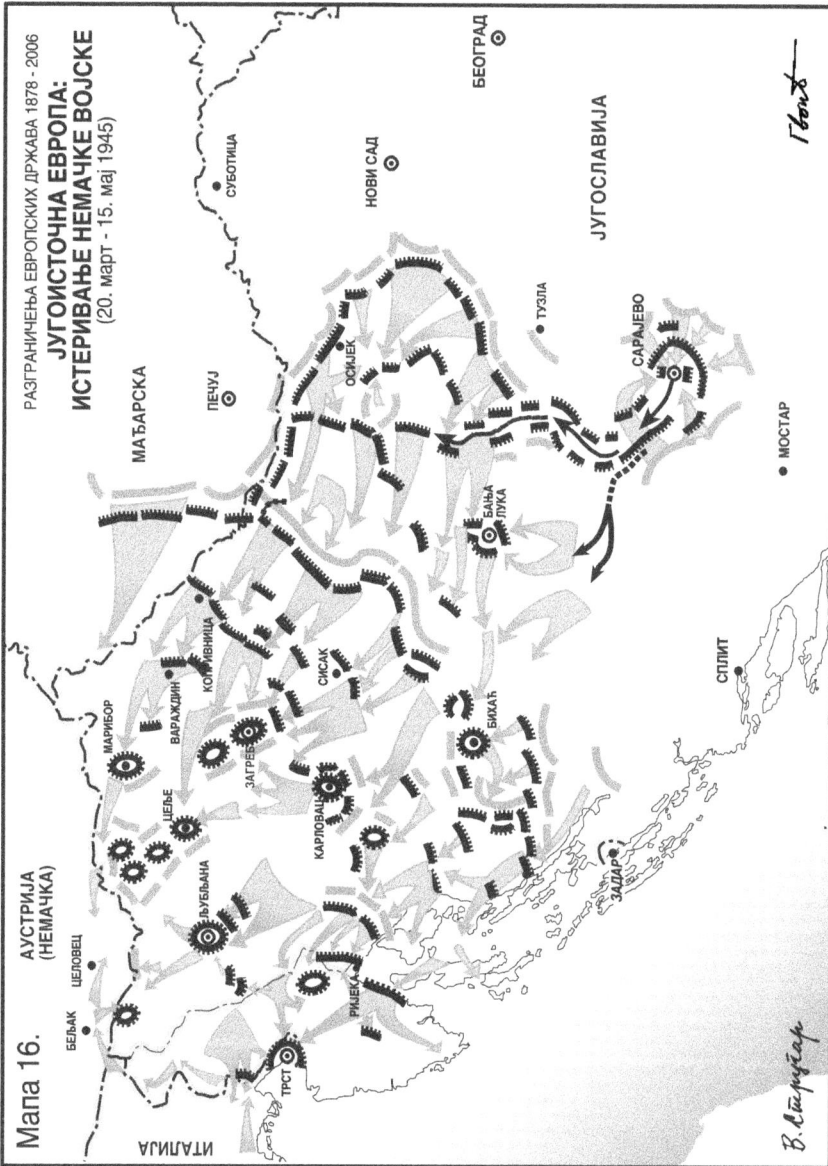

Мапа 16.

РАЗГРАНИЧЕЊА ЕВРОПСКИХ ДРЖАВА 1878 - 2006
ЈУГОИСТОЧНА ЕВРОПА:
ИСТЕРИВАЊЕ НЕМАЧКЕ ВОЈСКЕ
(20. март - 15. мај 1945)

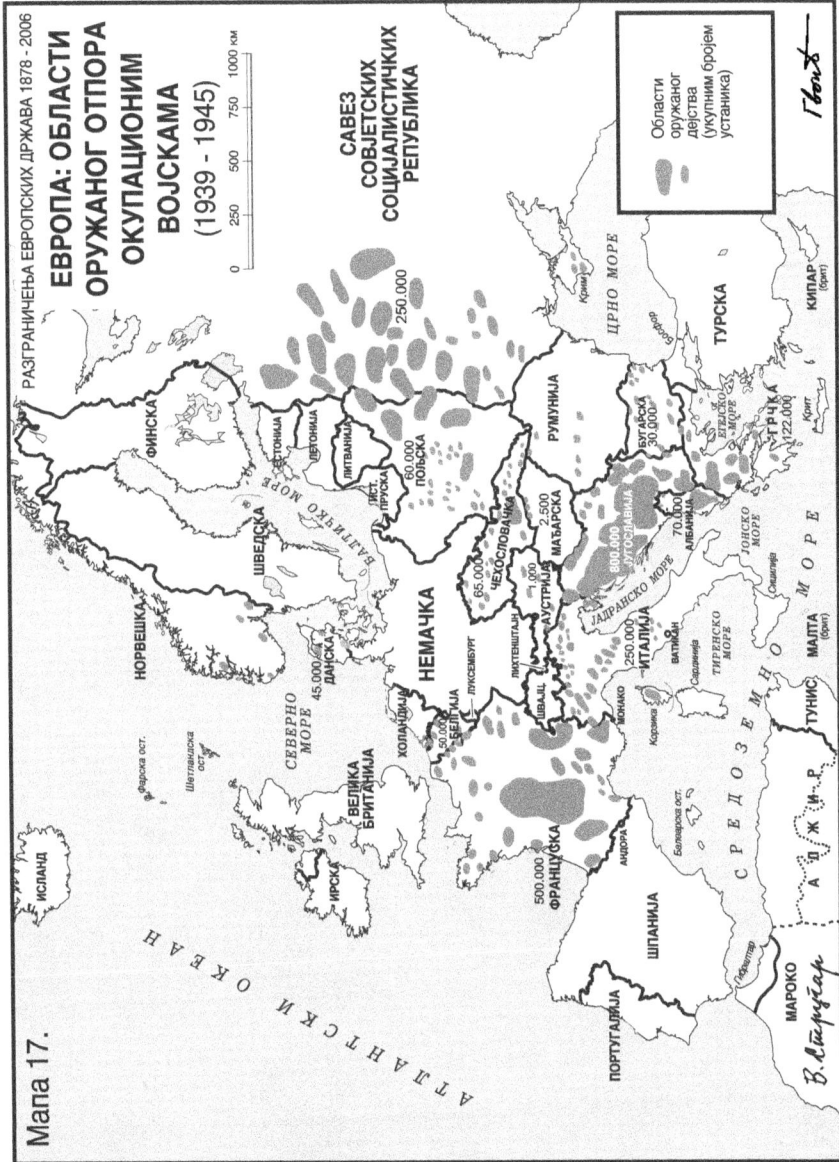

Мапа 17.

РАЗГРАНИЧЕЊА ЕВРОПСКИХ ДРЖАВА 1878 - 2006

ЕВРОПА: ОБЛАСТИ ОРУЖАНОГ ОТПОРА ОКУПАЦИОНИМ ВОЈСКАМА (1939 - 1945)

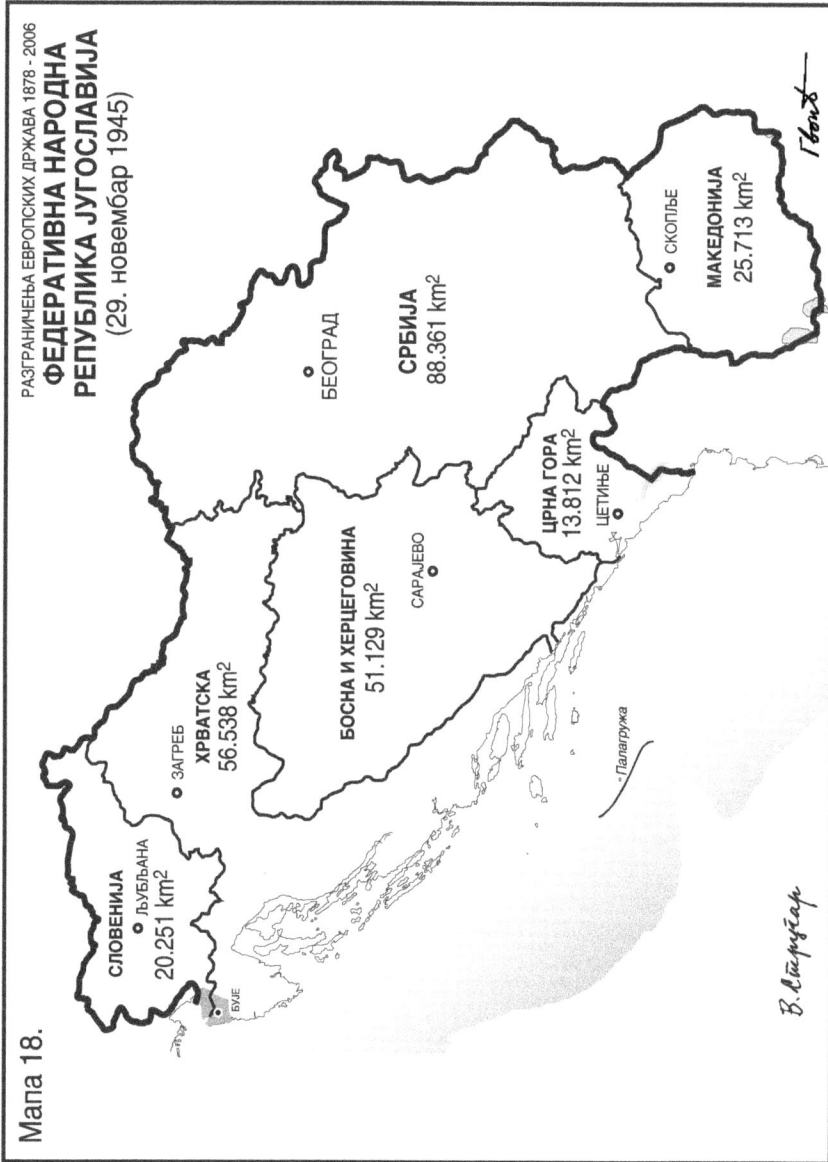

Мапа 18.

РАЗГРАНИЧЕЊА ЕВРОПСКИХ ДРЖАВА 1878 - 2006
ФЕДЕРАТИВНА НАРОДНА
РЕПУБЛИКА ЈУГОСЛАВИЈА
(29. новембар 1945)

СЛОВЕНИЈА
20.251 km²
ЉУБЉАНА

ХРВАТСКА
56.538 km²
ЗАГРЕБ

БОСНА И ХЕРЦЕГОВИНА
51.129 km²
САРАЈЕВО

СРБИЈА
88.361 km²
БЕОГРАД

ЦРНА ГОРА
13.812 km²
ЦЕТИЊЕ

МАКЕДОНИЈА
25.713 km²
СКОПЉЕ

Палагружа

В. Стругар

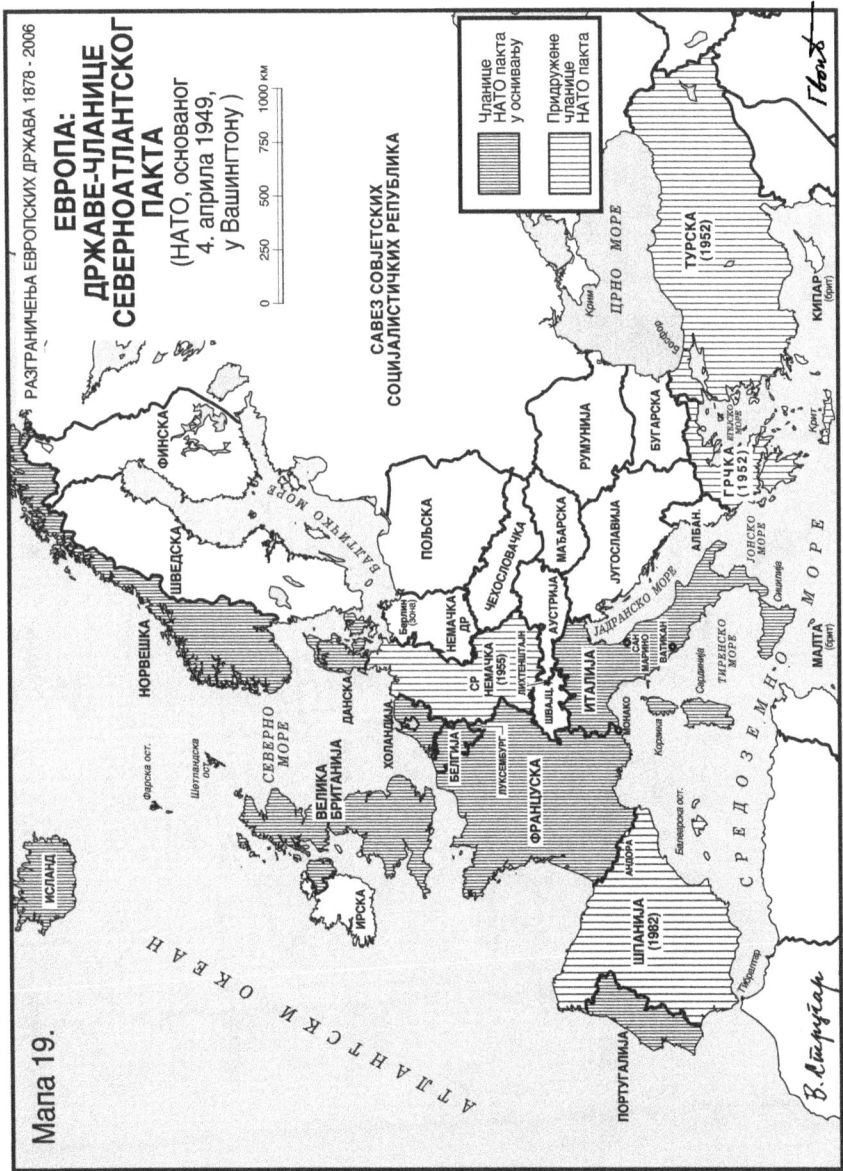

Мапа 19.

ЕВРОПА:
ДРЖАВЕ-ЧЛАНИЦЕ
СЕВЕРНОАТЛАНТСКОГ
ПАКТА
(НАТО, основаног
4. априла 1949,
у Вашингтону)

РАЗГРАНИЧЕЊА ЕВРОПСКИХ ДРЖАВА 1878 - 2006

Мапа 20.

ЕВРОПА:
ДРЖАВЕ ЧЛАНИЦЕ
ВАРШАВСКОГ
УГОВОРА
(од оснивања у Варшави,
14. маја 1955, до
укидања 28. јуна 1991)

РАЗГРАНИЧЕЊА ЕВРОПСКИХ ДРЖАВА 1878 - 2006

Чланице
Варшавског
уговора

САВЕЗ СОВЈЕТСКИХ
СОЦИЈАЛИСТИЧКИХ РЕПУБЛИКА

0   250   500   750   1000 км

АТЛАНТСКИ ОКЕАН

ИСЛАНД

НОРВЕШКА

ШВЕДСКА

ФИНСКА

БАЛТИЧКО МОРЕ

СЕВЕРНО МОРЕ

Фарска ост.

Шетландска ост.

ДАНСКА

ИРСКА

ВЕЛИКА БРИТАНИЈА

ХОЛАНДИЈА

НЕМАЧКА ДР
Берлин (Зпад)
СР НЕМАЧКА

ПОЉСКА

ЧЕХОСЛОВАЧКА

ЛИХТЕНШТАЈН
ШВАЈЦ
АУСТРИЈА

МАЂАРСКА

РУМУНИЈА

БУГАРСКА

ЦРНО МОРЕ

ТУРСКА

КИПАР
(брит)

БЕЛГИЈА
ЛУКСЕМБУРГ

ФРАНЦУСКА

МОНАКО

ИТАЛИЈА

САН МАРИНО
ВАТИКАН

ЈАДРАНСКО МОРЕ

ЈУГОСЛАВИЈА

АЛБАНИЈА
(до 1968)

ЈОНСКО МОРЕ

ГРЧКА

ЕГЕЈСКО МОРЕ

Крит

ПОРТУГАЛИЈА

ШПАНИЈА

АНДОРА

Балеарска ост.

Корзика

Сардинија

ТИРЕНСКО МОРЕ

СРЕДОЗЕМНО МОРЕ

МАЛТА
(брит)

С Р Е Д О З Е М Н О   М О Р Е

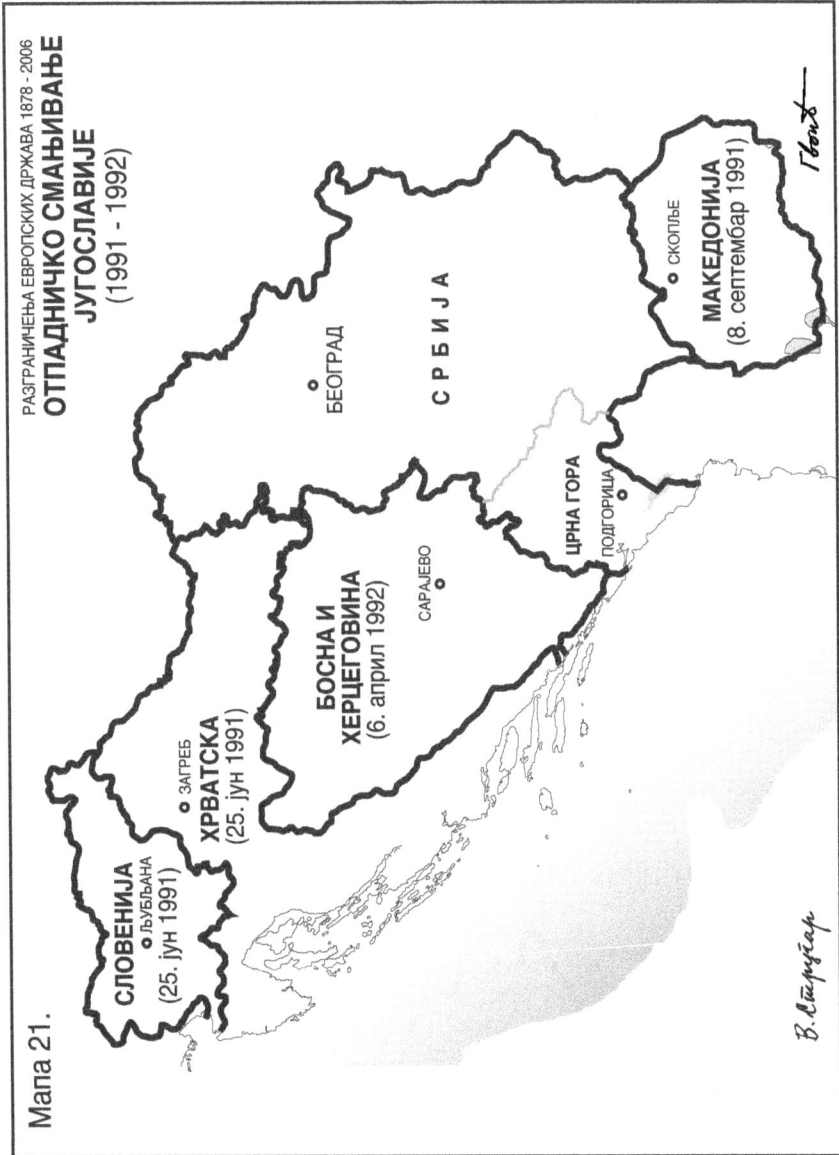

Мапа 21.

РАЗГРАНИЧЕЊА ЕВРОПСКИХ ДРЖАВА 1878 - 2006

ОТПАДНИЧКО СМАЊИВАЊЕ ЈУГОСЛАВИЈЕ
(1991 - 1992)

СЛОВЕНИЈА
● ЉУБЉАНА
(25. јун 1991)

ХРВАТСКА
(25. јун 1991)
● ЗАГРЕБ

БОСНА И ХЕРЦЕГОВИНА
(6. април 1992)
САРАЈЕВО ●

С Р Б И Ј А
БЕОГРАД ○

ЦРНА ГОРА
ПОДГОРИЦА ○

МАКЕДОНИЈА
(8. септембар 1991)
● СКОПЉЕ

В. Стругар

Мапа 22.

РАЗГРАНИЧЕЊА ЕВРОПСКИХ ДРЖАВА 1878 - 2006

САВЕЗНА РЕПУБЛИКА ЈУГОСЛАВИЈА
(27. април 1992)

ХРВАТСКА

БОСНА И
ХЕРЦЕГОВИНА

БЕОГРАД

С Р Б И Ј А
88.361 km²

ЦРНА ГОРА
13.812 km²

ХРВАТСКА

ПОДГОРИЦА

МАКЕДОНИЈА

Мапа 23.

РАЗГРАНИЧЕЊА ЕВРОПСКИХ ДРЖАВА 1878 - 2006

РЕПУБЛИКА СРПСКА КРАЈИНА
(19. децембар 1991) и
РЕПУБЛИКА СРПСКА
(9. јануар 1992)

РЕПУБЛИКА СРПСКА КРАЈИНА

Бели Манастир

Пакрац

Вуковар

РЕПУБЛИКА СРПСКА КРАЈИНА

Глина

Приједор

Бања Лука

Добој

Бијељина

Тузла

Бихаћ

РЕПУБЛИКА СРПСКА
32.678 km²

Дрвар

Јајце

Зеница

КНИН

17.510 km²

САРАЈЕВО

ПАЛЕ

РЕПУБЛИКА СРПСКА

Мостар

Србиње
(Фоча)

Невесиње

Требиње

Муслиманско-хрватска
област

В. Стручар

Мапа 24.

РАЗГРАНИЧЕЊА ЕВРОПСКИХ ДРЖАВА 1878 - 2006

**СЕВЕРНОАТЛАНТСКОГ ПАКТА
(НАТО) БОМБАРДОВАЊЕ
РЕПУБЛИКЕ СРПСКЕ КРАЈИНЕ
И РЕПУБЛИКЕ СРПСКЕ**
(1994 - 1995)

Мапа 25.

РАЗГРАНИЧЕЊА ЕВРОПСКИХ ДРЖАВА 1878 - 2006

ЕВРОПА 1996.

Мапа 26.

РАЗГРАНИЧЕЊА ЕВРОПСКИХ ДРЖАВА 1878 - 2006

**НАПАДИ АВИЈАЦИЈЕ
СЕВЕРНОАТЛАНТСКОГ
ПАКТА (НАТО) НА
САВЕЗНУ РЕПУБЛИКУ
ЈУГОСЛАВИЈУ**
(24. март - 10 . јун 1999)

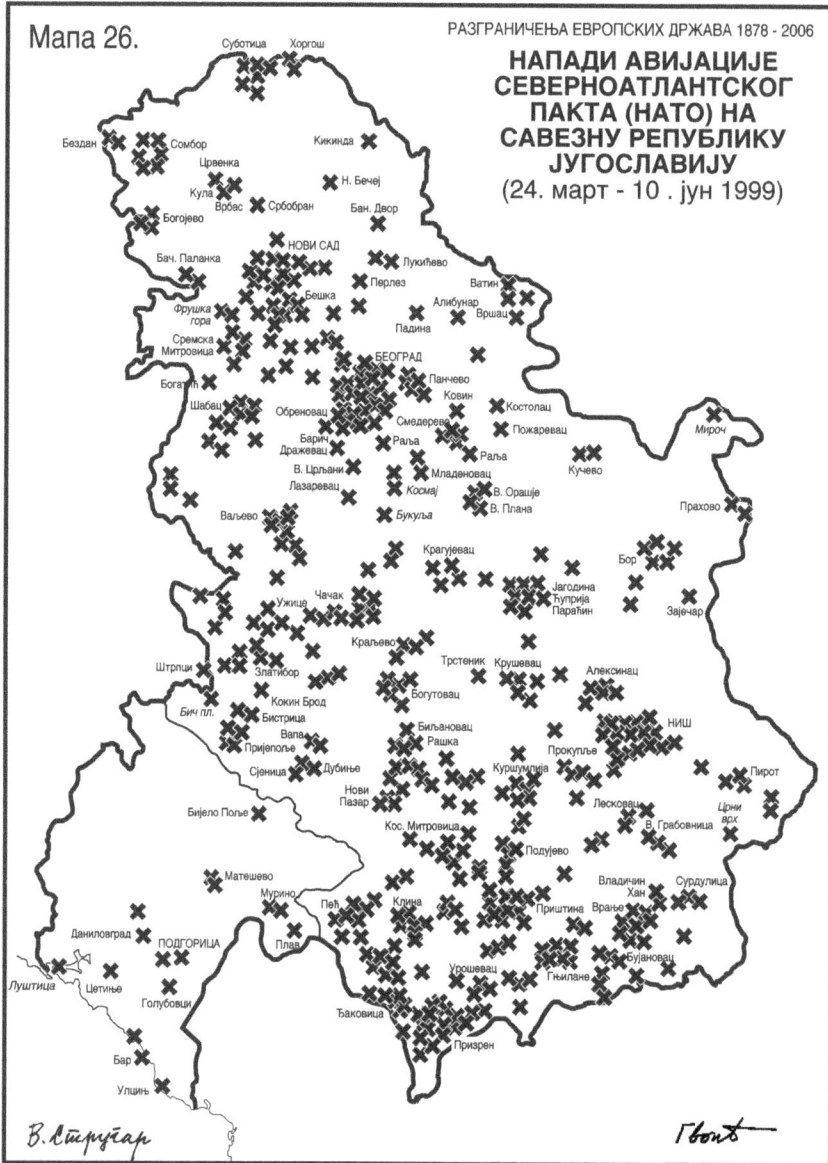

Мапа 27.

РАЗГРАНИЧЕЊА ЕВРОПСКИХ ДРЖАВА 1878 - 2006

**СРБИЈА И
ЦРНА ГОРА**
(14. март 2002,
4. фебруар 2003,
до 21. маја 2006)

БЕОГРАД

**СРБИЈА
И
ЦРНА ГОРА**
102.173 km²

ПОДГОРИЦА

Мапа 28.

РАЗГРАНИЧЕЊА ЕВРОПСКИХ ДРЖАВА 1878 - 2006

ЕВРОПА 2006.

0 250 500 750 1000 км

КАЗАХСТАН

УЗБЕКИСТАН

ТУРКМЕНИСТАН

Каспијско језеро

АЗЕРБЕЈЏАН

ЈЕРМЕНИЈА

ГРУЗИЈА

РУСКА ФЕДЕРАЦИЈА

ЦРНО МОРЕ

ТУРСКА

Босфор

КИПАР

УКРАЈИНА

МОЛДАВИЈА

РУМУНИЈА

БУГАРСКА

БЕЛОРУСИЈА

ЕСТОНИЈА

ЛЕТОНИЈА

ЛИТВАНИЈА

ФИНСКА

ПОЉСКА

БАЛТИЧКО МОРЕ

ШВЕДСКА

ЧЕШКА РЕП.

СЛОВАЧКА

МАЂАРСКА

АУСТРИЈА

СЛОВЕНИЈА

ХРВАТСКА

БОСНА И ХЕРЦЕГОВИНА

СРБИЈА

ЦРНА ГОРА

АЛБАНИЈА

МАКЕДОНИЈА

ГРЧКА

ЕГЕЈСКО МОРЕ

ЈОНСКО МОРЕ

Крит

НЕМАЧКА

ЛИХТЕНШТАЈН

ШВАЈЦАРСКА

ВАТИКАН

САН МАРИНО

ИТАЛИЈА

ТИРЕНСКО МОРЕ

ЈАДРАНСКО МОРЕ

НОРВЕШКА

ДАНСКА

СЕВЕРНО МОРЕ

ХОЛАНДИЈА

БЕЛГИЈА

ЛУКСЕМБУРГ

ФРАНЦУСКА

ВЕЛИКА БРИТАНИЈА

ИРСКА

Фарска ост.

Шетландска ост.

ИСЛАНД

АТЛАНТСКИ ОКЕАН

МОНАКО

Корзика

АНДОРА

Балеарска ост.

СРЕДОЗЕМНО МОРЕ

Сардинија

МАЛТА

МОРЕ

Сицилија

Гибралтар

ШПАНИЈА

ПОРТУГАЛИЈА

В. Стругар

ПРЕГЛЕДИ

Називи југословенске државе

Редом	Званичан назив	Дан свечаног проглашења или службеног именовања	Актом
1.	Краљевство Срба, Хрвата и Словенаца	1. децембар 1918.	прогласом владаревим
2.	Краљевина Срба, Хрвата и Словенаца	15. јул 1920.	одлуком Привременог народног представништва
3.	Краљевина Југославија	3. октобар 1929.	краљевим указом
4.	Демократска Федеративна Југославија	17. фебруар 1944.	писмом председника Националног комитета
5.	Федеративна Народна Република Југославија	29. новембар 1945.	декларацијом Уставотворне скупштине
6.	Социјалистичка Федеративна Република Југославија	7. април 1963.	усвојењем Устава у Савезној Народној скупштини
7.	Савезна Република Југославија	27. април 1992.	усвојењем Устава у Савезној Народној скупштини
8.	Србија и Црна Гора	4. фебруар 2003 (до 21. маја 2006)	Одлукама у републичким Народним скупштинама

Владе у држави југословенској

Влада, редом	председник владе	у времену, године
1.	Стојан М. Протић	од 20. децембра 1918. до 16. августа 1919.
2.	Љубомир М. Давидовић	од 16. августа 1919. до 18. октобра 1919.
3.	Љубомир М. Давидовић	од 18. октобра 1919. до 19. фебруара 1920.
4.	Стојан М. Протић	од 19. фебруара 1920. до 17. маја 1920.
5.	Др Миленко Р. Весни́ћ	од 17. маја 1920. до 18. августа 1920.
6.	Др Миленко Р. Весни́ћ	од 18. августа 1920. до 1. јануара 1921.
7.	Никола П. Пашић	од 1. јануара 1921. до 26. марта 1921.
8.	Никола П. Пашић	од 26. марта 1921. до 24. децембра 1921.
9.	Никола П. Пашић	од 24. децембра 1921. до 16. децембра 1922.
10.	Никола П. Пашић	од 16. децембра 1922. до 2. маја 1923.
11.	Никола П. Пашић	од 2. маја 1923. до 27. марта 1924.
12.	Никола П. Пашић	од 27. марта 1924. до 21. маја 1924.
13.	Никола П. Пашић	од 21. маја 1924. до 27. јула 1924.
14.	Љубомир М. Давидовић	од 27. јула 1924. до 6. новембра 1924.
15.	Никола П. Пашић	од 6. новембра 1924. до 29. априла 1925.
16.	Никола П. Пашић	од 29. априла 1925. до 18. јула 1925.
17.	Никола П. Пашић	од 18. јула 1925. до 8. априла 1926.
18.	Никола Т. Узуновић	од 8. априла 1926. до 15. априла 1926.
19.	Никола Т. Узуновић	од 15. априла 1926. до 24. децембра 1926.

Влада, редом	председник владе	у времену, године
20.	Никола Т. Узуновић	од 24. децембра 1926. до 1. фебруара 1927.
21.	Никола Т. Узуновић	од 1. фебруара 1927. до 17. априла 1927.
22.	Велимир Веља Вукићевић	од 17. априла 1927. до 23. фебруара 1928.
23.	Велимир Веља Вукићевић	од 23. фебруара 1928. до 27. јула 1928.
24.	Др Антон Корошец	од 27. јула 1928. до 6. јануара 1929.
25.	Генерал Петар Р. Живковић	од 6. јануара 1929. до 30. септембра 1931.
26.	Генерал Петар Р. Живковић	од 30. септембра 1931. до 6. јануара 1932.
27.	Генерал Петар Р. Живковић	од 6. јануара 1932. до 4. априла 1932.
28.	Др Војислав Д. Маринковић	од 4. априла 1932. до 3. јула 1932.
29.	Др Милан Сршкић	од 3. јула 1932. до 5. новембра 1932.
30.	Др Милан Сршкић	од 5. новембра 1932. до 27. јануара 1934.
31.	Никола Т. Узуновић	од 27. јануара 1934. до 18. априла 1934.
32.	Никола Т. Узуновић	од 18. априла 1934. до 22. октобра 1934.
33.	Никола Т. Узуновић	од 22. октобра 1934. до 20. децембра 1934.
34.	Богољуб Јевтић	од 20. децембра 1934. до 24. јуна 1935.
35.	Др Милан Стојадиновић	од 24. јуна 1935. до 7. марта 1936.
36.	Др Милан Стојадиновић	од 7. марта 1936. до 21. децембра 1938.
37.	Др Милан Стојадиновић	од 21. децембра 1938. до 5. фебруара 1939.
38.	Драгиша Цветковић	од 5. фебруара 1939. до 26. августа 1939.

Влада, редом	председник владе	у времену, године
39.	Драгиша Цветковић	од 26. августа 1939. до 27. марта 1941.
40.	Генерал Душан Т. Симовић	од 27. марта 1941. до 11. јануара 1942.
41.	Др Слободан В. Јовановић	од 11. јануара 1942. до 2. јануара 1943.
42.	Др Слободан В. Јовановић	од 2. јануара 1943. до 26. јуна 1943.
43.	Милош Трифуновић	од 26. јуна 1943. до 10. августа 1943.
44.	Др Божидар Пурић	од 10. августа 1943. до 1. јуна 1944.
45.	Др Иван Шубашић	од 1. јуна (односно 7. јула) 1944. до 29. јануара 1945.
46.	Др Иван Шубашић	од 29. јануара 1945. до 5. марта 1945.
47.	Маршал Јосип Броз Тито	од 7. марта 1945. до 1. фебруара 1946.
48.	Маршал Јосип Броз Тито	од 1. фебруара 1946. до 27. априла 1950.
49.	Маршал Јосип Броз Тито	од 27. априла 1950. до 14. јануара 1953.
50.	Маршал Јосип Броз Тито	од 14. јануара 1953. до 19. априла 1958.
51.	Маршал Јосип Броз Тито	од 19. априла 1958. до 30. јуна 1963.
52.	Петар Стамболић	од 30. јуна 1963. до 19. маја 1967.
53.	Мика Шпиљак	од 19. маја 1967. до 18. маја 1969.
54.	Митја Рибичич	од 18. маја 1969. до 30. јула 1971.
55.	Џемал Бијелић	од 30. јула 1971. до 17. маја 1974.
56.	Џемал Бијелић	од 17. маја 1974. до 15. марта 1977.
57.	Веселин Ђурановић	од 15. марта 1977. до 16. маја 1978.
58.	Веселин Ђурановић	од 16. маја 1978. до 16. маја 1982.
59.	Милка Планинц	од 16. маја 1982. до 16. маја 1986.
60.	Бранко Микулић	од 16. маја 1986. до 16. марта 1989.
61.	Анте Марковић	од 16. марта 1989. до 20. децембра 1991.
	Александар Митровић, потрпредседник	од 20. децембра 1991. до 14. јула 1992.
62.	Милан Панић	од 14. јула 1992. до 2. марта 1993.

Влада, редом	председник владе	у времену, године
63.	Др Радоје Контић	од 2. марта 1993. до 13. септембра 1994.
64.	Др Радоје Контић	од 13. септембра 1994. до 12. јуна 1996.
65.	Др Радоје Контић	од 12. јуна 1996. до 20. марта 1997.
66.	Др Радоје Контић	од 20. марта 1997. до 20. маја 1998.
67.	Момир Булатовић	од 20. маја 1998. до 4. новембра 2000.
68.	Зоран Жижић	од 4. новембра 2000. до 24. јула 2001.
69.	Драгиша Пешић	од 24. јула 2001. до 7. марта 2003.
70.	Светозар Маровић	од 7. марта 2003. до 21. маја 2006.

Површине (km²) југословенских земаља

Земља, покрајина	1910. године	1913.	1918.	1929.	1939.	1945.	1947.	1958. године
Македонија				36.672 (Вардарска бановина и део Србије)			25.713 (република)	
Србија	48.302	87.303	94.564 (с делом Црне Горе и три среза доскора у Бугарској)	25.466 (Моравска бановина) 378 (Управа града Београда)		88.361 (република)		
Косово и Метохија						10.690 (аутономна покрајина)		10.887
Војводина			19.702 (Банат, Бачка и Барања)	31.229 (Дунавска бановина с делом Србије и Сремом)		21.774 (аутономна покрајина)		21.506
Србија без покрајина						55.897		55.968
Црна Гора	9.080	14.180	9.668	30.997 (Зетска бановина)		13.812 (република с делом пређашње Далмације)		
Босна и Херцеговина	51.199		51.199 (под Народном владом у Сарајеву)	27.845 (Дринска бановина с делом Србије) 18.917 (Врбаска бановина)		51.139 (република)		51.129
Хрватска и Славонија (и Сријем)	42.533		43.308 (под банском владом у Загребу)	40.536 (Савска бановина без Срема)	65.456 (Бановина Хрватска)	52.668 (република Хрватска)	56.253 (с већим делом Истре)	56.538
Међумурје	775							
Далмација	12.831		12.732 (под Народном владом у Сплиту)	19.653 (Приморска бановина с делом Босне и Херцеговине)				
Истра	4.956		16.197 (припала Италији)					
Крањска	9.954		(под Народном владом у Љубљани; а други предели што остали у Аустрији, што делом припојени Италији)	15.849 (Дравска бановина)		15.849 (република Словенија)	19.992 (с делом Истре и алпског предела)	20.251
Горица и Градишка	2.918							
Корушка	9.533							
Штајерска	16.386							
Прекмурје	947							
Југославија			247.542			247.542	255.270	255.804

Становништво у земљама југословенским

Земља, покрајина	1910. године	1914.	1921.	1931.	1939.	1948.	1981. године	1991. годи
Македонија				1.574.243 (Вардарска бановина)		1.152.986 (република)	1.912.257	
Србија	2.717.221	4.438.521	4.133.478	1.435.584 (Моравска бановина)		6.527.966 (република)	9.313.677	
Косово и Метохија						727.820 (аутономна покрајина)	1.584.441	
Војводина			1.346.527 (Без Срема)	2.387.295 (Дунавска бановина)		1.663.212 (аутономна покрајина)	2.034.772	
Србија без покрајина				288.938 (Управа града Београда)		4.136.934	5.694.464	
Црна Гора	250.000	445.000	199.277	925.516 (Зетска бановина)		377.189 (република)	584.310	
Босна и Херцеговина	1.898.044		1.890.440	1.534.739 (Дринска бановина) 1.037.382 (Врбаска бановина)		2.565.277 (република)	4.124.008	
Хрватска и Славонија (и Сријем)	2.621.954		2,739.888	2.704.383 (Савска бановина)	4.024.601 (Бановина Хрватска)	3.756.807 (република Хрватска)	4.601.469	
Међумурје								
Крк и Кастав								
Далмација	645.666		620.432		901.660 (Приморска бановина)			
Истра	403.566							
Крањска	525.995		1.054.919 (Словенија)		1.144.298 (Дравска бановина)	1.391.873 (република Словенија)	1.891.864	
Горица и Градишка	260.721							
Прекмурје								
Штајерска	1.444.157							
Корушка	396.200							
Југославија			11.984.911	13.934.038	15.419.000	15.772.098	22.427.585	23.975.887

Социјалистичка Федеративна Република Југославија

Република	површина		становника на дан 30. јуна 1988 (процена)	
	квадратних километара	% од Југославије	укупно	% у Југославији
Југославија	255.804	100,0	23.559.000	100,0
Босна и Херцеговина	51.129	20,0	4.441.000	18,8
Црна Гора	13.812	5,4	632.000	2,7
Хрватска	56.538	22,1	4.679.000	19,9
Македонија	25.713	10,1	2.089.000	8,9
Словенија	20.251	7,9	1.943.000	8,2
Србија, свега	88.361	34,5	9.775.000	41,5
без покрајина	55.968	21,9	5.831.000	24,8
Косово и Метохија	10.887	4,2	1.893.000	8,0
Војводина	21.506	8,4	2.051.000	8,7

Statistički godišnjak Jugoslavije 1989. – Beograd: Savezni zavod za statistiku, 1989, 80, 418, 450.

Становништво Југославије године 1948; укупан национални састав становништва

НАРОДНОСТ	ФНРЈ	Народна република					
		Србија	Хрватска	Словенија	Босна и Херцеговина	Македонија	Црна Гора
Укупно	15.772.098	6.527.966	3.756.807	1.391.873	2.565.277	1.152.986	377.189
Југословенске народности	13.791.652	5.124.684	3.563.263	1.374.332	2.546.749	826.096	356.528
Срби	6.547.117	4.823.730	543.795	7.048	1.136.116	29.721	6.707
Хрвати	3.784.353	169.864	2.975.399	16.069	614.123	2.090	6.808
Словенци	1.415.432	20.998	38.734	1.350.149	4.338	729	484
Македонци	810.126	17.917	1.387	366	675	789.648	133
Црногорци	425.703	74.860	2.871	521	3.094	2.348	342.009
Неопредељени муслимани	808.921	17.315	1.077	179	788.403	1.560	387
Друге народности	1.960.563	1.394.068	188.765	16.345	15.564	325.241	20.580
Бугари	61.140	59.472	637	35	94	889	13
Чеси	39.015	6.760	28.991	1.063	1.978	130	93
Словаци	83.626	73.140	10.097	82	274	29	4
Руси-Украјинци	37.140	22.667	6.397	170	7.883		23
Руси	20.069	13.329	3.210	796	1.316	1.141	277
Шиптари	750.431	532.011	635	216	755	197.389	19.425
Мађари	496.492	433.701	51.399	10.579	532	219	62
Немци	55.337	41.460	10.144	1.824	1.174	360	375
Румуни	64.095	63.130	743	71	71	77	3
Власи	102.953	93.440	1			9.511	
Италијани	79.575	863	76.093	1.458	964	56	141
Турци	97.954	1.914	13	5	80	95.940	2
Цигани	72.736	52.181	405	46	442	19.500	162
Остале и непознате народности	19.883	9.214	4.779	1.196	2.964	1.649	81

Konačni rezultati popisa stanovništva od 15. marta 1948. godine. Stanovništvo po narodnosti. Knjiga IX. – Beograd: Savezni zavod za statistiku, 1954.

Суседи Југославије

Земља	површина квадратних километара	становника срединoм 1987. године (процена)
Албанија	28.748	3.080.000
Грчка	131.944	9.990.000
Бугарска	110.912	8.970.000
Румунија	237.500	22.940.000
Мађарска	93.030	10.630.000
Аустрија	83.849	7.570.000
Италија	301.262	57.350.000

Statistički godišnjak Jugoslavije 1989. – Beograd: Savezni zavod za statistiku, 1989, 737.

БИБЛИОГРАФИЈА

- *Статистички годишњак Краљевине Србије*. Издала Управа државне статистике, Седма књига, – 1902. – Београд, 1905.
- *Државни календар Краљевине Србије за годину 1910.* – У Београду, 1910.
- *Државни календар Краљевине Србије за годину 1914.* – У Београду, 1914.
- Др Јован Цвијић, *Географски и културни положај Србије.* – Сарајево: издање И. Ђ. Ђурђевића, 1914.
- Драгољуб Р. Живојиновић, *Краљ Петар I Карађорђевић у Отаџбини 1903–1914.* – Београд: Завод за уџбенике и наставна средства, 2003.
- *Државни календар Књажевине Црне Горе за преступну 1908. годину;* уредио Милан Ј. Павловић. – Цетиње: Државна штампарија Књажевине Црне Горе, 1908.
- *Државни календар Краљевине Црне Горе за просту 1913. годину;* уредио Милан Ј. Павловић. – Цетиње: Државна штампарија Краљевине Црне Горе, 1913.
- Миомир Дашић, *Преглед територијалног ширења црногорске државе.* – Титоград: „Историјски записи“, (1), 1987.
- Новица Ракочевић, *Црна Гора у Првом свјетском рату 1914–1918.* – Титоград: Историјски институт Црне Горе, 1969.
- Димитрије Димо Вујовић, *Уједињење Црне Горе и Србије.* – Титоград: Историјски институт Црне Горе, 1962.
- *Rezultati popisa žiteljstva u Bosni i Hercegovini od 10. oktobra 1910.* Sastavio Statistički odsjek Zemaljske vlade; izdala Zemaljska vlada za Bosnu i Hercegovinu. – Sarajevo, 1912.
- *Političko i sudbeno razdjeljenje i repertorij prebivališta Kraljevine Hrvatske i Slavonije. Po stanju od 1. siječnja 1913.* – sastavio Kr. zemaljski statistički ured u Zagrebu; izdala Kralj. Hrv.–Slav.–Dalm. zemaljska vlada, Odio za unutarnje poslove. – Zagreb, 1913.
- *Narodna statistika.* Pribrao i obradio Josip Lakatoš. – Zagreb, 1914.
- *Gustoća žiteljstva Kraljevine Hrvatske i Slavonije.* Napisao dr Milan Kreser. – Zagreb: Jugoslavenska akademija znanosti i umjetnosti, 1917.

- *Hrvatska i Slavoni*ja. Predavanje dr Ivana Gmajnera 26. jula 1917. u „Maison de Peuple" u Ženevi. – Ženeva, 1918.

- *Međumur*je. Upravno razdjeljenje po stanju od 1. januara 1922. Priredio Kr. zemaljski statistički ured u Zagrebu. – Zagreb, 1922.

- *Otok Krk i Kastav*. Upravno razdjeljenje po stanju od 1. jula 1922. Priredio Kr. zemaljski statistički ured u Zagrebu. – Zagreb, 1922.

- Bogdan Krizman, *Raspad Austro-Ugarske i stvaranje jugoslavenske države*. – Zagreb: Školska knjiga, 1997.

- Миладин Милошевић, *Краљевство Срба, Хрвата и Словенаца*. Први назив југословенске државе. – Београд: „Архив", часопис Архива Југославије, I, 2001.

- *Glavni statistički podaci o državi Srba, Hrvata i Slovenaca*; prema stanju od 1910. godine, odnosno 1914. godine, sastavio dr Jože Rus. – Ljubljana, 1920.

- *Definitivni rezultati popisa stanovništva od 31. januara 1921. godine.* Knjiga I-IV. Kraljevina Jugoslavija. – Sarajevo: Opšta državna statistika, 1932.

- *Stenografske beleške Ustavotvorne skupštine Kraljevine Srba, Hrvata i Slovena*ca. – Knjiga I. – Beograd: Državna štamparija, 1921.

- *Statistički godišnjak 1929*. Knjiga I. – Kraljevina Jugoslavija. – Beograd; Opšta državna statistika, 1932.

- *Статистички преглед Краљевине Југославије*; по бановинама. – Београд: Општа државна статистика, 1930.

- Josip Lakatoš, *Privredni almanah Jugoslovenskog Lloyda*. – Zagreb, 1929.

- Лазо М. Костић, *Становништво*. – Београд: Штампарија „Давидовић", 1930.

- Миодраг Зечевић, Богдан Лекић, *Државне границе и унутрашња територијална подела Југославије*. – Београд: Издавачко предузеће „Грађевинска књига", 1991.

- *Kraljevina Jugoslavija – geografski i etnografski pregled*; u ime Pripremnog odbora za III kongres slovenskih geografa i etnografa uredio Pavle Vujević. – Beograd: Štamparija „Davidović" Pavlovića i druga, 1930.

- *Geografski raspored Jugoslovena prema većinama u opštinama*; na osnovu statističkih podataka popisa stanovništva od 1931. godine, kartu izradio prof. dr Gojko Ružičić. – Beograd, 1939.

- *Almanah Kraljevine Jugoslavije*; IV jubilarni svezak 1929–1931; po zvaničnim podacima sastavio Viktor Manakin. – Zagreb: Glavno uredništvo Almanaha Kraljevine Jugoslavije, 1932.

- *Definitivni rezultati popisa stanovništva od 31. marta 1931. godine.* Knjiga I-IV. Kraljevina Jugoslavija. – Beograd-Sarajevo: Opšta državna statistika, 1937-1940.

- *Статистички преглед Краљевине Југославије:* по бановинама. – Београд: Општа државна статистика, 1940.

- *Godišnjak banske vlasti Banovine Hrvatske:* 1939. do 26. kolovoza 1940. – Zagreb; MCMXL

- *Almanah za godinu 1940.* – Zagreb: Nova riječ, 1940.

- *Konačni rezultati popisa stanovništva od 15. marta 1948. godine.* Knjiga IX. Stanovništvo po narodnosti. Socijalistička Federativna Republika Jugoslavija. – Beograd: Savezni zavod za statistiku, 1964.

- Vladimir Simeunović, *Stanovništvo Jugoslavije i socijalističkih republika 1921-1961.* – Beograd: Savezni zavod za statistiku, 1964.

- *Jugoslavija trideset godina posle oslobođenja i pobede nad fašizmom 1945-1975.* – Beograd: Savezni zavod za statistiku, 1975.

- *Razvoj Jugoslavije 1947-1981.* Statistički prikaz. – Beograd: Savezni zavod za statistiku, 1982.

- *Jugoslavija 1945-1985.* Statistički prikaz. – Beograd: Savezni zavod za statistiku, 1986.

- *Statistički godišnjak 1986.* Socijalistička Federativna Republika Jugoslavija. – Beograd: Savezni zavod za statistiku, 1986.

- *Statistički godišnjak 1988.* Socijalistička Federativna Republika Jugoslavija. – Beograd: Savezni zavod za statistiku, 1988.

- *Jugoslavija 1918-1988.* Statistički prikaz. – Beograd: Savezni zavod za statistiku, 1989.

- *Статистички календар (1997. година) Савезне Републике Југославије.* – Београд: Савезни завод за статистику, 1997.

- *Службене новине Краљевства Срба, Хрвата и Словенаца.* – Београд, 1919-1920.

- *Службене новине Краљевине Југославије.* – Београд, 1920-1929.

- *Službene novine Kraljevine Srba, Hrvata i Slovenaca.* – Beograd, 1929-1941; London, 1941-1944.

- *Službeni list Demokratske Federativne Jugoslavije.* Beograd, 1944--1945.

- *Službeni list Federativne Narodne Republike Jugoslavije.* Beograd, 1945-1963.

- *Službeni list Socijalističke Federativne Jugoslavije.* Beograd, 1963--1992.

- *Службени лист Савезне Републике Југославије.* – Београд, 1992--1998.

- Ferdo Čulinović, *Dokumenti o Jugoslaviji: historijat od osnutka zajedničke države do danas*. – Zagreb: Školska knjiga, 1968.
- Бранко Петрановић, Момчило Зечевић, *Југославија 1918-1988. Тематска збирка докумената*. – Београд: „Рад", 1988.
- Бранко Петрановић, *Историја Југославије 1918-1988*: I-II. – Београд: Нолит, 1988.
- Ferdo Čulinović, *Jugoslavija između dva rata*; knjiga I-II. – Zagreb: Jugoslavenska akademija znanosti i umjetnosti, 1961.
- Владо Стругар, *Југославија у рату 1941-1945*. – Београд: Београдски издавачко-графички завод, 1975.
- Jelena Guskova, *Istorija jugoslovenske krize (1990-2000)*. – Beograd: Izdavački grafički atelje „M", 2003.
- Hans Stark, *Les Balkans le retour de la guerre en Europe*. – Paris: Ifri, 1993.
- Миодраг Зечевић, *Југославија 1918-1992: јужнословенски државни сан и јава*. – Београд: Просвета, 1994.
- Милић Ф. Петровић, *Државни родослов Краљевине Југославије (СХС 1918-1941)*. – Београд: Просветни преглед, 2008.
- *Краљевске владе од 1903-1935*. – Средио Р. М. – Београд, 1935.
- *Све српске владе* (1805-1813, 1835-1921, 1945-1991); уредник Драгана Ротер-Црквењаков. – Београд: Министарство за информације Републике Србије, 1992.
- Драгош Петровић, *Председници југословенских влада 1918-2001*. – Београд: „Архив", часопис Архива Југославије, II, 2, 2001, 249--258.
- *Југословенске владе 1918-2006*. Др Гојко Маловић и Душан Јончић аутори изложбе и каталога. – Београд: Архив Југославије, 2010.

ЗАПИС О КЊИЗИ

Наслова је необичног имајући у прозиву њена садржаја реч – стрмина, у научном штиву неказивану; па овде можда и љутито да гласи – стрмина Европе – наспрам о истом земаљском и животном пространству одавно изговараних и истицаних назива: брдовит Балкан, југоисточна Европа, планинско надгорје источног Средоземља. (Стрмина је предео, питомо снижаване површине читавом дужином од највишег гребена до најниже долине; стрмен, пак, окомит је засек, нагнута узвишица; стрмина је подручје за плодотворство, а стрмен оскудна дивљина; стрмина је колевка за живот, сваки вид и све врсте људског делотворства.)

Из царстава на западу и земаљском средишту Европе, од владалачке гордости феудалаца и свакојаког задирања капиталиста, потекли су и наметани споменути називи; вероватно: католички свет овако да пориче човечанску достојност исламских насилника у рушилачком наступању преко Балкана и још даље према северу, те уједно овдашње поробљене хришћане сматра обезвређеним људством. Из ропства, дакле, а надвишени самохвалисавим европејством, принуђени су православни хришћани да устаништвом војују за сопствену слободу, државотворно уобличење својих завичаја, историјско остварење епски слављене правде.

1.

Југославија на стрмини Европе: за Србе је ослободилачким борењем извојевана целокупност државне уједињености; за Хрвате и Словенце благодатна одсудност, после векова и векова потчињености властима туђинским, да доживе ослобођење, пуноправним се находе, у братимљењу са Србима стекну виђеност грађански израслих, националних заједница.

Југославија, несумњиво, изврстан је ослободилачки дома-
шај; сопственошћу пространства сред размеђа суседних држава
и врстом владавине налик поретку у земљама средње и запад-
не Европе, она је избрисала разлоге европејског потцењивања
доскора дуготрајно тлачених народа и покрајина на југоистоку
континента. Овуд, завођење владајуће управности грађанског
друштва, одиста је нововековна творевина.

Југославија, држава у Европи, подложна је општем стању и
збивањима на континенту. Постанком везана за ратну победу,
она се њом, кроз њене последице, отисла у мирнодопска крета-
ња. И док су победници могли да одрже задобијено преимућ-
ство, Југославија им је ведро привржена, службеном политиком
у међународним стварима и одгајањем духовног зближавања
својег народа са творевинама и установама великих савезника.
Тако је одана, да неће раскинути своју обзирност према саве-
зницима ни кад голема измена у европском сажитију буде вукла
и тискала на пристанак уз противнике у Првом светском рату.

А колико се у југословенству налази сличности са слобо-
дарским залагањима других народа, ту има и неких особености
приличних само његовој историјској поступности. Рачунајући
затечен, премда одвећ стешњен и мален оквир донекле посто-
јеће самосталности у Црној Гори, започето је Првим српским
устанком (1804 – 1815. године) ослобађање, догађано кроз сле-
деће устанке и неколико ратова, па довршено (1. децембра 1918.
године) уједињењем свих Срба, и с њима, у заједничкој држави,
први пут за памтивека разрешених робовања Хрвата и Слове-
ца. Југословенско уједињење је претежно омогућено делотвор-
ством Србије у садејству с државама, коначно победницама у
Првом светском рату.

Србија, својом уређеношћу државе демократског друштва,
пружила је образац управног поретка за примену у читавој за-
једници; такође, и војском заштитила њено земаљско простран-
ство, вређано прекограничним насртајима оружане силе са су-
седних страна.

Југославијом су Срби, Хрвати и Словенци – три племена једног народа, како су проповедали и вршили ујединитељи; односно, три посебна народа, како су причали неки ујединитељи, а нарочито, кроз охолост, размахивали тражиоци трочланог управног склопа југословенске државе.

Страном властодршта преовлађиваће завођење јединственог уређења, пригодно назвати га – *унитаризам*. Међутим, делатношћу према наслеђу пређашњих и големо различитих облика и начина владавине, на западној страни у понечем још важних и подуже времена чак вршених закона из пропале Аустро–Угарске, тако се уденуо *федерализам* као врста опште друштвености. Између оба неизбежно супротстављена смера и настројења, дешава се сукобљавање: унитаризам бива јачином замашнији, одједаред (1929. године) свевладајућ, федерализам, пак, истиснут, али не изумире, стишан па оживљава, све снажнији се издиже, најзад признат је као уставно начело и вид стварне власти у југословенској држави оснивањем Бановине Хрватске (1939. године).

Три вероиповести – православно хришћанство, римокатоличка црква, исламска религија – својим духовностима и обредним учењима дубоко су својства становништва Југославије. Укупно, у међусобности, не зближавају их засебне проповеди; богослужењем, ипак, свака своје вернике гдешто блажи да би се смањивала оштрина и снизила грубост одавно урасле раздељености. Ова неприлика нахођењу сједињавања, првенствено опседа властодрштво, баш како је којој политичкој странци доступно да грађане придобија, уз помоћ односне цркве предводи свој народ.

Православно становништво, поносно победом Србије у Првом светском рату и срећно државним уједињењем читавог Српства, разуме, и својски назива родном Отаџбином државу Срба, Хрвата и Словенаца.

Римокатолици, на југословенском простору, смањеног су политичког моћства откако се догодио раскид коначним распадом Хабзбуршке царевине. Ипак, савет је с папског трона да не оспоравају постанак Југославије, згусну своју црквеност, кроз прављен поредак државе сложе и снаже утицајно учешће католичанства.

Верници ислама, тужни услед пропасти Османског царства (чак и укидања султаната 1923. године), преплашени су и причањем о могућој освети Срба због мухамеданских злодела у служењу аустроугарској власти за време Првог светског рата. Срби се неће светити, а муслимани се прилагођавају, чак и политичким партијством јављају да би исказивали ревност, доживљавали добробит у заједништву са Србијом у југословенској држави.

Државу, народе и племена, цркве и политичке дружине, властодрштво и општу државност, да обједињава, стасало је југословенству: по њему назива се заједница, одушевљава братимљење, веселе односи грађанства, оглашава врли напредак. Смислом, заиста, родбинство је овде прва и највиша реч.

Међутим, политичка трвења и класни сукоби бију до гребена неслоге, натисну се противности, уз међу крвљења каткад нагнато људство. Живот, уосталом, пребрзо ли крене плодотворством, тад спонтано утискује се немар, подиће и злобност, па бива да изнутра и преврат провали, несрећи отварајући ширину за вероломства и сатирање човештва.

Како се у Првом светском рату југословенство обликовало ослободилачким делотворством, славом узвисило оснивањем заједничке државе Срба, Хрвата и Словенаца, принуђено је, у Другом светском рату, да брани тековину, оружаном снагом бори се за опстанак Отаџбине, признате у Европи и угледне у човечанству.

Југославија није пристала да покорношћу освајачима сачува мир па стид је обузима због понижености; устанички је одбацила наглу превару, доследно историјском слободољубљу одвратила гневном нападачу. Исказала се верна савезништву с државама победницама у Првом светском рату; Југославија с њима заједно остварује слободољубиво борење у Другом светском рату.

И како се у Првом светском рату догодио широк разлом међудржавне разграничености у Европи, родољубивим устаништвом изникле нове државе, бива у Другом светском рату исто поход ка променама, гдешто по мерилу међудржавности а повелико друкчије, у неким државама за преображај унутрашње уређености.

Велесиле – Совјетски Савез, Велика Британија и Сједињене Америчке Државе у заједничком ратовању против нацистичких и фашистичких освајача – начелно подразумевају и стварно поткрепљују садејство с државама признатим и покретима из повређених народа проистеклим.

Југославија је уз савезнике, велесиле у Антифашистичкој коалицији, с оба крила и смера своје укупне друштвености – унитаризма и федерализма, међу којим су неједнака стратегијска предвиђања и различите битне одредбе.

Унитаризам има основу за непромену озакоњене државности Краљевине Југославије; можда, делимично, узвиси се вид и степен њеног федерализма, слично Хрватској да и Словенија постане самоуправна покрајина, премда је у Дравској бановини имала знатну самосталност, поглавито, у језикословљу, култури, укупној просвети, народносној дружевности.

Федерализам пак нема законито исходиште, постанку је предодређен, југословенству се предскаже као рођено својство родољубивог ослободилаштва, широм Отаџбине борења против заселих освајачких војски. Отуд, већ од самог почетка оружаног устанка на фашистичке окупаторе, федерализам је политичко предзначење покрета отпора, не одједаред виђен, али поступно и све изразитије се испољава током ратовања.

И кад се приликом двогодишњице противокупаторске борбе врховно политичко веће народноослободичког покрета прогласило државотворним представништвом Отаџбине, федерализам се овим званично огласио војеваним обличјем за коначно ослобођену и унутра, за будућност, преуређену Југославију.

Федерализам, опредељеношћу, смером и успоном, постиже све пространији утицај и све дубље саглашавање искреним одзивима у становништву; изгледа тековина и све више постаје творевина, извесношћу све до врховности борачког моћства и ратничке успешности ослободилаца Југославије.

Федерализам народноослободилачког покрета битношћу је двојство: родољубље и преображај, грађанска редовност и политичка промена, Отаџбина и револуција; одиста појава самостално насталог чиниоца, свестрано припадника Антифашистичке коалиције.

Три велесиле подразумевају савезничком оружаном снагом противфашистичке ослободиоце Југославије: са совјетске стране од првих дана оружаног устанка; из Велике Британије, након двогодишњице, кад је њена војна мисија дошла међу борце, на тлу увидела њихову ратничку уређеност, обавестила се о сукобима с окупаторским трупама, па тад започело и слање британске помоћи средствима за војску, као и прекојадранско прихватање рањеника и становника из приморских крајева одвођених у Италију.

Совјетски Савез уважава федерализам народноослободилачког покрета, с претпоставком: неопходна је благост у супарништву са страном унитаризма.

Велика Британија, међутим, давши дом прихвата избеглој влади Југославије, нема одобравајућу наклоност према федерализму оцењујући његов изглед, смер и циљ сасвим друкчијим од озакоњеног поретка краљевине.

Одиста, непрестано у супарништву, унитаризам и федерализам чак и оружаним непријатељством смањују могућу количину противфашистичког ратоборства.

Али британска влада настоји, уз сагласност совјетску и северноамеричку, да се помирење прихвати, примени степен слоге, образује јединствена влада југословенска, личностима министара са обеју страна, унитаристичке и федералистичке. Ова влада појавиће се, њена улога скружити обавезом да припреми и проведе изборе народних посланика уставотворне скупштине која ће врховно и коначно одлучити о облику државе Југославије.

Изабрани народни посланици на заседању Уставотворне скупштине (29. новембра 1945) Југославију су прогласили федеративном републиком.

Унитаризам, као врста и вид властодрштва, окончан је поступком уобичајеним у парламентарном делању; у будућности, за сећање и приче о прошлости, духовност човечју и праведност етичку, да је венац обавезе истинољубљу и трајно предмет филозофије, историографије, књижевности.

Федерализам, најзад победник, с преголемо прохтева почео и развио једнопартијско властодршство: управљајући људством и простором, посед домаћински да преиначи у општу својину, личност да није богаташ а народ се именује као власник свеколиког блага земље.

Унитаризам није издајник Југославије; федерализам раздвојан распоред племена, народа, покрајина.

Бановине у краљевини сједињујућ савез истоветно уређених управних области; самоуправне републике у савезној држави обличје и напон надмоћја засебности над степеном и мером заједништва.

Предводници општег подруштвљавања, дејству и добицима наденули су исказницу по начелу филозофије политике – *демократски централизам*; значи, заједница је сједињеност условљена посебностима. Заједница је градња и надградња, а посебност количина природних снага и сходне имовине. Заједница је законит оквир, саздан, говорено је, по праву народа на самоопредељење, а посебност је исходиште развитка својственог урођеним особеностима и стеченим способностима људства у плодотворству покрајине.

Тој предузимљивости у подухватима прављене друштвености веома погодују подстицаји осамостаљења, греју вољу људства и правдају делање месних властодржаца да се самоуправне републике свестрано находе самосталним. И бива та кретња све моћнија, њена постигнућа утицајнија, увелико мењајући стварност названу демократски централизам.

Онда (1974. године) изменом устава Југославије смањена је законита савезност у држави, њен суверенитет прописан зависним од изјашњења самоуправних република; и стратег је ову преобразбу назвао – *плурализам интереса*, значи, окуп и размештај самосталних чланова, садружје не темељно већ удешено за подразумевање разлика у засебностима и независности у делотворству.

Потом, испадоше нејасне и слабашне, узалудне забране превисоког истицања све више прављене самосталности, њом и раздвајања међу самоуправним републикама уз занемаривање врховности федерализма Југославије. Полицијском спречавању раздвоја одолели су превратници, снажност и разорно настојање одржали скривеним окупљањем, налазећи потпору и савете у уредима полицијске и обавештајне службе неких иностраних држава, одувек гнездима непријатељства према Југославији.

Отуд унутарњем разједању Југославије прети и утицај промена у Европи: признате ослабљености Совјетског Савеза; повратка уједињености, због нацистичког злочинства у Другом светском рату подељене Немачке; решености Ватикана да католичанство поучава о тек сазданој државности као својини народа и цркве.

За смелост крајњу, вргла је неодложивост пресудног чина. Тако су у републичким народним скупштинама посланици изгласали (25. јуна 1991. године) независност Хрватске и независност Словеније, у ствари одвајање од Југославије.

Ово отпадничко смањивање Југославије раскида федерализам, преостатком постојаности да има упоришта у Србији и Црној Гори, можда мрчено тужном запитаношћу: хоће ли се оне раздвојити, враћањем засебних самосталности, бејаше поклоњених југословенској држави (1918. године) у данима уједињења Срба, Хрвата и Словенаца.

Федерализам је смањен, скрајнут, искидан, напослетку, угинуо; остаје памћењу и научном изучавању знатнији добротворством него грехом у југословенској држави.

Југославија извесно је знаменитост у историји човечанства; њом уједињеност средишта југоисточне Европе обезбеђивала је преважан услов спокојства унутар и доброг садружја с народима около; и док је био моћан њеном издржљивошћу, Балкан није потпао овде заподеваном ратовању међу суседима; одиста, постојање Југославије, унитаристичке монархије и федеративне републике, бејаше благост Европи, а без ње, на југоистоку, палост је Европе.

2.

Југославија на стрмини Европе, књига, садржи научне студије, дотичне огледе и затражене осврте, говоре на родољубивим скуповима грађана, сходна изјашњења о неком случају или историјском догађају; све унутар вишеструке множине, но укупно сједињено владајућим појмом: Југославија велика Отаџбина и добра Домовина.

Целокупношћу, прилози у књизи имају прилично понављања у написаном и говореном о предметима научне расправе и налозима беседништва. То је последица сагледаване стварности, како се чини, већма корисна него незгодна; понављање је врста учења, знатан однос у стицању и чувању знања о делању човека и збивањима у човечанству.

У читавом овом штиву големо је пишчевих оцена друкчијих од оних историјски пређашњих, а биће их вероватно и наспрам будућих; јер пропаст државе Југославије растура истинољубље, али превазилазити ову незгоду јесте научна обавезност и етички надзор.

При састављању књиге *Југославија на стрмини Европе* владала је одлука: све ауторово нека остаје неизмењено како је што било написано или говорено, да би се очувао веран израз излаганих схватања и подношених предлога; штива су доследна оновременом напису, екавским или ијекавским наречјем.

По насловима и садржинама свих прилога, о сваком појединачно, у додатку је казано објашњење како је правилно у научној обради; овде, пак, и како је потребно да би били познати разлози и сврхе неједновременог писања студија, огледа, осврта, говора.

Сваки прилог у књизи има наслов према односном предмету списа и говора, свију повремено ствараних у раздобљу од близу двадесет година.

Неки списи су састављени као одзиви на оглашене разлике у јавно обављеним расправама о прошлости Југославије и потоњој тежини њених неприлика; и увек је запитаност наднета о човеку и друштву, држави и владавини. Да се разлике разјасне, то је превасходно; свакако, научном сврхом и одважним говором прилази истини, тако опточи изучавана стварност.

Судњи крст сваке приче: беседник је дужан истини; и како истину окружује мноштво могућих прилаза, обзиран долазник приспеће смислом и радом лично бираним и усамљено пређеним путем.

Истина је владар: „Scientia nihil aliud est quam veritatis imago (наука није ишта друго сем слика истине)"; два крила јој шире превласт, увек нераздвојно – тачност и родољубље, знање и осећање, доказ и важност. И колико лепоречивом беседом исто и етичким обзиром да се откpићем и исказом, говорећи тачно, не понижава учесник; човек је вазда врховник, негде узвишен стваралац а некад чак злоупотребљен мученик. (Знаменит писац Стефан Цвајг, у својој књизи „Јучерашњи свет", поносно казује: „Интелектуални рад значи најчистију срећу, личну слободу, највише добро на овом свету"; наведено према вести из Вашингтона, у новини „Политика", Београд, 21. март 2009.)

3.

Јован Јањић, књижевник, директор Издавачког предузећа „Просвета", у Београду, питао је (14. септембра 2011) историчара Влада Стругара: има ли неко научно дело за могуће издање књигом у „Просвети".

На ову племениту намеру одговорено је речју захвалности и напоменом: поодавно, с прекидима повремено, спреман је зборник радова, различитих али сједињивих укупношћу садржаја.

Одиста давно (19. фебруара 1984. године), аутор је записао вероватан наслов извесног зборника радова речима „Југославија на стрмени Европе". А после, дружећи се са историчарима и књижевницима, понекад је споменуо овај наслов питајући: реч стрмен или стрмина да се усвоји. Напослетку, аутор је послушао (10. септембра 2012) професоре језика Раду Реметић и Слободана Реметића, да се у наслову књиге налази реч *стрмина*.

Јована Јањића аутор је известио (4. априла и 22. априла 2013) о садржају спремане књиге; он је весело слушао обавештење, и рекао да ће бити уредник књиге.

Исто, на састанку у „Просвети“ (7. јуна 2013), решено је према одобрењу Јована Јањића и уз сагласност аутора да раде: Татјана Рондовић уобличење штива за штампање; Босиљка Србовић коректуру и израду именика личности; и с њима да сарађује Драгана Ристовић, технички уредник у „Просвети“.

Драгиша Стојковић је обавио прву коректуру помажући својој кћери Татјани, песнику, да би њено темељно уобличење штива било одлично.

Славица Мереник, историчар, лекторски је читала и ценила штиво, понегде уписала тачнији израз од нађеног у понекој реченици.

Босиљка Србовић, знањем о врстама и видовима историографије, дословно читајући штиво бележила је напомене за побољшање исказа о неким појединостима, и упоредо уписивала податке за именик личности према обрасцу сопственог, сличног и узорног састава у ауторовој књизи „Владар Краљевства Срба, Хрвата и Словенаца“.

Др Љубодраг Димић и др Мира Радојевић, професори историје на Филозофском факултету у Београду, рекли су: радо ће рецензијама рукописа помоћи да „Просвета“ објави књигу *Југославија на стрмини Европе*.

Јован П. Поповић, правник и архивист, упознат с ауторовим предвиђањем целокупности књиге, па прочитавши извесне огледе, корисно је саветовао при избору прилога за читаву скупину и унутар њихов редослед, заиста важно и потребно да је уписан рецензент.

Споменутим личностима да захваљује, благослови њихову доброту, весело убраја одлучну помоћ, то је аутору знатна радост, душевна милина, срећан однос.

YUGOSLAVIA ON EUROPE'S CLIFF

The book contains scientific studies, occasional essays, request-
ed opinions, and speeches at patriotic gatherings, statements about
specific issues or historic events, diverse in nature yet unified by an
overarching concept, i.e. Yugoslavia – a Great Fatherland and a Good
Homeland (*in Serbian: Jugoslavija velika Otadžbina i dobra Domovina.
Even though both terms are equally used in Serbian to denote the love
of one's country or nation, Otadžbina and Domovina are sometimes
felt, in patriotic contexts, to be stylistically marked – the former as pre-
ferred by the Serbs and the latter by the Croats, translator's note*).

Taken as a whole, the contributions in the book contain plenty
of repetitions of what was written or said about the subject-matters
of specific scientific studies or speeches. This is a result of an ongoing
reflection about the reality. This repetition appears to be more useful
than inappropriate; repetition is a way of learning and an important
tool for acquiring and safeguarding the knowledge about human ac-
tions and developments in humanity.

The author's numerous opinions, contained in these writings,
are different from some previous historical opinions and are likely
to be different from those future ones. This is because the collapse of
the Yugoslav state has decimated the love of truth; overcoming this
mishap must be science's mandatory aim and an ethical tenet.

An approach was taken in compiling the book *Yugoslavia on
Europe's Cliff* that whatever the author had written or said on a parti-
cular topic should remain unchanged so as to preserve the true expre-
ssion of his opinions and proposals. The writings use the script and
dialect, *ekavian* or *iyekavian*, in which they were originally created.

Each of the titles and content of these writings are explained in
addendum, as is scientifically appropriate; here, however, this is also
required in order to explain the reasons and purposes of the studies,

essays, opinions and speeches as they were produced in different periods of time.

Each of the writings in the book has a title that reflects the subject-matter of the paper or speech that were made over a period of almost twenty years.

Some were written in response to public controversies that appeared in published debates about Yugoslavia's past and subsequent serious difficulties that Yugoslavia later encountered. The questions about man and society, state and rule permeate the writings. The aim is thereby to clarify the differences, which is of paramount importance, to approach the truth boldly in a scientific manner and clothe the studied reality into it.

In any writing, the author goes through the ordeal of staying true to the truth; and as the truth is surrounded by a multitude of possible approaches, a keen truth-seeker will arrive at it through a sense of purpose and work, on a road chosen by himself and lonely travelled.

Truth prevails: *Scientia nihil aliud estquam veriatis imago* (Science is but an image of the truth); two wings help it prevail, inseparably – accuracy and patriotism knowledge and emotion, proof and validity. The truth should be told with mellifluous words as well as having in mind ethical considerations so that the one involved may not be degraded by what was truthfully revealed or stated; man is always at the forefront – sometimes as a magnificent creator, but sometimes even as an abused martyr. (Famous writer Stefan Zweig in his book *The World of Yesterday* reiterates: *Intellectual work means the purest luck, personal freedom, the most sublime good in this world*; quoted according to the news from Washington, published in Serbian daily *Politika*. Belgrade 21 March 2009).

Prevod: Miroslav STAROVLAH

ЮГОСЛАВИЯ
НА КРУТОМ СКЛОНЕ ЕВРОПЫ

Книга содержит научные исследования, очерки и эссе, выступления на патриотических собраниях, множественные суждения об отдельных эпизодах и исторических событиях, но все это объединено господствующим понятием: Югославия как великое Отечество (для сербов) и хорошая Родина (для хорватов).

По большому счету, в данной книге имеются многочисленные повторения написанного и сказанного о предметах научного диспута и ораторства. Это является последствием рассматриваемой реальности, похоже, больше полезным чем неуместным; повторение является видом учения, важной составляющей приобретения и хранения знаний о происшедших событиях в истории человечества.

В книге содержится множество рассуждений писателя, отличающихся от исторически предшествующих, а наверное и от последующих, потому что гибель государства Югославия разрушает правдолюбивость, но преодоление данной неприятности является научной обязанностью и этическим надзором.

При составлении книги *Югославия на крутом склоне Европы* принято решение: все авторское оставить таким как было написано или высказано, в целях сохранения верного выражения излагаемых суждений и вносимых предложений. В тексте сохранена подлинная орфография – экавское или иекавское наречия.

По заглавиям и содержанию каждого из приложений в дополнении приведено подобающее для научной обработки разъяснение; впрочем, здесь это нужно для того, чтобы были понятны причины и цели неодновременного написания исследований, очерков, речей.

Каждое приложение в книге имеет заглавие соответствую-
щее предмету данного текста или речи, созданных на протяже-
нии примерно двух десятилетий.

Отдельные тексты созданы как отзывы на объявленные
различия в опубликованных диспутах о прошлом Югославии
и ее последующих трудностях; и всегда это относится к челове-
ку и обществу, государству и управлению. Это важно для того,
чтобы объяснить различия; конечно же, подходя к истине бес-
страшной речью и в научных целях.

Краеугольный камень любой канвы: оратор обязан истине; и
так как истина окружена множеством различных подходов – ос-
мотрительный приходящий благодаря смыслу и труду доберется
до цели по лично избранному и в одиночку пройденному пути.

Господствует истина: „Scientia nihil aliud est quam veritas
imago" (знание есть отражение истины); два крыла способ-
ствуют ее распространению, всегда неразлучно – точность и
патриотизм, знание и чувства, доказательство и значимость.
И не только красноречивой беседой, но и этическими сообра-
жениями, чтобы открытием и высказыванием, говоря точно,
не унижать участника; человек всегда главенствующий, иногда
он – возвышенный создатель, а иногда даже злоупотребляемый
мученик. (Знаменитый писатель Стефан Цвейг в своей книге
Вчерашний мир гордо говорит „Интеллектуальный труд озна-
чает чистейшее счастье, личную свободу, высшее добро в этом
мире"; цитируется по сообщению из Вашингтона, газета *Поли-
тика,* Белград, 21 марта 2009 года).

Превод: Петар РОСИЋ

ИМЕНИК ЛИЧНОСТИ

Именик израдила
Босиљка СРБОВИЋ

БЕЛЕШКА О АУТОРУ

Владо Стругар рођен је 28. децембра 1922. године, у сеоцу Доњи Улићи, близу Цетиња, од оца Лаза Стевова и мајке Милице, девојачког презимена Ражнатовић.

Основну школу похађао у Горњем Цеклину. У Цетињу учио у Гимназији и положио велику матуру (пролећа 1941. године).

У Београду је слушао наставу и завршио студије у Институту друштвених наука (1953. године), учење у Вишој војној академији (1957), трећи степен студија опште историје с одбрањеном магистарском тезом на Филозофском факултету (1964).

У Москви, у Академији наука Совјетског Савеза, у Институту славистике, одбранио је дисертацију доктора историјских наука (1968. године).

Био је учесник рата за ослобођење Југославије испод фашистичких освајача (1941–1945. године). Од 1945. до 1971. године, официр је у установама војске за школство и науку, углавном, у Војноисторијском институту у Београду.

Пуковник по чину; има одликовања за ратне и мирнодопске заслуге.

Писао је приповетке.

Потом, посветио се научном изучавању и историографском приказивању политичких борби, партијских неслога, државотворних подухвата, оружаних ратовања југословенских народа, у двадесетом веку. Објавио је посебна издања – књиге, огледе, расправе – о појавама, учесницима, дејствима, исходима поменуте стварности. Такође, писао је и објављивао приказе и белешке о књигама југословенских и страних аутора (око 150 наслова). Извесна дела – 14 књига и 21 одабран оглед – преведена су са српског укупно, на једанаест језика. Књиге и значајни огледи, претежно издања научних установа и веома угледних издавачких предузећа, штампани су у Београду, Цетињу, Подгорици. Никшићу, Скопљу, Новом Саду, Сарајеву, Загребу, Љубљани. Бечу, Паризу, Прагу, Берлину, Варшави, Москви.

У тој целокупности најважније су књиге: *Социјална демократија о националном питању југословенских народа*, 1956; *Узимај редом, Господе* (приповетке), 1957; *Рат и револуција народа Југославије 1941–1945*, 1962; *Југославенске социјалдемократске странке 1914–1918*, 1963; *Jugoslávie v boji: narodne osvobozenecký boj a revoluce 1941–1945*, 1965; *Социјалдемократија о стварању Југославије*, 1965; *Wojna i rewolucja narodów Jugoslawii 1941–1945*, 1967; *Osvobodilna vojna v Jugoslaviji*, 1967; *Der jugoslawische Volksbefreiungs krieg 1941 bis 1945*, 1969; *Југославија у рату 1941–1945*, 1975; *Југославија, федерација и република*, 1976; *Югославия в огне войны 1941–1945*, 1985; *Велика буна Црне Горе 1988–1989* (избор докумената), 1990; *Повеља Југославије* (устав државе и друштва), 1990; *Срби, Хрвати, Словенци и Трећа Југославија*, 1991; *Yugoslavia on the Boundary between East and West*, 1992; *Црногорски сабор српске слоге*, 1994; *Осамдесет година југословенске државе*, 1999; *Југославија у књигама историографским*, 2007; *Сриство Јанка Вукотића и Митра Мартиновића*, 2008; *Владар Краљевства Срба, Хрвата и Словенаца*, 2010; *Докторат у Москви*, 2011.

Књиге у припреми за штампање: *Drugi svjetski rat – odbrana Jugoslavije; Југославија на стрмини Европе; Црна Гора у Југославији*.

Владо Стругар је био главни и одговорни уредник научног часописа *Војноисторијски гласник* (1963–1967. године) па *Југословеног историјског часописа* (1970–1973).

Добио је награде за књиге у науци и написе огледима: југословенску Четвртојулску (1969. године), црногорску Тринаестојулску (1971), Универзитета у Приштини Златно перо Српског тројства (1997), Споменицу поводом 160 година Војне академије, у Београду (2010).

Био је међу оснивачима те председник (1992–1997. године) Црногорског сабора српске слоге, родољубивог удружења за просвету и културу.

Био је члан Сената Републике Српске, првог сазива (1996––2008. године).

Био је председник Одбора Црногорске академије наука и умјетности за историјске науке (1982–2002. године).

По позиву је члан Удружења књижевника Србије (од 1989. године).

Владо Стругар је редовни члан Црногорске академије наука и умјетности од њене прве скупштине (1973. године), спољни члан Македонске академије наука и уметности (1981), члан ван радног састава Српске академије наука и уметности (1994).

САДРЖАЈ

РОДОЉУБЉУ ВИСОЧАНСТВО

ДОМ И ПОВЕСТ

ПРИЛОЗИ

Владо Стругар
ЈУГОСЛАВИЈА НА СТРМИНИ ЕВРОПЕ

Уредник
Јован Јањић

Графички уредник
Драгана Ристовић

Издавач
ИП „Просвета" а. д. Београд
у реструктурирању
Београд, Кнеза Михаила 12

За издавача
Драган Миленковић

Штампа
Сајнос – Нови Сад
2014.

ISBN 978-86-07-02051-5